HEYUAN POLYTECHNIC

YEARBOOK

河源职业技术学院年鉴

第四卷

2011

刘安华　主编

化学工业出版社
· 北京 ·

图书在版编目（CIP）数据

河源职业技术学院年鉴．第四卷，2011/刘安华主编．北京：化学工业出版社，2013.1

ISBN 978-7-122-15901-4

Ⅰ．①河…　Ⅱ．①刘…　Ⅲ．①河源职业技术学院-2011-年鉴　Ⅳ．①G719.286.53-54

中国版本图书馆 CIP 数据核字（2012）第 282415 号

责任编辑：蔡洪伟　　　　文字编辑：王　可
责任校对：边　涛　　　　装帧设计：杨　北

出版发行：化学工业出版社（北京市东城区青年湖南街 13 号　邮政编码 100011）
印　　刷：北京云浩印刷有限责任公司
装　　订：三河市万龙印装有限公司
787mm×1092mm　1/16　印张 26¼　彩插 5　字数 649 千字　　2013 年 4 月北京第 1 版第 1 次印刷

购书咨询：010-64518888（传真：010-64519686）　售后服务：010-64518899
网　　址：http://www.cip.com.cn
凡购买本书，如有缺损质量问题，本社销售中心负责调换。

定　　价：168.00 元

《河源职业技术学院年鉴》（第四卷）编委会

顾　问：高仁泽

主　任：刘安华

副主任：韦　荣　陈德清　陈农心　黄向明　刘守义

委　员：（按姓氏拼音排列）

戴春平　何智聪　黄海林　黄蕊奇　蒋江娇

李大成　李先昌　赖小景　邱　远　邵魁德

王富宽　王小宁　袁光华　俞　彤　袁天星

杨　文　叶增忠　钟建坤

《河源职业技术学院年鉴》（第四卷）编辑部

主　　编：刘安华

副 主 编：韦　荣

常务编辑：周　文

编　　辑：（按姓氏拼音排列）

蔡　鹏　戴卫军　胡小春　黄　科　黄诗捷

黄志鹏　李　绮　柳晓夫　涂华锦　向　琼

杨海燕　张艺中

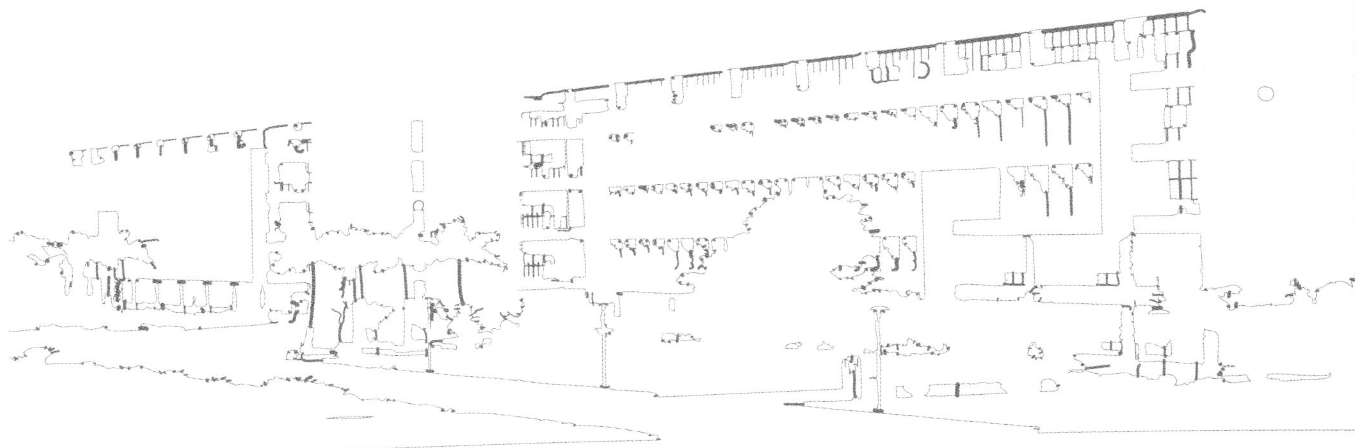

图1-1 河职院交通示意图

图1-2 市长彭建文莅临学校指导工作

图1-3 市委常委、纪委书记苏全贵莅临指导工作

图1-4 省教育厅副厅长叶小山率队到学校调研

图1-5 省教育厅党组副书记景李虎莅临学校视察指导工作

图1-6 市委书记陈建华莅临学校指导工作

图2-1 学校召开第二次党代会

图2-2 学校召开第二届工会会员代表大会

图2-3 学校召开校庆筹备会

图2-4 河职院挂牌10周年庆典

图2-5 叶绿野艺术楼揭幕仪式

图2-6 萧殷塑像揭幕仪式

图2-7 学校实训中心三期奠基仪式

图2-8 陶行知塑像揭幕仪式

图3-1

学校与博罗县教育局签订小学师资定向培养协议

图3-2

学校召开就业工作会议

图3-3

学校举办校园招聘会

图4-1 “中国联通•河职院3G实验室”正式挂牌成立

图4-2 河职院 • 新时速节能控制高新技术研究开发中心挂牌仪式

图4-3 河职院和平县就业实习基地揭牌成立

图4-4 农夫山泉就业实习基地挂牌仪式

图4-5 2011年河源市农村小学教师置换培训开班典礼

图4-6 学校党委书记高仁泽主讲思政课辅导课

图4-7 学校代表团参加全国3D大赛获奖

图5-1 中山职业技术学院院长吴建新等一行来访

图5-2 珠海城市职业技术学院党委副书记陈智霖等一行来访

图5-3 学校代表访问泰国斯坦福国际大学

图5-4 深职院与学校签订对口帮扶协议

图5-5 江门职业技术学院领导一行来访

图5-6 广东纺织职业技术学院领导一行来访

图5-7 安徽职业技术学院领导一行来访

图6-1　学校领导一行考察德国F+U国际教育学院

图6-2

陈志干代表市政府
慰问学校教职工

图7-1 学校党代表工作室揭幕成立

图7-2 学校举办“校园十星”暨“五四”表彰文艺晚会

图7-3 业余团校培训班第六期开班仪式

图7-4 “纪念辛亥革命100周年”主题系列教育活动

图7-5 第四届社团文化节开幕式

图8-1 学校第七届运动会开幕式

图8-2 第三届大学生艺术展演

图8-3 广东省首届大学生
电子创新设计大赛启动仪式

图8-4 学校第二届IT文化节开幕式

图8-5

第二届科技学术节开幕式
暨读书文化节辩论赛总决赛

图8-6

“陈戈平教育基金”
感恩晚会

图10-1

学校承办2011年高等职业
教育研究会学术年会

图10-2 学校召开新闻媒体招待会

图10-3 学校召开2011年助学贷款工作汇报会

图10-4 学校召开校企合作座谈会

图10-5 黄文汉老师荣获全国机械职业院校（教师）数控机床装调与维修技能大赛一等奖

图10-6 学校图书馆承办广东省高职高专院校图书馆区域共享联盟成员馆工作会议

编者的话

一、《河源职业技术学院年鉴》是一本资料性的工具书，该《年鉴》创办于2007年，并于同年公开发行，本卷为该《年鉴》的第四卷。2011年是学校建校81周年及升格高职10周年，学校全体师生抓住有利时机，团结一致、同心协力、扎实工作、努力进取，各项工作取得了显著成绩，学校的基础和内涵均得到了全面的提升和发展。本卷《年鉴》的宗旨是把学校2011年发展的基本轨迹分门别类予以叙述，为学校今后的发展提供借鉴，也为想了解这些情况、积极支持河源职业技术学院建设发展的各界人士提供真实的背景信息。

二、本《年鉴》由刘安华担任主编，韦荣担任副主编。全书共分十四大部分，与上一卷年鉴相比，本卷年鉴将招生与就业工作单独成立为一部分。其中第一部分学校概况由涂华锦撰稿，第二部分重大会议与活动由杨海燕撰稿，第三部分招生与就业由柳晓夫撰稿，第四部分教学工作由戴卫军撰稿，第五部分科技开发、社会服务与经验交流由张艺中撰稿，第六部分师资队伍建设由向琼撰稿，第七部分党团建设由黄科、黄志鹏撰稿，第八部分文化建设由黄诗捷撰稿，第九部分绩效管理由李绮撰稿，第十部分部门工作由胡小春撰稿，第十一部分社会捐赠由柳晓夫、周文撰稿，第十二部分专题分析报告由涂华锦、戴卫军、周文撰稿，第十三部分大事记由蔡鹏撰稿，第十四部分附录由周文撰稿。

三、我们在编辑中力求做到：全面，能基本反映河职院2011年发展的状况；准确，即述评和报道要实事求是；简明，不讲空话、套话；实用，对关心和支持河职院未来发展的各界人士有一定参考价值。

四、本卷年鉴的编纂工作得到了学校党委的大力支持和学校各部门的通力合作，谨表谢忱。疏漏和差错之处，敬请读者指正。

编者

2012年

目　录

第一部分　学校概况

1.1　学校简介

河源职业技术学院位于有“青山绿湖碧水城”美誉的全国优秀旅游城市——广东省河源市市区，是一所地方政府投资的全日制普通高等学校。学校背靠梧桐山，面向东江河，紧依东环路，风光旖旎，交通便利（见插图1-1）。学校占地面积943亩，总建筑面积近25万平方米，校园内教学大楼、学生公寓、师生饭堂、图书馆、实训中心、体育馆等基础设施一应俱全，人工湖、贤能广场、“铭德榕”、“中山园”、“桃李园”、“双馨园”、“书香园”、萧殷公园等人文景点蕴寓着丰富的文化内涵。得天独厚的地理位置和优美的校园环境，使学校成为莘莘学子求学修身、磨炼技能的理想场所。

截至2011年底，学校有全日制在校生12004人，教职工656人，专任教师369人，其中副高职称以上专任教师46人。学校设机电工程学院、电子与信息工程学院、工商管理学院、艺术与设计学院、人文学院、继续教育学院6个二级学院；开设应用电子技术、模具设计与制造、旅游管理、服装设计、文秘、英语教育、音乐表演等40个专业；建有109个校内实训室（车间）和195个校外实习基地；拥有教学电脑2088台，教学仪器设备总值4360万元，图书馆纸质藏书49.02万册。

学校坚持“厚德强技、服务地方”的办学理念，紧密依托行业企业，开展多形式、多途径的校企合作，积极推行订单培养、置换培训、顶岗实习等工学结合人才培养模式。坚持以能力培养为重点，以工作过程为导向，依据职业岗位所需要的知识、能力、素质要求，整合教学内容，重构课程体系，大力推进“教、学、做”一体化教学模式改革，不断提高人才培养质量。目前，学校建有中央财政支持的实训基地1个，拥有省级示范性专业2个，国家级精品课程1门，省级精品课程5门，国家教学指导委员会精品课程3门；出版工学结合特色教材57部，其中国家“十一五”规划教材5部；教师公开发表论文2000多篇，获得省级教改立项7项，省级教学成果奖1项；承担省市科技项目70多项，企业技术服务项目50多项，获省市科技进步奖4项，市社科成果奖10项，专利23项；学生在省级以上各类大赛中获奖达1100多人次，获国家级一、二等奖27项，省级一等奖36项。

学校在办学过程中，突出职业教育特色，成立了“河源职业技术学院职业技能鉴定所”，具备40个工种的职业技能鉴定资格；成立了由科技部批准的“国家制造业信息化培训中心”；设立了普通话水平测试站及大学英语四六级、全国公共英语等级、全国计算机等级、全国秘书职业资格、国家导游证、全国信息化计算机应用技术资格认证（CCAT）等多个考点。至今，学校共为社会培养输送1.5万余名高素质技能型专门人才。近三年毕业生年平均总体就业率稳居全省同类院校前列；毕业生用人单位满意率达98%。由于毕业生广受社会欢迎，学校招生形势喜人。目前，学校面向全国11省招生，连续三年新生报到率达80%以上。2011年，学校是全省首批15所中高职对口自主招生院校、三二分段中高职衔接招生院校之一。

学校注重开展国际学术交流与合作，与英国、德国、新加坡、澳大利亚等国家的学术团体和培训机构建立了经常性的交流合作关系，开展学术交流、项目合作和人才培养工作，国际交流和合作领域不断拓展。

学校地址：河源市东环路大学城

邮编：517000

电话：0762-3800001

传真：0762-3800002

网址：http://www.hycollege.net

1.2 学校组织机构、研究机构、委员会及负责人

1.2.1 学校组织机构

2011年5月26日，河源市机构编制委员会《关于河源职业技术学院内设机构等事项的批复》（[2011] 17号），批复了《关于我院内设机构及职数的请示》（[2011] 22号），明确了河源职业技术学院内设机构及职数事项（[2011] 49号）。明确了学校工会、团委等群团组织按有关章程设置；学校内设机构下属科室，根据教学管理及岗位设置需要参照1∶2.2的比例设置。见表1-1、图1-1。

表1-1 机构设置及职数一览表

<table>
<tr><th colspan="2">机 构</th><th>职 务</th><th>科 室</th><th>职 务
（副科级）</th></tr>
<tr><td rowspan="18">党政部门</td><td rowspan="3">纪委（与监察审计处合署）</td><td>处长1名
（副处级，纪委副书记兼）</td><td rowspan="3">审计科</td><td rowspan="3">科长1名</td></tr>
<tr><td>副处长1名（正科级）</td></tr>
<tr><td>办公室主任1名（正科级）</td></tr>
<tr><td rowspan="3">党政办公室</td><td rowspan="2">主 任1名（副处级）</td><td>秘书科</td><td>科长1名</td></tr>
<tr><td>综合科</td><td>科长1名</td></tr>
<tr><td>副主任2名（正科级）</td><td>外事科</td><td>科长1名</td></tr>
<tr><td rowspan="2">宣传部</td><td>部长1名（副处级）</td><td rowspan="2">办公室</td><td rowspan="2">科长1名</td></tr>
<tr><td>副部长1名（正科级）</td></tr>
<tr><td rowspan="3">组织人事处</td><td>处长1名（副处级）</td><td>组织人事科</td><td>科长1名</td></tr>
<tr><td rowspan="2">副处长2名（正科级）</td><td>劳资科</td><td>科长1名</td></tr>
<tr><td>师资科</td><td>科长1名</td></tr>
<tr><td rowspan="4">教务处</td><td>处长1名（副处级）</td><td>教学科</td><td>科长1名</td></tr>
<tr><td>副处长1名（正科级）</td><td>教务科</td><td>科长1名</td></tr>
<tr><td rowspan="2">副处长1名
（兼招生办主任，正科级）</td><td>实践教学管理科
（技能鉴定所）</td><td>科长1名</td></tr>
<tr><td>招生办公室</td><td></td></tr>
<tr><td rowspan="3">科研处</td><td>处长1名（副处级）</td><td rowspan="3">办公室
（学报编辑部）</td><td rowspan="3">主任1名</td></tr>
<tr><td>副处长1名（正科级）</td></tr>
<tr><td>副处长1名
（兼高教所所长，正科级）</td></tr>
</table>

续表

<table>
<tr><th colspan="2">机　构</th><th>职　务</th><th>科　室</th><th>职　务
（副科级）</th></tr>
<tr><td rowspan="12">党政部门</td><td rowspan="2">督导处</td><td>处　长1名（副处级）</td><td rowspan="2">办公室</td><td rowspan="2">主任1名</td></tr>
<tr><td>副处长1名（正科级）</td></tr>
<tr><td rowspan="4">学生工作处（党委学工部、武装部）</td><td>处长1名（副处级）
（兼党委学工部部长、武装部部长）</td><td>办公室</td><td>主任1名</td></tr>
<tr><td rowspan="2">副处长1名
（兼就业办、校友办主任，正科级）</td><td>学生管理科</td><td>科长1名</td></tr>
<tr><td>就业办公室</td><td></td></tr>
<tr><td>副处长1名（正科级）</td><td>助学工作管理科</td><td>科长1名</td></tr>
<tr><td rowspan="3">财务处</td><td>处长1名（副处级）</td><td>综合计划科</td><td>科长1名</td></tr>
<tr><td rowspan="2">副处长1名（正科级）</td><td>会计核算科</td><td>科长1名</td></tr>
<tr><td>资金管理科</td><td>科长1名</td></tr>
<tr><td rowspan="3">资产后勤处（保卫处）</td><td rowspan="2">处长1名（副处级）
（兼保卫处处长）</td><td>后勤管理科</td><td></td></tr>
<tr><td>资产管理科</td><td>科长1名</td></tr>
<tr><td>副处长1名（正科级）</td><td>保卫科
（综合治理办公室）</td><td>科长1名</td></tr>
<tr><td rowspan="7">群团部门</td><td rowspan="4">工会</td><td>主席（学校副职领导兼任）</td><td rowspan="2">办公室</td><td rowspan="2">主任1名
（正科级）</td></tr>
<tr><td>专职副主席（副处级）</td></tr>
<tr><td>副主席1名（教职工兼任）</td><td>女工部</td><td>部长1名
（正科级）</td></tr>
<tr><td>副主任1名（教职工兼任）</td><td></td><td></td></tr>
<tr><td rowspan="3">团委</td><td>书记1名（副处级）</td><td rowspan="2">办公室</td><td rowspan="2">主任1名</td></tr>
<tr><td>副书记1名（正科级）</td></tr>
<tr><td>副书记1名（学生兼任）</td><td>教学部门（不含思教部、继续教育学院）团总支</td><td>团总支书记5名</td></tr>
<tr><td rowspan="5">教学部门</td><td rowspan="2">思教部</td><td>主任1名（副处级）</td><td rowspan="2">办公室</td><td rowspan="2">主任1名</td></tr>
<tr><td>副主任1名（正科级）</td></tr>
<tr><td rowspan="3">机电工程学院</td><td>院长1名（副处级）</td><td rowspan="3">办公室</td><td rowspan="3">主任1名</td></tr>
<tr><td>副院长1名（正科级）</td></tr>
<tr><td>党总支副书记1名（正科级）</td></tr>
</table>

续表

机构		职务	科室	职务（副科级）
教学部门	电子与信息工程学院	院长1名（副处级）	办公室	主任1名
		副院长1名（正科级）		
		党总支副书记1名（正科级）		
	工商管理学院	院长1名（副处级）	办公室	主任1名
		副院长1名（正科级）		
		党总支副书记1名（正科级）		
	人文学院	院长1名（副处级）	办公室	主任1名
		副院长1名（正科级）		
		党总支副书记1名（正科级）		
	艺术与设计学院	院长1名（副处级）	办公室	主任1名
		副院长1名（正科级）		
		党总支副书记1名（正科级）		
	继续教育学院	院长1名（副处级）	办公室	主任1名
		副院长2名（正科级）		
		党总支副书记1名（正科级）		
教辅部门	图书馆	馆长1名（副处级）	办公室	主任1名
		副馆长1名（正科级）		
	信息中心	主任1名（副处级）	办公室	主任1名
		副主任1名（正科级）		

1.2.2　党政、群团部门及负责人

1.2.2.1　学校党委

党委书记：
高仁泽
党委副书记：
刘安华
韦　荣
党委委员：
高仁泽
刘安华
韦　荣
陈德清
陈农心
黄向明
王小宁

1.2.2.2　学校行政

校　长：
刘安华
副校长：

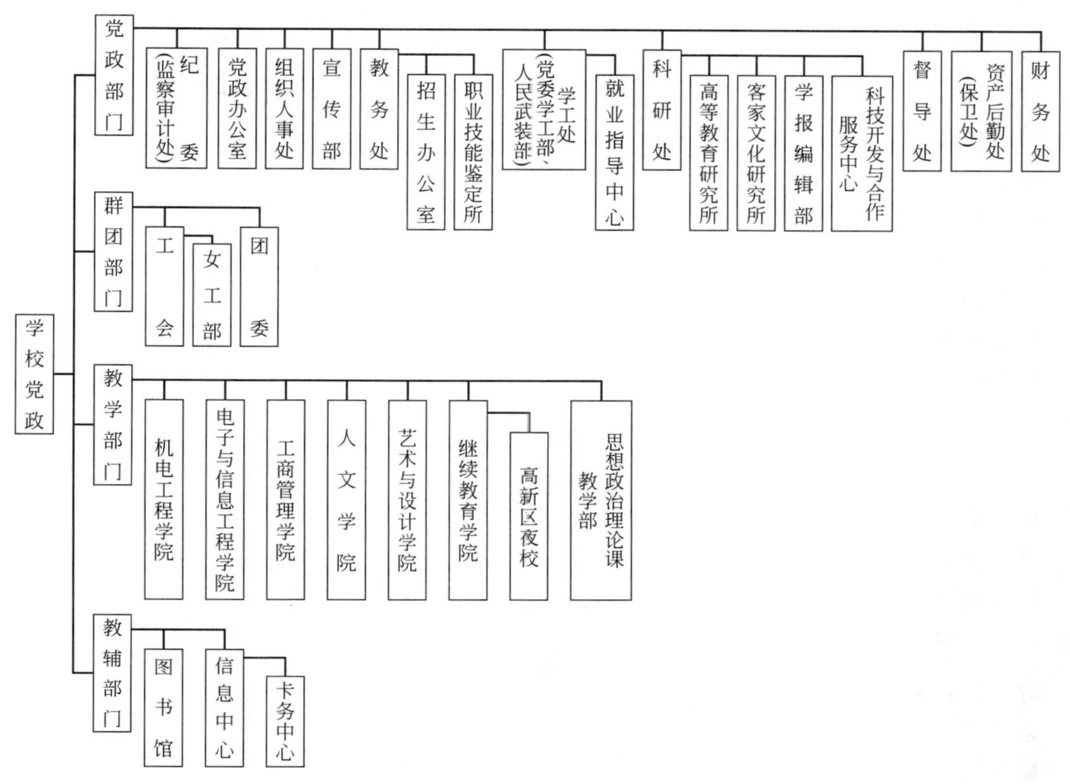

图 1-1　组织机构图

陈德清

陈农心

黄向明

教学质量管理专员：

刘守义

1.2.2.3　纪委（监察审计处）

纪委书记：

韦　荣（兼）

纪委副书记、监察审计处处长：

赖小景

监察审计处副处长：

欧阳玉娟

纪委办公室主任：

胡小春

审计科科长：

梁建州

纪委委员：

韦　荣

赖小景

叶小莲

俞　彤

刘　宇

1.2.2.4　党政办公室

主　任：

李先昌

副主任：

黄建华

钟　红

秘书科科长：

涂华锦

综合科科长：

蔡　鹏

外事科科长：

蔡景庭

车队队长：

黄振强

1.2.2.5　组织人事处

处　长：

王小宁
副处长：
叶捷新
向 琼
组织人事科科长：
黄 科
劳资科科长：
武广源
师资科科长：
王俊光

1.2.2.6 宣传部

部 长：
杨海燕
办公室主任：
黄诗捷

1.2.2.7 教务处

处 长：
袁光华
副处长：
戴卫军
副处长，兼招生办主任：
李文萍
教学科科长：
钟燕瑾
教务科科长：
马韦伟
实践教学管理科（技能鉴定所）科长：
廖远来

1.2.2.8 学生工作处（党委学工部、人民武装部）

处长，兼党委学工部部长、人民武装部部长：
何智聪
副处长，兼就业办、校友办主任：
柳晓夫
副处长：
谢理滔
办公室主任：
钟志杰
学生管理科科长：
黄 亮
助学工作管理科科长：
吴紫苑

1.2.2.9 科研处

处 长：
邱 远
副处长，兼高教所所长：
刘剑飞
副处长：
肖运海
办公室主任，兼学报编辑部主任：
张艺中

1.2.2.10 督导处

处 长：
袁天星
副处长：
李 绮
办公室主任：
李兰芳

1.2.2.11 资产后勤处（保卫处）

资产后勤处、保卫处处长：
王富宽
副处长：
叶锦辉
后勤管理科科长：
李郁声
资产管理科科长：
曾善平
保卫科（综合治理办公室）科长：
何建平
校医室负责人：
胡 剑

1.2.2.12 财务处

处 长：
蒋江娇
副处长：
王春荣
会计核算科科长：

王和伟
资金管理科科长：
包媚娇

1.2.2.13 工会

主　席：
黄向明（兼）
专职副主席：
黄蕊奇
女工部部长：
叶小莲
办公室主任：
叶初标

1.2.2.14 团委

书　记：
陈海明
副书记：
邝茂华
办公室主任：
黄志鹏

1.2.3 教学、教辅部门及负责人

1.2.3.1 机电工程学院

院　长：
李大成
副院长：
张涛川
党总支副书记：
戴佰阳
办公室主任：
廖晓明
团总支书记：
杨　成

1.2.3.2 电子与信息工程学院

院　长：
钟建坤
副院长：
杨　黎
党总支副书记：
徐国辉
办公室主任：
李　雄
团总支书记：
杨日奎

1.2.3.3 工商管理学院

院　长：
俞　彤
副院长：
邓文博
党总支副书记：
邹东平
办公室主任：
朱　智
团总支书记：
朱伟文

1.2.3.4 人文学院

院　长：
黄海林
副院长：
谢战锋
党总支副书记：
罗春娜
办公室主任：
曾险峰
团总支书记：
刘少燕

1.2.3.5 艺术与设计学院

院　长：
叶增忠
副院长：
王　方
党总支副书记：
陈晓锋
办公室主任：
邓华荣
团总支书记：
张　超

1.2.3.6 继续教育学院

院　长：

戴春平
副院长：
廖远兵
江巧良
党总支副书记：
赖新优
办公室主任：
彭仲文

1.2.3.7 思想政治理论课教学部

主 任：
刘 宇
副主任：
廖志刚
办公室主任：
温文妮

1.2.3.8 信息中心

主 任：
杨 文
副主任：
陶 影
办公室主任：
曾 彦
卡务中心负责人：
陈易宇

1.2.3.9 图书馆

馆 长：
邵魁德
副馆长：
周 文
办公室主任：
杨 燕

1.2.4 研究机构及负责人

1.2.4.1 高等教育研究所

所 长：刘剑飞

1.2.4.2 客家文化研究所

所 长：邱 远

1.2.4.3 水资源研究所

所 长：刘安华

1.2.4.4 旅游规划与发展研究中心

主 任：俞 彤
常务副主任：胡晓晶

1.2.5 常设委员会（领导小组）及组成人员

1.2.5.1 党校

校 长：韦 荣
副校长：王小宁
校务委员：杨海燕 刘 宇 陈海明
黄建华 向 琼
秘 书：黄 科

1.2.5.2 教师专业技术资格评审小组

组 长：刘安华
成 员：韦 荣 陈德清 王小宁
曲建国 李大成 刘 宇
张学仪 邱 远 邱建霞
邵敬党 黄业安 黄海林

1.2.5.3 职教能力培训与测评工作领导小组

高仁泽 刘安华 韦 荣
陈德清 陈农心 刘守义
王小宁 袁天星 李大成
钟建坤 俞 彤 黄海林
叶增忠 刘嘉瑜

1.2.5.4 计划生育工作领导小组成员

组长：刘安华
副组长：黄向明 叶小莲
成 员：王小宁 赖小景 李先昌
杨海燕 袁光华 何智聪
邱 远 袁天星 王富宽
蒋江娇 黄蕊奇 陈海明
李大成 钟建坤 俞 彤
黄海林 叶增忠 戴春平
刘 宇 邵魁德 杨 文
胡 剑

1.2.5.5 教学及行政差错与事故申诉处理委员会

主 任：黄向明

副主任：黄蕊奇　叶小莲
委　员：叶初标　钟　红　戴佰阳
徐国辉　邹东平　罗春娜
陈晓峰　赖新优　周　文
秘　书：叶初标

1.2.5.6 突发公共事件应急处置工作领导小组

组　长：高仁泽
副组长：刘安华（常务）　韦　荣　陈德清　陈农心　黄向明　刘守义
成　员：王小宁　赖小景　李先昌
杨海燕　王富宽　何智聪
陈海明　李大成　钟建坤
俞　彤　黄海林　叶增忠
戴春平　杨　文
高洪禄（中竣物业）

1.2.5.7 校园治安综合治理领导小组

组　长：刘安华
常务副组长：黄向明
副组长：陈农心
成员：王富宽　何智聪　陈海明
杨　文　叶锦辉　谢理滔
罗春娜　邹东平　赖新优
徐国辉　戴佰阳　陈晓峰
黄　亮　何建平
高洪禄（中竣物业）
领导小组下设办公室
主任：王富宽
副主任：叶锦辉

1.2.5.8 教学与行政事故认定委员会

主　任：赖小景
委　员：邱　远　杨海燕　王小宁
李先昌　袁光华　杨捷权
刘剑飞
秘　书：刘剑飞　杨捷权

1.2.5.9 第二届教学指导委员会

主　任：刘安华
常务副主任：陈德清
副主任：韦　荣陈农心刘守义
秘书长：袁光华
委　员：韦　荣　陈德清　陈农心
车　辉　戴春平　邓文博
黄海林　黄　箭　黄文汉
何智聪　刘安华　刘守义
李大成　刘　亢　刘　宇
邱　远　邵魁德　王　方
谢战锋　徐文义　袁光华
袁天星　杨　黎　杨　文
俞　彤　叶增忠　钟建坤
张涛川　张晓燕

1.2.5.10 教材建设指导委员会

主　任：陈德清
副主任：袁光华　邱　远
委　员：张涛川　杨　黎　邓文博
王　方　谢战锋　刘　宇
邵魁德
秘　书：钟燕瑾

1.2.5.11 语言文字工作委员会

主任委员：刘安华
副主任委员：陈德清
委员：李先昌　杨海燕　袁光华
何智聪　黄海林　李大成
俞　彤　钟建坤　叶增忠
刘　宇　戴春平

语言文字工作办公室和普通话培训测试站人员名单如下。

主任（站长）：陈德清
副主任（副站长）：袁光华　黄海林　李　绮
成员：曾险峰　郑尔君　袁思强
李文萍　向　琼　李娟娟
杨　燕　刘立恒　赵红石
秘书：郑尔君

1.2.5.12 招生工作领导小组

组　长：刘安华
副组长：陈德清
监察组组长：韦　荣
成　员：袁光华　李文萍　戴春平
李大成　钟建坤　俞　彤

黄海林 叶增忠

1.2.5.13 职业技能培训与鉴定工作领导小组

组 长：陈德清
副组长：袁光华
成 员：戴卫军 廖远来 廖晓明
李 雄 朱 智 邓华荣
曾险峰 廖远兵

1.2.5.14 第三届学术委员会

主 任：邱 远
秘书长：肖运海
委 员：袁光华 袁天星 李大成
刘冠军 黄业安 黄锡波
俞 彤 张晓燕 肖小兮
邵敬党 刘 亢 刘 宇
陶 影 邵魁德 戴春平
黄海林 张学仪

1.2.5.15 第二届学报编委会

主任：刘安华
副主任：陈德清
编 委：韦 荣 王世同 刘安华
刘嘉瑜 曲建国 关雁华
陈德清 陈农心 邱 远
邱建霞 李大成 杨 帆
张学仪 邵敬党 袁天星
主编：刘安华
副主编：陈德清
编辑部主任：张艺中
美术编辑：戴学映
英文编辑：袁光华

1.2.5.16 科学技术协会第一届委员会

主 席：刘安华
常务副主席：陈德清
副主席：韦 荣 陈农心 刘守义
秘书长：邱 远
委 员：刘安华 陈德清 韦 荣
陈农心 刘守义 邱 远
何智聪 李大成 钟建坤
黄海林 叶增忠 俞 彤
戴春平 邵魁德 杨 文
杨 伟 邱建霞 张晓燕
邵敬党 张 坚

1.2.5.17 校企合作工作指导委员会

主任委员：刘安华
常务副主任委员：陈德清
副主任委员：陈农心 黄向明 刘守义
委 员：邱 远 袁光华 袁天星
何智聪 王富宽 李大成
钟建坤 俞 彤 叶增忠
黄海林 戴春平 刘 宇
办公室主任：邱 远（兼）
办公人员：肖运海 刘剑飞 刘笑嶂

1.2.5.18 文献信息工作委员会

主 任：刘守义
副主任：邵魁德
秘书长：李雪冰
委员：王小宁 叶增忠 李大成
刘 宇 邱 远 陈海明
杨 文 杨海燕 俞 彤
钟建坤 袁天星 袁光华
黄海林 蒋江娇 戴春平

1.2.5.19 精神文明建设领导小组

组 长：高仁泽
副组长：韦 荣
成 员：王小宁 王富宽 叶增忠
刘 宇 李大成 李先昌
邱 远 何智聪 邵魁德
杨 文 陈海明 杨海燕
俞 彤 钟建坤 袁天星
袁光华 黄海林 黄蕊奇
蒋江娇 赖小景 戴春平
领导小组下设办公室
办公室主任：杨海燕
办公室成员：黄诗捷 涂华锦 张素芬

1.2.5.20 就业工作委员会

主 任：刘安华
副主任：陈农心 陈德清
委 员：李大成 钟建坤 俞 彤
黄海林 叶增忠 何智聪
刘 宇 袁光华 陈海明

柳晓夫　戴佰阳　徐国辉
邹东平　罗春娜　陈晓峰

委员会下设就业工作小组

组　长：柳晓夫

成　员：戴佰阳　徐国辉　邹东平
罗春娜　陈晓峰　钟志杰

1.2.5.21　毕业生就业工作考核小组

组　长：刘安华

副组长：陈农心

成　员：何智聪　柳晓夫　戴佰阳
徐国辉　邹东平　罗春娜
陈晓峰　钟志杰

秘　书：钟志杰

1.2.5.22　学生违纪处理委员会

主　任：何智聪

副主任：谢理滔　柳晓夫

委　员：戴佰阳　徐国辉　邹东平
陈晓峰　罗春娜　黄　亮

秘书：黄　亮（兼）

1.2.5.23　学生申诉处理委员会

主任：陈农心

副主任：陈海明

委员：袁光华　刘　宇　邝茂华
黄志鹏
学生自律会干部 2 人

秘书：黄志鹏（兼）

1.2.5.24　助学贷款工作领导小组

组　长：陈农心

副组长：何智聪

成　员：蒋江娇　戴佰阳　徐国辉
邹东平　陈晓峰　罗春娜
王春荣　吴紫苑

1.2.5.25　辅导员等级基层评审小组成员

组长：陈农心

副组长：何智聪

成员：刘　宇　柳晓夫　谢理滔
戴佰阳　徐国辉　邹东平
罗春娜　陈晓峰

1.2.5.26　就业指导课教学改革领导小组

组　长：刘安华

副组长：陈农心

组　员：何智聪　袁光华　刘　宇
柳晓夫　戴佰阳　徐国辉
邹东平　罗春娜　陈晓峰
钟志杰　廖志刚

1.2.5.27　应届毕业生入伍预征工作领导小组

组　长：刘安华

副组长：陈农心

成　员：何智聪　柳晓夫　戴佰阳
徐国辉　邹东平　罗春娜
陈晓峰　吴紫苑　钟志杰

1.2.5.28　大学生创业园管理委员会

主　任：刘安华

副主任：陈农心　黄向明

委　员：何智聪　王富宽　柳晓夫
陈海明　戴佰阳　徐国辉
邹东平　罗春娜　陈晓峰
黄　亮

1.2.5.29　第二届教学督导委员会

主任委员：刘安华

副主任委员：陈德清　刘守义

委　员：赖小景　王小宁　刘嘉瑜
谢战锋　刘　宇　袁光华
杨　黎　袁天星　邓文博
王　方　张涛川

秘　书：袁天星（兼）

1.2.5.30　校务公开工作领导小组

组　长：刘安华

副组长：韦　荣

成　员：赖小景　王小宁　李先昌
邱　远　刘　宇　黄蕊奇
戴春平　袁光华　蒋江娇

1.2.5.31　保密委员会

主　任：韦　荣

副主任：王小宁

委　员：李先昌　杨　文　刘　宇　袁光华　邱　远　黄蕊奇　戴春平

1.2.5.32　教育基础数据库领导小组

组　长：刘安华

副组长：韦　荣　陈德清　陈农心　黄向明

成　员：赖小景　王小宁　李先昌　杨海燕　袁光华　何智聪　黄蕊奇　邱　远　蒋江娇　袁天星　戴春平　邵魁德　杨　文　王富宽　陈海明　刘　宇　黄海林　李大成　钟建坤　俞　彤　叶增忠

领导小组下设办公室

办公室主任：李先昌

办公室秘书：涂华锦

1.2.6　管理人员结构表

表 1-2　管理人员结构表（职能处室、教辅部门）

<table>
<tr><th>决策层</th><th colspan="2">中层(执行层)</th><th>操作层</th></tr>
<tr><td rowspan="9">韦荣</td><td rowspan="2">赖小景
[监察审计处(纪委)处长]</td><td>欧阳玉娟(副处长)</td><td rowspan="2">梁建州(审计科科长)</td></tr>
<tr><td>胡小春(办公室主任)</td></tr>
<tr><td rowspan="3">李先昌
(党政办公室主任)</td><td rowspan="2">黄建华(副主任)</td><td>蔡　鹏(综合科科长)</td></tr>
<tr><td>蔡景庭(外事科科长)</td></tr>
<tr><td>钟　红(副主任)</td><td>涂华锦(秘书科科长)</td></tr>
<tr><td rowspan="3">王小宁
(组织人事处处长)</td><td>向　琼(副处长)</td><td>黄　科(组织人事科科长)</td></tr>
<tr><td rowspan="2">叶捷新(副处长)</td><td>武广源(劳资科科长)</td></tr>
<tr><td>王俊光(师资科科长)</td></tr>
<tr><td>杨海燕(宣传部部长)</td><td></td><td>黄诗捷(办公室主任)</td></tr>
<tr><td rowspan="8">陈德清</td><td rowspan="3">袁光华
(教务处处长)</td><td rowspan="2">戴卫军(副处长)</td><td>廖远来(实践教学管理科科长)</td></tr>
<tr><td>钟燕瑾(教学科科长)</td></tr>
<tr><td>李文萍(副处长)</td><td>马韦伟(教务科科长)</td></tr>
<tr><td rowspan="2">邱　远
(科研处处长)</td><td>肖运海(副处长)</td><td rowspan="2">张艺中(办公室主任)</td></tr>
<tr><td>刘剑飞(副处长)</td></tr>
<tr><td rowspan="3">戴春平
(继续教育学院院长)</td><td>廖远兵(副院长)</td><td rowspan="3">彭仲文(办公室主任)</td></tr>
<tr><td>江巧良(副院长)</td></tr>
<tr><td>赖新优(党总支副书记)</td></tr>
</table>

续表

<table>
<tr><th>决策层</th><th colspan="2">中层(执行层)</th><th>操作层</th></tr>
<tr><td rowspan="7">陈农心</td><td rowspan="3">何智聪
[学生工作处(党委学工部、人民武装部)处长]</td><td>柳晓夫(副处长)</td><td>钟志杰(办公室主任)</td></tr>
<tr><td rowspan="2">谢理滔(副处长)</td><td>黄　亮(学生管理科科长)</td></tr>
<tr><td>吴紫苑
(助学工作管理科科长)</td></tr>
<tr><td rowspan="2">蒋江娇
(财务处处长)</td><td rowspan="2">王春荣(副处长)</td><td>王和伟(会计核算科科长)</td></tr>
<tr><td>包媚娇(资金管理科科长)</td></tr>
<tr><td>陈海明(团委书记)</td><td>邝茂华(副书记)</td><td>黄志鹏(办公室主任)</td></tr>
<tr><td>刘　宇
(思想政治理论课教学部主任)</td><td>廖志刚(副主任)</td><td>温文妮(办公室主任)</td></tr>
<tr><td rowspan="5">黄向明</td><td rowspan="3">王富宽
[资产后勤处(保卫处)处长]</td><td rowspan="3">叶锦辉(副处长)</td><td>李郁声(后勤管理科科长)</td></tr>
<tr><td>曾善平(资产管理科科长)</td></tr>
<tr><td>何建平(保卫科科长)</td></tr>
<tr><td rowspan="2">黄蕊奇
(工会专职副主席)</td><td>叶初标(办公室主任)</td><td>—</td></tr>
<tr><td>叶小莲(女工部部长)</td><td>—</td></tr>
<tr><td rowspan="3">刘守义</td><td>袁天星(督导处处长)</td><td>李　绮(副处长)</td><td>李兰芳(办公室主任)</td></tr>
<tr><td>邵魁德(图书馆馆长)</td><td>周　文(副馆长)</td><td>杨　燕(办公室主任)</td></tr>
<tr><td>杨　文(信息中心主任)</td><td>陶　影(副主任)</td><td>曾　彦(办公室主任)</td></tr>
</table>

1.3 教职员工社会兼职情况

表 1-3 教职员工社会兼职情况

序号	姓　名	政府或行业、协会、学会职务
1	高仁泽	河源市摄影家协会主席、河源市客家古邑文化研究会顾问、河源市企业文化研究会顾问、中共河源市第五届委员会委员、中国共产党河源市第五次代表大会代表
2	刘安华	广东省高等学校教师高级专业技术资格评审委员会评委、全国橡胶学会理事、全国橡胶助剂专业委员会高级咨询专家、广东省橡胶学会理事、广东省涂料协会高级顾问、广东省教师教育教学指导委员会副主任委员、广东省高职高专评估委员会委员、河源市第五届人大常委会委员、河源市第五届人大代表

续表

序号	姓　名	政府或行业、协会、学会职务
3	韦　荣	河源市心理学会会长、河源市客家古邑文化研究会副会长、河源市政协委员、广东省公务员录用面试考官
4	陈德清	河源市旅游规划委员会委员
5	陈农心	河源市信息协会副会长
6	黄向明	河源市教育工会常务理事
7	刘守义	深圳大族激光公司、好易通通信公司等著名企业特邀专家
8	李大成	广东省高职高专办学水平评估专家、广东省高校数控专业教学指导委员会委员、广东省模具工业协会培训委员会副主任、全国经济类高等学校工业技术协会高职分会常务副会长、河源市汽车摩托车维修行业协会常务副会长
9	俞　彤	广东省高职酒店管理专业教学指导委员会委员、河源市地方志书审查委员会成员
10	伍春姑	河源市会计学会常务理事、河源市珠算协会常务理事、河源市注册会计师协会理事
11	杜伟祥	河源市音乐家协会理事
12	刘　亢	中国工业设计协会会员、中国工艺美术协会会员
13	曾仕标	河源市美术家协会会员
14	程元文	河源市突发事件应急管理专家、河源市矿山地质环境保护与治理恢复方案评审专家、广东省生产安全事故应急救援预案评审专家、广东省安全生产监督管理协会个人会员
15	邓文博	中国管理现代化委员会决策模拟专业委员会专家指导委员会委员、中山大学管理学院创业学院兼职导师、中山大学创业中心创业导师
16	吴春尚	广东省高职高专物流管理专业建设指导委员会委员
17	刘　宇	河源市人民政府法律顾问、广东东江勤诚律师所律师、河源市青少年犯罪研究会常务理事、河源市知识产权局顾问
18	向群飞	河源市翻译工作者协会副会长
19	郑尔君	国家级普通话测试员、省音乐朗诵考官、河源市普通话测试站测试员、河源市朗诵艺术学会副会长兼秘书长
20	戴学映	广东省书法家协会会员、河源市书法家协会副主席、广东高校美术与设计专业教育委员会理事、河源市青年美术家学会顾问、河源日报书画院书画家

续表

序号	姓　名	政府或行业、协会、学会职务
21	曾永松	中国画院一级美术师、签约画家、客家画院画家、广东省美术家协会会员、河源市美术家协会副主席、河源美术研究院副院长、陕西美术馆特聘画家、广州大学松田学院客座教授
22	刘笑嶂	广东省工业与应用数学学会理事、中国计算机学会会员、核心期刊《计算机应用研究》审稿人
23	陈晓峰	河源市朗诵学会理事
24	匡　华	广东兴源律师事务所兼职律师
25	毛　丹	广东兴源律师事务所兼职律师
26	罗春娜	中国秘书科学联盟理事、广东省秘书类协作委员会副主任委员、中国共产党河源市第六次代表大会代表、中国共产党广东省第十一次代表大会代表
27	李娟娟	广东省舞蹈家协会会员、河源市舞蹈家协会理事、河源市音乐家协会会员、河源市朗诵协会会员、河源市朗朗艺术培训中心舞蹈类培训负责人、广东省普通话等级测试中心测试员、全国民族民间舞蹈考级中心培训教师、中国舞蹈家协会注册教师
28	叶增忠	河源市合唱团副团长
29	向　琼	河源市朗诵协会会员、广东省普通话等级测试中心测试员
30	薛　莉	河源市音乐家协会理事
31	罗士俐	广东省高级普法团高级讲师、河源市人民政府法律顾问、广东兴源律师事务所律师、中华全国律师协会会员
32	邱　远	中国体育科学学会总会会员、广东省高等学校教师教育体育教育专业指导委员会副主任委员、河源市客家古邑研究会副秘书长、中国高等职业技术教育研究会体育工作委员会常务理事
33	邵魁德	广东省高校图工委委员、广东省高校图工委高职高专分委常务委员、广东省文献资源采购评审专家
34	陈火胜	广东省作家协会会员、诗探索・天问中国新诗会所会员、河源市诗词协会常务理事、河源市作家协会诗歌创作委员会副主任、河源日报特约记者、河源乡情报特约记者
35	冷雪花	中国服装设计师协会会员、香港职业设计师学会顾问委员、中国纺织工程学会会员
36	袁跃奇	广东省美术家协会会员
37	王　方	广东高校美术与设计教育专业委员会理事

续表

序号	姓 名	政府或行业、协会、学会职务
38	戴春平	广东省成人教育协会常务理事、富海人才开发公司顾问
39	钟碧来	河源市心理协会理事
40	蔡 鹏	河源市公安局110报警中心外籍人士报警三方联动特聘英语翻译
41	赖小景	河源市监察学会会员、河源市内审协会副会长、河源市象棋协会常务理事
42	肖运海	河源市江西企业家协会副秘书长
43	胡晓晶	河源市旅游规划委员会委员
44	李日新	广东省写作协会会员
45	杨党校	中国现代史学会会员、科技部《管理观察》杂志社特约观察员和特约编辑、中国管理科学研究院特聘研究员、“价值中国网”专家
46	张 坚	中国共产党河源市第六次代表大会代表
47	黄文汉	中国共产党河源市第六次代表大会代表

1.4 领导关怀

5月12日，代市长彭建文、副市长叶维园一行莅临学校参观考察，并与学校全体领导班子成员及中层干部进行座谈。这是彭建文首次到学校指导工作（见插图1-2）。他表示，市委市政府将一如既往支持河职院的发展，逐步为学校解决有关编制、资金、图书不足等实际难题，希望学校以即将迎来的第二次人才培养水平评估为契机，鼓足干劲、团结协作，加大发展力度，为河职院持续快速发展而奋斗。

6月29日，市委常委、纪委书记苏全贵在市教育局局长苏晖陪同下莅临学校考察指导（见插图1-3）。学校党委书记高仁泽、校长刘安华、党委副书记韦荣等热情接待了来访一行。苏全贵向学校领导了解学校的办学规模、建设规划、取得成绩等方面的情况，并希望学校加强师资队伍建设，不断提高办学质量，为河源发展提供更多专业人才。

11月10日，省教育厅党组成员、副厅长叶小山率队到学校调研，强调要做好高技能人才培养工作（见插图1-4）。

11月30日，中共广东省委教育工委副书记、广东省教育厅党组副书记景李虎一行莅临学校视察指导工作并召开座谈会（见插图1-5）。景书记对学校办学理念、校容校貌、党建工作等方面予以了高度的肯定，并向学校提出了四点建议：一是领导班子要做好理论探索，思考如何在欠发达地区建设好学校；二是要抓住河源产业布局调整的机遇，深化校企合作，提高办学水平；三是要进一步加强专业建设与学科建设，引领山区经济发展；四是要不断加强师资、干部及党的建设。同时，景李虎还表示，省委教育工委、省教育厅将会一如既往的关心支持河源职业技术学院的工作。

12月12日上午，临近换届之际，河源市委书记陈建华莅临学校，与学校党政领导班子及师生代表依依惜别，并亲手种下香樟树作为纪念，还亲笔为学校题“种德”一词（见插图1-6）。

第二部分　重大会议与活动

2.1 中共河源职业技术学院第二次代表大会

2.1.1 会议筹备

2010年初，为开好第二次党代会，学校党委把大会筹备工作列入到重要议事日程。同年4月，学校党政领导班子就党代会相关事宜进行了初步讨论；4月13日，学校向中共河源市委组织部呈报了《关于召开中国共产党河源职业技术学院第二次代表大会的请示》；10月18日，学校党委会议研究了大会代表产生办法及学校党委委员、纪委委员候选人建议人选等问题，同意成立第二次党代会筹备工作领导小组及工作机构，正式启动了党代会各项筹备工作。

2010年10月18日，学校党委下发了《关于中国共产党河源职业技术学院第二次代表大会代表选举工作的通知》，就大会代表名额分配及构成、代表应具备条件、产生办法与程序等作出明确规定。该次党代会代表名额共计101名。代表名额的分配，根据学院各基层党组织党员人数和代表具有广泛性、先进性的原则，按照党（总）支部的人数、教学科研和专业建设等情况确定。代表构成的总体比例为：各级领导干部代表30名，占29.7%，各类专业技术人员代表46名，占45.5%，先进模范人物代表16名，占15.8%，学生代表9名，占8.9%；其中妇女代表27名，占26.7%，少数民族代表2名，占2%，40岁以下代表45名，占44.6%。其中学生代表作为全省高校及全市的试点，采取公推选举办法产生。

根据上级主管部门安排，省委组织部协同省委教育工委于2010年12月22日对学校党委班子、行政班子进行了任期届（期）满考核。省、市组织部门根据考核推荐情况，分别于2011年3月和4月批复同意学院第二届党委书记候选人预备人选、第二届党委班子成员和纪委班子成员候选人预备人选。同年5月1日，学院向中共河源市委组织部呈报了《关于召开中国共产党河源职业技术学院第二次代表大会的再请示》。市委组织部批复同意后，学校党委会议将第二次党代会召开时间拟定在5月13日至14日，并讨论通过《党委工作报告（稿）》、《学校“十二五”发展规划纲要（稿）》，再次呈报市委组织部申请正式召开学校第二次党代会。

2.1.2 会议召开

根据市委组织部批复同意，大会于2011年5月13日至14日正式召开。会议听取和审议《中共河源职业技术学院委员会工作报告》、《中共河源职业技术学院纪律检查委员会工作报告》，选举产生中共河源职业技术学院第二届委员会及中共河源职业技术学院纪律检查委员会。会议正式代表101人，嘉宾及列席代表172人；出席会议正式代表91人，嘉宾及列席代表158人。市委组织部部长白涛、副市长叶维园、市纪委副书记邹道浓、市直工委副书记黄小柳、市教育局局长苏晖等领导、嘉宾及钟伟尧、钟录宏等原学校领导出席大会。出席大会的还有学校部分退休干部，学校各处室、支部、院部相关负责人，各民主党派、党外知识分子代表、相关合作企业负责人和学生代表。

2011年5月13日下午，学校举行大会代表团召集人会议，由大会筹备领导小组组长向各召集人汇报了大会筹备情况，布置推选代表团团长、副团长，酝酿大会主席团成员、秘书长、代表资格审查委员会建议名单，酝酿讨论大会议程（草案）。

接着，各代表团召集人主持召开各代表团会议，传达了召集人会议精神，推选出代表团正、副团长，酝酿讨论大会主席团成员、秘书长、代表资格审查委员会建议名单，酝酿讨论大会议程（草案）。

随后，召开第二次代表团召集人会议，向大会筹备领导小组汇报推选代表团正、副团长和酝酿讨论的事项，确定预备会议的内容和程序。

第二次代表团召集人会议后，大会代表资格审查委员会听取并讨论通过《代表资格审查报告（草案）》。

完成各项会议预备工作后，学校召开中国共产党河源职业技术学院第二次代表大会预备会议，91 名正式代表参加会议。与会代表听取了《大会筹备工作报告》，讨论通过了大会主席团名单、大会秘书长名单、代表资格审查委员会名单、大会议程等事宜。随后举行的大会主席团第一次会议，讨论通过了大会主席团执行主席分组建议名单、大会副秘书长名单、列席代表和来宾事项、大会日程等事宜，并听取和通过《代表资格审查报告》。

5 月 14 日上午，大会开幕式胜利举行（见插图 2-1）。在开幕式上，河源市委常委、市委组织部部长白涛同志作了讲话。白涛指出，中共河源职业技术学院第二次代表大会的召开，是河源职业技术学院全体共产党员和师生员工政治生活中的一件大事，也是全市高校党建工作中的一件大事。2005 年第一次党代会以来，河职院党委在省教育厅的悉心指导和大力帮助下，在市委、市政府的直接领导和全力支持下，团结带领广大共产党员、全体师生员工，按照科学发展观的要求，紧紧围绕内涵建设，以奋发有为的精神状态迎接挑战，以改革创新的工作思路破解难题，以艰苦奋斗的工作作风真抓实干，全面完成了第一次党代会提出的目标、任务，各项事业取得跨越式发展，初步实现了规模与质量的同步提升、招生与就业的良性循环、速度与效益的相互促进。至今，河职院共为社会培养输送 1 万多名高技能专门人才，为地方经济社会的发展作出了一定的贡献。可以说，河职院已经成为河源经济社会发展的“智力基地”和“人才摇篮”。白涛对新成立的校党委和校纪委领导班子提出三点希望。一是要始终牢记职责使命，努力成为政治坚定的班子；二是要坚定信心谋求发展，努力成为务实开拓的班子；三是要勤政为民廉洁从政，努力成为作风过硬的班子。

开幕式后，大会第一次会议胜利召开。会上，高仁泽同志代表上一届党委向大会作了《提升内涵，凝练特色，努力开创科学发展新局面》的工作报告。

报告指出，过去的五年，是学校收获众多标志性成果、取得跨越式发展的五年，是学校党组织的凝聚力、号召力、战斗力不断增强的五年。五年来，学校党委团结和带领全体党员和广大师生员工奋力拼搏、锐意进取，积极探索办好欠发达地区高职的新路子，比较圆满地完成了上一届党委提出的工作目标和各项任务。报告认为，五年来，学校党委致力于办全省山区最好的高职院校这一目标，以解放思想为先导，以不断创新的锐气，确立了“厚德强技，服务地方”的办学理念；形成了“以质量求生存，以特色创品牌，以创新谋发展，以服务获支持”的办学思路；提出了实施“质量特色立校、双师团队强校、社会服务兴校、先进文化建校”的战略举措。特别是通过 2007 年迎接教育部高职高专人才培养工作评估和 2009 年开展深入学习实践科学发展观活动，学校进一步解放思想，转变观念，创新发展思路。五年来，学校党委坚持以党的先进性建设和执政能力建设为主线，扎实推进各项党建工作。学校共发展新党员 1370 人，先后有 2 个党总支被省、市评为“先进基层党组织”，有 4 人被上级评为“优秀共产党员”或“优秀党务工作者”。学校团委先后被评为全国“五四红旗团委”创建单位、“广东省五四红旗团委标兵”，学校先后获得“广东省文明单位”、“广东省师德建设先进单位”等光荣称号。报告根据“十二五”发展规划纲要，明确把“强化合作，提升内涵，凝练特色，加强党建，努力开创科学发展新局面”作为学校今后工作的指导思想；同时，报告还强调今后主要任务是突出抓好内涵建设、文化建设和党的建设，大力推进合作办学、合作育人、合作就业、合作发展，创建人文校园、活力校园、绿色校园，打造学习型、服务型、效能型、廉洁型党组织，努力实现规模、结构、质量、效益的协调发展，让发展成果更多地惠及广大师生。报告提出，希望全体共产党员、共青团员与广大师生员工一起站在新的历史起点上，更加紧密地团结起来，以奋发有为的精神状态、求真务实的工作作风，为开创学校科学发展新局面而努力奋斗。

中共河职院纪律检查委员会书记韦荣向大会提交了题为《围绕中心，服务大局，为学校的科学发展提供坚强的政治保证》的纪委工作书面报告。

在大会第一次会议后，各代表团分别讨论了党委工作报告、纪委工作报告及“十二五”发展规划纲要，酝酿党委委员、纪委委员候选人建议名单，推选大会选举监票人，讨论《大会选举办法（草案）》。主席团第二次会议听取各代表团团长汇报《党委工作报告》的讨论意见及“两委”委员候选人建议名单酝酿情况，讨论通过了《大会选举办法（草案）》，确定了总监票人、监票人建议名单，“两委”人事安排说明，通过“两委”委员候选人建议名单，讨论通过《关于党委工作报告的决议（草案）》。

14日下午，大会第二次会议举行，讨论通过了《大会选举办法》，总监票人、监票人名单，宣读计票人名单。随后举行大会第三次会议，向全体代表介绍党委委员、纪委委员候选人基本情况，选举党委委员、纪委委员。在接着进行的主席团第三次会议上，主席团成员听取大会选举结果的汇报，并通过当选人名单，推选出党委、纪委第一次全会主持人。大会复会上，总监票人宣布选举得票情况，大会主持人宣布选举结果。

最后，举行大会闭幕式，讨论通过了《中国共产党河源职业技术学院第二次代表大会关于党委工作报告的决议》。

决议中，通过了高仁泽同志代表上一届党委所作的《提升内涵、凝练特色，努力开创科学发展新局面》的报告，高度评价了学校自2005年第一次代表大会以来的工作。决议指出，《报告》实事求是地回顾和总结了过去五年来的各项工作，对今后进一步的发展作出了全面部署；同意《报告》对学校面临新形势的分析和提出的任务要求，一致认为学校当前正站在新的发展起点上，赞同把“办成省内一流、富有地方特色的高职院校，成为推动河源经济社会发展的‘智力基地’、‘人才摇篮’”作为学校今后五年发展的目标，学校党组织今后五年的中心工作必须围绕全面实施“十二五”发展规划纲要进行；强调在“十二五”期间，学校是在追求、谋划更高起点和更加长远的发展，一定要有更加强烈的忧患意识、更加牢固的质量观念、更加奋发的拼搏精神和更加满意的幸福期盼，要突出抓好内涵建设、文化建设和党的建设，大力推进合作办学、合作育人、合作就业、合作发展，创建人文校园、活力校园、绿色校园，打造学习型、服务型、效能型、廉洁型党组织，努力实现规模、结构、质量、效益的协调发展，让发展成果更多地惠及广大师生。

2.1.3　党委工作报告

高仁泽同志代表上一届党委作了“提升内涵，凝练特色，努力开创科学发展新局面”的中国共产党河源职业技术学院第二次代表大会报告，报告全文如下。

本次大会，是在我国开始实施《国家中长期教育改革和发展规划纲要（2010～2020年）》，学校完成“十一五”发展规划、即将实施“十二五”发展规划的关键时刻召开的一次重要会议，对学校在新的发展机遇期完成新的历史使命，具有十分重要的意义。大会的主题是：高举中国特色社会主义伟大旗帜，认真落实科学发展观，实事求是地回顾和总结过去五年来的各项工作，确定学校今后一个时期的发展目标和主要任务，动员和凝聚全校共产党员和师生员工立足新起点，认清新形势，致力新发展，再创新局面。

一、过去五年的工作回顾

过去的五年，是学校收获众多标志性成果、取得跨越式发展的五年，是学校党组织的凝聚力、号召力、战斗力不断增强的五年。五年来，学校党委团结和带领全体党员和广大师生员工奋力拼搏、锐意进取，积极探索办好欠发达地区高职的新路子，比较圆满地完成了本届党委提出的工作目标和各项任务。

（一）解放思想，发展思路不断创新

五年来，学校党委致力于办全省山区最好的高职院校这一目标，以解放思想为先导，以不断创新的锐气，确立了“厚德强技，服务地方”的办学理念；形成了“以质量求生存，以特色创品牌，以创新谋发展，以服务获支持”的办学思路；提出了实施“质量特色立校、双师团队强校、社会服务兴校、先进文化建校”的战略举措。特别是通过2007年迎接教育部高职高专人才培养工作评估和2009年开展深入学习实践科学发展观活动，学校进一步解放思想，转变观念，创新发展思路。一是创新人才培养模式，推行以工作过程为导向的课程改革和“教、学、做一体化”教学模式改革，率先在全省推进师范生“顶岗实习、置换培训”工作；二是创新校本文化建设内涵，以“责任良知、规则意识、绩效观念、团队精神”为四大基石，扎实进行校风、教风和学风建设；三是创新教师职教能力培养形式，全面开展教师职教能力培训与测评，实施教师专业水平提升工程；四是创新德育工作途径，全面推进思想政治理论课课程改革，探索全程育人新路径；五是创新后勤社会化和动员社会资源的思路，广泛争取社会资源，较早实现了学校财务收支的基本平衡。

（二）以评促建，办学实力不断提升

2006年初开始，学校按照“以评促建、以评促管、以评促改、评建结合、重在建设”的方针，狠抓评建工作，2007年以高分通过评估验收。紧接评估之后，学校抢抓机遇，狠抓内涵，坚持围绕地方产业办专业、办好专业服务地方，提升教师职教能力，以赛促学，逐步形成人才培养模式的三大亮点，综合实力进一步增强，办学水平进一步提高。以评促建工作，对学校的建设发展具有里程碑式的意义，有力推动了学校各项事业跨越式发展。一是硬件投入大幅度增加。学校总投资达4亿多元，总建筑面积25万平方米，教学设备总值达4196万元，均比2005年翻了一番多。二是师生规模迅速扩大。在校生规模从5440人增加到11777人，成人学历教育在校生从1000多人发展至8103人，教职工队伍从494人发展到630人。五年来共为社会培养输出1万余名毕业生，平均总体就业率一直位居全省同类院校前列。三是教学建设成果实现了多项零的突破。拥有中央和省财政支持建设的实训基地3个；获国家精品课程1门、省级精品课及优质课程8门，成为珠三角地区以外唯一拥有国家级精品课程的高职院校；2008年在“全国高职院校技能大赛”中获“机器人”项目一等奖，近年学生在全国全省各种职业技能大赛中获奖达700多人次。四是社会服务能力显著提升。五年来，承担省、市科技项目70多项，企业技术服务项目50多项；获省科技进步奖1项；累计为社会提供各类培训服务1万余人次，开展各类职业技能和职业资格认证及鉴定服务16110人次。

（三）强化管理，服务水平不断提高

五年来，学校强化“管理就是服务”的理念，按照“三凡事、三分明（凡事有人负责、凡事有章可循、凡事有案可查，职责分明、公私分明、奖罚分明)”的行为规范，健全管理机制，切实提高了管理水平和服务水平。一是完善《党委会议事规则》和《校长办公会议事规则》，坚持“三重一大”(重大决策、重要干部任免、重要项目安排、大额度资金使用)由党委集体决定，建立党务公开和校务公开制度，民主治校得到有效落实；二是完善 ISO 9001 质量管理体系，进一步细化行政管理、组织人事管理、财务管理、资产后勤管理、审计监督等方面的实操性程序文件，实施“校务督察、效能问责”，建立健全防范突发事件的长效机制，行政管理和后勤服务工作效率进一步提高，维护了学校的安全稳定；三是完善教学管理制度，建立督教督学并重、多种方式并行的教学质量监控体系，建立教学质量学生信息反馈制度，确保了教学活动及其质量处于常态监控之下；四是完善和改革分配制度，实现能力与福利的“双提高”，充分调动了广大教职员工的积极性和创造性；五是完善学生管理，建立学生事务服务中心、心理健康教育咨询体系和毕业生就业指导服务体系，加强辅导员队伍建设，学生综合素质明显提高。

(四)加强党建，发展能力不断增强

五年来，学校党委坚持以党的先进性建设和执政能力建设为主线，扎实推进各项党建工作。一是坚持党委集体领导下的校长负责制，领导班子的核心作用进一步加强。二是认真组织开展保持共产党员先进性教育活动、深入学习实践科学发展观活动、“创先争优”活动等学习教育活动，党员干部和师生员工的思想政治素质不断提高。三是完善干部公开竞争选拔任用机制，加强干部培训，干部队伍素质有效提高、结构不断优化。四是切实加强基层党组织建设，建立党员活动中心和服务中心，强化党员的教育与管理，党组织的战斗堡垒作用和党员的先锋模范作用得到加强。五是坚持师生为本，重视师生合理诉求，坚持为师生办实事、办好事，推进和谐校园建设。六是认真贯彻落实党风廉政建设责任制，扎实构建教育、制度、监督并重的惩治和预防腐败体系，积极开展纪律教育学习月、民主评议政风行风、商业贿赂专项治理等活动，领导班子和党员干部遵纪守法、拒腐防变的能力进一步增强。五年来，学校共发展新党员 1370 人，先后有 2 个党总支被省、市评为“先进基层党组织”，有 4 人被上级评为“优秀共产党员”或“优秀党务工作者”。学校团委先后被评为全国“五四红旗团委”创建单位、“广东省五四红旗团委标兵”，学校先后获得“广东省文明单位”、“广东省师德建设先进单位”等光荣称号。

代表们，同志们！以上成绩的取得，离不开市委、市政府的高度重视和省市教育主管部门的悉心指导，离不开社会各界的热心捐助和包括帮扶单位深职院在内的兄弟院校的大力帮扶，更离不开全校师生员工的辛勤劳动与无私奉献。在此，我谨代表学校党委，向关心和支持学校发展的上级领导、帮扶单位和社会各界表示衷心的感谢！向所有为学校的发展建设做出贡献的同志们致以崇高的敬意！

二、努力实施“十二五”发展规划纲要

当前，学校正站在新的发展起点上。“十二五”期间，随着《国家中长期教育改革和发展规划纲要(2010～2020 年)》和《广东省中长期教育改革和发展规划纲要(2010～2020 年)》的实施，国家及我省的职业教育势必空前发展，这将为学校的持续发展提供极好的外部大环境。我们已初步编制了《河源职业技术学院“十二五”发展规划纲要(草案)》，建议大会讨论后，提交学校教代会通过。今后五年，学校党组织的中心工作务必围绕全面实施“十二五”发展规划纲要进行。

今后工作的指导思想是：高举中国特色社会主义伟大旗帜，全面贯彻党的教育方针，坚持以科学发展观统领学校工作全局，

以培养高素质高技能人才为根本任务，强化合作，提升内涵，凝练特色，加强党建，努力开创科学发展新局面。

发展目标：办成省内一流、富有地方特色的高职院校，成为推动河源经济社会发展的“智力基地”、“人才摇篮”。

主要任务：突出抓好内涵建设、文化建设和党的建设，大力推进合作办学、合作育人、合作就业、合作发展，创建人文校园、活力校园、绿色校园，打造学习型、服务型、效能型、廉洁型党组织，努力实现规模、结构、质量、效益的协调发展，让发展成果更多地惠及广大师生。

“十二五”期间，我们是在追求更高起点的发展，是在谋划更加长远的发展。为此，必须明确新形势下的新要求。

我们一定要有更加强烈的忧患意识。从外部看，全国的高考生源呈下降趋势，而全省的高职院校一直处在相互追赶、相互超越的竞争态势之中，很多兄弟院校利用国家和地方的扶持政策，建立了一批特色专业和项目，形成了各自的办学优势。从内部看，学校办学规模的扩大与办学资源、资金不足之间的矛盾仍然尖锐；教师队伍总量不足及结构性短缺问题比较突出，尤其现有不少教师缺乏企业经历，职教能力亟待提高，不能很好地适应高职教育的要求，这是学校发展最大的制约因素。因此，我们如果不保持清醒头脑和追赶的态势，就很可能落后掉队甚至淘汰出局。因此，我们没有半点可以懈怠的理由和机会。“生于忧患”，只要学校的发展面临竞争，忧患意识就必须同在。

我们一定要有更加牢固的质量观念。教育质量是学校的生命线。提高质量，是改革发展最核心最紧迫的任务。要坚持“育人为本、德育为先、能力为重、全面发展”，树立以提高质量为核心的教育发展观，把“提升内涵、凝练特色”作为今后五年始终坚持的中心工作。要继续探索适合校本实际的人才培养模式，努力为地方的经济社会发展造就更多“信念执著、品德优良、知识丰富、本领过硬”的高素质高技能人才。

我们一定要有更加奋发的拼搏精神。奋发拼搏精神是学校在过去五年形成的最宝贵无形资产之一，今后学校的发展仍然需要靠这种精神支撑。我们要充分认识到，困难和压力无时无处不在，但学校的发展正是在克服困难中取得的。实施“十二五”规划，我们仍然面临诸多困难，唯有敢于直面困难，敢于超越自己、超越对手，坚持务实求真，做到既不畏难、也不折腾，才能更上层楼。

我们一定要有更加满意的幸福期盼。建设“幸福广东”，是全省“十二五”的核心任务。我们要充分体现教工在学校的主体地位，将不断提高工作的成就感、生活的舒适感和精神的愉悦感作为幸福期盼，积极带领教职工创造“幸福基因”，让教工在推动学校发展过程中收获更多的幸福果实，建设更加和谐、美好的幸福校园。

三、强化合作，夯实内涵，推动教学科研水平迈上新台阶

以现代产业体系为依托，坚持优势互补、资源共享、互利共赢的原则，形成政府主导、行业参与、校企结合的应用型技能型人才培养共同体，是职业教育改革发展的方向，也是学校进一步提升内涵的出路。“十二五”期间，我们要以迎接第二轮高职高专人才培养工作评估为契机，在大力推进合作办学、合作育人、合作就业、合作发展等方面取得更大成效。

（一）围绕提高办学能力，促进合作办学取得新进展

全面拓展校企合作的深度和广度。积极推动以专业和产业为纽带，引导、联合我市中高等职业学校与行业主管部门、行业企业建立紧密联系，促成组建河源职业教育集团，构建集团化职业教育发展模式。将校企合作关系从顶岗实习、共建实训基地等单一层面的合作，拓展到招生就业、人员培训、技术交流、产品研发、资金投入等多方面的

深层次合作，创新人才培养模式。要敢于打破校企合作的时间、空间和人员壁垒，逐步实现“六个混编”：混编课程标准和行业标准、混编专任教师和兼职教师、混编学校资源和企业资源、混编学校学生和企业员工、混编学校评价标准和企业评价标准、混编校园文化和企业文化。

构建稳定长效的校企合作保障机制。以互利多赢为原则，通过利益驱动、优势互补、政策推进、发展需求等因素激发校企双方的合作意愿，提高合作兴趣。按照权、责、利统一的原则，对学校办学机制和企业运作机制进行有效整合，寻找双方的最佳契合点。按照公平、客观的原则，科学确定校企双方的利益分配，使校企合作深入、持续、健康地发展。

（二）围绕提高教学质量，促进合作育人达到新水平

优化专业结构。充分利用校企深度合作关系，及时跟踪市场需求的变化，主动适应区域、行业经济和社会发展的需要，有针对性地调整和设置专业。加强重点专业建设，构建以重点专业为龙头、相关专业为支撑的专业群，发挥集群优势，提高专业建设的整体水平。

推进课程建设。与行业企业合作构建基于工作过程的系统化课程体系，联合开发与设计课程，编写工学结合教材，共建专业教学资源库，大力推进“教、学、做一体化”教学模式改革，增强学生学习的主动性、积极性，切实提高课堂教学质量。

强化实践教学。积极探索校内生产性实训基地建设的校企组合新模式，加强和推进校外顶岗实习力度，使校内专项技能训练、校内生产性实训、校外顶岗实习比例逐步加大并相互贯通，逐步形成多层次系统化的实践教学体系。

打造师资团队。按照“校企互进、培育名师、打造团队”的建设思路，造就一支数量充足、素质优良、专兼结合的“双师”教学团队。要有计划聘请企事业单位的管理、技术骨干和能工巧匠来校兼职。继续实施“教师专业水平提升工程”，选派专业教师轮流到相关企业进行培训。实行专兼教师一体化管理，充分发挥各自的优势，在合作中取长补短。

创新质量管理体系。积极吸纳行业企业力量参与，建立以工作预防、实时监控、及时纠偏为主线的教学质量监控体系以及督教、督管、督学相统一的教学督导体系，形成与之相配套的运行标准与管理制度，不断提高教学质量管理的有效性与执行力。

（三）围绕提升综合素质，促进合作就业取得新成效

把立德树人作为根本任务。要加强与行业企业的联动，创造有利于树立职业意识、培养职业道德和训练职业技能的环境，培养学生的诚信品质、敬业精神、责任意识和遵纪守法意识。加强校企党团组织及各类社团组织的沟通和联系，完善学生活动阵地，创新学生活动形式，提高学生科学、文化、身心素质。与行业企业联合开展多种形式的技能竞赛活动，提高学生实操水平和团队协作能力。

校企共筑毕业生就业绿色通道。要与企业深度融通，构建合作就业的长效机制，实现校企人才培养和供需的“五大转变”：变校企“背对背”为“面对面”，变学校单方培养为校企双方共同培养，变学生毕业后企业被动接收为学生培养过程中企业参与，变企业一次性招聘为校企长效的合作机制，变学生择业的单个积极性为校、企、学生等多方的全员积极性，使校企合作就业工作取得更大成效。

（四）围绕提高服务能力，促进合作发展取得新突破

坚持“以服务获支持”的理念，加强社会服务能力建设。要围绕地方社会发展中的重大战略问题，组织力量进行理论支撑研究，为地方行政决策提供咨询服务。面向社

会开展多类型、多形式的人才培训工程，为地方培养宽领域、多层次的应用型人才。与行业企业联合开展新产品、新工艺、新技术的研发，加快科技成果转化及其产业化进程。对口帮扶本地中职学校，共同分享职教资源。

大力推进科研体制创新。制定学校及院部教科研、产学研发展规划，强化年度目标管理与考核。增加科技投入，切实提高科研经费使用效率，加强专兼职科技队伍建设，建立科技创新激励机制，调动广大教师参与科学研究和技术服务的积极性，不断增强服务经济社会发展的能力。

四、文化引领，构建和谐，为学校发展注入新动力

加强文化建设，是学校加强软实力建设的战略举措。我们要通过创建人文校园、活力校园和绿色校园，努力打造优美、和谐的育人环境和向上、向善的校园文化氛围。

（一）建设人文校园，建立师生共同精神家园

加强校本文化建设。要以社会主义核心价值体系为指导，以文化基石和校训为主要内容，以主题宣传和重大活动为载体，强势宣传先进文化，增强师生校本文化意识，为学校健康协调发展奠定共同的发展愿景、价值观念和思想道德基础。要实施校风、教风、学风弘扬计划，深入推进思想政治理论课教学改革，加强师德师风建设和学术道德规范建设。要切实加强校园网络、文化场所等舆论阵地建设，加强图书馆、档案馆等信息资源库建设，加强校友联谊和信息管理，有效整合资源服务校本文化建设。要坚持开展评选学生“校园之星”和“十杰青年教工”活动，营造充满关爱、向上向善的校园氛围。

大力传承融合客家文化、企业文化。要把客家文化的研究与传播作为学校文化建设的重要组成部分，热情颂扬客家崇文重教等传统文化精神，不断丰富校园文化内涵，实现客家文化在校园的薪火传承。要将企业文化引入校园，以企业倡导的职业精神、团队精神、责任意识等价值观念培养师生的职业素养，以企业先进的管理理念完善学校的日常管理，以企业严格的规范标准改进实训环境的建设。

重视提高教工的思想人文素养。引导教工积极实践社会主义核心价值体系，自觉认同学校的共同愿景，将个人价值与学校发展融为一体；培养教工的公民意识，明确责任与义务的对等关系，提高参与管理学校事务的主动性和能力；倡导以大爱为旗帜的人文关怀，从点滴做起，增强“河职院人”的自豪感和归属感。

（二）建设活力校园，构建科学高效运行机制

不断创新服务理念。实现管理部门的“三大转变”，即由指挥布置变为咨询指导、由盲目应对变为计划统筹、由简单机械变为分析预警，形成办事高效、运行协调、行为规范的工作管理机制，切实提高决策执行力。

大力完善校院二级管理体制。将管理重心下移，管理权力下放，调整管理跨度，规范管理行为，实现由过程管理转向目标管理的转变，真正建立起学校宏观调控、二级学院自主办学的高效运行机制，激发各级的组织活力，切实提高办学效益。

进一步深化人事制度改革。完成新一轮核编设岗工作，全面推行聘任制，实现从身份管理向岗位管理的转变，建立有利于各类人才脱颖而出和充分施展才华的体制机制；按照“能力与福利双提高”的要求，不断完善绩效考核方案，激励和调动各类人员全身心投入学校的建设与发展，进一步增强学校的活力和凝聚力。要认真做好人事制度改革的宣传教育工作，强调不改革学校就没有活力，强化改革必要性的认同感，为之打下良好的思想基础。

切实加强行政效能问责。完善资源管理

制度，形成科学合理的资源管理机制；完善实训设备的使用、维护等管理制度，加强已有设备的整合和改造，切实提高实训设备效益。规范财务运行，提高资金使用效益；完善经济责任制，有效防范财务风险；严抓开源节流，有效堵塞漏洞，大力降低办学成本，创建节约型校园。完善《校务督察、效能问责的实施意见》，加强工作督办和效能督察，对工作不作为、办事效率低、服务态度差等行为，严格按制度追究相关领导和责任人员责任，切实提高执行力，做到抓铁留痕、事事落实，形成“治庸提能”、以绩为准的良好导向。

（三）建设绿色校园，打造优美和谐校园环境

完善设施、提升质量，建设生态校园。要完善校园基础建设，完成实训楼三期及体育馆、游泳池等项目建设，争取市政府尽快完成西门前东江东路段的建设。要完善校园生态景观建设，绿化美化第四期学生宿舍、荟萃湖、东门小山、教学楼后山，不断提升校园绿化质量和植物景观的艺术水平，创造优美的自然生态空间。

完善功能、加快步伐，建设数字化校园。要大力推进信息技术应用的广度和深度，以一卡通和数据采集平台建设为基础，整合各类信息资源，推进数字化校园建设，提高校园信息化水平。形成信息化、网络化、多层次、多功能、交互式的教育资源服务体系，实现教学、科研、管理及服务手段的信息化和现代化，使之成为学校教育教学资源管理和传播中心。

有效整治、综合治理，建设平安校园。要高度重视安全和稳定工作，严格实行“一把手”问责制，坚持抓好师生安全意识的常态化教育，定期排查安全隐患和不稳定的因素，做到常抓不懈、警钟长鸣。要建成校园安全视频监控中心，逐步解决校园道路及新建的宿舍、办公区等地的监控盲点。要进一步完善综治考评和安保工作制度等，形成科学、规范和操作性较强的校园安全机制和应急机制。要完善校园安全管理机构和队伍，加强校园安保力量，确保师生有一个安全有序的学习、工作和生活环境。

五、加强党建，凝聚合力，为学校新跨越提供坚强保障

要始终坚持“党要管党、从严治党”的方针，努力打造学习型、服务型、效能型、廉洁型党组织，使学校各级党组织成为团结带领全校师生员工建设省内一流高职的坚强核心，推动学校又好又快发展。

（一）以提高党员干部思想政治素质为重点，加强思想建设

加强党性教育，确保学校各级领导干部和广大党员保持思想上的先进性、纯洁性。要深入学习实践科学发展观，坚持用科学发展观武装头脑、指导实践、推动工作，真正把科学发展、和谐发展的要求转化为谋划创建省内一流高职的正确思路和可行举措。要坚持党委理论中心组学习制度，坚持领导带头学习钻研，形成每周一题、周周必学的惯例。

认真开展“创先争优”活动，大力宣传先进党员事迹，充分发挥优秀共产党员的典型引导和模范激励作用，进一步激发广大党员和师生员工敬业、创新、奉献的精神和热情。

（二）以增强党的凝聚力和战斗力为目标，加强组织建设

加强各级领导班子特别是学校党政领导班子的建设。努力提高领导班子和领导干部的综合素质，增强运用科学发展观统领学校工作全局的能力，驾驭学校改革发展稳定大局、解决复杂问题的能力和管理学校、服务师生的能力，增强坚持民主集中制的自觉性，努力成为一心想干点事、不讲条件肯多干事、即使有困难阻力也能干成事的坚强领导核心。

加强干部队伍建设。严格执行《党政领导干部选拔任用工作条例》，进一步建立健

全干部的选拔、考察、教育、培训、交流制度，形成公开、平等、竞争、择优的选拔任用机制；加强干部实践锻炼，改进干部考核办法，努力建设一支德才兼备、开拓创新的高素质干部队伍。特别是在此次党代会后中层管理人员的调整工作中，要坚决抵制选人、用人的不正之风，重申中纪委、中组部《关于严肃换届纪律保证换届风清气正的通知》规定的“五个严禁”、“十七个不准”和“五个一律”，严肃人事纪律，保证风清气正，坚持以好的作风选拔好的干部。

加强基层党组织建设。要加大在教学科研骨干、青年教师和青年学生中发展党员工作力度，不断优化党员队伍结构，增强党员队伍活力。要认真执行《中国共产党党员权利保障条例》，认真实行党的民主集中制，健全党员民主意愿表达的机制，拓宽民主意愿表达途径，让普通党员都能充分行使民主权利，享有充分的知情权、参与权、批评权、监督权、投票权。要加强党建信息化建设，完善党务信息管理，不断提高基层党组织负责人和党务干部业务水平和工作能力。要继续抓好“党建带团建”工作，以创建带动学生管理。要重视老干支部建设，充分发挥他们在退离休教工中的骨干作用。

加强群团工作和统战工作。学校工会要成为名副其实的“教工之家”，架起教工与学校沟通的桥梁，定期反映教工意见和诉求。青年团要发挥学校学生群体优势，做好党组织的助手，成为学校建设发展的生力军。妇女委员会要根据师生中女性比例较大的特点，用正确的价值观、人生观引导她们成才、成长。民主党派和无党派人士是学校民主建设和改革发展的重要力量，要遵照“肝胆相照、荣辱与共”的方针，与他们共事合作，携手奋进。

（三）以保持同师生的紧密联系为出发点，加强党风廉政建设

改进工作作风，建立健全良好的党群互动联系机制。要坚持领导干部定期接访制度和领导干部挂钩联系基层制度，建设完善“党代表工作室”，坚持开展“一线服务”活动，努力做到：知教情，信息在一线了解；解师忧，问题在一线解决；暖民心，感情在一线交融。畅通校园网络交流平台和“园丁信箱”等沟通渠道，坚持部门发言人制度，鼓励管理人员利用网络等渠道与师生交流，通过网络汇集教工智慧、凝聚教工力量。各级干部要坚决抵制脱离群众、脱离实际的不良风气，坚持深入基层、深入群众，把立党为公、执政为民的要求落实到每一项具体工作中去。

坚持量力而行、尽力而为，多为师生办实事、办好事。面对教工利益多元化的诉求和有限的办学资源，我们一定要始终坚持学校发展目标的实现与为最广大教工谋利益的一致性，让学校发展的成果惠及全体教职工和学生。要坚持正确把握好广大教工根本利益、现阶段共同利益、不同群体特殊利益的关系，量力而行，尽力而为，认真解决教工反映最强烈的突出问题。“十二五”期间，要尽量为教工在工作上减负、在福利上增量，在生活上提供更多的便利，在休闲活动方面提供更多的机会，在身体健康方面提供更多的保障。

加强党风廉政建设，认真落实党风廉政建设责任制。领导干部要坚持“一岗双责”，认真落实分管部门的党风廉政工作，要严格对照《廉政准则》规定的 8 个“禁止”和 52 个“不准”，规范从政行为。要建立健全规章制度，进一步完善教代会、“两务”公开、“三重一大”集体决策、廉政档案和廉政谈话制度，加强对“三重一大”项目的审计、对重要岗位和环节的监督，推进廉政风险防控机制建设，形成有效预防腐败的长效机制。要探索创新“纪教月”活动的形式和内容，大力推进廉洁文化进校园、进课堂，形成反腐倡廉“大宣教”格局。

同志们，站在新的历史起点上，困难和挑战考验着我们，责任和使命激励着我们。

让我们更加紧密地团结起来，以奋发有为的精神状态、求真务实的工作作风，为开创学校科学发展新局面而努力奋斗！

2.1.4 纪委、党委二届一次全会召开

大会闭幕后，召开中共河职院纪委第二届委员会第一次全会，选举产生学校纪委书记、副书记。选举结果如下。

纪委书记　韦　荣

纪委副书记　赖小景

纪委委员　叶小莲　俞彤　刘宇

随后召开中共河职院党委第二届委员会第一次全会，选举产生学校党委书记、副书记，通过学校纪委书记、副书记选举结果。

选举结果如下。

党委书记　高仁泽

党委副书记　刘安华　韦荣

党委委员　陈德清　陈农心

黄向明　王小宁

2.1.5 会议正式代表名单

机关代表团（16人）

召集人：王小宁

王小宁　王富宽

叶小莲（女）

叶捷新　向　琼（女）（苗）

杨　文　杨海燕（女）

李先昌　邱　远　何智聪

柳晓夫　高仁泽　黄建华

黄蕊奇　蒋江娇（女）

赖小景

机电工程学院、思教部代表团（17人）

召集人：李大成

于景福　王　晖　车　辉

刘　宇　刘安华

刘俊英（女）　李大成

邱志文　张涛川

陈天翼（女）　陈绍军

黄文汉　谢新媚（女）

廖晓明　戴佰阳

学生代表：　张　娜（女）陈　尚

人文学院代表团（17人）

召集人：黄海林

韦　荣（壮）　冯　鑫（女）

朱　建　刘少燕

杨细萍（女）　李小岸（女）

何秋霞（女）　张学仪

罗春娜（女）　骆　力

骆宇颖（女）　袁思强

黄　箭　黄海林　谢战锋

学生代表：李　璐（女）温美娴（女）

工商管理学院代表团（16人）

召集人：俞　彤

白迎超　邝茂华

伍新蕾（女）朱伟文　吴春尚

何　霞（女）张　颖　陈德清

周　原（女）俞　彤

胡晓晶（女）唐继旺

黄群林（女）曾　苑（女）

学生代表：徐志贤　蓝立卉（女）（畲）

电子与信息工程学院代表团（18人）

召集人：钟建坤

仇旺龙　刘清华

阳晓霞（女）　杨　黎

杨日奎　邹远泉　陈农心

周永福　钟建坤　徐文义

徐国辉　黄业安　葛建新

蓝小亮（畲）

谭灿娇（女）　潘　博

学生代表：张长鸿　张东发

艺术与设计学院、继续教育学院、图书馆代表团（17人）

召集人：叶增忠

叶增忠　卢艳梅（女）

刘　亢　刘柏青　江巧良

杨红燕（女）　杜伟祥

李雪冰　宋宗考　陈晓峰

邵敬党　邵魁德（满）

周　文　黄向明　赖新优

戴春平

学生代表：区美好（女）

2.1.6 会议邀请嘉宾和列席代表名单

上级领导（嘉宾）（5 人）

市　委：白　涛

市政府：叶维园

市纪委：邹道浓

市直工委：黄小柳

市教育局：苏　晖

列席代表

历届校领导及离退休人员代表：（3 人）

钟伟尧　钟录宏　古乐颂

教学质量管理专员：刘守义

电子与信息工程学院院长：梁长垠

行政处室副科以上干部及有关内设机构负责人：（31 人）

刘剑飞　戴卫军　叶初标　邹东平
陈海明　李郁声　李文萍　钟　红
杨捷权　欧阳玉娟　黄　科　黄诗捷
张素芬　赖长南　李　雄　武广源
王俊光　张永岗　李　绮　骆东林
廖远来　谢理滔　温文妮　吴紫苑
钟志杰　张艺中　肖运海　曾善平
叶锦辉　吴景旋　胡小春

支部、院部（党支部书记、教研室主任以上）：（21 人）

廖远兵　邓文博　梁　丰　陈纪钦
黄翊之　陈　余　杨　浪　黄　舒
吴雄昌　温志辉　曾　健　李日新
王　莉　高小兵　巫雄鹏　叶春辉
薛　莉　冷雪花　曾仕标　曾清华
钟　丹

民主党派（含无党派成员）代表：（24 人）

袁天星　王　方　邹伟建　伍春姑
程元文　吴永锦　袁光华　朱　智
曾险峰　赵　虹　杨　伟　王世同
刘冠军　李兰芳　郑尔君　叶伟军
刘笑嶂　邱　锋　刘晓茜　陈楚君
付玉龙　董文华　杨　亮　张秋容

华达集团：（2 人）

伍建国　谢桂盛

中竣公司：（2 人）

高洪禄　欧惠花

2.2 河源职业技术学院第二届工会会员代表大会暨教职工代表大会

2.2.1 会议筹备

根据《中华人民共和国工会法》、《中国工会章程》、《选举法》中关于基层工会代表大会每届任期三至五年的规定，2011 年，学校需召开河源职业技术学院第二届工会会员代表大会选举产生第二届工会委员会。

学校于 5 月初启动了第二届工会会员代表大会的筹备工作。主要做了三方面准备工作。

第一，积极做好思想准备。根据市总工会有关精神，在广大教职工中广泛进行宣传发动，号召广大教职工扎扎实实做好当前各项工作，以优异的工作成绩迎接代表大会的召开，做好工作安排，集中思想，集中精力，为开好这次会议创造条件。

第二，慎重进行组织准备。学校党委对召开本次会议十分重视，专门召开会议讨论大会事宜，成立了大会筹备领导小组，明确会议的议程和任务，讨论通过代表产生办法及程序，最终选举产生 165 名会议代表，其中，女代表 53 名，占 32.1％；一线教工代表 111 名，占 67.3％；管理人员 54 名，占 32.7％。

第三，认真进行会议材料的准备。完

成了《河源职业技术学院教代会工作报告》、《河源职业技术学院工会工作报告》、《河源职业技术学院工会提案工作报告》、《工会财务工作报告》、《学校 2010 年财务决算与 2011 年财务预算报告》等多项会议材料。

2.2.2 会议召开

2011 年 8 月 25 日至 26 日，学校第二届教代会胜利召开。会议分别听取了《河源职业技术学院教代会工作报告》、《河源职业技术学院工会工作报告》、《学校思政课改革情况报告》，并以书面形式审议了提案工作报告、《工会财务工作报告》、《学校 2010 年财务决算与 2011 年财务预算报告》，选举产生河源职业技术学院工会第二届委员会。

河源市总工会党组书记、常务副书记邱巧莲、学校领导班子、第一届工会委员及此次当选代表出席了此次会议。会议正式代表 165 人，出席会议代表 158 人。

2011 年 8 月 25 日上午，学校举行了大会代表团预备会议，由大会筹备领导小组人员向各召集人汇报了大会筹备情况，并讨论通过大会主席团成员建议名单、大会议程和日程、学校工会第二届委员会委员候选人名单，听取关于代表资格审查的汇报，确定总监票人、监票人建议名单（总监票人 1 人，监票人 3 人）。

当日下午，大会开幕式胜利举行（见插图 2-2）。在开幕式上，河源市总工会党组书记、常务副书记邱巧莲作了讲话。邱巧莲指出，河职院对发展教育、构建和谐社会做出了重大贡献，赢得各级党政领导和社会各界的高度赞扬和认可。同时，她认为，教代会是调动教职工积极性、主动性，发挥教职工主人翁精神的有效载体，是工会的一项重要工作，希望河职院工会充分发挥职能作用，大力推动民主管理建设，不断提高自身素质，推进学院的文明建设。

随后举行了大会第一次会议。在会上，刘安华校长向大会作了《深化改革、锐意进取、再创佳绩，为建设特色鲜明、省内一流高职而努力》的工作报告。

河源职业技术学院第一届工会委员会主席黄向明向大会提交了题为《弘扬民主理性、构建幸福校园，为打造省内一流的高职院校做贡献》的纪委工作书面报告。

26 日上午，各代表团分别讨论了校长工作报告、工会工作报告及财务报告、学校财务报告、学校“十二五”发展规划纲要和 2011 年绩效考核方案；酝酿工会委员候选人建议名单，讨论《大会选举办法》（草案）。

随后，大会第二次会议举行，讨论通过《大会选举办法》，通过总监票人、监票人名单，宣读计票人名单，选举工会委员。

接着举行大会第三次会议，由总监票人向全体代表宣布选举得票情况，大会主持人宣布选举结果，表决通过《学校工作报告》、《学校 2011 年财务决算与 2011 年财务预算报告》、学校“十二五”发展规划纲要、2011 年绩效考核方案。

最后举行大会闭幕式，宣读了《河源职业技术学院第二届工会会员代表大会暨教职工代表大会决议》。

会议认为，刘安华校长在工作报告中实事求是地回顾和总结了过去五年的工作，以科学发展观为指导，明确提出未来五年的工作目标和任务，并对 2011 年下半年的工作重点进行部署，报告切合学校发展实际，定位准确、思路清晰、内容全面、切实可行，这对于做好学校当前乃至今后一个时期的工作，确保学校“十二五”发展规划目标的顺利实现具有十分重要的意义。

会议认为黄向明主席所作的工会工作报告内容全面，对五年来的工作回顾总结到位、内容充实，全面反映了学校工会认真履行职能，服务学校发展大局，在促进教师队伍素质、关爱教职工、落实计划生育、加强校园文化建设等方面做了大量实实在在的工作，服务意识不断增强。今后的工作打算立足校情，求真务实，紧紧围绕学校的中心工作，提出以“弘扬理性民主，构建幸福校园”为主题，特色鲜明，切实可行。

会议认为，学校2010年财务决算与2011年预算报告全面、客观、稳健。全面反映了2010年度的学校财务整体运行制度健全、积极、稳健的基本状况，体现出学校经济实力不断增强、教职工个人收入不断增加。对2011年度的财务预算安排更趋于积极稳健，能结合学校收支实际、量入为出，讲求资金使用效益，精打细算、列支具体、计划性强。今后要积极大胆拓宽融资渠道，加大各项设施的投资力度，促进学校建设的快速发展，并可在学校内部加大自筹资金工作力度。

会议认为，制定《河源职业技术学院“十二五”发展规划纲要》，有利于明确发展思路，全面提升学校整体办学实力，推动学校快速高质发展；有利于学校协调、统筹、科学发展，确保把学校建成富有特色、省内一流的高职院校的目标实现；修订《2011年河源职业技术学院绩效考核办法》可以加强绩效管理，可以充分调动教职工的工作积极性、主动性和创造性，也有利于提高工作效率。上述文件的出台可以推动学校各项建设事业的发展，可修订后以正式文件印发实施，在执行中不断完善、补充、修正。

会议高度评价了学校五年来的各项工作。专业建设取得明显成效、课程和教材建设不断加强、师资队伍实力整体提高、教育教学质量水平不断提升、教研工作稳步推进、迎评创建工作扎实开展，学生录取情况、入学率、就业率稳居同类院校前列，已步入全省山区先进高职院校行列，社会知名度、美誉度不断提高，学校迈进了良性循环、协调发展的快车道。

会议号召，全校教职工要进一步增强主人翁意识，增强责任意识和规则意识，在学校党委的领导下，以科学发展观为指导，紧紧围绕“提升内涵，凝练特色”工作目标，抢抓机遇，团结一致，开拓创新，锐意进取，以饱满的精神状态、积极的工作热情、扎实的工作作风推进学校的各项工作，为把学校建设成特色鲜明省内一流的高职院校努力奋斗！

2.2.3 学校工作报告

刘安华校长代表上一届学校行政班子作了“深化改革，锐意进取，再创佳绩，为建设特色鲜明、省内一流高职而努力”的学校工作报告，全文如下。

今天，我们在这里隆重召开河源职业技术学院教职工代表大会，回顾和总结过去五年的工作，明确未来五年的工作目标和任务，并对2011年下半年的工作重点进行部署，这对于做好学校当前乃至今后一个时期的工作，确保学校“十二五”发展规划目标的顺利实现具有十分重要的意义。下面，我代表学校党政向大会作工作报告，请各位代表审议。

一、过去五年工作回顾

过去的五年，在市委、市政府的领导和支持下，全校师生员工认真学习实践科学发展观，坚持以发展为主题，以改革为动力，以质量为根本，团结一致，扎实工作，求真务实，拼搏进取，圆满完成了学校“十一五”发展规划的目标和任务，各项工作都取得了突出成绩。

（一）理论学习深入开展，发展思路不断创新

发展是要务，思想是先导。一直以来，学校高度重视理论的学习、思想的解放和理念的先行。坚持学以致用，紧紧围绕理清办学思路、明确办学定位、提高办学质量、强

化办学特色，不断提高思想认识，努力创新体制机制，积极破解阻碍学校改革和发展的难题，促进了学校各项事业的科学发展。长期以来，学校通过“走出去”（赴国内外考察学习）和“请进来”（请专家学者入校讲学），不断吸收国内外高职教育的先进理念和思想，为学校人才培养模式的改革、专业和课程的建设、职教能力的培训和测评等一系列改革创新奠定了坚实的思想理论基础。

通过不断的学习和实践，学校逐步凝练出了“厚德强技，服务地方”的办学理念；“以质量求生存，以特色创品牌，以创新谋发展，以服务获支持”的办学思路；“质量特色立校、双师团队强校、社会服务兴校、先进文化建校”的发展举措，“三凡事三分明”的管理体制，“质量意识、绩效观念、责任良知、团队精神”的校本文化基石。这是学校发展的经验总结和文化积累，是全校师生智慧的结晶，是学校宝贵的精神财富，必须加以继承、贯彻、丰富和发展。

（二）教学工作稳定有序，教学质量稳步提高

1. 专业建设取得突出成效

五年来，学校按照“紧跟产业转移步伐，服务地方经济社会发展”的专业建设理念，坚持跟踪河源产业结构调整和人才需求变化的轨迹，及时调整优化专业结构。目前专业总数发展到38个，涵盖了电子信息、制造、财经、旅游等14个专业大类，为地方经济社会发展提供了有力的人才和技术支撑。

学校坚持以重点专业为龙头，带动相关专业群协同发展，形成了以模具设计与制造为核心的先进制造类、以应用电子技术为核心的电子信息类、以旅游管理为核心的现代服务类、以服装设计为核心的艺术设计类、以语文教育为核心的文化教育类等几大专业集群，并相应地将院系设置逐步调整为机电工程、电子与信息工程、工商管理、艺术与设计、人文5个二级学院，进一步理顺了管理体制，有力地促进了专业群之间优势资源的合理配置和共享，提高了专业建设的整体水平。五年来，学校先后建有省级示范专业2个，校级示范专业3个，校级示范性建设专业8个。

2. 教学改革和课程建设取得突破性进展

学校坚持课程内容与职业工作的匹配度、理论课程与实践课程的整合度、学生学习特性与课程实施的吻合度的“三度”原则，积极构建基于工作过程的系统化课程体系，并相应制定了2008、2009、2010、2011版专业教学标准（人才培养方案）。

学校按照“6＋2”原则推进项目化课程的开发与设计，以来源于真实职业工作任务的项目为主线，贯穿理论与实践教学。按照“驶实践之舟，扬知识之帆，达能力彼岸”的教学改革理念，推进“教、学、做一体化”教学模式改革，通过项目教学法、任务驱动教学法等多种行动导向教学法，融教、学、做于一体。同时，大力推进考核方式改革，形成了“行程性考核＋综合实务考核＋理论知识考核（网络考试）”的三重考核方式，并制定了相应的课程标准和试题库（编入了2010、2011级人才培养方案）。

通过不懈努力，学校教学改革和课程建设取得了突出成效。五年来，学校先后组织评选出校级合格课程400门，校级优质课程94门，校级精品课程（含立项）41门，教学做一体化课程5门，校级优秀教学成果奖10项，校级教研教改项目75项，立项建设教材77部，累计资助金额达144.6万元。获得国家精品课程1门，省级精品课程5门，教育部高职高专教指委精品课程3门，省级优质课程1门，省级优秀教学成果奖1项，省级教研教改项目17项。

3. 实践教学条件建设力度进一步加大

学校高度重视校内实践教学条件建设，五年来，累计投入资金3000多万元，对全校实训教学资源进行了充实、调整、优化和新建。目前，学校建有校内实训室96个，其中，模具数控实训室被列为省级基地，数控技术实训基地被列入中央财政支持重点建设的实训基地，获得中央和省财政支持资金440万；“工业制造及电子信息类专业群建设”项目获广东省高等职业教育专项资金800万元；管理专业实训中心被教育部高职高专工商管理类教指委授予“经济管理示范实训中心”。学校现有校内实训面积42727.8平方米，教学仪器设备总值达4196万元。

学校坚持产学研结合发展道路，大力推进工学结合人才培养模式改革，不断加强校企合作，积极建设校内生产性实训基地和校外顶岗实习基地，努力为学生实习实训提供真实的职业环境。五年来，共建设有万绿湖旅行社大学城营业部、丰达电容车间等校内生产性实训基地11个，校外顶岗实习基地114个。

（三）科研创新和技术服务能力显著增强

学校一贯重视科学研究和技术开发工作。五年来，累计投入科研经费100余万元，共取得省级科研立项27个，市级科研立项107个，校级科研立项41个，横向科研项目41项，科技进账经费200多万元。获省市科技进步奖3项，市社科成果奖10项，专利授权13个。发表论文1500余篇，其中，核心期刊120篇，三大检索收录6篇。

学校大力推进科技成果的转化工作，将多项科学技术成果推广应用到我市实际生产和工作当中，取得了良好的经济和社会效益。例如，为市政府开发的“公仆”信箱系统已成为学校拥有完全自主知识产权项目，获河源市政府颁发的创新奖；为河源富马硬质合金有限公司开发的硬质合金刀片专用精密磨床系统使其生产效率提高20倍；与河源粤兴实业有限公司共同研发的新型LED照明灯获得河源市科技进步一等奖；与河源市清大华昊科技有限公司联合开发研制的蓄电池电量指示器获国家专利。

（四）师资队伍建设进一步加强

学校牢固树立“人才强校”战略，采取多项措施，扎实推进师资队伍建设。五年来，共引进高职称、高学历人才159人，发放安家费和科研启动经费650余万元。投入300余万元，稳步推进教师职教能力培训与测评工作，全面提升教师教学能力和水平。实施“教师专业技术水平提升工程”，设立专项基金支持教师晋升高一级职称或获取高一级职业资格证书。五年来，共安排教师下企业锻炼76人次，选派教师赴深职院等国内知名院校培训学习50余人次，派遣教师出国（境）考察学习109人次，支持教师攻读在职研究生64名。近五年，学校教师获评正高职称6人，副高职称21人，中级职称187人，2人获“南粤优秀教师”称号。目前学校教师总数达419人，副高职称以上教职员工83人，青年教师中具有硕士研究生以上学历或学位者占35.05%。

（五）对外交流与合作更加广泛

学校重视与兄弟院校的交流与合作，先后与深圳职业技术学院等国家示范性高职院校建立了对口帮扶关系，与阳江职业技术学院、罗定职业技术学院等建立了友好交流关系。同时，学校大力拓展国际间的交流与合作，先后与英国、德国、澳大利亚、新加坡、泰国等国家和香港特别行政区的院校和培训机构，开展了学术交流、项目合作和师资培训等工作。目前，与泰国斯坦福国际大学联合培养学生的工作也获得了实质性进展。

（六）校内管理体制与人事分配制度改革进一步深化

学校以建设精干高效的干部队伍为目

标，按照“任人唯贤、宁缺毋滥”的原则，顺利完成了全校副科以上干部的竞选、聘任工作，并逐步完善了对中层干部的任期目标考核，提高了广大干部的工作绩效。加强了教学环节管理，形成了校、院两级教学督导，学生信息员和课堂教学质量评估等教学质量保证与监控机制。积极开展了二级学院人才培养工作水平评价工作，有力提升了二级学院的自身管理能力和水平。加强了反腐倡廉建设和纪检监察工作，制定并严格执行效能问责制度，有效提高了执行力。深化了人事分配制度改革，实现能力、福利双提高，充分调动了广大教职员工的积极性和创造性。

（七）招生就业工作进一步加强

学校大力加强招生宣传和录取工作，招生计划数于2009年达到5000，三年来保持稳定，于2009年实现了万人校园规模，目前全日制在校生数达11777人。2010年，学校获得自主招生资格，成为全省首批14所中高职对口自主招生院校之一，招生面向拓展至全国11省。

学校始终重视学生就业工作，不断加强就业指导和信息化建设，强化就业服务意识，引导毕业生面向基层就业，鼓励毕业生进行自主创业。五年来，学校毕业生年平均总体就业率达99.4%，稳居全省同类院校前列。

（八）继续教育与社会培训发展迅速

学校以服务地方为宗旨，大力发展继续教育，积极开展面向社会的教育培训和技能鉴定工作。目前成人学历教育在校生规模达8103人。2011年成人专科招生计划数达3000，跃居全省高校第二位。五年来，累计开展各类技能培训和鉴定2万余人次。如：承担了全市信息化能力提升专题研修班3000人的培训工作；开办了高新区夜校，3000多名企业员工参加了教育和培训；开展了“顶岗实习、置换培训”工作，培训农村小学师资2000余人次，在省师范教育系统产生了较大影响。

（九）学生教育管理工作扎实有效

1. 大学生思想政治教育工作和学生工作队伍建设不断加强

五年来，学校坚持立德树人，加强对学生社会主义核心价值理论体系的教育，扎实推进思想政治理论课教学改革，形成了“以有益有趣为原则，以统编教材为依据，按角色分模块”的“三明治”式教学模式，切实提高了思政课教学的针对性和实效性。近五年，学校先后引进思想政治理论课教师7名，专职辅导员36名，并积极推行全员德育模式改革，实行思教、学工两支队伍联动，逐渐形成了一支高素质的学生教育管理者工作队伍。

2. 切实做好家庭经济困难学生资助工作和大学生心理健康教育工作

五年来，共为2057名学生办理了国家助学贷款和社会助学贷款1234.2万元；累计发放各类奖助学金近2226.6万元，受助学生达16535人；设立长期勤工助学岗位41个，发放勤工助学资金95万元；发放困难学生补助105万元；切实做好新生入学“绿色通道”工作，1390名家庭经济困难学生通过“绿色通道”顺利入学。进一步重视了大学生心理健康教育，组建了心理咨询中心，加大了心理健康教育宣传力度，及时缓解和消除了学生的心理困扰和压力。

3. 学生实践创新能力和综合素质不断提高

学校大力加强大学生党团建设，积极开展丰富多彩的大学生综合素质拓展活动。现有各类社团47个，会员超过5000名。学校团委荣获“广东省五四红旗团委标兵”称号，学生会被团省委授予“广东省先进高校学生会”称号。

学校大力倡导比技术、比实操、比本领，以赛促学，以赛促练，全方位提高学生的专业技能。五年来，学生在省级以上各类大赛中获奖近700人次，获国家级一、二等奖28项，省级一等奖37项，获奖名次、数量均在全省高职院校中名列前茅。

（十）切实有效地维护了校园的安全稳定

学校高度重视稳定安全工作，建立健全了一系列安全稳定工作预案，加强了对大学生的安全意识教育，开展了应对突发事件演练活动。加强了校园安全保卫工作，确保了学校良好的教学、工作和生活秩序。五年来，学校没有出现严重安全事故，违法犯罪率为零。

（十一）基本建设进展顺利

五年来，学校先后完成了实训中心二期、图书馆、风雨操场、行政楼、学生宿舍D区、艺术楼等基础设施建设，完成建筑面积7.9万平方米，绿化面积22.7万平方米，完成建设投资9500万元，有效地改善了学校办学条件和环境。目前，学校总投资达4.29亿元，总建筑面积25.9万平方米（完成了总体规划建筑面积30万平方米的86%），图书馆纸质藏书达到44万册。

学校投入500余万元进行数字化校园建设，目前已基本完成了资产系统、科研系统的二次开发，新版教务管理系统、招生管理系统等已正式投入使用。完成了财务、图书馆、网络教学、科研等系统与门户的集成及单点登录以及“校园一卡通”的使用功能和范围扩大化建设等工作，学校信息化水平不断提高。

（十二）迎评创建工作取得优异成绩

2007年底，通过全校师生的艰苦努力，学校顺利通过了教育部高职高专人才培养工作水平评估。2008年11月，回访评估专家组对学校人才培养工作的整改进行了考察，充分肯定了学校的整改成效。同时，学校乘势而上，启动了创建省级示范性高职院校工作。五年来的迎评和创建工作，使学校进一步明确了办学思想，理清了办学思路，创新了办学举措，凝练了办学特色，有力地推动了学校各项工作的持续稳步发展，使学校的办学水平迈上了一个新台阶。

各位代表、同志们，以上成绩的取得来之不易，这是全校广大教职员工团结协作、努力工作、无私奉献的结果，它凝聚了大家的智慧和汗水。在此，我代表学校党委和行政向各位代表、全校教职员工和离退休老同志致以崇高的敬意和衷心的感谢！

在取得以上成绩的同时，我们也要清醒地认识到，我们的工作与建设省内一流的目标要求相比，还存在不少的问题。教学建设与改革有待进一步深化；干部工作作风、教师教风和学生学风建设需要进一步加强；科研工作在总体规模和水平上仍有很大差距，科研成果转化率还不高；后勤服务保障体系有待继续完善；学校的资产使用效率还需要进一步提高，办学经费不足仍然制约着学校的发展；学校在科学管理方面还需要进一步规范；国际化水平还有待进一步提高等。这些都需要我们高度重视，认真分析研究，在今后的工作中不断加以改进和提高。

二、未来五年工作展望

未来五年是学校全面实施“十二五”发展规划的五年。在这五年里，我们要坚持用科学发展观统领学校全局工作，继续保持良好的发展势头，积极应对面临的机遇和挑战，努力实现学校教育事业全面协调可持续发展。

（一）大力推进教学“质量工程”建设，不断提高教育教学质量

全面启动和推进教学“质量工程”建设，以项目建设为载体，以迎接新一轮人才培养工作水平评估为抓手，突出办学特色，强化实践教学，加强质量监控，培养优良的教风、学风和校风，不断提高教育教学质量。

认真完成新一轮专业人才培养方案的修订工作，重视相关专业的相互支撑和课程体

系的结构完善。加强专业和课程建设，争取在特色专业、精品课程、精品教材、教学名师、教学团队等质量工程方面有新的突破。充分发挥各二级学院的主体作用，按照“四个合作”（合作办学、合作育人、合作就业、合作发展）的要求，整合资源，创新模式，推进校企合作取得实质成果。加强实践基地建设，做好实训室建设项目的论证、实施和管理工作。加强教学名师、专业带头人、教学骨干和青年教师的培养工作，打造更多的优秀教学团队。

通过校院教学两级管理，实现管理重心下移，确立教学单位的办学主体地位。加强教务管理部门的服务意识和监督功能。不断完善教学质量监控体系和考核评价制度，充分发挥教学督导组的监督指导作用。鼓励并认真组织教师开展教学改革立项研究和课程建设工作，组织教学成果申报，争取大项目、大成果。

未来五年，争取实现省级示范性（建设）专业3～5个，力争有国家级示范性（建设）专业。培育校级精品课程60门以上，省级精品课程8～10门，国家级精品课程2～5门。建设校内生产性实训基地25个，申报2～4个省级专业实训中心。开辟拓展100个左右新的校外顶岗实习基地。建设省级优秀教学团队2～3个，形成省级教学成果1～3项。

（二）加强科技创新和社会培训，提高服务经济社会发展的能力

紧紧抓住广东省“加快转型升级”，河源市大力发展“四新”产业的战略机遇，广泛开展校校之间、校企之间、国内外之间的交流与合作，整合各种资源，提高学校自主创新能力，构建以学校为主体、市场为导向、产学研相结合的技术创新体系，实现学校科研总量、科技实力的快速可持续发展，提高学校的科技贡献率。要进一步加大项目的内部培育、课题争取、结题鉴定和成果申报的组织工作力度，力争在承担省市重大科技项目和重大科技奖励上有新突破。

要通过校企合作，积极引入风险投资和创业投资，加大科技成果的转化力度，建立和完善有利于科技成果转化和高新技术产业化的校内科技工作管理机制。积极筹建研究院（所），以形成教学、科研、成果转化相互促进、协调发展的良好局面。同时，要把科技创新嵌入到专业建设中，以支撑专业发展，促进师资队伍建设和人才培养质量的提高。稳定继续教育规模，进一步加大面向社会的教育培训和技能鉴定工作力度，不断提高学校服务地方经济社会发展的能力。

未来五年，要争取建设3～5个有实力的技术开发与应用研究创新团队，新建2～3个工程中心或研究所，争取有国家级立项研究课题，市级以上科技成果奖10项以上。新增5～10个产学研结合示范基地，支持一批科技成果实现产业化，完成技术开发项目、纵向与横向课题50项以上，申请专利30个左右。根据专业需求新开发鉴定工种10个左右，加强对外教育培训和技能鉴定工作，使受训人员达20000人次左右。

（三）加强师资队伍建设，大力实施人才强校战略

牢固树立人才是第一资源的观念，着力实施“人才强校”战略，努力做到感情留人、事业留人、政策留人、待遇留人。各级领导干部都要强化尊重人才、重视人才的意识，努力构建宽松和谐、积极向上的人才环境。

积极建立人才培养、人才引进和人才激励的长效机制。不拘一格请人才、用人才。加强青年教师的锻炼与培养，不断完善专业带头人和教学骨干的培养机制，发挥好学校已聘教授、副教授和高级工程师的作用，促进学校教学、科研团队建设。

（四）加强对外交流，提高国际化水平

继续加强与兄弟院校之间的交流与合作，提高学校的辐射和影响力。继续加强国际合作与交流，广泛开展国际友好院校间的联合办学，以学生联合培养为基础，积极组织教师出国访问、进修。加强国际项目合作，组建国际化的科研团队，联合申报教研科研项目。未来五年，每年要邀请国内外知名专家来校讲学4～6次。每年选派20名左右专业教师出国（境）培训学习。实现与国（境）外院校“2+1”、“3+1”等多形式的实质性合作办学。

（五）深化内部管理体制改革，进一步增强办学活力

进一步深化人事制度改革，以有利于学校人员结构整体优化，有利于调动广大教职员工积极性，有利于提高教学质量、科研水平和办学效益为基本原则，逐步形成完善的激励、竞争、考核和约束机制，确保改革平稳有序。积极推行校院两级管理，实现责权对称，发挥二级学院管理团队的积极性、主动性和创造性，提高管理工作实效。

（六）不断加强学生教育管理工作

继续深化“理实相融、知行合一”的大学生思想政治教育模式改革，提高育人效果。同时，注重培养提高学生的人文修养，促进大学生全面健康发展。着力加强和改进学风建设，努力营造良好的学习环境和学习氛围。认真研究互联网对大学生思想政治教育的影响，管理好、利用好网络阵地。积极开展第二课堂、社会实践和创业教育活动，增强学生社会实践能力和创新创业能力。做好大学生心理疏导和人文关怀工作，确保他们身心健康发展。

建立全员参与学生管理工作的有效机制，做好管理人员、辅导员（思政教师）、班主任、专业教师的联动工作，切实增强为学生服务的意识。积极开展学生管理研究工作，设立学生管理研究课题，支持鼓励学生工作干部积极探索学生管理工作的新模式。

继续完善家庭经济困难学生资助体系建设。切实落实国家有关资助政策，积极推进国家助学贷款和社会助学贷款，做好对家庭经济困难学生的奖助工作，确保家庭经济困难学生顺利完成学业。

（七）继续做好招生就业工作

继续实施招生“阳光工程”，严格执行招生工作责任制和责任追究制，确保招生工作的公开、公平、公正。要树立全员意识，广泛动员，通过网络、校报、招生简章、校友等多种形式加强宣传，不断提高生源质量，将全日制在校生规模维持在12000人左右。稳步发展继续教育，提高成人教育教学水平。

继续加强毕业生就业信息化建设，完善毕业生就业信息网，大力促进毕业生就业。加大宣传力度和市场拓展力度，加强校企交流合作，努力拓宽毕业生就业渠道，提高用人单位对学校毕业生的认知度。加强对毕业生在形势政策、就业观念、就业技巧、职业生涯规划等方面的指导，积极做好毕业生见习、实习工作，以良好的就业率提高学校的社会影响力。

（八）加强党建工作，强化民主管理和民主监督，提高依法治校水平

继续深入学习实践科学发展观，不断提高广大党员干部的思想政治素质。大力推进党风廉政建设，完善惩治和预防腐败体系，形成反腐倡廉工作与学校建设发展良性互动、廉洁高效的工作局面。进一步推进决策的民主化和科学化，充分保障广大教职工的知情权、参与权、表达权和监督权。通过畅通群众诉求表达渠道，协调利益，化解矛盾，密切党群、干群关系。加强管理队伍作风建设，强化管理人员服务意识，不断提高服务质量。

（九）切实维护师生员工的切身利益，努力构建和谐校园

进一步加强校园文化建设，倡导“理性、包容、协作”精神，丰富校园文化生活，努力构建宽松和谐、积极向上的校园氛围。

完善后勤管理，提高服务水平。继续完善教职工生活设施，不断提高教职工生活条件。加大校园安全保卫工作力度，完善校园安全监控系统，确保安全、稳定的校园环境。

加强基本建设管理。启动和完成河职院附属小学、实训中心三期、体育馆等项目建设，完成新增建筑面积约 3.5 万平方米，新增各项投资 1.5 亿元左右。

规范、健全财务和资产管理制度，不断加强财务预算和监控力度，积极拓宽资金渠道，争取更多资金来源。进一步完善审计跟踪与督查制度，加强资产管理，提高办学效益，保证教职工收入逐年提高。

进一步完善数字化校园建设。优化基础平台，增强校园网络的稳定性、可用性。加强图书馆文献信息资源建设，优化图书、期刊、电子文献的购置比例，切实提高馆藏资源利用率。

三、2011 年下半年工作重点

继续按照年初制定的“给力教工、夯实内涵”的目标要求，抓好各项工作，确保年度工作目标和任务的实现。

（一）教学建设和管理

在 2010 和 2011 级专业教学标准的基础上，启动 2012 级专业人才培养方案的编制工作。继续做好校级示范性建设专业的验收工作和省级特色专业的申报工作。

完成第二批 468 门合格课程的评审工作，确保全校 95％的课程达到合格课程要求。继续推进“教、学、做一体化”课程的申报评审工作。立项建设校级精品课程 5～10 门，申报省级精品课程 1～4 门、国家级精品课程 1～3 门。继续推进理论知识网络化考试改革。

举办第六届教学基本功大赛，启动第二届教学名师推选工作。继续做好职教能力培训与测评“回头看”工作，用教学实践检验教师实际的职教能力和水平。推进校级教研教改课题立项力度，激励教师提高课堂教学质量。

完成新建生产性实训基地 5 个，推进校外实习基地评审工作。完善利用校内实训资源开展对外加工与营业项目的管理工作。进一步加强技能竞赛管理，积极开展各种技能竞赛活动，确保全年每个专业组织技能赛事 1 场以上。

（二）人事制度改革和师德师能建设

继续做好岗位设置与人员聘用管理工作，严格按照市有关部门的要求，依据工龄、工作表现、工作业绩设置岗位晋级条件，将教师的教学质量、教改教研成果和社会服务能力与岗位等级晋级挂钩。继续加强对新任用中层干部队伍的培养，切实提高中层干部特别是二级学院领导的行政管理能力和水平。

完善并颁布实施 2011 年绩效考核方案。兼顾在编人员与临聘人员的合理诉求，将临聘人员纳入绩效考核范围，逐步提高临聘人员的福利待遇。

完成校级“十佳”青年教工评选活动。启动第二批提升教师专业技术水平工作。继续加大专业带头人和专业主任的培养力度，提高他们的业务基础能力和岗位核心能力。

（三）科技开发和社会服务工作

继续采取有力措施，营造科技创新氛围，培育教师科技开发能力。争取全年实现省级科研立项 3～6 项，产学研合作项目 15 项，申报专利 8 项，实现科技服务经费进账 100 万元。

继续做好继续教育工作，确保 2011 年成人教育在校生人数稳定在 8000 人以上。继续将高新区夜校向全市“一区六园”辐

射，扩大高新区夜校规模与效益。争取技能培训与考证项目的新突破，完成全年各类考证和社会培训3000人次以上。

（四）学生教育和管理

继续推进思想政治理论课教学改革，更为有效地将大学生的日常教育管理与思想政治理论课教学有机结合，提高教学的针对性和实效性。

进一步加大安全教育工作力度，及时排查学生宿舍等重点场所的安全隐患，进一步完善突发事件应急预案，提高各类突发事件的预警、防范和处置能力。

继续全力推进大学生信用档案建设工作，逐步建立自律与他律相结合的诚信约束机制。

继续加强学生社团组织、青年志愿者队伍和学生干部队伍建设，建设学生素质拓展训练基地，积极开展各类校园文化活动和社会实践活动。

（五）招生和就业

继续做好新生录取和报到工作，确保新生报到4000人以上。继续做好毕业生就业跟踪指导工作，确保2011届毕业生初次和总体就业率位于全省同类院校前列。

（六）校内管理体制建设

继续加强教学质量督导和监控，强化对校外实践教学、毕业环节、校企合作等工作过程及工作质量的监控，确保校外实践教学活动不流于形式。继续完善网上评教等教师教学质量评价体系建设，确保评价结果的客观公正，为学校人事制度改革和教师职称晋升等工作提供依据。进一步完善二级学院工作水平评估方案，全力做好二级学院工作水平评价工作，力促二级学院工作评价的科学化、规范化和常态化。

继续做好校务督察工作，强化对学校“三会”决定的事项、责任书的完成情况以及部门职能工作等的督察督办，对未按要求完成工作任务的相关部门及其主要领导要落实问责，问责结果作为年度考核和绩效评价的重要依据。

继续加强领导班子和党组织建设，努力构建学习型、绩效型、服务型、廉洁型机关。进一步规范学校工会、妇委会等群团组织的工作机制，发挥群团组织的桥梁纽带作用。深入推进“一线服务”活动，强化管理队伍的群众观念，提高主动服务的自觉性。

继续做好对校内二级部门的内审工作，实施项目资金审计制度，完善专项经费管理办法，加强对专项经费的审计。加强对各项物资采购与基建工程招投标和议标工作的监督，做好对物资采购和项目维修的跟踪和验收工作。

（七）基础建设

完成荟萃湖改造工程，启动实训中心三期项目。落实附属小学的基建工程。继续做好新建实训室的跟踪落实工作，确保工程质量。

加快推进数字化校园建设步伐，完成数字化校园一期工程，启动数字化校园二期工程建设，加强各业务系统的推广应用工作。

继续加强图书信息及服务建设，完善“专业馆员”服务机制，开展有针对性的信息服务。联合校外学术机构和团体，借助外部资金、学术和技术力量，将图书馆打造成城市文化品牌。

（八）校园文化建设

按时举办河职院挂牌10周年暨学校建校81周年校庆活动。要将校庆作为下半年的一件头等大事来抓，充分发挥好校庆继承传统、提升内涵、凝聚力量的作用，通过校庆来宣传成就、提升形象、促进发展。要结合校庆工作，全力加强校友会建设，使校友联谊工作常态化。

要积极承办好全省高职教育学会年会，通过会议的召开促进学校高职教育研究的长足发展。

要继续加强校园文化的软、硬环境建

设，编写出版校园文化读本，积极开展各种师生业余文体和休闲活动，努力打造幸福河职院。

各位代表、同志们，过去五年是学校各项教育事业快速发展的五年，未来五年是我们全面实施“十二五”发展规划，学校综合实力迈向更高水平的五年。当前高职教育的改革发展和激烈的人才市场竞争，既给我们提供了良好的发展机遇，也提出了严峻的挑战。让我们以科学发展观为统领，认真落实学校第二次党代会精神，继续解放思想，创新理念，深化改革，求真务实，再创佳绩，为把学校建设成为特色鲜明、省内一流的高职院校而努力奋斗！

2.2.4　工会工作报告

黄向明副校长代表上届工会委员会作了“弘扬民主理性，构建幸福校园，为打造省内一流的高职院校做贡献”的工会工作报告，全文如下。

本次大会是在学校第二次党代会成功召开、即将实施“十二五”发展规划纲要之际召开的又一次盛会，本次大会的主题是：以中国特色社会主义理论为指导，深入贯彻落实科学发展观，团结和带领广大教职工，弘扬民主理性，构建幸福校园，为把学校打造成省内一流、富有地方特色的高职院校做贡献。

过去五年的工作回顾

五年来，学校工会在学校党委的正确领导下，以邓小平理论和“三个代表”重要思想为指导，深入贯彻落实科学发展观，围绕学校的中心工作，紧密团结全校教职工，充分发挥教职工的主人翁精神，为构建和谐幸福河职院，促进学校又好又快发展作贡献。

一、切实加强师德建设，促进教职工队伍素质提高

学校工会根据《河源职业技术学院师德建设实施意见》要求，以提高教师学识魅力和人格魅力为基本要求，增强教师的工作责任心和使命感，激励教师奋发敬业、努力进取，积极投身于学校的改革和发展事业。各工会小组根据学校工会的统一部署，根据教师为本的总体要求，坚持把依靠教师作为前提、把提高教师的整体素质作为发展途径、把尊重教师作为发展的根本准则，以共同愿景凝聚人、政策措施激励人、规章制度管理人、学校文化熏陶人为举措，全面开展形式多样的师德师风建设工作，有效促进了全校教职工队伍素质的提高，造就了一支以河源市十大杰出青年邱远教授为代表的优秀的教职工队伍。

二、积极参与民主管理，促进学校民主政治建设

① 为进一步畅通学校的民主渠道，学校工会通过召开工会委员、各工会小组长会议，举行了多次教职工座谈会，及时将学校政策和发展思路传达给教职工，主动将教职工的意见和建议反映到学校及有关的职能部门，做好信息沟通，五年来共收集教职工意见和建议 200 多条，促进学院各项事业的全面发展。

② 针对学校章程、校内绩效津贴分配方案、劳动保护等教职工最关心的热点问题，先后召开了 6 场座谈会，走访了 50 多户教职工，了解情况、征集意见。正确处理好学校总体利益与教职工具体利益的关系，为构建和谐校园打下了良好基础。

③ 学校工会对征集的 60 份代表提案（意见或建议）进行了认真的梳理和分类，并向学校党委进行了专题汇报。学校领导班子高度重视，对代表提案进行了逐一研究，确定了 6 条提案作为立案提案，其余代表提案（意见或建议）责成相关职能部门对于当前可以解决的应尽快予以解决，对于短期内较难解决的应提出解决思路，对于暂时不具备解决条件或存在误解的应做好解释工作。目前大部分提案（意见或建议）已经得到解

决，少数提案正在办理中。学校工会两次在OA网上公布了代表提案（意见或建议）的回复意见。

三、以人为本，致力构建和谐校园

（一）关爱教职工，致力构建和谐校园

关心、爱护教职工，维护教职工的合法权益是教育工会的重要职能。工会干部密切联系群众，及时向校党委反映教职工工作、生活中的困难，尽力为教职工排忧解难，使他们专心教学和工作，是工会工作的落脚点与出发点。

（1）以人为本，切实关心教职工生活　学校工会各级组织坚持“困难必访，伤病必访，生育必访，婚丧必访，家庭纠纷必访”制度。五年来，学校各级工会组织坚持群众利益无小事的理念，把教职工的冷暖放在心上，在力所能及的范围内，帮助解决教职工的后顾之忧，担负起帮助困难教职工第一责任人的重任，建立了困难职工档案60多份。各工会小组都能及时对本部门的家庭困难、生病住院职工进行走访、慰问，并及时向学校工会报告，坚持日常帮扶与集中救济相结合的工作制度，形成了困难职工两级管理的长效机制。五年来，共慰问教职工700多人次。先后对200多人次困难职工进行适当的补助，对多名身患重大疾病的、家庭生活特别困难的教职工给予了慰问和重点资助，资助慰问金额达54万余元。同时协助市总工会、市妇联对单亲母亲、遗属和失学儿童开展捐助活动四次。通过这些活动，体现了工会大家庭的温暖，增强了学校的凝聚力。

（2）关心离退休教职工生活　学校工会多次组织龙川籍的离退休老同志到新校区、河源市区的景点等地参观，举行专门慰问座谈会5次，拨出专门经费建设和完善了老干部活动中心，丰富了他们的晚年生活。

（3）关注教职工的身心健康　在学校党政的关心支持下，每年组织全校600多名教职工进行了体检，使教职工及时了解自己的健康状况，做到有病早发现、早治疗，无病早预防，并对检查出有病的教职工及时治疗，看望慰问。在体检工作结束后，及时聘请市人民医院的医学专家来学校针对体检中发现的问题接受教职工咨询，受到教职工的欢迎。同时，每年对全校130名育龄女教职工进行以预防为主的妇科病检查，保证了女教职工的身心健康和女教职工的特殊利益。

（二）开展形式多样的文体活动，促进教职工身心健康

工会把营造和谐、健康、愉快的工作环境作为一项重要任务来抓。投资约30万元建设了教工俱乐部；积极倡导教职工在工作之余进行体育锻炼，倡议每天锻炼一小时，形成了每周四4点后进行锻炼的惯例。每年的校运会，学校各个工会小组，按照学校工会要求认真组织教职工参赛，每年都有400多名教职工参加10多个竞赛和趣味性群体类项目；成立了篮球、羽毛球、乒乓球、足球等多个体育协会，结合实际组织开展了美式台球、篮球、羽毛球、乒乓球、足球等比赛20余次；组建了教职工合唱团、健美体操队等文艺团体，通过文娱活动，使教职工陶冶情操、提高修养，增进了解，促进沟通，营造校园和谐高雅的文化氛围。丰富的文体休闲活动，极大地丰富了教职工的业余文化生活，促进了教职工的身心健康。

（三）加强校园文化建设，努力打造贤能文化品牌

卓有成效地开展“创争”活动。学校工会认真贯彻落实党的十七大和中国工会十五大精神，按照省市总工会创建学习型组织活动要求，以打造“学习型学院”为主题，充分发挥教职工的主观能动性，精心组织、有序推进、健全机制、构筑平台、创新载体、突出特色、积极创建学习型组织，有力地促进了学校各项事业又好

又快发展。

开展爱校摄影活动。为了表达教职工对学校的热爱之情，记录学校发展的历史一刻，进一步丰富广大教职工的业余文化生活，展示学校教职工的摄影成果，加强摄影爱好者艺术交流，使学校秀美画面定格在史册上，让它成为我们心中永恒的记忆，学校工会举办了“和谐校园　美丽家园”教职工摄影比赛。

举办“十全十美”青年集体婚礼。为构建社会主义和谐校园，建设和谐家庭，发挥青年教师在精神文明创建活动中的模范表率作用，倡导喜事新办、文明节俭、移风易俗、健康向上的风气，学校工会连续举办了三届“十全十美”青年集体婚礼，深受教职工好评，有力推动了学校精神文明建设。

建设教工e家网页。为方便广大教职工之间的交流、学习和沟通，相互传递信息、表达感情以及对学校各项工作发表看法或提出意见和建议等，为教职工提供一个建言献策的平台，学校工会开发了教工e家网页，丰富了教职工的业余生活，是学校精神文明建设的又一窗口。

同时，还多次举办教职工书画、摄影作品展，提高校园的文化品位。

四、落实国策，抓好人口和计划生育工作

学校工会一贯重视人口和计划生育工作，为规范学校的人口和计划生育工作，学校工会认真按照《河源职业技术学院教职工计划生育管理规定》要求认真执行人口与计划生育工作目标管理制度，积极完成人口与计划生育工作各项任务。坚持和各部门签订计划生育工作目标管理责任书。确保已婚育龄夫妇落实避孕节育措施率100%；晚婚、晚育率达到100%；临聘人员持证率、验证率达到100%；独生子女办证率100%；违反计划生育政策事故为0。

由于工作突出，叶小莲同志先后被评为河源市计划生育先进工作者、市妇联系统先进工作者。

五、与时俱进，不断加强和完善工会自身建设

① 结合实际，建立健全工会二级组织机构。在学校党委的领导下，按照工会章程有关组织建设的要求，根据学校机构设置情况，成立了8个工会小组，各工会小组选举产生了工会小组长和委员，制定了各工会小组开展工作有计划、有总结，开展活动有方案等基本制度。继续教育学院工会小组被中华总工会评为“模范职工小家”。

② 规范管理，推进工作上台阶。按照学校党政工作要求，建立了学校工会、工会小组职责范围、工会委员会会议制度、工会专兼职干部岗位职责等，使工会各级组织有序运作，并积极稳妥地推进工作。

六、加强工会财务管理，为工会工作顺利开展奠定坚实基础

五年来，学校工会严格执行财务制度，切实加强工会经费的收缴和管理。在经费使用中，始终贯彻勤俭节约、量入为出、略有盈余的方针，统筹安排，合理地有计划地使用工会经费，确保工会工作的顺利开展。

五年来，在全体教职工的努力下，学校先后荣获广东省文明单位、广东省师德建设先进单位、河源市精神文明建设先进单位、河源市先进集体。

学校工会的工作也得到了上级工会组织的肯定，学校工会连续五年荣获河源市工会工作先进单位，先后荣获广东省“创建学习型组织，争做知识型职工”活动优秀单位、河源市先进职工之家、河源市直单位先进妇女组织等荣誉称号。

回顾过去五年的工作，我们深切体会到，做好新时期学校工会工作，必须坚持以邓小平理论和“三个代表”重要思想为指导，不断解放思想，与时俱进，为开展工作奠定科学的理论基础；必须坚持党的领导，自觉把工会工作放到党政工作大局中去思考和部署，彰显工会组织的特色和优势，实现有为有位；必须切实履行工会的基本职责，牢固树立以教职工为本的思想，把维护教职合法权益作为工作的出发点和落脚点，尽心竭力为职工做好事、办实事、解难事；必须坚持求真务实、开拓进取，始终保持积极向上，奋发有为的精神状态，在服务职工、服务大局中实现更大作为。

今后五年的主要工作

今后五年，是学校发展的关键时期，学校工会将继续保持开拓创新和求真务实的工作作风，以“不动摇、不懈怠、不折腾”的姿态和决心，立足校情，进一步发挥党联系群众的纽带和桥梁的作用，不断增强服务意识，切实加强自身建设，更好地为全校教职工服务。主要工作如下。

一、加强工会自身建设，努力提高工会工作的整体水平，开创工会工作的新局面

（一）坚持党的领导

坚持党的领导是做好工会工作的根本保证，是中国特色社会主义工会发展的显著特点。工会要从党政所需、职工所盼、自身所能出发，积极协助学校党政做好尊重民意、改善民生、促进民和、确保民安的工作，努力把学校党政的决策变成职工群众的自觉行动，发挥好党联系职工群众的桥梁纽带作用。

（二）加强组织建设

学校工会将立足学校实际，加强二级工会班子建设，逐步完善工会工作二级管理的制度建设，进一步增强二级工会组织群众观念和服务意识，使工会组织具有高度的凝聚力、号召力、亲和力，要努力把工会组织建设成为党委靠得住、行政离不开、职工信得过的“职工之家”。

（三）加强工会干部队伍建设

着力抓好工会干部的教育和培训，努力建设一支适应新时期高校工会工作需要的高素质的专兼职工会工作者队伍。要培育和强化工会干部的群众意识、服务意识和大局意识，工会干部要努力成为本职工作的行家里手、群众工作的能手、困难职工的帮手、党政工作的助手。

二、弘扬民主理性，推进学校民主管理和民主监督工作

① 坚持教代会制度。进一步完善校院二级教代会制度，切实落实教代会的各项职权，充分保障教职工管理学校的民主权利，让教职工享有充分的知情权、参与权和监督权。学校每年召开一次教代会。

② 充分发挥民主治校作用。学校工会要通过举行座谈会和下院部走访的方式，深入开展调查研究，了解关心教职工的工作和生活情况，听取基层工会组织和教职工对学校在教学、教育、管理、服务、福利等方面的要求、意见和建议，定期向学校党政反映，为学校的民主决策、科学决策、依法决策发挥积极作用。

③ 畅通民主管理渠道。建设和完善学校工会网页，完善教工 e 家网页，为教职工表达诉求、意见和建言献策提供渠道。

三、以人为本，构建幸福校园

根据学校的情况，学校工会将通过以下五个方面提高教职工的幸福指数。

增强教职工的归属感。尊重教职工的人格尊严，促使彼此尊重和信任，实现民主管理，建立以人为本的管理方式，使教职工工作的安全感获得保障，有当家做主的感觉，增强教职工的归属感，激发教职工的积极性和创造力。

强化教职工的成就感。关注每一个教职工的发展，为他们创设展示能力的载体和平台，帮助他们在教书育人中获得事业的成功，实现人生的价值，享受成长的幸福。

提升教职工的精神愉悦感。不断改善教职工的办公和教学条件，在“规则意识、责

任良知、团队精神、绩效观念”的校本文化的基础上，打造一种愉快、协调、高效的工作氛围，要努力让教职工置身于宽松的工作环境和良好的人际关系之中，从而使教职工觉得在学校里工作是愉快的。

促进教职工身心健康。把教职工的文体、休闲活动常态化，在力所能及的条件下为教职工的健身和娱乐等提供保障，通过开展文体休闲活动和提供心理健康服务等途径，使教职工在紧张的工作之余身心得到调息，舒缓工作压力，尽可能为教职工解除后顾之忧，使全体教职工心暖、心齐、劲足，从而有利于创建和谐校园。

提高教职工生活舒适感。在学校党政的大力支持下，通过大家的努力，在学校经济允许的条件下，进一步提高教职工的福利待遇，使教职工享受到学校发展的成果，为教职工的工作、生活奠定良好的基础，进一步提高教职工的生活舒适感。

四、进一步增强服务意识，努力为教职工办实事

学校工会是学校党政联系教职工的纽带和桥梁，围绕学校中心工作、服务学校建设和发展大局是工会工作的重点，密切联系广大教职工、为教职工办实事是工会工作的立足点。今后五年，学校工会将努力为教职工办好实事：一是继续中英文小学的建设跟踪工作，解决教职工子女入学难问题。二是努力增加教职工文体休闲活动场所，在完善教工俱乐部和办公楼专用体育锻炼场所的同时，利用荟萃湖建设机会，修建一个教职工休闲广场。同时，积极促进学校体育馆的立项和建设。三是改善教职工的就餐条件。结合实训楼三期规划建设，在三期实训楼内单独设置教职工餐厅，改善教职工的就餐环境。四是建设工会网页，进一步完善教工e家网页建设，使之真正成为学校教职工相互交流、相互学习、增进感情、增强凝聚力的平台。

各位代表、同志们，学校工会将在上级工会组织和学校党委的正确领导下，以高度的责任感和使命感，以“弘扬民主理性，构建幸福校园”为主题，团结和带领全校教职工积极创造“幸福基因”，不断提高教职工的工作成就感、生活舒适感和精神愉悦感，努力打造和谐幸福校园，为把学校建设成省内一流、富有地方特色的高职院校而努力奋斗！

2.2.5　会议正式代表名单

机关代表团（33人）

团　长：钟　红

赖小景　王小宁　杨海燕（女）

李先昌　黄蕊奇　邱　远

陈海明　袁光华　何智聪

蒋江娇（女）　袁天星

王富宽　叶小莲（女）

叶锦辉　曾善平　戴卫军

李文萍（女）　钟　红（女）

黄振强　肖运海　杨　伟

刘迪梅（女）　朱志凯

胡晓春（女）　柳晓夫

吴紫苑（女）　黄　科

叶捷新　叶初标　刘　宇

车　辉　关雁华（女）

陈天翼（女）

电子与信息工程学院代表团（22人）

团　长：徐国辉

陈德清　钟建坤　徐国辉

杨　黎　黄业安　黄日胜

周永福　黄　舒　徐文义

杨　浪　潘　博　葛建新

仇旺龙　陈　余　杨日奎

邹远泉　阳晓霞（女）

谭灿娇（女）　刘清华（女）

谭　卫（女）　麦锦秀（女）

潘益玲（女）

机电工程学院代表团（21人）

团　长：戴佰阳

刘安华　李大成　戴佰阳

张涛川　付玉龙　刘冠军
于景福　吴永锦　程元文
廖晓明　刘俊英（女）
陈艳芳（女）　谢新媚（女）
徐　艳（女）　王姣颖（女）
李丽君（女）　梁　丰　黄文汉
陈绍军　黄翊之　陈纪钦

工商管理学院代表团（22 人）
团　长：邹东平
高仁泽　俞　彤　邹东平
邓文博　朱　智　朱伟文
张晓燕（女）　张　颖
唐继旺　周　原（女）
胡晓晶（女）　沈小华（女）
杜晓静（女）　方　艳（女）
吴春尚　曾　健
伍春姑（女）　胡光兰（女）
吴雄昌　温志辉
李　丹（女）　白迎超

人文学院代表团（26 人）
团　长：罗春娜
韦　荣　黄海林
罗春娜（女）　谢战锋
曾险峰　骆红梅（女）
刘少燕　李日新　骆　力
陈火胜　郑尔君（女）
曾文雄　骆汉雄　袁思强
黄　箭　罗士俐
王　莉（女）　张学仪
向群飞　高小兵　朱　建
冯　鑫（女）　李小岸（女）
杨细萍（女）　叶春辉
袁欣欣（女）

艺术与设计学院代表团（20 人）
团　长：陈晓峰
黄向明　叶增忠　陈晓峰
王　方　张　超
张俊辉（女）　冷雪花（女）
宋宗考　卢艳梅（女）
杜伟祥　薛　莉（女）
曾清华　刘　亢　曾仕标
邵敬党　戴学映
杨红燕（女）　张永辉
胡叶娟（女）　贺扬眉

继续教育学院代表团（8 人）
团　长：赖新优
陈农心　戴春平　赖新优
廖远兵　江巧良　肖小兮（女）
彭仲文　李　靖（女）

图书馆　信息中心代表团（13 人）
团　长：周　文
邵魁德　周　文
杨　燕（女）　李雪冰
陈连娣（女）　古新仪（女）
朱如心（女）　杨　文
陶　影（女）　钟机灵
巫小勇　凌财进　戴远富

2.3　广东老隆师范学校建校 81 周年暨河职院挂牌 10 周年庆典

2.3.1　筹备工作

2011 年 2 月 28 日，学校于行政楼第一会议室召开校庆筹备会议（见插图 2-3）。会议要求各工作组认真做好筹备工作，举办一次精彩的校庆。刘安华校长、党委副书记韦荣、副校长陈农心、黄向明及各校庆筹备小组成员出席会议。

刘安华表示，各工作小组要认真完成各项筹备工作，营造良好的工作氛围；要重视学校部门网页及校友通讯录等网络信息的及时更新，细化分工，各司其职，举办一次精彩的校庆活动。

韦荣向在场人员详细介绍了 2011 年校

庆的筹备工作。他指出，此次校庆筹备机构由校庆筹备综合组、校友联络组、宣传工作组、文艺及学术活动组以及校园环境组组成，分别负责发布校庆公告，通过媒体进行广泛宣传、积极开展校友联络、筹备策划校庆晚会、完善校园建设等十八项工作。

6月8日，学校于第一会议室召开建校81周年暨河职院挂牌10周年庆典筹备会。

会上，七个校庆工作小组组长汇报了筹备工作进展情况及在筹备过程中遇到的主要问题。会议经过认真讨论，提出了具体的解决方案及指导意见。此次会议进一步明确了下阶段的工作思路和努力方向，并对接下来的主要工作进行了安排。

刘安华校长强调，老隆师范学校建校81周年、河职院挂牌10周年庆典活动是学校的一件大事。既有利于回顾和总结学校的办学成就和经验，展示办学成果，又有利于加强校友同母校之间的交流，广集社会资源，促进学校发展。各筹备组一定要把各项工作抓紧抓好，确保校庆活动的顺利举行并取得圆满成功。

此次会议由刘安华主持，党委副书记韦荣、副校长陈德清、陈农心、黄向明及各筹备小组组长参加了会议。

2.3.2　大会情况

10月30日，广东老隆师范学校建校81周年、河职院挂牌10周年庆典在学校隆重举行，各地新老校友400余人欢聚一堂，共贺母校华诞（见插图2-4）。为共贺学校华诞，学校在当日举行了众多庆祝活动。有：庆典大会、“叶绿野艺术楼”落成暨揭牌仪式、萧殷广场竣工及其塑像揭幕仪式、校友林植树活动、文艺晚会、实训楼三期项目奠基及陶行知塑像揭幕、校园文化艺术节、摄影展等活动。

庆典仪式由学校党委书记高仁泽主持，市委书记陈建华、省教育厅副巡视员胡振敏、校长刘安华等参加并致词。

庆典大会上，学校校长刘安华表示，多年来，全体师生努力贯彻“厚德强技、服务地方”的办学理念，积极践行“责任良知、规则意识、绩效观念、团队精神”的校本文化，不断开拓创新，逐步探索出了一条适合于相对欠发达地区办好高职教育的新路子，在较短时间内实现了学校的跨越式大发展，取得了许多标志性成果。我们相信，有各级党委和政府的正确领导，有社会各界和历届校友的关心支持，有着光荣传统的河职院人决不会辜负领导、校友和河源人民的重托，一定能够把学校建设成为省内一流的高职院校！

胡振敏表示，河职院在地处山区、基础薄弱、条件有限、资金不足、人才缺乏的情况下，实现了师范教育和职业教育的大发展，为广东的建设和发展培养了一批又一批的时代英才，确实可敬可佩、可喜可贺。他希望学校在服务省市经济社会发展上做出更大的贡献，在推动省高等职业教育改革和发展上做出更大的贡献，在造就大批量高技能人才上做出更大的贡献，在推动科技创新和成果转化上做出更大的贡献。

陈建华指出，此次校庆是学校发展史上具有里程碑意义的一件大事，也是全市教育事业发展中的一件喜事！近年来，学校主动适应时代发展和教育改革的新形势，规范内部管理，加强队伍建设，深化教学改革，创新育人模式，人才培养质量稳步上升，社会服务能力日益增强，给全市教育赢得了荣誉，为河源经济社会发展做出了贡献。他对学校领导班子、全体老师及学生提出新的希望，要求河职院为河源经济社会更加灿烂辉煌的明天作出新的贡献。

出席校庆的领导嘉宾和优秀校友代表还有：省教育厅高教处副处长吴念香，河源市委常委刘嘉文，河源市委常委、秘书长赖泽华，河源市人大常委会副主任、市纪委副书记吴仁光，河源市政府副市长叶维园，河源市政协副主席朱深寿，教育部专家、原太原大学校长聂嘉恩，广州美术学院教授叶绿野，江门市委常委、纪委书记周伟万，广东第二师范学院院长肖建彬，广东松山职业技术学院党委书记陈坚中，惠州学院副院长黄小妮等。

2.3.3 叶绿野艺术楼以及萧殷塑像顺利落成揭幕

10 月 30 日，叶绿野艺术楼以及萧殷塑像落成暨揭幕仪式在学校举行。市委领导、叶绿野教授、萧殷先生之子萧权权及学校领导班子出席了揭幕仪式。

叶绿野艺术楼落成揭幕仪式上，校长刘安华介绍了叶绿野艺术楼的基本情况，指出艺术楼的落成对于改善学校教学条件、激发师生教学热情、提高学生人文修养、促进学生全面发展将起到积极的推动作用。市委书记陈建华、市政府副市长叶维园、叶绿野教授、学校党委书记高仁泽共同为叶绿野艺术楼揭幕（见插图 2-5）。

叶绿野先生是学校杰出校友、广州美术学院教授，活跃画坛数十年，硕果累累。他热爱家乡，情系母校，以九旬之身几次亲临学校关心和支持母校的建设和发展。为了向其表达崇高的敬意和由衷的感谢，学校将艺术楼命名为“叶绿野艺术楼”。

萧殷塑像揭幕仪式上，学校党委副书记韦荣表示，在学校安奉萧殷先生立像，目的是要让先生的精神继续引领师生、激励师生像先生一样服膺真理、坚守良知、奉献祖国，服务人民。市委书记陈建华、萧殷之子萧权权、学校党委书记高仁泽与校长刘安华共同为萧殷塑像揭幕（见插图 2-6）。

萧殷先生是学校杰出校友，1933 年在广东老隆师范任教。他一生从事于报刊编辑、文艺教学、文艺理论研究和文学创作工作，曾任《新华日报》编委、延安中央研究院研究员、《石家庄日报》副总编辑。

2.3.4 校友植树活动

10 月 30 日，来自广州、深圳、江门、东莞、韶关等各地的学校校友齐聚母校、欢贺校庆，并参与校友林植树、参观了校史馆及校友书画作品展等一系列活动。

来自各地的校友们一起挖坑、扶苗、填土、浇水，为校园添加了一片亮丽的“校友林”，并在树前合影留念。各地校友分别在学校艺术楼、萧殷公园、陶行知塑像旁等 14 处地点栽种了一棵棵香樟，象征校友情谊在校园处处飘香。

2.3.5 校庆晚会

10 月 29 日晚，学校在图书馆前举行了一场以“金色年华”为主题的隆重的校庆文艺晚会。学校党委书记高仁泽、副书记韦荣、有关嘉宾以及师生代表出席了此次晚会。

晚会以优美、欢快的舞蹈《桃花水母》开篇，接着一曲经典的歌曲《同桌的你》拉开了“校园情怀”的序幕，动感激情的《快乐的大学生活》、欢快而激昂的《河源职业技术学院校歌》等精彩节目陆续登场，带给观众一场具有强烈视听冲击的情感盛会。同时，也展示着河职院大学生青春飞扬的气息。

隆师八十春雨露滋润桃李芬芳，职院一十秋阳光朗照群英竞秀。诗歌朗诵《岁月高歌》道出了学校从黄麟书先生创校之初到现如今向省内一流高职院校的目标阔步迈进的光辉历程，生动地再现了学校艰辛的建校发展史、浓烈的师生情、校友情。怀着理想，充满希望，晚会尾声，歌曲《二十年后再相会》寓意着河源职业技术学院将为更加美好灿烂的明天而奋斗。

2.3.6 文化宣传片

校庆期间，学校特别策划拍摄的新校园文化宣传片在校园各处滚动播放。片子的策划方案和拍摄手法与以往摄制的片子有较大区别，其色彩清新锐利、风格新颖趣味，以一名入学新生为主线，串起“纪念隆师”、“校园色彩”、“专业介绍”、“学生活动”、“获奖成果”等篇章，最后在其微笑展望美好未来时画上句号。

全新宣传片从策划、创意、组织、拍摄，到后期编辑、制作，历时5个月，由校宣传部和质感影视公司合力完成，是为献礼隆师81周年、河职院挂牌10周年而特别摄制的。

2.3.7　宝宝摄影展

10月26日，以“我与学院同成长”为主题的宝宝摄影展在学校图书馆感动揭幕，为校庆热身。宝宝们的可爱天真感染了在场欣赏的每一个人。人事处、宣传部、工会相关负责人员，以及部分教师及学生代表参加了此次仪式。

伴随着学校新校区的发展，许多教职员工的宝宝们出生在河职院这个大家庭里，他们正与学校一同成长。此次摄影展展出的是宝宝们在校园各个角落的精彩瞬间，展现了他们天真无邪、活泼可爱的一面。

摄影展吸引了大量师生前来观看，大家纷纷表示“我与学院同成长”摄影展很好诠释了校园富有温情和生命力的一面，观后感动人心。

2.3.8　社团文化艺术节

十年校庆、十年风雨、十年辉煌。为祝贺校庆，学校特别举行了“缤纷社团·共贺校庆”为主题的社团文化展示活动。活动现场，音乐声、锣鼓声热闹着整个校园。竞技区中，各协会展示着各自独特的风采。

2.3.9　实训中心三期开工奠基暨陶行知塑像揭幕仪式

10月19日，为迎接即将到来的校庆，实训中心三期开工奠基暨陶行知塑像揭幕仪式在学校隆重举行。校园处处都是热闹欢乐的景象。市委常委、常务副市长黄建中，副市长叶维园以及学校领导班子出席了仪式（见插图2-7）。

学校党委副书记韦荣在奠基仪式上介绍了实训中心三期项目的情况，他表示该项目开工建设是学校发展史上的一件具有里程碑意义的大事。该项目是学校按照“政府主导、校企合作、师生经营、服务社会”理念推进生产性实训基地建设的一个成功实践，标志着学校建设及我市职业教育发展的又一新起点、又一新高度。黄建中、叶维园及学校领导班子等共同为实训楼三期铲土奠基。

随后，在场人员移步学校南门为陶行知塑像揭幕（见插图2-8）。副校长陈农心介绍了陶行知提出的“生活即教育”、“社会即学校”、“教学做合一”三大主张，及其对河职院前身——老隆师范学校所产生的积极影响。陈农心表示，学校大力推行“教学做一体化”模式改革，切实提高学生的实践能力和职业能力，正是陶行知先生“教学做合一”思想的生动体现。

出席此次仪式的还有市教育局局长苏晖、市国资委主任魏志明、市代建局局长陈少强、市国资公司总经理邱伟平、市政府办副主任朱永生以及学校各部门负责人、各学院师生代表。

2.3.10　校庆网开通

10月20日零点，“广东老隆师范学校建校81周年、河源职业技术学院挂牌10周年”校庆网正式启动，为广大师生、校友和社会各界人士开辟了感知学校历史、了解校庆动态、表达祝福之情的良好平台。

校庆网由学校校庆宣传组开发设计，以发布校庆信息、展现学校文化和表达校庆祝福为主要功能，包括“校庆动态”、“公告通知”、“校庆日程”、“校庆视频”、“校庆征文”、“校史回眸”、“校友风采”、“祝福留言”等栏目。

2.3.11 “赢未来”学校宣传专刊

校庆工作筹备过程中，学校与《赢未来》杂志社合作，特别策划制作了一本学校宣传专刊，用于校庆期间赠送来宾、宣传学校如今方方面面的发展情况。专刊里设有“领导寄语”、“调查”、“历史回眸”、“阅读”、“专题”、“人物”、“集体采风”和“现场”等栏目，从重点切入，分章节地介绍了学校。

第三部分　招生与就业

3.1 招　　生

3.1.1 招生工作概况

中高职对口招生工作。按照省教育厅的安排，从组织机构设置、考生资格审查、报名、命题、考试、录取等均按照省教育厅、考试院的要求规范操作，学校纪委全程监督，共录取自主招生考试新生79人。

新专业申报工作。组织专业申报学院认真做好市场人才需求状况的调研工作、撰写可行性分析报告及汇报材料的准备工作。经学校教学指导委员会论证，确定食品营养与检测专业为学校2011年新申报专业。

全日制三年制招生工作。周密部署、统筹安排，确保学校各层次、各批次、各省份录取工作顺利进行；2011年省下达给学校的招生总计划是4072人，面向全国11个省份招生；实际录取新生5248人，比下达数增加1176个名额。做好与河源市理工学校、河源市职业学校三二分段对接自主招生；河源理工学校招生250人（模具设计与制造专业），河源职校招生56人（应用电子技术专业）；做好博罗县农村小学师资定向委培工作，总结经验，推广做法。

新生开学准备工作。一是配合学工处按照入学成绩、男女比例、生源地尽量均衡的原则，做好2011级新生编班工作；将编班信息及时下发相关部门，配合做好新生入学接待工作。二是提高新生报到率，2011年新生报到人数达3929人，报到率为74.91%。三是做好优秀新生奖学金的发放工作。对于高考前20名第一志愿报读学校的新生，发放1000～6000元不等的优秀新生奖学金。四是做好179名新生转专业工作。五是做好入学新生信息核查工作，共核查新生5248人，注销未报到新生1247人，按照省教育厅、考试院规定时间及时上报相关数据。

3.1.2 专业招生

学校面向全国十一个省份招生，2011年专业数达到38个，涉及11个大类，23个小类，实际录取新生5248人，新生报到人数达3929人，报到率为74.91%。从招生比例来看，学校文化教育类专业比重最大，占32.96%。其次财经类专业占16.31%，再次为电子信息类专业占14.41%，制造类专业占10.39%。2011年招生专业和招生人数如表3-1所示。

表3-1　2011年专业招生情况

大类名称	类别名称	所开专业	专业代码	开设时间	招生人数及占当年招生比例	
					人数	比例/%
1. 文化教育大类	1. 教育类	1. 语文教育	660201	2001	268	6.89
		2. 数学教育	660202	2001	85	2.19
		3. 现代教育技术	660215	2002	97	2.50
		4. 英语教育	660203	2001	278	7.15
		5. 音乐教育	660209	2001	65	1.67

续表

大类名称	类别名称	所开专业	专业代码	开设时间	招生人数及占当年招生比例	
					人数	比例/%
1. 文化教育大类	1. 教育类	6. 美术教育	660210	2001	63	1.62
		7. 体育教育	660211	2001	69	1.78
		8. 学前教育	660214	2003	86	2.21
		小计	—	—	1011	26.01
	2. 语言文化类	9. 文秘	660112	2001	88	2.26
		10. 商务英语	660108	2004	147	3.78
		应用英语(方向)	660102	2010	35	0.90
		小计	—	—	270	6.95
	3. 体育类	11. 体育保健	660304	2007	0	0.00
		小计	—	—	0	0.00
	合计		—	—	1281	32.96
2. 财经大类	4. 财务会计类	12. 会计电算化	620204	2004	230	5.92
		小计	—	—	230	5.92
	5. 市场营销类	13. 市场营销	620401	2006	123	3.16
		小计	—	—	123	3.16
	6. 工商管理类	14. 工商企业管理	620501	2007	133	3.42
		15. 物流管理	620505	2007	148	3.81
		小计	—	—	281	7.23
	合计		—	—	634	16.31
3. 土建大类	7. 房地产类	16. 物业管理	560702	2004	79	2.03
		小计	—	—	79	2.03
	8. 建筑设备类	17. 楼宇智能化工程技术	560404	2005	58	1.49
		小计	—	—	58	1.49
	合计		—	—	137	3.52

续表

大类名称	类别名称	所开专业	专业代码	开设时间	招生人数及占当年招生比例	
					人数	比例/%
4. 艺术设计传媒大类	9. 艺术设计类	18. 艺术设计	670101	2006	188	4.84
		小计	—	—	188	4.84
	10. 表演艺术类	19. 音乐表演	670202	2007	16	0.41
		小计	—	—	16	0.41
	11. 广播影视类	20. 新闻采编与制作	670308	2008	79	2.03
		小计	—	—	79	2.03
	合计		—	—	283	7.28
5. 法律大类	12. 法律实务类	21. 法律事务	690104	2004	86	2.21
		小计	—	—	86	2.21
	合计		—	—	86	2.21
6. 轻纺食品大类	13. 纺织服装类	22. 服装设计	610204	2006	143	3.68
		小计	—	—	143	3.68
	14. 轻化工类	23. 高分子材料加工技术	610102	2006	13	0.33
		小计	—	—	13	0.33
	合计		—	—	156	4.01
7. 旅游大类	15. 旅游管理类	24. 旅游管理	640101	2003	77	1.98
		25. 涉外旅游	640102	2010	37	0.95
		26. 酒店管理	640101	2006	117	3.01
		小计	—	—	231	5.94
	16. 餐饮管理与服务类	27. 烹饪工艺与营养	640202	2010	34	0.87
		小计	—	—	34	0.87
	合计		—	—	265	6.82
8. 电子信息大类	17. 电子信息类	28. 应用电子技术	590202	2003	94	2.42
		29. 电子信息工程技术	590201	2011	70	1.80
		小计	—	—	164	4.22

续表

大类名称	类别名称	所开专业	专业代码	开设时间	招生人数及占当年招生比例	
					人数	比例/%
8. 电子信息大类	18. 通信类	30. 移动通信技术	590302	2008	85	2.19
		小计	—	—	85	2.19
	19. 计算机类	31. 计算机网络技术	590102	2006	79	2.03
		32. 计算机多媒体技术	590103	2007	83	2.14
		33. 计算机应用技术	590101	2001	77	1.98
		34. 软件技术	590108	2008	72	1.85
		小计	—	—	311	8.00
	合计		—	—	560	14.41
9. 制造大类	20. 机械设计制造类	35. 模具设计与制造	580106	2004	123	3.16
		36. 工业设计	580109	2009	33	0.85
		37. 数控技术	580103	2004	87	2.24
		小计	—	—	243	6.25
	21. 汽车类	38. 汽车制造与装配技术	580401	2005	161	4.14
		小计	—	—	161	4.14
	合计		—	—	404	10.39
10. 环保、气象与安全大类	22. 安全类	39. 工业环保与安全技术	600301	2007	28	0.72
		小计	—	—	28	0.72
	合计		—	—	28	0.72
11. 农林牧渔大类	23. 农林技术类	40. 园林技术	510202	2011	53	1.36
		小计	—	—	53	1.36
	合计		—	—	53	1.36
总计					3929	100.00%

3.1.3　招生改革工作

2011 年学校多项招生改革工作稳步推进，举行中高职对口招生试点录取考试、落实三二分段自主招生资格的申报及人才培养方案、教学标准、考核方式的制定工作、开展了博罗县农村小学师资定向委培工作，使得学校招生方式多元化，招生范围更加广泛。

一、广东省中高职对口自主招生考试河源考点在学校开考

中高职对口自主招生考试是我国普通高等学校招生入学考试（即高考）的重要组成部分，是考生进入高等职业院校的资格标准，是中华人民共和国的国家考试之一。学校从 2010 年开始开展中高职对口自主招生工作，是广东省 14 所具备对口自主招生资格的高职院校之一。

2011 年学校共有模具设计与制造、应用电子技术、服装设计 3 个专业面向全省各地中职学生招生。4 月 16 日至 17 日，广东省中高职对口自主招生考试河源考点在学校准时开考，共有来自顺德、番禺等地的 86 名中职学生到学校参加了考试。本次考试共分综合文化知识考试、专业综合理论考试、专业技能考试 3 个部分，其中，综合文化知识和专业综合理论考试采取笔试的方式，专业技能考试则采取实务操作的方式。由于考前学校遵循“全面考核、综合评价、公平竞争、公正选拔”的原则，对本次考试的命题、考务、安全、保密、后勤保障等一系列工作做好了精心部署和安排，整个考试过程严密、规范、顺畅，未出现任何纰漏，得到了来自各地的考生和相关工作人员的充分肯定。

学校及河源市教育局领导对本次考试高度重视。陈德清副校长一直在考试现场指挥、督查，市教育局考试中心王经纬主任等一行 3 人也到现场指导。王经纬主任在详细了解了考试的相关工作安排后认为，2011 广东省中高职对口自主招生考试河源考点组织严密、过程规范、程序合法，符合国家级考试的公正性、公平性和合法性要求，充分体现出了河源职业技术学院的良好考风和校风。

2011 年学校加大了招生宣传的力度，规范整个考试操作，纪委全程监督，共录取新生 79 人。

二、召开 2011 年中高职衔接对口自主招生工作会议

“中高职三二分段”对口招生指在中职学校和高职院校选取对应专业，实行中职学校（三年）和高职学校（二年）一体化的人才培养模式。2011 年 3 月，经广东省教育厅批准，学校成为广东省“中高职三二分段”对口招生试点院校之一。

根据学校向广东省教育厅申报的招生方案，2011 年共申报了两个专业，分别与河源市理工学校、河源市职业学校对接。截止到 2011 年，河源理工学校招生 250 人（模具设计与制造专业），河源职校招生 56 人（应用电子技术专业）。学校将在 2014 年通过中高职衔接对口自主招生考核，面向两校各招收 50 名模具、应用电子技术专业的学生，考核内容包括综合文化知识、专业知识和专业技能三个方面；注重过程考核，全面评价学生在中职阶段的学习情况，择优录取。

为进一步加强中高职衔接对口自主招生质量，5 月 31 日，学校在第一会议室召开 2011 年中高职衔接对口自主招生工作会议。副校长陈德清主持了会议，教务处长、招生办负责人及对口中职学校河源理工学校、河源广播电视大学的副校长、教务科长、学科组长参加了会议。会上，招生办负责人解读了《关于开展 2011 年职业院校自主招生三二分段试点工作的通知》精神。教务处长简单讲解了如何制定《中高职对口衔接人才培养方案》。陈德清传达了省中高职对口自主招生文件精神，对招生、宣传等工作做了具体布置，并强调要加强中高职衔接，优化三二分段教育。河源理工学校及河源广播电视大学的教务科长介绍了衔接专业前三年人才培养方案内容，与会人员就关于中高职衔接问题及对应措施、对口自主招生的问题与建议、转段考核办法、确定考核时间及考核方式等方面的问题进行了讨论。

三、学校与博罗县教育局签订小学师资定向培养协议

9月13日，博罗县教育局局长郭瑞民一行莅临学校，刘安华校长、陈德清副校长及教务处、人文学院相关负责人接待了来访一行，并在行政楼第一会议室召开座谈会（见插图3-1）。

座谈会上，刘安华对来访一行介绍了学校办学的基本情况，郭瑞民也向学校领导介绍了2011年入学的博罗籍60名五年制英语教育专业学生的选拔情况。随后，双方签订定向培养协议。

随后，郭瑞民一行还参观了学校的教学楼、图书馆、学生宿舍，并亲自到操场去看望正在军事训练的博罗班学子，发表热情洋溢的讲话，鼓励孩子们好好学习，珍惜机会，学好本领，报效家乡。孩子们对领导的亲切关怀表示感谢，纷纷表示一定发奋图强，好好学习，以优异的成绩回报各级领导和家乡人民的厚爱。

博罗县截止到2011年小学教师已面临年龄断层、教师结构性缺编的严峻问题。拓宽小学教师补充渠道，增强小学师资力量，为小学师资注入新鲜血液已成为博罗县迫切需要解决的问题。学校有着悠久的师范办学历史，交通便利，地理位置临近博罗县，因此，2011年博罗县教育局委托学校定向培养博罗籍初中起点五年一贯制大专小学英语教师60名。学生全部来自博罗县贫困镇贫困家庭，品学兼优，中考成绩均超过县重点中学分数线，生源素质好。这批学生在校学习五年，所有费用由县财政负责支付，学生毕业后回乡镇小学任教，由博罗县人事部门统一分配、财政入编。

此项工作可有效解决招生与就业问题，创新订单培养办学模式，学校已经总结经验，已向河源市政府、市教育局汇报此类招生的成功做法。

3.2 就　业

3.2.1 就业工作概况（见表3-2、表3-3）

学校2011年大专毕业生人数达3534人，比2010年增加1109人；毕业生初次就业率达96.23%，居全省同类院校前列。

明确责任，落实就业工作目标责任制。召开就业专题会议，制定工作目标，学校与各二级学院院长签订目标责任书（见插图3-2）。

加强就业政策宣传和就业教育。利用宣传栏、海报、报告会等形式加强就业政策宣传和就业思想教育工作，主要包括：组织大三毕业生开展就业知识竞赛活动，出版就业政策宣传栏4期，举办就业政策现场咨询活动，出版《职海导航》第2期、印数4000多份，编写《就业手册》分发毕业生人手一份，举办就业讲座3场，邀请企业成功人士举办4场就业讲座，张贴宣传海报31份；召开征兵工作动员会4场，悬挂标语18条，毕业生网上报名预征有219人，完成省教育厅下达的任务，通过政审并录取入伍的有12人；毕业生报名参加“三支一扶”107人，批准赴岗25人；据不完全统计，到基层就业毕业生占75%。举办第三届大学生职业生涯规划比赛，组织近1000名学生参赛；参加广东省第六届大学生职业规划大赛，陈世锋、郭晓静分别获“十佳规划之星”、二等奖，还获两项单项奖，郑文明老师获优秀老师指导奖。（见表3-4）

搜集岗位信息，拓宽就业渠道。广泛联系用人单位，为毕业生提供数量足、效果好的就业岗位信息。利用校园网发布招聘信息230条，主动到河源高新区、深圳、东莞等地与200多家企业联系，举办中小型校园招聘会132场，共有450多家用人单位进校园招聘，提供就业岗位6000多个（见插图3-3）；利用校园网发布招聘信息280条。

加强就业指导理论课教学改革。召开研讨会9次，完成课程整体设计和单元设计，基本完成课程标准的制定，编写配套教材1部；加强就业指导理论课教学教研活动，何秋霞老师获省就业指导课教学大赛二等奖，柳晓夫主持的课题《构建以就业为导向高职德育评价体系研究》（一般课题）获广东省高等职业教育研究会立项。

加强创业教育。已将创业教育当作就业指导理论课的三大模块之一，举办创业讲座3场，指导学生参加“挑战杯”创业大赛。加强创业园管理，学生创业基本正常运营。学生创业利润稳步提高，创业园的环境卫生得到较好的改观。

帮助困难毕业生就业。共资助52位困难毕业生就业，资金近万元。与困难毕业生个性化谈心近百人次，专门为困难毕业生提供就业岗位人均达5个以上，困难毕业生百分百就业。

加强毕业生就业质量跟踪调查。完成毕业生就业质量跟踪调查，发放问卷上万份，进行统计分析，写好报告。广泛联系近几年毕业生，邀请200多名优秀毕业生参加老隆师范建校81周年、河职院挂牌10周年庆典活动，捐种5棵纪念树（价值约15万元）。（见表3-5）

3.2.2　召开就业指导课改革研讨会

12月29日，学校在行政楼第一会议室召开就业指导课改革研讨会。校党委书记高仁泽、副校长陈农心出席会议，各二级学院副书记、课程设计教师参会。

会上，邝云婕、何秋霞、黄群林三位课程设计教师汇报了第一模块的设计思路。其中，何秋霞以课件展示的方式对《自我与实现》这一课程内容进行了详细的汇报。她表示，要激发学生的学习目标，让学生找到自己的兴趣，找到学习动力。这对以后的就业发展也起到重要作用。在听课和研讨环节后，陈农心副校长做总结讲话，希望教师们能教导学生了解并热爱所学专业，树立正确的就业观念。

3.2.3　就业分析报告

3.2.3.1　2011年就业工作基本情况

表3-2　各二级学院2011年毕业生就业服务工作情况

学院＼项目	召开专题会议（次）	举办招聘会（场）	联系用人单位（个）	提供生均就业岗位（个）	资助困难毕业生（人）	资助困难毕业生总额（元）	指导成功创业（人）	建立就业基地（个）
机电学院	8	16	43	5	10	2000	5	3
电信学院	7	1	58	3.8	78	6000	1	0
工商学院	26	5	56	3	23	4600	2	11
人文学院	5	2	15	3	0	0	1	2
艺术学院	3	12	22	10	5	1000	0	5
合计	49	36	194	24.8	116	13600	9	21

表 3-3 各二级学院 2011 年毕业生就业工作主要成效

项目／二级学院	参加“三支一扶”（人）	预征入伍报名（人）	省就业课比赛获奖（人、等）	省职业规划大赛获奖（人、等）	发表就业论文（篇）	就业课题（项目）	毕业离校时就业率（%）（7月1日前）
机电学院	0	50	0	4	1	0	85.38%
电信学院	65	50	0	0	0	0	83.97%
工商学院	1	44	0	1	1	1	86%
人文学院	1	25	1	0	1	0	80.54%
艺术学院	40	50	0	0	1	0	88%
合计	107	219	1	5	4	1	

表 3-4 各二级学院 2011 年毕业生就业教育政策宣传情况

项目／学院	举办就业讲座（场）	发放就业宣传资料（分）	就业宣传栏（期）	举行就业政策咨询活动（场）	完成职业规划大赛作品（分）	就业宣传标语（幅）	邀请校友创业报告（场）
机电学院	2	80	6	2	96	3	0
电信学院	2	300	3	1	120	6	3
工商学院	4	150	6	1	106	4	2
人文学院	5	82	0	2	256	1	1
艺术学院	2	384	1	5	162	5	2
合计	15	996	16	11	740	19	8

表 3-5 各二级学院 2011 年毕业生就业工作跟踪调查工作情况

项目／学院	发放调查表数（份）	完成调研报告（份）	走访毕业生（人）	校庆邀请校友（人）	校友捐款（元）	校友稳定信息库存量（人）
机电学院	924	11	42	50	7300	1500
电信学院	719	24	130	38	30	1551
工商学院	2791	28	35	30	3300	1495
人文学院	675	6	21	37	6000	162
艺术学院	11	8	200	10	8000	10
合计	5120	77	428	165	24630	4718

3.2.3.2 2010届毕业生基本情况

（一）毕业生总数及男女比例

学校毕业生总数 2372 人（含结业生），已就业人数为 2332 人，其中男 1091 人，女 1241 人，比例为 0.87：1，男生少于女生。

（二）专业结构

2010 届共有 33 个专业的学生毕业，其中师范类专业有 9 个，三年制的有数学教育、语文教育、现代教育技术、英语教育、美术教育、音乐教育、体育教育，比 09 届新增 2 个。五年制专业有两个：英语教育、现代教育技术。非师范类专业有 22 个，比 09 届增加 4 个（详见图 3-1）。

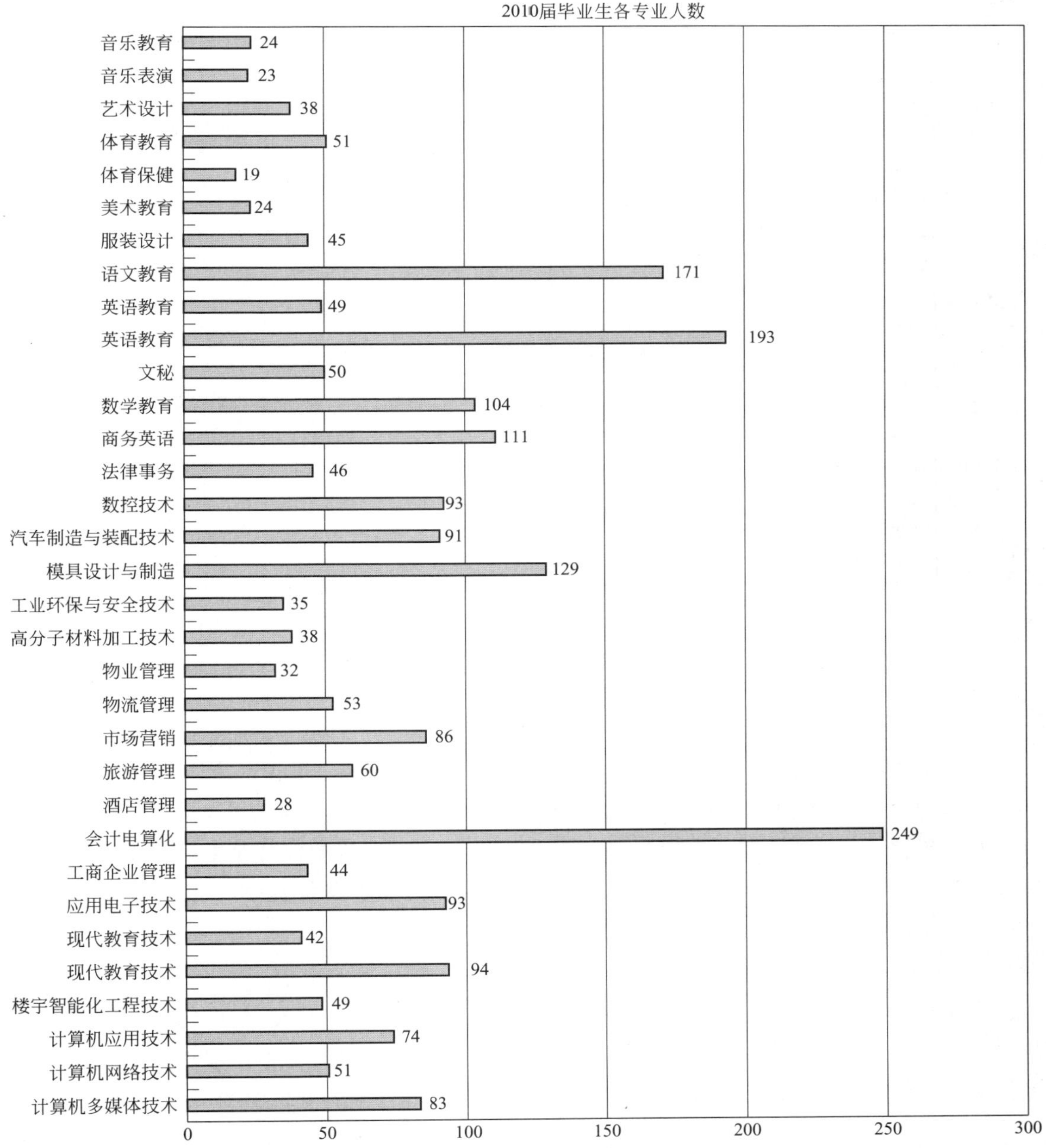

图 3-1 2010 届毕业生各专业人数

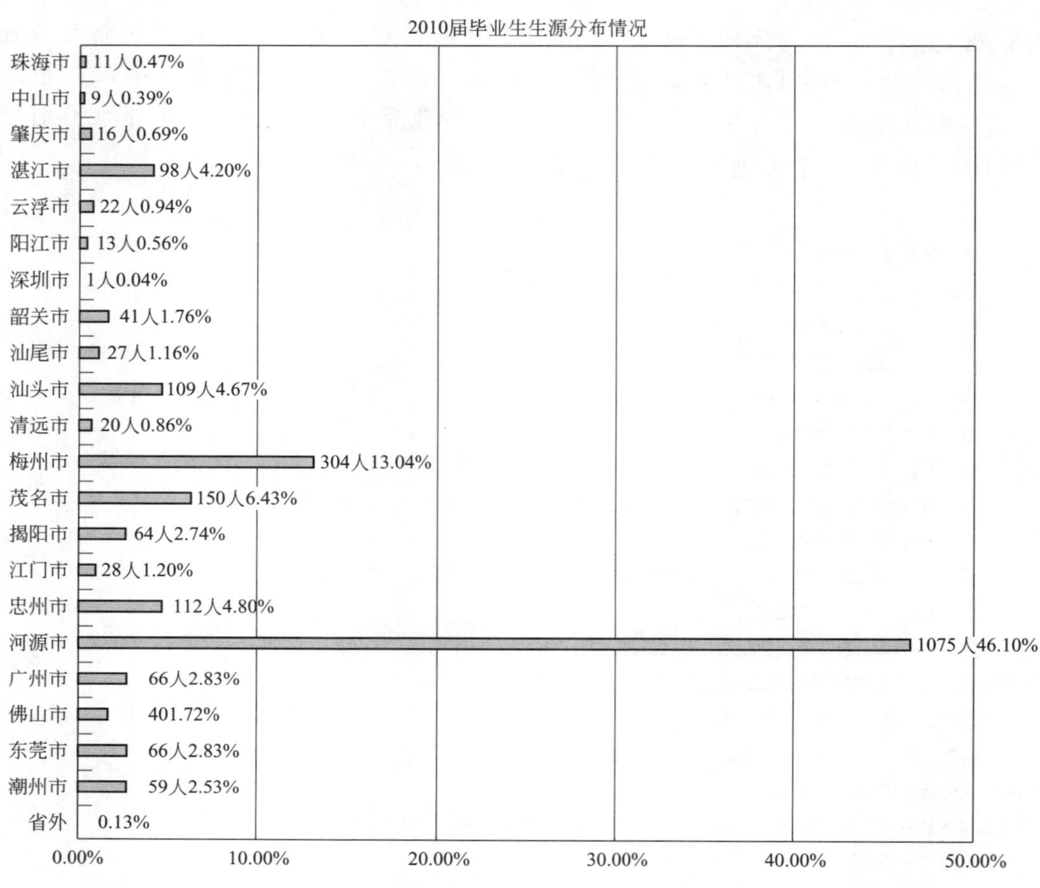

图 3-2 2010 届毕业生生源分布情况

（三）生源分布情况

学校 2010 届已就业 2332 名毕业生中，有江西生源毕业生 3 名，其余 2329 个广东生源毕业生分布在广东省 21 个市当中，其中河源市生源 1075 人，占 46.1%，广东其他 20 个市的我院毕业生共有 1254 人，占 53.7%，其中又以梅州、惠州、汕头居多，均超过 100 人（详见图 3-2）。

3.2.3.3 2010 届毕业生就业情况

（一）就业基本情况

2010 届毕业生总数 2372 人，已就业人数 2332 人。统计截止到 9 月 1 日前，初次就业率达 96.37%，12 月 1 日前，总体就业率达 98.31%，在总体就业率中，有 71.12%的毕业生在企业单位就业，而选择专插本升学和未就业分别为 0.04%、1.69%。

（二）就业单位流向

（1）就业单位类型（大类）流向

2010 届毕业生中，到企业单位就业人数达 1687 人，占已就业人数的 71.12%，到事业单位的有 589 人，占 24.83%（详见图 3-3）。

2010届毕业生就业单位类型(大类)比例
机关，部队，党群及政治系统单位，0.21%
未就业，1.69%
其他已就业，2.36%
事业单位，24.83%
企业单位，71.12%

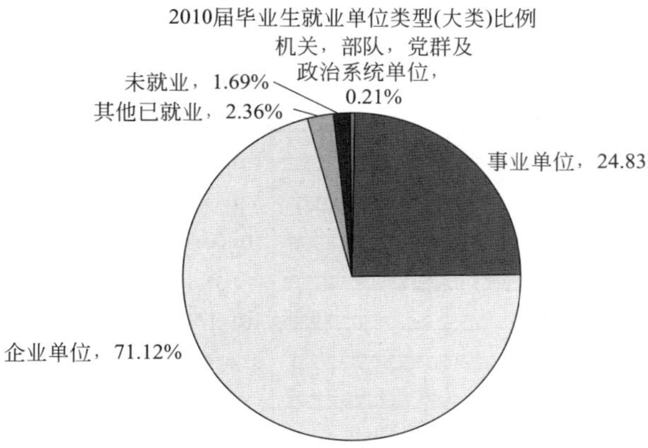

图 3-3　2010 届毕业生就业单位类型比例图

2010届毕业生就业单位类型(小类)人数比例
初中教师 3.6%
股份有限公司 10.4%
有限责任公司 31.8%
小学教师 14.9%
私营企业 22.5%

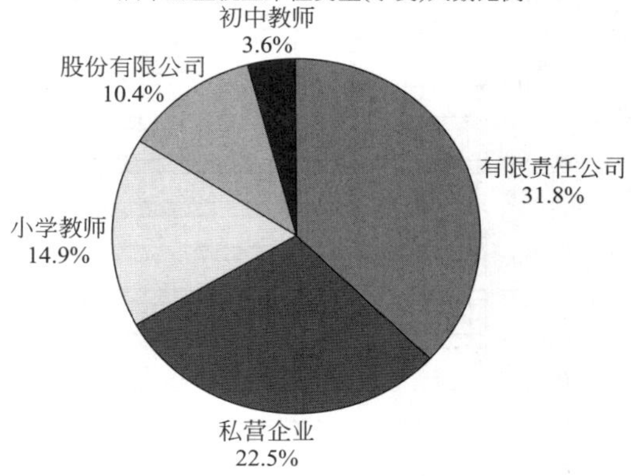

图 3-4　2010 届毕业生就业单位类型人数比例

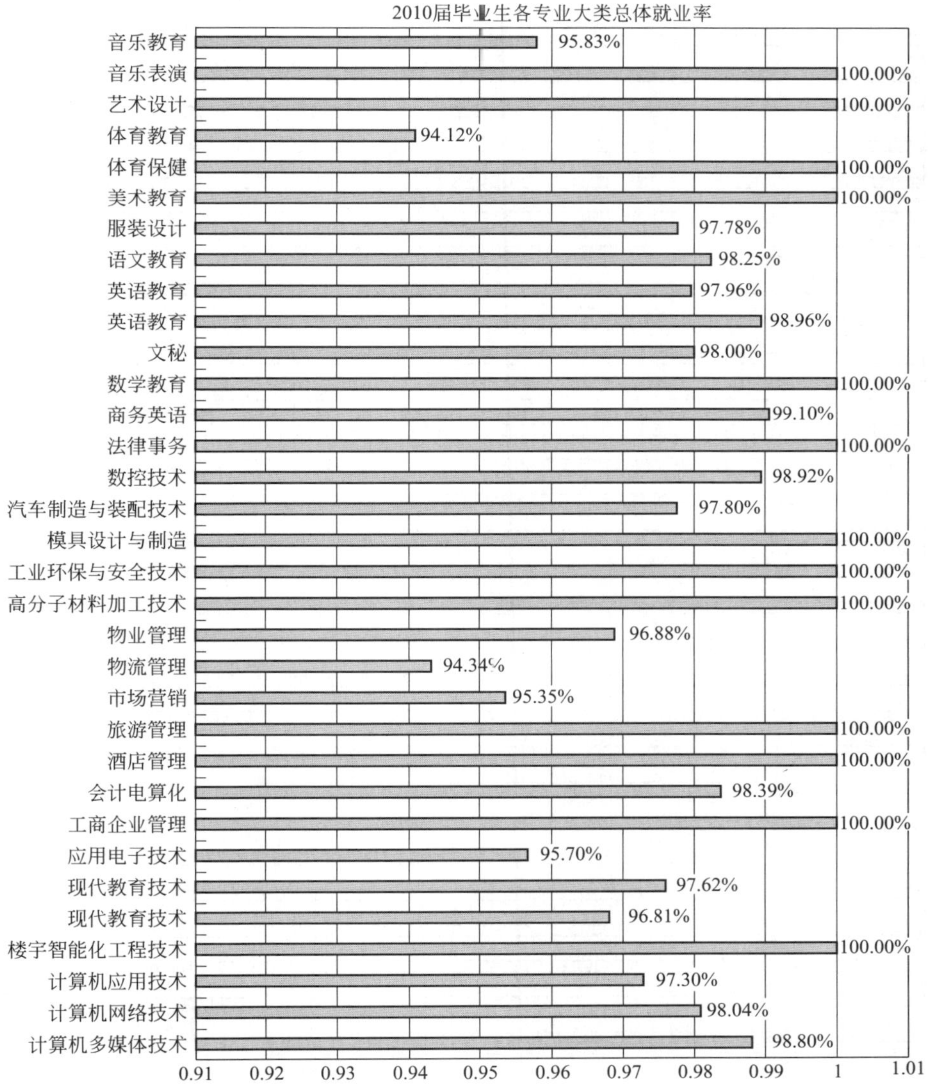
2010届毕业生各专业大类总体就业率
音乐教育 95.83%
音乐表演 100.00%
艺术设计 100.00%
体育教育 94.12%
体育保健 100.00%
美术教育 100.00%
服装设计 97.78%
语文教育 98.25%
英语教育 97.96%
英语教育 98.96%
文秘 98.00%
数学教育 100.00%
商务英语 99.10%
法律事务 100.00%
数控技术 98.92%
汽车制造与装配技术 97.80%
模具设计与制造 100.00%
工业环保与安全技术 100.00%
高分子材料加工技术 100.00%
物业管理 96.88%
物流管理 94.34%
市场营销 95.35%
旅游管理 100.00%
酒店管理 100.00%
会计电算化 98.39%
工商企业管理 100.00%
应用电子技术 95.70%
现代教育技术 97.62%
现代教育技术 96.81%
楼宇智能化工程技术 100.00%
计算机应用技术 97.30%
计算机网络技术 98.04%
计算机多媒体技术 98.80%
0.91 0.92 0.93 0.94 0.95 0.96 0.97 0.98 0.99 1 1.01

图 3-5　2010 届毕业生各专业大类总体就业率

图 3-6　2010 届各地生源毕业生就业率

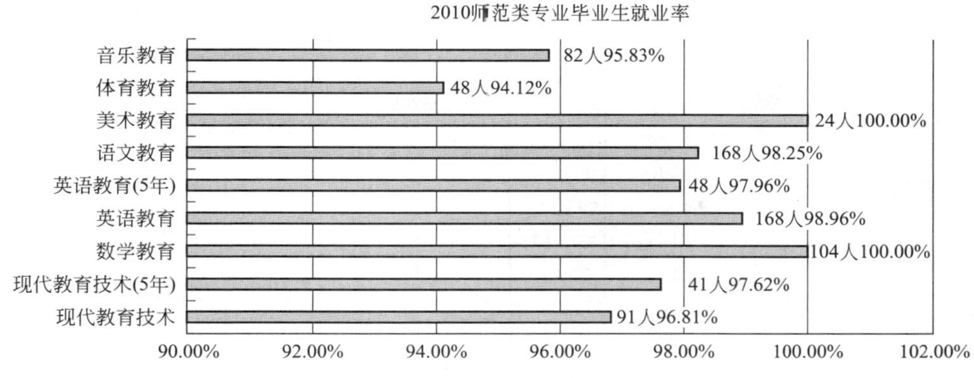

图 3-7　2010 届师范类专业毕业生就业率

（2）就业单位类型小类前五位

就业单位类型小类前 5 位是：有限责任公司、私营企业、小学教师、股份有限公司、初中教师（详见图 3-4）。

（3）2010 届毕业生各专业大类就业率

2010 届毕业生中，总体就业率最高的是楼宇智能化工程技术、工商企业管理、酒店管理、旅游管理、高分子材料加工技术、工业环保与安全技术、模具设计、法律事务、数学教育、体育保健、美术教育、艺术设计与音乐表演等专业，均达到 100%，就业率最少的是体育教育，仅为 94.12%，比 2010 年法律专业提高 3.12 个百分点（详见图 3-5）。

（4）各地生源毕业生就业率

2010 年毕业生中，东莞、恩平、佛山。广州、鹤山以及揭阳等地的生源的就业率均为 100%，最低的是省外生源的毕业生，就业率都仅为 75%（详见图 3-6）。

（5）师范类毕业生就业率

2010 届参加就业毕业生 2372 人，其中师范类毕业生 752 人，就业率 98.14%，与 2010 年大致持平，美术教育、数学教育最高达 100%，体育教育最低 94.12%（详见图 3-7）。

3.2.3.4　2010 届毕业生就业分析

（一）2010 届毕业生从事行业分布

根据国家统计局发布的国民行业分类标准（GB/T 4754—2002），共有 20 个行业大类，98 个行业中类。根据《中华人民共和国职业分类大典》的划分，共有 8 个职业大类，66 个职业中类，414 个职业小类。

根据教育部的就业政策 100 问，“基层”既包括广大农村，也包括城市街道社区；既涵盖县级以下党政机关、企事业单位，也包括社会团体、非公有制组织和中小型企业；既包含自主创业、自谋职业，也包括艰苦行业和艰苦岗位。

（1）毕业生从事行业大类分布情况

2010 届毕业生已就业 2332 人中，教育事业就业 627 人，占 26.89%，其次是商务服务业 200 人，占 8.58%。

（2）毕业生从事行业（中类）前 5 位

毕业生从事人数最多的行业（中类）是教育业：627 人，占 26.89%，其次是商务服务业：200 人，占 8.58%，第三是电子和其他信息传输服务业占 7.25%，其他服务业占 6.00%，最少是计算机服务业，占 4.60%（详见图 3-8）。

（3）师范类毕业生就业行业情况

2010 届师范类毕业 752 人中，从事行业最多的是教育行业，有 521 人，占已就业师范类毕业生的 69.28%（详见图 3-9）。

（二）2010 届毕业生就业地区分布

（1）总体流向分布

2010 届毕业生就业地区集中在河源地区，有 1075 人，占已就业毕业生人数的 40.18%，

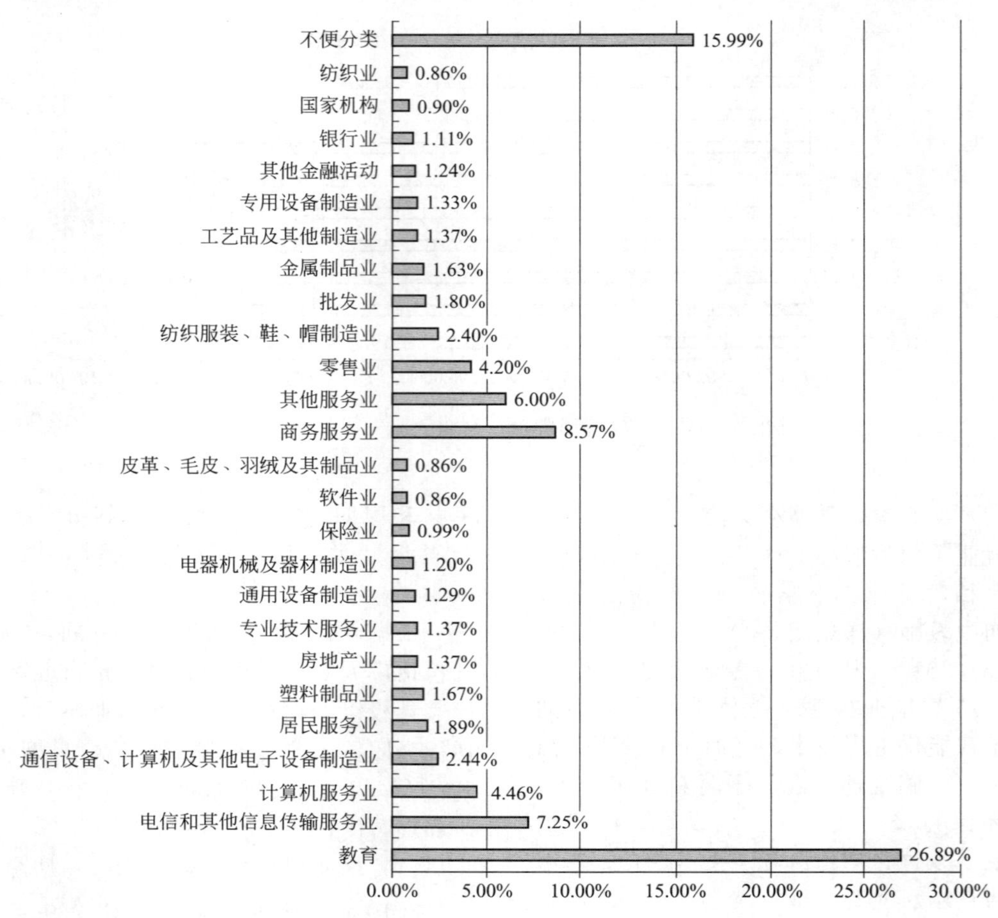

图 3-8 2010 届毕业生各行业人数比例

这与河源本地生源所占比例较大原因有关；其次是深圳市、东莞市，分别为 14.49％，10.93％（详见图 3-10）。

（2）师范类毕业生就业地区分布

2010 届师范类毕业生中，就业人数最多的流向地区是河源市，占已就业师范类毕业生的 47.7％，其次是惠州市，占已就业师范类毕业生的 10.30％（详见图 3-11）。

（三）2010 届毕业生就业职业类型情况

（1）总体情况

2010 届毕业生从事的职业涵盖了所有的大类和小类，其中最多的是专业技术人员，占已就业人数的 54.63％，其次是商业服务人员、办事人员和有关人员，分别为 24.01％、9.50％（详见图 3-12）。

（2）2010 届毕业生就业职业类型（中类）前 5 位

2010 届毕业生从事最多的职业（中类）是教学人员，占 39％，其次是其他专业技术人员、其他商业服务业人员、推销展销人员、行政办公人员（详见图 3-13）。

（3）师范类毕业生职业类型情况

2010 届师范类毕业生从事职业类型（大类）最多的是教育，有 549 人，占已就业师范类毕业生的 59.26％（详见图 3-14）。

（四）2010 届毕业生就业薪酬情况

（1）各专业就业平均起薪（元/月）

2010 届共有 33 个专业毕业生，就业中平均起薪最高的是高分子材料加工，为 2025 元/月；其次是电子应用技术和文秘专

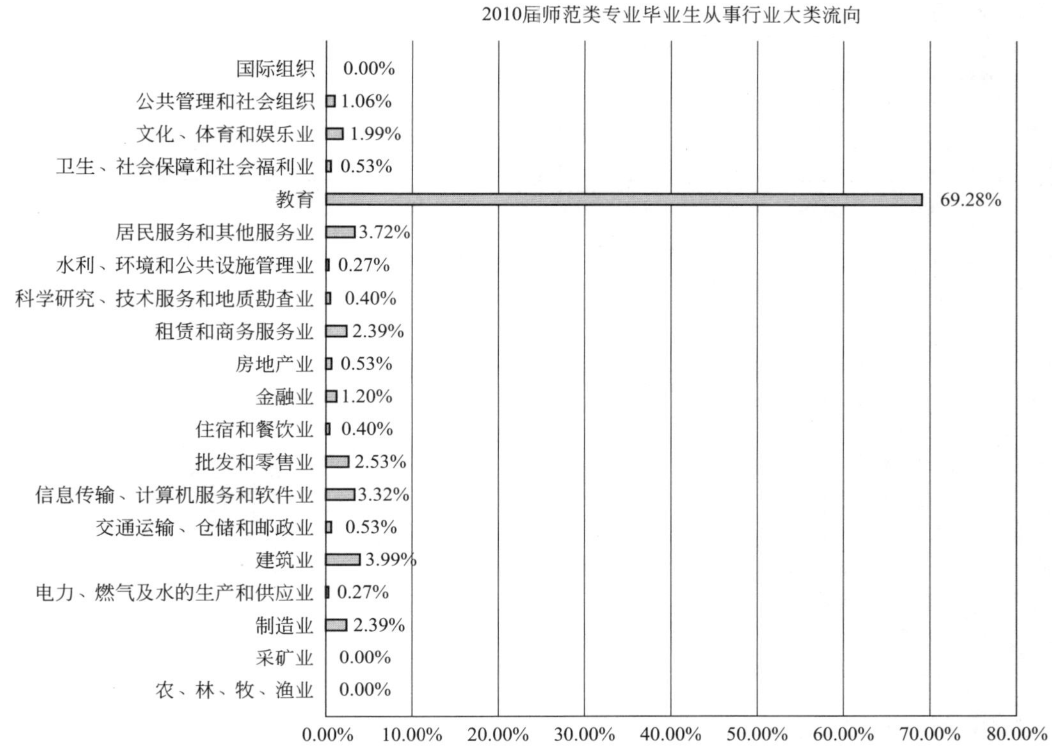

图 3-9　2010 届师范类专业毕业生从事行业大类流向

业，分别为 1884 元/月和 1796 元/月；最低的是法律事务专业，1137 元/月。

（2）各专业就业平均月薪（元/月）

2010 届已就业毕业生中，平均月薪最高的是电子应用技术专业，2670 元；其次是汽车制造与商务英语，分别为 2621 元、2617 元；最低的是物业管理 1350 元（详见图 3-15）。

（3）各类型毕业生平均就业薪酬比较

2010 届毕业生的师范类平均就业薪酬为 1687.21 元/月，理工类毕业生平均就业薪酬 2077.86 元/月，文管类毕业生平均就业薪酬 1860.8 元/月。师范类毕业生平均起薪为 1272.12 元/月，理工类毕业生平均起薪为 1488.44 元/月，文管类毕业生平均起薪 1376.3 元/月（详见图 3-16）。

（五）2010 届毕业生基层就业情况

2010 届毕业生已就业 2332 人，其中基层（生产、服务、管理、建设一线岗位）就业 1142 人，占已就业人数 48.97%，这与学校生源大多数来自贫困山区有关，最多的专业是语文教育，占 93.33%，这是毕业生正确定位、面向基层、服务一线带来的结果，商务英语只有三个在基层就业，这与商务英语在基层中还未普及或发展有关（详见图 3-17）。

（六）2010 届毕业生自主创业情况

2010 届毕业生中创业共 11 人，占已就业毕业生 0.47%，毕业生自主创业人数比例较低，与毕业生的创业意识相对较弱和创业条件不具备等因素有直接关系。

（七）毕业生就业主要指标分析

（1）专业对口率

毕业生所学专业与自己就业的岗位基本匹配，我们称之为对口率。全校毕业生就业专业对口率为 83.86%，最高的专业是应用电子技术 89.80%，最低的是市场营销 71.80%（详见图 3-18）。

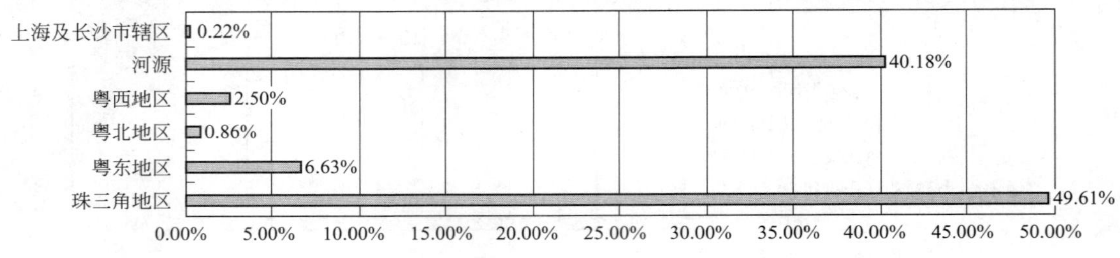

图 3-10　2010 届毕业生地区就业人数及所占比例

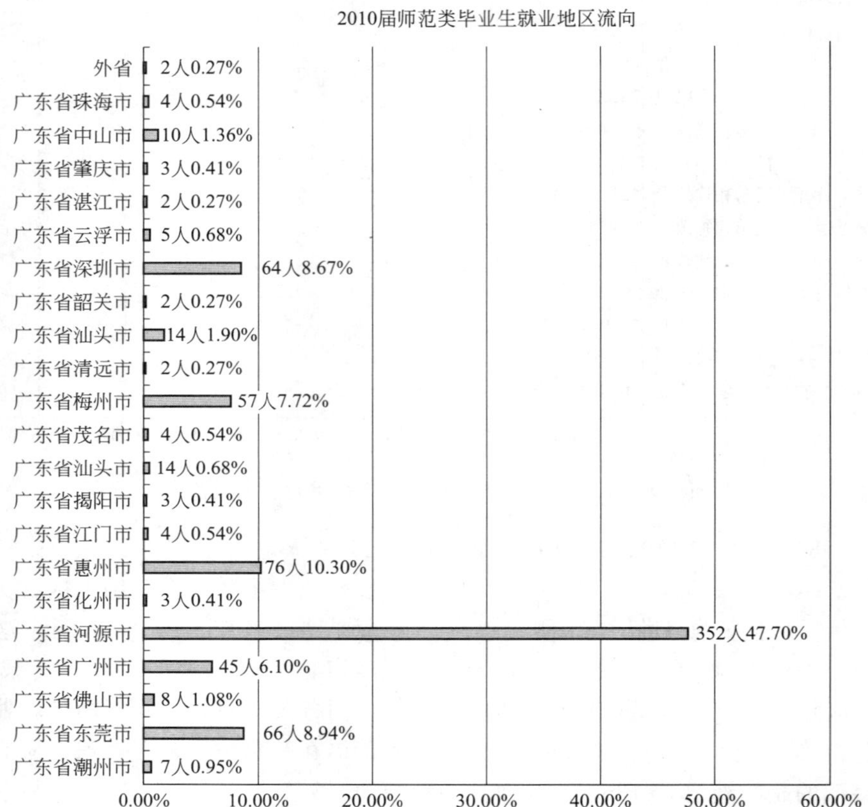

图 3-11　2010 届师范类毕业生就业地区流向

（2）跳槽率

从跳槽率中可以反映出稳定率，毕业生跳槽是截止到 2011 年就业的普遍现象，学校 2010 届毕业生跳槽率达 27.25%，其中商务英语专业跳槽率最高，均达到 36.50%，最低的专业为音乐教育专业，仅为 7.00%（详见图 3-19）。

（3）毕业生对自己就业满意度

毕业生对自己就业是否满意，不仅反映学校的教学质量，也反映了毕业生就业状况、就业的幸福感和满足感。学校 2010 届毕业生大部分都对自己的就业较满意，满意率达 83.28%，最高的是语文教育专业，达 96.29%。最低的是现代教育技术专业，仅为 57.12%（详见图 3-20）。

（4）职位晋升率

2010 届毕业生虽然才就业一年左右，但也有相当一部分毕业生职位（职务、职称等）得到晋升，全校晋升率为 28.21%，最高的是应用电子技术，晋升率达 97.21%，

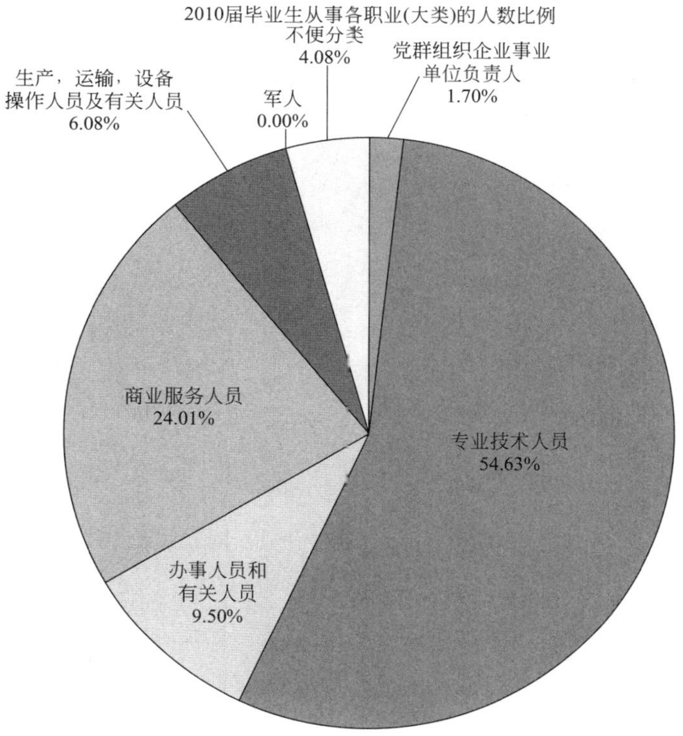

图 3-12　2010 届毕业生从事各职业的人数比例

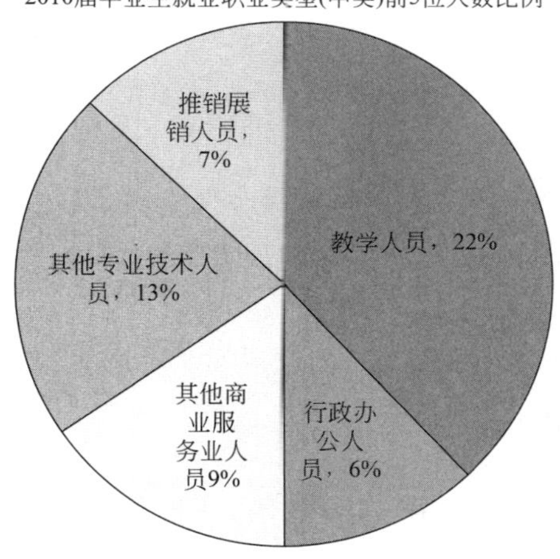

图 3-13　2010 届毕业生就业职业类型前 5 位人数比例

最低的是现代教育，晋升率为 1.24%（详见图 3-21）。

（5）毕业生求职成本

2010 届毕业生平均求职成本为 1198.09 元，其中最高的专业是市场营销高 3229 元，最低的是艺术设计、文秘和法律事务专业，仅为 350 元；每拿到一份工作需投出简历数全校平均 13.23 份，最高的是现代教育技术专业，高达 57 份，最少的是高分子材料加工技术、汽车制造与装配技术专业，仅为 3

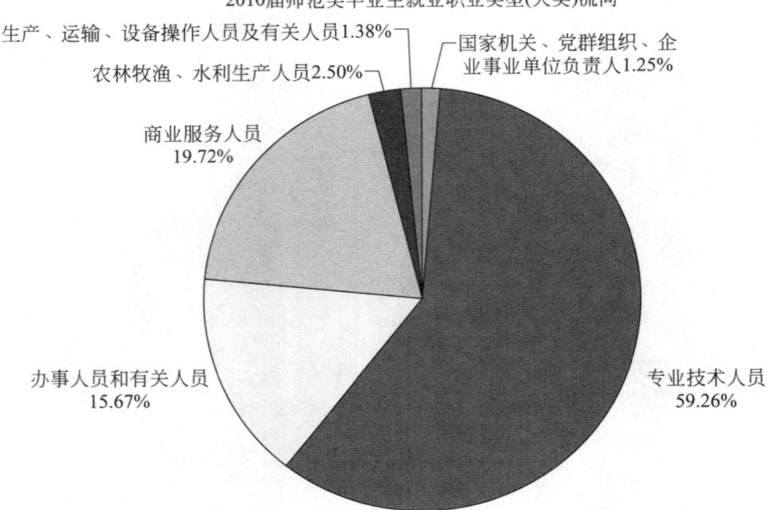

图 3-14 2010 届师范类毕业生就业职业类型流向

份（详见图 3-22）。

（6）校友推荐毕业生就业情况

校友推荐毕业生就业可折射出母校的办学水平和亲和力。学校 2010 届已就业毕业生中，有 17.22％是由校友推荐的，其中最多的专业是应用电子技术，占 47.70％，最低的是法律事务，仅为 1.21％（详见图 3-23）。

（八）用人单位对 2010 届毕业生就业质量的评价情况

用人单位对毕业生评价，学校设计的评价表主要是对思想表现、敬业精神、工作态度、专业水平、工作能力、创新能力、协作团结精神、工作效率、综合评价九项内容进行四个等次的评价，四个等次分别为：很满意、基本满意、不满意、很不满意。2010 届毕业生综合评价满意率较高，很满意率达 27.25％，基本满意为 62.98％，不满意率和很不满意分别为 2.33％、1.32％。其中很满意率最高的专业是语文教育达 98％，最低的是市场营销，仅为 11.23％，比例相差较大（详见图 3-24）。

3.2.3.5 近几年毕业生就业情况对比分析

按照学校的规定，我们不仅要对前一年毕业生进行就业质量、就业状况跟踪调查，还要对历届毕业生，尤其前五届毕业生进行长期跟踪调查，从动态中了解毕业生就业状况的变化。

（一）近几年就业率对比分析

就业率＝已就业人数/参加就业的毕业生总数×100％

广东省每年进行两次大规模就业率统计，一次是初次就业率统计，截止时间为 9 月 1 日前；一次是总体就业率，截止时间为 12 月 10 日前。从 2006 届到 2010 届五届毕业生中学校初次就业率最高的是 2008 届，达 98.53％，最低是 2009 届 95.26％，总体就业率最高的是 2007 届达 99.67％，最低是 2010 届达 98.31％（详见图 3-25）。

（二）近几年毕业生就业质量主要指标对比分析

（1）专业对口率

在 2006 届到 2010 届五届已就业毕业生中，专业完全对口率最高的是 2008 届毕业生，达 38.62％，最低的是 2009 届，达 26.36％（详见图 3-26）。

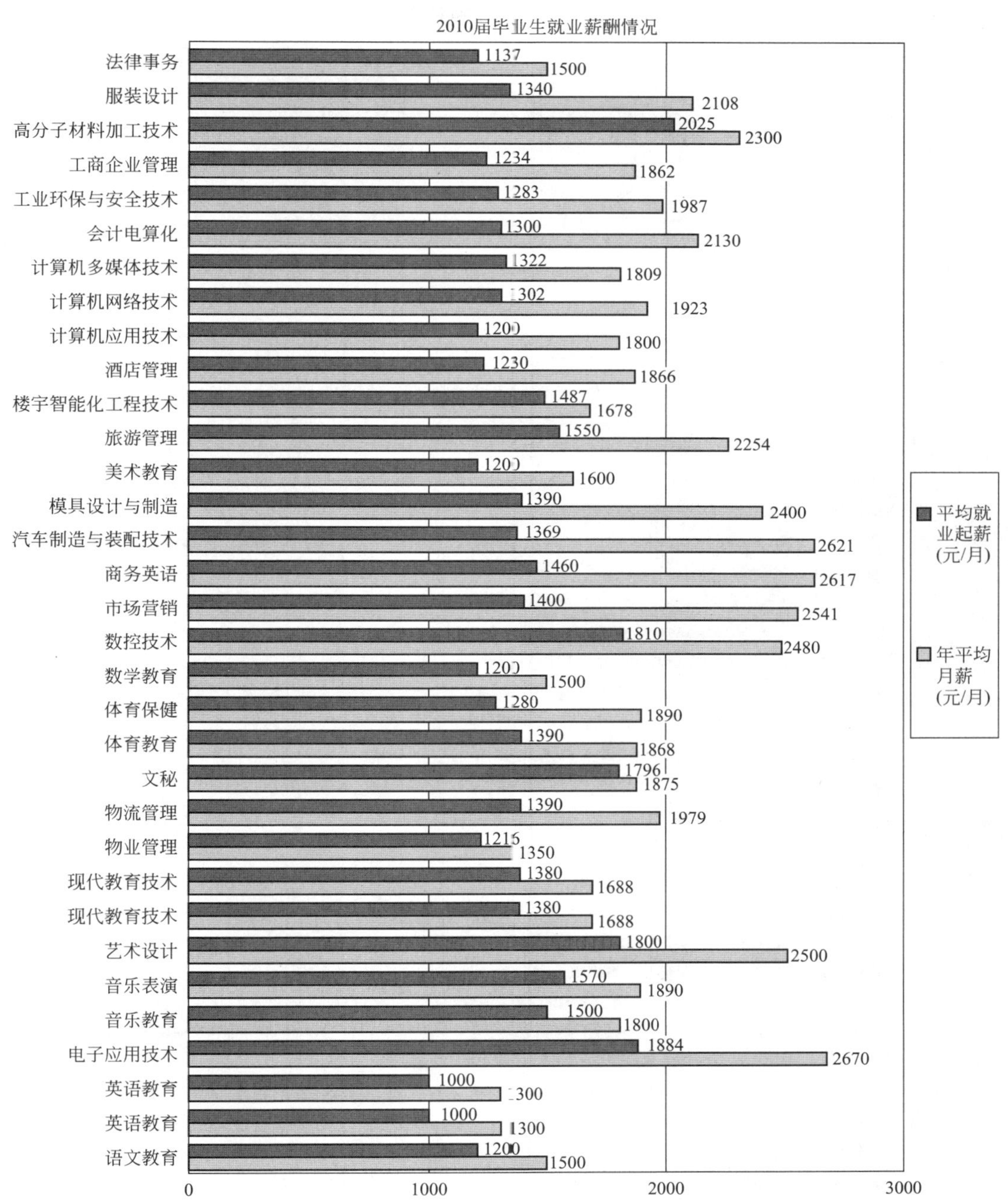

图 3-15　2010 届毕业生就业薪酬情况

2500
2000
1500
1000
500
0
1272.12
1488.44
1376.3
1687.21
2077.86
1860.8
平均就业起薪(元/月)
年平均月薪(元/月)

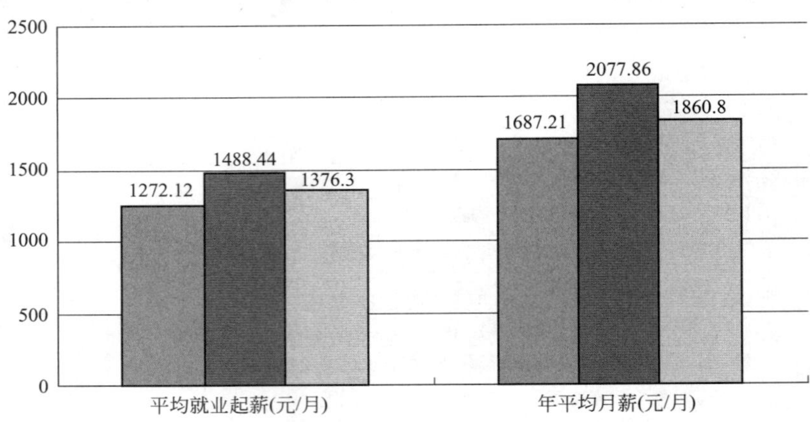

图 3-16 2010 届毕业生月薪基本情况

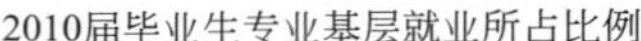

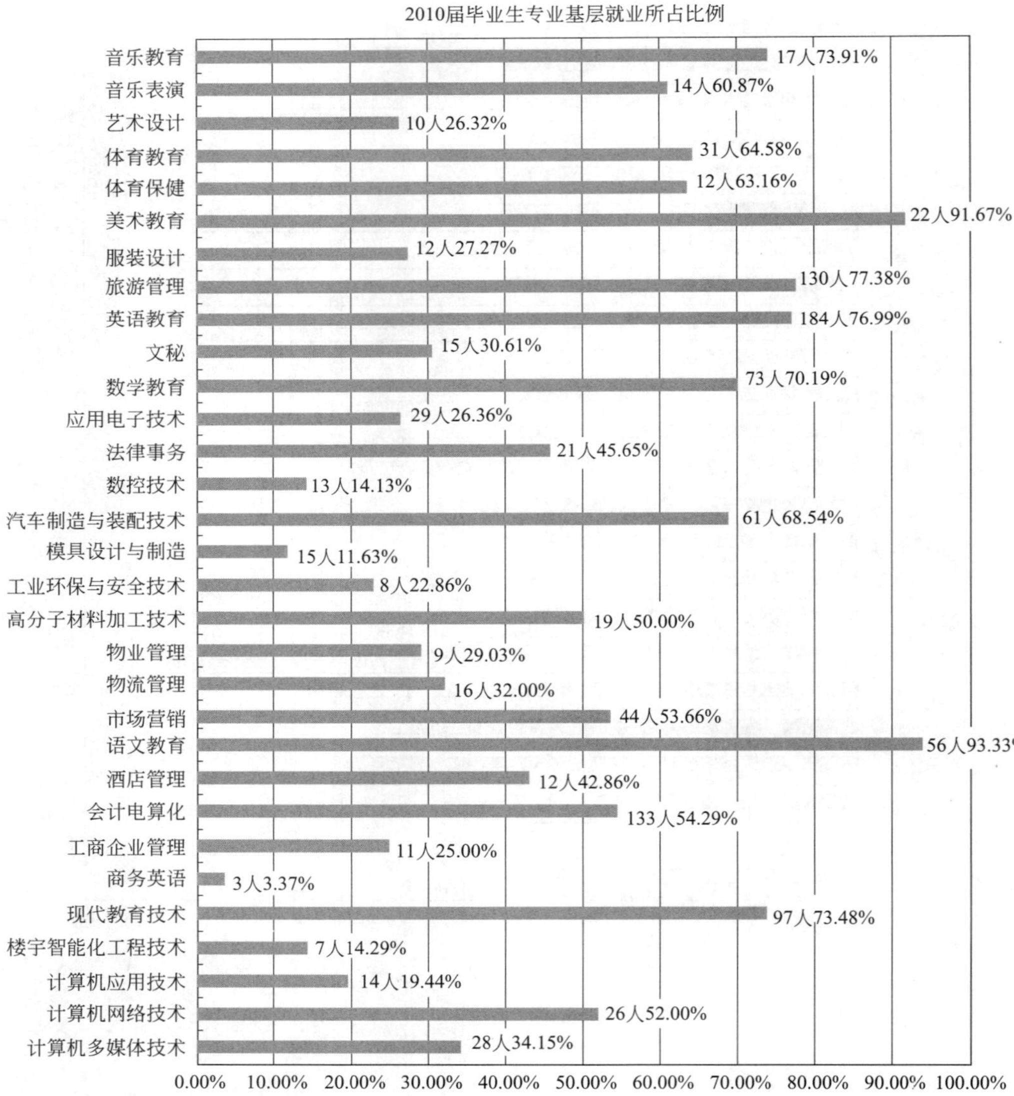
2010届毕业生专业基层就业所占比例
音乐教育 17人73.91%
音乐表演 14人60.87%
艺术设计 10人26.32%
体育教育 31人64.58%
体育保健 12人63.16%
美术教育 22人91.67%
服装设计 12人27.27%
旅游管理 130人77.38%
英语教育 184人76.99%
文秘 15人30.61%
数学教育 73人70.19%
应用电子技术 29人26.36%
法律事务 21人45.65%
数控技术 13人14.13%
汽车制造与装配技术 61人68.54%
模具设计与制造 15人11.63%
工业环保与安全技术 8人22.86%
高分子材料加工技术 19人50.00%
物业管理 9人29.03%
物流管理 16人32.00%
市场营销 44人53.66%
语文教育 56人93.33%
酒店管理 12人42.86%
会计电算化 133人54.29%
工商企业管理 11人25.00%
商务英语 3人3.37%
现代教育技术 97人73.48%
楼宇智能化工程技术 7人14.29%
计算机应用技术 14人19.44%
计算机网络技术 26人52.00%
计算机多媒体技术 28人34.15%
0.00% 10.00% 20.00% 30.00% 40.00% 50.00% 60.00% 70.00% 80.00% 90.00% 100.00%

图 3-17 2010 届毕业生各专业基层就业比例

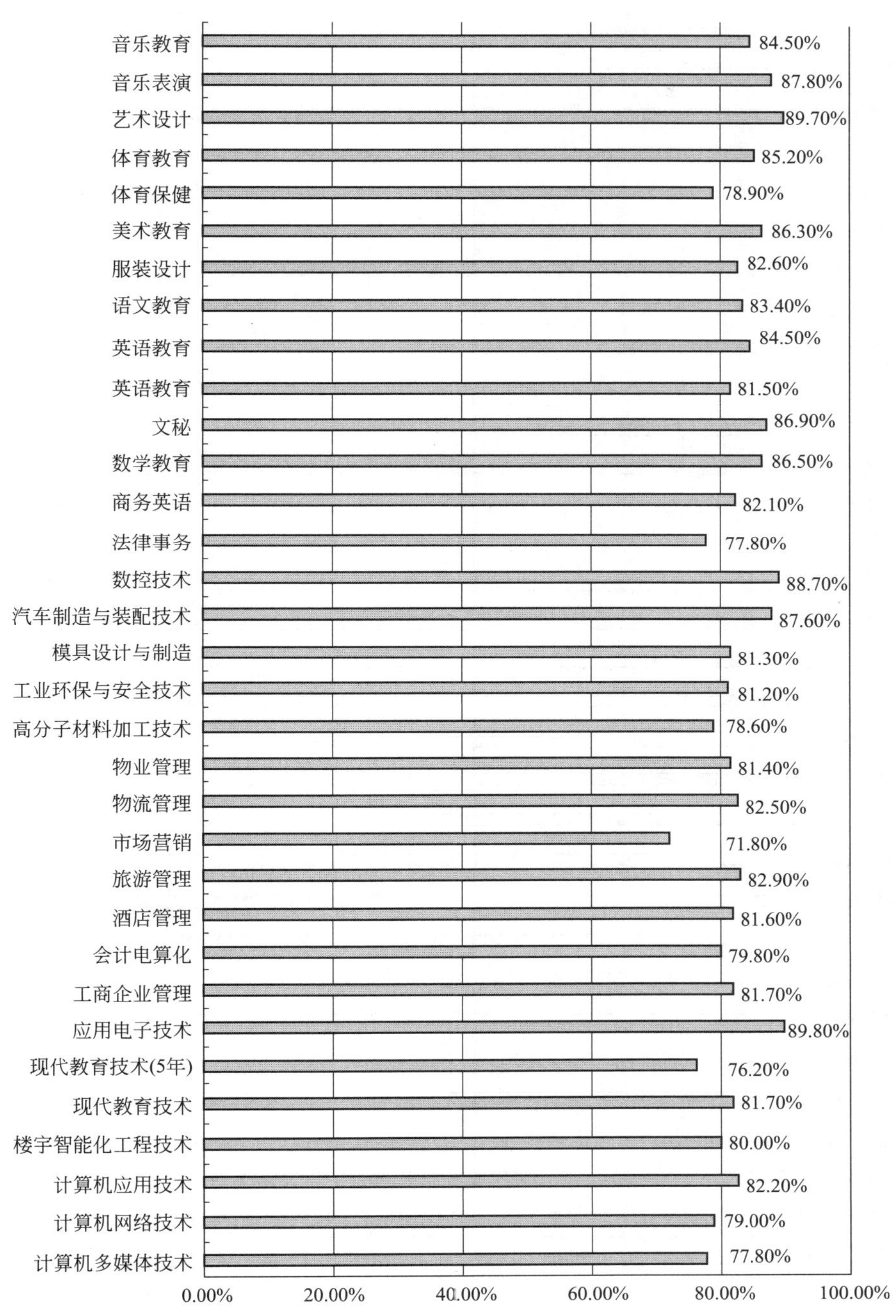

图 3-18　2010 届毕业生就业岗位与专业对口率

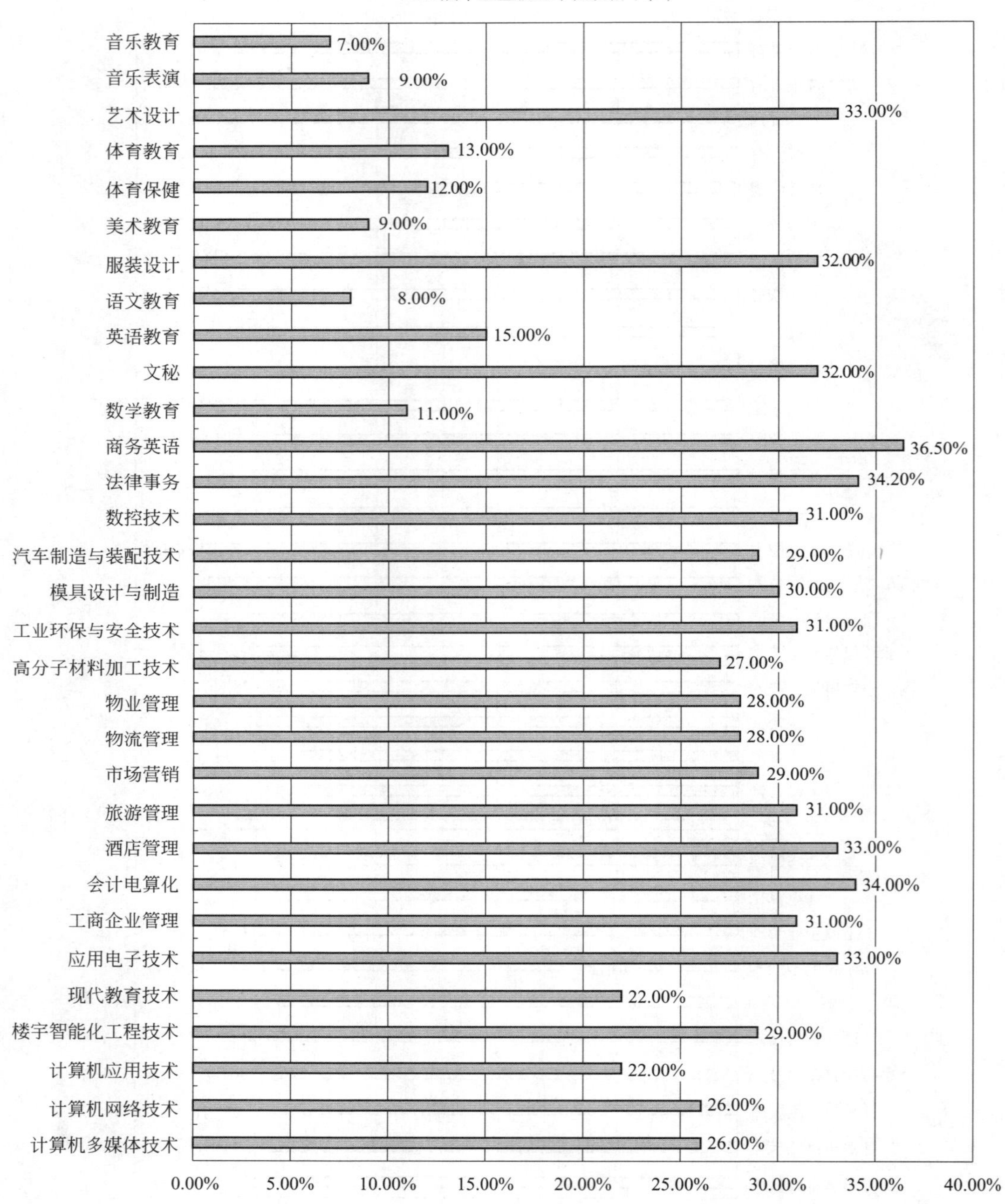

图 3-19 2010 届毕业生就业单位跳槽率

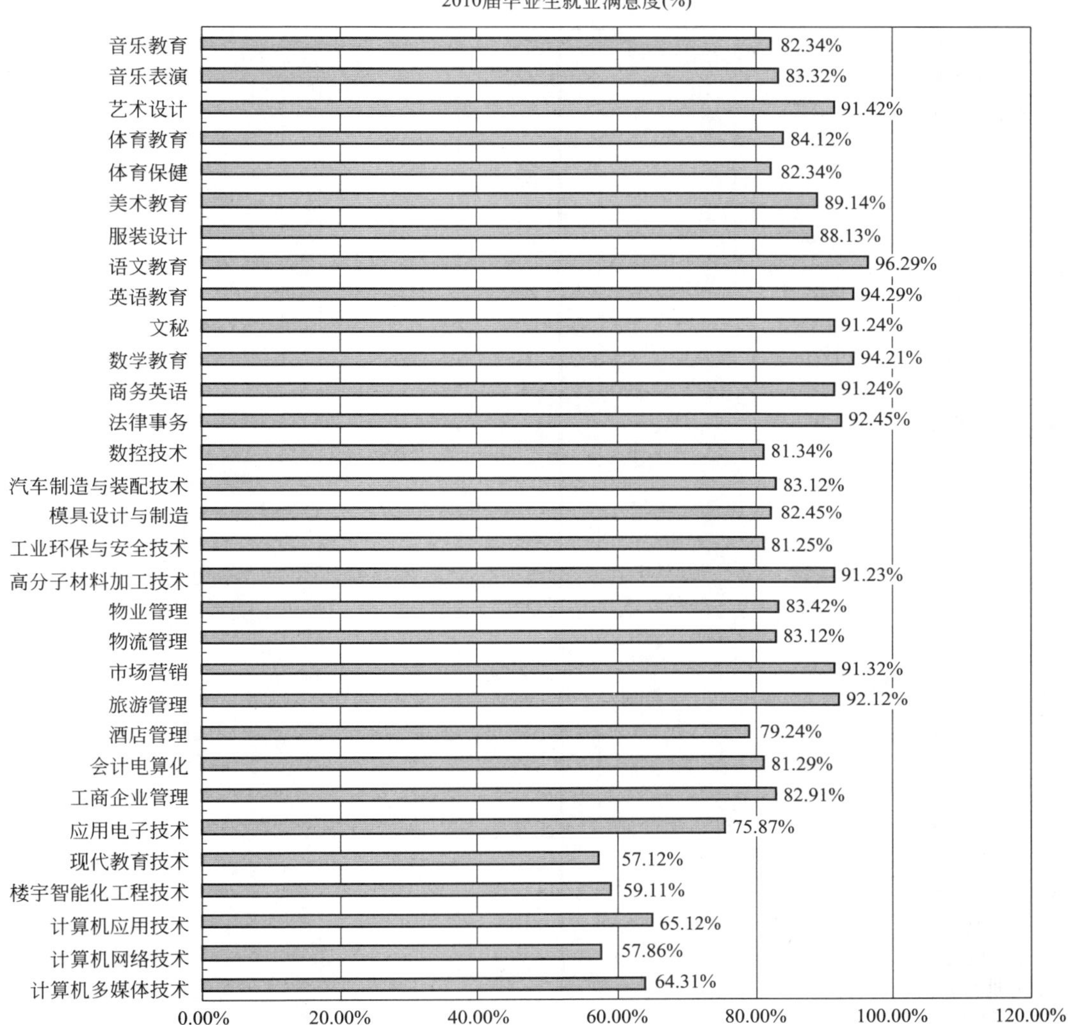

图 3-20 2010 届毕业生就业满意度

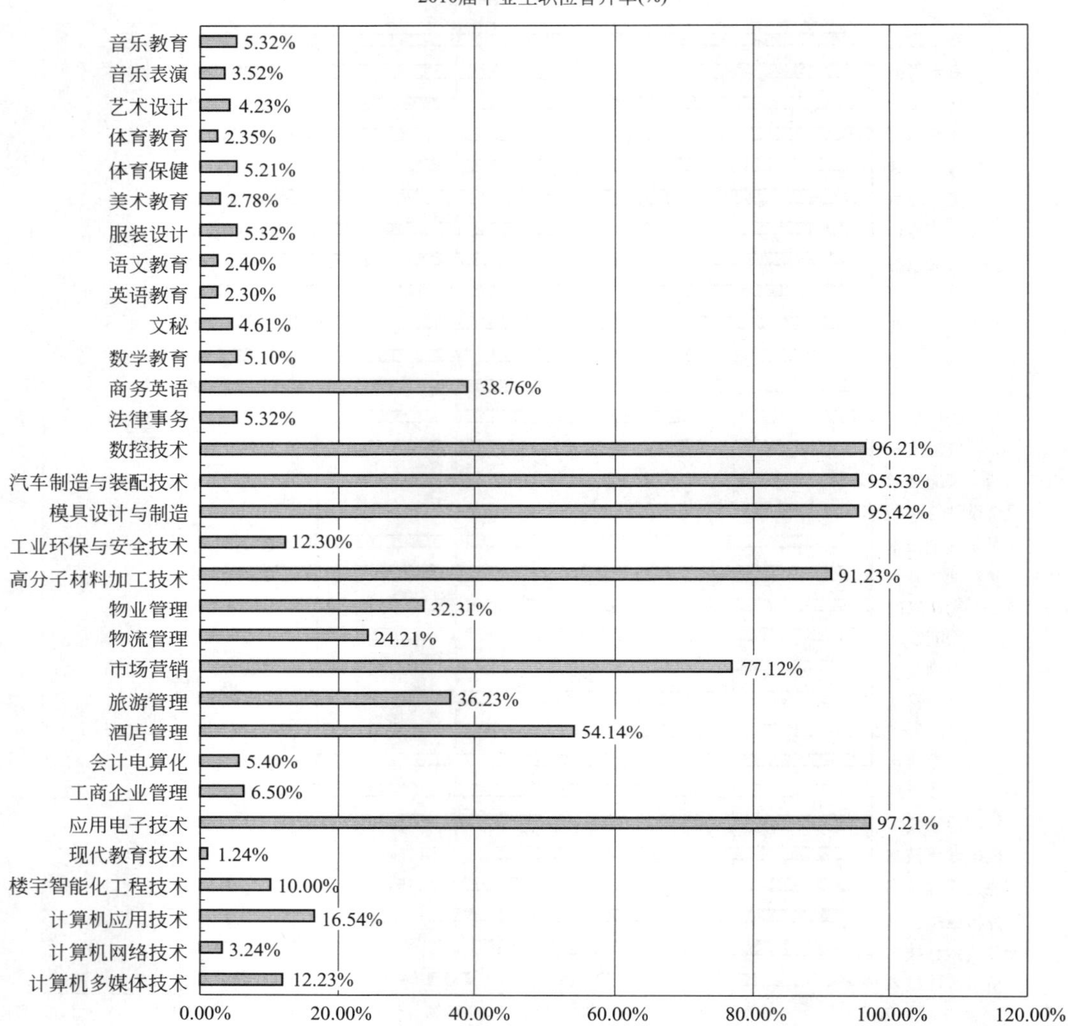

图 3-21 2010 届毕业生职位晋升率

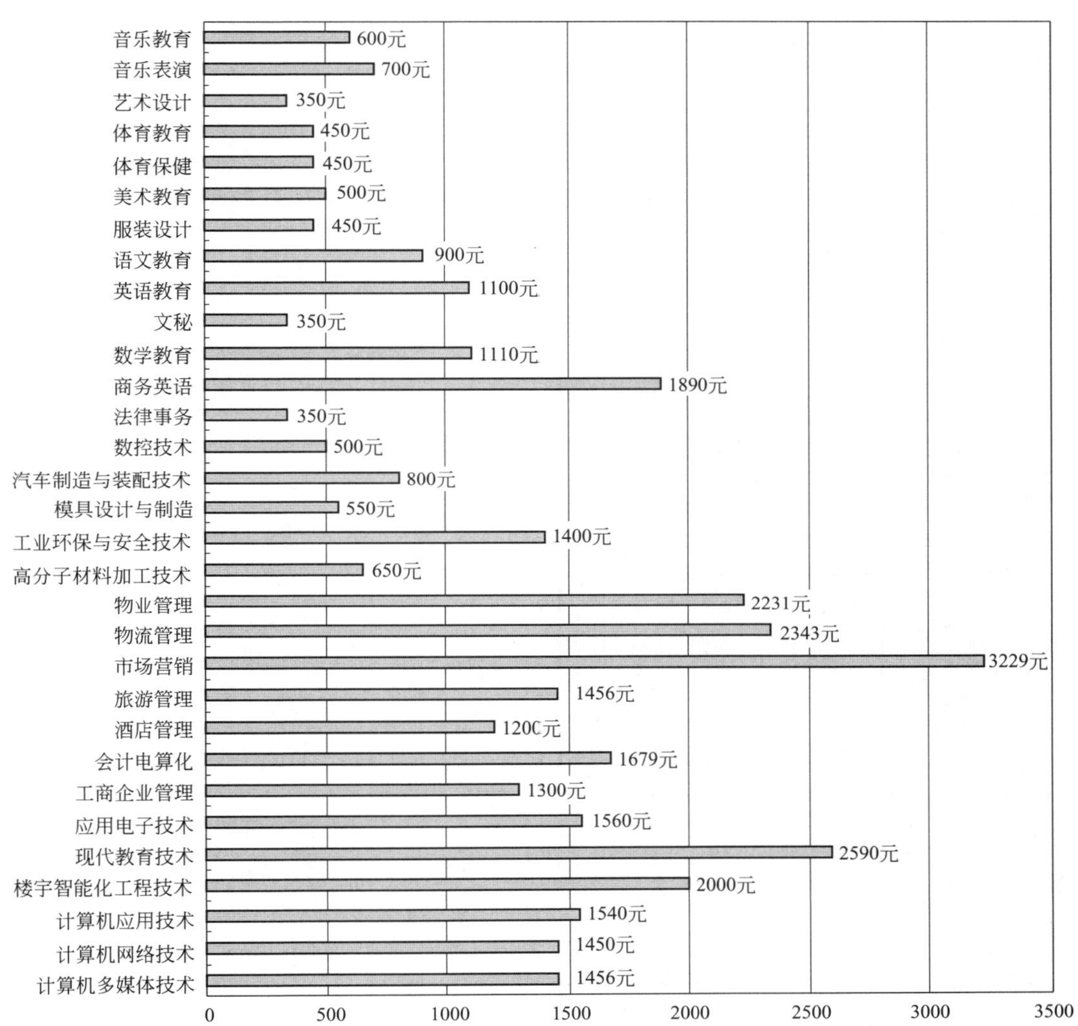

图 3-22　2010 届毕业生平均个人求职成本

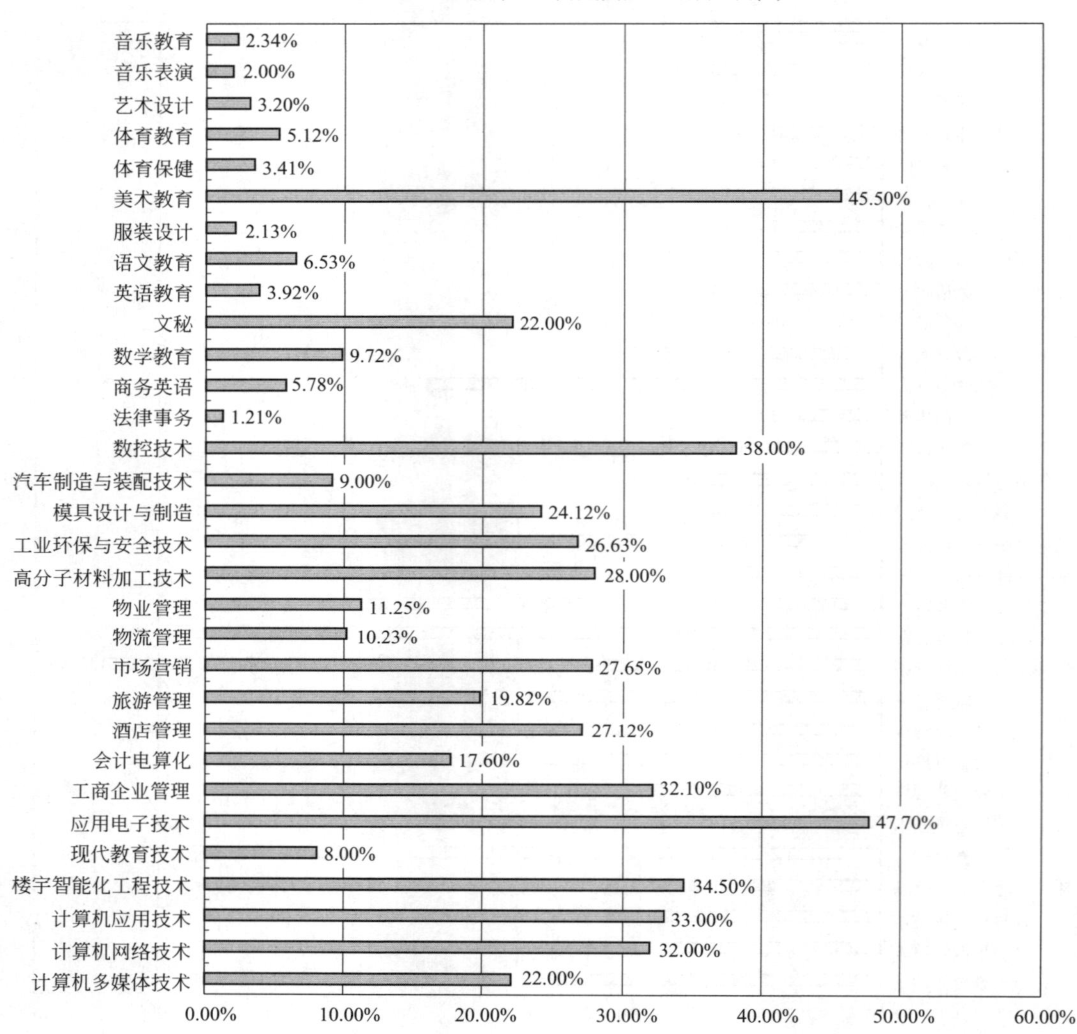

图 3-23 2010 届毕业生校友推荐就业所占比例

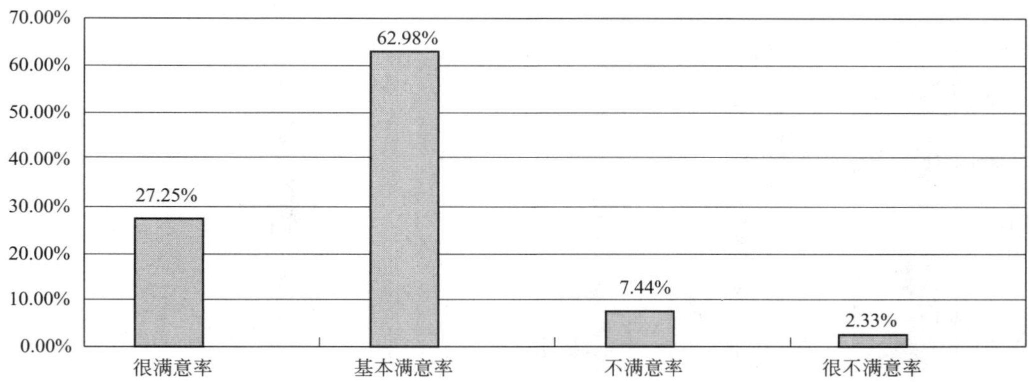

图 3-24　用人单位对 2010 届毕业生就业质量综合评价情况

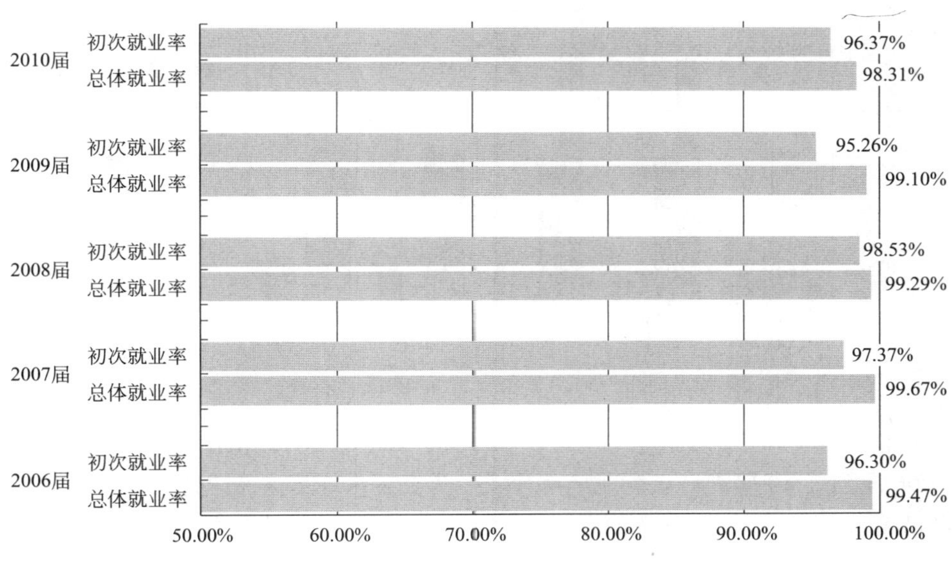

图 3-25　近几年毕业生就业情况对比

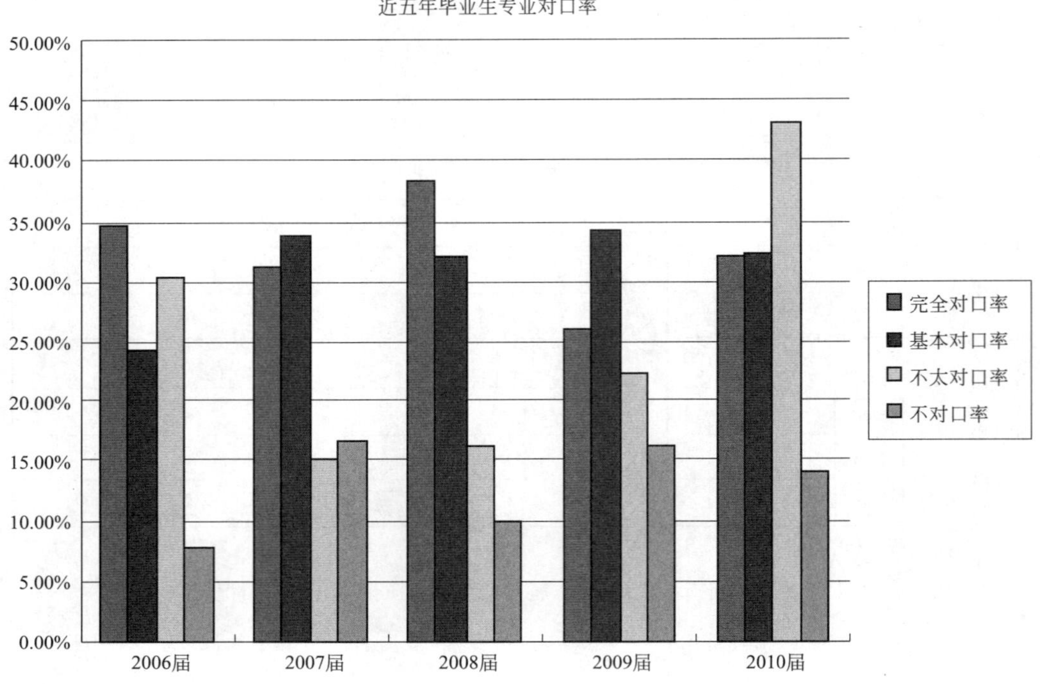

图 3-26 近五年毕业生专业对口率比较

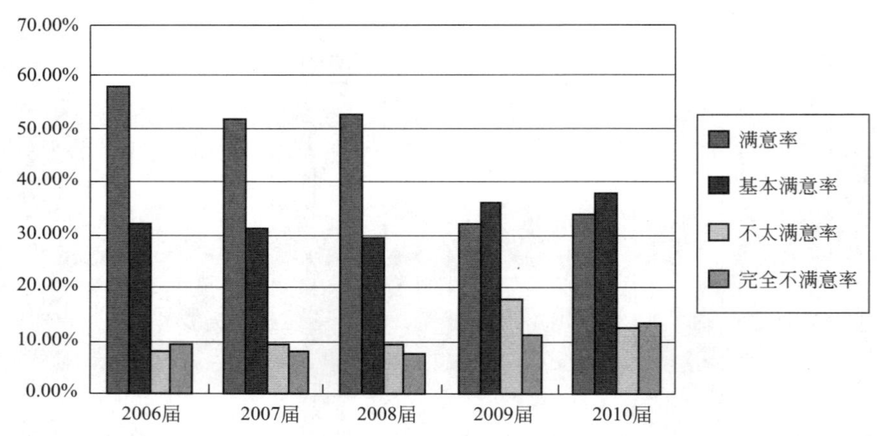

图 3-27 近五年毕业生就业满意率比较

（2）就业满意率

在 2006 届到 2010 届五届已就业毕业生中，对自己就业岗位满意度最高的是 2006 届，达 57.50%，最低的是 2009 届，达 33.17%（详见图 3-27）。

（3）跳槽率

在 2006 届到 2010 届五届已就业毕业生中，至今未跳槽率（稳定率）最高的是 2010 届达 1786 人，占已就业人数的 76.58%，2006 届最低，298 人，占已就业人数的 68.98%（详见图 3-28）。

（4）现平均月薪

在 2006 届到 2010 届五届已就业毕业生中，现平均月薪最高的是 2006 届，2426.10 元/月，最低是 2010 届，1609.11 元/月，平均月薪高低与工作时间有关（详见图 3-29）。

（5）职务晋升率

从 2006 届到 2010 届五年已就业毕业生

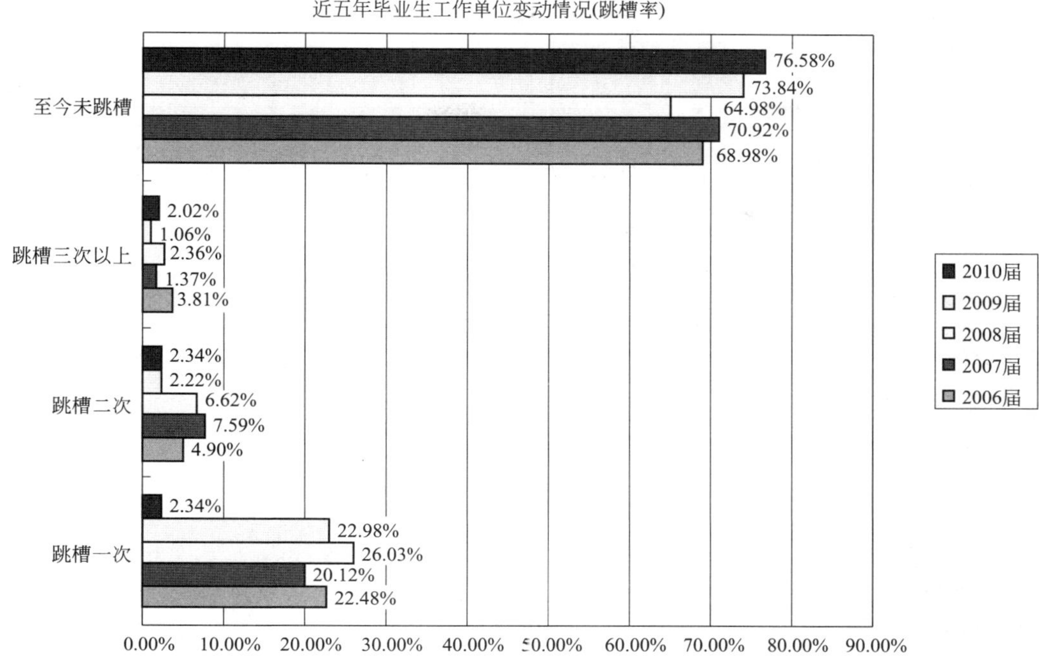

图 3-28 近五年毕业生工作单位变动情况

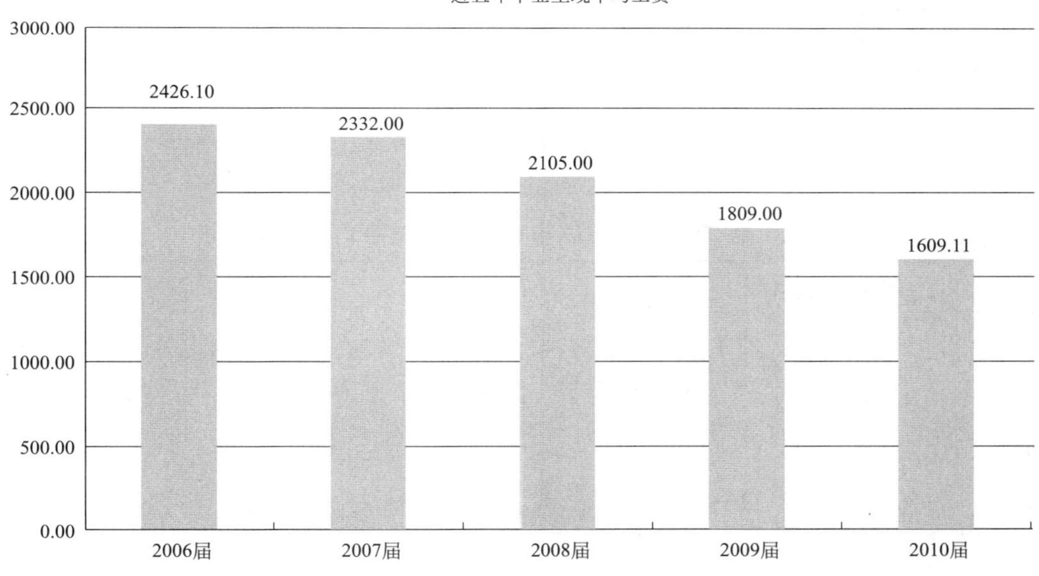

图 3-29 近五年毕业生平均工资对比

中，职务（或职称）晋升率最高的是 2006 届，39.24%，最低的是 2010 届，29.27%（详见图 3-30）。

（6）工资晋升率

从 2006 届到 2010 届五届已就业毕业生中，工资晋升率最高的是 2006 届 142.12%，最低是 2010 届 38.21%（详见图 3-31）。

（7）各二级学院历届毕业生就业年平均薪酬（元）统计表（见表 3-6）

注：调查人数为当年毕业生总数×规定的百分比

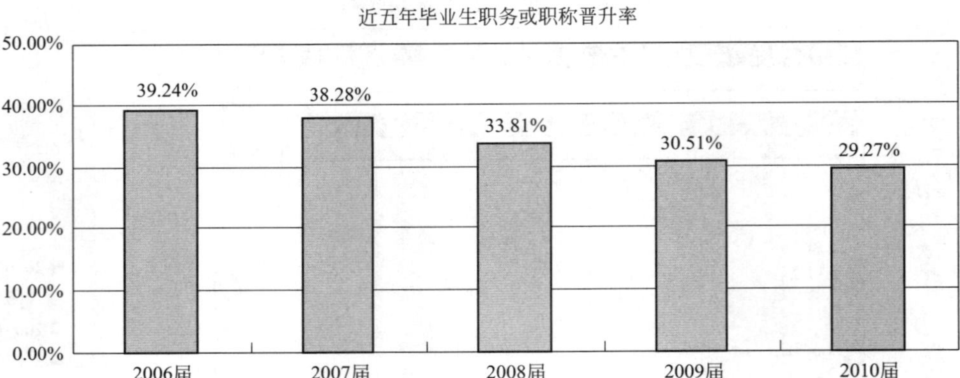

图 3-30 近五年毕业生职务或职称晋升情况

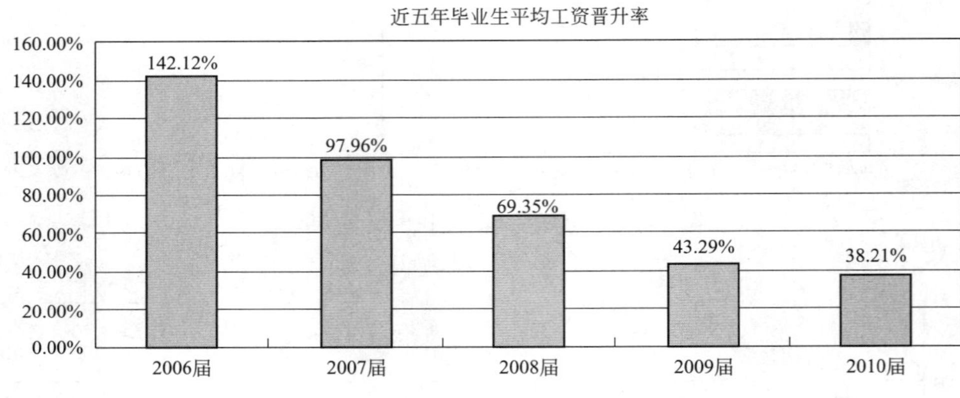

图 3-31 近五年毕业生工资晋升率

表 3-6 各二级学院历届毕业生就业年平均薪酬统计表

年度 \ 人数比例 \ 年收入基准		1 万～2 万	2 万～3 万	3 万～4 万	4 万～5 万	5 万～6 万	6 万～7 万	7 万元以上
机电学院	毕业第一年	16%	71%	13%	0%	0%	0%	0%
	毕业第二年	6%	78%	16%	0%	0%	0%	0%
	毕业第三年	3%	80%	15%	2%	0%	0%	0%
	毕业第四年	0%	80%	16%	4%	0%	0%	0%
	毕业第五年	0%	79%	17%	4%	0%	0%	0%
	毕业五年以后	0%	76%	19%	5%	0%	0%	0%

续表

年度 \ 人数比例 \ 年收入基准		1万～2万	2万～3万	3万～4万	4万～5万	5万～6万	6万～7万	7万元以上
电信学院	毕业第一年	12%	68%	18%	2%	0%	0%	0%
	毕业第二年	0%	72%	23%	5%	0%	0%	0%
	毕业第三年	0%	61%	28%	7%	3%	1%	0%
	毕业第四年	0%	55%	32%	8%	4%	1%	0%
	毕业第五年	0%	51%	33%	10%	5%	1%	0%
	毕业五年以后	0%	50%	37%	8%	4%	1%	0%
工商学院	毕业第一年	50%	40%	5%	5%	0%	0%	0%
	毕业第二年	40%	30%	25%	3%	2%	0%	0%
	毕业第三年	30%	20%	30%	16%	2%	2%	0%
	毕业第四年	20%	35%	35%	6%	2%	2%	0%
	毕业第五年	10%	40%	30%	10%	5%	5%	0%
	毕业五年以后	5%	50%	20%	15%	5%	5%	0%
人文学院	毕业第一年	39.21%	49.73%	11.06%	0%	0%	0%	0%
	毕业第二年	39.00%	39.69%	20.96%	0.34%	0%	0%	0%
	毕业第三年	8.03%	47.94%	43.60%	0.43%	0%	0%	0%
	毕业第四年	12.73%	45.36%	41.38%	0.53%	0%	0%	0%
	毕业第五年	0%	55.41%	42.04%	2.55%	0%	0%	0%
	毕业五年以后	0%	46.94%	40.82%	12.24%	0%	0%	0%
艺术学院	毕业第一年	9%	80%	6%	5%	0%	0%	0%
	毕业第二年	7%	70%	14%	9%	0%	0%	0%
	毕业第三年	6%	61%	11%	22%	0%	0%	0%
	毕业第四年	5%	40%	22%	33%	0%	0%	0%
	毕业第五年	3%	27%	24%	46%	0%	0%	0%
	毕业五年以后	1%	10%	29%	60%	0%	0%	0%

第四部分　教学工作

4.1　专业建设

4.1.1　概况

学校以“坚持市场导向，以现代制造业和现代服务业类专业为主，工、管、师范类专业协调发展”为专业定位，紧密跟踪河源产业结构调整和人才需求变化的轨迹，稳步推进重点专业（群）建设，适时开设新专业。2011 年学校新增了电子信息工程技术、园林技术 2 个专业；多个专业针对高端技能人才的新需求合理开设多个专业方向，呈现大专业集群发展趋势。

围绕“培养特色、深化内涵”，学校继续推进以应用电子技术专业为龙头的电子信息专业群、以模具设计与制造专业为龙头的机电工程类专业群、以旅游管理专业为龙头的管理类专业群、以服装设计专业为龙头的艺术设计类专业群、以商务英语为龙头的人文师范类专业群 5 个专业群的布局建设，实现以重点专业建设为龙头、带动相关专业群发展，提升整体办学水平。截止到 2011 年，学校共有省级示范性专业 2 个，校级示范性及示范性建设专业（特色专业）13 个。

截止到 2011 年，学校共设有 5 个二级学院，38 个招生专业；各专业专任教师共计 369 人；拥有校内实训室 109 个，校外实训基地 211 个。全校 38 个专业都成立了相应的专业（群）建设指导委员会。

本年度学校旅游管理专业、应用电子技术专业获得中央财政支持高等职业学校提升专业服务能力项目资金 480 万元，应用电子技术专业获得省高等职业教育专项资金 200 万元，为专业发展提供了有利的资金保障。

4.1.2　新增专业及方向简介

4.1.2.1　电子信息工程技术专业

培养目标：面向电子信息产业，培养具有较强的智能电子技术应用能力和良好的职业素质，能从事电子信息产品的开发、工艺实施、生产组织、技术管理、销售、售后服务和电子信息设备及系统的操作、维护、维修等工作的高素质技能型专门人才。

就业方向：主要工作岗位包括电子开发工程师、电子产品销售工程师、项目管理人员、生产管理人员、电子产品售后服务人员、工艺培训人员等。

主干课程：电工技术、电子技能训练、电子电路分析与实践、C 语言程序设计、电子线路板设计、单片机技术、智能电子产品设计与测试、传感器与检测技术、电子产品生产工艺与管理、电子产品销售与服务、计算机网络技术、射频识别技术、嵌入式产品分析与调试等。

4.1.2.2　园林技术专业

培养目标：本专业面向园林技术行业，培养德、智、体、美全面发展，掌握园林技术的基本知识和专业技能，能从事园林植物栽培与养护、园林景观规划设计、园林工程施工与管理等工作，具有良好的职业道德、团体精神、创新意识和创业能力，适应 21 世纪园林行业发展需要的高素质技能型专门人才。

就业方向：学生毕业后可在园林公司、园艺公司、环境设计及装饰公司等相关的公司企业从事园林设计规划、园林植物栽培、园林工程施工与管理等工作。

主干课程：园林规划设计、园林工程、园林植物病虫害防治、园林树木、园林花卉、园林制图、AutoCAD 辅助设计、园林工程施工与管理、园林苗木生产技术、园林工程预决算等。

4.1.3　专业教学标准编制

学校在 2010 级专业标准的基础上，制定了 2011 级教学执行计划，于 6 月完成，用于指导该年级教学工作开展。同时，学校总结了2008级、2009级、2010级制定专业标准的相关经验，认真研究，周密部署，开展2012级专业教学标准开发与编制工作，并要求一个专业一本教学标准出版发行，以固化改革成果，突显办学特色，进一步指导规范各专业教学组织，提升教育教学质量。

学校从3月启动该项工作，教务处制定了详细的工作安排，拟定《关于制定2012级专业教学标准的指导性意见》，并下发通知组织各学院开展2012级专业教学标准的制定工作，适时督促进度，组织各类研讨、评审、修订工作。具体步骤为：（一）召开2012级专业标准制订说明及动员会；（二）各专业形成初稿；（三）学院审核并反馈；（四）各专业根据反馈意见形成二稿；（五）学校评委评审并给出终审意见；（六）各专业根据终审意见形成定稿；（七）出版社正式出版。截至12月，全校38个专业初稿制定工作基本完成，转入审稿、排版阶段，为实现一专业一册标准做好了充分准备。专业教学标准开发工作，为学校优化专业结构和人才培养方案起到了积极的作用，有力推动了学校的办学水平和办学质量向更高层次发展。

4.1.3.1 召开《2011级专业人才培养实施方案》协调会议

为实现学校人才培养目标，提高教学质量，4月29日，《2011级专业人才培养实施方案》协调会议在学校行政楼第一会议室召开。校长刘安华、副校长陈德清、教务处、督导处负责人、各二级学院院长及主管教学副院长出席了此次会议。会议由陈德清主持。

会上，就业办主任首先汇报了《2011级专业人才培养实施方案》的制定情况。随后，各二级学院院长分别汇报了本学院近年来“认识实习、专业实习或生产实习、毕业实习”三类实习的情况。同时，与会人员就三类实习课程设置是否合理、时间安排是否科学等问题进行了讨论，并提出了对三类实习的整改措施与意见。

最后，刘安华从实习制度、加强实习指导、完善实习服务体系、拓宽实习渠道等方面对会议作了总结，他提出要明确实习课程开设的意义，实习工作按课程标准进行评估，完善实习工作管理机制三点要求。同时，要求全校教师在开展工作时做到求真务实，合理分配工作。

4.1.3.2 召开专业教学标准制定研讨会

11月21日至23日，学校在行政楼第一会议室召开专业教学标准制定研讨会。会议听取了二级学院相关专业教学标准制定情况的汇报，并就如何在专业教学标准中贯彻落实“校企合作、工学结合”等理念进行了研讨。刘安华校长、陈德清副校长、刘守义专员及教务处、督导处、二级学院相关人员参加了会议。

研讨会分为五场，分别研讨物流管理、计算机网络技术、数控技术、体育教育及数学教育5个专业教学标准制定情况。会议包括专业汇报、问题研讨、改进总结三个环节。会上，各专业负责人分别以PPT的形式从专业教学指导思想、基本原则、基本内容、教学时间与课程设置、实践环节5个方面对本专业教学标准制定情况做了汇报。在听取汇报后，刘安华校长要求二级学院在制定各专业职业技能考证、基于工作过程系统化的课程体系构建、行动导向课程教学设计等内容时要尽量明确、清晰，让学生能更清楚地明确学习目标，同时帮助监督课程教学。他强调，教学评价的过程一定要简洁有效。会议就“教学单元目标的设置与评价”进行了案例研讨。

4.1.3.3 召开新加坡“教学工厂”校企双轨并行教学模式暨2012级专业教学标准制定研讨会

11月17日，学校在行政楼C107召开

新加坡南洋理工学院“教学工厂”校企双轨并行教学模式暨2012级专业教学标准制定研讨会。校长刘安华、副校长陈德清、各二级学院正副院长及教务处相关负责人参加了此次研讨会。

研讨会上，陈德清介绍了新加坡南洋理工学院“教学工厂”校企双轨并行教学模式，要求各二级学院从2012级中选择1～2个具备较好的校内实训条件和师资队伍，及拥有多家企业合作的专业开展“教学工厂”校企双轨并行教学模式（试点）改革。他强调各（试点）改革的专业应了解学习“教学工厂”“模拟、模仿、融合”的内涵，力求在改革中办出特色。随后，各二级学院院长根据调整课程体系及课程标准的改革，汇报了2012级专业教学标准制定情况。

此次研讨会旨在借鉴学习新加坡“教学工厂”校企双轨并行教学模式，在教、学、做一体化的教学模式基础上深化改革，并始终以“培养、建设、管理、服务第一线”高端技能型专门人才为核心任务，将核心教学活动与企业项目紧密结合，积极构建符合专业特色的“教学工厂”校企双轨并行教学模式，实现教学环境工厂化，教学管理的企业化及教学过程的工作化。

4.1.4　特色专业建设

学校以“给力教工，夯实内涵”作为2011年学校工作关键词，积极开展学校品牌、特色专业等内涵建设，2011年重点推进专业教学资源库建设，对各立项特色专业的建设任务进行期中检查、验收，促使专业建设内涵不断深入。学校拥有旅游管理、文秘2个省级示范专业，原有模具设计与制造等10个校级示范（建设）专业。2011年评审确定物流管理、计算机运用技术、汽车运用3个专业新增为校级示范建设专业，全校校级示范性（建设）专业达13个。进一步加强示范专业内涵建设，开展示范专业年审，将共享型专业教学资源库以及专业建设成果更新纳入验收标准。各学院充分发挥特色专业建设点的示范效应，全面提升学校的专业建设水平。

4.1.4.1　召开2011年广东省特色专业遴选申报动员会

为部署2011年广东省特色专业遴选申报工作，5月9日，校长刘安华在第一会议室主持召开了2011年广东省特色专业遴选申报动员会。教务处、各二级学院相关负责人参加了此次会议。

会上，教务处负责人从遴选条件、遴选目标、遴选原则、建设的内容和要求、遴选程序、申报要求六大方面解读了《广东省高等职业教育特色专业遴选工作方案》。其中，解读重点是关于“特色专业”与“特色培育专业”的遴选条件、建设内容及条件和申报要求。该负责人指出，学校旅游管理、文秘、模具设计与制造、应用电子技术四个专业将作为此次申报工作的重点，其中旅游管理专业和文秘专业已成为省级示范性专业，模具设计与制造专业和应用电子技术专业也基本达到评审标准。

随后，各二级学院相关负责人针对会上提出的问题及方案上的细节作了深入探讨。教务处负责人对申报工作的内容进行了部署，并要求相关负责人做好申报材料、校内公示文件、各类报告、示范性专业网站等一系列建设工作。

刘安华在会上强调，该项工业2011年的主要任务是要解决网站的框架建设，提出“如何去建设”、“怎样去建设”两大问题。他建议可以在原有的网站上加以创新，加快网站结构的建设，希望相关部门能高度重视，根据文件按部就班地把各项工作认真地贯彻落实下去，为办出学校特色专业而努力。

4.1.4.2 专业教学资源库建设工作

为进一步加强信息化教育基础建设，促进学校教育信息化发展，经学校研究决定，启动学院共享型专业教学资源库建设。教务处负责组织制定了建设方案，共享型专业教学资源库以专业教学内容为主线，以提供优质教学资源为最终目标，建设专业基本信息、专业课程库、公共教学资源素材库、员工培训资源库、职业信息库五个主库。确定了按照“先试点建设、后全面推广”的办法分期分批开展，每个试点专业验收合格将给予奖金3000元。截止到2011年，以校级示范性专业和校级示范性建设专业为第一批立项的专业教学资源库还处于建设阶段。

4.1.4.3 各学院召开专业（群）建设指导委员会会议

学校38个专业成立了专业（群）建设指导委员会，各学院或专业（群）适时召开专业（群）建设指导委员会会议，加强各专业与企事业单位之间相互沟通，积极构建紧密结合的产学研长效机制，进一步推进学院专业建设和发展，发挥专业优势，拓展专业技术应用，促进专业教学建设。

（1）召开园林技术专业建设指导委员会会议

5月9日，学校在行政楼C107召开园林技术专业建设指导委员会会议。校长刘安华、教务处、艺设学院相关负责人及建设指导委员会相关委员、校外有关专家等参加了此次会议。

会议围绕“专业建设、教学模式、课证融通、逐层递进”的人才培养模式、“构建以岗位工作任务驱动的课程体系”以及“课程实习与顶岗实习实施”等方面问题展开交流。与会人员对2011级园林技术专业人才培养计划进行了汇报，有关专家也对学校园林专业的培养方案给予充分的肯定，并表示要对实践教学给予大力支持。会后，各领导、专家还对相关专业校内实训基地进行了实地参观指导。

据悉，当前河源市正缺乏园林技术专业人才，学校开办此专业符合河源市的城市发展需要，并得到了市领导的大力支持。

（2）工商管理学院举行专业指导会议

6月28日，工商管理学院酒店管理（温泉）、烹饪工艺与营养专业指导委员会会议在行政楼C108举行。出席本次会议的有河源市旅游局副局长杨友平，相关企业领导，学校副校长陈德清，教务处、工商管理学院相关负责人等。

会上，工商管理学院负责人表示，专业指导委员会的召开为校企合作、地区旅游和酒店人才的培养及课程设置等方面搭建了良好的平台，希望各与会人员能突破传统，大胆尝试专家所提出的人才培养模式。会议还举行了2010级酒店管理企业冠名订单班签字仪式，以及河源职业技术学院酒店管理咨询研究中心揭牌仪式。

（3）机电学院举行专业建设指导委员会会议

6月12日，机电工程学院召开六个专业教学指导委员会会议，与来自广州、深圳、东莞、惠州、河源等地的企业和高校的专家共商专业发展大计。包括学校校长刘安华校内外共50多位专业建设指导委员参加了会议。

会议分专业进行，各与会人员各抒己见，深入研讨了2010级各专业标准，并对2011级各专业人才培养方案提出了修改意见。同时，委员们根据自己的专业背景和工作性质，就专业发展方向、人才培养目标、课程体系设置、实习实训安排、职业素质培养、创新学分设计、科研教研、校企合作、毕业生就业等有关问题广泛发表看法，提出了许多建设性的意见，对机电工程学院各专业的教学建设工作将起到很大的促进作用。

4.2　课程与教材建设

学校不断加强内涵建设，进一步巩固教学工作的中心地位，注重创新人才培养模式，将精品课程建设作为教学质量与教学改革工程的切入点，从课程的建设规划、师资队伍、教学内容、教学方法和手段、教材、实习实训基地等全方位推进课程改革，不断提高教学质量，收到明显效果。截至2011年，学校拥有国家精品课程1门，高职高专专业教学指导委员会精品课程4门，省级精品课程5门，省级优质课程1门，校级精品课程52门（含精品建设课程），逐步形成了“校级精品课程—省级精品课程—国家精品课程”的课程建设体系。2011年评审立项或验收了工学结合特色教材校级教材资助项目15个。

4.2.1　精品课程建设

2010年5月份，学校组织开展了2010年省级精品课程申报遴选工作。经二级学院申报、学校教学指导委员会评审，学院遴选报送两门课程到省教育厅参加评比。2011年10月，广东省教育厅公布，学校推荐的《Web应用技术》课程通过2010年省级精品课程评审，至此学校省级精品课程总数达到5门。

2011年11月份，根据《关于开展2011年度校级精品建设课程申报和评选工作的通知》安排，学校组织专家对各院、部申报的2011年度校级精品课程进行了立项评审。经专家评审、教务处审核，确定《网页制作技术》等11门课程为2011年度河源职业技术学院校级精品建设课程，完成了本年度精品课程立项任务。

4.2.2　合格课程建设

按照本学期教学建设工作安排，学校组织了2011年共三批合格课程评审工作，经过各院（部）初审、教务处审查、校级评委网上复审、课程评审结果公示等环节，共评选合格课程338门，使学校合格课程总数达到526门，占全校课程91%，进一步深化了课程教学改革，加强了课程内容建设，提高了教学质量。

4.2.3　教材建设

根据工作部署，教务处严格按照《河源职业技术学院教材建设管理程序》要求，于下半年组织开展了2011年度教材立项、验收评审工作。参评者大多能按照“6＋2”课程设计的原则，结合实际编写对应专业课程的工学结合教材，体现了学校职教能力培训与测评工作的改革成效。评审确定工学结合特色教材8个校级教材资助项目。截至12月，学校通过结项验收，出版符合工学结合理念教材2部，通过结项验收待出版教材5部。

4.3　实践教学基地建设

4.3.1　校内实训基地建设

2011年建设实训室共11个，其中新建7个，扩建4个，总建设资金300万元。新建实训室有：工业设计模型制作实训室、工业环保与安全技术综合实训室、嵌入式应用与软件开发实训室、艺术设计综合实训室（喷绘）、广告设计综合实训室（摄影）、口译实训室、国际商务综合实训室；扩建实训室有：手机维修实训室、沙盘实训室、烹饪实训室、物业综合实训室。截至2011年，除工业设计模型制作实训室没有中标，计划放到明年建设外，其余实训室都已基本完工并验收。至此，学校校内实训室共有109间，其中电信学院26个、工商学院11个、机电学院27个、人文学院10个、艺术设计学院35个。截止到2011年，校内实训室中有校内生产性实训基地9个，分别为：丰达微电容车间、万绿湖旅行社大学城营业部、中俊物业管理公司、西安交大快速成型粤东推广基地、丰达联合注塑车间、丰达联合工模车间、河职院中英文幼儿园、众成超市、服装车间。

截至12月，学校实训使用面积达到52103.24平方米，教学仪器设备总值达5700万元。校内实训基地建设，提高了实训装备水平，为学校的专业建设和人才培养质量提供有力的支撑和保障。

4.3.1.1 “中国联通·河职院3G实验室”正式挂牌成立

6月2日，“中国联通·河职院3G实验室”正式挂牌成立。副市长温文斐、中国联通广东省分公司副总经理韦秀长、中国联通河源市分公司总经理童庆军、学校校长刘安华及电信学院部分师生代表参加了此次活动（见插图4-1）。

实验室设在学校实训中心大楼四楼，由河源联通承建，3G设备、3G业务演示器材等投入合计人民币80万元。师生们可在此体验和演示基于WCDMA技术的移动视频通话、移动视频监控、WLAN高速上网等最前沿的3G业务。

实验室揭牌仪式暨电信学院联通助学金颁发仪式在学校学术报告厅举行。在场的领导、嘉宾共同为实验室揭牌，并为电子信息与工程学院的45名学生颁发由河源联通提供的首届“中国联通助学金”。

活动上，河源联通公司还向学校师生投放了20台iPhone手机作为3G实验室的配套设备，用于3G实验和体验。河源联通公司负责人表示，今后还将在学校投放新的体验终端，包括iPad、黑莓、多普达等多种明星智能终端，并计划在2011年为工商管理学院增设联通3G奖学金，以激励学生们学好专业知识，为河源联通输送专业人才。

随后，韦秀长主讲了“电信企业多元化的融资战略实践”的学术讲座，受到同学们欢迎。刘安华为他颁发了客座教授聘书。

4.3.1.2 河职院·新时速节能控制高新技术研究开发中心挂牌落成

6月10日，学校于实训中心B204举行河职院·新时速节能控制高新技术研究开发中心挂牌及项目验收仪式。副校长陈德清、河源市新时速科技发展有限公司总经理杨红伟、科研处、电子与信息工程学院相关负责人等共同为研发中心揭牌。研发中心全体成员、电子与信息工程学院的学生代表参加了此次活动（见插图4-2）。

仪式上，陈德清发表了讲话，他表示研发中心的落成，有利于提高教师的科研能力，积极带动学生参与研发工作，培养学生的科研与创新能力，也进一步加强了校企合作，为企业输送稳定、稳性的产品及人才。随后，研发中心的负责人作了研发中心的工作汇报，并提出了研发中心的中长期目标，即研发中心要在成立一年后通过河源市科技局达标验收，成为市研发中心，争取在三年内通过省级研发中心达标验收。

研发中心研发目标定位主要是开发空气源热泵智能控制系统等节能控制高新技术产品。截止到2011年研发中心在研项目有热供水水箱温度水位远程智能测控系统、智能化多功能检测显示器以及抽油烟机自动控制无级调速控制电路。其中热供水水箱温度水位远程智能测控系统现已在学校学生宿舍热供水水箱安装样机进行稳定性测试。

4.3.1.3 学校“众成实习超市”揭牌开业

6月15日，工商管理学院市场营销专业校内生产性实训基地——“众成实习超市”揭牌开业。校长刘安华、教务处、实训中心、工商管理学院相关负责人出席了揭牌仪式。

仪式上，刘安华表示，希望师生们通过在此实习获得更多的知识和经验，提高自身综合素质，为今后的就业奠定基础。随后校长刘安华等人员一起为“众成实习超市”实习基地揭牌。

“众成实习超市”是学校第一家为营销专业、物流专业和会计专业提供实训岗位的超市，该超市将为实习生提供收银、防损防盗、店长等职位。

4.3.1.4 学校成为首批“设计创意教学中心”建设院校

9月，机电学院工业设计专业成功申报了由中国职业技术教育学会与欧特克公司合作启动的“设计创意教学中心”项目，成为首批立项院校之一，随即学校收到学会邀请参加授牌及正版软件捐赠大会。

10月，学校机电工程学院李大成院长赴合肥参加“设计创意教学中心”授牌与软件捐赠大会，获得美国欧特克（Autodesk）有限公司捐赠的系列正版软件，涵盖工业设计、机械制造、电子技术、数字娱乐、建筑设计等多个专业。大会上，欧特克公司的管理人员做了相关报告，介绍了“中心”的建设方案，以及与受赠院校合作推动教育创新的计划。

“设计创意教学中心”的建设将为学校相关专业创新型人才的培养提供良好的技术平台与软硬件支持，据了解，未来学校还将与欧特克公司开展师资培养、考试认证等一系列合作项目，通过这些项目提升学校的教学质量、师资水平以及学生就业竞争力。

4.3.1.5 学校被授予“河源市人文社会科学普及基地”称号

11月1日，河源市第七届社会科学普及周活动在市区茶山公园举行开幕式。开幕式上，河职院等10家单位被授予“河源市人文社会科学普及基地”称号，这是继学校2007年获得广东省社科普及示范基地、2009年获得河源市知识产权教育试点学校、2011年获得广东省知识产权试点事业单位后，再次在科普宣传和教育方面获得的又一殊荣。

副市长叶维园强调，此项活动要紧紧围绕“建设幸福河源”这一中心内容，引导人民群众树立正确的幸福观，构建科学的幸福文化，大力宣传普及社会科学知识；社会科学普及工作要关注民生、引导群众积极参与，围绕群众关注的热点难点问题，采取广大群众喜闻乐见、乐于参与的方式，让群众爱听、想听、想看，在参与中使广大群众的思想道德素质和科学文化素养不断提高，形成积极向上的人生态度和健康文明的生活方式。

此外，活动现场还举行了建党90周年和辛亥革命100周年图片展、社会科学知识宣传、法律咨询等。学校近百名志愿者出席了开幕式并参加了现场活动，得到市委宣传部和市社科联的肯定和好评。

4.3.1.6 全国信息化计算机应用技术水平教育培训考试中心在学校揭牌

11月22日，全国信息化计算机应用技术水平教育（简称CCAT）培训考试中心揭牌仪式在学校实训中心举行。北京理工大学出版社广东分社副社长刘铁、全国信息化计算机应用技术水平教育培训广东管理中心主任王军、学校校长刘安华、教务处、各二级学院负责人及电信学院师生代表出席了此次仪式。

揭牌仪式上，王军详细介绍了CCAT

项目。他表示，建立培训考试中心是以培养管理型和技术型的人才为目的，实现教学、认证、实习、就业的良性合作模式。刘安华在致辞中说，此次培训考试中心的设立能有效地促进同学们能力的提升，希望同学们能充分利用好科学的平台，努力提高自身的计算机水平。随后，刘安华及有关嘉宾一起为学校全国信息化计算机应用技术水平教育培训考试中心揭牌。

4.3.1.7　学校被确定为首批创建河源市职业技能鉴定优秀品牌示范单位

7 月 22 日至 23 日，2011 年度河源市职业技能鉴定工作会议在市委党校召开，河职院教务处及技能鉴定所相关工作人员参会，会议确定河职院为首批创建河源市职业技能鉴定优秀品牌示范单位之一。

会上，市人社局局长朱蔚蔚、省鉴定中心副主任杨耀基为河职院、市技工学校、市理工学校三家创建职业技能鉴定优秀品牌示范单位授牌。学校此次创优的 6 个工种分别为：数控铣床操作工、助理模具设计师、职业英语、图形图像制作、局域网管理和计算机辅助设计（Auto CAD）。这标志着学校职业技能鉴定工作向品牌建设迈出了重要的第一步，随着该优秀品牌示范单位的成功创建，学校将有 6 个工种的技能鉴定工作达到全市最高鉴定水平。

4.3.2　校外实训基地建设

2011 年，学校对外积极谋求社会力量的合作支持，继续拓展学校校外实践教学资源，尤其是加强与优质单位的联系，力求建立长期稳定、深度合作的校外实习基地，取消了一部分近年没有学生实习、就业等实质合作的校外实习基地。截至 12 月，重新审核、续约的校外实习基地 211 个，分布于河源市县区及珠三角地区的行业、企业及事业单位，覆盖全部专业。

4.3.2.1　校外实习基地签约

（1）学校与连平监狱签订合作协议

3 月 15 日，学校与广东省连平监狱签订合作协议，双方签订了以德育实践、警示教育、文化技术教育和文艺演出为主要内容的全方位帮教合作协议。仪式在连平监狱举行，签字仪式上，校长刘安华、监狱长刘东生分别发表了讲话，副校长陈农心、各处室、各二级学院相关负责人以及师生代表参加仪式。

刘安华指出，学校与连平监狱共同搭建德育实践基地，实现了监狱与社会双向互动的教育格局。连平监狱利用其特有的社会资源，对学校教职工和广大青年学生进行法制教育和警示教育，让学校师生进一步树立社会主义法制理念，提高遵纪守法的自觉性。同时，学校为连平监狱提供师资、技术和装备等方面的支持，向服刑人员开展各类培训，增强其劳动技能。

刘东生表示，连平监狱与河源职业技术学院的合作对监狱在教育管理上起着积极作用，他希望双方的合作能取得丰硕成果，共创社会和谐。

随后，刘安华与刘东生为“河源职业技术学院德育实践基地”揭牌。仪式结束后，在连平监狱相关人员的带领下，学校 320 名师生进入监区组织开展了德育实践。

（2）旅游管理专业和平县就业实习基地揭牌成立

10 月 20 日，学校旅游管理专业和平县就业实习基地揭牌成立（见插图 4-3）。学校副校长陈德清、和平县政府副县长黄刚毅、河源市旅游局人教科科长李伟萍、工商管理学院负责人等出席揭牌仪式。参加仪式的还有和平县政府办、县旅游局、县中旅及学校工商管理学院相关人员。

揭牌仪式上，和平县旅游局局长黄春彭表示将对实习基地的发展予以大力支持。陈德清对有关单位积极协助，为学校搭建教学实践平台表示感谢，表示学校将充分利用校企合作良机，将基地建设与学科发展、人才培养紧密结合起来。

仪式后，河职院旅游人才培养和平调研座谈会召开。和平县林寨古村、和平热龙温泉度假区、和平天上人间温泉度假区等各大旅游景区参加了此次座谈会。

新实习基地成立后，将为旅游管理等专业学生提供综合性、设计性、创造性良好的实践环境，推动“项目式”教学培养模式的发展，将对学生提升技能水平及提高专业的社会影响力起积极作用。

（3）深圳神州电脑公司实训就业基地挂牌

12 月 25 日，陈德清副校长和电信学院有关负责人等到深圳神舟电脑公司检查学生实习，并出席神舟电脑公司河职院实训就业基地挂牌仪式，深圳神舟电脑公司李锦章副总裁等热情接待了学校一行。

检查期间，陈德清深入神舟公司生产车间，与实习学生亲切交谈，认真询问了学生的实习工作情况，了解学生对工作岗位的适应情况和工作中的难题。同学们普遍反映，对神舟电脑公司实习安排感到满意。陈德清还参观了学生的食堂、居住宿舍和课外活动场所。

随后，实训就业基地揭牌仪式举行。陈德清和李锦章分别作了讲话，双方就建设神舟电脑公司校外实训基地、实现资源共享等达成了一致意见，并就接下来在计算机类专业开展“滚动式”生产实习，在校园内新建神舟电脑河职院创业体验店等事项达成意向。

（4）机电学院 2012 届毕业生“农夫山泉班”成立暨农夫山泉就业实习基地挂牌

11 月 24 日，机电学院 2012 届毕业生“农夫山泉班”组班仪式在学校行政楼 C108 隆重举行（见插图 4-4）。校长刘安华、农夫山泉人事科科长周来明、学校学工处处长何智聪、机电学院院长李大成出席会议，各专业主任、全体辅导员及农夫山泉班 67 名学员参加了此次组班仪式。

组班仪式上，李大成详细介绍了近年来学校与农夫山泉开展的校企合作情况，并希望同学们去到企业刻苦学习、学有所成。周来明介绍了农夫山泉基本概况，对学校毕业生到农夫山泉实习的情况作了说明。学生代表表示会珍惜此次难得的实习机会，提高思想认识，为走上正式的工作岗位做好准备。

组班仪式结束后，在农夫山泉冯军厂长的带领下，刘安华、相关负责人及全班学员一起参加了农夫山泉就业实习基地挂牌仪式。随后，刘安华等还参观了农夫山泉生产线，并与在该厂工作的往届毕业生代表召开座谈会，了解他们的工作和生活情况。

学校 2007 年与农夫山泉签订校企合作协议，期间已有数十名毕业生在农夫山泉就业，就业相对稳定，薪资收入较为乐观，这也是本期培训班火爆的原因之一。通过此次活动，也使得学校更加明确了截止到 2011 年学校的人才培养的理念，并对 2011 年学院的就业工作充满信心。

4.3.2.2　校外实习基地走访与参观

（1）专业主任赴广州华南橡胶轮胎有限公司考察

3 月 10 日上午，刘安华校长、韦荣副书记率各二级学院有关负责人、专业主任等 56 人到广州华南橡胶轮胎有限公司（以下简称“华轮公司”）考察。这次考察是学校专业主任培养计划中的第一项活动，旨在让专业主任更深入了解企业，拓宽专业主任在校企合作方面的思路，探索学生实习和教师下企业锻炼的新模式。

在公司领导的陪同下，学校一行参观了华轮公司的生产车间，现场观看了轮胎生产工艺流程和现代化的生产线，了解了企业规范的生产现场管理和岗位管理等企业管理文化精髓。

华轮公司热情接待了学校一行。在座谈会上，华轮公司领导介绍了公司的发展历程、生产管理和产品的市场竞争力等情况，双方就加强校企合作、学生实习就业及管理模式等方面进行了深入交流。华轮公司表示欢迎学校各专业学生到公司就业，并希望通过此次考察让校方对公司有直观了解，让专业主任们能参与公司的产品开发，能多方位对学生进行针对性的就业指导，更有效地促进双方的交流与合作。

专业主任们表示，考察的收获很大，对如何更好地指导教师、学生下企业实践有了新思路；有利于有针对性地对学生进行就业指导，培养学生的正确就业观；还有利于提高自身的综合执教能力。

（2）学校参加市高新区校企合作座谈会

3 月 11 日，河源市高新区 2011 年校企合作座谈会在市高新区管委会会议厅召开。陈德清副校长率领教务处和继续教育学院相关人员参会，并就如何深化合作、实现校企“共赢互利”做了发言。

会议由管委会廖伟胜副主任主持，会上各方代表积极发言，就校企合作开展情况、遇到困难及后一步合作计划进行了交流讨论。陈德清副校长在发言中提出，学校将与企业开展进一步巩固实训基地建设、顶岗实习等传统合作，拓展招生就业、人员培训、技术交流、产品研发、资金投入等的深层次校企合作，争取开创校企合作办学、合作育人、合作就业、合作发展的“互利多赢”局面。

高新区校企合作座谈会由高新区管委会组织每年召开一次，旨在为河源市高新区企业和职业院校搭建一个校企交流平台，解决企业招工、学校实习就业等问题。本次是第二届会议，共有市高新区管委会领导、一区五县教育部门负责人和各职业院校代表、市一区六园 34 家企业代表到会。

（3）陈德清副校长检查指导毕业实习工作

3 月 17 日，副校长陈德清在教务处、电子与信息工程学院、人文学院和艺术与设计学院相关人员陪同下，前往紫金临江中心小学、澄岭小学、联新小学和源城埔前坪围小学、高埔岗学校 5 个校外实习基地检查指导毕业实习工作。

现场，陈德清详细察看了实习生的工作环境和生活环境，分别与实习接受单位的领导、指导教师、学生进行了交流，全面了解实习生在实习期间的表现。实习接受单位对实习生的工作表示满意，并对负责组织实习的学院及指导老师给予了积极评价。

检查期间，陈德清充分肯定了实习所取得的成绩，同时鼓励各学院要与实习单位保持长期联系，争取建立更多、更好、更加稳定的实习基地，为同学们提供更多、更优越的实习环境，不断提高实习质量。

（4）刘安华校长检查指导师范生的“顶岗实习”工作

3 月 18 日，刘安华校长带领教务处、督导处、人文学院、电子与信息工程学院和艺术与设计学院相关人员，来到龙川车田中心小学、叶塘小学、和平彭寨中心小学、和平礼士中心小学 4 个校外实习基地检查指导师范生的“顶岗实习”工作。

检查组通过座谈、察看实习生工作和生活环境、深入课堂听课等形式全面了解“顶岗实习”工作开展情况。

刘安华在充分肯定师范生的“顶岗实习”工作基础上，指出人文学院要巩固实习支教、置换培训的工作成果，继续坚持“八个一”基本功训练，改革现有实习模式，积极探索适应师范类专业特色的实习模式，不断积累课堂教学经验，争取在课堂组织、课堂控制、教学方法等方面建立起一整套的应对措施，以便给实习生提供有力帮助。

学校参加本次师范类毕业生“顶岗实习”的共有 139 人，组成 5 个实习大队，分布在龙川县、和平县、连平县、源城区、紫金县的六个乡镇，派出了 7 个带队教师。

（5）高仁泽祝贺优秀校友创办公司正式成立

4 月 8 日，优秀校友陈耿忠创办的德申网络科技有限公司正式揭牌成立。校党委书记高仁泽、学工处及电信学院相关负责人等亲临揭牌庆典现场，双方签订校企合作协议。高仁泽为德申网络科技有限公司授“河源职业技术学院德育教育实践基地”牌匾。

庆典现场，电信学院负责人表示，一直以来，陈耿忠秉承着诚信稳健的为人之道和坚持不懈的工作作风，事业蒸蒸日上。他寄望陈耿忠在创业新的台阶上能越发奋进，坚持理念，开拓人生新的道路。陈耿忠在讲话中感谢母校的栽培及对他在创业过程中的帮助，他表示今后将谨记校训，继续拼搏，让德申网络科技茁壮成长，让创业道路变得更加开阔。

陈耿忠是学校优秀校友，毕业于04届计算机专业。毕业以来，他兢兢业业，创办了河源德申网络科技有限公司。该公司是一家以经营网络综合布线、系统集成、安防设备、网络服务为主，集研发、运营、销售于一体的综合性公司。

（6）校企合作座谈会在学校高新区夜校召开

4月19日，校企合作座谈会在学校高新区夜校召开。市长助理、高新区管委会常务副主任陶永欣，学校党委副书记韦荣、副校长陈德清、各相关企业代表出席了此次座谈会。

参加座谈会的学校相关负责人和各企业代表均表示，下一步校企双方将就人才培养加强合作，共同开发课程、编写教材，实现校企合作的深度融合，为企业解决技能型人才短缺的问题，也为学生的实习与就业拓宽道路。

韦荣表示，近年来，学校抢抓机遇，开拓创新，大力推进校企合作、工学结合教学模式的改革，注重学生实践创新能力的培养，实现了跨越式的发展。他提出，推进校企合作是培养高素质技能型专门人才的有效途径，也是学校和企业实现“双赢”的最好选择。

此次座谈会旨在探索如何进一步构建稳定长效的校企合作保障机制，以“互利多赢”为原则，通过利益驱动、优势互补、政策推进、发展需求等因素激发校企双方的合作意愿，提高合作兴趣，使校企合作深入、持续、健康地发展。

（7）刘安华校长带队考察广东雅达电子有限公司

11月8日上午，刘安华校长、陈农心副校长、科研处负责人、电信学院负责人等一行考察广东雅达电子股份有限公司，重点考察学校与雅达公司合作开发低压用电综合实训系统的进展情况。

雅达公司黄煌英董事长向刘安华一行介绍了本实训系统的特点及项目进度。刘安华对项目组表示慰问，指明本实训系统与学校原有实训设备将作为电工大模块教学的组成部分，进一步发展成为电工实训中心。陈农心副校长指出，本实训系统开发的难点在于结合学校的专业设置与课程体系，实现实训项目与课程教学的衔接，将现有课程体系与实训项目有机统一。系统开发进展顺利令人高兴。

4.4 教学研究与改革

4.4.1 第六届教学大赛

12月10日，学校第六届教学大赛在教学楼B502拉开序幕，副校长陈德清指出，希望参赛老师能积极参与，认真对待，展现学校教师良好的教学风范。随后，计算机应用基础、英语写作、思想道德修养与法律基础等十一门课程教学比赛陆续开展。在授课过程中，授课老师按照“教、学、做”的教学理念进行教学，整个课程突出了教师为主导，学生为主体的特点。经过激烈比拼，竞赛成绩如下。

一等奖：谭灿娇，参赛课程《计算机应用基础》

二等奖：梁山，参赛课程《声乐表演》

叶妍，参赛课程《会计技能综合实训》

史万莉，参赛课程《茶文化与茶艺》

三等奖：刘坤，参赛课程《国际贸易实务》

王莉，参赛课程《英语写作》

龙淑嫔，参赛课程《数控机床操作实训》

卢艳梅，参赛课程《运动解剖》

刘海明，参赛课程《液压传动技术》

罗细兵，参赛课程《思想道德修养与法律基础》

4.4.2 顶岗支教工作

“顶岗实习，置换培训”模式是学校师范专业率先在广东省实施的一项教师教育人才培养模式的重大教学改革，自 2008 年 3 月试点成功，该模式得到省教育厅的充分肯定并在全省推广。2011 年，在河源市市委市政府、市教育局及相关部门的大力支持下，学校继续深化师范类专业的教学改革，制订更切合农村小学教学实际的专业培养方案，为河源市的农村小学教师提供培训近百人，给社会主义新农村的建设提供智力支持，受到河源市教育界尤其是农村教育界的高度评价，也受到了省教育厅的高度赞扬。

4.4.2.1 开展 2011 农村小学教师置换培训

学校与市教育局密切合作，近年来推出了顶岗实习、置换培训等一系列举措。2011 年 10 月至 11 月，市教育局一共选派了 30 名农村小学教师到学校参加置换培训，培训时间为 20 天，由人文学院负责组织，培训活动以理论教学、讲座、观摩考察等形式开展。

10 月 25 日，学校在行政楼 C108 举行 2011 年河源市农村小学教师置换培训开班典礼（见插图 4-5）。市教育局局长苏晖、学校党委书记高仁泽、党委副书记韦荣、人文学院负责人及参加培训的农村小学教师参加了此次开班典礼。苏晖发表了讲话，他表示 2011 年省教育厅在相关文件中明确指出要进一步加强农村教师培训工作，提高教师教书育人的能力。他希望学员们在培训中提高教学效益、学有所成，为河源教育事业贡献自己的力量。韦荣表示，培训的主要目的是为农村小学教师的专业发展、观念更新创造条件，以此加速农村基础教育的改革。

11 月 11 日，学校在行政楼 C108 举行 2011 年河源市农村小学教师置换培训结业典礼。学校校长刘安华、副校长陈德清、培训班班主任及参加培训的农村小学教师参加了此次结业典礼。典礼上，学校领导为学员们颁发了结业证书及优秀学员证书。随后，优秀学员代表作了热情洋溢的发言，向为他们在培训中提供帮助并给予悉心指导的领导、老师们表达了感激之情，并表示要将所学到的新的教学理念运用到今后的教学实践中去，为河源市农村小学的教育做出更多、更大的贡献。

此次置换培训工作得到了市教育局的高度重视，通过“顶岗实习，置换培训”，小学教师的教育教学能力得到了提高，也为农村小学教师的专业发展、观念更新创造了条件，以此加速农村基础教育的改革。

4.4.2.2 召开师范生顶岗实习、置换农村小学教师培训汇报会

12 月 8 日，学校在行政楼第一会议室召开师范生顶岗实习、置换农村小学教师培训汇报会。省教育厅检查组组长刘丽丽、学校校长刘安华、副校长陈德清、市教育局副局长傅跃进、各授课教师代表及学员代表出席了汇报会。

会上，陈德清副校长介绍了学校的总体情况、学院 2011 年的发展概况以及师范教育类专业的基本情况，并从学校发展定位、开放式办学思路、校（校）企全面合作、创

新人才培养模式等方面进行了详细的汇报。同时，他也希望省教育厅能增加经费投入，把河职院建设成为河源市小学教师培训基地。检查组组长刘丽丽对学校的师资力量、办学特色和教学成果予以了高度的肯定，并表示2011年省教育厅将拨款1000万元以扶助2000多名欠发达地区的教师完成培训，为农村中小学教育培养种子教师作出努力。

4.4.2.3　省教育厅领导叶小山到学校调研强调要做好人才培养工作

11月10日，省教育厅党组成员、副厅长叶小山率队到学校调研，强调要做好高技能人才培养工作。随行的还有省教育厅高等教育处、高中职处及相关院校领导、专家。

来访领导一行与学校有关人员在行政楼C108召开高等职业教育培养高技能人才调研座谈会。会上，学校校长刘安华从学校总体情况、教学改革、师资队伍建设以及办学成果等方面汇报了学校人才培养工作及办学成果，并表示学校将坚持均衡、统筹地发展。随后，学校模具设计与制造专业、应用电子技术专业相关负责人也分别从人才培养现状及存在的问题、中高职三二分段对接等方面作了汇报。

叶小山在听取汇报后表示，培养高技能人才须准确定位目标，明确培养标准，重点培养专业技能；同时，要引进企业人才，加强师资力量，将专业和企业相结合，让教师和企业共进步，促进学生的技能水平提升。高等教育处专家也指出，此次到河职院调研旨在了解高技能人才培养情况，讨论其中存在的问题，理清思路并明确人才培养方向。

4.4.3　思政课改革工作

2011年学校进一步深化高职的思政课改革工作，继续在工学结合模式背景下构建“理实相融、知行合一”的育人新机制，整合思政教师和辅导员两支队伍，切实提高学校思想政治教育工作的水平，增强育人的实效，成效显著。

4.4.3.1　召开本学年第一学期思政课教学改革暨学生工作会议

9月1日，2011—2012学年第一学期思政课教学改革暨学生工作会议在教学楼C201召开。校党委书记高仁泽、副校长陈农心、校学工处、校团委、思教部、全体辅导员等相关人员及学生代表出席了此次会议。

会上，陈农心回顾总结了上学年思教课工作的基本情况，表示这一学年学校仍将重点放在改革上面，努力实现“理实交融”，进一步完善课程设计，提高全体辅导员的教学水平。同时要通过课程体系转换、合理改革及教学方法创新等途径来提高组织管理能力，推动思政课改革。

随后，高仁泽以“新起点——权责篇”为主题进行了思教课模拟课堂训练。围绕着大学生的权利与义务、自己权益的维护等内容，高书记以学校学生反映的热点问题为例，与在场人员进行讲解交流，他希望学生能通过“权责篇”的学习明确最重要的权利和义务，顺利完成学业，做到尊重师长、遵纪守法，成为一名全面发展的大学生。

4.4.3.2　高仁泽主讲思政课辅导课

9月22日下午，学校党委书记高仁泽为思政教师作了一场精彩的思政课辅导课，要求大家遵循“达能航程”理念，深入思考，继续创新教育模式，努力成为思政教育专家。基础课、就业指导课教研室的所有专兼职教师、宣传部、思政部一线服务人员、各二级学院副书记和辅导员等62人到场听课（见插图4-6）。

高仁泽书记首先通报了学校思政改革的总体情况。他说，学校思政课改革，遵循“达能航程”理念，紧密围绕帮助大学生树立正确的世界观、人生观、价值观、道德观和法制观，提高自我修养开展教学，强调理论教学联系学生的思想实际和学生管理工作实际，做到理中有实，实中有理，着力引导学生真学、真懂、真信、真用，形成了“理实相融、知行合一”的德育模式，取得了明显的效果。

授课内容是基础课的“课程入门”单元。高仁泽从“为什么学”、“学什么”、“怎么学”和“怎么教”四个层面，充分展示了以有益有趣为原则，以国家统编教材内容为依据，按人生角色分模块的基础课教学模式。他对课前“讲评时事、分享感悟”环节做了示范讲解，并希望教师通过该环节引导学生遇事会悟、凡事有感，在感悟中思考、成熟。他还就教师的教学语言、教学互动，教师课堂自我形象设计等做了重要提示，强调教师要把思政课上好必须过好“六关”：要做到纲举目张、点石成金、举一反三、绘声绘色、夹叙夹议、理性总结。高仁泽最后勉励大家要苦练内功、提升素质，努力成为思想政治教育教学的专家。

4.4.3.3　“理实相融知行合一”——学校召开德育模式改革工作研讨会

11 月 8 日，学校在行政楼第一会议室召开推进“理实相融、知行合一”德育模式改革工作研讨会。研讨会对学校学生工作的科学化、制度化、规范化起了积极意义。校党委书记高仁泽、副校长陈农心、学工处、思政部相关负责人，各二级学院党总支副书记参加了此次会议。

会上，陈农心指出了“理实相融、知行合一”德育模式在前期实行及开展过程中存在的问题。高仁泽强调，各部门制定的学生工作管理办法执行起来必须要简明易懂、容易操作，同时要站在学生的立场，设身处地为学生考虑。随后，与会人员就诚信档案建设、勤工助学管理、学生干部管理等方面的实施方案及改革细则展开深入讨论，并对在改革过程中可能出现的问题进行了分析论证。

4.5　以赛促学

4.5.1　概述

截止到 2011 年底，学校在全国各类大赛上频频获奖，是学校贯彻落实国家和广东省《中长期教育改革和发展规划纲要》，强化学生综合素质和职业技能培养，积极实施“以赛促学”取得实效的体现。

4.5.1.1　200 多座金色奖杯辉映成景

学校地处粤北欠发达地区，在硬件建设方面难以与发达地区相比，这迫使学校在软件建设和内涵发展上要下更大的功夫。因此，学校立足现实，在成立之初就坚持“内涵发展”的办学思路，大力推进教育教学改革。特别是在学生的职业技能培养方面，学校创新“以赛促学”模式，大力倡导比技术、比实操、比本领，通过积极组织学生参加各级各类职业技能大赛，促进学生综合素质和职业技能的提高。

截止到 2011 年底，学校学生参加各级各类科技、文化、艺术大赛共有 700 多人次分别获得国家、省级奖项，荣获国家级一、二等奖 29 项，省级一等奖 36 项，获奖名次、数量均在全省高职院校中名列前茅。值得一提的是，2008 年学校学生设计制作的机器人“黄氏龙”代表广东省参加被誉为高职院校奥运会的“全国高职院校技能大赛”，获得机器人项目一等奖，为广东省和河源市争得了荣誉。

4.5.1.2　技能竞赛硕果推动学校内涵建设

以竞赛引领课程内容和教学方法改革，强化技能教学。技能竞赛吸收了行业发展的前沿技术，反映了最新的职业技能要求和行业对技能型人才的需求，也赋予了专业教学新的内涵。学校将课程改革与技能竞赛紧密结合，通过汲取技能竞赛内容和标准对原有教学项目进行改造，提炼、转化为教学项目，不断补充和完善项目课程教学，并推进竞赛内容的普及化教育。

如学校数控技术专业紧跟数控技能竞赛项目的方式转变（即由单一零件加工转变为组合零件加工与装配、由个人参赛形式转变为以团队参赛形式），在教学实践中不断修改和完善课程体系，整合形成了《数控加工工艺与编程操作》课程，采用基于行动导向的项目教学法，改变了传统的教学模式，将学生分成项目小组，由教师给出题目，也可由各项目小组自行确定题目，小组成员进行明确分工，人人参与。依靠学生自己完成设计图纸、制定工艺、编写程序、产品的加工和装配。在此期间，老师进行必要的指导，在设计中遇到的问题主要通过学生自己查阅资料或小组讨论解决，真正体现了广大学生在教学过程中的主体地位，学生的积极性、主动性、创造性被充分的激发起来，自信心得到了极大的提高，收到了良好的训教效果。

4.5.1.3　以竞赛促进教学质量提高，检验技能教学水平

学校积极借鉴技能竞赛的内容与做法，进一步规范对学生的教学评价标准要求，加强教学常规管理，完善教学质量监控体系和教学评价体系。通过实施对人才培养过程和人才培养质量的监控，及时调控教学行为，将职业标准融入专业教学，在教学过程中实施对学生的专业基本理论、实际操作能力以及职业道德、职业素养的教学与考核，有效提高了教育教学质量，同时也检验了教师的技能教学水平。

4.5.1.4　以竞赛提高教师专业技能，加快青年教师培养

学校积极鼓励和支持青年教师参加和指导各类技能竞赛，给青年教师的成长提供了一个互相学习交流的平台，促使他们迅速融入专业，持续提升技能水平和教育教学水平，也有效培养了他们的创新思维、动手能力、进取精神和合作意识。经过几年参加和指导技能竞赛的锻炼，学校迅速成长了一批技术精湛的教学骨干和优秀指导教师，在指导竞赛的同时，着力参与、研究学校的“技能竞赛与教学改革”，有力推动了学校的教育教学改革。

4.5.1.5　以竞赛管理长效机制，营造校园育人文化

学校建立了技能竞赛长效机制，出台了《技能竞赛管理程序》、《学生社团活动管理程序》等文件，对职业技能竞赛加以制度化和规范化，进一步扩大竞赛范围，尽量拓展到更多专业，让技能竞赛覆盖到每位教师、每个学生，在校园营造学知识、促业务、比技能、练本领、积极向上的良好育人氛围。目前，学校已形成了专业技能竞赛——实现“人人参与”，校级技能竞赛——实现“好中选优”，参加国家、省级竞赛——实现“优中选强”的竞赛平台，形成了普遍性、经常性的技能竞赛制度和良好的培养选拔制度，实现了技能竞赛由阶段性工作向常态性工作的转变，使技能竞赛逐步成为师生成长成才的重要平台。

4.5.2　国家级竞赛

1月7日至9日，第二届全国高职高专秘书职业技能大赛在泉州黎明职业大学举行，学校文秘专业代表队荣获团体、个人全能一等奖和最佳口才、最佳才艺四项大奖，其中麦翠莹获得个人全能一等奖、最佳口才奖和最佳才艺奖，梁钰杉同学获得个人全能一等奖，伍淑敏同学获得个人全能二等奖。

5月1日，由中国高等教育技术协作工作委员会、中国管理现代化研究会决策模拟专业委员会主办，北京大学承办的“2011年（第十届）全国高等院校企业竞争模拟大赛”全国总决赛在北京大学光华管理学院举

行，学校工商管理学院邓文博老师和曾苑老师分别指导的凯翔队和开创者队同时夺得本次大赛全国一等奖、团体总分第二名。

5月7日，全国职业院校技能大赛广东选拔赛“机器人”项目在顺德职业技术学院举行。学校机电工程学院制作的“河源龙”系列机器人获得二等奖、三等奖各一项。

5月8日，全国大学生英语竞赛决赛在广州广东商学院举行，学校王璇英等六位同学在D类决赛中全部取得一等奖。

6月25日，学校由电信学院选派的代表队参加在天津举行的“2011年全国职业院校技能大赛”高职组“英特尔”杯芯片级检测维修与信息服务竞赛中荣获二等奖。

6月25日至26日，教育部高职高专工商管理类专业教学指导委员会举办的“2011年全国大学生企业经营管理沙盘模拟大赛广东省省赛”在深圳职业技术学院举行，学校两支参赛队伍在“企业管理模拟沙盘”和“物流管理模拟沙盘”中分别获得二等奖和三等奖。

2011年全国职业院校技能大赛高职组“机器人技术应用”项目比赛，学校机电工程学院代表队获得三等奖。

2011年全国大学生电子设计竞赛（广东省赛区），学校电信学院派出的5支队伍分别获得一等奖1队、二等奖2队、三等级2队；其中一等奖获得队伍将作为赛区优秀参赛队被报送至全国组委会，参加全国总决赛。

10月23日，2011年全国三维数字化创新设计大赛（全国3D大赛）广东赛区复赛在江门五邑大学隆重举行，学校8个参赛队伍在指导教师带领下奔赴赛场，勇夺特等奖3项，一等奖2项，二等奖1项，三等奖2项。

教育部教育管理信息中心主办的第十一届全国多媒体课件大赛，学校选送的两个参赛作品分获大赛二等奖和优秀奖。

11月25日，2011全国三维数字化创新设计大赛（简称“全国3D大赛”）总决赛在常州科教城擂响战鼓，学校机电学院“机械力量”队荣获一等奖，另外两支代表队也分别荣获三等奖（见插图4-7）。

12月2日至4日，学校选手参加教育部主办的2011中国—东盟青年创新大赛获得管理模拟项目冠军，获奖消息受到各大媒体大力报道。刘安华在致辞中对获奖同学取得的优异成绩表示衷心的祝贺，对获奖同学和指导教师不畏强手、勇于拼搏的精神和为学校取得的荣誉表示钦佩和感谢。

4.5.3 省级竞赛

2011年广东高校开展“立志、修身、博学、报国”主题教育系列活动。学校麦翠莹、陈庆运同学分别荣获“南粤杯”大学生演讲比赛高职高专组决赛一等奖、二等奖，陈晓文同学获“南粤杯”大学生网上征文大赛优秀奖。

4月30日，学校选手在2011年全国职业技能大赛高职组“芯片级检测维修与信息服务”项目广东选拔赛中夺得桂冠。

5月21日至22日，第五届广东大学生科技学术节暨“用友杯”ERP沙盘模拟大赛举行决赛。学校代表队获得此次大赛特等奖。

6月10日至11日，广东省第二届秘书职业技能大赛在广东农工商职业技术学院举行，学校文秘专业派出的参赛队伍荣获团体二等奖，选手均获得了个人全能及单项二等奖。

6月19日，广东省首届“蓝盾杯”高校信息安全与攻防大赛在广东轻工职业技术学院举行，学校由电子与信息工程学院派出的两支代表队分别荣获一等奖和三等奖

8月29日至30日，学校有4篇论文在广东省第八届大学生运动会科学论文报告会上获奖（二等奖2篇、三等奖2篇）。

第五届广东大学生科技学术节，学校代表队获得广东省大学生挑战杯课外科技学术作品大赛特等奖、ERP沙盘模拟大赛一等奖和电子创新设计大赛一等奖。

9月15日至16日，在第四届广东省大

学生旅游文化节导游技能大赛中，学校吴奕纯获个人一等奖，张利华获个人三等奖。

2011年广东省社会科学普及周全省联动的系列活动之“我的幸福追求”演讲比赛复赛于9月23日在广东岭南文博研究院举行，学校陈庆运代表河源市参加此次比赛，最终晋级五强并取得决赛资格。

10月30日，第21届省“高校杯”软件设计竞赛（高职高专组）在顺德职业技术学院拉开帷幕。学校派出两队参赛，分别荣获本次大赛一等奖、二等奖各一项。

4.5.4 市级竞赛

9月22日，河源市“我的幸福追求”演讲比赛在学校学术报告厅举行，学校陈庆运技压群雄获得比赛一等奖。

4.5.5 校级竞赛

3月31日，学校举行2011年广东省高职院校英语口语选拔赛决赛，梁明晓获得特等奖，邓淑枚、邬棠妍等11位同学分获一二三等奖。

4月21日，学校第二届科技学术节开幕式暨读书文化节辩论赛总决赛在报告厅举行。正方魅力工商队以1516分的总分打败反方人文淡定队获得比赛的冠军，魅力工商队的二辩朱少鹏获得最佳辩手称号。

5月19日，学校“霸王花杯”第三届十大学生社团领袖评选总决赛落幕，学校曾泽妹等十位同学获得十大学生社团领袖称号。

12月9日，学校“万绿湖杯”第四届导游风采大赛决赛在学术报告厅举行，在比赛中脱颖而出的钟夏青、欧阳璇、李烈桐三名选手被河源市万绿湖景区聘为特聘导游员。11月16日，人文学院海燕话剧社首届“海燕杯”相声、小品大赛在报告厅举行。小品《一粒高》获得一等奖。小品《旅途》、《等待阳光》分获二三及优秀奖。

4.6 教学管理

2011年，学校进一步加强专业主任的培养与管理、注重对专业教师职业道德与职教理念培养、切实加强教学过程管理、狠抓考风考纪，强化教学质量监控，进一步推进教学管理制度化、规范化建设，保证教学质量稳步提升。

4.6.1 召开新学期教学工作会议暨专业（教研室）主任培训会

2月22日，学校2010—2011学年第二学期第一次教学工作会议暨专业（教研室）主任培训会在行政楼C108召开。教务处相关负责人、各二级学院有关人员、专业教研室主任参加了此次会议。会议总结了2010年教学工作，强调了2011年教学工作重点。

会上，教务处相关负责人对2010年的教学工作进行了总结，并就专业建设、课程建设、教务管理工作、实践教学管理工作及招生工作五个方面强调了2011年教学、教务工作重点，还对2011年教务处工作周历和教学相关经费预算进行了简要说明。

此外，会议还详细讨论和解读了2011年绩效考核教学工作量填报工作和2011年绩效教学工作量计算方法和统计方式。

4.6.2 举行“教学做”一体化教学模式培训会

4月7日，由专员刘守义主讲的“教学做”一体化教学模式培训会在行政楼C108举行。各二级学院副院长、全体专业主任及“教学做”课程申报人参加了此次培训会。

培训会上，刘守义从基于工作过程系统优化的课程设计、以学生为主体的教学过程及以文件审核和听课为手段的评价与审定程序三方面分点阐述，清晰地向在场人员讲解说明了“教学做”一体化课程的基本概况及其评判标准。随后，在场人员就“教学做”一体化教学模式培训内容进行了现场讨论，交流各自的经验与意见。

此次培训旨在将理论知识学习与实际操作训练紧密结合，进一步提高教学效果与教学水平。此次“教学做”一体化教学模式课程共有29名教师申报。

学校组织开展了两批次一体化课程申报评审工作，通过申报材料形式检查、校评委评审、实时听课考察等程序，两批共有10门课程被确定为“教学做”一体化课程。

4.6.3　召开第二次教学工作扩大会议

4月13日，学校在行政楼C108召开第二学期第二次教学工作扩大会议。副校长陈德清、教务处相关人员、各院部副院长（主任）、各专业（教研室）主任等参加此次会议。

会上，陈德清介绍了现行教学安排工作规则说明、教学计划变更与专业教学实施计划审核等方面的情况，详细讲解了教学任务安排、特殊排课时间申请、实训课与专业课程交叉教学、教学任务与教学条件、外聘兼职教师与教学任务安排五方面的内容。

随后，教务处相关负责人介绍了教学任务安排和教材征订工作说明，并解读了《2011年上半年绩效考核教学工作量统计填报说明》，重点分析了笔试阅卷和教学绩效工作量统计办法。

4.6.4　韦荣、陈德清为新进教师进行培训

8月25日，校党委副书记韦荣、副校长陈德清于教学楼C201为学校2011年新进教师进行培训。

培训课上，韦荣向新进教师简要介绍了学校基本概况、告知了教师的主要任务和注意事项等。他特别强调教师要通过学校的职教能力测评，并提出了完成教师的基本工作任务的重要性。随后，陈德清以“深化改革、规范管理、注重内涵、办出特色”为主题开展了“高职教育理念”的讲座。

此次培训共有30多名新进教师参加，培训旨在帮助新教师了解校情、明晰职责，尽快融入学校大家庭。

4.6.5　陈德清主持广东省高等职业院校校级管理干部培训分享讨论会

9月17日至10月1日，陈德清作为广东省教育厅选派的院校领导参加了新加坡南洋理工学院（NYP）——广东省高等职业院校校级管理干部培训，培训的主要内容是学习南洋理工学院的办学理念和学院管理等办学经验。

10月13日，学校副校长陈德清在学术报告厅主持召开广东省高等职业院校校级管理干部培训分享讨论会。党委副书记韦荣、各二级学院管理干部等参加了此次讨论会。

会上，陈德清以PPT的形式向与会人员介绍了新加坡南洋理工学院的教育体系和创新理念——“教学工厂”理念，并分析了学校与其在管理和教育方面的差异。他强调，该理念管理处处体现着以人为本的教育方针，注重学生的心理、身体素质，沟通能力和管理能力的培养，“教学工厂”是一种办学模式，更是一种办学理念，其核心是学生职业能力的着重培养。

4.6.6　学校开展校外实习基地评比工作

12月6日至17日，学校教务处组织的学校校外实习基地评比工作，共评出河源市雅达电子有限公司、河源市绿野广告有限公司两个优秀校外基地。

此次评审专家组由相关职能部门工作人员及二级学院教师代表组成，评审工作包括学院自评、实习基地整改、学校评审三个阶

段。全校在校外实习基地评比过程中，各二级学院积极准备，认真配合，共有 12 个实习基地参加了评比活动。本次评比活动，不仅促进了二级学院加强校外实习基地建设，增进了校企之间的交流和学习，更为进一步提升实践教学质量夯实了基础。

4.6.7　召开各二级学院专业主任座谈会

12 月 13 日下午，学校专业主任座谈会分别于各二级学院办公室召开。党委书记高仁泽、副校长陈德清、党政办、教务处有关负责人及各二级学院专业主任参加了座谈会。

会上，校党委书记高仁泽强调，要认真制订教学计划，准确定位专业方向和做好课程标准；加强团队的凝聚力、责任感及管理工作力度。他还提出，多和学生正面接触是解决问题和正确引导的最佳方法。

副校长陈德清对各专业主任、教师的发言进行总结。他鼓励专业多开展教研活动，建议专业老师到发达地区的学院学习，转变教学方法和思路，提高学生的学习积极性和活跃课堂气氛。

经过座谈会调研，学习明确了“全体教务主任、专业教师于每周一、四下午进行教研活动或召开专业会议”的规定，以提高教学质量，增强凝聚力。

4.6.8　开展网络考试

为充分发挥网络考试科学、便捷、高效的优点，学校自 2011 年上学期起逐渐推行网络考试。经过信息中心与教务处一年多来联合开发软件、组织网络考试培训、二级学院推广等工作，下学期共有 32 门课程实现了网络考试。12 月份，相关网考课程陆续开考，刘安华校长非常重视网络考试的推行，连日来多次亲临网络考试现场巡查，实地了解考试实施状况，确保考试顺利进行。

在总结前期经验教训的基础上，学校今后将大面积推广这一考试形式，有效推进学校考试信息化。

4.6.9　召开严抓考风考纪会议

12 月 21 日上午，学校在行政楼 C201 召开严抓考风考纪专题会议。陈德清副校长、纪委、教务处、学生工作处等部门有关人员参加了此次会议。会议由陈农心副校长主持。

考试是大学生活的重要内容，更是对教师教学水平和学生学习质量的检验。为了进一步加大考试管理力度、严肃考风考纪、共同营造良好的考试氛围，就如何严肃考风考纪的问题，陈农心在会上提出三点要求：一是做好考前动员，营造严肃、认真的考试氛围。对学生，要求辅导员以班会形式组织学生认真学习《河职院考场纪律》、《河职院学生违纪处分条例》等相关文件，提醒学生重视考试，诚信应考；对教师，要求以二级学院为单位召开考务会，主管教学副院长主持，强调监考纪律，组织监考教师认真学习《监考员守则》及违纪处罚条例，熟悉严肃考风考纪有关规定，认真履行职责。加大宣传力度，通过校园广播、悬挂标语、宣传栏、主题班会等形式营造“诚信考试光荣，违纪作弊可耻”的校园氛围，将学校端正考风考纪的要求传达到每位监考教师和学生。二是要加强巡查、巡考的力度。要求学校领导班子成员及中层以上干部全部参加巡考，不定时巡视检查各个考场纪律情况。三是强调违纪处罚意见。陈校长强调，要严肃纪律，坚决按照学校的相关文件规定，及时、严格处罚考试违规违纪者。学生违规，由学工处按照《河职院学生违纪处分条例》执行；教师违规，移交学校纪委处理，绝不手软。

主管教学工作的陈德清在会上进一步强调，考风考纪工作是学校学风建设的有机组成部分，是提高人才培养质量的重要保证。学校纪委要全程参与考试，一定要严肃考纪、端正考风。教育学生要诚信应考、文明考试，营造优良校风、学风，通过守纪考试提高自身修养，弘扬诚信正义，确立诚信之本。倡导从我做起，从现在做起，杜绝考试作弊现象。

4.7　教学质量监控

4.7.1　校院两级督导工作机制运行良好

二级学院督导工作自2011年下半年开展以来，校院两级督导工作机制已步入了认识正确、制度健全、组织保障、管理规范、过程有序的良性运行轨道。督导处对各学院督导工作行使业务指导、咨询、协调和检查等职能。二级学院督导组和兼职督导员的工作职责也规定得非常明确，包括：对指定的教师通过随堂听课与课后面谈的方式开展教学督导工作（见表4-1)；负责对学院专业课程考试进行督察；参与学院教学常规检查工作；参与对学院教师教学质量的评定工作等。

表4-1　2011年各学院督导组听课情况

2010—2011学年下学期各学院督导组听课统计表				
部门	任课教师(专兼)(人)	被听课次数(次)	漏听人数	人均被听课数(次)
机电学院	39	44	7	1.38
电信学院	74	79	6	1.16
思教部	32	43	4	1.53
艺术设计学院	54	69	1	1.3
人文学院	96	87	9	1
工商管理学院	75	74	4	1.04
合计	370	396	31	1.17
2011—2012学年上学期各学院督导组听课统计表				
部门	任课教师(专兼)(人)	被听课次数(次)	漏听人数	人均被听课数(次)
机电学院	54	84	2	1.62
电信学院	88	101	2	1.15
思教部	52	51	1	1
艺术设计学院	85	92	3	1.12
人文学院	114	128	5	1.17
工商管理学院	84	89	6	1.14
合计	477	545	19	1.19

本年度各学院对督导工作都给予了高度重视，期初和期末都定期召开督导员交流工作会议，布置工作任务、交流督导工作心得，对个别教师进行重点帮扶等。在导向方面，注重职教理念的贯彻，注重职教能力测评成果的巩固，由传统的督教观念转向"6＋2"原则的落实和实施，强调"教、学、做一体化"的课堂教学效果和每次课的信息量。

督导处加强了对学院督导工作计划、过程管理以及工作总结的监控，对学院的个别督导员听课记录不规范及时进行纠正，参与学院召开的督导工作会议，就督导员的职责、工作方法、工作程序以及经验体会等与部门督导组成员进行了交流。确保了校院两级督导工作机制的正常运行。

根据各学院督导组的反映，在行动导向的课程教学改革中，课堂教学存在的主要问题有：一是"做"的把握程度不好，一个简单的训练任务占时太多；二是忽略知识的系统性；三是信息量不足等。

在管理方面也存在一些问题，如部分学院没有完成对任课教师的全员听课任务，在监控和管理上有待加强；少数兼职督导员对《听课评议表》填写不规范、不完整，"评价建议栏"评语表述多套话而少建议等。

4.7.2　学生信息员工作有序开展

本学年共收到两学期约 288 人次学生信息员交来的《教学执行日志》共 2833 份，为我们了解掌握教师课堂教学状况提供了大量的信息（见表 4-2）。通过统计分析《教学

表 4-2　学生信息员交表情况一览

2010—2011 学年下学期各学院学生信息员交表情况统计			
	应交(份)	实交(份)	比率
全校	2674	1067	39.90%
人文学院	476	303	63.66%
机电学院	490	135	27.55%
电信学院	546	201	36.81%
工商管理学院	742	315	42.45%
艺术与设计学院	420	113	39.90%
注:应交表数量为 14 教学周收表数量。			
2011—2012 学年上学期各学院学生信息员交表情况统计			
	应交(份)	实交(份)	比率
全校	3356	1766	52.62%
人文学院	649	493	75.96%
机电学院	563	250	44.40%
电信学院	678	291	42.92%
工商管理学院	896	461	51.45%
艺术与设计学院	570	271	47.54%
注:08(五年制)、09、10 级计算 2—16 周(除国庆一周、校运会)共 13 周;11 级计算 7—16 周(除校运会一周),共 9 周。			

执行日志》，教师教风教纪方面有较好的表现，没有发现教师课堂上有违纪现象，如迟到、早退、抽烟、接打手机等，学生反映的情况主要集中在师生互动少、教师照本宣科、上课的语音语速等学生学习感受上的问题。这些情况督导处都及时反馈到教师所在院部，通过院部的有效敦促和二级学院督导员的针对性指导，加强了师生的沟通，对促进教师调整改进教学方法起到了良好的作用。

学生信息员工作是教学质量监控体系的重要组成部分，是学校颇具特色的一项工作，但仍有须完善和改进的地方。首先，《教学执行日志》的内容经过一年多的应用和项目化课程教学改革的要求，需调整完善和补充。其次，信息员队伍建设需要引起更多的关注，统计情况表明，两学期《教学执行日志》的平均上交率为47％，比2010年提高了10个百分点，但是学生信息员的责任心有待加强。因此，督导处要加强监控和管理，对责任心不强的信息员要及时反馈回学院进行调整，同时加强培训工作，确保信息员工作更好地为提高教学质量服务。

4.7.3　改进学生网上评教工作取得一定成效

全年上、下两学期的学生网上评教工作顺利开展，由于组织工作完善，严格按程序文件办事，学生网上评教踊跃，上半年参评率93.5％，下半年参评率94.35％，全年平均参评率达94.06％。

原学生评教的评价指标由于其单一性和过于笼统，评价结果不利于教学质量的客观评价。从年初开始，督导处对学生评教指标和工作程序进行了重新设计，于下半年付诸实施，新的学生评教指标全面、客观，评价点经过精心设计，基本达到了学生评教结果有利于促进课程建设和教师教学质量提高的目的。

新的学生评教指标体系设计的基本原则是要将学生评教的结果应用于专业的课程建设和促进教师教学质量的提高。首先，是将所有课程进行分类，针对课程性质进行评价，共分成常规课、思政课、公共体育课、校内整周实训、校外实习和毕业论文（设计）等六种类型；其次，按类型对评价点进行分类设计，每一类都包含8个小项，如校外实习包括了责任心、业务指导、组织协调能力、检查与沟通、思想工作、学生实习生活、实习纪律管理、实习效果等；其三，每项设计A、B、C、D四种钩选项，便于学生快速便捷的操作；其四，增加了评课的内容，这一块与评师同步进行，不会增加学生的负担，同时督导处能收集学生对课程的评价意见并反馈回专业供课程改革参考，如对校外实习的评价，设计了实习内容是否对口、实习过程是否轮岗、实习指导教师是否到位等，这一点有效地解决了校外实习教学质量难于监控的问题。

4.7.4　试卷抽查情况

4.7.4.1　**常规试卷**

本学年督导处对近两个学期的试卷进行了抽查，抽查比例约为5％，抽查统计情况如表4-3、表4-4所列。问题表现分为两类。一类是计分错误或录入成绩错误，造成学生成绩有误；另一类是在试卷、改卷、装订等方面不符合规则要求。从两学期统计结果看，机电学院、电信学院抽查结果差错率为零，表明这两个学院重视评卷工作，教师责任心明显提高，成效显著。但其他学院表现出评卷工作质量不稳定的状况，说明评卷工作是一项需要常抓不懈的工作，要强调工作责任心，要经常组织教师，特别是外聘教师和新进教师，认真学习《评卷工作管理程序》（HZY/QP-2009-35）。加强对评卷过程中计分、核分环节的管理，确保学生成绩正确无误。

表 4-3　2011 上学期试卷抽查情况表

院系	人文学院	工商管理学院	电子与信息工程学院	机电工程学院	艺术与设计学院	合计
抽查试卷(本)	20	12	6	4	6	48
试卷数量(份)	887	542	274	131	242	2076
不合规则试卷(本)	4	3	0	0	1	8
分数差错试卷(份)	3	1	0	0	1	5
试卷抽查不合格率(按本计)	20%	25%	0	0	17%	16.7%
分数差错不合格率(按份计)	0.34%	0.18%	0	0	0.41%	0.24%

表 4-4　2011 下学期试卷抽查情况表

院系	人文学院	工商管理学院	电子与信息工程学院	机电工程学院	艺术与设计学院	合计
抽查试卷(本)	16	8	4	3	3	34
试卷数量(份)	655	353	196	113	108	1425
不合规则试卷(本)	4	2	0	0	2	8
分数差错试卷(份)	3	2	0	0	2	7
试卷抽查不合格率(按本计)	25%	25%	0	0	67%	23.5%
分数差错率(按份计)	0.46%	0.57%	0	0	1.85%	0.49%

4.7.4.2　实务考试

本学年督导处对近两个学期的实务考试考评资料进行了抽查，抽查比例平均约为8%，抽查结果如表 4-5、表 4-6 所示。统计数据表明，机电学院实务考试工作做得最好，抽查不合格率两个学期均为零，电信学院、人文学院和管理学院经过对第一学期发现问题的整改，也收到了好的效果，下学期的抽查不合格率也为零。问题严重的是艺术设计学院，抽查情况不合格率两学期都高达50%以上，说明管理不到位，教师亟待加强学习，具体表现为以下情况。

(1) 评分方法及评分标准操作性不强。

(2) 评价标准中有几项评分点，但是实务考试成绩评定表上评分项目少于评分标准给出项目或只有一个总分项。

(3) 无实务考试成绩评定表手写件，合分人与复分人签名不是手写或没有。

表 4-5　2011 上学期实务考试考评资料抽查情况表

院系	人文学院	工商管理学院	电子与信息工程学院	机电工程学院	艺术与设计学院	合计
抽查实务考试资料（份）	3	3	8	5	10	29
抽查人次	136	137	329	204	366	1172
不合规则实务考试资料（份）	2	1	2	0	7	12
分数差错试卷（人次）	30	22	6	0	13	71
抽查不合格率（按份计）	66.7％	33.3％	25％	0	70％	41.4％
分数差错不合格率（按人次计）	22.1％	16.1％	1.8％	0	3.6％	6.1％

表 4-6　2011 下学期实务考试考评资料抽查情况表

院系	人文学院	工商管理学院	电子与信息工程学院	机电工程学院	艺术与设计学院	合计
抽查实务考试资料（份）	5	3	2	5	4	19
抽查人次	239	135	87	213	168	842
不合规则实务考试资料（份）	0	0	0	0	2	2
分数差错试卷（人次）	0	0	0	0	0	0
抽查不合格率（按份计）	0	0	0	0	50％	10.5％
分数差错不合格率（按人次计）	0	0	0	0	0	0

（4）无正式的实务考试成绩评定表，将实务考试成绩随意记在其他表上，如点名登记表、学生班级通讯录，甚至是粘贴起来的纸片。

（5）期末成绩计算没有执行考核方案，如期末成绩中没有计入考核方案中规定的

20%的考勤成绩。

(6) 对实务考试理解不到位。如将平时成绩抽取一次作为实务考试成绩。

经过和教师的交流发现，艺术设计学院很多教师存在类似的问题，对实务考试管理要求没有完全理解，造成对课程考核大纲与实务考试方案执行不到位的情况。因此，建议艺术设计学院组织教师认真学习《实务考试管理程序》（HZY/QP-2008-25）文件，强调要根据已发布的考试管理文件来进行课程考核并形成完善的考试资料，以期保障实务考试的规范性。

4.7.5　完善、充实学校教学质量管理体系文件

本年度督导处、教务处坚决贯彻《河源职业技术学院关于加强教学过程管理的指导性意见》的精神，针对教学进程中出现的管理问题，继续研究和完善教学工作质量管理和监控体系，制定并发布实施了以下程序文件，对提升学校内涵建设水平起到了良好的促进作用。

《学生注册管理程序》（河职院教［2011］6号）

《“三证”考试与鉴定工作管理程序》（河职院教［2011］15号）

《技能竞赛管理程序》（河职院教［2011］16号）

《二级学院工作水平评价管理程序》（河职院督［2011］2号）

4.7.6　教师听课制度执行情况

本学年，校领导在深入课堂教学方面做出了表率。高仁泽书记、陈农心副校长亲自参与思政课的改革，每周都参加思政部的示范课或公开课；刘校长、陈德清副校长、刘守义专员直接作为评委对参评的“教、学、做”一体化课程中的多门课都听课两次以上，韦荣副书记也按时完成督导处制定的领导听课计划，这对学校教学改革、课程建设和教师教学质量的提高起到了极大的推动作用。

各院部都重视教师听课评课这一促进教师交流的教学活动，按照《听课评课管理程序》（HZY/QP-2008-24）的要求活动，学院领导都能结合二级督导工作机制和职教能力复评工作广泛深入课堂一线，听课评课，掌握教师课堂教学状况，本学年各院（部）教师听课任务完成率平均达88.5%（参见表4-7），有的学院采取集体听课、集体评议的方式，使听课活动的效果有较大的改观。

表4-7　2011年各院（部）教师听课任务完成情况一览

2011年上学期					
单　位	总人数	完成人数	未完成人数	请假及下企业人数	完成率
全校	281	230	40	11	85.19%
人文学院	70	66	1	3	98.5%
电信学院	60	59	0	4	100%
机电学院	35	26	6	3	81.25%
工商管理学院	55	52	2	1	96.3%
艺术与设计学院	50	19	31	0	38%
思教部	11	11	0	0	100%

续表

2011 年下学期					
单 位	总人数	完成人数	未完成人数	请假及下企业人数	完成率
全校	315	289	17	9	91.75%
人文学院	81	78	0	3	100%
电信学院	74	72	1	1	98.63%
机电学院	38	36	2	0	94.73%
工商管理学院	52	49	0	3	100%
艺术与设计学院	59	45	14	0	76.3%
思教部	11	9	0	2	100%

4.7.7 教师教学质量评定情况一览

2011 年上学期各学院教师教学质量评定结果统计				
	总人数	A	B	C
全校	337	118	207	12
人文学院	85	28	52	5
电信学院	63	28	31	4
工商管理学院	75	31	42	2
机电学院	37	12	25	0
艺术与设计学院	49	10	38	1
思教部	28	9	19	0
2011 年下学期各学院教师教学质量评定结果统计				
	总人数	**A**	**B**	**C**
全校	442	142	297	3
人文学院	92	17	75	0
电信学院	85	35	50	0
工商管理学院	83	38	42	3
机电学院	50	14	36	0
艺术与设计学院	80	24	56	0
思教部	52	14	38	0

第五部分　科技开发、社会服务与经验交流

5.1 科学研究、技术开发与服务

5.1.1 概况

2011年是“十二五”时期开局之年，也是学校首次承办广东省高等职业技术教育研究会学术年会之年。学校深入贯彻落实科学发展观，科研工作紧紧围绕教学、围绕地方经济和社会发展提高科研水平、围绕地方政府科研管理部门的年度工作重点抓好科研工作。加强校内校外学术交流，积极推行科研网络化管理，实现科研档案规范化，加强科研队伍建设，搭建科研平台，积极鼓励和资助青年教师投入科研，早出成果。科研工作进一步转变观念，实现由个人做科研到集体做科研的转变，实现由依靠校内力量做科研到依靠校内外力量相结合的转变，实现由注重理论成果到注重应用成果的转变。充分利用学校的专业优势和技术力量与行业、企业联合开发新产品，面向生产一线开展应用技术开发与科技服务，帮助地方企业解决生产中出现的技术问题，做好技术推广和新技术应用工作，并坚持将技术研发与科技服务工作与人才培养相结合，在提高服务能力的同时增强应用型人才培养水平。

5.1.2 纵向科研课题

学校积极探索有高职特色的科研模式与路径，重视以技术创新、提高学科水平为主的纵向课题项目研究，实现纵向科研课题立项7项，到账经费共45.10万元（详见表5-1）。

5.1.3 横向技术开发与服务

学校依托技术资源优势，积极开展社会需要的技术服务工作，为本地区的企事业及机关单位解决了大量的专业技术问题，实现横向委托科研课题立项29项，到账经费共70.6865万元（详见表5-2）。

表5-1 2011年纵向科研课题立项一览表

序号	主持人	项目名称	项目类型	经费到账(万元)
1	刘安华	河源市科技创新能力评价研究	纵向	20.0
2	刘安华	职业院校人才培养质量保障体系研究	纵向	3.0
3	陈德清	广东省知识产权试点事业单位建设	纵向	5.0
4	陈德清	创新“工学结合”人才培养模式的实践与研究	纵向	2.0
5	杨　黎	智能电子产品设计与测试建设	纵向	10.0
6	黄海林	2011农村小学教师置换培训建设	纵向	5.0
7	张学仪	2011广东省高职教育研究会课题	纵向	0.1
合计		7项	45.10万元	

表 5-2　2011 年横向技术开发与服务一览表

序号	项目名称	合作单位	经费到账（万元）	备注
1	东源县新丰江中学九年制义务教育教育教学管理能力提升规划工程合作项目	东源县新丰江中学	0.1	技术服务
2	河源和大福百货发展有限公司人力资源管理咨询项目	河源和大福百货发展有限公司	1	技术咨询
3	人人乐公司人才储备制度咨询项目	河源市人人乐商业有限公司	1.9205	技术咨询
4	惠州市诚德科技有限公司企业文化活动方案策划	惠州市诚德科技有限公司	1	技术咨询
5	电动牙刷模具的研制	深圳市康铨机电有限公司	3.3	技术开发
6	手机喷涂夹具模具部件制造	深圳市康铨机电有限公司	1	技术服务
7	河源市集美广告信息管理系统开发	河源市集美广告有限公司	1.6	技术开发
8	基于调功器的紫外灯控制系统开发	深圳西马特科技有限公司	0.5	技术服务
9	河源市短信信访项目开发	中国电信股份有限公司河源分公司	2	技术开发
10	胶辊套生产	佛山市南海晟心胶辊制造有限公司	1.05	产品生产
11	邮政系统工作人员管理与市场推广策划建设(第三阶段)	河源市邮政局	0.8	技术服务
12	人力资源提升平台建设、企业员工办公软件技术应用等 4 项	广东汉能光伏有限公司	2.836	技术服务
13	河源市卫生系统人才培养考核技术支持	河源市卫生局	0.3	技术服务
14	当代大学生生活社会化研究	惠州富海人才开发有限公司	2.0	技术服务
15	“御临门温泉度假村员工激励体系设计”系列项目	广东紫金县金鹅温泉投资有限公司	5	技术服务
16	“永顺集团中层管理人员培训体系研究”系列项目	广东省永顺实业集团有限公司	3.6	技术服务
17	河源市信息中心科技项目开发	河源市信息中心	5.0	技术开发

续表

序号	项目名称	合作单位	经费到账（万元）	备注
18	西可通信技术设备（河源）有限公司信息服务	西可通信技术设备（河源）有限公司	1.5	技术服务
19	手机电子商务平台开发	西可通信技术设备（河源）有限公司	3.0	技术开发
20	网络信息化平台开发	河源雅达电子有限公司	0.5	技术开发
21	校企技术合作	河源雅达电子有限公司	4.2	技术服务
22	南海晟成胶辊套开发	南海晟心胶辊制造有限公司	2.05	技术开发
23	纤维丝束—树脂熔融浸渍模头（32）的研制	广州科苑新型材料有限公司	3.28	技术开发
24	镜花缘校企合作培训及服务	河源市旅游局	1.0	技术服务
25	河源市导游词创新研究	河源市旅游局	2.55	技术服务
26	河源市县区党政班子落实科学发展观考核管理系统	河源市政府	8.0	技术服务
27	网络民主对我国政党制度的影响和对策研究	河源市九三学社	0.5	技术服务
28	数控车自动送料机的开发与研制	河源龙记金属制品有限公司	2.1	技术开发
29	塑料模标准模架核心零部件柔性制造关键技术研究及产业化	河源龙记金属制品有限公司	9.0	技术开发
合计	29 项	70.6865 万元		

5.1.4　科研成果

学校重视科研工作。组织教师参加河源市第三届哲学社会科学优秀成果奖评奖活动，学校选送论文 24 篇，专著 5 部，获得著作类二等奖 1 项，三等奖 2 项，论文类三等奖 3 项；学校与河源雅达电子合作申报的“智能电机保护控制装置”科技成果获 2011 年河源市科技进步二等奖，与河源市超越光电科技有限公司合作申报的“LED 模组及应用技术”科技成果获 2011 年河源市科技进步三等奖。组织教师参与广东省高职研究会年会论文评选活动，学校选送 11 篇论文参评，其中 1 篇获一等奖，1 篇获二等奖，2 篇获三等奖。

2011 年，学校共立项省级、市级、校

级研究课题 115 项，其中省级立项课题 17 项，市级立项课题 66 项，校级立项课题 32 项。完成国家专利申请 11 项，专利技术授权 7 项。获国际级成果奖 1 项、国家级成果奖 17 项、省级成果奖 22 项、市级成果奖 12 项。出版教材 30 部，发表学术论文 227 篇。

为了加强对学校立项教研教改课题的监管，推动学校教研教改工作的良性开展，学校组织了结题评审会。经评审，有 9 项校级科技、社会科学类课题通过评审结题、11 项校级教育科学课题通过评审结题。

5.2 继续教育

5.2.1 概况

2011 年，继续教育学院成人高考录取人数再创新高，录取考生 3015 人，录取人数跃居全省高职第一，在校生人数突破 1 万人。继续加强面向社会的技能鉴定和培训工作，全年培训、考证达 5505 人次。在规模快速发展的同时，学校高度重视成人教育的规范管理和办学质量，创新开展成人教育质量管理年活动，开发引进成人教育管理系统，很好地促进成人教育的规范管理和质量管理，提高学校成人教育的办学水平。

5.2.2 社会培训与服务

5.2.2.1 学校组织河源高新区企业管理精英参加公益拓展训练营

2 月 27 日，学校高新区夜校与高新区管委会、惠州西点管理学院联合举办企业管理精英公益拓展训练营。训练营主要通过破冰及建立团队、达芬奇密码、高空亮剑、同心协力、毕业墙等训练项目，提升学员的团队意识和执行力。

拓展训练活动安排在惠州西点拓展基地举行，共有来自河源高新区企业的 40 多名管理精英参加此次活动。活动以“交流、合作、共享、友谊、放松”为主题，旨在通过活动促进高新区企业管理者之间的交流合作、增进友谊，提升园区文化。

5.2.2.2 广东汉能光伏在学校召开新员工岗前培训

3 月 1 日，广东汉能光伏有限公司新员工岗前培训班在学校开班，学校与汉能签订就业协议的 110 名毕业生参加了培训，培训内容包括汉能企业文化、生产管理和太阳能电池制造技术等。

本次岗前培训为期一个月，接受培训的新员工是学校应用电子技术（汉能班）、模具设计与制造（汉能班）、数控技术（汉能班）、工业环保与安全技术、物流管理、文秘专业等 2011 届毕业生，该批学生 2010 年 10 月就与汉能签订了就业协议，他们在完成 3 月份的岗前培训后，4 月至 6 月将进入正式岗位，并在生产一线完成毕业实习和毕业设计等学习任务。

广东汉能光伏有限公司 2009 年 9 月进驻河源，项目将投资 280 亿元人民币，建设 1000MW 薄膜太阳能电池生产基地。该公司已与学校签订合作协议，将在订单培养、学生实习、员工培训、毕业生就业等方面不断开展深层次合作。

5.2.2.3 新生代农民工在职学习优惠政策落户学校

8 月，新生代农民工在职学习优惠政策落户学校，该政策将惠及我市大部分进城务工人员。该优惠政策面向的主要对象是报读华南师范大学远程教育专本科河职院学习中心的新生代农民工，只需提供农村户口本和在职证明（河源工作）即可减免 15 个学分学费共计 1500 元。

2011 年学校申报的项目《河源职业技术学院扩大进城务工人员职业技能培训改革试点》获得省教育厅教育综合改革试点立项

并正式实施，此次学校争取的“新生代农民工报读华南师范大学远程教育河职院学习中心专本科减免15个学分学费共计1500元”的优惠政策是该项目开展的成果之一，优惠政策的获得充分表明改革试点工作推进取得实质性进展，对农民工具有实用性和实惠性。

5.2.2.4　学校成人学历教育突破万人规模

12月16日，学校成人高考新生顺利完成入学注册工作，报到率达90.81%，同时，学校成人学历教育正式突破万人规模达到11065人。

学校自2005年开始开办成人高等学历教育，2007年12月在继续教育处基础上成立了继续教育学院。在学校领导的高度重视下，近年来成人教育发展迅速，现已初步形成了以短期培训、中专、专科函授、本科函授、在职研究生教育、远程教育、自学考试辅导、出国留学等多位一体的成人教育格局。

学校坚持成人教育立足河源、辐射珠三角并逐步向全省渗透的发展思路，先后设立河职院高新区夜校、河职院成人教育紫金分校和连平分校。经省教育厅批准，在东莞、深圳、顺德等地设立校外教学点，为学校成人教育的稳步发展奠定了扎实的基础。

5.2.2.5　学校2011年成人高考录取人数跃居全省高职第一

11月27日，广东省2011年成人高考录取工作全部结束，学校录取人数再创新高，共录取考生3015名，圆满完成2011年成人高考的录取工作，录取人数超越深圳职业技术学院、广东科学技术职业学院等成人教育办学突出的院校位居全省高职第一。

2011年报考学校专科函授的考生共5497名，其中绝大部分是企业员工，这使学校成人教育服务社会、服务企业的功能得到进一步的提升。2011年学校成人高考实际录取人数首次突破3000人达3015人，录取人数比2011年增长40%。省招生办对学校录取取得的成绩给予了高度赞扬，并期望学校再接再厉，为山区成人教育事业的发展作贡献。

5.2.2.6　刘安华校长出席2011年成人教育工作总结暨表彰大会

12月22日下午，学校召开2011年成人教育工作总结暨表彰大会，会议由继教院负责人主持，刘安华校长、陈德清副校长、继续教育学院全体工作人员参加了会议。

会上通报了继续教育学院2011年部门总责任书及分项责任书奖励处罚的决定、宣布了成人教育招生突出贡献奖获得者名单、2011年秋招生活动月奖励处罚决定和成人教育优秀管理奖的表彰决定，刘安华校长、陈副校长及继教院有关负责人为获奖者颁奖。

刘安华在会上对学校成人教育取得的各项工作给予了充分肯定，他希望2011年大家要围绕如何提高办学质量来开展工作，要进一步深化社会服务功能；要进一步加强成人教育的内涵建设；要继续稳定招生规模，同时突破各类培训业务的开展。

陈德清表示，2011年学校继续教育工作的发展是学校党委高度重视和继续教育学院全体教师共同努力的结果。他认为学校成人教育能取得今天的成绩是因为“三有”——有务实、团结、创新、民主和敢于担当奖罚分明的班子；有顽强拼搏、任劳任怨、甘于奉献的好员工；有“不怕吃苦、不怕吃亏、不怕挨骂”和“把公家事当做自家事来做”的团队文化。他要求大家在新的一年里要继续团结努力、开拓创新，使成人教育招生规模稳定发展；要继续加强规范管理，要从招生、学籍管理、考试、教学计划、上课等各环节把好关，切实做到规范有序；要进一步强化内部管理，形成更加科学有效的长效激励机制激励员工做好工作，打造幸福团队。

5.3　经验交流

5.3.1　校际交流

学校秉持“传德技之道，育贤能之才”的育人理念，勇于创新工学结合人才培养模式，致力于培养高素质技能型专门人才，注重内涵，快速发展，成果突显，开创了学校发展的崭新局面。学校日益鲜明的办学特色和办学水平提升，得到了国内兄弟院校的广泛认可和赞誉，学校与同类高职院校互访交流频繁。

5.3.1.1　广东工程职业技术学院来学校交流

3月3日，广东工程职业技术学院党委书记刘文清、院长汤少明等一行来访学校。学校领导热情接待来访人员，并座谈交流。

座谈会上，刘安华校长首先向来访人员介绍了学校的基本情况。他从深入推进教学改革，教学质量显著提高；全面加强师资建设，师资结构不断优化；科技创新获新突破，社会服务喜见成效；对外交流不断扩展，社会影响日益扩大等方面介绍了学校的办学理念、举措和取得的成绩。广东工程职业技术学院党委书记刘文清对学校高起点的规划、高标准的建设、高质量的管理、高效率的育人“四高”给予赞赏和肯定。她希望能通过此次交流，双方资源共享、优势互补、共同发展，最后实现双赢。

来访人员还参观了学校行政楼、实训楼等。

5.3.1.2　刘安华校长率队回访广东工程职业技术学院

3月16日，校长刘安华、副校长陈德清、刘守义专员率校办、教务处、学工处等负责人访问了广东工程职业技术学院。自两校建立合作关系以来，两校之间交流频繁，这次访问也是学校对广东工程职业技术学院的一次回访。广东工程职业技术学院刘文清书记、汤少明院长等领导热情接待了学校一行。

座谈会上，广东工程职业技术学院刘文清书记、汤少明院长分别介绍了该院的发展规划和基本情况，并重点介绍了该院校企合作的宝贵经验。同时，双方领导就专业建设、实现教学实训资源共享、赴外学习等合作达成协议。

学校一行人员对广东工程职业技术学院的大力支持表示感谢，并在相关人员的带领下参观了该院合作企业迅达电梯有限公司。

5.3.1.3　广东建设职业技术学院一行到学校学习交流

3月25日，广东建设职业技术学院一行11人来到学校学习交流，学校副校长陈德清、教务处、招生办相关负责人热情接待来访一行，并在行政楼第一会议室召开座谈会。

座谈会上，陈德清副校长分别从教学管理、教学设备建设、课程设计、师资力量和考核方法等方面向来宾介绍了学校的办学情况。广东建设职业技术学院副院长赵惠琳也就该校相关教学情况与学校进行了深入交流，双方均表示今后会加强互相学习与沟通交流。

5.3.1.4　中山职业技术学院到学校参观学习

4月14日，中山职业技术学院院长吴建新等一行来访学校。校长刘安华、党委副书记韦荣、副校长陈德清、陈农心及相关负责人热情接待来访一行，并在行政楼第一会议室召开座谈会（见插图5-1）。

座谈会上，刘安华向来宾们简要介绍了学校校园建设和校区建设方面的情况。他表示，在上级部门以及兄弟院校的大力支持下，学校近几年在校区建设、教学科研及招生规模等方面取得了较好的发展。随后，各部门相关人员针对学校教学改革、专业建设、人才培养、师资队伍建设等方面进行了介绍。

中山职业技术学院院长吴建新对学校近几年取得的发展成果给予肯定和赞扬。会上，双方还就精品课程、招生录取、专业规模、就业率及就业质量进行了交流讨论，交流了各自的看法与意见。

会后，吴建新代表中山职业技术学院赠送学校附有“天下为公”字样的瓷器。在学校领导的陪同下，来访人员还参观了学校图书馆、实训中心等相关对口部门。

5.3.1.5　韦荣率专业主任赴深职院学习考察

4月21日，韦荣副书记率专业主任共45人赴深圳职业技术学院考察学习。这是学校2011年专业主任培养计划中的第二项外出考察学习活动，旨在让专业主任通过考察学习了解自身的岗位和专业地位，拓展专业视野。

深职院分管教学的温希东副校长携各二级学院负责人热情接待了学校学习考察组一行。在座谈会上，温希东详细介绍了深职院教师绩效、教师工作量、课程设置和专业主任定位与作用等方面的情况。随后，学校专业主任与深职院相对应的二级学院负责人进行了面对面的交流。

专业主任们表示，此次考察学习的收获很大，对本专业与专业群定位、专业主任岗位角色和专业老师职责有了更深层次认识；对专业主任岗位工作、课程建设、专业建设、学生就业指导等有了新思路。

5.3.1.6　珠海城市职业技术学院领导一行来访学校

5月9日，珠海城市职业技术学院党委副书记陈智霖等一行来访学校。学校党委副书记韦荣于行政楼第一会议室接待了来访人员，并与对方举行交流座谈会（见插图5-2）。人事处、财务处等相关人员出席了此次座谈会。

座谈会上，与会双方围绕“教职工考核和绩效预算管理”的主题展开交流讨论。韦荣和陈智霖分别介绍了各自学校的教职工考核方式、选拔要求、薪金规定、学校机构管理和建设系统经费预算等方面的内容。整个座谈会气氛热烈融洽，双方均表示今后将加强沟通交流，优劣互补，互相学习，共同发展，共同进步。

5.3.1.7　广州康大职业技术学院领导来访学校

5月24日，广州康大职业技术学院副院长邬家炜等一行来访学校。学校副校长陈德清、教务处、督导处等相关人员在第一会议室接待了来访人员，并就“课程改革和专业建设”这一主题召开了座谈会。

座谈会上，陈德清首先向来访人员介绍了学校教学管理、基础设施及师资力量等方面的基本情况，分别从师资引进与培养、教师能力测评培训、两课及教学做一体化三方面详细讲解了学校课程改革的具体情况。广州康大技术学院领导对学校近年来的教学发展成果，尤其是在国家级、省级各大型技能大赛中取得的优异成绩表示赞赏，双方还就赛前准备、技术投入及经验总结方面进行了交流与讨论。

会后，在学校领导、老师的陪同下，来宾们参观了学校图书馆与实训中心。

5.3.1.8　台湾嘉南药理科技大学领导来访学校

5月31日，台湾嘉南药理科技大学校长助理兼校办主任余元华博士等一行来访学校。学校党委副书记韦荣接待了来访客人，并在行政楼第一会议室召开以“两校交流合作”为主题的交流座谈会。

座谈会上，双方分别介绍了各自学校的校园环境、生源主要来源、学生职业技能等多方面情况，并表示今后将加强沟通交流，互相了解、探讨合作、共同发展，共同进步。双方在欢快愉悦的氛围中结束了此次座谈。

来访的还有嘉南药理科技大学化妆品科技研究所教授、教务长杨朝成博士，东莞台商子弟学校副校长冯思义等。

5.3.1.9 学校代表访问泰国斯坦福国际大学

应泰国斯坦福国际大学的邀请，刘安华校长一行于7月18日至7月21日对该校进行正式访问（见插图5-3）。此行主要目的是商讨两校合作办学，通过采取可行的合作模式，为学校学生开拓学历提升的平台。刘校长一行参观了该校华欣和曼谷两大校区，重点考察了斯坦福国际大学的旅游与酒店管理专业和计算机科学专业，对课程设置、学分制度、教学及质量保证等方面进行深入的了解。

经过此次访问，两校初步确立合作意向，双方将就具体合作事项展开进一步商讨。

5.3.1.10 广东理工职业学院领导一行来访学校

9月14日，广东理工职业学院副院长孙平一行莅临学校进行参观交流，学校副校长陈德清、教务处及机电工程学院相关负责人接待了来访一行，并在行政楼第一会议室召开座谈会。

座谈会上，陈德清对来访一行表示热烈的欢迎和感谢，并介绍了我校的基本情况。随后，与会双方就专业课程建设、技能鉴定考证及技能大赛组织管理经验等问题进行交流，并对机电类专业设计与实践教学管理经验交换了意见。孙平对学校近几年取得的办学成绩表示赞扬，并希望通过交流相互学习借鉴经验，促进双方发展。

座谈会后，来访一行还参观了学校实训中心。

5.3.1.11 深圳职业技术学院领导一行来访学校

9月30日，深圳职业技术学院副校长杨润辉一行领导来访学校。学校校长刘安华、党委副书记韦荣、专员刘守义热情接待了来访一行，并在行政楼第一会议室召开座谈交流会。

座谈会上，双方就科研项目成果、师资资源水平、教学质量改革及中外合作办学项目等方面进行探讨、交流，并达成了建立专业联系、实现教学资源互用的共识。刘安华指出，师资水平作为一个学校的整体发展核心，希望深职院多多指导，双方加强师资互动交流，实现教学资源互用，共同推进双方学校的发展。杨润辉表示，河职院近年来科研项目取得很大的突破，在教学质量改革方面更是取得良好的成绩。他同时倡导加强双方科研项目合作，以促进彼此发展。

5.3.1.12 深职院与学校签订对口帮扶协议

10月29日，深圳职业技术学院与学校签订对口帮扶协议，签约仪式在学校行政楼第一会议室举行。深职院党委书记、校长刘洪一，副校长杨润辉，学校党委书记高仁泽、校长刘安华等领导出席了签约仪式（见插图5-4）。

据悉，深职院将主要从师资培训、专业建设、科学研究、学生培养、国际交流等五个方面对学校进行帮扶，以此达到相互合作、共同进步的目的。深职院还赠与学校一对写有“年年有余”的花瓶，并对学校校庆表示祝贺。

签约仪式前，学校领导与深职院领导一行进行深入交流，两校就办学理念、取得成果、学生素质及实操能力的提高等方面交换了意见。刘洪一对学校学子在各类技能比赛中所取得的成绩表示肯定。

5.3.1.13 珠海城市职业技术学院领导一行来访学校

11月1日，珠海城市职业技术学院校长刘华强等一行17人来访学校。学校副校长陈德清于行政楼第一会议室接待了来访人员，并召开交流座谈会。人事处、教务处、学工处等相关人员出席了此次座谈会。

会上，陈德清围绕人才培养模式改革、二级学院管理、师资队伍建设和管理作主题报告。他通过 PPT 向来访嘉宾介绍了学校概况、教学改革与建设、办学成果等内容。

随后，与会双方就教学改革等问题进行了深入的交谈。刘华强赞扬了学校的教学改革模式，他真诚邀请学校到珠职院参观并继续交流。

5.3.1.14　韦荣副书记率纪检监审干部赴中山、顺德学习交流

11 月 3 日至 5 日，学校党委副书记、纪委书记韦荣率纪委监察审计处干部先后赴中山火炬职业技术学院、中山职业技术学院及顺德职业技术学院，学习借鉴兄弟院校的先进管理经验，推动学校的纪检监察审计工作。

学校与三所院校就纪律教育月活动、耗材采购管理及经济合同审计等方面展开了交流和探讨；大家也分别介绍了在廉政建设、行政监察、内部审计等方面的工作思路、措施与成效。

韦荣表示，三校在多方面取得的成绩和经验，特别是在基建工程外包审计、物资耗材网上采购等项目中一些具体的做法很值得我们学习借鉴，对于进一步加强学校的纪检监审工作具有非常现实的指导作用。

5.3.1.15　陈农心副校长率团赴宁波、湖州学习交流

11 月 11 日，陈农心副校长带领学工和财务干部骨干、会计专业教师代表等一行 10 人赴宁波职业技术学院和湖州职业技术学院学习交流，受到了对方院校的热情接待。

考察团考察学习了宁波职业技术学院“思源”助学基金的创新性运作管理模式，以及该校会计专业与学校财务处合作开展校内实习的做法，并就湖州职业技术学院学生工作管理及大学生创业园管理的经验和做法进行了交流。此次考察学习，考察团成员深受启发，表示回校后将根据兄弟院校的有效做法，结合学校工作实际，改进和完善相关工作。

5.3.1.16　广东四所高职院校领导一行来访学校

11 月 12 日，广东轻工职业技术学院党委书记王新新、广东农工商职业技术学院党委书记杨群祥、广东工程职业技术学院党委书记刘文清、汕尾职业技术学院党委书记蓝祥龙等一行六人来访学校，学校校长刘安华热情接待了来访一行。

在一同参观了学校实训中心电信楼、机电楼、图书馆及行政楼后，双方进行了短暂的联谊交流。在交谈中，刘安华借助鸟瞰模型和校园宣传片为来宾介绍了学校的发展现状，并对市政府和兄弟院校的支持和关心表示感谢。各院校领导均强调校园社团活动对学生全面发展具有深刻的影响，也对学校师生在各级大赛中屡获殊荣表示肯定。

5.3.1.17　江门职业技术学院领导一行来访学校

11 月 15 日，江门职业技术学院副校长黄锦棠等一行莅临学校，学校校长刘安华与各处室负责人热情接待了来访嘉宾，并在行政楼第一会议室召开交流座谈会（见插图 5-5）。

会上，双方就学校发展中的办学经费供给、招生就业情况、师资队伍建设等方面进行交流探讨。刘安华指出，学校能够取得现在的成就，得益于日渐完善的行政管理机制、“教学做”一体化教育模式、辅导员队伍建设和教师职业水平测试等创新管理模式。黄锦棠则希望通过借鉴学习我校的成功经验将学校办得更好，也对兄弟院校间长期的关心支持表示欣慰。随后两校各处室负责人也就相关事务进行了交流讨论。会后，来访一行还参观了学校图

书馆和实训中心。

5.3.1.18　广东纺织职业技术学院领导一行来访学校

11月15日，广东纺织职业技术学院校长胡刚、副校长李丽等领导一行莅临学校进行考察交流。学校校长刘安华热情接待了来访嘉宾，陪同参观了学校实训中心与图书馆。双方领导在行政楼第一会议室召开了座谈会，出席会议的还有副校长陈德清、教务处、科研处等相关人员（见插图5-6）。

座谈会上，陈德清首先从教学改革、专业课建设、校企合作及成人教育几方面为来宾介绍了学校情况，并着重说明了学校以赛促学、绩效考核、创新学分申请等教学模式。随后在科研实验设置、职教能力测评、继续教育及顶岗实习等方面，双方也进行了交流探讨，并交换了技能鉴定、社会服务与专业技术培训等相关经验。

5.3.1.19　安徽职业技术学院领导一行来访学校

12月8日，安徽职业技术学院校长陈传海等领导一行人莅临学校进行考察交流。学校校长刘安华、副校长陈德清热情接待了来访嘉宾，陪同参观了学校实训中心与图书馆，并于行政楼贵宾室召开了交流座谈会（见插图5-7）。

座谈会上，来宾一行观看了学校宣传片，刘安华从学校发展历史、专业课程建设、校企合作等几方面为来宾介绍了学校情况，他表示，学校向来注重与兄弟院校的联系和交流。会上，双方就教学理念培养建设及相关内容进行了交流探讨。

5.3.2　学术交流

5.3.2.1　人文学院教师参加第二届广东汉语方言研究的理论与实践研讨会

8月24日下午，第二届广东汉语方言研究的理论与实践研讨会暨方言业务培训会在梅州嘉应学院召开，会议由暨南大学汉语方言研究中心主办。学校人文学院郑尔君、刘立恒两位教师应邀参加了会议，郑尔君老师在研讨会上作为暨南大学汉语方言研究中心河源职业技术学院科研工作站的代表做了发言，并向各位专家学者推荐河源这块独特客家方言区开发的价值和潜质。

据悉，嘉应学院校长邱国锋，暨南大学汉语方言研究中心主任甘于恩、中文系副主任邵宜，荷兰语言学家大卫·文尼克，嘉应学院科研处、文学院、师范生技能教学部相关负责人，以及来自暨南大学、华南师范大学、广东外语外贸大学等10所高校的40余名专家学者参加了会议。

第二届广东汉语方言研究的理论与实践研讨会暨方言业务培训会为期四天，与会专家学者除了集中研讨广东汉语方言研究最新成果外，还举行了有声语料采集工具技术培训、客家文化考察等活动。在这次培训会上，各位专家学者欢聚一堂，年长的学者与年轻学者分享研究成果和研究经验，年轻学者借此机会提升了学术素养，加强了方言研究的业务能力和水平。

5.3.2.2　刘安华校长参加全国“首届高等职业教育文化育人高端论坛”

2011年12月13日，全国“首届高等职业教育文化育人高端论坛”在深圳隆重召开，学校校长刘安华及教务处人员出席了本次会议。

12日上午，高端论坛在紫荆山庄报告厅开幕。教育部、广东省教育厅、深圳市政府对此项活动高度重视，相关领导出席高端论坛并致词，高职院校领导及相关研究机构的专家学者200余人与会，会议听取了有关专家学者的主题报告。

本届论坛站在增强文化自觉、建设文化强国的高度，围绕“文化自觉与高职教育发展、文化素质教育与技能型人才培养、技能型人才与文化产业发展”三个议题，分析研究当前高职院校人才培养工作面临的新形势，探索高职院校文化素质教育的新路径，全面推动中国高职院校文化素质教育和人才培养质量的提高。

5.4　产学研合作

5.4.1　产学研工作进展情况

5.4.1.1　机构与制度建设

2006年成立科研处，负责全校科研工作管理工作，2007年颁发《研究成果奖励办法》，2008年颁发《河源职业技术学院科技奖励及培育办法》、《河源职业技术学院专利培育、管理及奖励办法》、《河源职业技术学院科技与社会服务奖励办法》，2011年初颁发《河职院科技合同管理办法》、《河源职业技术学院专职科技人员管理办法》、《专利培育、管理及奖励办法补充规定》。

5.4.1.2　校企合作

2009—2011年，学校加强了与河源市地方企业的合作，特别在共建实习基地和联合申报科技项目方面取得了较大成果。三年来在河源境内与企业联合申报广东省科技计划项目10项，获批准立项4项。

5.4.1.3　教科研与技术服务

2009—2011年，校级教科研项目立项90项，河源市各类科技项目立项147项，省级各类科研项目立项26项；2011年，校级科技计划项目立项26项，校级教育科学项目立项10项，河源市科技计划项目立项35项，河源市社科联项目立项32项，省级各类科研项目立项6项。

由于校领导对对外技术服务工作的重视，出台了教师开展对外科技服务各种奖励政策，大大激发了广大教师开展科研的积极性，三年来，科技服务进账达180多万元，2011年进账70多万元。

5.4.2　产学研工作主要成绩

2009—2011年，学校产学研工作取得了很大的进步，科研水平也得到了大大的加强，主要表现在以下方面。

5.4.2.1　省部产学研项目首开先河

与部属高校联合申报广东省部产学研科技项目取得成功，2010年，我校与河源龙记、华南理工大学联合申报的产学研项目《塑料模标准模架核心零部件柔性制造关键技术研究及产业化》（项目编号：2010B090400202）获广东省科技厅批准立项，项目财政资助经费30万元，学校获得资助经费9万元，在此项目的推动下，获得河源龙记《数控车自动送料机的开发与研制》横向项目，项目经费5.6万元，该项目已通过试产验收，我校的研发能力得到河源龙记公司的充分肯定。

5.4.2.2　科技攻关项目更上一层楼

继2009年学校与河源富马硬质合金厂股份有限公司联合申报广东省科技攻关项目取得成功后，2010年与河源雅达电子联合申报的广东省科技攻关项目《超高精度微型电流互感器关键技术的研发》（项目编号：2010B010900011）获得8万元省财政资助经费。

5.4.2.3　校企合作实习基地开花结果

作为学校第一批建设的校企合作基地河源雅达电子校企合作基地，2009—2011年间不仅为企业输送了一大批优秀人才，而且在科研方面也取得了喜人的成果，2009年，“智能找表系统”已为学校学生宿舍的用电管理立下了汗马功劳，2011年，经多方论证，河职院一河源雅达联合开发的“电力监控自动化综合实训系统”已进入终试阶段，该项目的开发成功将成为我校校企合作走向成功的一座里程碑，项目涉及国际先进的电力智能仪表技术领域，将是我校电子专业学生一个很好的实训平台，将大大增强电子应用相关专业实训设备能力，有利于学生实操能力的培养和专业教师科技开发能力的提高。

5.4.3　存在问题

5.4.3.1　师资科研水平偏低的问题

其一，主动寻求与企业合作的主动性和动力不足。我校教师与同类高职院校一样，存在多数教师对科技成果的开发与应用既不重视，也不在行的问题。职称的晋升与工资级别、津贴的多少和各种待遇相关，是高职院产学研工作的重要推动力，但职称评定的指挥棒主要以学术、理论水平为衡量标准，而轻创新、轻实践，致使能直接应用于生产的有效成果数量很少，再加上学校对产学研工作重视和激励力度还不够，这就使得教师和科研人员面向企业、面向市场、面向实际应用的能力不够，动力不足。

其二，教师普遍参与生产实践的经验不足。我校近几年来虽然引进了一大批高学历的教师，但这些教师普遍年轻，没有企业工作经验，更谈不上项目开发经验，有些教师有较高的理论水平，但实际经验缺乏，很难得到企业老总的认可，企业就不愿意投入，再好的项目，资金不足，也无法进行下去。

其三，科研队伍整体作战能力不足。学校近年虽然引进了一批有丰富企业经验的工程技术人员，但一个好科研项目，需要一个好团队来完成，发挥团队合作精神是项目研究成功不可缺少的条件，学校暂时也没有提供一个很好的团队管理平台和科研团队管理制度，使得有些老师心有余而力不足。

5.4.3.2　科研经费问题

科研经费不足是高职院校普遍现象，我校科研经费近年虽然有所增加，但还远远赶不上学校的发展，研究经费不足导致研究进行不下去或研究内容大打折扣的现象时有发生，从近几年校级计划项目的结题验收情况中很明显地看到了这个问题，虽然每年都有科研经预算，但科研配套往往不及时，有的教师提出好的项目，好的创新思路，但苦于经费的不及时到位，或者就是立了项，经费也是杯水车薪，研究很难进行下去，导致好的项目被扼杀在摇篮中。

经费配套也是个问题，学校还没有建立比较完善的科研经费配套机制，好的、大的、有前景的项目没有滚动研究的机制促使其坚持做下去。在经费缺乏的情况下，滚动研究不乏是一个好办法。

5.4.3.3　企业追求利润的急迫性与科研成果不确定性的矛盾问题

很多企业老总存在眼光短浅问题，一个前景好的项目，研究成功，不是一挥而就的事情，需要经过反复的试验，但是，企业老总如果近期看不到效果，很难下决心继续投入，导致研究半途而废。

项目选题也是一个问题，企业老总的选题一般取向于企业现有研究基础、生产基础和市场推广渠道，因此，我们在项目选题时，应用充分发挥企业的市场调研优势和设备优势，这样比较容易找到项目的切入点和达成共识。

5.4.4　对策与建议

5.4.4.1　对学校产学研工作进行合理的定位

其一，我校对产学研工作的合理定位是必要的。目前，全国高职院产学研工作普遍处于起步阶段，在这样一个阶段，对产学研工作进行合理的定位有利于产学研政策的制订和工作的有序开展，有利于职能部门在进行产学研工作引导时有明确的方向，有利于产学研团队的建设，有利调动广大教师开展科研的积极性。

其二，合理的定位，是我校走创新发展之路的必要工作。教育部教职成［2011］12

号文明确指出："高等职业教育必须准确把握定位和发展方向，必须坚持以服务为宗旨、以就业为导向，走产学研结合发展道路的办学方针"，充分说明了办学定位的重要性。

其三，我校地处广东省经济欠发达地区，要实现"办广东省山区一流的高职院"的奋斗目标，首先要突出办学特色，定位准确是办出特色要走的第一步。

5.4.4.2 抓队伍建设

团队建设不是一朝一夕的事，首先要有好的政策扶持，因此，要建设一支有较强科研开发能力的队伍，先要出台或完善规章制度，建立、健全产学研工作激励机制。目前，国内尚没有好的高职院校产学研工作经验借鉴，即使好的经验，也不一定适合我校的实际情况，因此，对于一所欠发达地区的高职院校，建立好的制度，必须走创新之路。

围绕地区经济和支柱产业群来确定产研工作的发展方向和组建研发队伍，会更有利于找到企业合作的切入点，适应企业的科技需求。

5.4.4.3 加强校企合作管理。

2011 年，学校虽然成立了校企合作工作指导委员会，但实质性的工作开展，应成立专门机构，指定专门人员，制定长远工作计划，只有这样才能真把工作落实到实处。

5.4.4.4 加强经费管理，合理使用有限的经费

如果说要提高多少专项经费是不现实的，但是，我们要把经费用在刀刃上，重点抓好一些有前景的项目，大的项目可以滚动开发，好的专利技术要重点推广，每年搞一两个产品是有能力的。

第六部分　师资队伍建设

6.1 师资结构

6.1.1 概述

截止到2011年，河源职业技术学院共有编制670名，其中定编不定人110名（河机编［2011］号）。截至2011年12月31日，全校教职工共656人，其中在编教职工510人，临聘146人，外聘教师69人。学校教职工性别比例基本相当，教职工整体结构较年轻，35岁以下的人员占全校教职工的62%，专任教师中35岁以下的人数占全校教职工的40%，占专任教师总数的71%。高级职称79人。研究生以上学历或硕士以上学位193人，占全体教职工的30%；专任教师中硕士以上比例达38%。学校不断优化师资结构，加强人才引进，通过网站及时发布招聘信息，与国内五十多所高校就业指导中心建立联系，积极参加高层次人才现场招聘会，2011年共引进各层次教师53人，其中公开招聘52人，1人属于政策性安置（军属）。共有29人离职（含2名退休人员）。因此，全年净增24人。学校发挥职称评审的导向和激励作用，2011年共有74人晋升中、高级专业技术资格，其中正高级职称3人，另有105人申报评审高一级专业技术职称，截止到2011年已有111人通过上级评委会的评审。

6.1.2 2011年底在岗教职工情况

2011年5月5日，河源市机构编制委员会同意增加学校编制40名，经费由市财政核拨（［2011］36号）。增编后，学校教职员编制总数为670名，其中定编不定人110名。截止到2011年，学校有教职工656人，其中男363人，女293人，少数民族教职工14人，外籍教师2人。全校高级职称教师79人，中级职称教师275人。全年在岗教师651人（详见表6-1）。

表6-1 2011年底在岗教职工一览

序号	姓名	性别	年龄	进校时间	职称	最高学历
1	Paul Norman Sanders	男	51	2008年2月		本科
2	安华萍	女	32	2006年8月	网络工程师	硕士研究生
3	白建华	女	62	2006年10月	主治医师	专科
4	白迎超	男	30	2008年9月	经济师	硕士研究生
5	包媚娇	女	42	2004年11月	中学一级	本科
6	蔡景庭	男	30	2009年8月	讲师	硕士研究生
7	蔡鹏	男	33	2004年7月	讲师	本科
8	蔡平英	女	43	2008年3月		本科
9	蔡志敏	男	31	2009年8月	讲师	硕士研究生
10	曹兰胜	男	27	2011年8月		硕士研究生
11	常贤发	男	31	2009年8月	讲师	硕士研究生

续表

序号	姓名	性别	年龄	进校时间	职称	最高学历
12	车辉	男	47	2006年3月	副教授	本科
13	陈楚君	女	46	2007年1月	副教授	硕士
14	陈德清	男	50	2006年8月	副教授	研究生
15	陈芳	女	31	2007年10月		本科
16	陈海郎	男	25	2010年6月	技术员	专科
17	陈海明	男	32	2004年7月	讲师	硕士
18	陈慧枫	女	26	2011年7月	法律职业资格	硕士研究生
19	陈火胜	男	49	1994年8月	副教授	本科
20	陈纪钦	男	29	2007年9月	讲师	本科
21	陈连娣	女	47	2001年5月	馆员	本科
22	陈璐	女	25	2011年9月		硕士
23	陈美松	男	50	1994年7月	副教授	本科
24	陈农心	男	47	2007年4月	高级工程师	本科
25	陈秋香	女	42	2006年1月	技师	中技
26	陈瑞	男	47	1992年9月	讲师	本科
27	陈绍军	男	30	2006年8月	讲师	硕士研究生
28	陈胜利	男	33	2004年10月	讲师	硕士
29	陈石珍	女	28	2008年8月	讲师	本科
30	陈天翼	女	34	2005年10月	讲师	硕士研究生
31	陈巍	女	29	2009年9月	助教	本科
32	陈希娟	女	30	2004年7月	讲师	本科
33	陈晓峰	男	32	2003年7月	讲师	本科
34	陈秀莲	女	42	2008年8月	讲师	硕士研究生
35	陈学翔	男	29	2010年8月	技师	本科
36	陈艳芳	女	31	2005年8月	讲师	本科
37	陈央	男	49	2008年6月	高级工	专科
38	陈烨	男	28	2008年6月	助理工程师	专科
39	陈艺忠	男	41	2002年8月	中级工	专科

续表

序号	姓名	性别	年龄	进校时间	职称	最高学历
40	陈易宇	男	35	2002 年 6 月	助理馆员	本科
41	陈余	男	28	2006 年 8 月	讲师	硕士
42	陈玉贤	男	61	2006 年 5 月	高级技师	专科
43	陈赵云	男	30	2008 年 9 月	讲师	硕士研究生
44	程元文	男	42	2006 年 8 月	高级工程师	硕士研究生
45	池潇潇	女	29	2006 年 7 月	讲师	本科
46	仇旺龙	男	31	2004 年 7 月	讲师	硕士
47	崔华安	男	32	2005 年 7 月	讲师	本科
48	代旭旭	女	29	2011 年 8 月		硕士研究生
49	戴佰阳	男	32	2002 年 8 月	助教	本科
50	戴碧兰	女	41	2008 年 9 月	助理馆员	本科
51	戴春平	男	44	1991 年 1 月	副教授	硕士
52	戴国辉	男	28	2010 年 10 月		本科
53	戴添基	男	46	1996 年 3 月	高级工程师	本科
54	戴卫军	男	31	2004 年 7 月	讲师	硕士
55	戴文辉	男	41	2002 年 6 月	助理工程师	本科
56	戴学映	男	44	1989 年 8 月	讲师	本科
57	戴远富	男	46	1995 年 8 月		本科
58	戴振强	男	46	1989 年 8 月	讲师	本科
59	邓德球	男	38	1995 年 5 月		专科
60	邓凤连	女	27	2010 年 5 月		本科
61	邓海娟	女	27	2010 年 8 月		硕士研究生
62	邓华荣	男	32	2003 年 7 月	讲师	本科
63	邓其果	女	45	2007 年 9 月	中学一级	本科
64	邓钦芳	女	30	2008 年 8 月	讲师	硕士研究生
65	邓日政	男	27	2008 年 3 月		本科
66	邓文博	男	37	2007 年 9 月	讲师	硕士研究生
67	邓小丁	男	28	2010 年 8 月	网络工程师	本科

续表

序号	姓名	性别	年龄	进校时间	职称	最高学历
68	邓雪莲	女	44	2007 年 4 月	中学高级	本科
69	刁仕娥	女	37	2007 年 10 月		专科
70	董海燕	女	28	2009 年 8 月	讲师	硕士研究生
71	董文华	女	32	2008 年 10 月	讲师	本科
72	杜伟祥	男	42	1991 年 7 月	副教授	本科
73	杜晓静	女	29	2010 年 8 月		硕士研究生
74	段春梅	女	30	2004 年 7 月	讲师	硕士
75	段世民	男	37	2009 年 8 月	讲师	硕士研究生
76	段艳	女	31	2006 年 8 月	中学一级、讲师	硕士
77	樊玉梅	女	34	2007 年 8 月	讲师	硕士研究生
78	方阿丽	女	32	2003 年 7 月	软件设计师	硕士
79	方衡	男	53	2002 年 6 月	副教授	硕士
80	方艳	女	29	2008 年 8 月	软件设计师	硕士研究生
81	冯鑫	女	31	2004 年 7 月	讲师	本科
82	冯友强	男	31	2010 年 8 月	助理工程师	硕士
83	凤惠文	女	49	2010 年 3 月	助理会计师	高中
84	付光梅	女	34	2011 年 1 月	中学一级	本科
85	付秋丽	女	26	2010 年 8 月		专科
86	付晓东	男	62	2006 年 3 月	副教授	本科
87	付用兰	女	30	2008 年 8 月	讲师	硕士研究生
88	付玉龙	男	52	2006 年 8 月	副教授	本科
89	傅冬花	女	35	2004 年 12 月	讲师	本科
90	高仁泽	男	56	2004 年 7 月		研究生
91	高山竹	男	24	2009 年 8 月	助理馆员	硕士
92	高小兵	男	31	2003 年 7 月	讲师	本科
93	高晓杰	女	32	2010 年 4 月		硕士研究生
94	高燕	女	31	2008 年 8 月	讲师	硕士研究生
95	高源顺	男	27	2008 年 3 月		专科

续表

序号	姓名	性别	年龄	进校时间	职称	最高学历
96	葛建新	男	30	2004 年 7 月	讲师	本科
97	巩云飞	女	31	2008 年 8 月	讲师	硕士研究生
98	古思勤	女	43	2006 年 8 月	中学高级	本科
99	古伟民	男	27	2008 年 9 月		本科
100	古新仪	女	45	1996 年 3 月	馆员	本科
101	古远明	男	26	2010 年 10 月		专科
102	关安展	男	26	2009 年 8 月	中级工	本科
103	关雁华	女	49	2006 年 9 月	副教授	本科
104	郭海红	女	31	2007 年 8 月	讲师	硕士研究生
105	郭瑞雪	女	30	2007 年 10 月		本科
106	韩博莹	女	30	2006 年 8 月	助教	本科
107	何建平	男	42	2004 年 10 月	初级工	专科
108	何秋霞	女	31	2005 年 7 月	讲师	硕士
109	何霞	女	30	2009 年 8 月	讲师	硕士研究生
110	何新安	男	30	2009 年 8 月	讲师	硕士研究生
111	何智聪	男	41	1994 年 7 月	讲师	本科
112	贺小艳	女	31	2004 年 7 月	讲师	本科
113	贺扬眉	男	29	2010 年 8 月		硕士研究生
114	洪子荣	男	27	2008 年 9 月	高级工/助理工程师	专科
115	胡光兰	女	34	2010 年 8 月	会计师	硕士研究生
116	胡国辉	男	27	2011 年 11 月		本科
117	胡剑	女	51	2002 年 6 月	主管护理师	中专
118	胡小春	女	35	2010 年 10 月	助理经济师	硕士
119	胡晓晶	女	39	2006 年 9 月	讲师	博士研究生
120	胡叶娟	女	28	2010 年 8 月		硕士研究生
121	胡祖杰	男	34	2007 年 9 月	讲师	硕士研究生
122	黄爱花	女	41	2006 年 8 月	中级工	专科

续表

序号	姓名	性别	年龄	进校时间	职称	最高学历
123	黄达	男	24	2010 年 8 月		专科
124	黄弟	男	27	2010 年 9 月	技师	专科
125	黄海林	男	48	1987 年 7 月	高级讲师	本科
126	黄海生	男	29	2008 年 11 月		专科
127	黄浩	男	33	2001 年 7 月	网络工程师	硕士
128	黄华	女	31	2004 年 7 月	讲师	本科
129	黄辉	男	53	1979 年 2 月	初级工	专科
130	黄惠金	男	40	2005 年 11 月	会计师	专科
131	黄惠霞	女	43	2005 年 9 月	助理会计师	专科
132	黄慧	女	45	2007 年 10 月	副教授	本科
133	黄建华	男	41	2006 年 8 月	讲师	硕士研究生
134	黄贱林	男	44	1990 年 7 月	讲师	本科
135	黄箭	男	49	2006 年 8 月	副教授	硕士研究生
136	黄景平	男	53	1978 年 3 月	给排水工程师	专科
137	黄娟	女	26	2009 年 9 月	助教	本科
138	黄科	男	33	2006 年 9 月	政工师	本科
139	黄雷	男	27	2008 年 9 月	助理工程师	专科
140	黄莉莉	女	28	2009 年 8 月	讲师	硕士研究生
141	黄丽娟	女	40	1996 年 4 月	馆员	专科
142	黄丽玲	女	47	1991 年 8 月	助理馆员	专科
143	黄丽琼	女	28	2006 年 8 月		本科
144	黄亮	男	30	2005 年 7 月	讲师	硕士研究生
145	黄秋香	女	44	1999 年 1 月	讲师	本科
146	黄群林	女	29	2008 年 9 月		本科
147	黄日胜	男	33	2007 年 8 月	系统分析师	硕士
148	黄荣辉	男	43	1994 年 8 月	副教授	本科
149	黄蕊奇	男	58	1977 年 8 月	副教授	本科
150	黄少红	女	39	1992 年 7 月	副教授	本科

续表

序号	姓名	性别	年龄	进校时间	职称	最高学历
151	黄诗捷	男	28	2008 年 11 月		硕士研究生
152	黄舒	男	31	2005 年 7 月	讲师	硕士
153	黄蔚红	女	31	2004 年 7 月	讲师	本科
154	黄文汉	男	33	2003 年 7 月	讲师	本科
155	黄锡波	男	50	2007 年 9 月	高级工程师	本科
156	黄向明	男	58	1978 年 12 月	助理会计师	本科
157	黄新栋	男	27	2009 年 8 月	高级工	专科
158	黄秀丽	女	31	2009 年 8 月	讲师	硕士研究生
159	黄勋钦	男	29	2005 年 9 月	助理工程师	本科
160	黄燕妮	女	31	2008 年 8 月	讲师	硕士研究生
161	黄耀忠	男	39	2007 年 7 月		高中
162	黄业安	男	55	1989 年 8 月	副教授	本科
163	黄伊娜	女	48	1995 年 3 月	助理馆员	专科
164	黄轶昳	女	32	2006 年 9 月	讲师	硕士研究生
165	黄翊之	男	31	2005 年 10 月	讲师	本科
166	黄映霞	女	28	2006 年 8 月		本科
167	黄羽	女	33	2002 年 6 月	助教	本科
168	黄玉兰	女	42	1995 年 3 月	馆员	专科
169	黄章华	男	27	2009 年 9 月		本科
170	黄振强	男	41	1999 年 1 月	中级工	大专
171	黄志基	男	46	1989 年 7 月	讲师	本科
172	黄志鹏	男	30	2006 年 8 月	讲师	本科
173	黄志忠	男	45	2003 年 11 月	高级工程师	本科
174	黄智誉	男	32	2004 年 9 月	讲师	本科
175	黄卓尔	女	31	2004 年 7 月	讲师	硕士
176	江巧良	男	40	2005 年 8 月	工程师	本科
177	蒋江娇	女	46	2006 年 3 月	高级经济师	本科
178	具东梅	女	31	2005 年 7 月	讲师	硕士

续表

序号	姓名	性别	年龄	进校时间	职称	最高学历
179	康迁福	男	28	2011 年 8 月		硕士研究生
180	柯杰	男	30	2010 年 10 月		本科
181	匡华	男	30	2004 年 7 月	讲师	本科
182	邝茂华	男	30	2005 年 7 月	讲师	硕士学位
183	邝勇党	男	32	2006 年 8 月		硕士
184	邝云婕	女	30	2006 年 8 月		本科
185	赖长南	男	30	2005 年 4 月	普工	本科
186	赖丽娟	女	38	2006 年 9 月		中专
187	赖木伟	男	44	2004 年 11 月		本科
188	赖盛红	女	31	2006 年 11 月	数据库工程师，馆员	硕士
189	赖文琴	女	28	2010 年 8 月	助教	本科
190	赖小景	男	46	2004 年 11 月		研究生
191	赖晓玲	女	32	2010 年 3 月		专科
192	赖新优	男	43	1990 年 9 月	讲师	本科
193	蓝小亮	男	37	2005 年 9 月	中学一级、讲师	硕士
194	冷雪花	女	49	2007 年 10 月	讲师	硕士
195	黎骅锋	女	29	2007 年 12 月		专科
196	李春来	男	45	1996 年 7 月	副教授	本科
197	李大成	男	50	2006 年 1 月	教授	本科
198	李丹	女	30	2009 年 8 月	讲师	硕士研究生
199	李芳芳	女	32	2003 年 7 月	讲师	本科
200	李菲	女	39	2006 年 9 月	普工	本科
201	李焕瑶	女	27	1984 年 4 月		硕士研究生
202	李锦智	男	32	2005 年 8 月	网络工程师，讲师	本科
203	李婧	女	38	2009 年 10 月	会计师	专科
204	李娟娟	女	34	2001 年 7 月	助教	专科
205	李军	男	32	2009 年 8 月	讲师	硕士研究生

续表

序号	姓名	性别	年龄	进校时间	职称	最高学历
206	李康逸	男	33	2005 年 11 月	助理工程师	本科
207	李琨	女	31	2007 年 9 月		硕士研究生
208	李兰芳	女	32	2005 年 7 月	讲师	硕士研究生
209	李莉	女	35	2004 年 7 月	讲师	硕士研究生
210	李丽君	女	31	2005 年 8 月	政工师	本科
211	李林	男	34	2006 年 8 月	建筑工程师	本科
212	李满平	女	28	2008 年 11 月		本科
213	李默尘	男	39	2010 年 11 月	讲师	硕士
214	李绮	女	35	1996 年 7 月	讲师	本科
215	李日新	男	43	1997 年 8 月	副教授	本科
216	李森辉	男	22	2011 年 6 月		专科
217	李世文	男	33	2009 年 8 月	讲师	硕士研究生
218	李淑娟	女	41	2006 年 9 月		专科
219	李文萍	女	40	1993 年 7 月	讲师	本科
220	李先昌	男	36	2004 年 11 月		硕士
221	李小岸	女	47	2005 年 8 月	中学高级	本科
222	李小云	女	30	2003 年 7 月	讲师	本科
223	李晓娜	女	28	2010 年 8 月		硕士研究生
224	李雄	男	35	2001 年 7 月	讲师	本科
225	李秀姝	女	49	1995 年 3 月	助理馆员	专科
226	李雪冰	男	46	2006 年 8 月	研究馆员	本科
227	李艳红	女	27	2008 年 9 月		本科
228	李艺东	男	43	2007 年 8 月	助理馆员	本科
229	李谊芳	女	50	2005 年 8 月	主管护理师	中专
230	李玉宏	男	55	1983 年 1 月	普工	高中
231	李郁声	男	48	2005 年 9 月	建筑施工工程师	研究生
232	李愈子	女	26	2010 年 8 月		硕士研究生
233	李志彪	男	41	2008 年 9 月	高级工	高中

续表

序号	姓名	性别	年龄	进校时间	职称	最高学历
234	李志宇	男	27	2008 年 4 月		本科
235	李祖振	男	57	1991 年 9 月	讲师	本科
236	梁丰	男	34	2004 年 11 月	讲师	本科
237	梁国栋	男	34	2009 年 12 月	工程师	本科
238	梁建州	男	28	2010 年 9 月	助理经济师	硕士研究生
239	梁瑞明	男	35	2008 年 8 月	讲师	硕士研究生
240	梁山	男	25	2009 年 8 月	助教	本科
241	廖洪嫣	女	47	1995 年 7 月	副教授	本科
242	廖敏	男	35	2011 年 8 月	美术中学二级	硕士研究生
243	廖宁	男	29	2009 年 8 月	讲师	硕士研究生
244	廖若沙	女	25	2010 年 10 月		本科
245	廖晓明	男	30	2005 年 7 月	讲师	本科
246	廖远兵	男	33	2006 年 8 月	讲师	硕士
247	廖远来	男	33	2003 年 7 月	软件设计师	本科
248	廖志风	女	34	2006 年 1 月	讲师	硕士
249	廖志刚	男	48	2008 年 9 月	心理咨询师	本科
250	林芳	女	32	2008 年 8 月	讲师	硕士研究生
251	林浩波	男	33	2006 年 8 月	讲师	本科
252	林美峥	女	28	2010 年 10 月		本科
253	林七七	女	31	2005 年 7 月	讲师	硕士
254	林小武	男	32	2010 年 4 月	技师	专科
255	林宗鉴	男	28	2007 年 10 月	网络工程师/助理工程师	专科
256	凌财进	男	29	2007 年 7 月	软件设计师，讲师	硕士
257	凌美雪	女	25	2010 年 8 月		本科
258	刘安华	男	52	2004 年 12 月	教授	博士研究生
259	刘柏青	男	39	1995 年 8 月	副教授	本科
260	刘长灵	男	31	2005 年 7 月	讲师	硕士

续表

序号	姓名	性别	年龄	进校时间	职称	最高学历
261	刘迪梅	女	38	2008 年 8 月	经济师	本科
262	刘冠军	男	50	2005 年 8 月	副教授	本科
263	刘贵连	女	44	2006 年 9 月	中级工	高中
264	刘桂豪	男	30	2004 年 11 月	初级工	大专
265	刘海明	男	34	2009 年 8 月	讲师	本科
266	刘红琴	女	38	2011 年 8 月	讲师	硕士
267	刘嘉瑜	男	67	2006 年 6 月	教授	本科
268	刘剑飞	男	45	1989 年 7 月	高级讲师	本科
269	刘婧莉	女	28	2006 年 8 月		硕士
270	刘军辉	男	31	2005 年 7 月	讲师	硕士
271	刘俊英	女	34	2004 年 7 月	讲师	硕士研究生
272	刘亢	男	50	2004 年 11 月	高级工艺美术师	本科
273	刘坤	男	38	2007 年 8 月	讲师	硕士研究生
274	刘立恒	女	31	2008 年 8 月	讲师	硕士研究生
275	刘丽娟	女	32	2008 年 3 月		本科
276	刘美英	女	30	2004 年 7 月	讲师	本科
277	刘清华	女	33	2003 年 7 月	讲师	本科
278	刘日春	男	29	2007 年 8 月	中级工	专科
279	刘瑞香	女	38	2007 年 7 月	助理会计师	本科
280	刘少燕	男	30	2005 年 7 月	讲师	本科
281	刘守义	男	65	2008 年 10 月	副教授	本科
282	刘松明	男	46	2004 年 10 月	高级工程师	本科
283	刘伟灵	女	49	2006 年 2 月	技师	中技
284	刘苇	女	30	2004 年 7 月	讲师	硕士
285	刘文鑫	男	44	1994 年 8 月	讲师	本科
286	刘晓飞	女	39	1995 年 7 月	讲师	本科
287	刘晓茜	女	29	2005 年 7 月	讲师	本科
288	刘笑嶂	男	34	2005 年 2 月	副教授	博士研究生

续表

序号	姓名	性别	年龄	进校时间	职称	最高学历
289	刘亚国	男	33	2003 年 7 月	讲师	硕士学位
290	刘艳	女	25	2008 年 10 月		专科
291	刘永美	女	56	1983 年 1 月	普工	高中
292	刘宇	男	42	2006 年 8 月	副教授	硕士研究生
293	刘育根	男	39	1998 年 8 月	副教授	本科
294	刘裕美	女	24	2011 年 11 月		大专
295	刘月梅	女	47	1995 年 8 月	副教授	本科
296	柳晓夫	男	46	1992 年 2 月	副教授	本科
297	龙淑嫔	女	30	2005 年 8 月	讲师	硕士
298	卢国巍	男	27	2009 年 11 月	助理工程师	本科
299	卢添进	男	29	2006 年 7 月	助理工程师	本科
300	卢艳梅	女	32	2008 年 8 月	讲师	硕士研究生
301	鲁夏平	女	26	2010 年 8 月		硕士研究生
302	陆宇立	男	34	2008 年 9 月	助教	本科
303	吕春燕	女	30	2008 年 9 月	讲师	硕士研究生
304	吕辉	男	28	2010 年 3 月	高级工	专科
305	罗春娜	女	34	2001 年 7 月	副教授	本科
306	罗建华	男	33	2003 年 7 月	讲师	硕士
307	罗坤明	男	33	2009 年 8 月	工程师	硕士研究生
308	罗丽丽	女	29	2010 年 8 月		硕士研究生
309	罗士俐	男	35	2005 年 7 月	讲师	硕士研究生
310	罗细兵	男	30	2007 年 10 月		硕士
311	罗燕	女	30	2008 年 3 月		本科
312	骆彩燕	女	28	2007 年 8 月		本科
313	骆东林	男	54	1992 年 2 月	中学二级	中师
314	骆淦贞	男	49	1996 年 3 月	助理工程师	专科
315	骆桂萍	女	43	1995 年 3 月	普工	大专
316	骆汉雄	男	58	1988 年 8 月	副教授	本科

续表

序号	姓名	性别	年龄	进校时间	职称	最高学历
317	骆红梅	女	44	2004 年 11 月	小教高级	专科
318	骆开明	男	44	1996 年 8 月	副教授	本科
319	骆力	男	48	1995 年 8 月	高级讲师	本科
320	骆世平	男	46	2001 年 5 月	普工	高中
321	骆帅	男	26	2009 年 9 月		本科
322	骆思平	男	44	1995 年 2 月	普工	中师
323	骆斯琴	女	36	1997 年 7 月	讲师	本科
324	骆小婷	女	28	2011 年 8 月		硕士研究生
325	骆宇颖	女	31	2006 年 8 月		硕士研究生
326	马瑾	女	27	2011 年 8 月		硕士研究生
327	马佩旋	女	42	2008 年 10 月	高级会计师	本科
328	马韦伟	男	32	2008 年 8 月	讲师	硕士研究生
329	马艳玲	女	33	2003 年 7 月	讲师	本科
330	麦锦秀	女	29	2007 年 10 月		本科
331	毛丹	女	30	2004 年 7 月	讲师	硕士研究生
332	毛宏云	女	34	2007 年 8 月	讲师	硕士研究生
333	孟锋	男	32	2003 年 7 月	讲师	本科
334	孟拥	男	34	2011 年 8 月		硕士研究生
335	欧少娟	女	30	2009 年 9 月		本科
336	欧阳世芳	女	30	2008 年 8 月	讲师	硕士研究生
337	欧阳玉娟	女	33	2005 年 8 月	讲师	本科
338	潘博	男	30	2004 年 7 月	讲师	本科
339	潘蕾	女	33	2011 年 2 月		硕士研究生
340	潘恋	女	29	2005 年 7 月	讲师	本科
341	潘晓利	女	34	2007 年 9 月	软件设计师、讲师	硕士研究生
342	潘益玲	女	32	2004 年 7 月	讲师	硕士
343	裴燕林	男	30	2006 年 11 月	馆员	本科
344	彭仲文	男	32	2006 年 6 月	助教	硕士

续表

序号	姓名	性别	年龄	进校时间	职称	最高学历
345	丘田园	男	27	2009 年 8 月		专科
346	丘艳	女	27	2010 年 8 月		本科
347	邱峰	男	43	2007 年 9 月	副教授	本科
348	邱建霞	女	43	1993 年 7 月	副教授	本科
349	邱襟	女	35	2011 年 11 月		大专
350	邱旭辉	男	40	1997 年 9 月	助教	本科
351	邱艳连	女	37	1995 年 3 月	馆员	本科
352	邱元凯	男	28	2011 年 2 月		硕士研究生
353	邱远	男	44	1993 年 7 月	教授	本科
354	邱志文	男	31	2005 年 7 月	讲师	本科
355	曲建国	男	55	2006 年 8 月	教授	硕士研究生
356	荣捷频	男	34	2003 年 7 月	讲师	硕士
357	上官瑞婷	女	33	2003 年 8 月	讲师	本科
358	邵敬党	男	46	2006 年 9 月	教授	硕士
359	邵魁德	男	49	2006 年 9 月	研究馆员	硕士
360	沈小华	女	26	2010 年 8 月	技师	专科
361	盛建洪	女	31	2003 年 7 月	讲师	硕士
362	史万莉	女	30	2005 年 7 月	讲师	研究生
363	舒多多	女	33	2005 年 7 月	讲师	硕士研究生
364	宋国清	男	40	1995 年 7 月	讲师	本科
365	宋丽侠	女	28	2011 年 2 月		专科
366	宋宗考	男	44	1994 年 8 月	讲师	本科
367	苏娜	女	30	2006 年 8 月	助教	本科
368	孙大许	男	39	2008 年 8 月	讲师	硕士研究生
369	孙桂丽	女	33	2006 年 8 月	讲师	硕士研究生
370	孙丽云	女	48	2007 年 7 月	技师	本科
371	孙启兴	男	34	2009 年 9 月	助理工程师	本科
372	孙宜芳	男	30	2011 年 8 月		硕士研究生

续表

序号	姓名	性别	年龄	进校时间	职称	最高学历
373	孙远强	男	26	2011 年 4 月	软件设计师	本科
374	谭灿娇	女	30	2004 年 7 月	讲师	本科
375	谭琦喆	女	31	2008 年 8 月		本科
376	谭卫	女	31	2004 年 7 月	讲师	硕士
377	唐继添	男	39	1996 年 8 月	讲师	本科
378	唐继旺	男	31	2005 年 6 月	讲师	本科
379	唐莉	女	32	2008 年 8 月	讲师	硕士研究生
380	唐燕妮	女	31	2005 年 8 月	讲师	硕士
381	陶影	女	42	2007 年 9 月	副教授	本科
382	田峰	男	40	2005 年 8 月	技师	中技
383	涂华锦	男	29	2007 年 7 月	讲师	本科
384	汪莉	女	31	2003 年 7 月	讲师	本科
385	王朝晖	女	30	2004 年 7 月	软件设计师	硕士
386	王春荣	女	44	2006 年 8 月	会计师	本科
387	王方	男	39	1995 年 7 月	讲师	本科
388	王富宽	男	48	2005 年 10 月	高级工程师	本科
389	王光辉	女	39	2010 年 9 月	普工	中技
390	王桂兰	女	30	2004 年 7 月	软件设计师	硕士
391	王国华	男	31	2005 年 7 月	讲师	本科
392	王和平	男	38	2005 年 8 月	技师	专科
393	王和伟	女	46	2006 年 10 月	高级会计师	专科
394	王晖	男	31	2004 年 7 月	讲师	硕士
395	王姣颖	女	28	2009 年 8 月	讲师	硕士研究生
396	王俊光	男	42	2002 年 6 月	助理经济师	本科
397	王莉	女	33	2006 年 8 月	讲师	硕士研究生
398	王亮	男	29	2009 年 8 月	讲师	硕士研究生
399	王玲聪	男	28	2007 年 11 月	高级工	专科
400	王凌云	女	29	2009 年 8 月	讲师	硕士研究生

续表

序号	姓名	性别	年龄	进校时间	职称	最高学历
401	王璐	女	28	2009 年 9 月		本科
402	王铭玉	男	24	2010 年 10 月		高中
403	王奇	男	27	2009 年 4 月	讲师	硕士研究生
404	王韶红	女	34	2007 年 3 月		专科
405	王世同	男	67	2006 年 6 月	教授	本科
406	王淑敏	女	30	2005 年 9 月	讲师	硕士
407	王涛锋	男	33	2009 年 8 月	助教	硕士研究生
408	王小宁	男	45	2006 年 2 月	政工师	硕士
409	王璇	女	32	2006 年 8 月	讲师	硕士研究生
410	王艳萍	女	30	2008 年 8 月	讲师	硕士研究生
411	王玉	女	29	2004 年 7 月	讲师	硕士研究生
412	韦荣	男	48	2005 年 1 月	副教授	硕士研究生
413	魏海勇	男	29	2006 年 8 月	高级工	专科
414	魏茹岳	女	28	2010 年 10 月		本科
415	温赤新	男	47	1995 年 3 月	副教授	本科
416	温丹霞	女	27	2010 年 8 月		本科
417	温其耀	男	26	2009 年 10 月		专科
418	温炜	男	34	2005 年 9 月	主治医师	本科
419	温文妮	女	32	2005 年 8 月	讲师	硕士
420	温育礼	男	29	2007 年 8 月	助理馆员	硕士
421	温志辉	男	30	2008 年 8 月	讲师	硕士研究生
422	邬建天	男	54	1995 年 2 月	中学一级	专科
423	巫富明	男	33	2011 年 8 月	中学一级	硕士研究生
424	巫锦润	男	31	2005 年 7 月	讲师	硕士
425	巫小勇	男	44	1996 年 7 月	讲师	本科
426	巫雄鹏	男	29	2008 年 7 月	助教	本科
427	巫志辉	男	46	2007 年 9 月	技师	专科
428	吴碧红	女	34	2002 年 8 月	讲师	硕士

续表

序号	姓名	性别	年龄	进校时间	职称	最高学历
429	吴春尚	男	31	2007 年 8 月	经济师	硕士研究生
430	吴丹	女	38	2010 年 9 月	小学高级	专科
431	吴淡英	女	44	2003 年 3 月	助理馆员	中专
432	吴海荣	女	32	2003 年 7 月	讲师	本科
433	吴建林	男	34	2003 年 7 月	讲师	硕士
434	吴锦雄	男	23	2011 年 6 月		专科
435	吴景旋	男	58	1993 年 8 月	讲师	专科
436	吴添兰	女	41	2008 年 9 月	高级工	高中
437	吴显光	男	51	2002 年 10 月	助理工程师	专科
438	吴雄昌	男	27	2010 年 8 月		本科
439	吴亦天	男	27	2007 年 8 月	高级工	专科
440	吴永锦	男	45	2007 年 9 月	高级工程师	本科
441	吴勇	男	26	2010 年 8 月		专科
442	吴紫苑	女	31	2004 年 9 月	讲师	硕士研究生
443	吴宗泰	男	31	2005 年 7 月	讲师	本科
444	伍春姑	女	50	1994 年 9 月	高级会计师	本科
445	伍伟	男	29	2005 年 7 月	经济师	硕士研究生
446	伍新蕾	女	28	2008 年 8 月	讲师	硕士研究生
447	武广源	男	33	2003 年 7 月	讲师	本科
448	向琼	女	33	2006 年 8 月	讲师	硕士研究生
449	向群飞	男	31	2004 年 7 月	讲师	硕士
450	肖朝亮	男	30	2010 年 8 月		硕士研究生
451	肖微	女	30	2006 年 8 月	讲师	本科
452	肖小兮	女	44	2006 年 8 月	高级经济师	本科
453	肖运海	男	48	2002 年 6 月	高级工程师	硕士
454	谢国栋	男	27	2011 年 8 月		硕士研究生
455	谢国强	男	38	2006 年 1 月		高中
456	谢建华	男	46	1988 年 7 月	助教	本科

续表

序号	姓名	性别	年龄	进校时间	职称	最高学历
457	谢剑锋	男	28	2011年7月		本科
458	谢金桂	女	36	2008年3月	中学一级	本科
459	谢理滔	男	36	2005年9月	讲师	本科
460	谢倩	女	28	2009年8月		硕士研究生
461	谢素静	女	29	2006年8月	讲师	硕士研究生
462	谢新媚	女	31	2005年7月	讲师	本科
463	谢新苑	男	27	2008年9月		本科
464	谢战锋	男	45	1997年9月	讲师	本科
465	谢振明	男	25	2011年8月	国家二级运动员	本科
466	谢志能	男	28	2009年12月		本科
467	谢智阳	男	28	2011年8月		硕士研究生
468	徐国辉	男	38	1995年7月	助教	本科
469	徐火友	男	36	2011年5月		大专
470	徐莉	女	31	2004年7月	讲师	硕士
471	徐日泉	男	46	1993年7月	讲师	本科
472	徐微	女	28	2008年8月	讲师	本科
473	徐文义	男	32	2003年7月	网络工程师	硕士
474	徐小滚	男	26	2011年6月		专科
475	徐艳	女	30	2007年9月	讲师	硕士研究生
476	徐艺	男	32	2009年2月	工程师	硕士
477	许波	男	32	2010年6月	经济师	硕士研究生
478	许国燕	女	25	2011年6月		专科
479	许莉	女	37	2005年8月	普工	本科
480	许伟婵	女	37	2001年7月	助教	本科
481	薛莉	女	37	2004年10月	讲师	本科
482	闫云利	女	30	2009年8月	讲师	硕士研究生
483	严云保	男	28	2007年9月	信息系统项目管理师/讲师	硕士研究生

续表

序号	姓名	性别	年龄	进校时间	职称	最高学历
484	阳晓霞	女	30	2004 年 7 月	讲师	硕士
485	杨成	男	27	2008 年 9 月		本科
486	杨党校	男	30	2008 年 8 月	讲师	硕士研究生
487	杨帆	女	47	2006 年 9 月	教授	本科
488	杨海燕	女	35	2004 年 10 月		专科
489	杨红霞	女	31	2003 年 7 月	讲师	本科
490	杨红燕	女	40	1990 年 7 月	讲师	本科
491	杨惠强	男	45	2006 年 8 月	员级	本科
492	杨捷权	男	58	1992 年 8 月	高级经济师	本科
493	杨锦冰	男	28	2011 年 2 月	助教	本科
494	杨浪	男	30	2005 年 7 月	网络工程师	本科
495	杨黎	男	31	2004 年 7 月	讲师	本科
496	杨亮	男	28	2009 年 8 月	讲师	硕士研究生
497	杨琳芳	女	29	2005 年 8 月	讲师	本科
498	杨柳青	男	33	2003 年 7 月	讲师	本科
499	杨木强	男	27	2010 年 8 月	软件设计师/助理工程师	本科
500	杨日奎	男	30	2007 年 8 月		本科
501	杨伟	男	44	2006 年 8 月	高级工程师	本科
502	杨文	男	33	2002 年 8 月	讲师	硕士
503	杨细萍	女	44	1995 年 7 月	副教授	本科
504	杨小辉	男	49	1986 年 7 月	普工	高中
505	杨艳	女	31	2005 年 7 月	讲师	本科
506	杨燕	女	32	2004 年 7 月	讲师，馆员	硕士
507	姚辉东	女	33	2008 年 6 月	会计师	硕士研究生
508	叶碧青	女	36	1998 年 7 月	讲师	本科
509	叶初标	男	45	1988 年 8 月	高级经济师	本科
510	叶春辉	男	45	1994 年 9 月	讲师	本科

续表

序号	姓名	性别	年龄	进校时间	职称	最高学历
511	叶国雄	男	36	1998 年 12 月		本科
512	叶红坚	男	29	2010 年 8 月		专科
513	叶红卫	男	33	2003 年 7 月	网络规划设计师	硕士
514	叶慧娟	女	26	2010 年 8 月		本科
515	叶捷新	男	49	2007 年 9 月	高级经济师	硕士研究生
516	叶锦辉	男	42	2005 年 8 月	讲师	本科
517	叶丽娟	女	28	2011 年 8 月		本科
518	叶玲	女	31	2011 年 8 月		硕士
519	叶茂果	男	24	2011 年 11 月		大专
520	叶伟军	男	40	1996 年 7 月	讲师	本科
521	叶小莲	女	53	1997 年 5 月	主管护师	本科
522	叶妍	女	31	2009 年 10 月	讲师	硕士研究生
523	叶影霞	女	30	2009 年 2 月	讲师	硕士研究生
524	叶永玖	男	29	2011 年 8 月		硕士研究生
525	叶增忠	男	42	1993 年 7 月	讲师	本科
526	叶志锋	男	45	1997 年 8 月	讲师	本科
527	殷国龙	男	30	2004 年 7 月	讲师	本科
528	殷美桂	女	30	2003 年 7 月	软件设计师	硕士
529	殷锐	男	29	2009 年 8 月	讲师	硕士研究生
530	尹华	男	32	2003 年 7 月	讲师	本科
531	于景福	男	48	2006 年 9 月	高级工程师	本科
532	余丽	女	25	2010 年 3 月		本科
533	余敏	女	31	2005 年 7 月	讲师	本科
534	余小美	女	43	2007 年 8 月	助理馆员	本科
535	俞彤	男	45	2006 年 9 月	副教授	硕士
536	袁光华	男	44	1996 年 8 月	副教授	本科
537	袁思强	男	40	1993 年 7 月	讲师	本科
538	袁天星	男	53	2006 年 8 月	高级工程师	本科

续表

序号	姓名	性别	年龄	进校时间	职称	最高学历
539	袁欣欣	女	40	1993 年 7 月	讲师	本科
540	袁雪花	女	37	2006 年 8 月		本科
541	袁跃奇	男	54	2008 年 3 月	讲师	本科
542	岳琼	女	29	2005 年 7 月	讲师	硕士
543	曾广生	男	28	2010 年 12 月		硕士研究生
544	曾健	男	29	2008 年 9 月	经济师	硕士研究生
545	曾陆平	男	56	1986 年 5 月	普工	初中
546	曾清华	男	38	1997 年 8 月	讲师	本科
547	曾善平	男	44	1995 年 2 月	讲师	本科
548	曾仕标	男	44	1989 年 7 月	高级讲师	本科
549	曾水新	男	32	2009 年 8 月	讲师	硕士研究生
550	曾天文	男	25	2009 年 8 月	技师	专科
551	曾婷	女	29	2009 年 8 月	助教	硕士
552	曾文波	男	29	2011 年 2 月		硕士研究生
553	曾文雄	男	38	1998 年 7 月	副教授	硕士
554	曾险峰	男	47	2004 年 10 月	中学高级	本科
555	曾彦	女	29	2006 年 8 月	讲师	本科
556	曾艳平	女	33	2003 年 7 月	讲师	本科
557	曾永松	男	55	1991 年 3 月	讲师	本科
558	曾苑	女	29	2009 年 8 月	讲师	硕士研究生
559	曾志梅	女	39	1996 年 7 月	讲师	本科
560	曾志文	男	29	2008 年 9 月	技师	本科
561	曾智祥	男	28	2007 年 10 月		本科
562	张碧娟	女	44	1991 年 3 月	馆员	本科
563	张超	男	27	2007 年 8 月	助教	本科
564	张春柳	女	30	2005 年 7 月	讲师	本科
565	张海乾	男	28	2008 年 9 月	助理工程师	专科
566	张坚	男	46	1989 年 8 月	副教授	本科

续表

序号	姓名	性别	年龄	进校时间	职称	最高学历
567	张俊辉	女	37	2003年7月	护师	中专
568	张蕾	女	27	2007年6月		专科
569	张莉	女	48	2007年3月	中西药士	高中
570	张丽敏	女	27	2011年8月		硕士
571	张利华	女	31	2004年7月	讲师	硕士
572	张连姣	女	32	2003年7月	网络工程师	硕士
573	张杞芳	男	44	2007年11月	高级技师	专科
574	张秋容	女	30	2004年7月	讲师	硕士
575	张瑞利	女	30	2007年9月		本科
576	张森芳	女	34	2005年7月	讲师	硕士研究生
577	张素芬	女	32	2005年9月	讲师	本科
578	张涛川	男	31	2004年7月	讲师	硕士
579	张廷琦	男	33	2008年8月	讲师	硕士研究生
580	张婷	女	30	2005年9月	讲师	本科
581	张伟东	男	37	2011年8月		硕士
582	张文	女	30	2004年7月	讲师	硕士
583	张湘娥	女	32	2008年8月	讲师	硕士研究生
584	张晓玲	女	35	2004年11月	馆员	本科
585	张晓燕	女	53	2006年8月	副教授	本科
586	张晓云	女	36	1999年12月	助理馆员	专科
587	张兴安	男	45	2008年9月	讲师、高级技师	本科
588	张学仪	男	49	1989年7月	副教授	本科
589	张艳	女	30	2004年7月	讲师	硕士
590	张燕华	女	32	2007年10月		本科
591	张艺中	男	53	1981年7月	高级讲师	本科
592	张颖	男	29	2006年8月	讲师	本科
593	张永岗	男	33	2003年7月	讲师	本科
594	张永辉	男	40	1992年12月	普工	高中

续表

序号	姓名	性别	年龄	进校时间	职称	最高学历
595	张瑜	女	34	2006 年 9 月		本科
596	张原平	男	32	2003 年 7 月	讲师	本科
597	张振	男	29	2010 年 8 月		硕士研究生
598	张志山	男	29	2009 年 8 月	讲师	硕士研究生
599	张智	女	31	2004 年 10 月	讲师	硕士
600	赵红石	女	31	2004 年 7 月	讲师	本科
601	赵虹	女	49	2006 年 1 月	高级工程师	本科
602	赵洁	女	28	2011 年 8 月		硕士研究生
603	赵雯钊	女	28	2011 年 8 月		硕士研究生
604	赵学锋	男	34	2011 年 8 月	高级经济师	硕士研究生
605	郑定成	男	27	2011 年 8 月		硕士研究生
606	郑尔君	女	40	1995 年 7 月	讲师	本科
607	郑洪珊	女	27	2009 年 8 月	讲师	硕士研究生
608	郑华平	女	31	2009 年 8 月	讲师	硕士研究生
609	郑慧	女	48	2006 年 5 月		专科
610	郑群	女	30	2004 年 7 月	讲师	硕士学位
611	郑文明	女	32	2007 年 9 月	讲师	硕士研究生
612	郑雄飞	男	27	2011 年 8 月		本科
613	郑颖琼	女	43	1989 年 8 月	讲师	本科
614	钟碧来	男	40	1995 年 8 月	副教授	硕士
615	钟丹	女	28	2007 年 10 月		本科
616	钟红	女	43	2005 年 8 月	高级经济师	本科
617	钟机灵	男	32	2004 年 9 月	讲师	硕士
618	钟建坤	男	39	1993 年 7 月	讲师	本科
619	钟菊英	女	49	1995 年 3 月	普工	高中
620	钟明鑫	男	37	2009 年 3 月	技术员高级技师	专科
621	钟天	男	37	2001 年 7 月	助教	本科
622	钟小明	男	43	2011 年 8 月	会计师	本科

续表

序号	姓名	性别	年龄	进校时间	职称	最高学历
623	钟薛涛	男	47	1987 年 7 月	高级讲师	本科
624	钟燕辉	男	30	2005 年 7 月	讲师	硕士
625	钟燕瑾	女	29	2007 年 9 月	讲师	硕士研究生
626	钟志杰	男	42	1996 年 8 月	讲师	本科
627	周芳	女	32	2006 年 8 月	讲师	硕士
628	周文	男	31	2004 年 7 月	馆员	本科
629	周艳妮	女	29	2008 年 9 月		本科
630	周永福	男	33	2003 年 7 月	网络工程师	硕士
631	周原	女	32	2009 年 3 月	经济师、讲师	硕士研究生
632	朱端端	女	24	2009 年 8 月		专科
633	朱建	男	45	2005 年 12 月	副教授	硕士研究生
634	朱俊杰	男	31	2009 年 8 月	讲师	硕士研究生
635	朱蓝辉	女	30	2005 年 7 月	讲师	本科
636	朱如心	女	53	2007 年 5 月		专科
637	朱伟文	男	33	2005 年 7 月	助教	本科
638	朱一赵	男	25	2010 年 8 月		本科
639	朱玉梅	女	33	2008 年 8 月	讲师	硕士研究生
640	朱章浓	男	39	2010 年 8 月	助理工程师	专科
641	朱兆雄	男	26	2009 年 3 月	助理馆员	专科
642	朱志凯	男	28	2008 年 8 月	经济师	本科
643	朱智	男	32	2006 年 8 月	讲师	硕士研究生
644	邹超才	男	32	2008 年 8 月	讲师	硕士研究生
645	邹东平	男	40	1995 年 8 月	讲师	本科
646	邹建辉	男	36	2007 年 8 月	讲师	硕士研究生
647	邹莉莉	女	25	2011 年 2 月		本科
648	邹联芳	女	42	1994 年 8 月	讲师	本科
649	邹伟建	男	45	1993 年 8 月	高级讲师	本科
650	邹旭	男	26	2009 年 4 月		高中
651	邹远泉	男	45	1995 年 7 月	讲师	本科

6.1.3　2011年学校引进教职工情况

2011年河源职业技术学院加大人才引进力度，继续采用较灵活的聘用方式充实教职工队伍，共引进53人，其中聘用17人（见表6-2）。引进的教职工中有27人补充到教学一线，占引进人员的50.9%。其中取得硕士学位或研究生学历的有32人。

表6-2　2011年学校引进教职工情况一览

序号	姓名	性别	年龄	学历	何处调来(档案所在地)
1	徐小滚	男	25	专科	应届毕业生(聘用)
2	吴锦雄	男	22	专科	应届毕业生(聘用)
3	许国燕	女	24	专科	应届毕业生(聘用)
4	梁建州	男	27	研究生	源城区国库支付中心
5	贺扬眉	男	28	研究生	广西生态工程职业学院
6	曾文波	男	28	研究生	南昌大学
7	付光梅	女	33	本科	和平县中学
8	叶永玖	男	28	研究生	长沙经济技术开发区人才交流中心
9	巫富明	男	32	研究生	龙川县人才交流中心
10	谢剑锋	男	27	本科	怀集县人才交流中心
11	钟小明	男	43	本科	广州南方人才市场
12	赵学锋	男	33	研究生	中国联合网络通信有限公司河源分公司
13	赵洁	女	27	研究生	应届毕业生
14	李焕瑶	女	27	研究生	应届毕业生
15	刘红琴	女	37	研究生	钟祥市人才市场
16	廖敏	男	35	研究生	东源高级中学
17	郑定成	男	27	研究生	应届毕业生
18	康迁福	男	27	研究生	应届毕业生
19	谢智阳	男	26	研究生	应届毕业生
20	孟拥	男	33	研究生	应届毕业生
21	孙宜芳	男	30	研究生	应届毕业生
22	陈慧枫	女	26	研究生	应届毕业生
23	赵雯钊	女	27	研究生	应届毕业生
24	代旭旭	女	28	研究生	应届毕业生

续表

序号	姓名	性别	年龄	学历	何处调来(档案所在地)
25	骆小婷	女	27	研究生	应届毕业生
26	张丽敏	女	27	研究生	应届毕业生
27	叶丽娟	女	27	本科	黄埔职业技术学校
28	谢国栋	男	27	研究生	应届毕业生
29	郑雄飞	男	27	本科	应届毕业生
30	曹兰胜	男	26	研究生	应届毕业生
31	陈璐	女	24	研究生	应届毕业生
32	叶玲	女	30	研究生	应届毕业生
33	张伟东	男	36	研究生	肇庆工商职业技术学院
34	马瑾	女	27	研究生	应届毕业生
35	谢振明	男	24	本科	广东省经济贸易职业技术学校
36	邱元凯	男	27	研究生	2010 年华师大毕业生
37	刘裕美	女	24	大专	应届毕业生
38	邱襟	女	34	大专	阳西县机关幼儿园
39	胡国辉	男	26	本科	应届毕业生
40	叶茂果	男	24	大专	应届毕业生
41	鲁夏平	女	26	研究生	应届毕业生
42	潘蕾	女	32	研究生	应届毕业生
43	王剑	男	29	研究生	应届毕业生
44	吴妍	女	30	研究生	应届毕业生
45	李愈子	女	26	研究生	应届毕业生
46	姚迪	男	32	研究生	珠海职业技术学院
47	邹莉莉	女	25	本科	应届毕业生
48	杨锦冰	男	28	本科	应届毕业生
49	宋丽侠	女	28	本科	应届毕业生
50	胡小春	女	35	研究生	河源技工学校
51	曾广生	男	27	研究生	应届毕业生
52	左大利	男	30	研究生	应届毕业生
53	李森辉	男	22	大专	应届毕业生

6.1.4　2011年学校离职人员情况

2011年河源职业技术学院共有29人离职（见表6-3），其中在编人员退休2人，聘用人员15人，退休人员中有1人去世。

表6-3　2011年学校离职人员情况一览

序号	姓　　名	性别	年龄	学历	调往何处
1	李小娟	女	29	研究生	辞职
2	邓丽丽	女	28	本科	辞职
3	邓一帆	男	24	大专	辞职
4	韦晓东	男	30	大专	辞职
5	王蕊	女	28	研究生	辞职
6	张旺才	男	25	大专	辞职
7	赖小琼	女	26	研究生	辞职
8	左大利	男	30	研究生	辞职
9	邓章平	男	26	本科	辞职
10	陈蕾	女	25	研究生	辞职
11	Wade Keipper Parker	男	27	本科	辞职
12	张舒帆	男	24	本科	辞职
13	张琴芳	女	27	本科	辞职
14	李国旗	男	29	研究生	辞职
15	姚迪	男	31	研究生	广州市环境监理所
16	杨燕敏	女	26	本科	辞职
17	廖晓强	男	27	本科	辞职
18	陈凌维	男	36	研究生	湖南省株洲市炎陵国土局
19	王剑	男	29	研究生	应届毕业生
20	梁长垠	男	48	本科	深圳职业技术学院
21	曾向红	女	35	研究生	—
22	陈凯	男	30	本科	河源市审计局
23	张晓慧	女	34	研究生	东莞职业技术学院
24	齐娱	女	26	研究生	辞职

续表

序号	姓名	性别	年龄	学历	调往何处
25	殷小清	男	44	研究生	—
26	邱元凯	男	26	研究生	辞职
27	骆志生	男	60	初中	退休
28	刘桂泉	男	60	大专	退休

6.1.5 2011年学校教师专业技术资格评审

2011年河源职业技术学院从7月份开始启动专业技术职称申报工作，学校组织人事处制定了详细的工作计划。职称评审申报经个人网上申报，二级学院审核，校内评审，纸质材料审核，人社局验证佐证材料，纸质材料与系统数据核对，系统数据审核、上报，上送纸质申报材料等环节。共105人申报评审高一级专业技术职称，其中申报副高以上职称35人，申报中级职称50人。经过上级评审委员会的评审，共有35人通过评审，其中副高级6人，中级29人（详见表6-4）。晋升高一级专业技术职称的教师，按《河源职业技术学院专业技术职务聘任与管理程序》（河职院人［2009］5号）的有关规定进行聘任。

表 6-4 2011年学校教师专业技术资格终审结果

序号	姓名	专业	晋升资格	评审结果
1	黄荣辉	马克思主义与思想政治教育	副教授	通过
2	黄少红	音乐学	副教授	通过
3	李春来	电气工程	副教授	通过
4	罗春娜	中国语言文学	副教授	通过
5	骆开明	生物学	副教授	通过
6	曾文雄	教育学	副教授	通过
7	蔡景庭	工商管理	讲师	通过
8	蔡志敏	供热、供燃气、通风及空调工程	讲师	通过
9	常贤发	计算机科学与技术	讲师	通过
10	陈石珍	新闻学与传播学	讲师	通过
11	董海燕	计算机科学与技术	讲师	通过
12	段世民	管理科学与工程	讲师	通过
13	段艳	中国语言文学	讲师	通过
14	何霞	物流管理	讲师	通过

续表

序号	姓　名	专业	晋升资格	评审结果
15	何新安	工商管理	讲师	通过
16	黄莉莉	教育学	讲师	通过
17	黄秀丽	服装设计与工程	讲师	通过
18	黄志鹏	电子科学与技术	讲师	通过
19	李丹	工商管理	讲师	通过
20	李锦智	计算机科学与技术	讲师	通过
21	李世文	移动通信技术	讲师	通过
22	廖宁	计算机科学与技术	讲师	通过
23	凌财进	计算机科学与技术	讲师	通过
24	欧阳玉娟	会计学	讲师	通过
25	涂华锦	材料加工工程	讲师	通过
26	王姣颖	工业设计	讲师	通过
27	王亮	计算机科学与技术	讲师	通过
28	王凌云	材料加工工程	讲师	通过
29	王奇	工商管理	讲师	通过
30	王璇	电气工程	讲师	通过
31	吴紫苑	心理学	讲师	通过
32	谢素静	英语	讲师	通过
33	徐微	法学	讲师	通过
34	闫云利	信息与通信工程	讲师	通过
35	杨亮	旅游管理	讲师	通过
36	叶妍	会计学	讲师	通过
37	叶影霞	物流管理	讲师	通过
38	殷锐	物流管理	讲师	通过
39	曾水新	计算机科学与技术	讲师	通过
40	曾彦	教育技术学	讲师	通过
41	曾苑	工商管理	讲师	通过
42	张湘娥	教育学	讲师	通过

续表

序号	姓　名	专业	晋升资格	评审结果
43	张志山	计算机科学与技术	讲师	通过
44	郑洪珊	工商管理	讲师	通过
45	郑华平	工商管理	讲师	通过
46	朱俊杰	机械电子工程	讲师	通过
47	古新仪	图书资料	馆员	通过
48	赖盛红	图书资料	馆员	通过
49	裴燕林	图书资料	馆员	通过
50	杨燕	图书资料	馆员	通过
51	黄志忠	电气工程	高级工程师	未通过
52	叶初标	后勤管理	高级经济师	未通过
53	徐艺	电气	工程师	未通过
54	梁国栋	模具设计与制造	工程师	未通过
55	陈烨	计算机工程	助理工程师	未通过
56	黄勋钦	计算机工程	助理工程师	未通过
57	朱兆雄	图书资料	助理馆员	未通过
58	戴碧兰	图书资料	助理馆员	未通过
59	李军	英语	讲师	未通过
60	郑文明	电子科学与技术	讲师	未通过
61	严云保	移动通信技术	讲师	未通过
62	戴佰阳	思想政治教育	助教	未通过
63	曾婷	计算机科学与技术	助教	未通过
64	林宗鉴	计算机	助理工程师	未通过
65	杨木强	计算机	助理工程师	未通过
66	卢国巍	计算机	助理工程师	未通过
67	李康逸	计算机	助理工程师	未通过
68	陈海郎	计算机	技术员	未通过
69	洪子荣	汽车维修	助理工程师	未通过
70	张海乾	电子技术	助理工程师	未通过
71	黄雷	电子技术	助理工程师	未通过

6.2　师资培养

6.2.1　概述

河源职业技术学院在师资培养工作中积极完善各项制度，先后修订出台了《河源职业技术学院专业带头人管理办法》（河职院人［2010］1号）、《河源职业技术学院教师进企业实践管理办法》（河职院人［2010］3号）、《关于规范加快提升教师专业技术水平资助培养费使用的通知》（河职院人［2010］8号）等文件继续规范和强化管理工作。

继续抓好师资培养工作，落实新教师岗前培训工作，组织教师进企业实践锻炼，派出教师赴香港职业训练局培训学习。抓好《加快提升教师专业技术水平的实施办法》的推进实施工作，对2009年参加河源职业技术学院加快提升教师专业技术水平培养工程的人员进行年度考核。

6.2.2　岗前培训

2011年7月，河源职业技术学院组织52名新教师赴华南师范大学参加高校教师岗前培训，51人通过岗前培训考试。2011年8月25日，河源职业技术学院人事处组织了2011年新教师进行校内岗前培训，旨在帮助新教师了解校情、明晰职责，尽快融入学校大家庭。校党委副书记韦荣、副校长陈德清为学校2011年新进教师进行培训。培训的内容包括学校情况介绍、高职教育理念学习、教学基本要求、多媒体教学设备使用、《教师手册》内容等。

培训课上，韦荣向新进教师简要介绍了学校基本概况、教师的主要任务和注意事项等。他特别强调教师要通过学校的职教能力测评，并提出了完成教师的基本工作任务的重要性。随后，陈德清以“深化改革、规范管理、注重内涵、办出特色”为主题开展了《高职教育理念》的讲座。

6.2.3　专业主任培养

2010—2011学年第二学期学校启动了专业主任培训计划。主要培养内容包括以下几项。

一、校内培训。2月22日，教务处以“基于教务处角度对学校教学工作存在问题的总结及其解决对策”为主题，召开了教学工作会议暨专业（教研室）主任培训会。其后，督导处开展了企业文化讲座，组织专业主任集体学习了有关企业实践管理的知识。

二、深入企业。1月16日、3月10日，学校组织专业主任到广州市华南橡胶轮胎有限公司（以下简称“华轮公司”）考察。此行目的旨在让专业主任更深入了解企业，拓宽专业主任在校企合作方面的思路，探索学生实习和教师下企业锻炼的新模式。在公司领导的陪同下，学校一行参观了华轮公司的生产车间，现场观看了轮胎生产工艺流程和现代化的生产线，了解了企业规范的生产现场管理和岗位管理等企业管理文化精髓。双方就加强校企合作、学生实习就业及管理模式等方面进行了深入交流。华轮公司表示欢迎学校各专业学生到公司就业，并希望通过此次考察让校方对公司有直观了解，让专业主任们能参与公司的产品开发，能多方位开展对学生的针对性就业指导，更有效地促进双方的交流与合作。专业主任们表示，考察的收获很大，对如何更好地指导教师、学生下企业实践有了新思路；有利于有针对性地对学生进行就业指导，培养学生的正确就业观；还有利于提高自身的综合执教能力。党委书记高仁泽、副校长陈德清、副校长黄向明以及中层干部共37人参加了此次活动。

三、对口交流。4月21日，韦荣副书记率专业主任共45人赴深圳职业技术学院考察学习。这是学校2011年专业主任培养计划中的第二项外出考察学习活动，旨在让专业主任通过考察学习了解自身的岗位和专业地位，拓展专业视野。深职院分管教学的温希东副校长携各二级学院负责人热情接待了学校学习考察组一行。在座谈会上，温希东详细介绍了深职院教师绩效、教师工作量、课程设置和专业主任定位与作用等方面的情况。随后，学校专业主任与深职院相对应的二级学院负责人进行了面对面的交流。专业主任们表示，此次考察学习让他们对本专业与专业群定位、专业主任岗位角色和专业老师职责有了更深层次认识；对专业主任岗位工作、课程建设、专业建设、学生就业指导等有了新思路。

四、赴港学习。2011 年 7 月 24 日至 30 日，河源职业技术学院组织专业（教研室）主任赴港学习（见表 6-5）。赴港学习小组一行 28 人抵达香港职业训练局下属的香港专业教育学院（柴湾分校）进行为期五天的培训。此次培训由香港职业训练局组织，培训的内容主要包括职业教育改革和教学管理、素质保证及管理制度和促进学生就业的方略等方面内容。

此次培训内容非常丰富，课程安排十分紧凑，港方教员工作认真负责、热情耐心。学校教师在培训过程中认真听讲，踊跃发言，课堂气氛活跃，并且与授课教师进行了很好的沟通与交流。通过此次培训，老师们开拓了眼界，对香港职业教育的基本理念、课程设计思路、办学模式和管理方法有了更深入的了解，这将对学校专业发展、教学改革和校企合作等方面的工作开展有很好的借鉴意义。

表 6-5　2011 年赴港学习人员名单

序号	专业(教研室)名称	姓名	性别	职称
1	基础教研室	邹伟建	男	高级讲师
2	心理咨询教研室	廖志刚	男	中级
3	就业指导教研室	钟志杰	男	讲师
4	概论教研室	车辉	男	副教授
5	语文教育	李日新	男	副教授
6	英语教育	王莉	女	讲师
7	商务/应用英语	高小兵	男	讲师
8	新闻采编与制作	巫雄鹏	男	助教
9	法律事务	黄箭	男	副教授
10	数学教育	叶春辉	男	讲师
11	高分子材料加工技术	陈绍军	男	讲师
12	工业环保与安全技术	程元文	男	高级工程师
13	工业设计	黄翊之	男	讲师
14	计算机应用技术	周永福	男	讲师
15	计算机多媒体技术	潘博	男	讲师
16	软件技术	杨浪	男	讲师

续表

序号	专业(教研室)名称	姓名	性别	职称
17	现代教育技术	仇旺龙	男	讲师
18	公共计算机教研室	阳晓霞	女	讲师
19	会计电算化	伍春姑	女	高级会计师
20	烹饪工艺与营养	吴雄昌	男	—
21	物业管理	温志辉	男	讲师
22	市场营销	周原	女	讲师
23	工商企业管理	曾健	男	讲师
24	物流管理	吴春尚	男	讲师
25	音乐教育	杜伟祥	男	副教授
26	美术教育	曾仕标	男	高讲
27	体育教育	宋宗考	男	讲师
28	公共体育教研室	曾清华	男	讲师

6.2.4　考察德国F+U国际教育学院

受德国F+U国际教育学院的邀请，河源职业技术学院党委副书记韦荣、副校长陈农心、黄向明一行3人于7月25日至30日对该校进行了为期6天的学习考察（见插图6-1）。此次访问旨在深入了解德国双元制职业教育体系（Dual System of Vocational Education)，并就两校合作展开认真探讨，加强学校在师资培训、学生短期游学和留学项目等方面的交流。校领导还重点参观了该校语言学习中心、职业教育实训基地及“校企合作”企业，全面细致地了解了德国职业教育关于校企合作的运行机制。

德国F+U国际教育学院创建于1980年，是德国最大的教育培训机构之一，主要从事高等技术教育、职业预备与培训、继续教育和转岗培训、语言及大学预科、远程学历教育的非营利性教育机构。该校总部设在海德堡（Heidelberg)，现有800多名职工，500多名专职教师，和来自世界各地的5000多名学生。

6.2.5　职教能力培训与测评

2011年，河源职业技术学院继续推进教师职教能力培训与测评工作，上半年有41人申请参加了职教能力培训与测评，其中有32人通过了测评；下半年有21人申请参加了职教能力培训与测评，正在进行校级抽查。

为巩固教师职教能力培训与测评工作成果，学校2011年正式启动第一批职教能力测评复评工作，共有100人申请参加了职教能力复评，其中83人顺利通过复评，学校给予第一批通过人员1000元奖励。同时，于2011年下半年启动了第二批职教能力复评工作，共有87人申请参加了职教能力复评。第二批职教能力复评工作已经进入校级抽查阶段（详见表6-6、表6-7)。

表 6-6 2011 年职教能力测评通过人员名单

序号	姓名	参评课程名称
1	黄群林	思想道德修养与法律基础课程
2	杜晓静	思想道德修养与法律基础课程
3	廖志刚	—
4	曾广生	会计英语
5	丘艳	统计实务
6	胡光兰	思想道德修养与法律基础课程
7	谢倩	国际市场营销
8	叶妍	统计实务
9	吴雄昌	烹饪基础技能训练
10	黄轶昳	商场管理
11	赖文琴	三维设计与渲染
12	魏海勇	特种加工技术
13	王和平	数控机床综合实训
14	曾天文	产品逆向技术实训
15	李国旗	机械设计基础
16	冯友强	PLC 原理及应用
17	董文华	中级维修电工实训
18	罗坤明	可编程控制技术
19	闫云利	移动通信技术
20	邓小丁	移动通信网络优化
21	毛宏云	计算机影视合成与特效
22	李军	商务英语 3
23	陈美松	大学生心理健康
24	巫雄鹏	新闻摄像
25	温赤新	英文社交书信写作
26	罗细兵	思想道德修养与法律基础课程
27	邝勇党	思想道德修养与法律基础课程
28	黄映霞	思想道德修养与法律基础课
29	高晓杰	服装结构设计
30	邓海娟	服装工艺制作
31	朱一赵	图形创意
32	胡叶娟	服装色彩

表 6-7　2011 年职教能力复评通过人员名单

序号	姓名	序号	姓名	序号	姓名
第一批通过人员名单					
1	车辉	29	郭海红	57	廖晓明
2	关雁华	30	邓文尃	58	谢战锋
3	杨党校	31	黄蔚红	59	袁思强
4	付用兰	32	史万莉	60	赵红石
5	欧阳世芳	33	张颖	61	何霞
6	邹伟建	34	张晓燕	62	叶春辉
7	董海燕	35	吴永锦	63	唐继添
8	阳晓霞	36	李大成	64	盛建红
9	仇旺龙	37	朱智	65	曾文雄
10	葛建新	38	陈艳芳	66	罗春娜
11	黄锡波	39	刘晓飞	67	戴学映
12	杨琳芳	40	曾菀	68	刘苇
13	黄日胜	41	骆斯琴	69	邵敬党
14	潘晓利	42	林浩波	70	郑颖琼
15	巫锦润	43	陈纪钦	71	徐日泉
16	安华萍	44	孙大许	72	梁丰
17	黄业安	45	钟昳鑫	73	骆力
18	刘松明	46	张秋容	74	黄箭
19	潘博	47	陶影	75	张智
20	徐文义	48	龙淑嫔	76	刘坤
21	周永福	49	刘俊英	77	王莉
22	潘益玲	50	邱志文	78	唐莉
23	陈赵云	51	钟燕辉	79	刘亢
24	杨红霞	52	刘冠军	80	尹华
25	胡晓晶	53	付玉龙	81	薛莉
26	杨黎	54	黄慧	82	刘宇
27	叶影霞	55	谢新媚	83	张文
28	吴春尚	56	张兴安		

续表

序号	姓名	序号	姓名	序号	姓名
第二批通过人员名单					
1	马韦伟	22	徐　莉	43	董文华
2	巩云飞	23	谭灿娇	44	梁国栋
3	王朝晖	24	谭　卫	45	唐燕妮
4	罗坤明	25	方阿丽	46	刘军辉
5	叶红卫	26	王　亮	47	李锦智
6	王艳萍	27	黄志忠	48	黄文汉
7	陈绍军	28	高　燕	49	刘长灵
8	于景福	29	朱俊杰	50	陈胜利
9	刘海明	30	徐　艳	51	郑尔君
10	张　婷	31	张湘娥	52	邹超才
11	刘月梅	32	赵　虹	53	黄燕妮
12	王　方	33	向群飞	54	高小兵
13	杨细萍	34	张　艳	55	吴海荣
14	邱　峰	35	张春柳	56	廖洪嫣
15	具东梅	36	匡　华	57	谭琦喆
16	余　敏	37	李日新	58	卢艳梅
17	叶碧青	38	杨　艳	59	张学仪
18	林　芳	39	宋国清	60	邓钦芳
19	吕春燕	40	岳　琼	61	谢建华
20	汪　莉	41	李小岸	62	曾仕标
21	殷国龙	42	孟　锋	63	宋宗考

6.2.6 学习企业经验

河源职业技术学院积极组织教师进企业锻炼，旨在提高教师专业实践能力和科技开发能力，提高教师的“双师”素质，促进专业建设和课程建设，促进校企合作，提升学校的办学水平。

教师进企业实践，原则上无企业经历的教师应到企业顶岗实践，有企业工作经历的教师也可到企业从事技术服务，具有高级职称的教师应同时在企业开展技术开发等项目合作，优先安排无企业工作经历的教师进企业实践。2011 年共有 11 名教师进企业实践（见表 6-8），有效地提高了教师的“双师”素质，促进专业建设和课程建设，促进校企合作，提升了学校的办学水平。

6.2.7 推进教师专业技术水平提升工程

自 2008 年实施教师专业技术水平提升工程以来，河源职业技术学院不断规范管理，推进工作实施。出台了《关于规范加快提升教师专业技术水平资助培养费使用的通知》（河职院人［2010］8 号），并依据《关于加快提升教师专业技术水平的实施办法》（河职院人［2008］3 号）对参加河源职业技术学院加快提升教师专业技术水平培养工程的人员进行年度考核（共 72 人，其中正高 14 人，副高 27 人，中级 31 人），考核内容包括教学情况、科研（教研）情况、职称

表 6-8 教师进企业实践统计表

序号	姓名	院(部)	所赴企业名称
1	陈胜利	机电工程学院	凯达模具精雕电脑锣加工厂
2	张学仪	人文学院	河源市东源县新丰江中学(移民子弟学校)
3	陈希娟	人文学院	源城区铺前镇上村小学
4	陈瑞	人文学院	河源市绿雅园艺有限公司
5	吴春尚	工商管理学院	上海圆通物流有限公司广州分公司
6	郑华平	工商管理学院	广东翔宇会计事务所
7	潘蕾	工商管理学院	河源假日酒店
8	李春来	电子与信息工程学院	广东雅达电子股份有限公司(智能电力测控仪表工程技术研究开发中心)
9	黄业安	电子与信息工程学院	广东雅达电子股份有限公司(智能电力测控仪表工程技术研究开发中心)
10	罗坤明	电子与信息工程学院	广东雅达电子股份有限公司(智能电力测控仪表工程技术研究开发中心)
11	黄志忠	电子与信息工程学院	广东雅达电子股份有限公司(智能电力测控仪表工程技术研究开发中心)

评审情况、合同履行情况等。

6.2.8 河职院首届青年骨干教师评选

为抓好青年教职工队伍建设，大力宣传在学校教科研工作中做出显著成绩的优秀青年教师，加大学校教科研队伍培养力度，树立先进榜样，河源职业技术学院开展了首届青年骨干教师评选活动。青年骨干教师基本申报条件：1. 年龄 35 岁以下，讲师以上职称。2. 市级以上教研、科研课题主持人。3. 教学质量评价三年内 3 个 A 以上。4. 双肩挑人员 2 个 A 以上，但必须同时是省级以上课题负责人。经学校评选，黄文汉等 12 位教师为学校首届青年骨干教师（见表 6-9）。向群飞、刘宇两位教师入选“千百十”工程教师。

6.2.9 岗位设置与人员聘用工作

根据原人事部、教育部《关于高等学校岗位设置管理的指导意见》（国人部发［2007］59 号）、《广东省事业单位岗位设置管理实施意见》（粤人发［2008］275 号）和《广东省教育事业单位岗位设置管理指导意见》（粤人社发［2010］105 号）文件精神及河源市事业单位岗位设置和人员聘用工作方案，按照河源市人力资源和社会保障局的统一安排，河源职业技术学院经过精心组织、周密部署，层层传达岗位设置管理工作的会议精神，由组织人事处组织引导教师学习有关配套文件，使广大教职工了解岗位设置管理工作的相关政策和要求，理解和支持学校的岗位设置工作。学校多次召集各部门人员进行座谈，听取意见、逐条反馈，经过数十次的测算，最终与各部门达成一致意见，修改完善并上报《河源职业技术学院岗位设置方案》、《广东省事业单位岗位聘用结果审核表》。根据设置方案，学校共申报 8 人晋 2 级，67 人晋 1 级，申报方案等待市有关主管部门批复。

表 6-9 河源职业技术学院首届青年骨干教师情况一览表

部门	姓名	性别	年龄	职称
机电工程学院	黄文汉	男	33	讲师
机电工程学院	刘俊英	女	34	讲师
电子与信息工程学院	杨黎	男	31	讲师
电子与信息工程学院	黄日胜	女	33	讲师
工商管理学院	朱智	男	32	讲师
工商管理学院	吴春尚	男	31	讲师
工商管理学院	唐继旺	男	31	讲师
工商管理学院	伍新蕾	女	28	讲师
人文学院	王莉	女	33	讲师
人文学院	杨艳	女	31	讲师
思教部	张文	女	30	讲师
信息中心	凌财进	男	29	讲师

6.3　师德师风建设

6.3.1　概述

为进一步加强教师的职业道德建设，努力建设一支适应教育改革发展需要的高素质教师队伍，年初组织人事处制订了《河源职业技术学院2010—2011学年度师德建设活动工作意见》。2011年9月初，根据省教育厅《关于开展2010年师德建设主题教育月活动的通知》精神，组织人事处制订了《河源职业技术学院2010年师德建设主题教育月活动方案》，开展了为期1个月的师德建设主题教育月活动。期间开设了师德师风建设专栏，为教师开展师德学习和交流提供了很好平台，增强了师德教育的氛围，扩大了师德教育的覆盖面和影响力。

6.3.2　师德建设主题教育月

河源职业技术学院根据广东省教育厅的统一部署开展师德建设主题教育月活动。活动主题为：以身立教，为人师表。活动内容包括：学习全国教育工作会议精神和《国家中长期教育改革和发展规划纲要（2010～2020年）》；学习、宣传先进典型活动；“教师节”表彰活动；师德征文活动。

师德建设主题教育月活动之一：2011年9月8日，学校在报告厅召开教师节表彰大会，会议对荣获2010－2011学年度“优秀教师”及“先进教育工作者”的教师职工进行现场表彰，其中付玉龙、刘海明等35人荣获2010－2011学年度“优秀教师”，俞彤、朱伟文等25人荣获2010－2011学年度“先进教育工作者”称号。会后，人文学院教师黄箭作2011年度学校专业主任赴港学习总结报告，与会人员还观看了纪教月活动电教片。

河源市政协主席陈志干、河源市政府副市长温文斐等领导也参加了此次大会。会上，陈志干代表市政府和全市人民对辛苦在教育一线的教职员工表示慰问和感谢（见插图6-2）。同时，他希望全校教职员工继续发扬优良传统，改革创新，与时俱进，加强修养，为争创全省一流职业院校贡献力量。随后，市领导向学校赠送了慰问金。

师德建设主题教育月活动之二：在校园内开展“青年骨干教师”评选活动；在《河职院简报》开辟了师德建设主题月活动专刊，及时刊登师德建设主题月活动相关信息。

师德教育主题教育月活动之三：制订了《“以身立教，为人师表”主题师德征文活动方案》，发动广大教师开展了征文活动，全校共收到征文45篇，学校还组织了征文评奖活动。

师德教育主题教育月活动之四：在校园内网学习交流区开设了师德建设主题教育月活动专栏，分经验交流、先进事迹介绍、教书育人论坛3个版块，各学院每周至少有2篇专栏文章上报。到主题教育月活动结束时，全校共发表经验交流文章30篇，先进事迹介绍文章10篇，教书育人论文11篇。开设师德建设主题教育月活动专栏为教师开展师德学习和交流提供了很好平台，增强了师德教育的氛围，扩大了师德教育的覆盖面和影响力。

2011年师德建设主题教育月活动结合了全国教育工作会议精神和省教育厅的要求，明确主题、领导带头、精心组织、抓好落实；结合了教师的实际和学校的实际来开展，注重树立典型，加强对教师的正面引导，解决实际问题；结合了年度工作任务和绩效考核来开展，以主题教育月活动促进师德建设，提高教师的工作积极性，努力完成学校各项工作任务。

6.3.3 2010—2011学年“优秀教师”、“先进教育工作者”名单

6.3.3.1 优秀教师

付玉龙 刘海明 谢新媚 徐 艳
陈纪钦 陆宇立 叶红卫 阳晓霞
董海燕 陈赵云 黄志忠 李世文
罗坤明 白迎超 刘 苇 朱 智
胡晓晶 吴雄昌 何新安 盛建洪
谭琦喆 具东梅 袁思强 张湘娥
向群飞 吴碧红 黄燕妮 汪 莉
宋宗考 尹 华 上官瑞婷 戴学映
邵敬党 李默尘 张 文

6.3.3.2 先进教育工作者

俞 彤 朱伟文 戴佰阳 钟 丹
杨日奎 李艳红 罗春娜 刘少燕
张 超 张俊辉 欧阳玉娟 涂华锦
张素芬 叶捷新 张 瑜 刘笑嶂
刘嘉瑜 钟志杰 谢新苑 温 炜
刘迪梅 陈海郎 李艺东 邓日政
凌美雪

6.3.4 2011年度考核优秀人员名单（见表6-10）

表6-10 2011年度考核优秀人员

在编人员					
序号	姓名	部门	序号	姓名	部门
1	胡小春	纪委	18	郑文明	机电工程学院
2	叶小莲	工会	19	黄文汉	机电工程学院
3	蔡鹏	党政办	20	龙淑嫔	机电工程学院
4	黄振强	党政办	21	廖晓明	机电工程学院
5	张素芬	宣传部	22	刘长灵	机电工程学院
6	叶捷新	组织人事处	23	徐艳	机电工程学院
7	骆东林	教务处	24	于景福	机电工程学院
8	肖运海	科研处	25	陈纪钦	机电工程学院
9	李兰芳	督导处	26	钟建坤	电子与信息工程学院
10	吴紫苑	学生工作处	27	潘博	电子与信息工程学院
11	蒋江娇	财务处	28	阳晓霞	电子与信息工程学院
12	叶锦辉	资产后勤处	29	陈余	电子与信息工程学院
13	曾善平	资产后勤处	30	黄日胜	电子与信息工程学院
14	黄志鹏	团委	31	黄浩	电子与信息工程学院
15	钟碧来	思教部	32	周永福	电子与信息工程学院
16	张文	思教部	33	罗坤明	电子与信息工程学院
17	车辉	思教部	34	杨浪	电子与信息工程学院

续表

在编人员					
序号	姓名	部门	序号	姓名	部门
35	李春来	电子与信息工程学院	58	杨艳	人文学院
36	黄舒	电子与信息工程学院	59	刘少燕	人文学院
37	邹远泉	电子与信息工程学院	60	唐莉	人文学院
38	杨红霞	工商管理学院	61	曾文雄	人文学院
39	梁瑞明	工商管理学院	62	杜伟祥	艺术与设计学院
40	曾苑	工商管理学院	63	孟锋	艺术与设计学院
41	胡光兰	工商管理学院	64	宋宗考	艺术与设计学院
42	孙桂丽	工商管理学院	65	郑颖琼	艺术与设计学院
43	张森芳	工商管理学院	66	叶碧青	艺术与设计学院
44	周原	工商管理学院	67	戴学映	艺术与设计学院
45	方艳	工商管理学院	68	王方	艺术与设计学院
46	史万莉	工商管理学院	69	尹华	艺术与设计学院
47	林七七	工商管理学院	70	骆斯琴	艺术与设计学院
48	吴碧红	人文学院	71	胡叶娟	艺术与设计学院
49	骆力	人文学院	72	张振	艺术与设计学院
50	汪莉	人文学院	73	戴春平	继续教育学院
51	叶春辉	人文学院	74	廖远兵	继续教育学院
52	骆红梅	人文学院	75	杨燕	图书馆
53	黄箭	人文学院	76	黄丽娟	图书馆
54	钟薛涛	人文学院	77	张晓玲	图书馆
55	具东梅	人文学院	78	陶影	信息中心
56	向群飞	人文学院	79	廖宁	信息中心
57	张智	人文学院			
聘用人员					
1	周芳	党政办	3	曾婷	教务处
2	李志彪	党政办	4	孙启兴	资产后勤处

续表

聘用人员					
5	谢新苑	团委	16	巫雄鹏	人文学院
6	黄章华	机电工程学院	17	朱一赵	艺术与设计学院
7	王和平	机电工程学院	18	张蕾	艺术与设计学院
8	王玲聪	机电工程学院	19	张超	艺术与设计学院
9	林小武	机电工程学院	20	邓日政	继续教育学院
10	曾天文	机电工程学院	21	罗燕	继续教育学院
11	黄雷	电子与信息工程学院	22	温其耀	继续教育学院
12	袁雪花	电子与信息工程学院	23	李艺东	图书馆
13	邝云婕	工商管理学院	24	李康逸	信息中心
14	沈小华	工商管理学院	25	林宗鉴	信息中心
15	刁仕娥	人文学院			

6.4 师资现状分析

人力资源是学校生存和发展的根本资源，也是学校最具决定性、最活跃的要素资源之一。学校人力资源主要指学校的教职工，包括教师、教辅人员、行政人员、工勤人员等。下面，本文将对学校2011年人力资源情况进行分析：一是从宏观上，整体性地分析全校656名教职工的来源、岗位类型、身份性质、年龄、职称、学历、职级、性别、政治面貌等的构成情况；二是从微观，截取各类型人员的横切面，剖析各类型人员（专任教师、非专任教师；聘用教师及在编教师）的年龄、职称、学历、职级、性别、政治面貌等的真实构成状况。

6.4.1 学校人力资源现状

6.4.1.1 学校编制情况

学校有编制数560人（另有定编不定人110个），已使用编制数为512个，剩下48个编制。经党委会通过，已向市编办书面申请2012年再使用29个编制。那么，实际剩下可使用编制数为19个。

6.4.1.2 教职工队伍情况

截至2011年12月31日，全校教职工共656人，其中在编教职工510人（在编在岗505人，5人不在岗：吴新巧、李红、黄春基、欧阳仕文、叶勇诚，2人下学期到岗），临聘146人。实际在岗教职工共651人，分布在校内21个部门，分布情况如图6-1所示。

6.4.2 人力资源总体结构分析

6.4.2.1 来源情况分析

（1）地域来源情况

学校教职工来自五湖四海，跨越的省份地区有25个之多。广东本省教职工占全校

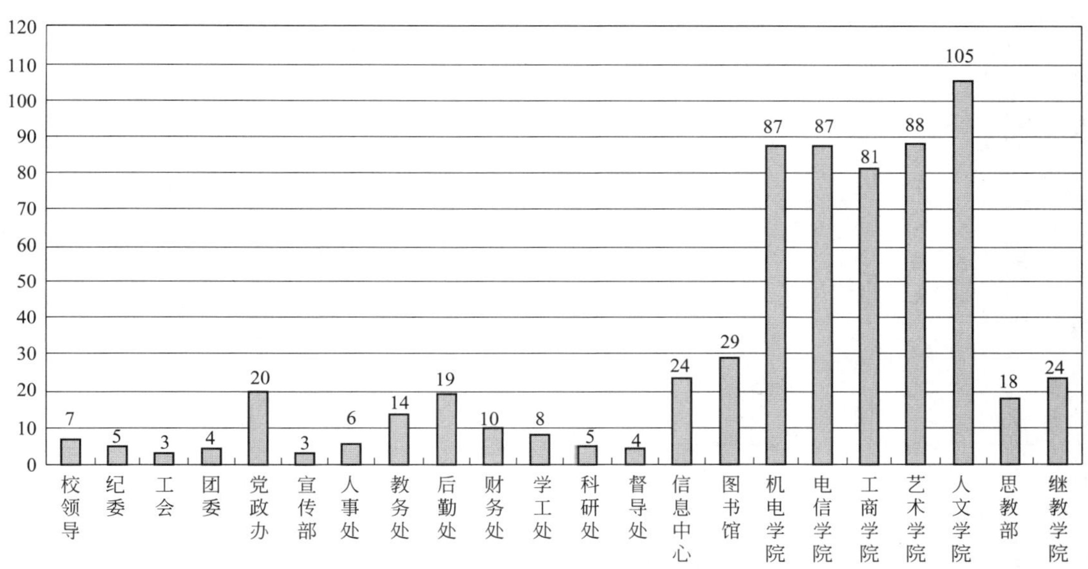

图 6-1　在岗教职工校内分布

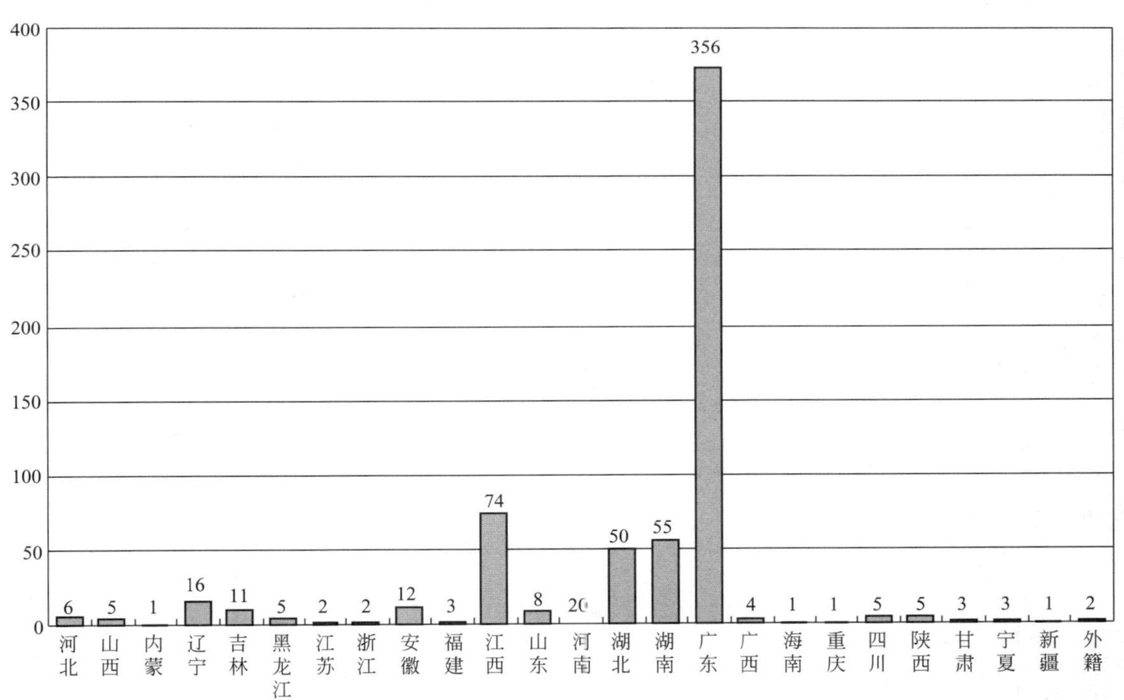

图 6-2　各地区所占人数

教职工的 64%。145 名临聘人员中就有 131 名为本省、市人。此外，毗邻广东的江西、湖南、湖北三个省份的教职工较多。详细来源情况见图 6-2。

（2）学校来源情况

学校的教师来自多所高等院校，其中，超过 7 名毕业生在学校任教的院校就有十多所。如表 6-11 所示（只统计全日制学历毕业院校）。

表 6-11 教师来源学校排名

人员数排名	院校	在学校的人数
1	华南师范大学	35
2	河源职业技术学院	30
3	湖南师范大学	20
4	江西师范大学	19
5	广东工业大学	13
5	老隆师范学校	13
7	广东技术师范学院	12
8	华南理工大学	10
9	惠州学院	9
9	国外学校（留学回来的教师）	9
11	中山大学	8
12	北京师范大学	7
12	湛江师范学院	7
12	江西科技师范学院	7

6.4.2.2 构成情况分析

（1）身份性质构成情况

学校的教职工队伍主要由三个部分构成：在编教职工 510 人、占总人数 70%，校内聘用教职工 146 人、占总人数 20%，外聘教师 69 人、占总人数 10%。

（2）岗位类型构成情况

全校教职工 656 人，从岗位设置的类型来看，主要由四个部分构成：专任教师（369 人，占 57%）、行政人员（117 人，占 18%）、教辅人员（143 人，占 22%）、工勤人员（66 人，实际 22 人在工勤岗，占 3%）。另有 5 人不在岗。

（3）性别、年龄构成情况

学校教职工性别比例基本相当，全体教职工中男 363 人，女 293 人，详见表 6-12。学校年轻教师居多数，35 岁以下的人员占全校教职工的 62%。专任教师中 35 岁以下的人数占全校教职工的 40%，占专任教师总数的 71%（见表 6-13）。

（4）学历构成情况

学历层次主要可以分为四大部分：硕士以上（196 人，占 30%），本科（342 人，占 52%），大专（88 人，占 13%），大专及以下（30 人，占 5%）。数据表明，中间段学历即本科学历人数比例较大。但近年来学校加大人才引进力度，硕士以上学历人员大幅度增加，占全体教职工的 30%；专任教师中硕士以上比例达 38%。具体构成情况见表 6-14。

（5）职级构成情况

2011 年按照党委统一部署，学校有步

表 6-12 教职工性别结构

类别		全体教职工	专任教师	行政人员（副科以上）	教辅人员（辅导员）	工勤人员
性别	男	363	192	88(77)	66(17)	15
	女	293	177	29(20)	77(21)	7
合计		656	369	117(97)	143(41)	22

表 6-13　教职工年龄结构

年龄	30 及以下	31—35	36—40	41—45	46—50	50 岁以上	合计
全体教职工	224	183	64	83	64	38	656
其中							
专任教师	135	126	30	33	33	12	369
行政人员	15	36	13	24	17	12	117
教辅人员	72	21	16	18	11	5	143
工勤人员	2	—	5	6	3	6	22
其他	—	—	—	2	—	3	5

表 6-14　教职工学历结构

学历	博士	硕士	本科	大专	大专以下	合计
全体教职工	3	193	342	88	30	656
其中						
专任教师	1	139	201	23	5	369
行政人员	2	31	73	9	2	117
教辅人员		23	67	47	6	143
工勤人员	—	—	—	6	16	22
其他	—	—	1	3	1	5

骤地开展了第二轮干部换届工作。截止到 2011 年，学校副科以上干部共 97 人：副厅 2 人，正处 4 人，副处 14 人，正科 41 人（含未到任副处年限的 7 人），副科 36 人。与换届前相比，任用干部的比例大幅度提升。学校干部队伍呈现出高学历、年轻化的态势，副科以上干部 97 人，35 岁以下的干部 44 人，占 45%（见表 6-15）。

（6）职称结构情况

学校共有初级以上专业技术人员 422 人（在编 393 人，临聘 29 人），212 人未评级。有职工身份 66 人，在职工岗位的 22 人。职称结构见表 6-16。

（7）政治面貌构成情况

2011 年学校从实际需要出发，适时对基层党组织进行适当调整，现有 5 个党总支，21 个党支部（见表 6-17）。

6.4.3　人力资源类型结构分析

6.4.3.1　专任教师结构

学校专任教师 369 人，专任教师分布于 5 个二级学院及思教部。见图 6-3。

表 6-15 副科以上人员结构情况一览

职级	合计	性别		年龄结构						学历结构					职称结构				政治面貌		少数民族
		男	女	30及以下	31—35	36—40	41—45	46—50	50岁以上	博士	硕士	本科	大专	大专以下	正高	副高	中级	初级及未评级	中共党员	民主党派	
副厅	2	2	—	—	—	—	—	—	2	1	1	—	—	—	1	—	—	1	2	—	—
正处	4	4	—	—	—	—	—	2	2	—	—	4	—	—	—	3	—	1	4	—	1
副处	14	13	1	—	1	1	4	5	3	—	4	9	1	—	3	7	—	4	12	2	1
正科	41	30	11	1	14	8	12	5	1	—	11	30	—	—	—	8	29	4	26	1	1
副科	36	28	8	13	15	—	4	3	1	—	9	24	3	—	—	3	18	15	24	2	1
合计	97	77	20	14	30	9	20	15	9	—	24	63	4	—	4	21	47	24	68	5	4

表 6-16 专业技术及工勤人员职称结构

类型	专业技术人员										工勤人员(职工身份 66 人)											
职称	正高		副高		中级		初级		未评级		高级技师		技师		高级工		中级工		初级工		普工	
	在编	聘用	在编	聘用	在编	聘用	在编	聘用	在编	聘用	在编	聘用	在编	聘用	在编	聘用	在编	聘用	在编	聘用	在编	聘用
人数	8	—	67	4	273	2	45	23	124	88	—	1	3	9	—	10	1	2	5	2	31	2
小计	8		71		275		68		212(不含工勤岗 22 人)		1		12		10		3		7		33	
占教职工/工勤人员百分比	1%		10.8%		40.1%		10.4%		32%		1.5%		18%		15%		4.6%		10.6%		50%	

注：2011 年学校共 105 人申报评审高一级专业技术职称，其中申报副高以上职称 35 人，申报中级职称 50 人。经过上级评审委员会的评审，共有 35 人通过评审，其中副高级 6 人，中级 44 人。

表 6-17　政治面貌构成

政治面貌	人数	男(女)	少数民族	硕士以上	副高以上	占教职工百分比
中共党员	343	199(135)	8(满族 2、畲族 2、瑶族、壮族、土家族、苗族各 1)	129	48	52.3%
九三学社	9	6(3)	1(蒙古)	4	4	1.4%
民革	5	3(2)	—	3	3	0.7%
民建	1	1	—	1	1	—
民盟	8	4(4)	—	1	5	1.2%
群众	290	213(144)	4(仫佬族、蒙古族、畲族、满族各 1)	64	18	44%
合计	656	150(149)	14	193	79	—

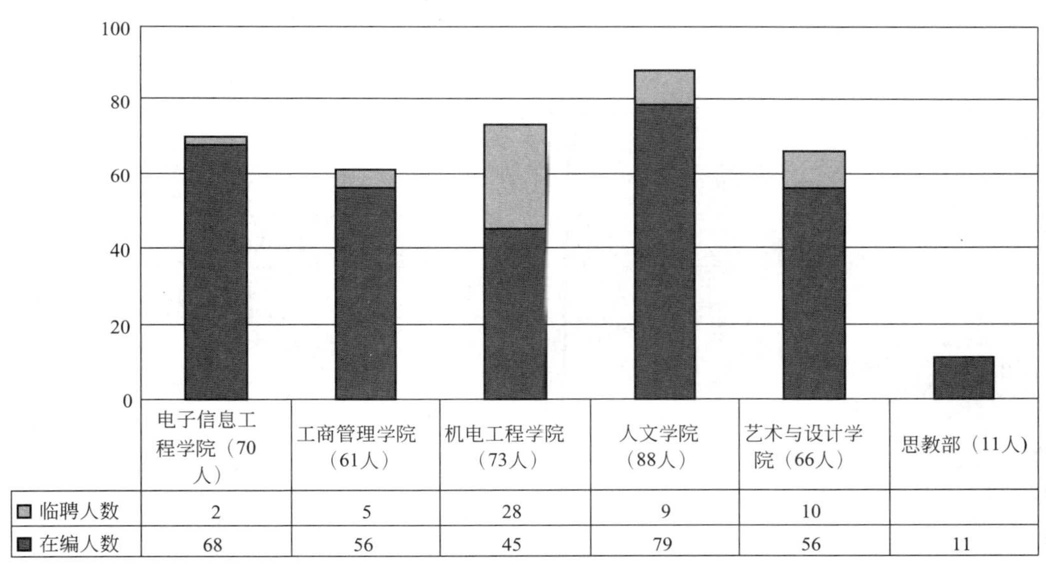

图 6-3　专任教师校内分布情况

6.4.3.2　非专任教师结构

除专任教师外，学校还有行政、教辅、工勤人员 282 人。其中：行政人员 117 人，教辅人员 143 人（按 2011—2012 学年任课情况来看，行政及教辅人员中有双肩挑教师 73 人）；工勤人员主要是指职工身份的人员，共有 66 人（其中实际在工勤岗的 22 人，39 人在教学、行政及教辅岗）。在校内的分布情况如表 6-18。

6.4.3.3　临聘教师结构

学校有 110 个定编不定人岗位，实际学校已有校内临聘人员 146 人，其中男 80 人，女 66 人。这些教职工分布在各部门的各个工作岗位上，见表 6-19。

表 6-18 非专任教师校内分布情况

部门		总人数	在编	临聘	备注
行政人员	校领导	7	6	1	
	处室行政人员	76	68	8	不含党政办、财务处等的工勤及教辅人员
	院、部副科以上行政人员	34	34		不含团总
小计		117	108	9	
教辅人员	图书馆	26	18	8	不含副科以上人员
	信息中心	21	9	12	不含副科以上人员
	资产后勤处	6	3	3	校医室 4 人、食品检验 2 人
	财务处	7	6	1	不含副科以上人员
	辅导员	41	20	21	含团总 5 人
	思教部	2	2		心理咨询室
	教学秘书及行政秘书	15	5	10	5 个二级学院
	二级学院实训管理员	6		6	
	继续教育学院	19	1	18	不含副科以上
小计		143	64	79	
工勤人员	党政办	11	6	5	
	教务处	1	1		行政岗（许莉）
	资产后勤处	5	4	1	1 个行政岗，1 个教辅岗
	财务处	2	2		教辅岗
	学工处	1	1		行政岗（吴淡英）
	机电工程学院	23	3	20	教师岗（实训指导教师）
	工商管理学院	1	1		教辅岗（教学秘书）
	电子与信息工程学院	1	1		
	人文学院	1	1		教辅岗（教学秘书）
	艺术与设计学院	8	8		1 个教辅岗（教学秘书）
	信息中心	1	1		教辅岗
	图书馆	11	11		教辅岗
小计		66	40	26	实际在工勤岗人数 22
其他	不在岗	5	3		欧阳士文 叶勇诚 吴新巧 李红 黄春基

表 6-19　临聘教师校内分布情况

部门＼类型	专任教师	行政人员	教辅人员	工勤人员	合计	专任教师
校领导		1			1	
党政办				5	5	
教务处		4			4	
学工处		1			1	
资产后勤处		1	3		4	
督导处		1			1	
财务处			1		1	
团委		1			1	
机电工程学院	27		8		35	27
工商管理学院	5		11		16	5
电子与信息学院	2		8		10	2
人文学院	7		6		13	7
艺术与设计学院	7		9		16	7
继续教育学院			18		18	
信息中心			12		12	
图书馆			8		8	
总计	48	9	84	5	146	48

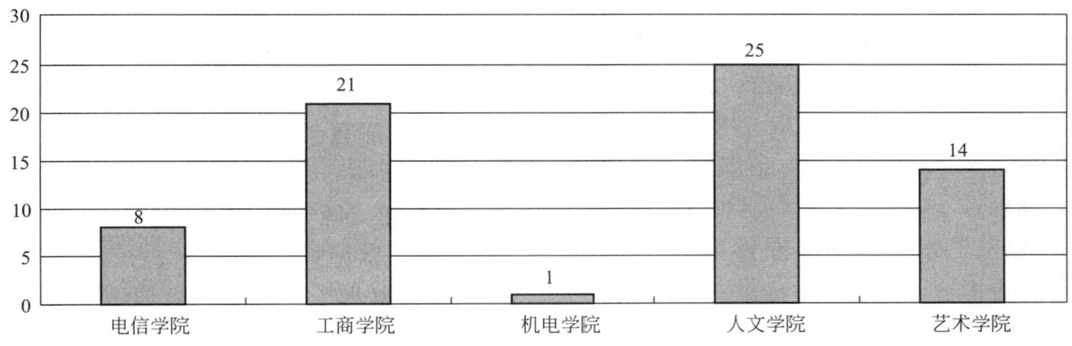

图 6-4　外聘教师校内分布情况

表 6-20 外聘教师结构一览

类别	性别			年龄结构				学历结构			职称结构				主要任教课程					
	合计	男	女	30及以下	31到40岁	41到50岁	50岁以上	硕士	本科	大专及以下	副高	中级	初级	未评级	法律	会计	英语	服装、艺术设计	音乐美术	酒店、企业管理、物流、楼宇、计算机等
人数	69	45	24	18	39	10	2	4	53	12	5	15	11	38	12	11	10	8	6	22

6.4.3.4 外聘教师结构

学校共有外聘教师 69 人，年龄、学历、职称等具体的构成情况详见图 6-4 和表 6-20。从图 6-4 可知，人文学院与工商管理学院外聘教师比例较大。经调查分析，人文学院外聘教师主要任教课程是：法律、英语（应用英语）；工商管理学院外聘教师主要任教课程是：会计、酒店管理、企业管理、物流等。此外，艺术与设计学院外聘教师主要任教服装设计、音乐、美术教育等，电子与信息工程学院主要是楼宇智能化技术、计算机、应用电子等课程需要外聘教师。

6.4.4 2011 年人员增减情况分析

2011 年学校共引进教职工 53 人（含临聘 17 人），其中公开招聘 52 人，1 人为职工，属于政策性安置（军属）。共有 29 人离职（含 2 名退休人员）。因此，全年净增 24 人。从表 6-21 可知，新进教职工中有接近一半人员是教辅人员，专任教师 27 人，占引进人员的 50.9%。这些新进教职工在校内分布情况如图 6-5 所示，“其他”入职的是指招聘后没有入职人员，离职栏的“其他”是指不在岗的退休人员、没入职进行销编人员。

在 2011 年的 29 名离职教职工中，2 名教职工自然退休，1 名辞退，其余的调离或辞职。经过跟踪调查，辞职教师主要有两类：一、本科未入编临聘教师。2011 年离职人员中有 15 名是没有入编的校内临聘人员，占离职人员的 52%。这类人员多数是考上公务员后辞职，2011 年有 5 人考上公务员。二、教师因两地分居而选择辞职或调离，2011 年辞职的 27 人中有 6 人属此类情况，其中有 3 人进入东莞职业技术学院。

表 6-21 2011 年人员增减情况

	引进 53 人	离职 27 人	退休 2 人
在编	36	12	2
临聘	17	15	
其中：			
研究生	32	12	
副高以上		2	
专任教师	27	15	1
工勤人员	1		1

6.4.5 人力资源自评分析

6.4.5.1 师生比

截止到 2011 年，学校专任教师 369 人，根据教发［2004］2 号文规定，外聘教师可折合计入教师总数，经折算后教师总数为 507 人，师生比为 1∶23.7。详见表 6-22。测算中的专任教师总数包含双肩挑教师的折合数，虽然最后的师生比离合格标准仍然有差距（见表 6-23），但从学校的编制来看，是可以达到合格标准的。2011 年剩 48 个编制，2012 年将再追加 60 个编制，如有需要，学校将继续申请增加编制以满足教学。

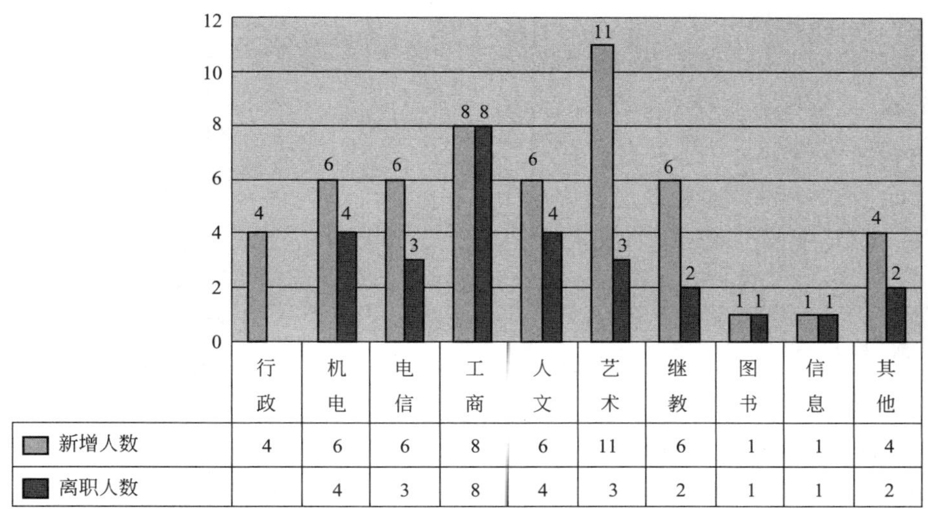

图 6-5　2011 年人员增减情况

表 6-22　学校师生比

学院	总人数（不含外聘）	在编	临聘	外聘、双肩挑	折合后总人数	学生数	师生比
电子信息工程学院	70	68	2	44	92	2358	1∶25.6
工商管理学院	61	56	5	55	88.5	3337	1∶37.7
机电与工程学院	73	45	28	38	92	1864	1∶20
人文学院	88	79	9	75	126	2592	1∶20.6
艺术与设计学院	66	56	10	57	94.5	1844	1∶19.5
思教部	11	11		6	14		
合计	369	315	54	275	507	11995（不含休学 9 人）	1∶23.7

注：1. 教发［2004］2 号文规定：折合教师总数＝专任教师数＋聘请校外教师数×0.5；原则上聘请校外教师数不超过专任教师总数的四分之一。

2. 同时，教育部教高［2008］5 号文规定：核算教师总数时，兼职教师等非专任教师数按每学年授课 160 学时为 1 名教师计算，专兼教师之比无限制。

表 6-23　学校生师比与教育部指标对照

教育部指标	教育部合格标准	教育部限制招生标准	河职院生师比	与合格标准差距	与限制招生标准差距
生师比	18	22	29.8	－11.8	－7.8

注：“－”代表未达到教育部标准的差距，“＋”代表优于教育部标准的程度（下同）。

6.4.5.2 学位、职称比例

学校实行专业技术水平和学历提升工程，高职称、高学历教职工大幅度提升，但是与教育部指标对照，具有副高以上职称专任教师占专任教师的比例仍然有待提高。经指标对照表6-24分析情况如下。

（1）研究生以上比例。学校具有研究生学位专任教师140名，明年还将有54名在校教师取得硕士学位，因而，研究生学位教师占专任教师的比例已达到并超过教育部规定的合格标准。

（2）副高以上比例。专任教师中有副高以上职称46人，行政及教辅人员中有副高以上职称33人。具有高级职称专任教师占专任教师的比例达不到教育部规定的合格标准。

表6-24 研究生学位教师比例与教育部指标对照

教育部指标	教育部合格标准	教育部限制招生标准	河职院	与合格标准差距	与限制招生标准差距
具有研究生学位专任教师占专任教师的比例(%)	15	5	38	+23	+33
具有副高以上职称专任教师占专任教师的比例(%)	20		12.5	−7.5	

注：不含2011年职称评审已公示但未拿证人员。

第七部分　党团建设

7.1　党团建设概况

2011年是建党90周年。一年来，在市委的正确领导下，学校党委坚持以邓小平理论和“三个代表”重要思想为指导，全面落实科学发展观，紧紧围绕学校中心工作，扎实开展党的思想建设、组织建设和作风建设，学校党的建设水平不断提高，党委的领导核心作用、党总支的政治核心作用、党支部的战斗堡垒作用和党员的先锋模范作用进一步加强，科学规范的党建工作为学校各项事业的科学发展提供了坚强有力的政治保障。

同时，切实抓好党建带团建工作，进一步发挥团校和各级团组织作用，组织好学生社团和第二课堂活动，增强团组织的凝聚力和战斗力，营造良好校园文化氛围。充分发挥团组织在大学生思想政治教育中的重要作用，做好推荐优秀团员作为党的发展对象工作，充分发挥共青团员党的助手和后备军作用。

7.2　思想政治建设

7.2.1　领导班子民主生活会

学校党委按照省纪委、省委组织部和市纪委、市委组织部的部署要求，切实开好领导班子民主生活会，紧紧围绕主题，深刻剖析，认真评议，总结经验，做到求真务实找不足，解决问题促发展。学校会前确定了“坚持以人为本，密切联系师生，促进学校内涵发展”会议主题，制定了民主生活会方案，按要求进行了相关篇目的学习，并就查找班子和个人存在的不足作了具体安排。同时，通过召开座谈会、发放《征求意见表》、广泛开展谈心活动等形式，广泛征求意见，使班子及个人均找到了工作中存在的不足，明晰了努力的方向。班子成员也进行了认真准备，撰写了民主生活会发言材料，为开好这次民主生活会打下良好思想基础。12月19日上午召开领导班子专题民主生活会，会议由党委书记高仁泽同志主持，党委班子成员、教学质量专员、纪委委员和各部门负责人列席了会议。由于安排科学、程序合理、准备充足，班子成员紧紧围绕主题，放下包袱，消除顾虑，畅所欲言，认真开展了批评与自我批评，取得了良好的效果。

民主生活会上，韦荣同志总结2010年度民主生活会整改措施及贯彻落实《党员领导干部廉洁从政若干准则》情况。为整改2010年度学校党政班子民主生活会所涉问题，巩固和扩大学校学习实践活动成果，学校有针对性地落实整改的机关工作作风及干部管理、学校教学管理体制和运行机制，注重督导督察、将整改内容细化，做到目标明确、责任到人、逐项落实，已取得明显成效，学校内涵建设稳步推进。赖小景同志通报了征求意见和问卷调查情况。一是征求意见方面。征求意见表共发出89份，其中教职工64份，学生25份，收回86份。对学校领导班子的意见很好、较好：理想信念方面占90.6%，精神状态方面占98.8%，推动发展方面占94.1%，群众工作方面占90.7%，廉政建设方面占90.9%，平均值达到了93.2%。共收到12条针对性的意见和建议。对学校领导班子成员的意见平均值达到92.7%以上，最高96.6%。二是反腐倡廉方面。共发放问卷108份，收回103份。非常满意占45.6%，比较满意占46.6%，基本满意占6.7%，不清楚占0.9%，非常不满意为0，总体评价比较高。

但问卷调查的11项内容中有10项均有反映存在个别问题，也及时作出了提醒注意。学校党员领导干部认真对照自己的工作、生活、作风等方面的情况，认真撰写个人的总结发言材料、民主生活会剖析材料和具体的整改方案。会前的认真准备不仅保证了会议的有序进行，而且在撰写和发言过程中，班子成员对自身的工作进行了深刻的反思，对今后的工作提出了初步的整改意见。领导班子成员逐个进行检查分析，开展批评与自我批评。在民主生活会过程中，班子成员能够认真掌握批评与自我批评的基本原则和方法，端正态度，消除顾忌，对自身在贯彻落实科学发展观、党性、党风和思想、作风等方面存在的突出问题进行了认真、诚恳的自我批评，从深层次查找出问题的根源，从根本上制订出整改的措施，使自我批评真正做到高标准、严要求、不护短、不遮掩，取得了实实在在的效果。

通过召开这次专题民主生活会，学校领导班子进一步明晰了今后工作思路，找准了问题关键，确定了整改措施和努力方向。

7.2.2　党委理论中心组学习活动

2011年，在省委教育工委、市委、市政府的正确领导下，学校党委高度重视中心组理论学习，按照中共河源市委宣传部《关于全市县处级党委（党组）中心组2011年理论学习的意见》要求，紧紧围绕加快学校建设和发展的中心目标，制定了《河源职业技术学院党委中心组2011年理论学习计划》，把中心组学习作为研究解决学校改革、发展、稳定问题的重要载体来抓，使理论学习真正成为指导工作和决策的思想武器。党委理论中心组坚持“围绕专题、灵活多样”的学习形式，采取集中学习、个人自学、专题辅导、交流讨论、调查研究相结合的多种方法，辅以观看录像、听讲座、搞调研、写体会等途径，提高学习效果。党委中心组以（扩大）学习会的形式进行，中心组成员包括学校党委班子成员，列席人员为各部门主要负责人。党委中心组（扩大）学习会每周安排一个主题，内容包括政治理论、工作方法、教学教研、行政管理、决策服务、时事热点等。此外，2011年学校党委理论中心组重点围绕学习型政党建设和党员干部思想作风建设，以学习贯彻全国教育工作会议、全国高等职业教育会议精神和《教育规划纲要》为重点，结合学校创建省级示范性高职院校目标，按季度开展“贯彻落实‘十二五’规划，推动经济社会又好又快发展”、“深入学习党的历史，不断提高宗旨意识和执政能力”、“加强和改进新形势下群众工作，切实保障和改善民生”、“加强党风廉政建设，深入开展反腐败斗争”等4个专题，中心组成员通过学习，结合自身工作，开展了广泛的理论研究，撰写多篇心得体会，全年上挂在学校OA栏主题发言材料共计55篇。一年来，党委中心组学习的影响面进一步扩大到学校中层干部，乃至广大教职工，形成一支在党委中心组领导下，勤于学习、乐于学习的教学和行政团队，有力推动了学校又好又快地发展。

7.3　组织建设

7.3.1　基层组织建设

2011年，学校从实际需要出发，对基层党组织进行了适当调整，调整后学校现有6个党总支，16个党支部。分上、下半年举办了第20、21期业余党校培训，共有870名入党积极分子参加了培训；全年共发展党员650名，其中教师党员4名；审核预备党员转正320名；转入党员75人，转出565人，内转28人。截止到2011年，教职工党员数 348 人，占教职工总数 53.37%，学生党员数 710 人，占学生总数 6.02%，离退休教工党员 35 人。

7.3.2 干部选拔和培养

按照党委统一部署，有步骤地开展第二轮干部换届工作。按照学校党委要求，认真制定学校中层干部竞争上岗总体实施方案、实施细则，并报送市委组织部审核通过。从报名、资格审查、述评考评、民主推荐、组织考察，到会议讨论和拟任公示，对每一层次和每一程序都预先制订可操作的方案、细则，并严格执行。通过竞争上岗方式，提任正职 7 人；提任副职 11 人；提任科长（主任）职 23 人；退出正职（或部门负责人）的有 3 人，退出副职的有 4 人，退出科长（主任）职的有 2 人；留任正职的有 11 人，留任副职的有 16 人，留任科长（主任）职的有 5 人；正职转任的有 3 人，副职转任的有 6 人，科长转任的有 3 人。通过全员竞聘选拔任用了一批党员干部，形成良好的用人导向，增强了干部队伍活力，为学校的发展和稳定奠定了基础。

7.3.3 干部教育培训

学校党委高度重视干部教育培训工作，2011 年组织中层干部扩大学习会议 4 次，组织校内党务工作人员培训 2 次，组织业余党校培训 2 期，选派 1 名后备干部参加市扶贫“双到”工作驻连平县工作组。重点抓好中层干部的培训与选拔，全年分 5 批次安排 12 名中层干部参加各类培训，培训内容包括党务知识、行政知识和专业技能等，有效提高了干部综合素质。

2011 年，共选派 9 位同志参加省委党校、市委党校组织的培训班学习。多渠道、全方位的干部教育与培训，增强干部的开拓创新意识，提高了干部队伍的整体素质。

7.3.4 党代表工作室活动

4 月 24 日，在上级党委的正确领导下，为了更好地履行党代表职责，加强党代表与基层群众的沟通联系，协助广大党员群众解决实际问题，密切党群关系，构建“党群连心桥，民声直通车”，学校党代表工作室正式揭幕成立（见插图 7-1）。

党代表工作室设在教学楼 A308，每周三上午 9：00—11：00 开放，根据学校现有省、市两级党代表高仁泽、罗春娜两位同志的实际情况，由该两位同志轮流驻室接待党员群众，每年不少于四次。办公室设有两名联络员，主要工作是做好与党员群众间的沟通联系工作，工作室还设有“团员青年服务岗”，发挥共青团员的作用。党代表工作室以倾听民声、反映民意为工作重点，服务大局，自成立以来，接访党员群众三批次，接访人数 11 人，很好地发挥了党代表作用。

7.4 党风廉政建设

7.4.1 行政人员“一线服务”活动

2011 年，党委积极倡导与推行“一线服务”活动，坚持“力量往一线倾斜、问题在一线解决、作风在一线转变”，学校领导和行政人员在每周四下午全部深入到专业（教研室）一线了解情况、沟通上下、解决问题，这是学校一项亲师助教的创新举措。“一线服务”主要以“挂院部、下专业、进课堂、助教学”四种形式进行。各服务人员认真参与到教学有关讨论中，聆听教师提出的待解问题并对学校一些教师们有疑问的文件、规定作出解析。他们既充当专业情况的信息员、帮助沟通关系的联络员，又是解释学校政策措施、大政方针的宣传员，从而开通从专业教师到学校的“直通车”，并逐级负责沟通有关情况、化解有关问题和矛盾。“一线服务”将被动服务变为主动服务，将滞后服务变为即时服务，将间接服务变为直接服务，能够做到知教情、解师忧、暖民心，既有利于促进管理队伍改进作风，提高执行力，更有利于密切与教工的联系，增强学校的凝聚力和教工的归属感。学校领导班子成员经常带着问题深入二级院部、带着思考深入实践、带着感情深入师生，准确把握学校各方面的情况，结合实际解决学校发展和师生密切关注的问题，不断提高办学治校的能力和水平。

7.4.2 廉政建设活动

2011 年，在市纪委和校党委的正确领导下，纪委监察审计处坚持深入贯彻落实科学发展观，全面落实上级有关决策部署，坚持标本兼治、综合治理、惩防并举、注重预防的方针，着力加强反腐倡廉制度建设，扎实推进惩防腐败体系建设，为学校争创省内一流的高职院校保驾护航，做出了积极贡献。开学初，纪委专门为新提拔的领导干部建立廉政档案，为处级以上领导干部发放 2011 年廉政台历，使党风廉政宣传教育做到警钟长鸣、潜移默化。年初召开全校纪检监察工作会议，要求广大党员干部严格遵循中纪委“四大纪律、八项要求”，努力做到“五不准”。3 月，学习讨论《关于进一步加强高等学校若干重大问题监督管理的意见》，并部署相关工作。学校制订了《2011 年纪律教育学习月活动实施方案》，召开纪教月动员大会，提出以“以人为本，执政为民”为主题，着重加强“育人为本，执教为民”教育，引导师生员工牢固树立群众观点，增强责任意识和服务意识，树立正确的世界观、人生观和价值观，自觉筑牢拒腐防变的思想道德和党纪国法两道防线。6 月，组织党员干部观看廉政教育电教片，组织纪检监察干部参加纪念中国共产党成立 90 周年反腐倡廉知识竞赛，抓好宣传教育。9 月，通过专题辅导讲座等形式，广泛开展《廉政准则》学习教育活动，并在校园网开辟《廉政准则》学习专栏，刊登解读及党员领导干部的心得体会文章；通过校广播站、新闻中心及时对各部门的学习贯彻情况进行跟踪报道，通过广泛深入的宣传，为反腐倡廉营造了良好的社会基础和舆论氛围。12 月 15 日，学校领导班子和领导干部贯彻落实党风廉政建设责任制民主测评会在行政楼 C108 召开，会议以投票的形式对校领导班子和领导干部进行了测评。

7.5 统战工作

7.5.1 参政议政工作

2011 年，学校教工参加民主党派有 25 人，其中参加中国国民党革命委员会的有 3 人，参加中国民主同盟的有 9 人，参加中国民主建国会 1 人，参加中国农工民主党有 1 人，参加九三学社的有 10 人。学校党委围绕统战工作的中心和主题，积极做好统战宣传工作，进一步扩大统一战线的宣传面和教育面，扩大统战工作的影响，让更多的人了解统战工作的方针政策，不断扩大统一战线的社会影响。学校第二次党代会前专门组织民主党派和党外教工召开了会议，就党代会主题报告征求他们的意见与建议，有 1 名民主党派教工积极为学校党代会提交了议案，学校还党外推荐教工张晓燕老师担任河源市源城区人大代表。

7.5.2 民主党派活动

学校积极发动民主党派和党外人士参加学校的文化建设。3 月 12 日植树节，在河源市政协副主席、九三学社河源支社主席唐汉芳的带领下，九三学社河源支社的20多名社员来到学校开展植树活动，九三学社河源支社此次向学校捐赠了我国一级珍稀濒危保护植物——红豆杉和桂花树共200多株。3月19日，中国民主同盟河源市支部20多名成员在学校开展捐树种树活动，在荟萃湖堤岸旁种下27棵樱香树和桂花树。这些树苗都是学校这一片“民主林”的重要组成成员，日后将成长繁茂，为学校遮风挡雨。学校植育“民主林”活动旨在进一步宣传中国共产党领导的多党合作和政治协商制度，广泛开展多党合作历史和光荣传统教育，建立爱国统一战线教育基地。

7.6 建党90周年系列活动

6月14日，纪念建党90周年暨“河源是中国革命策源地之一”系列理论研讨会在河源市会议中心隆重开幕。中央和省内外从事党史、军史研究工作的领导、专家学者及革命老同志共200余人聚首“红色河源”，围绕“河源是中国革命策源地之一”的革命历史定位开展讨论和交流。学校党委副书记韦荣应邀参加了理论研讨会，并带领思教部两位教师杨党校和黄荣辉出席了开幕式。在众多投稿论文中，学校韦荣副书记《中国新民主主义革命策源地河源考》、杨党校老师《“东江三杰”革命活动及其影响探微》、黄荣辉老师《论土地革命时中央苏区县龙川革命的特点》脱颖而出，全部入选大会论文集，并获得了与会专家学者的高度赞赏与广泛好评。

6月22日，河源市建党90周年党的知识竞赛活动在河源广播电视台举行，学校组织代表队代表市直机关工委参赛并获组织奖。

6月，中共广东省委教育工作委员会开展2011年“七一”表彰活动，学校图书馆党支部被评为先进基层党组织，凌财进同志被评为优秀共产党员。同时，凌财进也被评为河源市优秀共产党员。

7.7 共青团建设

7.7.1 学生思想建设

校团委组织开展了主题为“纪念中国共产党成立90周年”的系列教育活动。此次活动以科学发展观为指导，高举中国特色社会主义伟大旗帜，深入贯彻落实科学发展观，唱响共产党好、社会主义好、改革开放好、伟大祖国好、各族人民好的时代主旋律。通过网络主题团日、图片展、“我身边的幸福事”微小说（微文学）创作大赛、党团知识竞赛、参观考察等多种活动形式，在广大团员青年中掀起“爱国、进步、民主、科学”教育活动的高潮，进一步激发全校师生爱党、爱国、爱校的热情，增强师生的民族自尊心、自信心、自豪感和勇于承担社会责任的历史使命感。高举中国特色社会主义伟大旗帜，万众一心，开拓进取，在全面建设小康社会、幸福、和谐校园伟大征程上再创辉煌。继续加强广大青年学生的团员意识，服务意识，奉献意识，规范团的民主生活、团日活动，使广大共青团员从内心深处深刻感受到共青团组织的先进性，从思想上向往共青团组织，树立永远跟党走的坚定信念。

5月6日晚，由学校团委组织开展的以“忆五四峥嵘，燃青春岁月”为主题的2011“校园十星”暨“五四”表彰文艺晚会在学术报告厅隆重举行（见插图7-21），首届“十星”于晚会中闪亮登场，成为广大青年学生学习的榜样。中共河源市委常委、宣传部部长吴善平、中共广东省连平监狱党委副书记、纪委书记詹俊平、团市委骆世文书记、校党委书记高仁泽、校长刘安华、副校长陈农心、学校各处室、院部负责人以及连平监狱狱警干部代表出席了此次活动。

开展“校园十星”评选活动旨在进一步营造良好育人氛围，创新学生德育教育模式和表彰机制，全方位、多角度地打造和宣传优秀学生典型，用先进典型感召人、激励人，引导广大青年学生“学会学习、学会做人、学会做事”，全面促进校风学风建设。据悉，从2011年起，学校将每年进行“校园十星”的评选，开创并大力发展“榜样教育”新模式。盛典舞台上星光璀璨，“十星”伴随着激昂奋进的音乐登上领奖台，并分别发表了获奖感言，与大家分享了其成长历程和感触。期间，学校还准备了形式多样的文艺表演，赢得观众们连连的掌声。连平监狱干警的配乐诗朗诵和与学校教师的民族歌曲联唱更成为整个晚会的焦点。

业余团校第六期培训班在学校学术报告厅隆重举行（见插图7-3）。业余团校对全体学员进行了为期半个月的培训。业余团校以培养优秀的共青团员、全面提高团员的综合素质为目的，让广大青年团员成为学校党委和团委的得力助手，相继安排了相关的课程对广大青年团员进行培训。培训涵盖理论讲座、素质拓展活动、分组讨论、互动交流、汇报演出等贴近实际、内容丰富的培训模块，切实增强学员们自身素质和团结能力，致力于培养学员把团校学习的知识、团队精神带到基层的团支部，活跃班级，服务同学。近两期团校共培养了1600多位学员，其中顺利结业的学员近1400人，优秀学员120人，使广大青年团员各方面素质大有提升。

10月10日，校团委组织开展“纪念辛亥革命100周年”主题系列教育活动，以此激发师生们的爱国热情及民族责任感、使命感。2011年是辛亥革命100周年，全国各地均以各种方式纪念这场对我国历史进程产生重大影响的革命。期间，校团委开展了主题为“辛亥革命100周年”的黑板报评比、献花祭奠革命先驱孙中山先生铜像等活动（见插图7-4）。同时还利用网络新媒体，通过开通纪念辛亥革命100周年专题网站、微博等喜闻乐见的形式共同纪念这个重大历史事件。

为纪念“一二·九”运动76周年，弘扬爱国精神，缅怀历史，奋发向上，12月9日清晨，校团委组织青年学生在贤能广场举行了庄严的升旗仪式。弘扬民族精神，牢记历史责任。让学生铭记历史，用行动报效祖国。号召当代大学生应当积极传承爱国主义精神，缅怀革命烈士的丰功伟绩，认真学习专业技能，为祖国作贡献，做社会栋梁之才。

此外，学校各大组织、社团、协会纷纷结合自身特色，以多种形式积极响应此次活动。校团委认真组织学校各级团组织积极参与团省委“活力在基层”主题团日竞赛活动。结合学校实际策划开展了丰富多彩的主题团日活动，如“党史、校史我来讲”等网络团主题日活动，营造了浓厚的爱国主义氛围。

7.7.2 学生组织建设

校团委在实施信息化管理的同时，进一步完善团务管理系统，加大管理力度。定期召开共青团委员会会议，汇报工作进展，落实各部门职责，强化各部门职能，合理规划工作流程。深化学生干部管理，实现“干部一体化”改革，校级学生干部与学院干部全线打通，校级干部来自学院干部，充分调动学生干部的积极性，实现学生干部“一体化管理”，科学合理优化资源，促进学生干部组织建设。

2011年，学校团委成立了河源职业技术学院微博团支部，负责管理河源职业技术学院团委微博，该微博自申请成立至今，现有2000多粉丝加入该微博，发布信息500

多条，关注300多人，是截止到2011年河源市微博粉丝数最多的微博之一，具有较大的影响力，在活动开展、团务信息传播、思想引导等方面发挥重要作用。校团委积极利用微博及时发布校园团务工作新闻动态及上级党委、团委有关通知、通告、校园文化活动方案等。河源职业技术学院微博团支部已成为促进学校校园校风健康平衡发展、弘扬先进文化的重要手段，并在缓解学生与学校之间产生的矛盾中发挥了巨大的现实力量。

2011年，校团委成立了网络团支部，以网站为主要工作平台，逐步形成集网络办公、网络宣传、联系青年团员、网上服务青年等为一体的“网络团支部”工作体系，积极引导网络青年参加各类团活动以及其他公益、互助、联谊活动，不断加强团组织在网络上对青年的联系和引导作用，实现共青团组织对团员青年在现实与虚拟上的全覆盖。

定期在学生事务服务中心开展由各级校领导出席现场的接访活动，收集学生对学校各方面的意见与建议，保证广大青年学生行使合法权利。

7.7.3　校外社会实践

在河源市2011年度市级优秀志愿服务项目评选活动中，学校八项志愿服务活动被评为2011年河源市第一批优秀志愿服务项目并获得市志愿服务项目资金支持，是全市获得资金支持项目最多的一家申报单位。近年来，校团委积极开展青年志愿者社会服务活动，努力打造青年志愿者服务载体，进一步拓展青年志愿者社会服务内容，不断创新青年志愿者社会服务形式，不断壮大学校青年志愿者服务队伍的力量，扩大社会影响力，积极承接各项省、市级青年志愿者服务项目，在河源市志愿服务工作的建设中成绩突出，得到了社会广泛高度的评价。

学雷锋志愿服务月活动及12·5国际志愿者服务周活动

学校团委积极开展无偿献血、义务维修、汽车站服务、环境保护、慰问弱势群体等5个常规品牌活动，同时创新活动形式，开展了福利院义诊活动、义卖玫瑰活动、校园树标牌活动、清除牛皮廨等系列活动。为期一个月的活动中，累计派出志愿者超过2000人次，提供志愿服务达2500小时，受益人数超过10000人。2011年3月27日，学校青年志愿者协会携手河源市上城医院、东江眼科医院开展福利院义诊活动，为37位老人进行了爱心义诊，并为老人们送去200份慰问品，共58名志愿者参与活动。义卖玫瑰活动共献出500朵玫瑰，为贫困农民工子女及福利院孤寡老人募捐资金800余元。参加献血活动的人数达200人，献血总量50000毫升。这些活动的相继开展，真正地落到实处，不但受到各学院学生的积极参与，而且得到广大师生、市民的好评。尤其是走进农民工家庭、汽车总站爱心结服务活动和市区的义务维修，深入市区，走进群众、贴进民心，进一步发扬了雷锋精神，为社会展现了新生代的志愿者风采。

服务河源市的“双创”工作，定期组织大型环保志愿活动

为贯彻落实市委、市政府“创卫”“创模”的工作要求，学校各学院组织了“创卫”志愿者服务队，在全市各街道、社区广泛开展“我为创卫做贡献”志愿服务活动。向社会各界、团员青年、中小学生等发出了参与创卫志愿服务的倡议书，组织志愿者深入城中村、公交车站、人流量集中的农贸市场和广场开展“清洁家园”志愿服务，共开展志愿活动近百场次，共有志愿者1000人次参与，形成人人知晓、个个参与、全民行动的氛围，为我市的创卫工作增添一支青年生力军，受到有关部门的肯定和好评。2011年3月5日上午，由吕泽雄创卫创模服务队、河源公仆微博网博友、光明学校教工及学生联合举办的雷锋月“双创”环保活动在河源广场开展，学校共20名志愿者参加。此外，学校每周于校内开展以“清除牛皮癣，树立文明风”为主题的校园清除牛皮癣活动，活动次数达 20 次，共有志愿者 2000 人次参与。在志愿者们的认真清理下，校园各处焕然一新。

关爱农民工子女行动

为贯彻落实团中央《关于开展“共青团关爱农民工子女志愿服务行动”的通知》文件精神，学校通过组织青年志愿者长期结对帮扶、特殊试点帮扶、心理帮扶、物资帮扶、健康帮扶等方式，对在我市的农民工子女进行关爱志愿服务。在活动中通过家访、交流、调查等各方面了解当地农民工子女的生存及实际生活状况。在上课及课余时间细心观察他们的心理及其他状况，视情况进行心理辅导，帮助个别农民工子女扫除心理上的障碍。组织开展课外活动及团队游戏。为他们讲授一些日常生活小常识，使他们在日常生活中能够自立自强。活动中与农民工子女共建立结对帮扶关系达 300 对，建立“朝阳爱心家庭”10 户。在“六一国际儿童节”前后在胜利小学和泥坑小学两个服务点集中开展“心手相牵齐联欢庆六一”活动。2011 年 3 月 10 日胜利小学的爱心义务支教活动还曾受到我市河源电视台的跟踪报道，并在河源公共频道播出。

志愿服务社区活动

2011 年 9 月 17 日，由团区委、区民政局共同举办的“源城区贫困家庭先天性患者医疗救助登记咨询服务活动”在市街心花园展开，学校共 20 名志愿者参加。在活动过程中，志愿者们顶着烈日，在市区人流密集场所派发传单，细心地向群众讲解此次宣传的目的性，积极推广城乡医疗救助制度，他们热情的服务态度受到市民们的大力赞扬。

“学一分消防知识，多十分平安保障”消防宣传志愿活动

2011 年 10 月 15 日上午，学校携手河源市公安消防局在学术报告厅隆重举行河源市千名志愿者参与“清剿火患”战役启动仪式。启动仪式上，由市公安消防局吴新国政委为参与“清剿火患”战役服务队授旗。仪式结束后，学校 80 名消防志愿者在河源市区开展户外宣传活动。志愿者们身穿黄马甲，头戴红毡帽，手捧宣传资料在河源市区人流密集处向过往群众开展消防宣传，并向沿途市民传授相关的消防安全知识，为“清剿火患”战役营造良好宣传氛围，获得广大市民的一致好评。

“千年古邑，红色河源”河源市庆祝建党 90 周年晚会志愿服务活动

2011 年 6 月 30 日晚上，河源市庆祝中国共产党成立 90 周年大会暨大型革命歌舞史诗《千年古邑，红色河源》文艺晚会在市体育馆隆重召开，学校 50 名志愿者参加了此次活动的志愿工作。志愿者在现场分为协助现场入票、贵宾引领、秩序维护三组人员。为时近 3 小时的演出，学校志愿者在各自的岗位认真地工作，他们不怕苦、不怕累，一直在岗位坚守着。

“客家风·东江情”全国摄影大展开镜仪式志愿服务活动

2011 年 9 月 10 日上午，“广东河源——客家风·东江情全国摄影大展”在我市苏家围景区举行开镜仪式，学校 46 名学生志愿者作为客家妹模特为开镜仪式提供志愿服务。开镜仪式有内地十个省的摄影家协会主席、省内十二个市及香港、澳门、台湾一千多名摄影家参加，是河源建市以来举办规模最大、规格最高的一次影事。活动中，学校 46 名学生志愿者分成 5 组，分配在景区不同景点，以客家妹模特的身份向一千多名摄影家的镜头传递客家风情，展示河源之美，成为了此次开镜仪式的亮点，获得主办方领导及嘉宾、观众的一致好评。

“古邑明珠、活力源城”源城区首届运动会志愿活动

2011 年 11 月 11 日，河源市源城区首届运动会在中山广场隆重开幕，学校共 110 名志愿者参加此次活动。源城区首届运动会整个赛事从 10 月中旬启动比赛项目到 11 月底运动会闭幕，时间持续近两个月。特邀请了礼仪专业老师进行志愿者培训、志愿者彩排等。志愿者主要负责开幕式和闭幕式的人员引领和现场秩序的维护工作，在服务过程中学校志愿者以良好的精神面貌、热情的服务态度、细致的工作组织得到河源市领导的好评。

7.7.4　创建全国“五四”红旗团委

2011年，校团委以申报、创建“全国五四红旗团委”为目标，严格按照团中央、团省委的工作要求，围绕学校的中心工作，坚持学校党委的领导，以党建带团建，求真务实，开拓创新，为大学生团员青年的成长成才服务，按照创建的指标体系，凝心聚力，进一步规范团组织工作，努力增强团组织的创造力、凝聚力和战斗力，不断提升学校共青团工作的整体水平。主要工作如下。

7.7.4.1　以建党九十周年为契机，创新活动载体，引导广大大学生团员青年永远跟党走

（1）深入开展主题鲜明、内容丰富的思想教育活动。

团委以建党九十周年和辛亥革命一百周年为契机，结合大学生特点，以喜闻乐见的方式，积极组织和带领广大团员开展主题鲜明、内容丰富的思想教育活动，服务广大大学生青年，引导广大团员青年永远跟党走。

（2）积极开展2011年“五四”系列纪念活动。

在2011年“五四”青年节来临之际，为推动“五四”精神在青年中更为深入而广泛的传播，激励广大青年传承“五四”精神，喜迎中国共产党成立90周年，分享祖国“十一五”期间的伟大成就，为“十二五”建言献策，探索运用新媒体做好新形势下组织引导服务青年工作的新模式，学校团委特举办“校园十星”评选、五四网络青年节、五四知识讲座、“五四”晚会等一系列活动。

（3）成功举办第五期、第六期业余团校。

举办团校可以进一步加强团的建设，努力提高青年学生的思想意识和政治觉悟，引导广大青年积极分子主动向团组织靠近，扎实推进基层团组织建设，在广大青年学生中普及团史、团的基本知识，不断壮大团员队伍，进一步加强对先进青年进行《团章》的教育及团的基层建设，发挥他们在基层班级团支部中的先锋模范带头作用，带动基层，活跃基层，提高共青团干部和骨干的组织青年、服务青年、引导青年和维护青年合法权益的能力。

7.7.4.2　凝练特色，丰富内涵，进一步打造学校团委特色品牌活动

（1）学校在第五届广东省大学生科技学术节中喜揽众奖，成为成绩最好的高职院校。

学校2011年科技学术节以“让青春与创新共舞”为主题，旨在培养学生创新意识、锻炼学生科技创新能力、提高学生综合素质，希望同学们能积极行动起来，用睿智的科学思维，大胆想象，勇敢创造，让科学精神与青春共舞，本届科技学术节主要由挑战杯课外科技学术作品大赛、读书文化节和工商模拟市场三个大型活动组成。各项赛事在学校在广东省科技学术节活动各竞赛类项目中喜获佳绩，是此届大学生科技学术节成绩最好的高职院校。

在学校领导的大力支持下，学校还承办了第五届广东大学生科技学术节中的首届省大学生电子创新设计大赛决赛。校团委积极组织了学校学生踊跃参加科技节的各项赛事，分别获得广东省大学生挑战杯课外科技学术作品大赛特等奖、ERP沙盘模拟大赛一等奖和电子创新设计大赛一等奖等多项荣誉，并首次获得大学生挑战杯“优胜杯”和科技学术节“优秀组织奖”荣誉。

（2）结合地方特点，积极开展“永远跟

党走”第六届广东大学生校园文化艺术节暨第三届客家文化艺术节活动，努力形成特色品牌活动。

为庆祝党的 90 华诞，推动高校校园文化建设，进一步发挥校园文化的育人、塑人功能，以先进文化凝聚和引领广大青年学生投入幸福广东和文化强省建设，校团委举办了“永远跟党走”河源职业技术学院第六届校园文化艺术节暨第三届客家文化艺术节系列活动。校团委结合学校各专业特色，积极开展富有特色和创新思想的大学生学术科技活动和专业技能活动，努力营造一个良好的学习氛围，开展了丰富多彩的校园文化艺术节活动。

(3) 大学生暑期“三下乡”社会实践活动获得省级表彰。

当年学校暑期“三下乡”社会实践活动以学校统一组织大学生志愿服务队为基础，采取集中与分散相结合、点与面相结合的方式开展，学生自己联系下乡地点，自主完成日常起居饮食。其中，其中工商管理学院 49 人赴源城区埔前镇、电信学院 47 人赴龙川县坨城镇、人文学院和机电工程学院各 47 人赴龙川县附城镇、校学生干部 50 人赴紫金县敬梓镇开展志愿服务。此外，校学生干部还组织了 16 名骨干，分成 8 个组，分赴河源六个服务点开展调研活动。活动取得了较好的成绩，产生了良好的社会影响，有力促进学校广大学生在社会实践中“受教育、长才干、做贡献”。

(4) 努力打造校园缤纷社团文化。

学校截止到 2011 年有社团 45 个，超过 5000 名青年学生成为各类社团的会员。社团联合会每年定期举行“社团文化节”活动，至 2011 年已举办了四届。各大社团集中开展的“社团缤纷秀”已成为校园文化活动中参与人数最广泛、最受学生欢迎的文化活动。

第四届社团文化节活动以“燃烧青春，给力社团”为主题，以打造品牌、繁荣社团文化、提高素质为宗旨。紧紧围绕校园文化建设，将艺术性与教育性、知识性与娱乐性、传统性与创新性有机结合，是展现青春魅力的舞台、拓展知识的桥梁和开阔视野的窗口（见插图 7-5）。社团文化节期间，共举办了 78 项活动，异彩纷呈，交相辉映，形成了健康、高雅、文明、和谐、具有特色的校园文化景观。本次社团文化节直接参与人数达两千余人，间接参与近五千人，在数量与规模上为历届之最。

7.7.4.3　提升服务质量，扩大服务范围，承办了省、市多项重要赛事

一年来，学校始终把“全面提升服务水平，提高服务品质，扩大服务范围，进一步深化服务内容”作为服务工作的准则，树立“主动服务、深层次服务、全方位服务”的理念与意识，着力转变服务意识，提高服务质量与品质，并在活动赛事中加以强化和体现。

5 月 23 日，首届广东大学生电子创新设计大赛决赛在学校举行。本次大赛为广大高校学生筑造了一个展现自我、开拓创新的平台，也为各院校提供了一个切磋职业技能、检阅职教发展、引领技术创新的良好平台。学校师生将秉着认真的工作态度，努力为参赛选手提供最优质的服务。广大学生志愿者并本着“以实践增长才干，以协作增进友谊”的服务态度，成功地完成了赛事前期、中期、后期的全程服务工作，且协助各专家评委统计了参赛作品的获奖情况。经专家初审，33 所高校 60 份作品入围决赛，其中本科组 36 份，专科组 24 份。

9 月 22 日，由河源市社科联合会主办，学校团委承办的河源市“我的幸福追求”演讲比赛在学校学术报告厅举行，学校六号选手陈庆运技压群雄获得比赛一等奖。中共河源市委副书记龚佐林、河源市委宣传部副部长刘育初、河源市社科联主席陈阳春、学校党委副书记韦荣及河源市社科联副主席曾志

伟出席了此次比赛。比赛现场，十名选手分成两组，围绕主题“我的幸福追求”进行演讲。评委则从演讲内容、表达与技巧、创意思维、形象举止与综合印象五方面为选手的表现打分。选手们从各自角度出发，表达了自己对幸福的向往与追求。现场气氛热烈，活动获得良好效果。

12 月 8 日，由团市委主办，学校团委承办的“青年企业家走进校园”活动在学校报告厅举行。通过邀请青年企业家以“起航青春梦想，创业幸福人生”为主题进行讲座，开阔大学生的视野，引导他们树立正确的人生观和价值观，在规划职业生涯、投身就业创业的过程中能够正确面对现实，积极进取，找到实现理想抱负的现实路径，促进大学生成长成才。活动中，先由优秀青年企业家向同学们讲述自己的奋斗经历，分享创业的经验及创业成功背后的艰辛而精彩的人生故事。随后与学生进行互动交流，引导学生正确规划未来职业生涯，为立志创业的学子指点迷津，点燃创业梦想，增强创业就业信心。

7.7.5　三下乡活动

2011 年 7 月 11 日，学校 2011 年暑假大学生科技、文化、卫生“三下乡”社会实践活动正式启动，学校陈农心副校长，学生工作处负责人，校团委全体人员，带队老师以及全体志愿者参加了启动仪式。此次学校“三下乡”活动本着“青春辉映党旗，实践创造幸福”为主题，组织了 306 名青年志愿者、共分 16 支服务队分赴各地开展为期 10 天的暑期“三下乡”社会实践活动，其中工商管理学院 49 人赴源城区铺前镇、电信学院 47 人赴龙川县坨城镇、人文学院和机电工程学院各 47 人赴龙川县附城镇、校学生干部 50 人赴紫金县敬梓镇开展志愿服务。此外，校学生干部还组织了 16 名骨干，分成 8 个组，分赴河源五个服务点开展调研活动。

2011 年暑期“三下乡”社会实践活动要坚持以贯彻科学发展观和践行《珠江三角洲地区改革发展规划纲要》为指导，引领青年学生坚持理论联系实际，在社会实践中得出正确的社会观察结论，真正实现“受教育、长才干、做贡献”。学校团委根据各自身的特点和优势，结合河源经济社会发展的实际需要，将村镇、企业、社区作为大学生社会实践基地，以展开社会调查、教育帮扶、科技支农、文艺演出为重点，广泛开展政策宣讲、扶贫服务、教育帮扶、医疗服务、义务维修、生态环保、文艺演出等活动。学校各学院结合自身特点，充分调动本学院资源，独立组织志愿者为地方居民提供科技支农实践服务。

在当年暑期“三下乡”社会实践活动中，学校提升了社会调查在活动中的比重和质量。学校较上年新增了社会调研队，组织了 16 名学生骨干，分成 8 个组，分赴河源五个服务点开展调研活动。各组成员结合促进经济发展方式转变和落实《珠江三角洲地区改革发展规划纲要》，深入开展我省加快经济发展方式转变系列社会调查活动，围绕现代服务业、先进制造业、高新技术产业、优势传统产业、现代农业和基础产业的建设尤其是数字家庭、电动汽车、物联网、生物医药、风能、太阳能、半导体照明等领域的突破和产业化开展调查，研究广东省加快经济发展方式转变的长处和短处。

9 月 12 日晚，学校在灯光篮球场隆重举行“迎新生·庆中秋暨 2011 年‘三下乡’‘迎新’志愿者工作表彰文艺晚会”。校学工处何智聪处长、校团委陈海明书记、邝茂华副书记、学工处谢理滔副处长、各二级学院党总支副书记及各二级学院团总支书记、全体辅导员、全体 2011 级新生出席了此次晚会。

晚会期间，学工处何智聪处长为学校获得广东省大学生暑期“三下乡”活动“先进单位”、“优秀团队”和“先进个人”代表颁发荣誉证书；校团委陈海明书记、邝茂华副书记分别为学校获得 2011 年暑期“三下乡”

社会实践活动、“迎新”工作志愿者颁发“优秀干部”和“积极分子”荣誉证书。

7.8 学生社团建设与效果评估

7.8.1 学生社团建设情况

学校学生社团是由校团委批准成立的，由具有正式学籍的全日制学生自愿组成，由学生社团联合会统一管理的，为发展共同兴趣爱好，实现共同志愿，按照章程开展活动的学生社团组织。

7.8.1.1 学生社团情况

（1）社团总量与分布

至2011年底，学校共有学生社团47个，其中校级社团9个，院级社团38个，分布详见表7-1。新芽文学社成立于1985年，有着26年的历史积淀，许多杰出的校友就曾在该协会锻炼过。

表7-1 河源职业技术学院学生社团分类归口管理分配表

序号	所属单位	社团名称	序号	所属单位	社团名称
1	校团委社团联合会（10）	大学生艺术团	26	艺术与设计学院（16）	神笔书法协会
2		新芽文学社	27		朝之雾动漫社
3		爱心协会	28		创艺协会
4		心理协会	29		摄影协会
5		励志团体	30		国画协会
6		职业规划与发展协会	31		吉他协会
7		中国特色社会主义理论研究协会	32		交谊舞协会
			33		篆刻协会
8		棋艺协会	34		健美操协会
9		街舞协会	35		定向越野协会
10		手工制作协会	36		足球协会
11	人文学院（6）	英语协会	37		乒乓球协会
12		演讲与口才协会	38		毽球协会
13		梧峰诗社	39		羽毛球协会
14		法律协会	40		武术协会
15		海燕话剧社	41		青年志愿者服务队
16		青年志愿者服务队	42	工商管理学院（12）	旅游协会
17	电子与信息工程学院（5）	计算机协会	43		物业管理协会
18		电子协会	44		营销协会
19		楼宇智能化协会	45		物流协会
20		平面设计协会	46		创业与企业管理协会
21		青年志愿者服务队	47		投资与理财协会
			48		珠算协会
22	机电工程学院（4）	汽车协会	49		礼仪与形象设计协会
			50		植物研究协会
23		环保协会	51		企业模拟竞技协会
24		轮滑协会	52		酒店管理协会
25		青年志愿者服务队	53		青年志愿者服务队

（2）学生社团会员情况

各学生社团会员人数已经突破5000人（详见图7-1），按社团性质划分，涵盖了体育、学术、文化、心理等领域，已经成为学校德育教育的重要渠道和有效阵地。

（3）学生社团指导老师

截至2011年12月31日，共有63人参与社团指导，其中，校内聘请老师62名，校外聘请老师1名。

（4）学生社团活动阵地

除新芽文学社、电子协会有固定活动阵地外，其他所有社团没有固定活动阵地。

（5）学生社团经费来源

学生社团活动资金基本依靠向社团会员收取会费（各学生社团统一为20元/人/三年，其中励志团体和爱心协会不收取会员费）和争取社会赞助支持。

统计显示：2011年，全校社团纳新后共收取会员会费共101198元（分布详见图7-2），全部由各协会自主保管和使用。学生社团联合会共收取了7945元（校级社团收取会员费的20%、院级社团收取5%会员费）的社团办公经费，由社联自行保管使用。各学院社团部收取所管理社团的15%会员费作为学院社团部办公经费，其中，工商管理学院社团部共收取2592元，机电工程学院社团部共收取597元，电子与信息工程学院社团部共收取1365元，人文学院社团部共收取1872.7元，艺术与设计学院社团部共收取5873.3元。所有学生社团经费每年接受社联年审并定期公示。

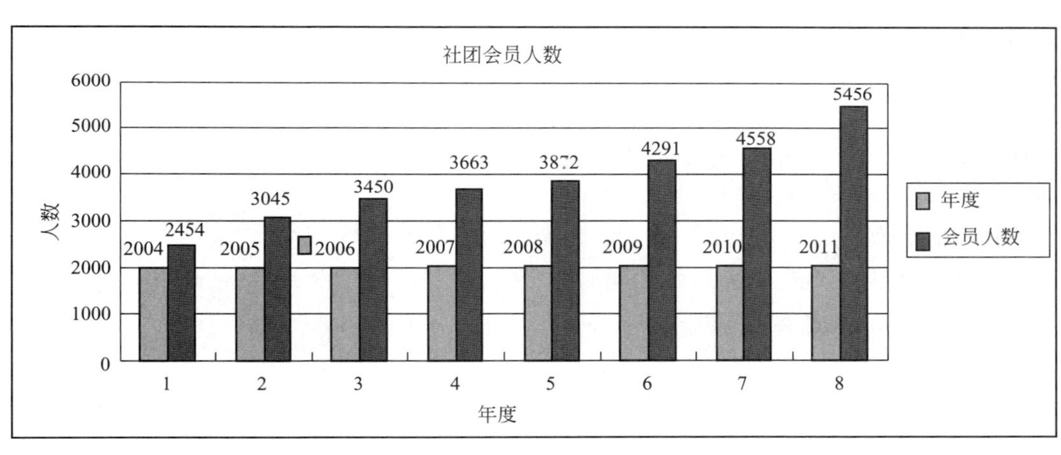

图7-1　学生社团会员人数增长示意图

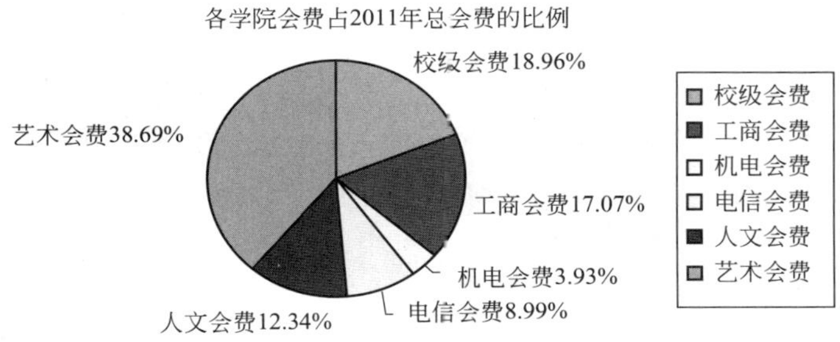

图7-2　2011年各学院学生社团收取会员费情况

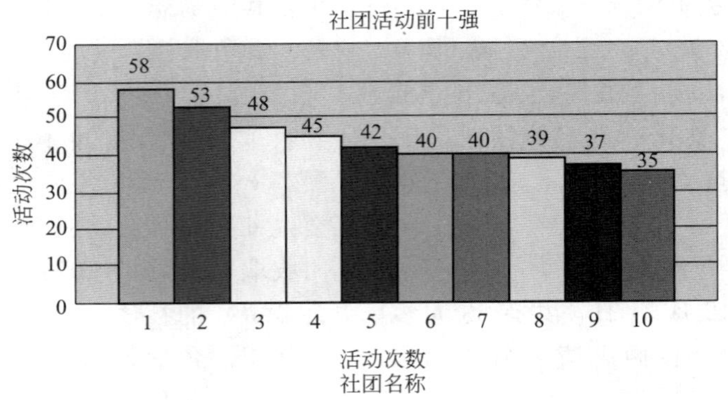

图 7-3 2011 年社团活动十强示意图

1—新芽文学社；2—爱心协会；3—心理协会；4—街舞协会；5—海燕话剧社；6—吉他协会
7—旅游协会；8—朝之雾动漫社；9—摄影协会；10—礼仪与形象设计协会

7.8.1.2 学生社团活动情况

学校学生社团文化活动蓬勃发展，活动内容丰富多彩，活动形式多种多样。社团文化不仅在校园随处可见，而且还走出了校园。学生社团每年上半年集中举办一届盛大的社团文化节，期间，各学生社团共举办各类科技、文化、体育、艺术等各类活动近百项（2011 年第四届社团文化节活动达到 75 项，活动前十强社团详见图 7-3）。其中，社团缤纷秀和十大学生社团领袖评选等活动成为最受欢迎的品牌活动。

7.8.1.3 学生社团联合会

学校学生社团联合会（以下简称“社联”）是在学校党委领导下、学校团委指导下的，由全校学生社团自愿组合建成的学生自治联合组织，以“管理社团、服务社团”为宗旨，以“自我管理、自我教育、自我服务”为原则，是联系学校与广大学生社团之间的桥梁和纽带，是建设校园精神文明、发展先进文化的重要力量，是全校所有合法学生社团及其利益的总代表。

2004 年 11 月，学校在学生会下设社团部，负责筹办和管理学生社团工作。2005 年 10 月，随着各学生社团及社团成员的发展需求，为更好管理和服务社团，校团委决定将校团委社团部转型成为社团联合会。2006 年 10 月，社团联合会并入学生会，再次成立社团部。2009 年 3 月，学校社团由 25 个发展到 41 个，逐渐呈现出学生社团活动数量多、活动质量差、固有资源相对欠缺、思想政治素养和组织意识淡薄等问题，这些在一定程度上影响了学生社团组织的感召力和凝聚力，阻碍了学校学生社团活动的正常开展和规范运作。经过紧张筹备，再次成立了学生社团联合会，由校团委指导开展工作，纳入校级学生组织管理。

7.8.2 学校学生社团主要特点和作用评估

7.8.2.1 学校学生社团主要特点

学生社团是学校的学生群众性组织，是校园中最受欢迎同时又是最活泼的兴趣团体。学校学生社团在组织上表现为自发性、群众性；在活动上表现为灵活性、活跃性。

7.8.2.2 学校学生社团的主要作用

学校学生社团是学生依据共同的兴趣爱好自愿组成、按照章程自主开展活动的学生组织，是学校不可或缺的文化景观，是校园生活中最富有色彩、最为活跃的一部分，是大学生自我教育、自我管理、自我服务的重要阵地，是实施素质教育的重要途径，是开展大学生思想政治教育的有效形式。社团生活已成为贯穿许多同学整个大学时代的长线。

（1）是学校校园文化建设的重要力量

学校各学生社团每年开展上百次文化、体育、科技活动，各路人马争先恐后策划、组织、外联，活动开展、后勤服务一条龙由社团自己具体操作，一系列活动在校园中闪亮登场，构建成校园里一道美丽的风景线。同时，由于这些学生社团组织的活动贴近学生生活，形式丰富多样，易于被学生认可和接受，而在推动校园文化的健康发展方面收到了良好的效果。

因此，学校学生社团文化是校园文化的重要组成部分，学生社团作为一种文化现象，与学校的历史、传统、校园精神、时代背景有着密不可分的关系，社团活动的组织形式、活动内容和效果都构成整个校园文化的组成因素，是学生课余文化的重要载体，在活跃校园文化，促进校园精神文明建设方面占据举足轻重的地位，是提升校园文化品位的重要载体。

（2）是学校学生素质拓展的重要途径

社团活动熏陶和培养学生综合素质。学生社团活动紧贴校园生活，深受学生欢迎，学生参与面广、热情高、效果好。社团活动的开展搭建了学生发展兴趣爱好、展示个性风采的平台，丰富了学生们的课余生活，使得学生社团的育人功效发挥得淋漓尽致。

学生社团促进学生的身心健康。学生社团的建立，是更多地让学生自主地完成一项“事业”，让学生在工作中尝试“成功与挫折”，体味“耕耘与收获”，体会“竞争与合作”，从而培养学生克服困难、挑战自我的良好品质和脚踏实地的作风。学生在社团管理与社团活动中，寻求着自我尊重、自我体现、社会交往、支持赞同等心理需求的满足，从而调节了大学生的心理压抑和不快，这些都有利于形成比较稳定的心理状态。学生在社团的自我管理的过程中，来自不同专业和班级的会员在一起相互沟通、相互协调，为学生提供了一个广阔的人际交往舞台，大家不断尝试失败和成功，通过不断的磨炼，提高了学生的社会交往能力，培养了学生的协作精神，使他们能够学会调节优化人与人之间的交流沟通、增进人与人之间的相互包容和理解、培养自己健康的心理。社团活动拥有高度的自由，这容易使学生的好奇心、自尊心、自信心得到满足，有利于兴趣爱好得到培养和发挥，从而促进他们的情感和完整人格的养成。同时，社团组织走出校园的活动越多，成员社会化程度就越高，这对于培养社团成员的适应性起到了非常重要的作用。

学生社团能够完善自身知识结构。一方面，学生可以在社团成员群体中自觉地发展自己的兴趣爱好，一项良好的兴趣爱好中蕴涵了广博的知识，可以陶冶身心，激发对生活的热爱；另一方面，加入一个社团的学生来自许多不同的专业，当他们加入到社团这样一个具有较强发散性的组织中，在平时的活动和交往中会感受到不同专业同学的思维方式和知识背景，这种交叉的相互影响将使每一个社团学生从中受益。

学生社团可以锤炼自己的某一方面的技能。比如电子协会的同学在社团中学会了如何修理简单的家用电器，并能够用这种技能服务社会；手工制作协会的学生在居室美化方面拥有自己的一技之长。尤其是许多科技类的社团，因为对具体动手实践有较高要求，许多同学都积极参与，希望在社团中学到实际动手的技能。这些一技之长不仅可以促进专业的学习，更对学生走向社会和未来发展起到重要作用。

（3）是学校培育优良学风的重要阵地

社团活动能打破专业的限制，丰富扩展知识，并能打破年级限制，畅通不同年级不同专业的学生交流经验、沟通信息的渠道。学生社团通过邀请专家来校讲学，定期开展经验交流、技能培训、举办各类比赛等活动，使同学们及时获得科技文化信息，不断完善知识结构，提高学习兴趣和培养钻研精神，从而促进优良学风的形成。

丰富多彩的社团活动为学生课余生活开辟了广阔的空间。特别是一些与专业相结合的学术性社团，通过开展各种活动，使学生了解科学前沿知识，将所学知识用于实践，增强了校园的学术氛围；学生社团通过组织一些学生易于参与、喜闻乐见的活动，引导他们端正学习态度，树立理想和志向，从而在校园文化中形成一种良好的学习风气，创造积极向上的学习氛围。

（4）是学校学生干部成长的重要基地

学生社团通过开展活动来凝聚学生。学生在开展活动过程中，制定各种规章制度和切实可行的活动计划来保证活动的顺利实施。在活动当中，许多学生锻炼了组织管理能力和人际协调能力，养成了良好的工作态度，提高了在同学中的威信和影响力。许多社团的负责人经过一段时间的锻炼后，成为学校团委、学生会和班级团支部的干部。初步计算，学校 47 个学生社团，每个社团平均 20 个干部，每年 100 多项社团活动，可以调动和锻炼 2000 多名社团干部。

7.8.3 学生社团建设主要问题

近几年来，在学校党委的统一领导和团委的指导下，学校学生社团组织的发展如雨后春笋，社团活动丰富多彩，文艺演出、科技竞赛、学术研讨、征文比赛、体育比赛、公益活动等，层出不穷，大大繁荣了校园文化。每年在新生进校之时，各社团都积极地吸收新会员，举办一些活动以吸引新同学参加，形成“百家争鸣，百花齐放”的局面。由于学生社团组织具有自发性、松散性、随意性等特点，使得学生社团在壮大发展中也出现了一些新情况和新问题：社团发展存在“昙花一现”或“忽冷忽热”的不良现象；社团活动低水平重复，难出精品；社团活动经费缺乏保障或疏于管理等。

1. 社团活动资金缺乏

学校学生社团开展活动经费完全依靠向社团会员收取少量培训和活动费用、争取社会赞助和支持等。赞助多则活动开展得好，没有赞助则活动基本上开展不起来。这些渠道和方式远远不能满足社团活动和建设的需要。即使是坚持编印了 26 年的《新芽文艺》经费也很难得到保障。

2. 社团活动场地、设施缺少

一般高校中都有相对固定的学生活动专用场地，如大学生活动中心、学生俱乐部等。学校目前只有新芽文学社和电子协会拥有固定的活动场所，其他所有学生社团均没有活动场地，各学生社团就像“打游击”一样，今天在这里开展活动，明天就转战到另外一个地方，一旦天气不好，活动就没办法开展。学校相关部门出台不允许学生占用会议室等办公场所意见后，在课外基本没有场所可以研究和讨论包括校运会、文化节等重大活动筹备工作的场所。

7.8.4 发展学生社团的建议

新时期学生社团建设的基本思路和主要原则是学生社团各项活动必须严格依照社团章程执行，学生社团活动应秉承“从群众中来，到群众中去”的原则，向“精品化”趋势发展，真正做到深入学生，促进校园文化的健康发展和学生综合素质的提高。

1. 高度重视学生社团的发展和建设

学生社团的兴起和发展是大学生身心发展和教育自身发展的必然要求，它能弥补学校正规教育的不足，更好地促进大学生的全面发展。学校应从丰富思想政治教育载体和全面推进素质教育方面高度重视社团发展，重视和研究学生社团建设中存在的问题，了解学生社团发展诉求，帮助解决社团发展所面临的各种难题。

（1）给经费 所谓“巧妇难为无米之炊”，人员再尽心，活动再有创意，没有经费支持，依然是空谈。学校应设立学生社团专项经费，尽可能给予学生社团建设必要的经费支持，保障学生社团活动的正常开展。同时，要加强对各学生社团工作的监督和考核，对于运行良好、发挥作用突出的学生社团，在经费支持力度上要考虑倾斜，并保证其发展的正确方向。扶持重点社团、支持优秀社团、奖励精品社团。

（2）给场地设施　目前学生社团基本不具备相关活动场所、设施，没有学生活动中心。一个社团没有一定的活动场所，其活动质量就会大打折扣。对于成熟的社团来说，除了有必要的活动场所之外还要拥有一定空间的办公场所，因为这里可以成为会员交流思想、开展工作的最佳场所。如果有条件的话，要给社团置办一些简单的办公用具，如桌椅、计算机等。而对于一些文体类的社团来说，其活动场所中还要具备必须的器械设施，这样才能保障社团活动的正常开展。

2. 加强引导、扶持，打造精品社团

继续推动社团建设与专业学习紧密结合。我们将继续加大实施社团二级化管理力度，使社团能依托某个专业，在把握住学生的兴奋点、关注点的基础上，扩大社团的规模，吸引学生加入社团，进一步促进专业学习和研究，使社团成为学生专业学习的第二课堂。

3. 进一步提高社团活动质量

高质量的社团活动是社团的生命力所在，也是提高社团声誉，增加社团凝聚力的关键所在。社团活动要力戒浮夸，讲求实效，增强思想性和教育性，坚持内容与形式的统一，力求出精品，上水平。针对学生普遍具有活泼好动、乐于参与、勇于挑战等特点，我们需要不断改进教育手段和引导方式，积极寻求适应大学生“口味”的形式和方法，使内涵丰富、意义深刻的教育活动变得更加贴近学生、吸引学生、感化学生。

4. 抓好社团管理干部队伍的建设

一个社团发展的好坏与社团负责人、管理层有相当密切的关系。社团负责人是社团活动的发起人、策划者、组织者，是社团活动能否顺利开展和高质量完成的人事基础。要培养一支素质过硬、工作能力强的社团学生干部队伍，首先，应在学生干部尤其是社团联合会主席和各社团会长人选的源头上严把质量关，采取推荐、自荐和选举相结合的办法，重视对他们兴趣爱好和综合素质的考察。其次，要培训社团学生干部，指导他们开展工作。注重引导学生自主管理、自我教育、自我完善，形成社团民主、平等的管理风格，要提高学生干部的业务水平。增强他们的社会责任感和人际交往能力，使他们能够胜任社团管理工作。并对他们进行定期考核，考核不合格者劝其退出社团干部岗位。通过思想教育和实际锻炼，努力造就一支政治素质较好、业务能力较强的骨干队伍，开创社团工作发展的新局面。

第八部分　文化建设

8.1 概　　述

2011 年，是建党 80 周年，也是隆师建校 81 周年暨河职院挂牌 10 周年，是学校校园文化活跃、文化建设明显推进的一年。一年来，学校深入贯彻落实科学发展观，紧紧围绕“贤能”文化品牌的内涵要求，以校庆活动为抓手，充分发挥校园文化的隐性、显性功能，着眼于培养德能兼备的优秀人才，营造和谐向上的校园氛围，学校的精神文化、制度文化、物质文化、行为文化都得到不同程度的提升，有效实现“文化育人”目的，校园文化建设迈上新的台阶。

8.1.1　精神引领，铸就辉煌成就

精神文化是学校的魂魄，是校园文化的灵魂，在学校的建设与发展过程中起着非常重要的作用。良好的校园精神催人奋发向上、积极进取、开拓创新。学校自搬迁新校区以来，确立了“厚德强技、服务地方”的办学理念，明确了学校发展愿景、学校使命、办学方略，提出了“责任良知、规则意识、绩效观念、团队精神”的校本文化基石和“三凡事、三分明”的行为规范（凡事有人负责，凡事有章可循，凡事有案可查，做到职责分明，公私分明，奖罚分明），并在全校广泛征集讨论的基础上，重新确立了学校校训、教风、学风，逐步形成了全新的符合高职理念和富有地方特色的校园精神文化体系。在全体师生的共同认可下，新的校园精神文化体系在各项管理、教育教学活动中得到不断的渗透和深化，有力推动了学校各项事业的发展，成为学校在短短十年取得跨越发展的不竭动力和源泉。

2011 年，学校第二次党代会胜利召开，提出了“以文化引领，创建人文校园、活力校园和绿色校园，努力打造优美、和谐的育人环境和向上、向善的校园文化氛围，建立师生共有精神家园”，这也是提出了学校今后五年文化建设的总体目标要求。

2011 年又适逢隆师建校 81 周年暨河职院挂牌 10 周年，围绕“隆师 80 年给我们留下了什么”、“职院 10 年可以总结出什么”、“我们今后的目标要求是什么”，学校组织开展了对校园精神文化的讨论。通过深入、系统的讨论与整理，学校认真总结了在隆师 81 年办学历史中积淀的精神财富，指出“责任良知、为人师表、敬业奉献、知行合一”的优良传统和高尚风范，是老隆师范留下的宝贵精神财富，值得我们永远坚守、继承和发扬；同时指出学校在举办高职的 10 年艰苦创业过程中，在隆师精神的传承和发扬中，已逐渐形成具有高职特色的精神特质，师生对学校办学理念和办学思路的内涵也有了更深的理解和认同，新校训“厚德强技、奋发敬业”已成为师生自觉的追求与要求。在这种精神引领下，学校逐步探索出了一条适合于相对欠发达地区办好高职教育的新路子，在较短时间内实现了学校的跨越式发展，学校的办学实力进一步提升，校园文化的育人功能进一步突显，呈现出充满活力，具有良好的校风、严谨的教风、扎实的学风和突出的教育教学质量的良好形象。

在校庆活动期间，学校完善了校歌创作，使校本文化元素更加完整；策划、创意、制作了突出学校建设发展和重大办学成果的宣传片；编印了总结举办高职 10 年办学经验与重大成果的《赢未来》专刊；编辑了学校校本文化建设专题读本《校本文化读本》，通过凝练、总结、提升，将学校的校园精神文化体系深入全体师生，使之成为学校发展的重要精神支撑和宝贵财富。

8.1.2　制度保障，推进内涵发展

制度建设是落实校园文化建设的基本保障，体现了学校的教育思想、发展方向、办

学目标以及管理理念。学校高度重视制度建设，以“三凡事、三分明”为总体要求，不断健全和完善党风廉政建设、教学管理、人事管理、学生管理、资产后勤管理等各方面规章制度，制订了一系列加强教学建设、师资建设，推动教育教学改革的政策办法，并引入 ISO9000 质量管理理念，以程序化、标准化要求制订各方面的程序管理文件，规范流程和行为，有效提升了学校办学的制度化、规范化、科学化水平。

2011 年，学校围绕“给力教工，夯实内涵”的年度工作关键词，突出以人为本，突出科学管理，突出促进内涵，着力教师队伍素质提升、学生创新能力培养、加强信息化管理水平，各方面的管理制度和运行机制日趋完善，以“三凡事、三分明”为特征的制度文化在校园逐步固化。

一是健全和完善了 31 个各管理层面的规章制度，进一步完善学校制度管理体系，既保障学校制度管理与时俱进取得最佳效果，又针对性地解决学校当前面临的问题与矛盾。二是开展管理人员“挂院部、下专业、进课堂、助教学”的“一线服务”活动，切实转变观念，创新方式，使管理和服务直接深入一线，同时推进文秘、新闻采编、会计电算化、物业管理专业与学校党政办、宣传部、财务处、中竣物业管理公司的深度融合，把管理理念和价值观念以思想引领、环境感染、舆论影响、交流渗透的方式，促进教师达到认同、接受并习惯的目的，从而提升管理水平和效果。三是完善“园丁信箱”管理运维，畅通师生网上沟通渠道，引导学生关注、理解学校的政策、制度，回应学生诉求，听取学生意见建议，达到沟通师生、上传下导、解决问题的目的，为学校政策推行创造条件。四是以数字化校园建设为契机，开发和新建了科研、学工、数字招生、数字迎新、办公、行政教辅人员综合评价、网络考试、虚拟校园等应用系统，升级和集成教务、图书馆管理、资产、财务、网络教学等应用系统，构建了统一规范、富有效率、充满活力的信息平台，有效提升了学校管理服务的信息化水平，推动各项规章制度的高效执行。

8.1.3 活动渗透，突出“贤能”品牌

校园文化活动是体现校园文化的载体和形式，是将学校办学理念、办学精神融入师生的具体实施，是学校育人活动中最直接、最广泛的部分。学校致力于传承、弘扬、创新校园活动文化，以“贤能”文化的目标要求，积极搭建师生交流、实践、展示、创新的平台，以丰富多彩的校园文化活动熏陶人、感染人、锻炼人，切实达到育人效果。学校已开设 47 个社团，每年举办“校园社团文化节”；结合重大纪念日举办各类爱国主义主题教育活动和纪念活动；定期组织校运会、文化艺术节等文体活动，积极广泛开展青年志愿者、三下乡社会实践等实践活动，取得了明显的效果，得到省、市有关部门的多次表彰，学校团委连续荣获“广东省五四红旗团委”称号，并被评为“全国五四红旗团委”创建单位。同时，学校积极组织开展各类教工活动，举办了 3 届“十全十美”集体婚礼，组织活动队开展篮球赛、健身操等各类文体活动，开创每周四下午固定集体活动时间等，既丰富教工工作生活，更关注教工健康幸福，学校工会多次被评为“河源市工会工作先进单位”，学校继续教育学院工会小组 2010 年被评为“全国模范职工小家”。

2011 年，学校以营造“人文校园、活力校园”为重点，凝练特色，丰富内涵，进一步打造特色品牌活动，帮助学生成长、成才，取得明显成效。

一是大力推进创新文化。学校积极组织科技学术节并承办第五届广东大学生科技学术节中的首届省大学生电子创新设计大赛决赛，培养学生创新意识、锻炼学生科技创新能力，分别获得广东省大学生挑战杯课外科

技学术作品大赛特等奖、ERP沙盘模拟大赛一等奖和电子创新设计大赛一等奖等多项荣誉，并首次获得大学生挑战杯“优胜杯”。

二是竞赛文化成果显著。学校积极推进“以赛促学”、“以赛促教”，组织学生参加各级各类技能竞赛取得优异成绩，获得国家级大赛三等奖以上44项，其中荣获中国—东盟创新大赛“企业经营管理”项目金奖、全国3D大赛一等奖，全国职业技能竞赛获得二、三等奖各1项；另有省级大赛一等奖共21项，其中获得第六届广东省大学生职业规划大赛决赛（高职高专组）一等奖1项，2011年全国大学生英语竞赛（广东赛区）一等奖6项。2011年学校还首次成功承办全国职业院校技能大赛广东赛区“芯片级维修”项目选拔赛，充分体现了省教育厅对学校的认可与肯定。

三是打造特色人文活动。积极开展“校园十星”评选活动，成功组织学校首届“校园十星”评选活动，通过评选“诚信之星”、“孝顺之星”、“爱心之星”、“励志之星”等，在师生中引起强烈反响，成为学校德育工作的新亮点；结合河源地方特点，组织开展“永远跟党走”第六届广东大学生校园文化艺术节暨第三届客家文化艺术节活动，开展传统文化艺术竞赛，努力形成特色品牌活动；以“燃烧青春，给力社团”为主题开展读书交流、知识竞赛、“英语达人秀”、“国粹显才情”等78项“社团缤纷文化节”活动，提升学生人文素质；成功举办以“感恩于心·回报于行”为主题的陈戈平教育基金感恩晚会，对学生进行感恩教育，引导学生常怀感恩之心、常怀报效之志。

四是突出内涵提升实践活动。2011年学校以“受教育、长才干、做贡献”为目的开展暑期“三下乡”社会实践活动，并本着“奉献、友爱、互助、进步”的精神组织开展了一系列有影响、有品位的特色鲜明的志愿服务活动。通过这些活动，充分展示了当代“四有”青年应有的精神风貌，进一步推动了学校乃至全市的精神文明建设，为构建和谐社会做出当代大学生应有的贡献。

8.1.4　环境构建，强化育人功能

校园环境文化的核心内容和深层结构是学校的校风、文化生活、人际关系和心理氛围，它体现出“桃李不言”的特点，使学生不知不觉、自然而然、潜移默化地受此熏陶、暗示、感染，是学校实施素质教育和精神文明建设的重要组成部分。学校高度重视校园环境建设，经过几年的建设发展，校园内教学楼、图书馆、隆师纪念楼、实训中心、艺术楼、风雨操场、运动场等一应俱全，黄麟书先生铜像（河源职业技术学院前身老隆师范学校创始人）、荟萃湖、贤能广场、书香园、桃李园、铭德榕、彰贤石等交相辉映，已成为一座具有现代气息又充满人文色彩的大学校园。

2011年学校加大物质文化建设力度，重点突出文化育人功能和人文特色，使校园环境有了较大的改善，人文氛围凸显。

一是安放中国革命先行者孙中山先生铜像。2011年3月，学校在教学楼中庭安放了一座孙中山先生铜像，这是孙中山先生孙女、孙中山和平教育基金会主席孙穗芳博士为弘扬祖父的爱国思想，在辛亥革命100周年之际向世界各地捐赠的100座铜像中的一座。孙中山先生一生倡导天下为公、和平博爱，其精神体现为伟大的爱国主义精神、愈挫愈奋的不屈不挠精神、不断进取的创新精神。河源是孙中山先生祖籍所在地，河职院是河源唯一的一所大学，在学校校园中安放先生铜像，不仅是对先生的纪念与缅怀，更是要激励广大师生传承和发扬“孙中山精神”，建设伟大祖国。

二是建造安放教育家陶行知先生石像。石像安放在学校南门入口处，陶行知先生提出的“生活即教育”、“社会即学校”、“教学做合一”三大主张与高职教育的办学理念是一脉相承的。陶行知先生曾委派其学生程本

海到老隆师范学校任教务长（后为第二任校长），使陶行知先生的办学主张和教育理念在老隆师范学校得以传承发扬。“教学做合一”等教育思想，对于学校办好高职教育，大力推行“教学做一体化”模式改革，切实提高学生的实践能力和职业能力，具有深远历史意义和重大现实意义。

三是建造安放萧殷先生石像。石像安放在学校荟萃湖畔萧殷广场，与陶行知先生石像毗邻。萧殷先生是学校杰出校友，1933年在广东老隆师范学校任教，他一生从事报刊编辑、文艺教学、文艺理论研究和文学创作工作，曾任《新华日报》编委、延安中央研究院研究员、《石家庄日报》副总编辑。在学校安放萧殷先生石像，意在以先生在文学创作和理论研究方面的不懈追求和杰出成绩，引领、激励师生像先生一样服膺真理、坚守良知、奉献祖国、服务人民。

四是建设落成叶绿野艺术楼，并安放叶绿野先生铜像。叶绿野艺术楼位于贤能广场一侧，南临荟萃湖，叶绿野先生铜像坐落在艺术楼前。叶绿野先生是学校杰出校友、广州美术学院教授，活跃画坛数十年，硕果累累。他热爱家乡，情系母校，以90高龄之身，几次亲临，始终关心和支持母校的建设和发展。为了对其表达敬意及感谢，并为广大师生树立精神榜样，学校将新落成的艺术楼命名为“叶绿野艺术楼”。

五是完成荟萃湖绿化及湖边景观桥工程。完成后的荟萃湖，波光潋滟，霞影流光，曲桥似虹，碧荷生香，为校园风景再增亮色，也为师生提供了新的更具品味的活动场所。师生们在湖边、桥廊或读、或写、或画、或唱，景致、人物相得益彰。

六是新建完成大学生素质拓展基地。学校建成的素质拓展基地，拥有攀岩、高空、信任背摔等素质拓展项目，通过这些项目，使学生提升对生活的感情，对挑战的向往，以亲身体验的方式培养自己的身体素质、心理素质、团队精神等。新建成的素质拓展基地环境为学校拓展了新的育人基本条件。

8.2 文化艺术活动

8.2.1 学校校运会

2011年11月30日，学校第七届运动会在田径运动场正式拉开了序幕（见插图8-1）。学校党政领导班子成员、各处室、二级学院主要负责人及师生代表出席了开幕式。开幕式由副校长陈农心主持。据悉，本届校运会共设篮球、乒乓球、田径等7个大项50多个小项的比赛项目，参赛师生运动员共有1496人次，比往年有所增加。

8.2.2 校园文化艺术节

校园文化艺术节是校园文化建设的重要组成部分，学校各部门都十分重视以开办文化艺术节的方式来提升校园文化氛围。2010—2011年，学校举办的较重大的文化艺术节如下。

2011年4月7日，以“燃烧青春，给力社团”为主题的第四届社团文化节开幕式在学校学术报告厅举行。开幕式上，校团委书记向大家介绍了第四届社团文化节的筹划和组织工作，回顾了2010年各社团的精彩历程。参加开幕式的包括广东霸王花集团有关领导，学校各处室、二级学院相关负责人及师生代表等。

2011年5月6日晚，以“忆五四峥嵘，燃青春岁月”为主题的2011“校园十星”暨纪念五四运动92周年表彰文艺晚会在学术报告厅隆重举行。中共河源市委常委、宣传部部长吴善平、中共连平监狱党委书记、监狱长林庭智、共青团河源市委员会书记骆世文、学校党委书记高仁泽、校长刘安华、副校长陈农心等出席了此次活动。

2011年6月20日，以“青春使命”为主题的第三届大学生艺术展演活动在学校学术报告厅开幕（见插图8-2），活动分为“党在我心中”合唱比赛和器乐表演比赛两个环节。校团委、各二级学院负责人、艺术与设计学院专业教师代表及部分学生代表参加了此次活动。

2011年9月26日至27日，学校各大社团协会在灯光篮球场开展新学期纳新活动。据了解，各社团协会在为期两天的纳新活动中吸纳了4322名新生的加入，现场气氛热烈。

2011年10月25日，学校于学术报告厅举行第六届文化艺术节开幕式暨第三届校园主持人大赛之决赛。副校长陈农心、学工处及校团委相关负责人一同启动本届校园文化艺术节，第三届主持人大赛随即拉开序幕。

2011年11月11日，学校第六届校园文化艺术节暨校园十大歌手大赛总决赛于报告厅圆满落幕，学校纪委副书记赖小景、党委宣传部、资产后勤处、艺术与设计学院及图书馆、校团委相关人员、学生代表一同观赏了此次决赛。

8.2.3 科技文化艺术节

8.2.3.1 电子创新设计大赛

2011年5月23日，首届广东大学生电子创新设计大赛决赛在学校举行。团省委副书记曾颖如参加活动并启动标注“创新、科技”的火箭模型，此后活动正式开幕（见插图8-3）。

8.2.3.2 IT文化节

2011年11月17日，学校第二届IT文化节在贤能广场隆重举行（见插图8-4）。校长刘安华、副校长陈德清、河源市经济与信息化局副局长邓山、中国联通河源分公司副总经理李燕辉、景旺电子科技（龙川）有限公司经理韩志军、其他企业的领导嘉宾以及学校师生代表出席了启动仪式。仪式由电子与信息工程学院院长钟建坤主持。

8.2.3.3 科技学术节

2011年4月21日，学校第二届科技学术节开幕式暨读书文化节辩论赛总决赛在报告厅举行（见插图8-5）。学工处、校团委、各二级学院相关负责人、部分学生干部及学生代表参加了此次活动。本届科技学术节以“让青春与创新共舞”为主题，旨在培养学生创新意识、锻炼学生科技创新能力、提高学生综合素质。

8.2.4 客家文化艺术节

为弘扬客家文化，展现大学生风采，学校开展了一系列的客家文化艺术活动。

2011年6月20日，以“青春使命”为主题的第三届大学生艺术展演活动在学校学术报告厅开幕。活动分为“党在我心中”合唱比赛和器乐表演比赛两个环节。校团委、各二级学院负责人、艺术与设计学院专业教师代表及部分学生代表参加了此次活动。

9月22日，河源市“我的幸福追求”演讲比赛在学校学术报告厅举行，学校六号选手陈庆运技压群雄获得比赛一等奖。中共河源市委副书记龚佐林、河源市委宣传部副部长刘育初、河源市社科联主席陈阳春、学校党委副书记韦荣及河源市社科联副主席曾志伟出席了此次比赛。

10月10日，学校各大学生组织自发来到学校孙中山铜像前，献花祭奠革命先驱孙中山先生，并以此纪念辛亥革命100周年。

10月10日，学校于报告厅开展纪念辛亥革命100周年主题教育活动，以此激发师生们的爱国热情及民族责任感、使命感。出席此次活动的有教务处、学工处、校团委相关负责人，各二级学院团总支书记及学生干部代表。

10月25日，学校于学术报告厅举行第六届文化艺术节开幕式暨第三届校园主持人大赛之决赛。经过激烈的角逐，芮杰、邹灵羚、连崇明等六位选手分获一、二、三等奖，比赛现场还评出最佳口才奖、最靓声音奖、最受欢迎奖和优秀奖等奖项。

11月11日晚，学校第六届校园文化艺术节暨校园十大歌手大赛总决赛于报告厅圆满落幕，学校纪委副书记赖小景、党委宣传部、资产后勤处、艺术与设计学院及图书馆、校团委相关人员、学生代表一同观赏了此次决赛。

8.2.5　女生节

为了更好地展示新时期女生青春聪慧的魅力风采，进一步引导和增强学校女生“自尊、自爱、自强、自信”意识，同时营造活泼健康的校园气氛，2011年3月6日，学校第八届女生节开幕式暨雷锋月活动在学术报告厅隆重举行。

2011年3月6日至11日，学校开展了一系列精彩纷呈的活动庆祝女生节，校园里处处欢声笑语、人头攒动。“温馨三月”、“花样女生”等活动展现了学校女生青春靓丽、活泼可爱、聪慧敏捷、美丽健康的一面。

8.2.6　“陈戈平教育基金”感恩晚会

11月20日晚，一场以“感恩于心·回报于行”为主题的陈戈平教育基金捐款仪式暨感恩晚会在学校贤能广场隆重举行。省人民政府侨务办主任吴锐成、河源市市长彭建文等领导参加活动（见插图8-6）。香港雅居乐集团董事局副主席兼联席总裁陈卓贤为“陈戈平教育基金”再捐1000万元助学金，支持广东教育事业发展。出席晚会的还有省侨办副主任朱尔武、副市长吴有必及兄弟院校的领导。晚会由学校党委书记高仁泽主持。

晚会上，由学校向琼老师撰写的散文诗《把爱传递》表达了诚挚的感恩之情，让人倍受鼓舞，原文如下。

一滴水珠，也许只是沧海一粟，汇聚成海却足以滋润干涸的心田；

一点亮光，也许只是星星之火，燎原而起却可点亮希望的灯塔；

一份爱心，也许微不足道，危难时刻却能体现大家庭的温暖；

一项善举，也许不足挂齿，关键时分却能改变一个人的命运！

就在你我身边，有这样一群人，

求学道路上，他们怀揣着一个美好的愿望却因贫穷而止步；

有这样一群人，人生征途中，

他们因为贫困、疾病而变得自卑、寡言；

有这样一群人，不论他们贫穷还是富有，

都携着一颗炽热而滚烫的爱心；

有这样一群人，他们素不相识、从未谋面，

却因为有爱，慷慨解囊、共襄善举。

是啊！河源的寒门学子不曾忘记：

2005年，那是一个寒冷的冬天，

一位读初二的女生给河源市领导寄去一封信，

信中说道：

无情的病魔早早地夺走了父亲的生命！

父亲走了，

留下一贫如洗的家，留下体弱多病的母亲，

留下尚在求学的弟弟和我。

因为贫困，母亲成天佝偻着背，忙碌在不足一亩的水田里；

因为贫困，母亲不分昼夜，拖着疲惫的身躯奔波于各建筑工地打散工；

因为贫困，我和弟弟再也不能像其他孩子一样踏进校门了。

我和弟弟想读书啊！

尊敬的市领导，您！可以帮帮我们吗？

时任河源市市委副书记、河源市市长的

吴锐成看完信，

心情久久不能平静，立即了解情况。

一组更为令人吃惊的数据出现了：

这位写信求助的学子，

他所在的村子里还有类似的单亲贫困家庭 6 户，

整个河源市有单亲家庭 3132 户，

其中年人均收入在 1500 元以下的特困家庭就有 2354 户！

这些数字意味着什么呢？

意味着，这个写信的孩子不过是贫困生中的一个缩影；

意味着，这个挣扎在贫困边缘的孩子不过是冰山一角；

意味着，有相当一部分单亲家庭子女，

已经或在不久的将来会因贫困而辍学。

于是，就在这个寒冷的冬天，

就在吴市长的积极倡议下，

一批爱心人士自愿发起助学活动。

一传十，十传百，百传千！

一个由爱心组成的群体，

瞬间，凝聚成了这个城市最耀眼的光环。

“阳光助学”成了这个群体的一道爱心符号，

“阳光助学”成了这个城市的一张爱心名片。

从此，无数寒门学子在这缕温暖的阳光里成长、成才！

2006 年的 6 月，吴市长再次收到一封信，

这是我院信息技术系一个受助者，

躺在病床上饱含热泪写来的。

信中这样说：

感激之情难以言表，

我院所有受帮扶的同学建立了“励志行动小组”，

我们将不因贫困而自卑，

不因贫困而抱怨，

不因贫困而自弃，

不因贫困而放弃对别人的帮助，

我们将直面人生，励志读书，回报社会！

有这样一群人，他们是人间传递爱心的使者；

有这样一群人，他们是天底下无私的奉献者；

有这样一群人，他们的爱感天动地却从来不思回报；

有这样一群人，他们用慈善的笑容播撒着明天的希望。

广东省侨心慈善基金会宛若慈善的集结号，

它把四面八方有着共同意愿和爱心的这样一群人集结起来了。

在这里，

博爱、真诚、善良、爱心，

如同天地、空气、阳光和雨露，

无处不在，无时不在；

聚沙成塔，集腋成裘。

他们用爱打造出了一艘神话般的诺亚方舟！

看啊！

“陈戈平教育基金”就是一艘爱心的大帆船，

载着贫困学子、载着款款的深情，

载着无价的真爱、载着美好的希望，

载着我省 6 所高职院校需要帮助的学子们，

正朝着鲜花满地的彼岸扬帆前行！

请记住这样一组数字：

6 所高职院校 2700 多人次获近 1000 万元的资助，

900 余名受助学生顺利完成学业。

默默无闻的奉献，无声无息的付出，

我们看到了孩子们脸上的笑容，

我们闻到了赠人玫瑰者手里弥漫的余香，

那每个人、每颗爱心、每个善举，

都将在不朽的历史里定格成无价的永恒！

薪火相传，爱心接力，

后发河源，先发教育。

我市历届领导班子始终把教育摆在优先发展的战略地位，

始终把重教、助学看做一种义不容辞的责任。

不让贫穷毁掉孩子的前程，

不让贫困折断孩子奋飞的翅膀，

在彭建文市长的牵线搭桥下，

中山市捐资河源教育事业已超过5000万元！

创建教育强市、建设文化河源，

高强度投入，促进了教育事业的快速发展。

从阳光助学到陈戈平教育基金，

从陈卓贤先生的爱心资助到中山兄弟市的鼎力相助，

关爱学生，尊师重教，蔚然成风！

这是一片孕育希望的土地，

到处充满着激情与活力；

这是一个感恩的季节，

无数受助者纷纷加入爱心接力的行列。

因为有爱，颓废的灵魂可以重新燃起希望；

因为有爱，千年的铁树也能绽放出美丽的花朵；

因为有爱，失学的孩子重返校园、拥抱了希望、成就了理想；

因为有爱，贫困家庭的孩子、单亲家庭的孩子、疾病缠身极度无助的孩子们，

走下了病榻、走出了阴霾、走进了课堂、走向了报效祖国的征途！

常怀感恩之心，不忘报效之志，

让爱心在你我心头驻足吧！

让真情在你我身边弥漫吧！

让我们一起来感恩，把真爱传递下去！

哪怕只是为父母亲洗一次脚；

哪怕只是为陌生的问路人指一条路；

哪怕只是给年迈的老人让一个座；

哪怕只是给朋友送去一个微笑；

哪怕只是为成功的人喝一声彩；

哪怕只是为努力的人送一点儿鼓励；

哪怕只是为抑郁的人分担一丝忧愁；

哪怕只是为贫困的人捐出微不足道的一点零花钱……

把爱传递下去！

把爱传递，这是我们肩头的责任；

把爱传递，这是我们不变的承诺；

把爱传递，这是我们对爱的誓言；

把爱传递，这是我们对生命的尊重！

老吾老以及人之老，幼吾幼以及人之幼，

让我们怀着感恩之心、携着感恩之情，

对父母、对老师、对朋友、对身边每一位曾经帮助过我们的人，

说上一声：谢谢！

第九部分　绩效管理

9.1　校务督察和效能问责

为加强对校务工作的督办落实和工作效能的责任追究，学校制定了《河源职业技术学院关于校务督察、效能问责的实施意见》，要求对党委会议、校长办公会议和行政例会决定事项及上级交办事项实行督察和问责；对学校与院系、处室签订的各种责任书实行督察与问责；对部门职能工作实行督察和问责及专项督察。

督察办按照所督察事项的重要程度、造成的后果及影响程度等，根据学校《对中层干部实行诫勉及任前谈话的规定》（纪发[2007] 4号）、《行政事故认定及处理办法》、《教学事故认定及处理办法》等有关规定，除对有关人员给予相应处分外，对责任部门或督办部门主要负责人采取两种问责方式：一是诫勉谈话；通报批评；责令作出检查；责令公开道歉；二是按规定调整工作岗位或者建议调整工作岗位；责令辞职；免职或者建议免职。

对被问责的人员，发现有涉嫌违法违纪行为的，由督查办移交纪检监察机关依照有关规定处理。

部门主要领导人主动采取措施，承担其应负责任的，可以视情况从轻问责。

督察和问责结果与部门年度考核和部门主要负责人的政绩挂钩，作为年度评优及发放绩效考核津贴和年终奖金的重要依据。

按照上级党政要求及学校绩效考核有关规定，对党风廉政建设、社会治安综合治理、计划生育管理实行一票否决制。即责任部门未完成责任书所确定的工作任务，该责任部门在年度考核时直接评定为不合格。

9.2　绩效考核

9.2.1　概述

2011年，河源职业技术学院进一步完善绩效考核办法，制定了《2011年河源职业技术学院绩效考核办法》（河职院人[2011] 59号）。考核办法坚持公平、公正、公开的原则，以绩为准，工作任务按岗位要求实行量化考核，强化工作能力与岗位待遇相对应的刚性准则。

根据学校各项工作的不同性质、要求及所承担的不同职责，将岗位分为专任教师岗位、教学辅助及专业技术岗位、管理岗位、技术工人及其他岗位等四类。通过绩效管理，充分地调动教职工工作的积极性、主动性和创造性，提高了工作效率。

9.2.2　学校2011年绩效考核

9.2.2.1　考核范围和岗位分类

学校在编在岗教职工。聘用人员（聘期1年及以上）参照执行。

根据学校各项工作的不同性质、要求及所承担的不同职责，岗位分为以下四类。

A类：专任教师岗位（含心理健康咨询中心人员、专业主任、教研室主任、实训部主任）。

B类：教学辅助及专业技术岗位（含图书馆、信息中心、校医室、计财处的专业技术人员，其他具有专业技术职称又从事相应专业技术工作的人员）。

C类：管理岗位（含处室管理干部，院部正副职，信息中心、图书馆正副职，办公室主任、教学秘书、行政秘书、团总支书记、继续教育学院、技能鉴定所人员）。

D类：技术工人及其他岗位（技术工人指具有各种技术等级，从事与技术等级证书相应工作的人员）。

思政课教师按A类岗位考核，未转为思政课教师的原辅导员，过渡期内按C类岗位考核。

9.2.2.2 学校修订教师岗位绩效考核办法

2011年，学校修订完善了《2011年河源职业技术学院教师岗位绩效考核办法》，对四大项任务和起点分值、教师教学基本工作量计算办法、科研绩效、学生竞赛和学生社团指导绩效计算等方面进行了修改，教师按基本教学任务、教学建设任务、教科研与技术服务任务、其他工作任务等四项任务实际完成情况考核，按教师个人实际完成工作量计算得分和津贴。对未完成上述四项任务的教师，对有特殊情况者专业教研室和院部给出情况说明，在岗位聘任和职称评定时酌情考虑。教师四项任务完成情况与学校岗位设置个人岗位等级晋升挂钩，其中教学工作量，必须完成各专业分配的具体任务。院部管理人员和行政人员兼课不计入绩效，按专业标准中规定的计划学时发放课酬。

9.2.2.3 B、C、D类人员绩效考核办法

主要考核日常工作情况及年度工作情况。考核分值由民主测评分、网上评价分、加分、扣分组成。

民主测评分占总分的60%，由学校考核办组织民主测评。中层干部的民主测评由全体教职工（或教职工代表）参加，一般行政人员的民主测评由全体行政人员和教师代表参加，本测评结果占测评分的20%，主管领导对分管人员进行测评（主管校长对中层干部测评，处长对本科室人员进行测评），本测评结果占测评分的50%，平时考核的汇总结果，占测评分的30%。

网上评价分占总分的40%，分工作能力、服务态度、仪表形象、团队精神4个分项，各分项满分为25分（很好），往下等级依次为15分（好）、10分（一般）、5分（差）。

加分视以下情况而定：获奖加分0.5～2分，以上级或学校下发的文件为依据。省部级表彰2分，市局级表彰1.5分，学校通报表扬0.5分。成果加分0.5～2分，由校科研处提供。第一作者在核心刊发表论文或主编通用教材2分，第一作者在一般刊物上发表论文0.5分。

扣分视以下情况而定：一级行政差错扣1分，二级行政差错扣3分，三级行政差错扣6分，四级行政差错扣10分。行政差错以学校教学与行政差错认定委员会认定为准。

B、C、D类人员考核结果直接与晋升工资、职务、职称挂钩；与年终绩效挂钩；与聘任挂钩。

9.2.3 党委听取绩效管理意见和建议

2011年9月1日、6日，河源职业技术学院党委会议听取了学校工会关于教代会代表意见和建议的收集整理工作汇报，其中涉及绩效考核。教代会代表认为，学校的绩效考核方案经不断完善，更趋合理，体现了能力、福利双提高的原则。针对教代会代表提出的绩效考核办法、人员管理等意见和建议，学校党委对2011年绩效考核方案的修订提出如下要求：1. 各院部办公室主任以上管理人员必须兼课（正职不超4节/周，副职及办公室主任不超6节/周），课酬参照行政人员兼课方式计发。2. 团体比赛项目奖金封顶。3. 院部办公室主任年度绩效津贴按院部副职与全校专业主任年度绩效津贴（不含零星收入、科研和课改工作量）的平均值计算。4. 鼓励具备资质的行政人员兼课，原则上课时不超4节/周。

9.3 工作评价

9.3.1 二级学院工作水平评价

2011 年，学校总结了 2010 年二级学院人才培养工作水平评价工作，在深入调研、广泛征求意见的基础上，对《二级学院人才培养工作水平评价工作管理程序》（HZY/QP-2010-42R1）进行了修订，文件名为《二级学院工作水平评价工作管理程序》（HZY/QP-2011-55R2）。

新管理程序主要做出如下调整：1. 增加综合治理、资产管理、计划生育等校级层面评价工作指标；2. 规定学院人员基数的计算方法；3. 细化部分评审要素；4. 强调按程序文件的要求进行评审；5. 增加容易引起歧议的评审要素注解；6. 删去不易确定的评审指标；7. 调整排名计分的评审要素分值。

二级学院工作水平评价每学年开展一次，评价的时限为前一年度的 9 月 1 日至当年的 8 月 31 日。评价结果分为“优秀”、“良好”、“及格”和“不及格”四等，评价结果直接与学院年度绩效挂钩。二级学院人才培养工作水平评价体系已逐步成长为对二级学院管理工作全面评价的综合体系，通过评价管理，各学院更加注重教学过程的管理，更加重视教学各环节的工作质量，加强了本部门的制度建设和工作责任的落实，有效地促进了人才培养工作水平的提升。

本次评价，各学院均未达到优秀的水平要求，发现存在的主要问题包括：部门制度建设和部门管理不够完善，师资结构不尽合理，资料管理需注意规范性和完整性。分数如表 9-1 所示。

9.3.2 资产管理评价

9.3.2.1 评价时间

每学期学校资产管理工作评价小组对各部门的资产管理工作进行不定期抽查，抽查结果作为年终评价的参考；每年年终学校资产管理工作考核评价小组对各二级部门的资产管理进行一次评价。

9.3.2.2 评价机构

学校成立资产管理工作评价小组，由主管副校长担任资产管理工作评价小组组长，由校办、监察审计处、教务处、资产后勤处、实训中心、图书馆、教育技术中心相关人员担任组员，办公室设在资产后勤处。

9.3.2.3 评价办法

（1）各资产二级管理部门按照《资产管理工作评价标准》中的具体要求进行自查并提交自评报告，同时完成如下材料：①部门资产管理工作自评表；②部门所属固定资产一览表；③部门办公设备在用率统计表、完好率统计表。

（2）由学校资产管理工作考核评价小组通过查看资料、实地核查的方式对各部门资产管理工作进行全面考核评价。

表 9-1　2011 年二级学院人才培养工作水平评价得分

机电工程学院	电子与信息工程学院	工商管理学院	人文学院	艺术与设计学院
307.6	324.0	312.8	275.7	250.7
说明：1. 得分 380 以上为优秀、301～379 分为良好、201～300 分为及格、200 分以下为不合格。				

（3）评价结果满分为100分，90分以上为优秀、80～89分为良好、60～79分为合格、60分以下为不合格。

9.3.2.4 评价结果

经考评，监察审计处（纪委）、党政办公室、组织人事处、宣传部、教务处、学工处、科研处、督导处、资产后勤处、财务处、工会、团委、机电工程学院、电子与信息工程学院、工商管理学院、人文学院、艺术与设计学院、继续教育学院、思教部、信息中心、图书馆共21个部门资产管理考核成绩为90分以上。

9.3.3 综合治理评价

9.3.3.1 评价时间

校园综合治理工作考评每学年开展一次，评价时间与二级学院工作水平评价同步进行。

9.3.3.2 评价机构

综合治理工作考评组由主管校领导、综治办、学生工作处和资产后勤处等有关人员组成。

9.3.3.3 评价办法

2011年，学校制订《综合治理工作管理程序》（HZY/QP-2010-42R2），同时废止《河源职业技术学院校园治安综合治理工作考核评价方案》（河职院资［2009］3号），评价办法按新文件执行。

《综合治理工作管理程序》（HZY/QP-2010-42R2）规定了校园治安综合治理工作考核评分标准，分为责任目标、基本措施等2项一级指标和12项二级指标，对评分要素进行了说明。综治办按查看资料、实地核查的方式组织开展校园综合治理工作考评。

处室、教辅部门和二级学院按部门提交考核材料。

（1）二级学院

在3月20日前向学校综治办提交部门年度综治工作计划和部门综治工作小组名单及分工各一份；每季度向学校综治办提交部门综治会议纪要一份；提交学校统一安排的安全隐患和不稳定因素排查整改有关材料；在12月15日前提交《河源职业技术学院校园治安综合治理责任人履行职责情况鉴定表》；在12月15日前向学校综治办提交部门自然年度综治工作总结一份。

（2）处室、教辅部门

提交学校统一安排的安全隐患和不稳定因素排查整改有关材料。

9.3.3.4 评价结果

按市综治考核标准，100分以上为优秀、85～99分为良好、70～84分为合格。本次评价，各二级学院、处室、教辅部门均达到良好以上水平，各部门分数如表9-2所示。

表9-2 2011年河源职业技术学院校园治安综合治理工作考核汇总

部　门	总分	标准分值	部　门	总分	标准分值
思教部	100	8	组织人事处	100	2
人文学院	94	6	学生工作处	100	2
电子与信息工程学院	86	6	督导处	100	2
机电工程学院	102	8	科研处	100	2
工商管理学院	91	6	资产后勤处	102	2
艺术与设计学院	96	6	财务处	100	2
监察审计处	100	2	信息中心	100	2
党政办公室	102	2	图书馆	100	2
宣传部	100	2	工会	100	2
团委	100	2	继续教育学院	105	2
教务处	101	2			

9.3.4　就业工作评价

9.3.4.1　评价时间

每年的12月中下旬为就业工作考核评价时间。其中12月15日至12月24日为各学院自查自评时间，12月25日至12月30日为就业工作评价时间。

9.3.4.2　评价内容

根据《河源职业技术学院院系就业工作考核办法》（河职院学〔2008〕1号）文件精神，学校每年对各学院毕业生就业工作的领导机构、制度建设、就业管理、市场开拓、毕业生教育引导、信息化建设、科研情况、工作业绩等8个方面进行评价。

9.3.4.3　评价方式和步骤

（1）评价方式：考核小组审阅、听取学院副书记自评得分说明及自评报告，现场查看佐证材料后，逐项对照评分。

（2）考核步骤：学院自评——学校考核——结果通报。

12月15日前，各学院完成自评得分说明及自评报告，按项目整理好考核材料。自评报告内容主要包括：考核工作准备情况，一年来就业工作的情况、采取措施、存在问题及今后工作设想等。自评报告字数要求在3000字以内。自评报告随同电子文稿于12月15日前交学校就业考核小组。

12月30日前，学校就业考核小组根据各学院自评情况，分批对各学院进行考核。

考核小组通过查阅资料、听取汇报、个别走访、网上调查及现场查看等形式对考核体系中的各项指标评分逐项审定，并通报结果。

9.3.4.4　评价结果

各学院考核结果见表9-3。

表9-3　2011年二级学院就业工作评价结果一览

学院名称	常规项目	核心指标	考核结果
机电工程学院	87.25分	达标	合格
电子与信息工程学院	83.88分	达标	合格
工商管理学院	88.81分	达标	合格
人文学院	84.38分	达标	合格
艺术与设计学院	82.50分	达标	合格

第十部分　部门工作

10.1　职能部门工作

10.1.1　党务工作

认真抓好《中国共产党普通高等学校基层组织工作条例》的学习与贯彻。从实际需要出发，对基层党组织进行适当调整，现有5个党总支，21个党支部，各党（总）支部的组织生活制度比较健全；召开专题党务工作会议，开展纪念建党90周年系列活动；认真做好省市级先进基层党组织、优秀党务工作者和优秀共产党员的推荐表彰工作，选举产生省党代会代表候选人1名，市党代会代表候选人3名，市及源城区人大代表共2名；举办2期入党积极分子培训班，共计培训870名入党积极分子；发展预备党员612名，审核预备党员转正206名；接转新教师党组织关系和转出毕业生党员党组织关系。抓好党员信息管理，及时完成党费收取及上缴工作。组织代表队代表市直工委参加建党90周年党史知识竞赛并获组织奖。组织成立省市两级党代表工作室，搭建与师生间的连心桥。积极开展干部培训工作，共派出管理干部15人次外出学习培训。在2010建立党员服务中心的基础上，组织各二级学院发挥党员服务中心、党员宿舍等的独特优势，进一步完善服务档案台账，加强管理和服务。

做好干部培养与选拔工作。全年共派出管理干部15人次外出学习培训。按照党委统一部署，有步骤地开展第二轮干部换届工作。通过竞争上岗方式，提任正职7人；提任副职11人；提任科长（主任）23人；退出正职（或部门负责人）的有3人，退出副职的有4人，退出科长（主任）职的有2人；留任正职的有11人，留任副职的有16人，留任科长（主任）职的有5人；正职转任的有3人，副职转任的有6人，科长转任的有3人。通过全员竞聘选拔任用一批党员干部，形成良好的用人导向，增强干部队伍活力，为学校的发展和稳定奠定基础。

认真组织召开第二次党代会工作。成立河职院第二次党代会筹备工作领导小组及工作机构，成立河职院第二次党代会党代表资格审查委员会，选举中共河职院第二次代表大会代表，公推直选学生党代表，确定出席学校第二次党代会代表人选名单，召开学校党政领导班子任期届（期）满考核大会，召开中国共产党河源职业技术学院第二次代表大会等有关工作。经过精心组织，周密安排，成功组织召开中共河职院第二次代表大会，选举产生新一届党委委员、纪委委员及其领导班子。

高效完成办公室日常工作。一年共印发文件131个、完成上报材料22份、编印党委会议纪要18期，校长办公会议11期。接受和处理群众来信3件。组织做好保密工作，在市委组织的保密工作年度检查考核中，学校获得99分，居受检查考核单位的前列。同时，还积极组织协调做好全市领导干部信息化提升培训工作，共完成2000多人的培训任务。

10.1.2　校务工作

加强文秘工作，提高办文质量。起草学校各类请示、报告、总结、计划等重要材料数十篇，包括《学校2011年开学工作部署》、《学校2011年工作总结》、《2010年度信息公开工作报告》、《校务公开整改工作方案》、《学校2010—2011学年数据平台统计报告》、《关于上报省厅教育发展规划编制工作调研材料》等。

加强组织协调，确保各种大型活动顺利开展。强化服务理念，提升工作效率，加强沟通协调，确保各种大型活动顺利有序进行。组织协调重大活动包括：建校81周年暨升格10周年庆典、2011年高等职业教育研究会学术年会（见插图10-1）、学校第二次党代会、学校第二届教代会、实训中心三期奠基仪式、陶行知和萧殷塑像落成仪式、孙中山先生铜像安奉仪式、全市领导干部信息化提升培训工作等。

加强办公室的日常管理。做好学校周程工作的协调安排，以及收文登记、拟办、催办、督办、归档等工作；进一步规范公文处理程序，严格把关各部门报送的请示、报告以及内外发文，公文处理的质量和效率明显提高；认真做好来信来访工作，加强合同管理，草拟并发布《合同管理程序》。

其他工作。年初组织各部门签订年度工作责任书，年终对各部门责任书的完成情况进行考核；组织协调各部门做好数据平台建库工作，认真填报人才培养工作状态数据库、高等教育基层统计报表、相关办学条件情况表等，完成学年统计工作并上报；参与撰写学校第二届党代会相关材料；完成学院年鉴第三卷部分撰写和编辑任务；做好相关专业教师赴港学习工作；做好外教的签约及管理工作；对二级学院的行政秘书进行业务培训等。

10.1.3　纪检监察审计工作

反腐倡廉教育工作。一是积极营造廉政氛围。转发省纪委、省监察厅《关于做好2011年元旦、春节期间加强廉洁自律和厉行节约工作的通知》，提出相应要求；为新提拔的领导干部建立廉政档案；为处级以上领导干部发放2011年廉政台历。二是深入贯彻廉政精神。召开全校纪检监察工作会议，要求广大党员干部严格遵循中纪委“四大纪律、八项要求”，努力做到“五不准”；组织学习讨论《关于进一步加强高等学校若干重大问题监督管理的意见》，部署相关工作；认真组织狠抓《廉政准则》贯彻落实。三是扎实开展廉政教育。制订《2011年纪律教育学习月活动实施方案》，召开纪教月动员大会，开展“以人为本，执政为民”主题教育，引导师生员工牢固树立群众观点；通过专题辅导讲座等形式，广泛开展《廉政准则》学习教育活动。四是着力抓好廉政宣传。精心组织党员干部观看廉政教育电教片；组织纪检监察干部参加纪念中国共产党成立90周年反腐倡廉知识竞赛；在校园网开辟《廉政准则》学习专栏，刊登解读及党员领导干部的心得体会文章；通过校广播站、新闻中心及时对各部门的学习贯彻情况进行跟踪报道。

惩防制度建设工作。一是推进制度建设，注重规范管理。制定《建立健全惩治和预防腐败体系工作细则》，确定工作原则、主要目标和具体措施，对4个方面、73项具体任务分解落实；制定完善《基建工程管理程序》等规章制度，提供制度保障。二是坚持“一岗双责”，注重责任落实。校党委与各级部门签订《党风廉政建设责任书》，明确部门“一把手”是第一责任人的要求；将之作为考核部门领导班子政绩和本部门绩效的重要依据，对党风廉政建设实行“一票否决”。三是认真结合实际，注重贯彻实施。制定《贯彻〈关于进一步加强对高等学校若干重大问题监督管理的意见〉建议》，将《意见》涉及的6个方面的内容分解成37项任务，要求相关部门对照检查，进行查漏补缺，完善规章制度，从源头上堵塞漏洞。

监督检查工作。一是积极配合抓干部人事工作。参与中层领导竞岗的各项活动，实行党委会讨论干部书面征求纪委意见制度；严格按照《党政领导干部选拔任用工作条例》和学校干部管理有关规定，对竞岗干部的选拔任用全程参与，全程监督，确保公平、公开、公正。二是积极落实党风廉政责任制。成立党风廉政工作考核组，对照《责任书》的任务要求，把党风廉政建设与业务工作一起部署落实，一起检查考核。三是积极抓好重点领域的监督。认真开展对基建、维修工程和设备、大宗物品、教材图书等采购招标及其实施过程的监督工作；重点对荟萃湖道路改造、景观绿化工程、学校图书馆中厅大理石修补工程、学生宿舍D区挡土墙、校史展览馆、萧殷和陶行知的大理石雕像、学生素质拓展训练基地、艺术楼、溜冰场等工程实施现场监督。四是积极参与招考选聘的监察。全过程参与监督全日制普通生招生和学校自主招生工作，实行“阳光招生”，没有发生一起投诉；对大学外语四六级、AB级考试、期终考试工作过程，对学校教师、辅导员招聘工作全程监督，严格把控招聘过程的笔试、面试等重要环节的工作；对干部换届考核、竞聘上岗和全员聘任工作全程监督。五是积极对常规工作实行督察。制定《关于校务督察、效能问责的实施意见》，重点对学校“两会”决定事项、职能工作及“五个责任书”完成情况实行督查督办；制定《行政和教辅人员服务水平评价办法》，对机关作风建设情况进行督查；按照《教师绩效考核办法》和《行政处室考核办法》的要求，采取“年初部署、期中抽查、年末考核”的方式，进行常规督察和专项督察，督察和问责结果作为衡量二级部门及其主要负责人政绩的重要依据。

审计工作。一是对经济运行进行规范审计。重点开展年度预决算、经济责任、经济合同、基建工程等方面的审计，共审计清查132份合同，合同总标的额500多万元；完成学校2010年财务预算与执行情况审计，审计金额达2.8亿元；针对预算编制与执行、财务核算、经济管理等方面存在的问题提出审计意见及合理化建议。二是对基建、修缮工程项目进行外包审计。做好基建、修缮工程项目外送审计的协调催审工作，认真把好审计质量关；委托有关中介机构对基本建设工程项目审计，完成14项，送审金额1232.44万元，核减金额122.8万元，平均审减率为9.96%，其中学生公寓与饭堂连廊工程的核减率达60.08%；及时发现并纠正建设过程中未按程序变更施工和增加工程量等问题。三是对领导干部加强经济责任审计。完成13个部门的中层干部换届经济责任审计工作。

纪检监察信访工作。一是认真负责，确保成效。充分利用校园举报箱和网络举报箱，认真对待每一封来信、每一次来访，会同有关部门逐一调查核实和分析，实事求是提出调查意见，对反映情况不属实的及时澄清，发现腐败问题的线索一查到底，切实维护师生合法权益；对电信学院某教师旷工情况进行调查，根据核实情况向人事部门提出辞退建议。二是热情服务，树立形象。热情接待来访师生，认真倾听群众呼声，努力化解矛盾，对反映属实的问题或困难，积极协调有关部门尽快解决，密切党群关系，树立良好的服务形象。

干部管理教育工作。一是制订培训方案。制订2011年度干部培训方案，认真组织纪检监察干部进行政治理论和纪检业务的教育学习。二是坚持以会代训。组织召开党风党纪监督员会议，学习贯彻十七大精神和十七届中央纪委五次全会精神及上级有关纪检工作的文件精神，提高纪检干部的思想理论和政策水平。三是组织业务培训。组织纪监审干部参加业务培训，参加中央纪委监察部北戴河培训中心纪检监察综合业务培训1人次，参加内部审计培训4人次，参加2011年河源市青年女干班培训1人次。四是强化业务交流。组织纪检监察干部到中山火炬职院、中山职院、顺德职院、汕头职院、揭阳职院等兄弟院校学习考察，加强交流。

10.1.4　宣传工作

成立新机构。在升格10周年之际，学校根据发展需要，设立党委宣传部。

搭建宣传平台。结合新闻采编与制作专业资源，全体新闻专业教师参与新闻中心的部门管理和业务指导，将新闻中心打造成集新闻采写、摄影摄像、报刊编辑、广播视频等功能齐全的综合宣传平台。完善后的新闻中心实现校园内电视、广播、报纸、网络全方位的宣传报道，建立全面立体式的校园宣传阵地。在2011级纳新活动中，全新的新闻中心吸引1200余名新生报名竞选活动，创历年之最。

校内外宣传工作。2011年重点对学校第二次党代会、校庆庆典、省高职研究所年会等深入全面宣传报道。制作《第二次党代会特别报道》、《校庆庆典活动特别报道》、《河职院宣传片》、《校园“十星”》、《美丽校园：新生入学介绍片》等视频专题片；编辑《赢未来——河职院专刊》；编印校报党代会、校庆专刊2期、《赢未来——河职院专刊》等。本年度撰写、审编校园新闻及部门动态稿件近700篇；向省教育厅、市委办等有关部门报送各类信息80多篇，其中被省教育厅采用18篇、市委办采用2篇；完成校报编印3期、完成视频专题新闻3期、开设和制作校园电视台新栏目《音乐ing》；接待各界媒体30余次，在市级以上各类媒体报道40次以上，有效提高学校美誉度。

召开新闻媒体招待会（见插图10-2）。加强学校与新闻媒体的沟通联系，使各新闻媒体能够全面、准确了解我校近年来的发展情况，以促进双方交流与合作。河源市委宣传部常务副部长、《河源日报》社社长张玲，河源广播电视台副台长车济民，《河源晚报》常务副总编王政明，《河源乡情报》社副社长张政文，《南方日报》驻河源记者站站长甘超强，以及《广州日报》驻河源记者站记者，中新社河源办事处等媒体来宾出席了招待会。

10.1.5 教务工作

教学建设。一是专业建设。报送省级特色（培育）专业3个，获中央财政支持建设专业2个，资金480万；确定校级示范性专业建设名单（物流管理专业、计算机运用技术专业、汽车运用专业）验收标准；完成校级示范性专业年审、验收；完成2012专业教学标准初稿和35个专业调研报告和建设方案的审核工作。二是课程建设。修订2011年专业人才培养实施方案；审核认定370门校级合格课程，评选出17门校级优质课程、14门校级精品建设课程；完成35门一体化课程申报与评审工作，审核241门公共选修课课程标准，实现理论知识网络化考试课程12门。三是教材建设。教材评审建设立项30部，完成立项8部，通过结项验收已出版教材2部，通过审核未出版教材5部。四是举办教学大赛，共有11人分别获得一、二、三等奖。

教务管理。一是加强教务运行管理。完成排课、教学场地调度、场地课表、教师课表、班级课表、执行性教学计划等工作；收集各学院教师教学工作进程表、各班级周程、教学任务书等，安排各院系新生班级劳动教育课。二是加强考务管理。做好学校期末考试和补考工作，完成全国大学英语四六级、全国高等学校英语应用能力、全国高等学校计算机水平和2011年自主招生考试工作。三是加强学籍成绩管理。完成2011届大专毕业生3534人的毕业实习、毕业设计和毕业资格审查工作；做好2011级4058人大专新生电子注册工作。

实践教学管理。一是校内实践教学。联合实训中心举办实训室管理现场工作会议，检查实训中心学生、教师到课情况以及实训设备准备情况；召开实践教学工作现场暨实训室管理员培训会；联合实训中心开展文明实训室评比活动。二是加强校外实践教学。完成75个班级的校外见习、36个班级的校外专业实习和84个班级的毕业实习网上审批手续，对市场营销、物业管理、英语教育、语文教育等专业的校外见习实习和酒店管理、应用电子技术专业的毕业实习进行校外实践教学检查。三是做好2011届毕业生毕业设计（论文）答辩工作。四是开展技能竞赛。组织参加各种职业技能大赛，取得优异成绩，其中获省级三等奖以上158项、

334人次，获国家奖项三等奖以上44项。五是加强职业技能鉴定。出台《河源职业技术学院“三证”考试》文件，新增45个鉴定工种，达到86个。

10.1.6 学生工作

学生常规管理和服务工作。一是开展“校园安全文明月”活动，不定期进行安全隐患排查，完善突发事件应急预案。二是大力开展文明宿舍创建活动，严格执行辅导员宿舍值班制度。三是完善学生事务服务中心的建设，精心组织好每两周一次的校领导接访活动，受理学生意见200多件，绝大部分得到妥善解决。四是开通“园丁信箱”，加强学生与学校的沟通。

奖学助学和国家助学贷款工作。一是为215名家庭经济困难的新同学通过“绿色通道”办理入学手续。二是评选出国家奖学金15人，奖励金额12万元；国家励志奖学金365人，奖励金额182.5万元；国家助学金1580人，资助金额474万元；2010年度中等职业学校国家助学金432人，资助金额64万元；免学费人数43人，金额为10.75万元；为611名家庭经济困难学生减免37.07万元；为14人申请13.3万元的省财政补助资金；为10名毕业后入伍的学生申请15.9万元的学费减免补助资金。三是认真做好国家助学贷款相关工作，共有60人获得贷款，金额达35.88万元（见插图10-3）。四是认真组织好校内勤工俭学管理工作，全年共资助学生1045人次，金额24.3万元。五是积极争取社会捐助，全年共发放“陈戈平扶贫助学金”150名，资助金额45万元；“汇源奖助学金”30名，资助金额3万元；“华达助学金”100名，资助金额10万元；为10名优秀法律事务专业学生，发放东源法院奖学金2万元。六是为1422名学生发放优秀学生奖学金，金额达52.25万元。

强化学生工作队伍建设。认真开展“一线服务”活动，组织思政课教学能力培训，开展首届辅导员学生工作论文大赛，收到20篇辅导员工作论文，评出10篇论文制作成辅导员学习材料。

加强心理健康教育与咨询。全年共举办16场专题讲座，先后对部分辅导员及心理协会骨干共计50余人进行心理危机诊断、预防以及监护技能的专门培训；电话、短信咨询超过400人次，个案咨询248人次，干预处理危机事件23起，处理心理问题突发事件9起，跟踪、辅导和治疗严重心理问题学生13人。

10.1.7 人事工作

干部人事制度改革。认真制定学校中层干部竞争上岗总体实施方案、实施细则，稳步开展第二轮干部换届工作；组织进行公开竞争上岗，提任正处职7人，提任副处职11人，提任科长（主任）23人；通过全员竞聘选拔任用一批干部，形成良好用人导向，增强干部队伍活力。

师资队伍建设。一是加强专业人才引进工作。通过网站及时发布招聘信息，收到应聘简历2000多份，经过筛选、组织集中面试，引进教职工46人（入编38人，聘用8人），其中拥有高职称高学历36人；拟定2012年招聘启事，发布到各高校就业指导中心；参加2011年中山大学研究生专场招聘会，收到应聘简历100多份。二是提高教师学历层次和专业技术水平。按照《专业技术人员职称申报程序》，认真开展2011年各类专业技术职务申报评审工作，申报图书系列中级4人，申报教师系列正高2人、副高24人、中级42人；组织开展新教师专业技术资格认定中级3人、初级10人；组织新教师参加高校教师岗前培训52人；组织专业主任到国内外高校进修学习30人次；组织到省内外高校、企业考察学习200多人次；选派专业教师下企业锻炼8人，到深职院置换学习2人；推选参加市人社局继续教育培训584人；经过学历进修取得硕士学位有 16 人；通过职教能力测评教师 32 人。三是大力开展师德建设活动，提高教师整体素质。认真制订《河源职业技术学院 2010—2011 学年度师德建设活动工作意见》、《河源职业技术学院 2011 年师德建设主题教育月活动方案》，开展为期 1 个月的师德建设主题教育月活动；开展“以身立教，为人师表”主题师德征文活动，对 45 篇征文组织评奖；开展“学校十佳杰出青年教师”的评选活动；在校园内网学习交流区开设师德建设主题教育月活动专栏，分经验交流、先进事迹介绍、教书育人论坛；开设专栏为教师开展师德学习和交流提供平台，扩大师德教育的覆盖面和影响力。

推进分配制度改革。一是研究制定《2011 年河源职业技术学院教师岗位绩效考核办法》。二是积极推进岗位设置。认真组织修改完善《河源职业技术学院岗位设置方案》，组织引导教师学习有关配套文件，了解岗位设置管理相关政策和要求，理解和支持学校的岗位设置工作。

其他工作。一是组织修订和完善《教职工服务期限管理程序》、《教职工请假、销假管理程序》、《教职工校内调动管理程序》等文件，基本实现以制度规范行为、以制度管人管事。二是及时办理好教职员工入职、离职、户口迁移等相关手续。三是完成《高职院校人才培养工作状态数据》、《高等学校基层报表》等师资队伍数据的测算与上报，及时准确报送各季度、年度劳动工资统计报表，做好台账年审工作。四是积极参与 2009—2010 年度学校年鉴的组稿、编辑工作，完成其中有关师资队伍、重大会议部分的撰写及修订；参与校庆筹备、《校友会刊》编辑，赴市内各县区联络校友。五是完成 2010 年校内岗位绩效工资核算。

10.1.8　财务工作

加强财务核算，做好会计监督。严格遵守国家财经法律法规、财务会计制度、税收法规，认真组织会计核算，规范各项财务基础工作，包括从原始凭证审核、会计记账凭证录入到编制财务会计报表，从各项税费计提到纳税申报上缴，从资金计划安排到各项资金统一调拨支付等；认真执行会计制度，实现会计信息收集、处理和传递的及时性、准确性。

加强预算管理，严格控制财务收支计划。坚持围绕学校中心工作安排年度预算，按照全面完整、科学规范、保证重点、绩效预算、适度负债的原则，认真编制预算方案；对部门经费进行预算控制，对超预算没有审批发生的费用，一律不予报销；对支出实行分类管理，做到有预算安排、有支出标准、有制度依据，维护预算的严肃性和权威性；坚持勤俭节约原则，严格控制消费支出；严禁无预算和超预算支出。

严格执行“收支两条线”管理制度，做好日常财务收支管理。加强收支管理，缓解资金供需矛盾；建立健全各项财务制度，使日常财务工作做到有法可依、有章可循，实现管理的规范化、制度化；对一切开支严格按财务制度办理，集中财力办事业，提高资金的使用效益，达到增收节支的目的。

加强对资金的统一归口管理，规范运作。强化资金使用的计划性、效率性和安全性，对年度预算各经费指标、各项专款，特别是项目投资、资产维护及耗材耗能的开支严格控制；严格遵守政府采购制度，加大学校政府采购项目执行力度；积极推进政府收支分类改革，提高部门预算管理水平。

根据财务管理的特点及财务管理需要，及时调整财务处组织机构和岗位职责，修订完善财务管理制度、内部控制制度、预算管理制度等一系列相关制度，确保每项工作有计划、有落实、有监督、有考核，积极建设良好的财务管理内外部环境。认真开展“小金库”专项治理，建立防治“小金库”长效机制。

积极推进校园数字化建设，初步实现财

务信息共享；通过网络数据平台，成功实现学生缴费信息向一卡通数据中心的转换交割；建立网络查询系统，各部门公用经费、学生学费缴纳录入的信息与可查询到的信息同时同步进行。加大对学费的收缴力度，为学校各项事业的发展提供可靠财力保障。完成学生国家奖学金、励志奖学金、陈戈平扶贫助学金、广东省公益助学金、国家助学金、中职助学金、国家助学贷款、生源地助学贷款、贫困减免、勤工俭学、退役士兵入学补助等资金发放及学费抵扣、教材费结算退款等工作。做好工资和津贴发放，以及个人所得税申报缴纳等工作。

10.1.9　资产与后勤工作

资产管理。做好新购置资产的验收和入账工作，共录入资产信息 1351 条，价值 2532740 元；对各二级学院共 26342 台件、价值约 63138460.78 元的资产进行核对；不断完善固定资产管理程序，实现对资产的使用、调拨、领用、维护、回收、报废等的统一管理，降低管理成本，提高管理效率。

维修监管。严格按照《河源职业技术学院维修管理程序》做好各项维修工作，加强对维修的跟踪和监督；及时在 OA 系统公布报修和维修的数据，提高维修速度，增加透明度，确保生活和公共设施 95%以上的完好率；一年来，共完成 13171 项维修。

食品安全。按照《中华人民共和国食品安全法》和《学校食堂与学生集体用餐卫生管理规定》等要求，结合实际，由食堂主管人员和食品安全检验室人员每天对食堂食物采购、食品加工、食品留样备查、饭堂卫生环境等进行严格检查，发现问题及时落实整改；根据省高校食堂标准化建设要求，实行定点采购和索证制度，加强食品留样和冷库管理及消洗工作等；深入食堂进行全面检查，督促食堂承包商进一步完善相关措施，有效防止食物中毒，确保师生用餐卫生健康。

节能减排。完成学校东门至 B 区宿舍周边、荟萃湖路段、教学楼、学生宿舍和图书馆走廊灯节能改造，采用逐步更换的方法对学生宿舍内灯光进行改造；完成图书馆、实训中心一期、教学楼卫生间及学生宿舍洗手盆的下水管改造；在 A、B、C 区学生宿舍楼顶全部安装太阳能；以上几项节能改造，每年可为学校节省耗材及水电费约 60 万元。

10.1.10　科学研究与技术开发工作

教科研工作。采取有力措施，积极营造科技创新氛围。不断深入企业，与地方企业加强合作，进行广泛联系和沟通，充分掌握和捕捉科技信息，教师技术服务能力得到明显增强（见插图 10-4）。2011 年学校科研进账经费 77.95 万元。一是在与我市龙头企业联合申报广东省科技厅科研项目方面取得可喜的成绩。与河源雅达电子合作申报的“智能电机保护控制装置”科技成果获 2011 年河源市科技进步二等奖，与河源市超越光电科技有限公司合作申报的“LED 模组及应用技术”科技成果获 2011 年河源市科技进步三等奖。二是学校被确定为广东省第二批的“广东省知识产权试点事业单位”。三是获得受理的国家专利申请 11 件，其中发明专利 1 件、实用新型专利 8 件、外观设计 2 件；获得国家专利授权 6 件，其中外观设计 1 件、实用新型 5 件。四是组织各级各类科研项目申报，其中获批准立项的校级科研计划课题 26 项、市级课题 57 项、省厅级课题 15 项。五是参加河源市第三届哲学社会科学优秀成果奖评奖活动取得优异成绩，其中获得著作类二等奖 1 项、三等奖 2 项，论文类三等奖 3 项。

对外科技与社会服务工作。共有近 100 人次参与河源市的课题评审、法律咨询、政府决策咨询、文化调研、专题讲座等地方社会发展事务，为地方经济社会的发展出谋献策。

学报工作。本年度《河源职业技术学院学报》共出刊4期；共处理稿件500多篇约300万字，加工、编辑、校对文稿70多篇，近60万字；共向省内外高职院校及本市教育系统寄送《河源职业技术学院学报》（4期）1000多本，与近80所省内外高职院校建立有期刊交流制度。

10.1.11 继续教育工作

2011年，学校进一步完善短期培训、专科函授、本科函授、在职研究生教育、远程教育、自学考试辅导等多位一体的继续教育格局，成人学历教育在校生11065人，向学校上交纯利润300万元，大大超过预期目标，成人教育跨入全省高职院校前列，实现从“羡慕别人”到“别人羡慕我们”的转变。

业务拓展。一是提升学校服务社会的功能，加大继续教育和社会培训的力度。在东莞、深圳、惠州等地新增校外教学点7个，新增办学项目2个，成功开办紫金分校、连平分校。二是2011年秋季与华南师范大学等高校联合开办专、本沟通班，实行部分课程对接，为专科生实现专本科同读创造非常好的条件；与美国索尔兹伯里大学合办3＋1国际本科班对接合作项目，进一步完善成人教育项目。三是加强校企合作办班。与惠州德赛集团、博罗帝都大酒店、河源雅达电子有限公司、中国石化河源公司合作开设成人教育专科函授班，为扩大学校与珠江三角洲及河源市企业合作开办成人教育打开新通道。四是科技服务取得显著成效，与广东省汉能光伏有限公司等4家企业合作项目经费达36500多元。

内部管理。一是出台有关继续教育的行政、教务、招生等规章制度，进一步加强制度建设。二是积极开展继续教育学院质量管理年活动，取得良好效果，得到省教育厅充分肯定。三是在继续教育学院内部全体员工中实行责任书制度，将学校任务分阶段落实到继续教育学院的各个部门，再由部门分解到个人；加强绩效考核，进一步责任明确，极大调动全体员工积极性。

其他工作。加强党支部建设，积极开展师德师风纪律学习月活动。严格开展党风廉政建设，遵照省、厅以及市委廉洁从政的规定，在党员干部中开展警示教育活动。积极推进绩效考核和创建工作，对教职工的绩效考核按照《继续教育学院绩效考核方案》进行奖勤罚懒，对员工工作量、工作能力、工作表现均有量化指数。组织开展工会活动、“三八妇女节”投篮比赛活动、端午节拔河比赛、学校篮球赛，关心教职员工的业余生活，营造积极向上的工作氛围。

10.1.12 督导工作

构建二级学院人才培养工作水平评价体系。按照校党委的要求，经过深入调研、广泛征求意见，构建完成二级学院人才培养工作水平评价体系，编制《二级学院人才培养工作水平评价工作管理程序》文件，并组织完成年度二级学院人才培养工作水平评价工作。

编写制定学校教学质量管理体系文件。贯彻《河源职业技术学院关于加强教学过程管理的指导性意见》的精神，与教务处、实训中心一道针对教学进程中出现的管理问题，重点研究和架构教学工作质量管理和监控体系，起草制定以下程序文件：《二级学院人才培养工作水平评价工作管理程序》（HZY/QP-2010-42R1）、《实训室建设与评价管理程序》（HZY/QP-2010-47）、《实训耗材管理程序》（HZY/QP-2010-48）、《二级学院督导工作管理程序》（HZY/QP-2010-40）、《教材建设工作管理程序》（HZY/QP-2010-42）、《缓考、免听、免修、证书免考（置换）管理程序》（HZY/QP-2010-50）、《专业（教研室）工作管理程序》（HZY/QP-2010-44）、《教师职教能力培训与测评工作管理程序》（HZY/QP-2010-49）、《“教学做”一体化课程评定工作管理程序》（HZY/QP-2010-52）、《选修课管理程序》（HZY/QP-2010-51）。

常规督导。一是有序开展学生信息员工作。全年共收到280人次的学生信息员交来《教学执行日志》计约2800多份，为了解掌握教师课堂教学状况提供大量信息，对加强师生的沟通和促进教师调整改进教学方法起到良好作用。二是校院两级督导工作机制运行良好。各学院（部）均按照《二级学院督导工作管理程序》的要求，积极筹备，遴选兼职督导员，先后成立由部门第一负责人挂帅的部门督导组，各学院（部）均按照《程序》要求开展工作；对二级学院的督导工作计划、过程管理以及工作总结进行监控，对二级学院的个别督导员听课记录不规范及时进行纠正，确保校院两级督导工作机制正常运行。三是积极开展学生网上评教工作。严格按程序，开展学生网上评教工作文件办事，参评率均达到90%以上。四是完成2011年度全校教师教学质量评定工作。

专项检查工作。广泛开展教学管理方面的专项检查工作，共发出《督导工作报告》10份，包括对顶岗实习情况的检查、试卷抽查和实务考试材料抽查、信息员工作情况和教师听课任务完成情况等，检查情况均向校领导和各教学部门进行通报，对出现问题的教师分别进行谈话，指出问题，促进其教学质量意识的提高。

配合人事处、教务处、科研处完成新教师培训、高校教师资格评审、精品课立项或验收评审、科教研课题立项或验收评审、职教能力培训与测评等工作；积极参加思政课课改活动。

10.1.13　工会工作

思想教育工作。一是加强思想教育。订阅《中国人口报》、《工人日报》、《人之初》等报刊杂志；各二级工会认真组织广大教职工学习，增强会员主人翁意识，提高会员队伍整体素质。二是树立典型。组织开展优秀教师评选活动，共评选黄志忠等35名优秀教师，戴佰阳等25位先进教育工作者。三是召开教职工座谈会。先后召开7场新教师座谈会，听取教职工意见和建议。

制度建设工作。起草《河源职业技术学院工会工作制度》、《河源职业技术学院教职工代表大会制度》；规范各二级工会的工作制度，形成工会活动有方案、有计划、有总结等基本制度。

会员代表暨教职工代表大会。2011年8月25日至26日，召开第二届工会会员代表暨教职工代表大会，选举产生新一届工会委员。认真梳理和分类征集34份代表提案，向学校党委专题汇报，3条提案被学校领导班子确定作为立案提案。

教职员工关爱工作。2011年，被广东省总工会评为“模范职工之家”。一是健全帮困送温暖工作机制，坚持日常帮扶与集中救济相结合工作制度。专门召开工会委员及各二级工会主席会议，新建立困难职工档案18份；各二级工会及时对本部门家庭困难职工、生病住院职工进行走访、慰问，形成困难职工两级管理的长效机制；共慰问教职工90多人次，资助慰问金额达108895元。二是关注教职工健康状况，组织进行身体检查。组织全校约700名教职工进行体检，对检查出有病的教职工及时治疗，看望慰问；邀请市人民医院医学专家来校，针对体检中发现的问题接受教职工咨询，给予指导；对全校130名育龄女教职工进行以预防为主的妇科病检查，保证女教职工身心健康和特殊权益。三是开展教职工走访活动，组织各二级工会走访教职工60人次。

文体娱乐活动。一是举办“三八节”女教职工系列活动，包括座谈会、专题讲座、踏青和休闲之旅。二是配合河源市老隆师范学校建校81周年暨河源职业技术学院挂牌10周年庆典活动，组织举办“我与学院同成长”摄影展。三是成立教职工排舞培训班、健美操队文艺团体，组织开展各类排练活动10余次。四是组织开展体育活动，促进教职工身心健康。成立篮球、羽毛球、乒乓球、足球等四个体育协会，购置体育活动器材，积极组织开展相应活动。五是组织参加学校2011年教职工运动会。学校8个二级工会，组成8个方块队；动员组织288名教职工参加运动会，分年龄段设置10多个竞赛和趣味性群体类项目，取得圆满成功。

10.1.14　共青团工作

青年思想政治工作。一是以建党九十周年和辛亥革命一百周年为契机，创新活动载体，组织开展“青春梦想，激情飞扬”、“迎新生，庆国庆”黑板报评比活动和“党史我来讲”主题报告会、“我身边的幸福事”微小说创作大赛；举办“校园十星”评选暨“五四”表彰文艺晚会、五四知识讲座等一系列活动，表彰一批先进团组织、团干部和优秀团员，弘扬“五四”爱国精神，激励广大青年学生奋发图强立志报国，引导广大团员青年永远跟党走。二是加强培训教育，提高青年学生的思想政治觉悟。举办第五期、第六期业余团校，在广大青年学生中普及团史、团的基本知识，引导广大青年积极分子主动向团组织靠近，壮大团员队伍；加强对先进青年教育和基层团的建设。

团的特色品牌活动。一是组织举办“让青春与创新共舞”为主题的科技学术节，开展挑战杯课外科技学术作品大赛、读书文化节和工商模拟市场活动；承办第五届广东大学生科技学术节中的首届省大学生电子创新设计大赛决赛，组织学生各项参赛，获得省大学生挑战杯课外科技学术作品大赛特等奖、ERP沙盘模拟大赛一等奖、电子创新设计大赛一等奖，以及挑战杯“优胜杯”和科技学术节“优秀组织奖”荣誉。二是开展“永远跟党走”河源职业技术学院第六届广东大学生校园文化艺术节暨第三届客家文化艺术节活动。三是组织开展暑期“三下乡”社会实践活动，以学校统一组织大学生志愿服务队为基础，采取集中与分散相结合、点与面相结合的方式开展；组织16名校学生会骨干，分赴河源六个服务点开展调研活动，促进广大学生在社会实践中“受教育、长才干、做贡献”。四是积极开展社团活动。学校截止到2011年有社团45个，超过5000名会员。学校团委举行多种多样的社团活动，如青年志愿者服务活动有40多次，包括“学雷锋”、“创卫”、“创模”、世客会志愿者服务等；以“燃烧青春，给力社团”为主题的第四届社团文化节，共开展75多项活动（比赛），直接参与人数达2000余人，间接参与人数近5000人，在数量与规模上为历届之最。

青年志愿者活动。一是壮大志愿者队伍。有固定志愿者130人，参与活动人数达2546人次，设有义务支教志愿者服务队、消防志愿者服务队、防治艾滋者志愿者服务队、敬老院志愿者服务队、校园环保志愿者服务队等。二是开展丰富多彩的志愿者服务活动。学校有8项志愿服务活动被评为2011年河源市第一批优秀志愿服务项目，获得市志愿服务项目资金支持；举行学一分消防知识、多十分平安保障——市千名志愿者参与学校“清剿火患”战役启动仪式，第二十四届预防艾滋病宣传周活动。三是开展以“学习雷锋精神”为主题的系列青年活动，包括走进农民工家庭、清除牛皮癣、校园树标牌、义卖玫瑰、无偿献血、文明劝导、汽车总站爱心结服务、义务维修、福利院慰问、义务回收等活动，推动精神文明建设。

团的组织建设。一是加强团委自身的制度建设。完善各项工作制度，加强组织内部管理，规范分团委例会制度；加强协调分团委部门之间的关系，形成一个坚强集体，增强团组织的凝聚力和战斗力。二是加强团干队伍建设。严格把关，在新生中招聘一批优秀的团委干事；举办团干培训班，以老师讲课及经验交流等形式提高团干的业务水平；组织团组织生活观摩会，引导团干规范开展团组织生活和提高质量。

10.1.15　综合治理工作

制订和印发《河源职业技术学院2011年度校园治安综合治理工作计划》，与各部门签订综治责任书；定期召开综治工作会议，积极开展全校性的安全隐患和不稳定因素排查整改工作；初步完成学校消防管理系统信息录入广东省公安厅消防局“六个e网”系统工作；完善消防设施，更换过期灭火器的干粉，对D区学生宿舍、艺术楼消防设施进行配备，对各宿舍区各栋楼通往楼面安全防范措施落实整改，完成图书馆消防监控中心的检修及保养。

虽然校园周边人员复杂、人流密集，治安、交通形势严峻，但学校各级领导对校园安全管理高度重视，通过加大对综合治理经费的投入、不断完善校园交通消防设施、安装视频监控、对周边道路出入口进行封堵、落实联防机制、配备保卫干部和警用设施等措施，保证学校安全形势总体平稳，全年没有出现严重的安全责任事故。

学校主要安全隐患如下。

(1) 学校占地面积大，建筑物多且分散，四通八达，外来人员可以随时随地进入校园。

(2) 全校有18栋学生公寓，2500间宿舍，除每栋一楼装有防盗网外，其他未安装，宿舍之间可以攀爬。

(3) 部分学生故意损坏消防设施，C区宿舍至商业街的应急通道也开通，安全措施难于得到保证。

(4) 除A、B区宿舍门口装有视频监控外，每层过道及外阳台未安装，对进出宿舍的人员难于掌控。

(5) 学生人数多，管理人员除分辨男女生外，难于辨认是否本栋学生进入该楼。

(6) 部分学生使用高功率电器进行烹饪，存在消防安全隐患。

(7) 荟萃湖周边及景观桥休闲人员增多，存在溺水隐患。

(8) 学生集体骑自行车外出，存在交通安全隐患。

确保校园治安安全的建议及措施如下。

(1) 开办形式多样的校园安全教育活动，与学工部门开展校园“安全文化节”，教育师生如何防盗、防火、逃生等基本知识和本领。落实责任，加强二级学院对学生宿舍的管理力度和安全防范教育，重点加强宿舍内的防盗防火。

(2) 完成校园数字安全监控网一期工程建设，在学生宿舍每层过道安装视频监控系统。

(3) 加强中竣物业公司安保、宿管人员责任心教育及管理。

(4) 每栋学生宿舍出入口安装学生智能卡门禁系统。

(5) 在学校的东、南、西门安装不锈钢电动门，封堵风雨操场背后进入校园通道，关闭C区宿舍往商业街的临时通道。

(6) 优先启动实训中心一期至水泵房、实训中心三期至西门、西门至技工学校围墙的建设。

(7) 完善校园内停车位的规划，增设部分道路安全缓冲带，完善安全隐患提醒标示。

(8) 加强治安安全隐患的排查力度，随时掌握校园治安安全状况。

(9) 学校成立保卫处和增加保卫干部的编制，配备足够的经费和必要的防护设备。

(10) 有学工部门和资产后勤处共同成立学校学生联防队。

10.1.16　扶贫双到工作

2011年，学校对口东源县涧头镇乐平村开展“规划到户、责任到人”扶贫工作，取得显著成效，多次作经验介绍，得到中央电视台及省市新闻媒体多次宣传报道。国务院扶贫办调研组，省（粤北片）“双到”扶贫工作观摩调研组，新疆、湖北和东莞、江门等省内外考察团先后到乐平村现场考察；市委书记陈建华亲自率500多名领导干部到乐平村调研指导。

夯实扶贫村基层组织基础。深入开展城乡基层党组织互帮互助活动，指导帮助乐平村圆满完成“两委”换届选举工作，努力提升村党员干部政治素质和工作能力；校党委书记高仁泽、校长刘安华多次率学校领导班子成员及干部到该村开展“五个一”活动；率200多名大学生帮助该村收摘茄子，对农村老党员、特困户和孤寡老人进行上门慰问。

改善群众生产生活条件。积极筹资，全面完成贫困户的住房改造，支持该村5.2公里村道硬底化改造，铺设自来水支网管道5000米，修建3.3公里的“三面”光水渠，帮助安装太阳能热水器，装修改造村委办公楼等；会同河源市移民局周密研究该村发展规划，争取省扶持100万元专项资金重点解决村容村貌整治及村文化广场建设等问题；启动实施“整村推进”建设工程。

加大智力扶贫力度。对在河职院就读的扶贫村学生，实行特殊优惠政策，每人每年减免1000元学杂费；对考取大学的2名该村学生送上慰问金；为村小学购买一批电脑、图书、文具和文体等用品；争取市体彩中心捐赠一副篮球架，改善学校教学硬件条件；创新智力扶贫方式，在乐平小学实施为期6周的“顶岗实习、置换培训”工作；副校长陈德清亲自带头到村小学作思想道德教育辅导讲座，5位骨干教师为村小学教师作语文、数学、教育学、心理学和现代教育技术等5个方面专题辅导，20名实习生到村小学顶岗实习。

千方百计拓宽群众增收渠道。稳步推进乐平村千亩优质花生（蔬菜）基地建设，加强富余劳动力培训实现转移就业，提高贫困户的自我造血能力；广泛发动学校教职工及企业结对帮扶，为该村脱贫致富创探索新路子；组织村里71个富余劳动力到河源逸东制衣有限公司务工；组织30多村民参加汽车驾驶员培训；组发动全校教职工参加河源市“广东扶贫济困日”捐款活动，共募集20万元；争取中兴公司、羊城饼家、光明科技书店等企业与该村贫困户结对帮扶。

10.2 教学与教辅部门工作

10.2.1 机电工程学院

机电工程学院现有全日制在校生2000多人，教职工80人。其中专任教师52人，正教授2人，副教授4人，高级工程师8人，50%教师具有研究生学历，70%以上的专任教师具备了“双师”素质，师资力量雄厚。为满足河源及珠三角地区社会经济发展，特别是大力发展装备制造业的需要，满足河源产业结构适度向制造业发展对高技能应用型和自主创新型人才的需求，开设有模具设计与制造、数控技术、汽车运用技术、高分子材料加工技术、工业环保与安全技术、工业设计六个专业，已为社会培养输送了2500多名合格毕业生，毕业生就业率一直保持在98%以上。

学院教学建设与改革成效显著，模具设计与制造专业和数控技术专业是学校示范性专业，汽车运用技术专业是学校重点专业。现有省级精品课程2门，国家教指委精品课程1门，校级精品课程8门，省级课题6个，2010年获第六届广东省高等学校教学成果二等奖1项。学院注重学生创新能力和实践技能培养，近几年来，学生在国家级、省级技能大赛中屡创佳绩。如，2011年在全国职业院校技能大赛高职组机器人比赛中获三等奖，全国数字化创新设计大赛（简称全国3D大赛）获一等奖。

机电工程学院共承担各级各类科研课题30多项，其中省级课题6项，市级课题12项，院级课题30多项，获授权专利9项，主编参编高职高专教材30多部。学院有校内生产性实训基地2个，建有30多个设备先进、功能齐全的实训室，总资产达2000余万元，实训场地面积约13000平方米。同时还建立了40多个稳定的校外实习基地。学院积极开展对外培训、技术咨询、支持和服务，为企业培训员工和解决技术难题。与多个国内外的学校和学术机构、行业协会建立了广泛的学术交流和协作关系，与德国F＋U职业教育集团、澳大利亚巴拉瑞特大学、新加坡南洋理工学院建立了学术交流及教学科研合作关系，与香港模具工业协会、广东省模具工业协会、广东省汽车维修行业协会、科技部三维CAD认证培训中心建立了合作关系。“办出省内一流的专业，培养社会一流的人才”是我们的追求。学院将进一步加快发展，朝着建设省内领先、国内一流的机电工程技术学院的目标努力奋斗。

专业和课程建设。一是开展教学改革，取得显著成绩。新建食品营养与检测专业通过学校论证，2012年正式开始招生；申报省级特色专业1个，校级特色专业1个；完成网络化考试课程12门的建设任务，做好“做学教”一体化课程的实施工作、争取每个专业至少有1门课程实施“做学教”一体化教学；合格课程申报达100%，优质核心课程5门；申报校级精品课程3门、省级精品课程1门、国家级精品课程1门。二是加强技能考证工作的组织与管理。组织汽车维修工考证195人，数控铣工考证348人，Auto CAD中级程序员考证599人，计算机辅助制造程序员考证54人，高级化学检验工考证76人，中级化学检验工考证82人，注塑工考证119人，考证通过率均达到99%以上。

师资队伍建设。以爱岗敬业、奉献教育为主题，通过开展辅导报告、优秀教师专题讲座、座谈会、撰写学习心得等多种途径，全面提升教师素质，圆满完成师德师风教育年各项活动。

科研、教研及技能竞赛。一是全年科研进账11.33万元。获市级科研立项2项、校级教材立项10项、校级教研课题立项6项，通过验收6项；获校科研课题立项10项，其中重点课题1项。二是组织参加全国职业院校技能大赛成绩显著，黄文汉老师荣获全国机械职业院校（教师）数控机床装调与维修技能大赛一等奖（见插图10-5），于景福老师获第十一届全国高职院校多媒体课件制作大赛二等奖，由曾志文老师的指导摆动式多工位自动送料机获全国三维数字化创新设计大赛（全国3D大赛）总决赛一等奖、广东省选拔赛特等奖；由曾天文老师指导的通用型闸门式夹紧送料机获全国三等奖、广东省选拔赛特等奖；在2011年全国三维数字化创新设计大赛（全国3D大赛）广东省选拔赛中，由黄翊之老师指导的多功能创意插座获一等奖；由刘海明老师指导的迷你烧烤箱获一等奖；由赖文琴老师指导的健身时尚自行车获二等奖；由王姣颖老师指导的实用创意手电筒获三等奖。学生陈世峰和郭晓静同学分别摘取本届大学生职业生涯规划设计大赛的一、二等奖，其指导老师郑文明、钟丹老师获得“优秀指导老师”称号。

实训基地建设。由李大成院长携工业设计专业主任赴合肥参加“设计创意教学中心”（下称“中心”）授牌与软件捐赠大会，获得美国欧特克（Autodesk）有限公司捐赠的系列正版软件，涵盖工业设计、机械制造、电子技术、数字娱乐、建筑设计等多个专业，成为中国职教协会首批“设计创意教学中心”建设院校。与河源市源联机动车驾驶培训基地、河源市广丰汽车销售服务公司合作，新建2家实训基地。

学生管理工作。一是加强对教职工和学

生中入党积极分子的培养，做好教职工及学生党员的组织发展工作，本学年我院共发展党员 47 名，共有 66 名同学参加党校学习并顺利毕业。二是高度重视毕业生的就业指导工作，2011 年 8 月毕业生初次就业率达到 95.38%以上。与广东省 50 多家用人单位建立合作关系，农夫山泉到我院面试学生，组建农夫山泉班；举办校园招聘会，为毕业生就业搭建平台。

10.2.2 电子与信息工程学院

电子与信息工程学院致力于电子与信息技术人才培养，坚持走校企合作、产学研结合的高职办学之路，现有应用电子技术、楼宇智能化工程技术、计算机应用技术、计算机网络技术、计算机多媒体技术、移动通信技术、软件技术、现代教育技术、电子信息工程技术等 9 个专业以及公共计算机教研室和电子信息实训部，其中应用电子技术、计算机网络技术专业是校级特色专业。

学院师资力量雄厚，现有专职教师 68 人，其中副高以上职称 7 人、中级职称 45 人。为提高教师教学质量，学院曾多次选派教师到澳大利亚、德国、新加坡等国外职业教育机构学习选进职教理念，并通过职教能力培训与测评、企业挂职锻炼、项目开发等途径，培养了一批“懂生产、能开发、善教学”的双师队伍，已形成了一支梯队结构合理、素质优良、专兼结合的“双师”结构教学团队。

学院建有设施完善、功能齐全的电子、计算机类专业校内“教、学、做”一体化实训室 25 个，校企共建生产性实训车间 1 个，建有 50 多家校外实习基地，为学生提供良好的校内外实践环境。学院积极与北大青鸟、景旺电子等国内知名企业合作，建有北大青鸟班、景旺电子班，联合培养应用型人才。

学院非常注重学生创新能力培养，学生近年来在全国职业技能竞赛、全国大学生电子设计大赛、全国大学生数学建模大赛、计算机网络组建与维护大赛、软件设计大赛等多项赛事中获得多项大奖，2011 年应用电子技术专业 3 位学生代表广东省参加全国职业技能竞赛芯片级维修项目，荣获全国二等奖。

历届毕业生 100%获得了一项中级职业资格证书，60%左右的学生获得了高级职业资格证书，毕业生深受社会和用人单位的欢迎，近年来，毕业生的平均就业率达到 99.8%。

教学工作。一是专业建设课程建设。召开专业建设指导委员会，修订 2011 级专业教学标准。申报校级特色专业 1 个，合格课程申报达 100%，优质课程 5 门；申报校级精品课程 3 门，完成网络化考试课程 16 门的建设任务；做好“做学教”一体化课程的实施工作，争取每个专业至少有 1 门课程实施“做学教”一体化教学；完成省级及以上课题立项 1 项。二是实训实习基地建设。与深圳神舟电脑公司共建生产实训基地 1 个。三是学生技能竞赛。全年共参加 6 项省级以上技能竞赛，获得 17 个奖项，其中国家级奖项 2 个。

科研教研与社会服务。与中国联通河源市分公司合作共建中国联通 · 3G 实训室，与深圳神舟电脑有限公司达成共建河源职业技术学院创业体验店生产性实习基地项目；新增“西可通信技术设备（河源）有限公司”、“深圳神舟电脑有限公司”、“河源市铭悦电讯有限公司”等 14 个校外实训基地，为实践教学创造更好的条件；为企业提供技术服务 8 项，实现科技服务到账款 30 万元；利用 IT 文化节活动的平台，各专业积极联系企业 56 家，共提供实习就业岗位 300 多个；首批聘任 6 名来自企业的客座讲师，增进学院与企业的沟通。

学生工作。以深化“两个服务中心、三个教育活动月、一个团员培训班”建设为基础，把团建与学风建设融为一体；成立就业创业服务中心、就业创业基金会，积极开展就业创业知识教育活动，结合各个专业特点开展丰富的专业技能大赛等活动；与企业强强联合，组建“西可班”、“联通班”，为学生就业创造有利条件，确保学生就业率在95%以上；加强毕业生的质量跟踪，通过技术支持指导，确保用人单位总体满意率、工作称职率80%以上。

10.2.3　工商管理学院

工商管理学院现有旅游管理、酒店管理、烹饪工艺与营养、物业管理、会计电算化、市场营销、工商企业管理、物流管理等8个专业，初步形成了特色鲜明、分布合理、紧密结合就业岗位需求的专业群。其中旅游管理专业是广东省高职示范性专业，“导游业务”被评为省级精品课程。

学院拥有一支专业素质高、学历年龄结构合理、爱岗敬业、勇于创新的专兼职结合的“双师”素质教学团队。全院现有专任教师63人，其中教授2人，副教授8人，拥有博士学位教师2人，硕士学位教师48人。

工商管理学院注重学生创新能力和实践技能的培养，建有ERP实训室、会计手工实训室、企业全面经营模拟沙盘实训室、导游培训室、餐饮实训室、客房实训室、前台接待实训室、物业综合实训室、物流综合实训室等设备先进、功能齐全的校内实训室，与企业合作开办了校内生产性实训基地——万绿湖旅行社大学城营业部和珠海市中竣物业管理有限公司河职院管理处。学院积极探索工学结合的人才培养模式，建立了万绿湖景区、万绿湖旅行社、东莞青年旅行社、河源假日酒店、御临门温泉度假村、广东翔宇会计师事务所、河源和大福百货发展有限公司、广晟百货公司、上海圆通快递（物流）有限公司广州分公司、雅达电子有限公司、河源雅居乐物业管理有限公司等30多个校外实习基地。学生参加省级以上技能比赛成绩骄人，荣获2011年中国—东盟青年创新大赛获得管理模拟项目冠军等国家级、省级比赛奖项60余项。历届毕业生以职业能力强、职业素质高深受社会和行业用人单位的欢迎，近两年，毕业生的就业率均接近100%。

教学工作。一是专业建设。各专业对2011级教学标准进行修订，会计电算化专业通过校级示范性专业验收，物流管理专业成为校级示范建设专业。二是课程建设。有69门课程被评为校级合格课程，5门获得校级优质课，3门课程申报校级精品课。三是实践教学。启动第二批提升教师专业技术水平工作，采取带班跟岗实习、培训企业员工、帮助企业解决技术难题等方式加大教师到企业实践锻炼的力度；建成烹饪实训室，完成对物业实训室和企业经营沙盘模拟实训室改建；新建市场营销专业校内生产性实训基地众成实习超市；完善相关实训室的管理制度和规范，加强对教师实践教学能力、实训室维护与管理的培训。四是组织学生参加各类职业资格证书考试。五是组织学生参加技能比赛，获得全国一等奖6项、二等奖14项、三等奖2项，省级奖项16项。

师资队伍建设。选派伍伟、杨红霞、张颖、黄蔚红、史万莉、黄轶旼6位老师进行在职研究生学习和进修工作；有14名教师通过学校职教能力测评。

科研及社会服务。获得市科技局课题立项10项，校级教改立项3项，校级科研课题立项7项；通过校级教改课题验收3项，获得省高职研究会立项2项；全年完成横向课题进账经费10.5万元；举办“走读镜花缘”系列旅游人文讲座7场。

党团工作。推荐1094名入党积极分子，共发展预备党员91人，预备党员转正47人；学校科学技术节、校园文化艺术节期间组织举办专业类竞赛15场次；读书节、宿舍文化节期间组织辩论赛、征文比赛、朗诵比赛等6场次；举办2010年工商管理学院班级篮球赛、社团篮球赛7场；组织环保、义务劳动等各类社会服务 4000 余人次。

学生管理。一是每周定期召开辅导员工作例会，做好校园值班、宿舍值班工作。辅导员深入宿舍，除完成学校安排的值班工作外，要求每人每周至少有一天时间进入学生宿舍进行访谈工作；关注、关爱“三困生”和外省籍及少数民族学生，及时解决学生困难和问题。二是严格按照有关评优评先办法和要求，开展学生学年评优、国家助学奖评选以及国家助学贷款申请工作，较好地完成各项指标任务。三是做好就业工作。举办各类就业指导讲座和培训活动，根据学生的不同情况开展个性化就业指导；成功举办工商管理学院 2011 届毕业生专场招聘会，参会企业达 70 家，为毕业生提供近 500 个招聘岗位；学院初次就业率 95.83%，总体就业率 100%。

10.2.4 人文学院

人文学院内设文秘、新闻采编与制作、法律事务、应用英语（商务英语方向、翻译方向）、英语教育、语文教育、数学教育 7 个专业，其中文秘专业是省级示范性专业、校级特色专业；语文教育、英语教育是校级示范性（建设）专业。

学院截止到 2011 年全日制在校生达 2400 多人，教职工 101 人，其中专任教师 86 人，教授、副教授 17 人，外籍教师 2 人，省级以上普通话水平测试员 8 名。本院承担着文秘、应用英语等 7 个专业的人才培养工作，同时承担着全校的大学英语、大学语文、大学生心理健康教育等公共课的教学和普通话测试工作。

在人才培养方面，既重视理论教学，为学生的可持续发展打下良好的基础，又注重实践教学，着重培养学生实际工作能力。现有的校内实训室配置合理，设备先进，主要有文秘综合实训室、公关谈判实训室、计算机速记室、语言实训室、微格教室、模拟法庭、新闻影视实训室等校内实训室；校外实习基地数量充足、运行良好，为实践教学提供了有力的保障。本院所属专业的学生一毕业就能上岗，受到社会和用人单位的广泛好评，就业率均在 97%以上。

专业和课程建设。一是完成 2011 级专业标准的修订工作，制订 2012 级专业教学标准。二是各专业召开一年两次的专业建设指导委员会年会，听取校内外专家的意见，共谋专业发展计划。三是英语教育专业开展校级示范性专业的验收工作，商务英语申报校级示范性建设专业，语文教育专业组织开展申报省级特色专业的有关材料准备的工作。四是开展“做学教”一体化课程的实施工作。《国际贸易实务》和《英语写作》两门课程通过学校“做学教”一体化课程的初审，正进入第二阶段的评审。五是开展合格课程建设工作。上半年第一批申报 52 门合格课程，通过 43 门，第二批申报 68 门，通过评审的 47 门；第三批申报 43 门。六是开展校级精品课程的申报工作，共组织申报 3 门课程。七是开展教材的立项工作，上半年通过 2 门教材立项；下半年申报 6 部教材。

教学工作及竞赛。一是开展校内专业技能综合实训工作。精心组织 09 法律事务专业 1 个班、09 商务英语专业 5 个班、09 新闻采编与制作专业 2 个班等 8 个班的专业技能综合实训。二是认识实习。开展 10 级应用英语专业 4 个班 142 人的认识实习工作。三是专业实习。开展 09 级文秘专业 4 个班 187 人的专业实习工作。四是开展毕业论文工作。做好 2012 届 525 名毕业生的毕业论文工作。组织教师指导学生进行毕业论文写作，已进入学生选题阶段。五是完成 2011 届的毕业实习和毕业论文工作。六是组织应用英语专业（商务方向）的学生参加第四届全国职业院校外贸技能竞赛，组织语文教育专业的学生参加广东省的朗诵比赛，组织学生参加全国第二届秘书职业技能大赛。

科研及社会服务。通过立项 3 项，开展社会培训 240 人，尤其是开展 2011 年河源职业技术学院农村小学置换培训工作影响最大，开展培训全市农村骨干教师30人，取得较好的社会效果。

师资队伍建设。开展教师职称评审工作。组织好21名教师进行职称申报工作，使12名教师顺利申报副教授职称，9名教师顺利申报讲师职称；开展职教能力测评，完成31位教师的职教能力复评工作。

学生及党团工作。一是构建全方位的育人体系，充分发挥辅导员、班主任、学生干部的作用，加强院风、学风建设。评选出8位人文之星，成功上送麦翠莹、李璐、洪海明三名学生当选为校园十星之“技能之星”、“文明之星”和“孝顺之星”；成功举办“天使的琴声”钢琴演奏会和“人文之星”颁奖晚会两场以感恩、励志为主题的充满感召意义的专题晚会；其中，专门为11岁天生失明儿童廖国旺小朋友举办的，学院总策划的“天使的琴声”钢琴演奏会现场募得7000多元国旺教育基金，社会效果良好，得到CCTV央视网、广东省教育厅、河源新闻、河源晚报等报道。二是全方位拓宽就业渠道。利用就业指导课等形式帮助学生了解择业知识，掌握求职技巧，熟悉就业政策，开展人才需求调研和毕业生就业质量跟踪调查。对特殊群体毕业生就业给予特别的关注。先后举办3场专场招聘会，新建河源书香门第培训学校就业实习基地，为毕业生提供多个带薪见习岗位，同时为语文教育、数学教育、英语教育、文秘、新闻等多个专业提供10多个就业岗位。为我院学生就业提供机会和平台。

10.2.5　艺术与设计学院

艺术与设计学院是学校一个特色鲜明的学院，设有服装设计、艺术设计、音乐表演、音乐教育、美术教育、体育教育、园林技术、学前教育、幼儿师范教育（中专）九个专业。现有学生1550余人，专业教师56人，其中教授2人，副高以上职称教师7人，另有校外兼职教师28人，形成了一支素质优良、结构合理的“双师”教学团队。

学院教学设施齐备，功能齐全，现有面积达4000多平方米的艺术楼3栋、先进的服装实训车间3个、专用设计电脑机房3间、多功能演出厅1个、美术（设计）专用实训室10间、音乐实训室5间、琴房66间、钢琴73台，以及铜管乐器、民族乐器、演出服装和体育器材一批。有香港福新国际集团（河源）有限公司、河源翡翠制衣有限公司、河源新野广告有限公司、河源市歌舞团、河源市第二小学、河源市机关幼儿园等18个合作密切的校外实训基地为学生提供稳定和规范的校外实训。

几年的教学改革，学院积累了丰富的办学经验，“动脑＋动手”的教学模式取得明显成效，近两年，学生获全国大学生艺术展演等国家级一等奖1项、二等奖2项，广东省大学生艺术展演等省级一等奖8项、二等奖15项及其他各类大赛的众多奖项，另有大量的广告设计、服装设计项目被企业采纳或使用。学生综合素质受到社会、用人单位的广泛好评。近三年就业率均保持在98％以上。

教学教研工作。一是常规教学。认真执行教学计划，完善教学管理制度，加强教师教学质量的监控和管理，促进教学质量的进一步提高。二是专业与课程建设。完成2011级各专业教学标准的制定。《园林技术》和《学期教育》专业被确定为2011年申报的两个新增专业；组织各专业教师编制课程标准36门，《服装立体裁剪》等52门课程被评为学校合格课程，有3门课程被评为校级优质课程，1门课程评为校级精品课程。三是科研与社会服务。获市社科联科研立项8项，市教育局特别委托课题1项；对外科研进账达6万元；公开发表教育、教研论文、艺术作品共计50多篇（幅），获专利1项。四是积极参加学校教学大赛，五是实践教学。组织校内外文艺（服装）演出7

场，校内美术、设计展览 7 次。精心组织学生参加各种职业技能大赛，把技能大赛与课堂教学有机结合。在全国第 4 届大学生广告艺术大赛广东赛区中获三等奖一个，优秀奖 4 个，是除珠三角地区外获得最好成绩的院校。在第 4 届全国高职高专服装设计大赛中获优秀奖一个，是广东省二个优秀奖之一。

学生工作。一是提高学生工作队伍整体素质。调整辅导员队伍，实现人员的优化组合。进一步规范工作制度，积极鼓励辅导员参加教育培训。健全党总支副书记、团总支及辅导员各司其职、分工负责的结构性工作平台，注重老辅导员传、帮、带作用的发挥。二是开展思想政治教育工作。通过专场讲座、班会、主题团日等形式进行思想政治教育活动，结合专业特色开展主题实践活动，对个别学生进行心理咨询及帮扶教育。三是学生日常管理工作。严肃学风、考风、考纪，培养学生干部素质，对部分同学进行有针对性的帮扶工作，提倡对话与交流式的工作方法，坚持教育与管理相结合，确保学生思想健康稳定。四是组织开展校园文化活动。五是组织开展学生社会实践活动。如参加世客会开幕式演出、参与福新工业园企业文化建设、参与品牌服装发布会工作以及暑期“三下乡”活动。六是毕业和迎新工作。开展以专业展示为主题的毕业生音乐会、个人演唱会、美术作品展、设计作品展系列活动，举办实习经验交流会、毕业生党员重温誓词仪式、篮球友谊赛联赛等活动。七是加强对学生会工作的指导和对学生干部的培训。以学生会换届为契机举办学生干部培训，提高学生干部素质。

10.2.6　思教部

教学工作。一是常规教学。成立二级教学督导，强化课堂教学检查，对每一位任课教师都安排专人进行随堂听课。组织校外大型德育实践活动 4377 人次，安排 19 次公开课并随堂进行问卷调查，及时召开公开课交流会对公开课进行评议。二是课程建设。积极推进思政课改革。继续按照“体系转换、团队攻坚、评改捆绑”的思路扎实开展深化思想政治理论课改革工作，优化课程设计，已取得明显成效，基本形成“理实相融、知行合一”的德育模式。对 2010 级基础、概论、心理健康、就业指导课程教学标准进行最后审核，对 2 门网络考试课程的试题库进行修订，对 2011 级人才培养方案涉及思教部部分进行优化；实施网络考试 8000 人次；组织力量对学校已开展的思政课教学改革进行深入研究，并将研究成果进行提炼、升华，申报校级重点项目 1 项，撰写的教改论文已被核心期刊录用 1 篇；对 3 本校本教材进行修订，第二版于 8 月份正式出版。

教师队伍建设。选送 11 名新调入的辅导员参加省教育厅组织的新任思政课教师岗前培训，组织 2 人参加省思想政治理论课青年教师教学基本功大赛，其中张文老师荣获二等奖，杨党校老师获得优秀奖。其中杨党校老师荣获第二届全省高校“军事理论课”教学比赛决赛三等奖；何秋霞老师荣获教育部主办的“安博杯”首届全国高校就业指导课程教学大赛广东赛区决赛三等奖；选送 16 人参加全省概论课/基础课高级骨干培训班。

教科研工作。出版高职高专思想政治教育教学改革系列教材（第二版），四部共计 80 万字；结题省级课题 1 项、市级课题 2 项（刘宇：河源市高新技术企业知识产权战略研究；黄荣辉：客家文化研究）；公开发表论文 14 篇，其中核心期刊论文 5 篇，新增人大复印资料全文转载论文 1 篇。

10.2.7　图书馆

综合工作。一是承办省级会议。承办广东省高职高专院校图书馆区域共享联盟成员馆工作会议暨“移动图书馆”应用研讨会，提升对外服务能力和自我实力（见插图 10-6）。二是建立专业馆员服务机制。专业馆员定期参与有关专业教研室会议，了解专业的信息需求状况；编制33个专业的参考书目，为专业教师开展科技查新服务8项。三是信息产品开发。完成学校年鉴第二、第三卷的编辑出版；汇编反映学校十年发展及教学成果的论文集；完成《81周年校庆校友通讯录》编辑工作；汇编《河源职业技术学院图书馆工作规范》、《“三馆合一”特色服务》等资料。四是创建“汽车信息馆”。联合机电工程学院和企业力量，建立以“汽车”为主题的资源信息馆，打造成教学、实训、信息服务于一体的信息基地。五是建立图书分馆、图书流动站和信息服务站。建立高新区分馆，使分馆的藏书量达到2000余册；在市中级人民法院建立图书流动站；建立图书馆驻东江中学、紫金瓦溪第二中学图书信息服务站；定期为各站点开展图书调换、信息咨询和文献传递服务。六是举办市级专业人员培训班。开办为期三天的河源市共建共享专业技术人员业务培训班，培训全市五县一区的公共图书馆和部分学校图书馆的专业技术人员20余人。七是世界读书日读书教育大型活动。开展“4·23”励志读书文化月大型活动；营造“爱读书、读好书”的校园学习氛围，推进书香校园建设。

日常服务工作。一是召开《信息检索课》教学研讨会。以“做、学、教”一体化的要求进行教学改革；开展针对学生以“提高信息素养，强化服务意识”为主题的讲座和培训5场次；完成2009级47个班4000余名学生的《信息检索课》教学任务。二是区域集群管理，共享工作。汇编2011年国家及广东省企业相关的税收政策和法规1册，编制《2011年河源市重大事件新闻报道专题汇编》2册。三是信息培训。协助校内外单位开展信息培训7场。

图书馆建设工作。一是资源建设。完成2万册图书采购需求计划制定和招标；接受捐赠图书近5000册；完成近2000册过刊、约10000册库存冗余教材的加工；利用维普期刊、读秀知识库等电子资源，完成2012年电子资源采购论证和需求书制定；完成年度期刊、报纸招标采购工作，采购期刊1200种，报纸110种。二是馆室建设。新建文学书库1个，完成社科书库20万册图书的搬移和调整。三是文化建设。完成吴南生题“图书馆”馆名的制作与安装；完成“文化长廊”墙壁进行艺术作品选择和喷绘安装任务；承接各类文化艺术展览11项。四是人员队伍建设。本年度新进人员4名，离岗人员4名，对新进人员进行岗前考核培训。五是馆际交流。参加广东省首届高职高专院校及民办院校图书馆网站设计大赛，获三等奖；参加广东省图工委高职高专分委举办的文艺汇演，获优秀奖；接待兄弟院校图书馆来访3次。六是档案工作。完成2010年档案的收集、归档工作；接收档案材料1140份、光盘71张，整理、归档档案654卷；修订学校档案归档范围和保管期限表；为社会、学校查阅利用档案156卷/次；完成全校各部门档案整理与归档工作的考核。七是教材管理。加强教材室的管理；调整完善教材发放程序，科学安排好教材管理和分发的时间；剔除冗余教材约1万册，建立教材版本书库和历年使用教材电子书目数据库。

10.2.8　信息中心

教学服务工作。一是做好日常教学辅助工作，解决多媒体课室报障次数共750多次；维修1台前置功放、15个多媒体课室的显示器和30台电脑；对有故障或灯泡烧掉的老三菱投影机作更换，更换11个多媒体课室的投影灯泡；完成2个课室投影机及投影幕的移位；对B栋一至三楼故障电脑进行全部更换；加强日常维护工作，除了每周对多媒体课室进行巡环检查外，对多媒体课室所有投影机共进行4次除尘、对电脑软件共进行4次升级。完成172次（包括9天全天）音响工作，报告厅设备维修工作6

次。分别对A、B、C、D区宿舍的校园广播进行巡查检修，共维修10个音箱。规划并重建C502机房和B411机房机器，完成C502、C503两个原企业机房资产的清查工作，为学校广大教师学生提供一个舒适有序的学习工作环境。

二是完成全校网络日常运维，每个星期平均受理网络故障达130余宗，总计达5000余宗。三是确保网络教学平台、OA办公系统、门户网站等正常运行，无故障运行率达99%以上。四是协助教务处及各院部完成各项考试工作累计达24800多人次，包括全国大学英语四六级考试、全国英语A、B级考试、全国卫生专业技术资格人机对话考试、全国导游资格考试、国家职业资格全国全省统一鉴定等。五是为新生入学发放“校园一卡通”校园卡，完成2010级新生临时卡与正式卡的更换工作。六是顺利完成各项培训工作，包括新教师教育技术培训、网络教学平台培训、园丁信箱培训、数字化校园培训等。七是完成旅游管理专业和文秘专业省级示范性专业宣传片的策划及摄制工作，协助各学院教师完成10门申报国家级精品课程、15门申报省级精品课程、48门申报校级精品课程、优质课程及网络课程的摄制，协助完成各学院教师参加各类国家、省级大赛的作品拍摄与制作，完成学校、各学院大型活动、晚会、竞赛、学术报告、讲座等35场次的摄制工作。

项目建设。一是数字化校园建设。基本完成各教学系统、科研系统资产的二次开发和财务、图书馆、网络教学、科研等系统与门户的集成及单点登录，新版本教务管理系统、招生管理系统、科研系统正式投入使用，大力推进人事系统、学工系统的二次开发工作，相继完成“校园一卡通”系统物理专网建设、卡样设计、食堂消费系统管线铺设、消费系统设备安装、“校园一卡通”系统数据安装、服务器安装及调试、与图书馆借阅系统对接调试、卡务中心装修改造等诸多工作，初步完成专业共享型资源库平台与网络课程平台的集成。二是其他项目建设。开发试题库管理系统，设计开发园丁信箱管理系统，完成4门国家级精品课程、3门省级精品课程、2门省级示范性专业验收课程、多门校级精品课程等申报网站的设计与开发，完成省级示范校申报网站的设计开发以及行政楼与D区学生宿舍大楼综合布线跟踪协调工作。

科研与社会服务工作。立项课题5项，其中河源市科技计划项目1项，校教研课题2项、科研课题2项。在各类省级刊物上发表论文4篇、会议论文1篇。完成市委对公仆信箱的新需求开发和功能升级工作，修改和增加功能数目达60多项。承担河源市公仆信箱三期建设与培训工作、完成市绩效考核管理系统建设和市短信信访管理系统建设，累计进账经费158680元。

第十一部分　社会捐赠

11.1 捐款及设备物资捐赠

2011 年是学校建校 81 周年及升格高职 10 周年。学校全体师生抓住有利时机，团结一致、同心协力、扎实工作、努力进取，各项工作取得了显著成绩，学校的基础和内涵均得到了全面的提升和发展。学校取得的成绩，离不开广大社会热心企业的积极支持，学校在校园文化建设、学生工作等各方面接受社会各界捐款 190 多万元。（详见表 11-1）

表 11-1 2011 年度社会捐赠一览

时间	凭证号	捐款单位	项目	金额
2011-02-28	00149	收广东学苑文化发展有限公司捐赠	捐款	28968.40
2011-03-21	00218	收广东普教捐赠	捐款	34673.75
2011-05-12	00100	收广东霸王花集团	社团文化节赞助款	5000.00
2011-05-26	00286	收广州龙业图书有限公司捐款	捐款	10000.00
2011-06-16	00222	收广东学苑文化	捐赠款	10135.50
2011-09-05	00032	收到集美广告活动费	迎新捐款	140000.00
2011-09-08	00148	0908 非税市城管局捐赠	捐款	15000.00
2011-09-08	00149	0908 非税市委市政府	捐款	5000.00
2011-09-08	00150	0908 非税邮政储蓄银行河源分行	捐款	5000.00
2011-09-08	00151	0908 非税市水务局捐赠	捐款	10000.00
2011-09-08	00152	0908 非税市房屋拆迁管理办公室	捐款	10000.00
2011-09-08	00153	0908 非税河源出入境检验检疫局	捐款	3000.00
2011-09-08	00154	0908 非税河源银监分局捐款	捐款	3000.00
2011-09-08	00155	0908 非税市政协办公室	捐款	25000.00
2011-09-27	00438	09.27 非税中国保险公司	捐款	86037.00
2011-09-30	00518	集美广告国内捐赠收入	捐款	15000.00
2011-09-30	00548	河源市红十字会	捐款	1000000.00
2011-10-11	00013	河源市青年志愿者协会捐款	捐款	4000.00
2011-10-31	00370	收罗定捐赠款	高教年会捐款	3000.00
2011-10-31	00370	收广校师捐赠款	高教年会捐款	2000.00
2011-10-31	00370	收广州民航捐赠款	高教年会捐款	2000.00

续表

时间	凭证号	捐款单位	项目	金额
2011-10-31	00370	收广东工贸捐赠款	高教年会捐款	3000.00
2011-10-31	00370	收技校捐赠款	校庆捐款	10000.00
2011-10-31	00370	收卫校捐赠款	校庆捐款	10000.00
2011-11-18	00245	广东省侨心慈善基金会国内捐助收入	助学金	450000.00
2011-12-19	00242	中国移动河源分公司交校运会赞助	校运会捐款	16000.00
合计				1905814.65

11.2 图书捐赠情况

一直以来，图书捐赠都作为社会各界关心支持学校发展的一种重要方式。2011 年初，学校图书馆的纸质图书达到了 45 万册，比 2010 年的馆藏量增长了 5 万册，但学校在校生人数基数大，按生均 80 册图书计算，学校图书量需达到 96 万册，与此目标相比，学校图书馆馆藏量还有所差距。为了进一步充实馆藏资源，使图书馆能更好地为学校教学科研和地区文化事业的发展服务，社会各界人士纷纷捐赠图书，截止到 2011 年底，学校图书馆共接收社会捐书 9176 册，其中校外 3919 册、校内 5257 册。（详见表 11-2）

表 11-2 学校师生及社会捐助图书一览

单位/人员类别	姓名	职务	数量（册）	备注	合计（册）
河源市委市政府	龚佐林	副书记	959		959
	吴有必	副市长	669		669
	孙宇红	河源市秘书长	289		289
台胞	孙穗芳		5		5
广东省委党校	温燕萍	副教授	615		615
校友	黄素		34		38
	邹鸿尉		2		
	陈建		2		
北京理工大学出版社			344		344
中版国际教育技术装备有限公司			1000		1000

续表

单位/人员类别	姓名	职务	数量（册）	备注	合计（册）
学校教职工	高仁泽	校党委书记	47		122
	刘安华	校长	56		
	韦荣	校党委副书记	19		
	李先昌	校党政办主任	10		
	袁天星	督导处处长	8		
	高山竹	教师	5		
	陈火胜	教师	5		
	杨浪	教师	8		
	陈胜利	教师	141		
在校学生	刘丽琴	机电工程学院	1	08 工业环保(1)班	3021
	张海芳	机电工程学院	7	08 工业环保(1)班	
	陈彩红	机电工程学院	8	08 工业环保(1)班	
	邓秀华	机电工程学院	12	08 工业环保(1)班	
	钟映珍	电子与信息工程学院	8	08 现代教育	
	叶何秀	机电工程学院	14	09 冷电工班	
	自律委员会		79		
	郭巧燕	工商管理学院	3	09 商务英语(4)班	
	江雪妮	人文学院	15	08 英语教育(2)班	
	黄祖娴	工商管理学院	1	09 商务英语(5)班	
	黄玲	工商管理学院	1	09 商务英语(5)班	
	卢丽娜	工商管理学院	1	09 商务英语(5)班	
	黄文瑜	工商管理学院	1	09 商务英语(5)班	
	陈文键	工商管理学院	1	10 物流管理(1)班	
	王钰强	工商管理学院	1	10 物流管理(1)班	
	辛美华	人文学院	2	10 涉外文秘	
	黄艳	人文学院	1	10 英语教育	
	张苑兰	人文学院	13	10 语文教育	

续表

单位/人员类别	姓名	职务	数量(册)	备注	合计(册)
在校学生	袁泳霞	人文学院	1	10法律事务(2)班	3021
	孙莉翔	人文学院	1	10应用英语(1)班	
	黎海婷	人文学院	1	10语文教育	
	林逸展	人文学院	1	10数学教育(2)班	
	刘铭辉	艺术与设计学院	1		
	卓大菊	艺术与设计学院	1	10服装设计表演(1)班	
	陈泳宜	艺术与设计学院	4	10广告设计(1)班	
	林栋	机电工程学院	1	10高分子(1)班	
	陈浩东	机电工程学院	3	10工业环保(1)班	
	沛斌	机电工程学院	4	10汽车维修(1)班	
	李金潮	机电工程学院	4	10汽车维修(1)班	
	周晨光	机电工程学院	1	10数控加工(1)班	
	钟作华	机电工程学院	1	10工业设计(1)班	
	黎钊鸿	艺术与设计学院	2	10音乐教育(2)班	
	吴鑫勇	机电工程学院	6	08模具(4)班	
	冯金平	机电工程学院	4	08模具(3)班	
	曾益锋	机电工程学院	16	08模具(3)班	
	黄赛福	机电工程学院	11	08模具(3)班	
	桑春雷	机电工程学院	3	08模具(3)班	
	黄志波	机电工程学院	5	08模具(3)班	
	钟东灵	机电工程学院	4	08模具(3)班	
	钟原	机电工程学院	4	08模具(2)班	
	黄荫华	机电工程学院	6	08模具(3)班	
	蔡贵选	机电工程学院	1	08汽车装配(1)班	
	苏付冰	机电工程学院	7	08汽车装配(1)班	
	苏绍宇	机电工程学院	1	09模具(3)班	
	王猛	机电工程学院	3	09模具(4)班	

续表

单位/人员类别	姓名	职务	数量（册）	备注	合计（册）
在校学生	胡继刚	机电工程学院	2	09 模具(4)班	3021
	唐宇	机电工程学院	1	09 模具(4)班	
	黄卫能	机电工程学院	1	09 模具(1)班	
	杨建华	机电工程学院	30	09 模具(1)班	
	何韵春	机电工程学院	4	09 工业设计	
	刘德宗	机电工程学院	2	09 工业设计	
	元泽彬	机电工程学院	4	09 汽电(2)班	
	杨名胜	机电工程学院	2	09 汽电(2)班	
	谢辉	机电工程学院	1	09 汽电(2)班	
	刘文	机电工程学院	1	09 汽电(2)班	
	朱达彪	机电工程学院	2	09 数控技术(5)班	
	林楷斌	机电工程学院	1	09 数控技术(5)班	
	李国清	机电工程学院	2	09 数控技术(3)班	
	郑晓浜	机电工程学院	2	09 数控技术(3)班	
	陈日天	机电工程学院	1	09 数控技术(4)班	
	贺威帆	电子与信息工程学院	1	10 网络(3)班	
	黄丽英	人文学院	7	08 英语教育(2)班	
	叶文英	人文学院	14	08 英语教育(2)班	
	周雨桐	人文学院	32	08 语文教育	
	叶芳芳	人文学院	36	08 英语教育(2)班	
	严丹	人文学院	37	08 数学教育(3)班	
	邱钊	人文学院	8	08 文秘(1)班	
	钟凤玲	人文学院	5	08 数学教育(1)班	
	刘晓峰	人文学院	1	08 数学教育(1)班	
	袁小冬	人文学院	6	08 数学教育(4)班	
	邓惠芳	人文学院	5	08 数学教育(3)班	
	蓝少娴	人文学院	10	08 数学教育(2)班	

续表

单位/人员类别	姓名	职务	数量（册）	备注	合计（册）
在校学生	江锦瑜	人文学院	1	08 数学教育(2)班	3021
	杨柳箐	人文学院	8	08 英语教育(3)班	
	温苏妮	人文学院	4	08 英语教育(4)班	
	卢金菊	人文学院	1	08 英语教育(4)班	
	周燕芳	人文学院	8	08 英语教育(3)班	
	李静龙	人文学院	11	08 英语教育(3)班	
	黄燕丹	人文学院	2	08 英语教育(3)班	
	钟燕玲	人文学院	12	08 语文教育(4)班	
	叶康灵	人文学院	4	08 商务英语(4)班	
	钟春晖	人文学院	3	08 商务英语(3)班	
	雀小玲	人文学院	35	08 商务英语(4)班	
	蔡苏洁	人文学院	35	08 商务英语(3)班	
	张烤燕	人文学院	35	08 商务英语(4)班	
	管波丹	人文学院	35	08 商务英语(4)班	
	伍嘉敏	人文学院	35	08 商务英语(2)班	
	黄小知	人文学院	19	08 语文教育(4)班	
	郭思娜	人文学院	17	08 语文教育(4)班	
	骆国燕	人文学院	3	08 语文教育(4)班	
	黄素红	人文学院	19	08 语文教育(4)班	
	贺梦丹	人文学院	29	08 语文教育(4)班	
	邬玲玲	人文学院	13	08 语文教育(4)班	
	方剑萍	工商管理学院	30	08 会计电算化(4)班	
	刘辉辉	工商管理学院	30	08 会计电算化(4)班	
	冯少欣	工商管理学院	1	10 会计电算化(5)班	
	刘莉	工商管理学院	21	08 会计电算化(2)班	
	马秀玲	工商管理学院	9	08 会计电算化(2)班	
	黄爱平	工商管理学院	33	08 物流管理(4)班	

续表

单位/人员类别	姓名	职务	数量(册)	备注	合计(册)
在校学生	毛伊婷	工商管理学院	30	08 物流管理(4)班	3021
	陈婷	工商管理学院	23	08 物流管理(4)班	
	黄亚梅	工商管理学院	11	08 会计电算化(3)班	
	李羡玲	工商管理学院	6	08 酒店管理(1)班	
	黄慧颖	工商管理学院	1	08 酒店管理(1)班	
	黎小燕	工商管理学院	2	08 酒店管理(2)班	
	朱冬梅	工商管理学院	8	08 酒店管理(2)班	
	曹丽青	工商管理学院	4	08 酒店管理(2)班	
	李红妹	工商管理学院	3	08 酒店管理(2)班	
	黄红梅	工商管理学院	4	08 旅游管理(2)班	
	韩爱葵	工商管理学院	12	08 旅游管理(2)班	
	陈妙华	工商管理学院	21	08 旅游管理(1)班	
	叶清	艺术与设计学院	3	09 幼师	
	邓素琼	艺术与设计学院	1	09 幼师	
	黄婧	艺术与设计学院	2	09 幼师	
	严醒枚	艺术与设计学院	4	服装设计 1 班	
	严丽梅	电子与信息工程学院	5	08 现代教育技术(1)班	
	李巧珍	电子与信息工程学院	2	08 现代教育技术(1)班	
	邓海燕	电子与信息工程学院	1	08 移动通讯专业(1)班	
	黄金榕	电子与信息工程学院	1	08 移动通讯专业(1)班	
	黄小萍	电子与信息工程学院	3	08 移动通讯专业(1)班	
	王丽玲	电子与信息工程学院	4	08 移动通讯专业(2)班	
	张云千	电子与信息工程学院	2	08 移动通讯专业(2)班	
	马春燕	电子与信息工程学院	2	08 移动通讯专业(2)班	
	吴欢欢	电子与信息工程学院	2	08 多媒体技术(3)班	
	黄胜楠	电子与信息工程学院	2	08 多媒体技术(3)班	
	胡雪花	电子与信息工程学院	8	08 多媒体技术(3)班	

续表

单位/人员类别	姓名	职务	数量（册）	备注	合计（册）
在校学生	骆德华	艺术与设计学院	3	08 美术教育(1)班	3021
	王芳敏	工商管理学院	6	08 酒店管理(2)班	
	吴兴弟	工商管理学院	11	08 会计(3)班	
	谢丽艳	人文学院	13	08 文秘(1)班	
	卢艳飞	人文学院	9	08 文秘(1)班	
	陈玩青	工商管理学院	37	08 物流管理(4)班	
	周伟姬	工商管理学院	37	08 物流管理(4)班	
	陈春娜	工商管理学院	36	08 物流管理(4)班	
	孔利菊	工商管理学院	25	08 物流管理(4)班	
	李海辉	电子与信息工程学院	18	08 计算机应用技术(1)班	
	曾俊兰	人文学院	13	09 新闻采编与制作(1)班	
	毛晓霞	人文学院	23	08 商务英语	
	杜芬芬	人文学院	3	10 数学教育	
	曾秀渔	工商管理学院	30	10 市场营销(1)班	
	朱凤青	工商管理学院	8	08 物流管理(2)班	
	黄碧珍	人文学院	11	08 商务英语(4)班	
	杨星昊	电子与信息工程学院	26	08 应用电子	
	黄跃龙	机电工程学院	8	08 数控技术(3)班	
	马少鑫	工商管理学院	61	08 工商企业管理(1)班	
	刘国连	人文学院	31	09 新闻采编与制作(1)班	
	刘德煌	机电工程学院	1	08 数控技术(1)班	
	李升	机电工程学院	30	08 应用电子(1)班	
	梁楚燕	艺术与设计学院	48	艺术设计(2)班	
	骆东红	人文学院	6	08 数学教育(2)班	
	罗锦花	人文学院	30	08 文秘(2)班	
	周秀娜	人文学院	1	英语教育(3)班	
	没有留名的		508		

续表

单位/人员类别	姓名	职务	数量（册）	备注	合计（册）
在校学生	黄淑怡	工商管理学院	4	09 会计(3)班	3021
	郭巧燕	人文学院	5	09 商务英语(4)班	
	陈裕红	电子与信息工程学院	34	09 计算机网络技术(1)班	
	青年志愿者协会		797		
	程丽君	电子与信息工程学院	42	09 计算机网络技术(1)班	
	刘丽萍	人文学院	1	英语教育(3)班	
	郭成威	艺术与设计学院	1	09 服装设计与工程(1)班	
团委组织 2010 届毕业生捐书			1937		1937

第十二部分　专题分析报告

12.1　2010—2011学年人才培养工作状态数据分析报告

根据广东省教育厅《关于做好2011年高职院校人才培养状态数据报送工作的通知》要求，学校按照“部门负责、源头输入”的原则，精心组织了数据采集平台的信息采集及填报工作，确保了数据采集的原始性、真实性。现对学校人才培养工作状态平台数据分析如下。

一、基本办学条件分析

学校占地629040.6平方米，生均占地面积54.38平方米。现设40个专业，全日制在校生11567人，折合在校生数11567人，折合教师数650人，生师比17.80；教学行政用房170126平方米，生均值14.71平方米；实训室（车间）及附属用房面积67760平方米，生均值5.86平方米；教学仪器设备总值5818万元，生均值5030元。现有教学用计算机2088台、多媒体教室和语音室座位6352个（详见表12-1）。

从表12-1可以看出，学校的基本办学条件所有指标均达到普通高等学校基本办学条件指标的指定标准，其中占地面积、教学仪器设备值、多媒体教室和语音室座位数、教学用计算机数等基本办学条件已远优于国家合格办学标准，学校整体办学条件较好，能够满足办学的需要。同时，通过横向比较发现，学校整体办学条件的优势并不明显，随着学校的持续发展，可能会出现新的不足，有些基本条件还需要不断改善。主要体现在以下两个方面。

（1）学校的教学行政用房、实训室（车间）及附属用房和学生宿舍用房虽然已经达到国家合格办学标准，但离优秀指标还有一定的差距。学校将继续加大基础建设投入，保证教学和学生宿舍用房需求。

（2）学校馆藏图书的结构仍需优化，图书质量有待提高。在未来几年里，学校应加大图书采购力度，把图书采购经费纳入学校年初总体预算，通过教学部门联采和专业教师荐购等方法，每年采购一大批专业发展所需图书，不断优化图书结构，提高图书质

表12-1　基本办学条件生均指标对照一览表

（全日制在校生：11567人；折合在校生数：11567人）

项　目	总量	生均数	指标	与指标比较
占地面积	629040.6m^2	54.38	54	＋0.38
教学行政用房面积	170126m^2	14.71	14	＋0.71
学生宿舍用房面积	80621m^2	6.97	6.5	＋0.47
实验实训室及附属用房面积	67760m^2	5.86	5.3	＋0.56
教学仪器设备值	5818万元	5030	4000	＋1030
教学用计算机数	2088台	18.05	8/100学生	＋10.05
多媒体教室和语音实验室座位数	6352个	54.91	7/100学生	＋47.91
纸质图书	60.1万册	51.96	45(监测)	＋6.96

量。与此同时，通过实施数字化校园建设，不断丰富图书馆电子信息资源，努力为师生提供更全面、更优质的馆藏图书资源，充分发挥图书馆文献资源的保障作用。

二、专业建设情况分析

（一）专业设置

学校现有应用电子技术、模具设计与制造、旅游管理、文秘、计算机应用技术、英语教育、语文教育、音乐教育等 40 个专业，共涉及 10 个大类，21 个小类。其中，先进制造业类 12 个（占 32%），现代服务业类 8 个（占 20%），文管类专业 7 个（占 17%），艺术设计类 5 个（占 11%），师范教育类 8 个（占 20%）（详见图 12-1）。

从一所综合性的地方高职院校的角度来看，学校专业跨度属于合理范围，专业布局也符合河源市经济发展和产业结构调整现状，但其中部分类别专业规模偏小，学校整体专业布局有待进一步优化。

（二）专业建设成果

学校采取“突出重点、带动相关专业群”的专业建设策略，重点建设模具设计与制造、应用电子技术、旅游管理、服装设计等专业，截止到 2011 年拥有省级示范性专业 2 个，校级示范性专业 8 个，与北大青鸟合作建立的与 IT 企业完全对接的改革试点专业 1 个。2010 年学校获得省级教学成果二等奖 1 项。相对于我省欠发达地区的高职院校，学校的专业建设成果较为显著，但相对于珠三角发达地区高职院校而言，学校专业建设尚需加大力度，扩大成果。

（三）职业资格证书

学校将获取职业资格证书作为学生培养的重要内容，严格执行“双证书”制度，要求每个专业学生都应考取相应的职业资格证书，明确规定未取得相应职业资格证书的学生不能毕业。2011 年毕业生人数为 3479 人，获得“双证书”总人数为 3385 人，“双证书”获取率为 97.3%。

（四）招生就业

学校 2010 年招生录取数 5365 人，实际报到数 4341 人，新生报到率 80.92%。从表 12-2 可以看出，学校近三年的招生录取数、第一志愿上线率逐年稳步增加，新生报到率保持在 80%以上，高于全省平均水平。学校近五年平均初次就业率 96.78%，在省内同类院校中位居前列（详见表 12-3）。

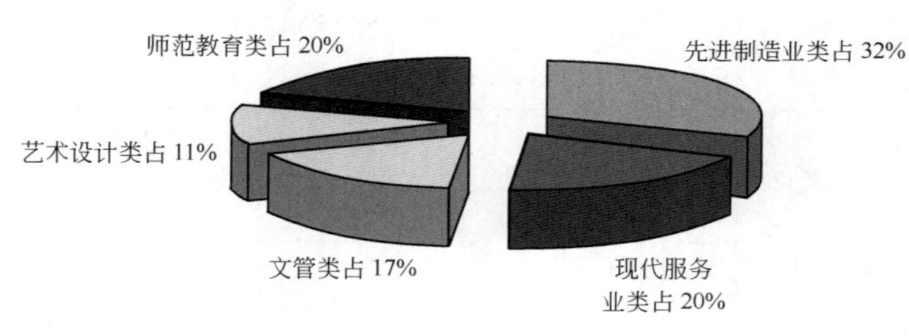

图 12-1　各专业大类所占比例

表 12-2　近三年招生情况

年份	实际录取数（人）	第一志愿上线数（人）	第一志愿上线率（%）	实际报到数（人）	报到率（%）
2007	3056	2033	81.32%	2465	80.66%
2008	4753	3003	90.66%	3836	80.71%
2009	5139	4824	114.86%	4124	80.25%
2010	5365	—	—	4341	80.92%
平均数	—	—	—	3691	80.64%

表 12-3　近三年就业情况

年　份	毕业生人数	初次就业率(%)	总体就业率(%)
2007	1829	97.37%	99.67%
2008	2250	98.53%	99.47%
2009	2058	95.92%	99.1%
2010	2372	95.95%	98.31%
2011	3344	96.23%	—
平均数	2370	96.78%	—

三、课程建设情况分析

（一）课程设置

全校共开设课程 807 门，其中必修课占 75.9%，专业选修课与公共选修课共占 24.1%（详见图 12-2）。必修课与选修课的比例合理。从课程类型看，理论实践一体化课程和纯实践类课程占开出课时的 86.64%，纯理论课程占 13.36%（详见图 12-3）。按照学校“教、学、做”一体化课程教学模式改革要求，纯理论课程与纯实践课程比例偏大，应进一步扩大理论实践一体化课程比例。纯实践课程的教学课时分配比例从低往高年级呈递增趋势，一年级占 18.35%，二年级占 29.55%，三年级占 52.10%。（详见图 12-4）。

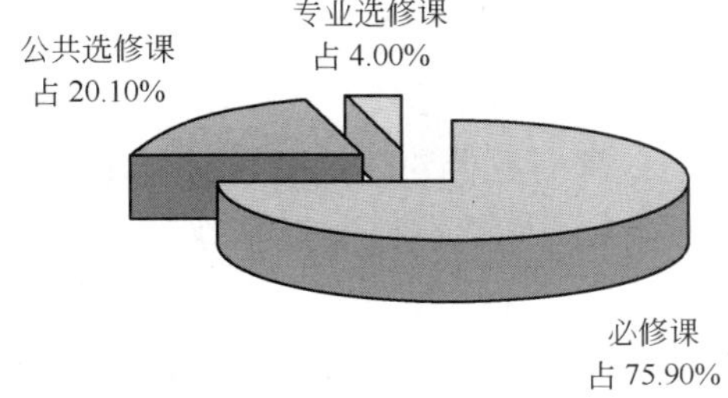

图 12-2　课程性质分类情况

（二）实践教学授课比例

在 B 类（理论＋实践）和 C 类（纯实践）课程的教学任务上，校内专任教师承担课时占 82.24%，校外兼职教师占 14.56%（详见图 12-5）。对照校内专任教师与校外

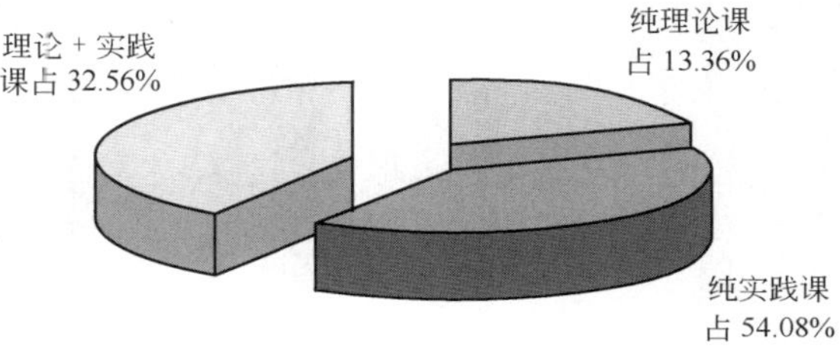

图 12-3　课程类型分类情况

兼职教师 1∶1 的要求，需进一步加大校外兼职教师的聘请力度。

（三）教材建设与选用

从教材性质的选择来看，2010—2011 学年度选用的教育部规划教材和精品教材占 6.35%，使用自编教材、讲义比例达 33.29%，其他高职高专类教材占 60.36%（详见图 12-6）。随着学校“6＋2”原则课程改革的深入发展，学校自编工学结合教材的选用比例将进一步扩大。

（四）课程与教材建设成果

学校建成了国家级精品课程 1 门，省级精品课程 4 门，教育部高职高专教指委精品课程 3 门，省级优质课程 1 门，校级精品课程 23 门。学校还建设了校级优质课程 62 门，校级网络合格课程 124 门，其中自主学习型网络课程 3 门。

学校共公开出版教材 57 部，其中 5 部被教育部列为“十一五”国家级规划教材。

数据显示，学校课程建设成果显著，处于全省高职院校的前列。

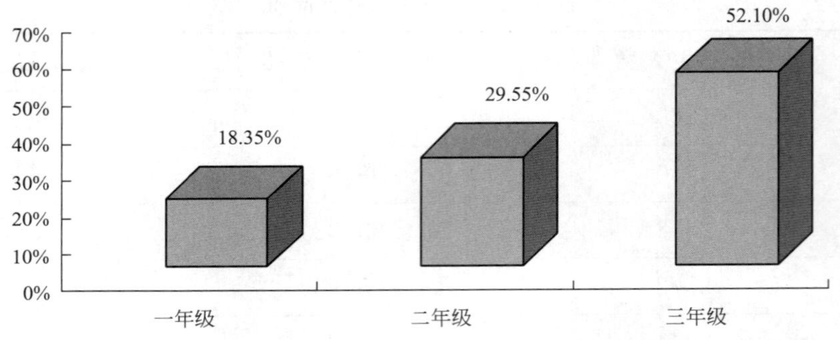

图 12-4 各年级实践课时比例情况

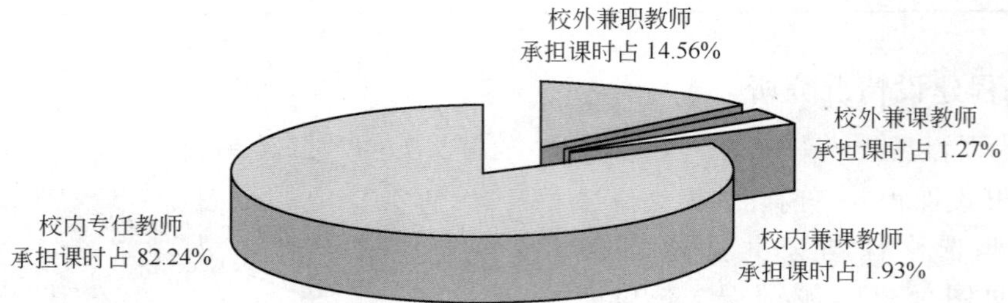

图 12-5 教师承担 B 类和 C 类课程教学任务比例

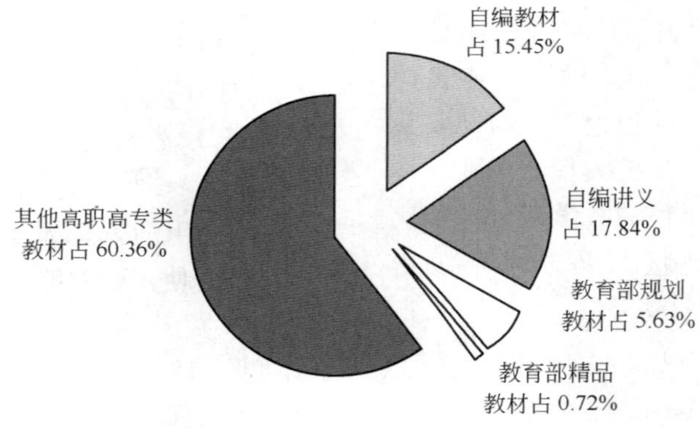

图 12-6 教材性质分类情况

四、实践教学情况分析

（一）校内实践基地

学校现有校内实训室（车间）103 个，校内实践基地总建筑面积为 67760 平方米，生均面积为 5.86 平方米；校内实践基地设备总值达 5614 万元，生均仪器设备值为 5553 元；实训设备总数达到 4353 台（套），大型设备 255 台（套）。

学校数控应用技术实训基地被列入中央财政支持重点建设的实训基地；“工业制造及电子信息专业群建设”项目获省专项资金支持项目；“模具数控实训基地”属省级高职教育实训基地。

学校建有丰达注塑及工模车间、联合电子元件生产车间、万绿湖旅行社大学城营业部等 10 个校内生产性实训基地；建有数控仿真、企业沙盘等 3 个模拟、虚拟实训室；成立了职业技能鉴定所，可进行维修电工、数控铣床操作工等 74 个工种的中、高级职业技能资格证考评。

2010—2011学年，校内实践基地使用频率达293万人时，开展社会培训使用频率47万人时，耗材费90.7万元，教学仪器维护费32万元。现有专职实训管理员27人、兼职实训管理员47人。

分析表明，学校校内实践教学基地条件基本满足校内实践教学需求，仪器设备维护、使用到位，建设成果显著。但部分专业实训室主要用于教学计划内的实践活动，面向学生课外实践、为社会提供技术培训、技术服务较少。学校应采取有效措施，进一步提高学校校内实践基地面向社会的开放程度。

（二）校外实习实训基地

学校共签约校外实习实训基地195家，覆盖全部专业。2011届毕业生顶岗实习专业覆盖率达100%，顶岗实习单位录用学生312人，占毕业顶岗实习学生总数的18.32%。

学校与63家校外实习实训基地开展了全方位的产学合作，校企联合开展订单培养学生404人、共同开发课程23门、共同开发教材6种。学校为企业培训员工730人次，技术服务收入77.3万元。

数据显示，学校校外实习实训基地数量充足，能够保证毕业学生在企业顶岗实习半年以上。

但学校与部分校外实习基地的深度合作不够，年接受顶岗实习的学生数、接受就业的学生数有限，产学合作成果不够显著，应进一步制订和完善相关的政策措施，加大校企合作力度，充分发挥校外实习实训基地在人才培养过程中的作用。

五、师资队伍情况分析

（一）教师数量和专兼职结构

学校现有校内专任教师450人，校内兼课教师20人（折算数11.4人），校外兼职教师150人（折算数145.7人），校外兼课教师83人（折算数42.9人），四类教师折算总数为650人，生师比17.8，达到合格标准。（详见表12-4、表12-5）。

（二）教师学历学位结构

在专任教师队伍当中，现有研究生学历以上教师145人，占31.78%；具有硕士学位以上教师188人，占41.3%。数据显示，学校具有研究生学历或硕士学位的青年专任教师比例较高，占49.59%。（详见表12-6）。

（三）教师“双师”素质与职称结构

在专任教师当中，现有高级职称教师91人，占20.22%；中级职称教师233人，占51.78%；初级职称教师41人，占9.11%；具有“双师”素质教师287人，占63.78%（详见表12-7）。

数据显示，学校高级职称教师及“双师”素质教师比例仍需进一步提高。

表12-4　生师比情况

在校生数(人)	专任教师(人)	折算教师总数	生师比(教高)
11567	450	650	17.8

表12-5　教师专兼职结构情况

教师类别	总人数(人)	折算人数(人)
校内专任教师	450	450
校内兼课人员	20	11.4
校外兼职教师	150	145.7
校外兼课教师	83	42.9
总人数(人)	703	650

表 12-6　教师学历学位结构情况

研究生学历以上		硕士学位以上		具有研究生学历或硕士学位的青年教师（45 岁以下）	
人数（人）	比例（%）	人数（人）	比例（%）	人数（人）	占青年专任教师比例（%）
145	31.78	188	41.3	181	49.59

表 12-7　专任教师“双师”素质和专业技术职务结构情况

“双师”素质		专业技术职务结构					
“双师”人数	比例（%）	高级		中级		初级	
		人数	比例（%）	人数	比例（%）	人数	比例（%）
287	63.78%	91	20.22	233	51.78	41	9.11

（四）教师年龄结构

在专任教师当中，现有 35 岁及以下的教师 294 人，占 65%；35～45 岁的教师 80 人，占 18%；46 岁及以上的教师 76 人，占 17%（详见图 12-7）。可以看出，学校青年教师比例大，尤其是刚从高校毕业的年轻教师多，师资队伍建设的提升空间大、发展后劲足，但青年教师职教理念和实践能力的提升任务艰巨。

六、社会服务情况分析

近三年，学校教师申报省市科技项目 152 项，为企业开展技术服务项目 68 多项，获得多项科学技术成果，科技进账经费近 306 万元（详见表 12-8）。依托学校优质师资和先进设备，面向社会各类行业企业广泛开展专业岗位培训、职工技能培训、农村劳动力转移培训、小学师资培训等技能培训与鉴定工作，其中 2010—2011 学年开展各类培训达 5350 人次。

可以看出，通过积极广泛与行业企业开展合作，学校社会服务能力大幅提升，社会声誉大大提高，取得了良好的经济效益和社会效益。但是，截止到 2011 年学校还没有国家级科技项目，科技进账经费在学校总体收入中所占比例较小，学校开展的培训对象主要是企业员工。从这些情况来看，学校在科研开发、推广科技成果方面的能力还有待提高，在面向社会开展技能培训和考证培训方面的广度还需逐步加大。

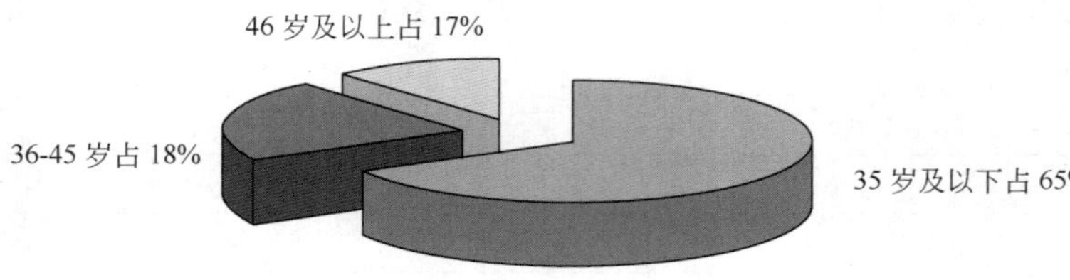

图 12-7　专任教师年龄结构情况

表 12-8　近三年科研服务情况统计表

项目类型	省市科技项目(项)	企业技术服务项目(项)	省市科技进步奖(项)	市社科成果奖(项)	国家专利(项)	科技进账经费(万元)
数　量	152	68	5	21	15	306

12.2　校内实训基地分析报告

本年度，学校校内实训室（设备）运行情况良好，主要表现在：①实训室（设备）利用率比较正常，实训室利用率区间分布较为合理，资源紧张问题得到缓解，设备闲置现象较少；②管理制度比以前规范、完善，实训条件明显改善。主要存在问题是：①有些实训室建设、利用还不够合理；②有些统计数据不够真实。具体情况报告如下。

一、数据统计与分析

1. 各二级学院实训室利用率数据分析（见表 12-9、图 12-8）

从以上图表可知以下信息。

a. 2011 年各学院实训室平均利用率都在 60%以上，其中电子与信息工程学院、机电工程学院和艺术与设计学院都超过了 100%。与 2010 年相比，有 3 个学院实训室平均利用率有较大提升，其中人文学院提升了 9 个百分点，电子与信息工程学院和工商管理学院提高了 5 个百分点。机电工程学院与 2010 年持平，艺术与设计学院与 2010 年相比有所回落，但仍在最高位，达 112.19%，数据显示了实训室运行情况良好，实训室建设、改造和管理水平明显提高。

b. 理工类实训室平均利用率全年都超过了 100%，反映出理工类实训室整体上达到了充分利用，但在实训安排方面，机电工程学院应做合理调整，使得上下半年基本平衡。

c. 文管类中，人文学院实训室利用率提升较大，杜绝了实训室平均利用率不及格现象，反映出 2011 年学校对文管类实训室投入加大、管理加强，实训条件明显改善。

d. 艺术类实训室利用率过高的现象得到改观，已趋于正常水平。反映出学校对实训室管理力度加大，制度更加规范、完善。

2. 各二级学院实训设备利用率数据分析（见表 12-10、图 12-9）

表 12-9　实训室利用率（平均）

学　　院	上半年	下半年	全年
人文学院	55.63%	66.50%	61.06%
电子与信息工程学院	108.76%	92.12%	100.44%
机电工程学院	125.36%	92.12%	108.74%
工商管理学院	88.00%	85.01%	86.51%
艺术与设计学院	104.94%	119.44%	112.19%

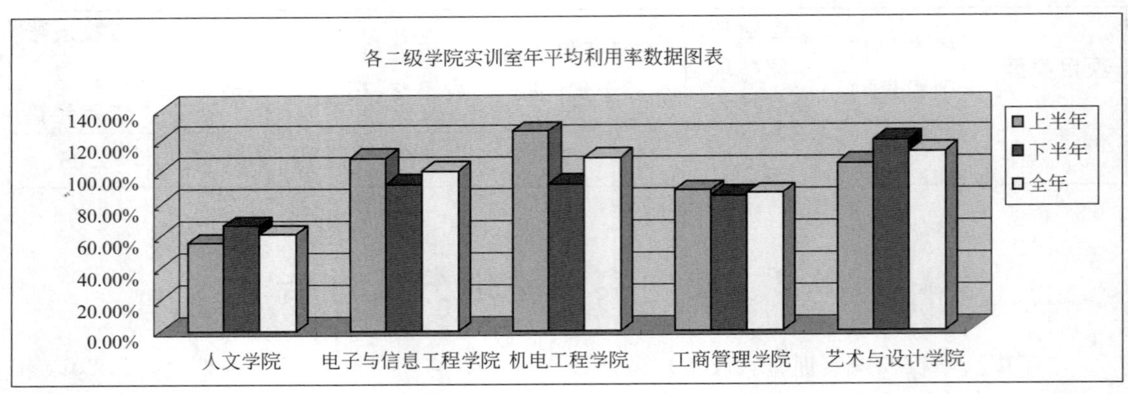

图 12-8　实训室年平均利用率数据

表 12-10　实训设备利用率（平均）

学　　院	上半年	下半年	全年
人文学院	56.10%	66.50%	61.30%
电子与信息工程学院	108.76%	92.12%	100.44%
机电工程学院	109.75%	121.22%	115.49%
工商管理学院	77.50%	79.59%	78.55%
艺术与设计学院	100.15%	111.16%	105.65%

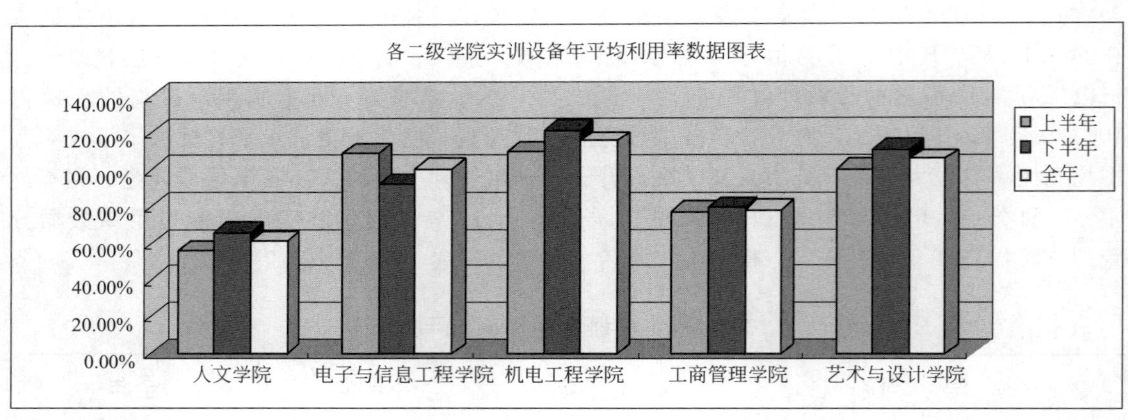

图 12-9　实训设备年均利用率数据

从以上图表中分析可知以下信息。

a. 实训设备平均利用率明显提升，与上年相比，除艺术与设计学院趋于平稳外，其他 4 个学院都有较大提升，其中机电工程学院提升幅度最大，达 14.39 个百分点，人文学院达 5 个百分点，电子与信息工程学院达 4 个百分点，工商管理学院达 9.7 个百分点；

b. 机电工程学院通过对外服务与企业合作共同开展课题研究，提高了设备利用率；

c. 二级学院采用设备落实到人的方法，

为设备正常运转提供了保障。

3. 各二级学院实训室利用率及设备利用率走势分析

（1）人文学院（见表 12-11，图 12-10）

数据分析可知以下信息。

a. 整体利用率曲线相对平稳，相关实训室项目安排基本合理。

b. 实训室利用率与设备利用率基本相同，可能存在一定统计错误，应引起注意。

c. 5、6、9 月份波动较大，反映实训室设备有闲置现象，应加强利用。

（2）电子与信息工程学院（见表 12-12，图 12-11）

表 12-11　人文学院实训室和设备利用率

利用率（平均）	3 月份	4 月份	5 月份	6 月份	9 月份	10 月份	11 月份	12 月份
实训室	64.69%	60.04%	46.88%	50.89%	55.00%	71.25%	73.25%	
实训设备	66.60%	60.04%	46.88%	50.89%	55.00%	71.25%	73.25%	

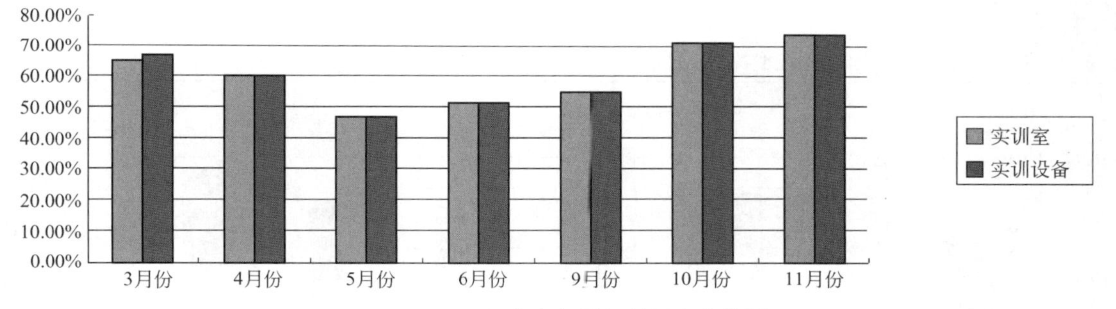

图 12-10　人文学院实训室利用率走势图

表 12-12　电子与信息工程学院实训室和设备利用率

利用率（平均）	3 月份	4 月份	5 月份	6 月份	9 月份	10 月份	11 月份	12 月份
实训室	111.99%	104.76%	108.5%	109.75%	84.73%	96.64%	94.98%	
实训设备	111.99%	104.76%	108.54%	109.75%	84.73%	96.64%	94.98%	

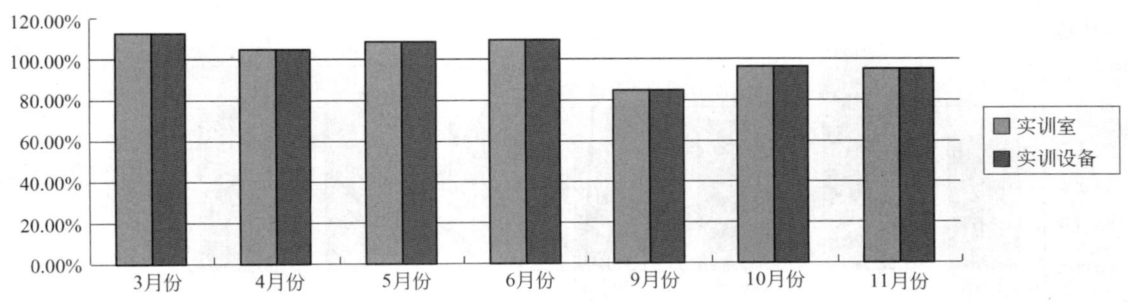

图 12-11　电子与信息工程学院实训室利用率走势图

数据分析可知以下信息。

a. 整体利用率曲线平稳，相关实训室项目安排较为合理。

b. 实训室利用率与设备利用率完全相同，可能存在一定统计错误，应引起注意。

c. 实训室利用率和设备利用率居中线，平稳，反映使用实训室设备缺口不大，重点观测工量辅具的添补。

d. 设备保养及维护正常、到位，无过多设备损坏怠修现象。

（3）机电工程学院(见表 12-13，图 12-12)

数据分析可知以下信息。

a. 整体利用率出现波动，不稳定，实训室利用及课程安排不尽合理。

b. 9 月份为设备利用率低点，可作为设备大保养时间参考，4、6、11 月份为设备利用率高点，此时应加强设备检查，防范安全事故。

c. 实训室利用率较大幅度超出设备利用率，平稳，反映实训室设备有闲置现象，应加强利用。

d. 设备保养及维护正常、到位，无过多设备损坏怠修现象。

（4）工商管理学院(见表 12-14，图 12-13)

表 12-13 机电工程学院实训室和设备利用率

利用率(平均)	3 月份	4 月份	5 月份	6 月份	9 月份	10 月份	11 月份	12 月份
实训室	92.99%	146.66%	115.13%	146.66%	109.25%	117.27%	137.15%	
实训设备	87.52%	124.24%	103.00%	124.24%	98.67%	110.02%	130.94%	

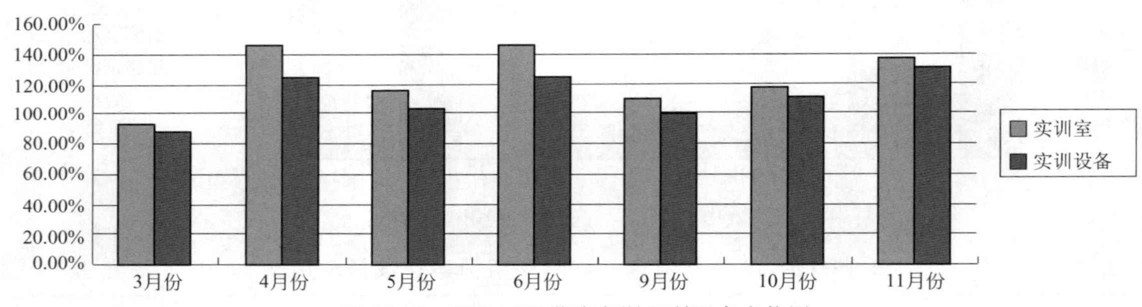

图 12-12 机电工程学院实训室利用率走势图

表 12-14 工商管理学院实训室和设备利用率

利用率(平均)	3 月份	4 月份	5 月份	6 月份	9 月份	10 月份	11 月份	12 月份
实训室	74.00%	107.86%	90.00%	80.14%	82.00%	87.29%	85.75%	
实训设备	65.71%	107.86%	73.29%	63.14%	75.57%	82.71%	80.50%	

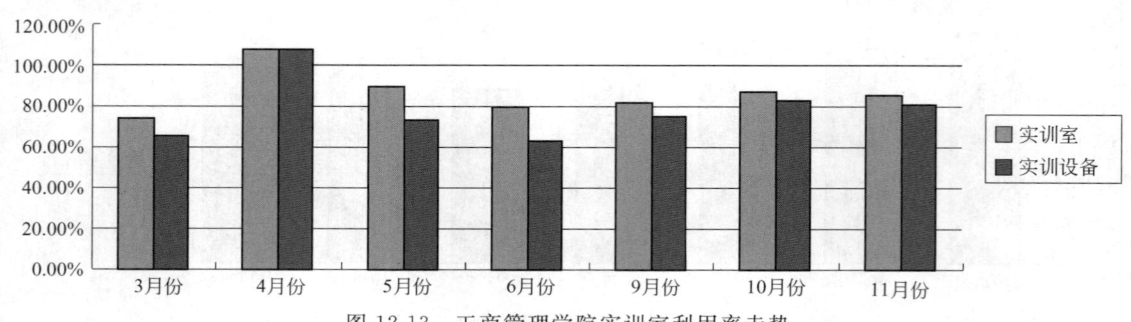

图 12-13 工商管理学院实训室利用率走势

数据分析可知以下信息。

a. 整体利用率在 4 月份波动较大，实训室利用及课程安排要进一步调整。

b. 6 月为利用率低点，跌幅较大，存在设备闲置，望引起注意。

c. 曲线波动也反映出实训室设备可能配置不齐，存在项目缺失或设备缺口，应重点观察并建设。

d. 9 月份后相关利用情况明显改善。

(5) 艺术与设计学院（见表 12-15，图 12-14）

数据分析可知以下信息。

a. 整体利用率曲线较平稳，反映相关实训课程时间安排较为合理。

b. 设备保养及维护基本正常，无大数量设备损坏现象。

4. 各二级学院实训室利用率分区间统计（见表 12-16～表 12-18）

表 12-15　艺术与设计学院实训室利用率

利用率（平均）	3 月份	4 月份	5 月份	6 月份	9 月份	10 月份	11 月份	12 月份
实训室	106.86%	112.76%	107.13%	93.00%	123.47%	123.47%	111.37%	
实训设备	103.43%	107.46%	100.70%	89.00%	117.48%	117.48%	98.52%	

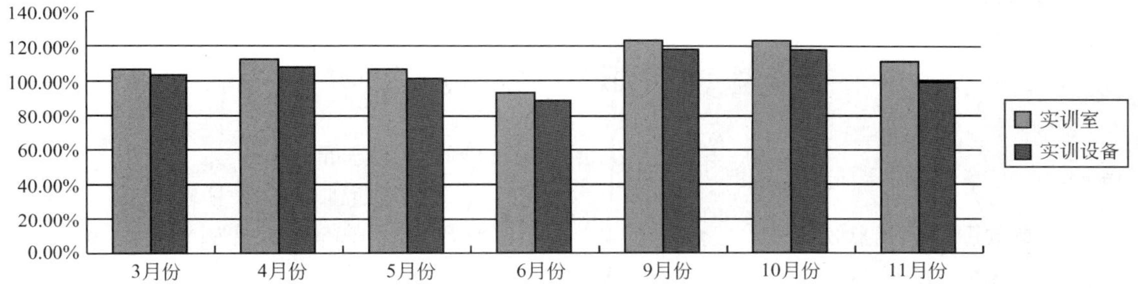

图 12-14　艺术与设计学院实训室利用率走势

表 12-16　各二级学院实训室利用率分区间统计

学院名称	超 100% 比例	80%～100% 比例	60%～80% 比例	60%比例以下	实训室总数
艺术与设计学院	37.1%	48.7%	8.5%	5.7%	35
人文学院	10%	36.33%	20%	33.33%	10
机电工程学院	33.3%	40.9%	22.2%	3.6%	27
工商管理学院	9%	18%	35.1%	37.9%	11
电子与信息工程学院	50%	11.6%	19.2%	19.2%	26

表 12-17　资源紧张的实训室（设备利用率>150%）

学院名称	实训室名称	设备利用率
艺术与设计学院	舞蹈实训室	161.76%
机电工程学院	联合注塑车间	235.03%
电子与信息工程学院	网络综合实训室	157.1%

表 12-18 资源存在闲置实训室（设备利用率＜50%）

学院名称	实训室名称	设备利用率
人文学院	模拟法庭	18.75%
	微格教学室	9.82%

从上表可知以下信息。

实训室利用率超100%的实训室：艺术与设计学院有13个，机电工程学院有9个，电信学院13个，这说明学校仍有35个实训室利用率偏高；实训室利用率60%以下的实训室：人文学院有3个，工商管理学院有4个，电子与信息工程学院5个，这说明学校仍有12个实训室利用率偏低。

二、建议

（1）加强新建实训室科学论证，新建实训室须多功能化，尽量避免功能单一或只能满足单一课程实训。

（2）鼓励教师积极开展“教学做”一体化教学，解决实训室利用率低的问题，尽量避免实训设备闲置，造成资源浪费；合理排课，解决实训室利用率高的问题，尽量避免高损耗，延长设备寿命。

（3）进一步完善实训室两率月报制度，上报数据杜绝弄虚作假，学院须对数据真实性负责。

12.3 信息资源利用分析

第一部分 文献信息资源利用情况

1. 馆藏图书利用状况分析

1.1 2008年至2011年四年的图书增量及借阅情况分析

图书馆对近4年的图书馆藏和借阅情况做了详细统计分析，得出基本数据如表12-19～表12-22所示。

表 12-19 2011年各类馆藏种数、册数及利用率

索书号	种数	册数	2011年度借阅种数	2011年度借阅册数	利用率(借阅册数/馆藏总册数)
A马列主义、毛泽东思想、邓小平理论	669	2896	75	186	0.064226519
B哲学、宗教	4849	20998	2465	9215	0.438851319
C社会科学总论	2878	11780	1021	3297	0.279881154
D政治、法律	6128	23962	883	2014	0.084049745
E军事	756	4769	153	377	0.079052212
F经济	13371	52287	3419	8659	0.165605217
G文化、科学、教育、体育	8846	43360	1928	5432	0.125276753
H语言、文字	6576	28980	3023	15915	0.549171843
I文学	24028	100051	6464	25131	0.251181897

续表

索书号	种数	册数	2011 年度借阅种数	2011 年度借阅册数	利用率(借阅册数/馆藏总册数)
J 艺术	5818	22947	2412	9217	0.401664706
K 历史、地理	8174	33660	2228	7840	0.232917409
N 自然科学总论	752	3289	41	87	0.026451809
O 数理科学和化学	1457	5504	254	492	0.089389535
P 天文学、地球科学	476	1678	25	67	0.039928486
Q 生物科学	415	1598	40	79	0.049436796
R 医药、卫生	2750	13197	450	1049	0.079487762
S 农业科学	1484	8090	53	98	0.012113721
T 工业技术	16962	59409	4925	16853	0.283677557
U 交通运输	1418	4877	434	1144	0.234570433
V 航空、航天	73	383	7	13	0.033942559
X 环境科学、安全科学	466	1686	50	75	0.044483986
Z 综合性图书	1118	4687	235	581	0.123959889
合计	109484	450163	30590	107830	0.2395237

表 12-20　2010 年各类馆藏种数、册数及利用率

索书号	种数	册数	2010 年借阅种数	2010 年借阅册数	利用率(借阅册数/馆藏总数)
A 马列主义、毛泽东思想、邓小平理论	658	2805	108	316	0.112655971
B 哲学、宗教	4796	20764	2467	12009	0.578356771
C 社会科学总论	2843	11590	1170	5772	0.498015531
D 政治、法律	6059	23761	969	2734	0.115062497
E 军事	751	4679	171	478	0.102158581
F 经济	13167	51611	4010	13324	0.25816202
G 文化、科学、教育、体育	8616	42292	2151	11890	0.281140641
H 语言、文字	6454	28014	2959	18273	0.652281002
I 文学	23792	99421	8201	48562	0.488448115
J 艺术	5691	22279	2171	11765	0.528075766

续表

索书号	种数	册数	2010年借阅种数	2010年借阅册数	利用率(借阅册数/馆藏总数)
K历史、地理	8113	33477	2341	9824	0.293455208
N自然科学总论	749	3272	44	65	0.019865526
O数理科学和化学	1444	5069	270	591	0.116591044
P天文学、地球科学	474	1674	35	81	0.048387097
Q生物科学	409	1586	42	62	0.039092055
R医药、卫生	2740	13116	516	1266	0.09652333
S农业科学	1364	7688	48	66	0.008584807
T工业技术	16058	50550	4907	19212	0.380059347
U交通运输	1360	4517	377	1128	0.249723268
V航空、航天	73	383	6	20	0.052219321
X环境科学、安全科学	463	1596	52	78	0.04887218
Z综合性图书	1092	4610	271	916	0.198698482
合计	107509	436834	33290	158438	0.362696

表12-21 2009年各类馆藏种数、册数及利用率

索书号	种数	册数	2009年借阅种数	2009年借阅册数	利用率(借阅册数/馆藏总数)
A马列主义、毛泽东思想、邓小平理论	606	2379	143	463	0.194619588
B哲学、宗教	3460	16028	2009	12977	0.80964562
C社会科学总论	2245	9721	1123	6935	0.713403971
D政治、法律	4745	19250	1057	3479	0.180727273
E军事	611	3852	200	640	0.166147456
F经济	10420	43332	3789	14235	0.328510108
G文化、科学、教育、体育	6484	35768	2187	12004	0.335607247
H语言、文字	5256	22533	2856	22964	1.019127502
I文学	19723	86966	7288	55227	0.635041281
J艺术	4434	19879	2163	12751	0.641430655
K历史、地理	6873	29212	2116	9964	0.341092702

续表

索书号	种数	册数	2009 年借阅种数	2009 年借阅册数	利用率(借阅册数/馆藏总数)
N 自然科学总论	711	3094	68	102	0.032967033
O 数理科学和化学	1141	4227	329	1059	0.250532292
P 天文学、地球科学	381	1460	41	86	0.05890411
Q 生物科学	333	1370	50	102	0.074452555
R 医药、卫生	2220	11295	486	1610	0.142540947
S 农业科学	1218	7342	85	133	0.018114955
T 工业技术	11369	39976	4472	22334	0.558685211
U 交通运输	915	3653	383	1534	0.419928826
V 航空、航天	59	344	10	38	0.110465116
X 环境科学、安全科学	358	1344	83	145	0.107886905
Z 综合性图书	977	4074	287	878	0.215513009
合计	84556	367170	31228	179668	0.48933

表 12-22　2008 年各类馆藏种数、册数及利用率

索书号	种数	册数	2008 年借阅种数	2008 年借阅册数	利用率(借阅册数/馆藏总数)
A 马列主义、毛泽东思想、邓小平理论	592	1979	120	351	0.177362304
B 哲学、宗教	3369	14757	1983	16022	1.08572203
C 社会科学总论	2171	9475	1140	7995	0.843799472
D 政治、法律	4534	18153	1057	4239	0.233515121
E 军事	601	3110	234	1071	0.34437299
F 经济	10107	42221	3622	14186	0.335993937
G 文化、科学、教育、体育	6055	29277	2267	12080	0.412610582
H 语言、文字	4895	20138	2859	29125	1.446270732
I 文学	19400	85146	7141	77826	0.914030019
J 艺术	4359	19338	2097	12335	0.636875258
K 历史、地理	6732	28550	2090	11718	0.410437828
N 自然科学总论	629	2906	72	122	0.041982106

续表

索书号	种数	册数	2008 年借阅种数	2008 年借阅册数	利用率(借阅册数/馆藏总数)
O 数理科学和化学	1111	3901	287	1048	0.268649064
P 天文学、地球科学	346	1316	42	129	0.098024316
Q 生物科学	327	1348	46	127	0.09421365
R 医药、卫生	2029	10480	476	1885	0.179866412
S 农业科学	1046	6665	71	118	0.017704426
T 工业技术	10412	37289	4392	22298	0.597977956
U 交通运输	849	3493	399	2097	0.600343544
V 航空、航天	52	328	22	58	0.176829268
X 环境科学、安全科学	338	1226	90	169	0.137846656
Z 综合性图书	957	3941	285	1177	0.298655164
合计	80923	345133	30794	216178	0.62636

从近 4 年的图书馆藏及借阅情况分析来看，馆藏图书的册数和种数逐年增长，但图书借阅的册数呈逐年下降的趋势，图书借阅的种数基本维持平衡（见图 12-15）。出现这种差异的主要原因有三方面：（1）2007 年学校评估时，一次性增加的新书较多，到 2008 年年底，馆藏图书总量达到 34.5 万册，其中有 20 万册为新购入图书，读者利用新书的积极性较高，虽然自 2008 年起馆藏图书量逐年增长，但是年净增长量与 2007～2008 年相比差距很大，读者借阅图书的积极性不够高，导致借阅数量下降。（2）2008 年图书馆新馆开放，同学对新图书馆期望已久，图书馆一开放，同学兴趣十足，到图书馆借阅图书的人次大增。（3）自 2008 年起，图书馆加大了电子资源利用的宣传和培训力度，越来越多的读者在利用科技信息时都习惯于利用电子资源，到图书馆借阅纸质科技资源的读者变少，读者更多的是借阅社科类图书，从而使得借阅总量逐步减少。

1.2 2008 年至 2011 年四年总借阅量最多的前十大类及年借阅率最高的前十大类图书分析

从表 12-23 和表 12-24 数据分析来看，I 文学类，H 语言类，T 工业技术类，B 哲学类，J 艺术类这五类图书，借阅总量高，借阅率也高，应该是图书馆今后重点采购的图书类别。F 经济类图书借阅量较高，但借阅率低，说明经济类图书总量相对较多，今后可适当少买。C 社会科学总论方面的图书借阅量少，但借阅率较高，说明今后要加强这方面图书的采购。其他类：G 文化、科学、教育、体育，K 历史地理，D 政治法律，U 交通运输类图书也要适当增加。

从借阅量还可以看出，社会科学类的图书是读者重点借阅的图书类别，自然科学类的图书相对借阅量较少，更多自然科学类信息内容，读者倾向于电子资源的检索和利用。

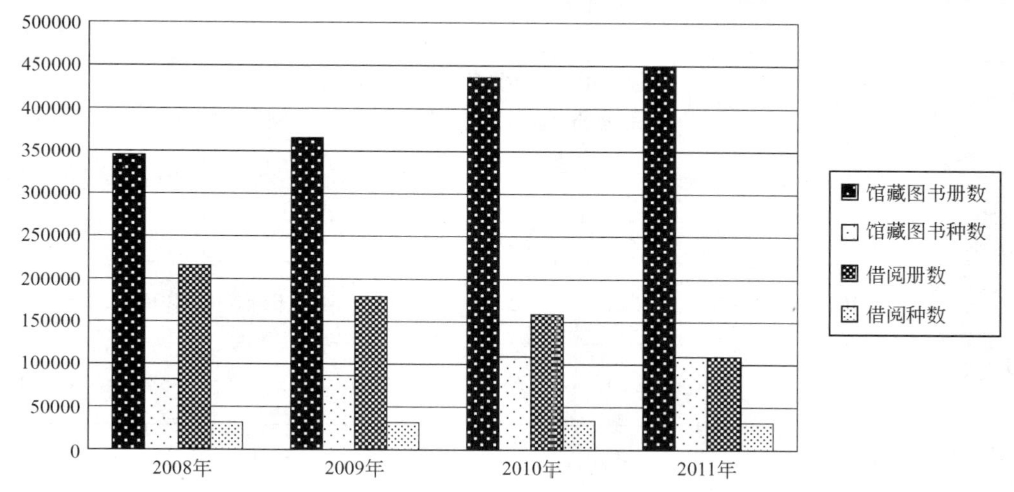

图 12-15　近四年馆藏和借阅变化情况

表 12-23　图书馆 2008 年至 2011 年四年总计借阅数量最多的前十大类

索书号	种数	册数	2008 年借阅册数	2009 年借阅册数	2010 年借阅册数	2011 年借阅册数	四年总计借阅数量
I 文学	19400	85146	77826	55227	48562	25131	206746
H 语言、文字	4895	20138	29125	22964	18273	15915	86277
T 工业技术	10412	37289	22298	22334	19212	16853	80697
F 经济	10107	42221	14186	14235	13324	8659	50404
B 哲学、宗教	3369	14757	16022	12977	12009	9215	50223
J 艺术	4359	19368	12335	12751	11765	9217	46068
G 文化、科学、教育、体育	6055	29277	12080	12004	11890	5432	41406
K 历史、地理	6732	28550	11718	9964	9824	7840	39346
C 社会科学总论	2171	9475	7995	6935	5772	3297	23999
D 政治、法律	4534	18153	4239	3479	2734	2014	12466

表 12-24　图书馆 2008 年至 2011 年四年平均年借阅率最高的前十大类

索书号	种数	册数	2008 年借阅册数	2009 年借阅册数	2010 年借阅册数	2011 年借阅册数	四年总计借阅册数	平均年借阅率
H 语言、文字	6576	28980	29125	22964	18273	15915	86277	0.744281
B 哲学、宗教	4849	20998	16022	12977	12009	9215	50223	0.59795
I 文学	24028	100051	77826	55227	48562	25131	206746	0.516602

续表

索书号	种数	册数	2008年借阅册数	2009年借阅册数	2010年借阅册数	2011年借阅册数	四年总计借阅册数	平均年借阅率
C社会科学总论	2878	11780	7995	6935	5772	3297	23999	0.509317
J艺术	5818	22947	12335	12751	11765	9217	46068	0.501896
T工业技术	16962	59409	22298	22334	19212	16853	80697	0.339582
U交通运输	1418	4877	2097	1534	1128	1144	5903	0.302594
K历史、地理	8174	33660	11718	9964	9824	7840	39346	0.292231
F经济	13371	52287	14186	14235	13324	8659	50404	0.240997
G文化、科学、教育、体育	8846	43360	12080	12004	11890	5432	41406	0.238734

1.3 借阅量大的图书类别与学校开设的专业情况相一致

从历年各类图书的利用情况来看，利用率、阅读倾向的波峰基本上与馆藏量的波峰是一致的（见图12-16～图12-18）。从图中也可以看出，读者比较喜欢借阅的几类图书，如，B哲学、宗教，F经济，H语言、文字，I文学，J艺术，T工业技术，G文化、科学、教育、体育等，都是学校主要专业用书。图12-16反映了图书馆馆藏结构与学校专业设置的一致性；图12-17反映出自然科学类图书的总体利用率不高，除语言类、文学类、哲学类、社会科学总论类、艺术类、计算机类、汽车类图书外，其他专业图书的利用率都很低。

理工科类其他方面的专业图书的利用率更低。从图12-18的波峰可以看出，读者的阅读倾向与所学专业有直接相关，学校开设了相应专业课，与之相适应的图书借阅量也比较大。说明读者（广大学生）阅读拓展的空间狭小。

2. 期刊、报纸利用情况分析

2.1 阅览室座位利用分析

由于阅览室阅览座位是固定有限的，且期刊、报纸不能带到阅览室外阅读，每天实际利用期刊、报纸的人数受到限制，因此，读者人数和座位数的比例更接近读者利用期刊、报纸的实际状况（见表12-25），平均每天的座位利用率在65%以上。

表12-25 阅览座位利用率

年份	每天到室人数平均（人次/天）	阅览室座位数	每天读者到室率
2009年	160	200	0.80
2010年	130	200	0.65
2011年	150	200	0.75

2.2 各类期刊利用率

根据期刊阅览室对各类期刊利用频率的统计，利用量相对较高的是文学、教育、艺术、语言文字、工业技术（计算机）、交通运输（汽车）等类的刊物，与图书的各类分布基本相同，与学校的专业设置也基本相适应（见图12-19）。从图12-19中，还可以看出各类期刊利用量占期刊总量的比例仍然很

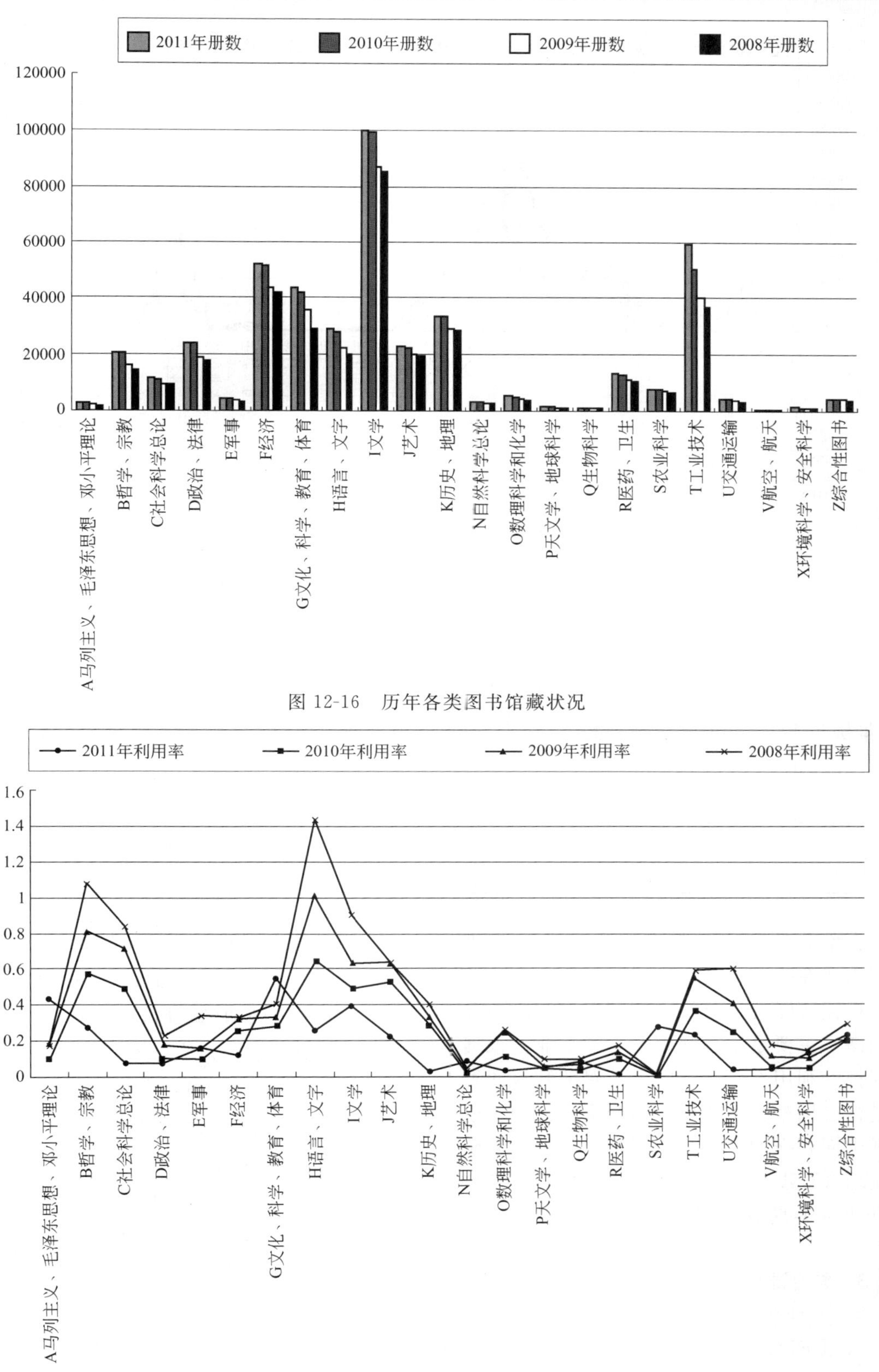

图 12-16　历年各类图书馆藏状况

图 12-17　历年各类图书利用率状况

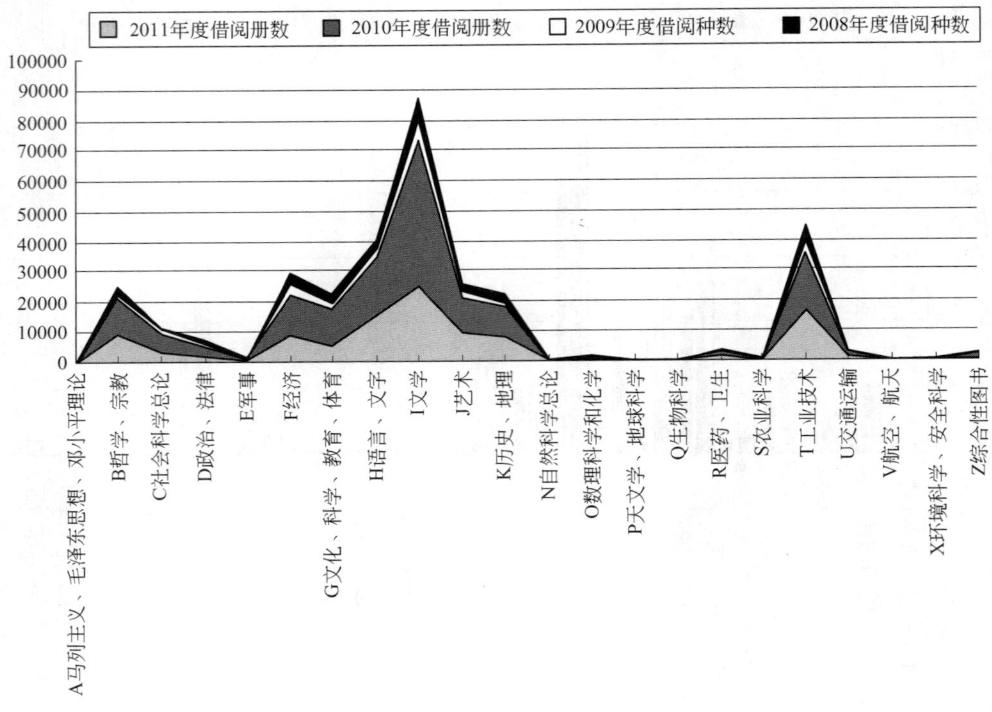

图 12-18 读者阅读内容倾向图

表 12-26 报纸日均利用率

年份	馆藏报纸种数	每天报纸利用种数	报纸利用率
2009	108	34	0.314814815
2010	110	50	0.454545455
2011	110	50	0.454545455

低，大部分的利用量都在 30%左右。报纸的利用率在 40%左右（见表 12-26）。

根据实际统计分析，期刊报的利用情况不均衡，主要是结合学生所学的专业。根据期刊报的利用率情况，图书馆对期刊报的种类进行过调整。主要是在期刊报的订购上适当减少期刊报的种类，特别是要减少与学校专业结合程度少的科技期刊报的种类，订购多以社科类期刊报和文学、艺术类期刊报为主。

3. 本地镜像电子资源利用分析

3.1 维普期刊利用分析

从近四年的统计情况看，2009 年、2010 年维普期刊的下载量比较大，2008 年、2011 年维普期刊的下载量比较少（见图 12-20）。其中，2011 年 4 月至 10 月期间图书馆开通试用中国知网，所以该年度维普期刊下载量大幅度减少。从总体上看，电子期刊的年需求量在 4 万～6 万篇，这种量的变化会受到学校年度评职称的教师人数、年度科研课题总数等因素的影响。

3.2 超星电子图书利用分析

从近两年的统计来看，超星电子图书本地镜像的首页访问和下载量都呈现急剧上升的态势，其中，超星电子图书本地镜像首页 2010 年的访问量为 9092 次，2011 年的访问量为 25229 次；超星电子图书 2010 年的下

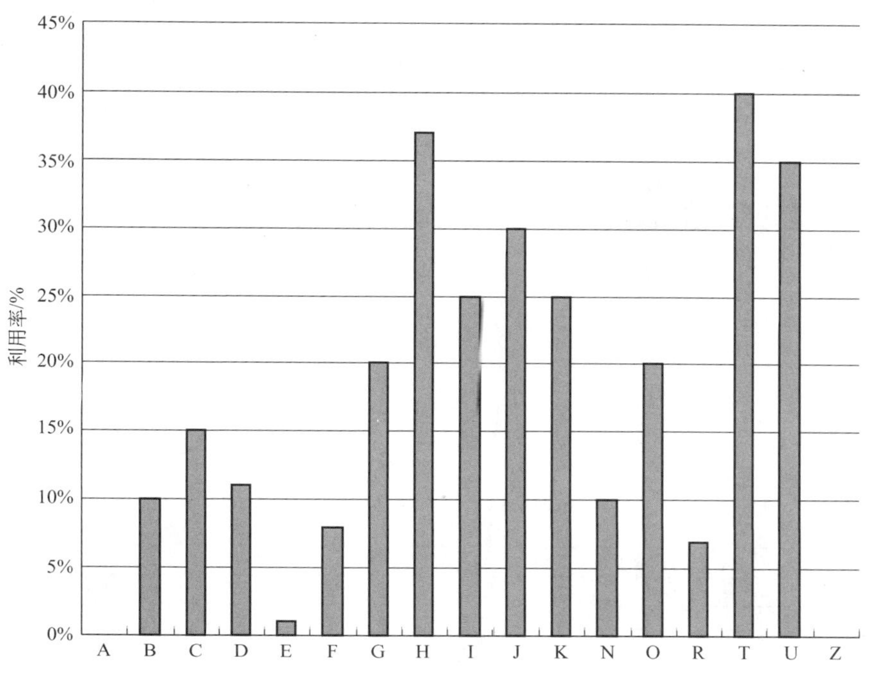

图 12-19　各类期刊利用率统计

（说明：A 马克思主义、列宁主义、毛泽东思想、邓小平理论　B 哲学　C 社会科学总论　D 政治、法律　E 军事　F 经济　G 文化、科学、教育、体育　H 语言、文字　I 文学　J 艺术　K 历史、地理　N 自然科学总论　O 数理科学和化学　R 医药、卫生　T 工业技术　U 交通运输　Z 综合性图书）

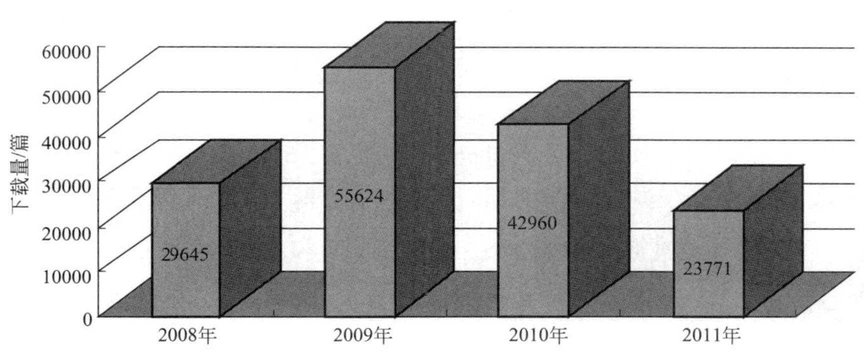

图 12-20　维普期刊本地镜像年下载量

载量为 8174 册，2011 年的下载量为 38775 册。从电子图书阅读下载的内容分布状况来看，呈现了与纸质图书相似的比例，与学校专业的设置密切相关（见图 12-21、图 12-22）。尤其是工业技术类和经济管理类电子图书占整个阅读下载量的比例较大，这样从另一个方面解释了理工科专业纸质图书利用率相对较低的原因。

4. 电子资源网络包库利用分析

4.1　维普期刊利用分析

维普期刊为学校图书馆开通了华南师范大学和广播电视大学两个远程访问镜像站

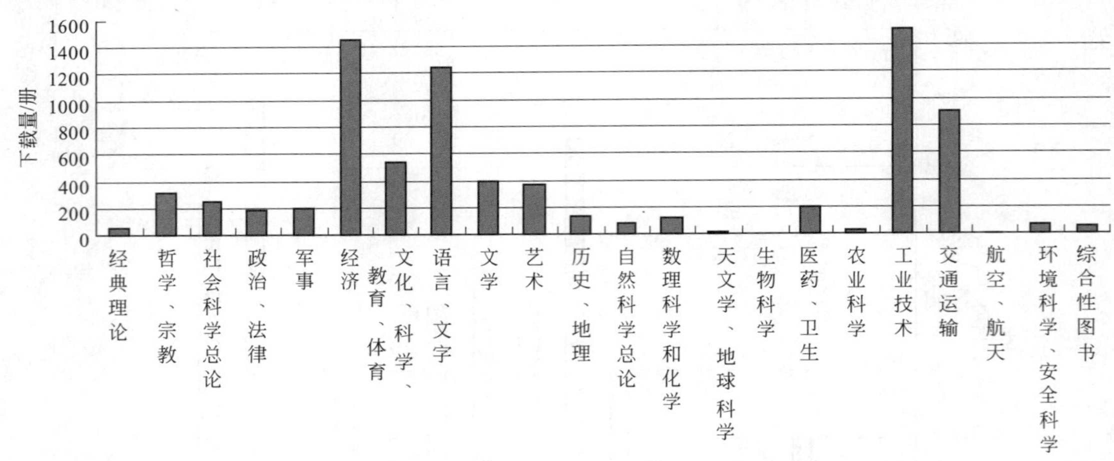

图 12-21　2010 年各类图书阅读下载量

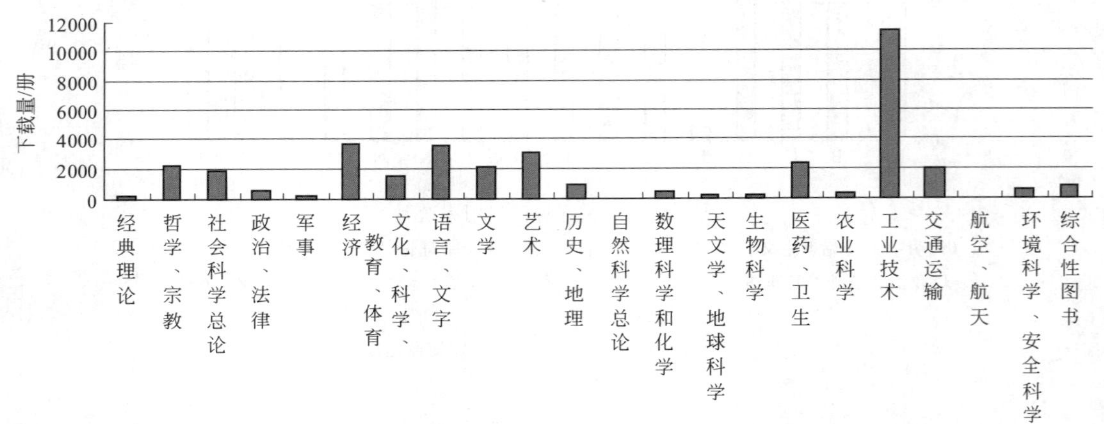

图 12-22　2011 年各类电子图书阅读下载量

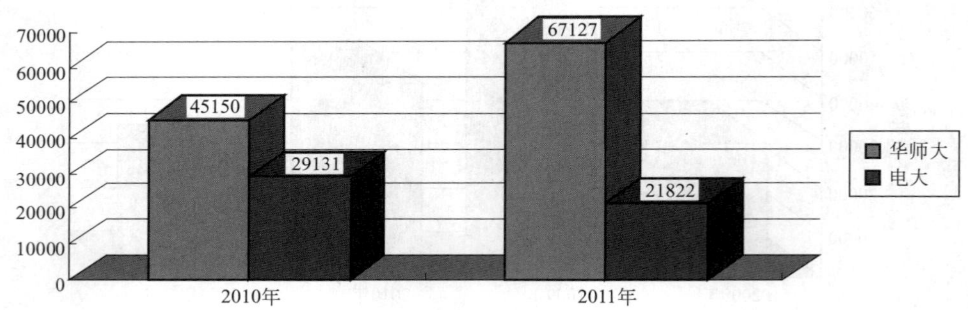

图 12-23　维普期刊年度下载量

点。从图 12-23 可以看出，华师大站点的年度文献下载量有大幅度上升，电大站点文献下载量略有下降，这反映了读者的使用习惯和站点的网络稳定状况。从两个站点的总量来看，2011 年比 2010 年增加了 14668 篇，说明读者对电子期刊的利用需求急剧增长。

4.2　超星电子图书及独秀利用分析

2011 年，超星电子图书包库页面访问量为 93303 次，超星电子图书包库图书阅读量为 99294 册次；读秀学术搜索检索系统访问量为 88239 次，读秀学术搜索参考咨询页访问量为 92444 页。由于独秀知识平台包括了图书、期刊、会议论文等多种文献类型，而且截止到 2011 年正作为高职院校联盟实

表 12-27　共享网的远程传递下载情况分析

远程传递频率排序	院校名	2009 年	2010 年	2011 年	总计
1	河源职业技术学院	4573 篇	3562 篇	4327 篇	12462 篇
2	广东科技职院	1936 篇	1892 篇	4951 篇	8779 篇
3	揭阳职业技术学院	332 篇	2423 篇	4264 篇	7019 篇
4	广东农工商职院	770 篇	378 篇	4594 篇	5742 篇

（来源 2011 年 10 月 27 日，全省高职院校图书馆工作会议上的报告）

验网的基础平台，在资料查找上兼具便捷性和精准性，读者的利用量比较大。

5. 共享网的远程传递及省内高职购买电子资源情况分析

5.1　与同类院校传递文献对比分析

根据省高校图工委和电子资源商联合统计结果：各学校电子资源利用率及远程传递数量最高的省内四所高职院校排名如表 12-27 所示。

从以上分析来看，2009 年和 2010 年学校图书馆电子资源的远程传递率远远高于省内同类学校图书馆，2011 年有所下降，三年的检索、下载、传递总和学校图书馆排列第一。平均每年传递下载 4154 篇，每月下载 415.4 篇，每天下载量达 14 篇。再加上学校镜像资源的下载，每年下载量能达到 4.2 万余篇（平均每天下载量为 140 余篇）。下载量是较大的。

但学校用于电子资源的费用又是省内同类学校中较少的。我们主要是利用共享资源和最基本的资源来服务的。

学校电子资源检索率高的原因有以下几方面：一是学校这几年提倡科研、论文写作和立项，这促进了文献的检索量。二是这几年学校开展地区信息服务，地区的检索量也相对增加。三是这几年图书馆对全校老师和学生进行多次电子文献检索培训，特别是全校二年级的“文献信息检索课”教学，促进了电子资源的检索。

5.2　电子资源购买经费情况

据统计省内 35 所高职院校，其中有 3 所院校（占 8.6%）每年用于电子资源的采购经费在 10 万元以下；有 13 所院校（占 37.1%）在十几万元；有 10 所院校（占 28.6%）在二十几万元；有 2 所院校（占 5.7%）在三十几万元；有 3 所院校（占 8.6%）在四十几万元；有 2 年院校（占 5.7%）在五十几万元；有 2 所院校（占 5.7%）在 60 万元以上

5.3　高职院校购买了 CNKI 情况

在统计的 35 所高职院校中，有 25 所院校（占 71.4%）购买了 CNKI（中国知网期刊）。学校一直没有购买。CNKI 每年要 10 万～20 万元经费。

5.4　高职院校购买“读秀及超星图书”情况

在统计的 35 所高职院校中，有 31 所院校（占 88.6%）购买“读秀及超星电子图书”。学校也是其中之一。“读秀及超星图书”是由超星图书和图书一体化检索平台构成，是图书检索的重要工具，从上述分析来看，也是读者利用率最高的资源库之一。年购买经费约 10 万元左右。

5.5　高职院校购买“维普期刊数据库”情况

在统计的 35 所高职院校中，有 31 所院

校（占88.6%）购买了“维普期刊数据库”。学校也是其中之一。维普期刊是期刊论文主要检索数据库，也是期刊论文数据库中价格最低的数据库，学校几年来一直使用此数据库（因CNKI没有买），维普期刊每年经费要3万～4万元，远低于CNKI的购买经费。

5.6 各校购买其他电子资源情况分析

其他电子资源购买的学校相对少些，买的学校不到总数的40%，按购买量由多到少的顺序排列如下。

（1）银符考试题库（39.4%）

（2）网上报告厅（视频数据库）（27.30%）

（3）硕博论文数据库（24.2%）

（4）新东方英语（24.2%）

（5）万方数据库（18.2%）

（6）外文数据库（18.2%）

（7）名师讲坛（15.2%）

（8）龙源期刊（12.1%）

（9）国研网（12.1%）

（10）方正数据库（9.1%）

（11）书生图书数据库（9.1%）

以上所列的电子资源数据库，基本上可以分为六类：试题数据库、视频数据库、学位论文数据库、电子期刊数据库、电子图书数据库、外文数据库。从各数据库的内容来看，试题数据库主要提供英语、计算机以及其他一些专业考证的试题，并配备考试系统；视频数据库主要提供一些学术讲座的记录；学位论文数据库提供硕博论文。在内容需求上，各学校在购买了电子期刊和图书之外，学生对试题的需求最高，其次是一些学术讲座，可以满足师生的共同需求，而硕博论文在高职院校中基本上以教师需求为主。因此，从内容和需求方面考虑，在购买了电子期刊和图书后，大多数图书馆会优先考虑试题数据库，然后考虑视频数据库、学位论文数据库和其他数据库。

从各数据库提供报价来看，同一类型的数据库，排在前面的报价要稍低于靠后数据库的报价；不同类型数据库的报价中试题数据库、视频数据库的报价相对较低，这两种数据库每年购买需投入经费为6万元左右。因此，综合内容需求和价格因素考虑，大部分图书馆会将试题数据库、视频数据库作为电子资源补充的首选。

6 结论

6.1 图书资源情况

学校应基本保持或适当增加购置图书经费；图书馆应调整购置图书方案，一是按读者需求，适当增加社科类图书量，购置部分折价的文学类图书满足读者需要，科技类图书适当减少购置量，相应增加电子资源科技类文献购置量（电子文献费用是纸本图书费用的7.2%）。

6.2 期刊、报情况

图书馆现有期刊1070种，报纸110种，从利用率情况分析，同图书的利用情况大致相同。考虑到科技期刊、报纸，只有计算机和汽车方面的内容利用率高，所以期刊报的调整方案如下：适当增加社科类、文艺类期刊报，减少科技类期刊报，在总数上趋于减少。保留刊报在数量上也应适当减少。

6.3 电子资源情况

考虑电子资源的利用率在逐年上升，且电子资源的价格很低，所以应适当增加电子资源的采购经费。

建议每年电子资源采购经费在20万左右。增加CNKI电子期刊数据库的购入、增加电子图书镜像资源的数量、适当增购试题数据库、视频数据库。宣传和利用远程传递系统，加强共享和传递服务。

总之，学校购买的实体资源和电子资源保障了师生最基本的信息需求，同时我们与省立中山图书馆、省科技图书馆、省高职院校建立了共享网络服务体系，利用共享系统检索和传递相关文献；学校图书馆资源在省内同类学校中检索率是较高的。图书馆购买了最基本的图书检索资源和期刊检索资源，为最基础的服务奠定了文献基础。

第二部分　网络资源利用情况

1. 现有资源情况

1.1　课程建设情况

我校从2007年启动网络课程建设，逐步形成了从合格课程——优质课程——精品课程的课程评审机制。经过几年的建设我校现有各类课程情况如下。

精品课程：国家精品课1门；省级精品课8门；教职委精品课2门；校级精品课16门；校级精品建设课33门。

优质课程：省级优质课1门；校级优质课92门。

合格课程（含网络课程）：校级合格课738门。资源分布情况如表12-28所示。

表12-28　分年度各类课程门数

学院		精品课程				优质课程		合格课程
		国家级	省级（含教委）	校级	校级在建	省级	校级	校级
电信学院	2007							
	2008		1	2			7	
	2009		1		3		7	34
	2010	1		3	2		4	20
	2011				3		5	91
机电学院	2007							
	2008		1	2			7	
	2009		1		2		9	24
	2010		1	2	2		3	18
	2011				3		2	104
工商管理学院	2007							
	2008		1	1			8	
	2009				3		7	34
	2010			2	2		4	15
	2011				3		5	104
人文学院	2007							
	2008			3			3	
	2009				3		5	20
	2010		1				2	22
	2011				2		2	125

续表

学院		精品课程				优质课程		合格课程
		国家级	省级（含教委）	校级	校级在建	省级	校级	校级
艺术学院	2007							
	2008				2		4	
	2009				2		2	8
	2010			1	1		2	13
	2011						3	101
思教部	2007		1			1		
	2008							
	2009						1	4
	2010							
	2011							1
合计		1	8	16	33	1	92	738

1.2　共享资源库建设情况

2010年12月资源库与网络课程整合完成，2011年9月完成资源库建设方案。目前已启动资源库建设的专业有7个，分别是：模具设计与制造，数控技术，汽车运用技术，会计电算化专业，英语教育（师范），计算机网络技术，文秘；已上传的资源总数为4381个，其中网络课件363个，教学录像17个，试卷4个，案例60个，特色专题20个。

1.3　示范性专业建设情况

我校现有省级示范专业2个；校级示范专业6个；校级示范建设专业8个。

2. 资源的利用分析

根据网络课程平台建设课程显示：现有课程总计1359门，示范性专业12个；资源库建设专业7个。

2.1　课程的利用率分析

根据平台数据显示，前20名的课程最高访问量54363次，最低7812次。如表12-29所示。

表12-29　访问量排序（只显示前20名）

序号	课程名称	课程负责人	所在院部	建立时间	访问次数	备注
1	网络操作系统配置与管理	李锦智	电信学院	2010.12.17	54363	
2	电子电路分析与实践	陶影、潘益玲	电信学院	2009.4.1	49707	
3	企业管理1	曲建国	管理学院	2008.10.6	28010	
4	初级会计实务	张晓燕	管理学院	2008.11.6	21799	

续表

序号	课程名称	课程负责人	所在院部	建立时间	访问次数	备注
5	旅行社计调业务(新)	张颖	管理学院	2007.11.16	20867	
6	毛泽东思想和中国特色社会主义理论体系概论	关雁华	思教部	2007.12.5	17023	
7	UG-CAD	陈胜利	机电学院	2010.6.30	14989	
8	秘书实务	张智	人文学院	2007.11.26	13407	
9	智能电子产品设计与测试	梁长垠、杨黎	电信学院	2009.5.31	12877	
10	电工技术	黄锡波	电信学院	2008.9.5	12460	
11	应用电子技术专业			2009.3.3	12442	示范专业建设
12	会计基础	张晓燕	管理学院	2009.4.29	11871	
13	PLC 与控制技术 A	潘益玲	电信学院	2009.4.7	11591	
14	办公自动化	刘立恒	人文学院	2010.4.16	11538	
15	数控编程与仿真	殷小清	机电学院	2007.11.28	11487	
16	Web 应用技术(精品课建设)	黄日胜	电信学院	2009.3.9	10822	
17	计算机图形图像设计与处理	潘博	电信学院	2007.11.16	9216	
18	导游业务(新)		管理学院	2008.5.11	8890	
19	计算机组装与维护	徐文义	电信学院	2007.11.26	8627	
20	英语教育示范性专业	王莉		2008.11.19	7812	示范专业建设

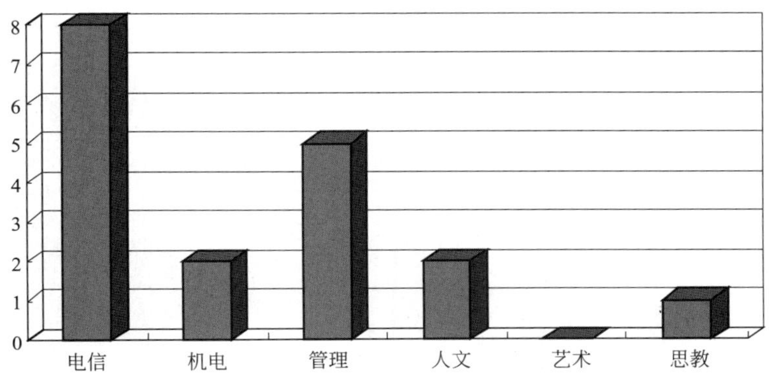

图 12-24　分学院排名统计

从表 12-29 中数据可以看出：利用率较高的 18 门（另外 2 门为示范性专业）课中，电信学院及管理学院利用情况较好。各学院分布如图 12-24 所示。但总体来说，网络课程的利用率不高，表现在两个方面：一是人均点击率低。以排在第 6 位的“毛泽东思想和中国特色社会主义理论体系概论”课为例，该课程于 2007 年建立，到目前已满 4 年，以每年 3500 人学习计，人均点击 1.2 次。二是注册人数少。以排在第 1 位的“网络操作系统配置与管理”为例，注册人数只有 8 人。

2.2 资源库的利用率分析

目前已启动资源库建设的专业虽有 9 个，但资源不多，个别专业内容很少，有待于进一步完善。

3. 网络资源建设的建议

目前我校的网络课程资源已具备一定的规模，但从分析上看，网络资源的利用情况及更新情况不理想，建议今后的建设以应用为主，达到以用促建。

具体建设意见如下。

（1）从建设方案入手，将建设目标转移为侧重应用，而不再强调量的增加。

（2）从政策上支持网络资源利用较好且学生反馈较好的课程建设团队，提高老师的积极性。

（3）鼓励教师利用网络教学平台开展网上备课、网上布置与批改作业、网上考试等教学活动。

第十三部分　大事记

13.1　十件大事评选

“十件大事”的入围条件：意义重大、内涵丰富，有利于促进学校文明、进步、发展的事件；传播面广、社会影响大，有利于切实提高学校知名度和美誉度的事件；入选事件涵盖学校教学、行政、学生活动等各个方面，时间跨度为2011年1月1日至2011年12月31日。

“十件大事”评选办法及程序为全校推荐——评审组审议——党委会审定。先是在全校范围内推荐重大事件，部门或个人均可推荐，每个部门或个人限推一次，每次最多推荐10件事。推荐部门或个人填写“十件大事推荐表”报评审工作组办公室；然后召开评审工作组会议，研究决定15件候选事件报学校党委会讨论；最后召开学校党委会议，研究确定10件大事。

经过推荐和严格评审，学校评出2011年度的十件大事如下。

（1）学校隆重举行老隆师范建校81周年暨河源职业技术学院挂牌10周年庆典活动。

（2）学校顺利举行第二次党代会和第二届教代会，选举产生新一届党委班子和新一届工会委员会委员。

（3）市领导大力支持学校发展，市委书记陈建华出席学校校庆活动并讲话，在临别河源时为学校亲手种下香樟树作纪念，还亲笔题“种德”一词；市长彭建文到学校视察调研时，帮助学校解决了一系列重大问题。

（4）学校开展2011年“校园十星”评选活动。

（5）学校学子参加各类大赛硕果累累。

（6）学校教师参赛获得众多奖项。

（7）学校成功承办多项省级大赛。

（8）学校校园文化建设迈上新台阶，孙中山铜像、陶行知塑像、萧殷塑像、叶绿野铜像等的落成丰富了校园文化内涵。

（9）学校获市委、市人民政府颁发“河源网络问政创新奖”。

（10）学校2011年成人招生名列全省高职高专第一，成人教育规模突破万人达11065人。

13.2　大　事　记

一月

1月7日至9日，第二届全国高职高专秘书职业技能大赛在泉州黎明职业大学举行，学校文秘专业代表队荣获团体、个人全能一等奖和最佳口才、最佳才艺四项大奖，为学校和广东省赢得了荣誉。

1月16日上午，学校组织中层以上干部到广州市华南橡胶轮胎有限公司（以下简称“华轮公司”）考察，此行目的是为了深入了解合作企业，探索加强校企合作路径。

1月19日，广东省自学考试委考科目考试首次在学校开考，这是学校首次与重点本科院校开设专、本科自考沟通班，本次考试共有500多人次参加，在继续教育学院的精心安排下考试圆满结束，华南师范大学等主办院校对考试工作给予了充分肯定和高度评价。

二月

2月24日下午，“一线服务”活动首次开展。校领导、处室院部副职以上骨干会同行政管理人员深入教学一线，更加快捷、优质地服务教师、服务教学。这是学校新学期一项亲师助教的创新举措，以后每周四，此项活动定期开展。

三月

3月5日，孙中山先生的孙女孙穗芳博士抵达学校出席孙中山铜像揭幕仪式，并现场捐赠《国父孙中山先生纪念集》、《我的祖父孙中山》等书籍及题词“天下为公”的书法作品。副市长叶维园出席仪式。

3月9日，河源市中级人民法院院长杨宗仁率领17人团队到学校参加共建学习型组织协议签字仪式。

3月10日上午，刘安华校长、韦荣副书记率各二级学院有关负责人、专业主任等56人到广州华南橡胶轮胎有限公司（以下简称“华轮公司”）考察。这次考察是学校专业主任培养计划中的第一项活动，旨在让专业主任更深入了解企业，拓宽专业主任在校企合作方面的思路，探索学生实习和教师下企业锻炼的新模式。

3月15日，学校与广东省连平监狱签订合作协议，双方签订了以德育实践、警示教育、文化技术教育和文艺演出为主要内容的全方位帮教合作协议。签字仪式上，校长刘安华、监狱长刘东生分别发表了讲话，仪式在连平监狱篮球场举行。

3月18日，刘安华校长带领教务处、督导处、人文学院、电子与信息工程学院和艺术与设计学院相关人员，来到龙川车田中心小学、叶塘小学、和平彭寨中心小学、和平礼士中心小学4个校外实习基地检查指导师范生的“顶岗实习”工作。

3月22日，学校在行政楼第一会议室召开大学生信用档案建设工作会议。副校长陈农心提出，建立大学生信用档案是新形势下进一步加强和改进大学生思想政治教育的需要。

3月22日上午，艺术与设计学院曾永松为柏埔烧伤姐弟俩捐画义卖筹善款。

3月30日，河源市委常委、政法委书记、公安局长彭定邦一行到学校就校园安全问题进行调研，并召开了座谈会。彭定邦充分肯定学校的安全工作，希望学校能再接再厉，做得更好。校长刘安华、副校长陈农心及各部门相关负责人参加了此次会议。

3月30日，市财政局局长梁国华、副局长何仕军一行莅临学校调研，迎评座谈会在行政楼第一会议室召开。学校党委书记高仁泽、校长刘安华、副校长陈农心等出席了此次会议。

四月

4月7日，由专员刘守义主讲的“教学做”一体化教学模式培训会在行政楼C108举行。各二级学院副院长、全体专业主任及“教学做”课程申报人参加了此次培训会。

4月7日，以“燃烧青春，给力社团”为主题的第四届社团文化节开幕式在学校学术报告厅举行。

4月8日，优秀校友陈耿忠创办的德申网络科技有限公司正式揭牌成立。校党委书记高仁泽、学工处及电信学院相关负责人等亲临揭牌庆典现场，双方签订校企合作协议。

4月10日，团校第五期培训班结业典礼暨汇报演出在学术报告厅举行。共青团紫金县委书记马睿、学工处、团委、各二级学院相关负责人及团校第五期培训班全体学员参加了此次活动。

4月10日，学校励志团体携手助学组织“麦田计划”在网球场前空地举行了以“携手麦田，奉献爱心”为主题，名为“山那边的孩子”大型纪实图片展开幕式。学工处、校团委、继教院相关负责人、社会各界“麦田计划”志愿者代表、部分学生代表参加了此次活动。河源电视台、河源日报社、河源晚报社等新闻媒体对活动进行了相关采访。

4月11日，副校长陈农心在行政楼第一会议室主持召开了广东省首届大学生电子创新设计大赛组织工作会议。学工处、校团委、电信学院相关负责人等出席了此次会议。

4月12日，团市委书记骆世文、副书

记周鑫一行到学校进行参观指导。

4月14日，河源电视台公共频道播出了“看河源——开放的精神粮仓”专题片，该片主要介绍了学校图书馆面向社会服务的情况，是对图书馆多年来工作的肯定。

4月15日，河源市网络问政总结会暨网友反映问题交办会在市会议中心举行，市委书记陈建华、市委副书记龚佐林等领导出席会议，会议表彰了河源网络问政先进单位和先进个人。学校荣获河源市网络问政创新奖，副校长陈农心、信息中心凌财进、陈海郎等教师获“先进个人”荣誉称号。

4月15日，深圳职业技术学院副校长温希东等相关人员一行24人莅临学校参观交流。校长刘安华、各部门相关负责人接待了来访客人，并在行政楼第一会议室召开了座谈交流会。

4月16日至17日，2011年广东省中高职对口自主招生考试河源考点在学校准时开考，共有来自顺德、番禺等地的86名中职学生到学校参加了考试。

4月17日上午，学校十支队伍共20位选手代表赴广东商学院参加第二届广东大学生“U势界”创业项目大赛第二轮角逐。同场竞争的还有来自全省其他高校的495支队伍。

4月18日，学校在行政楼第一会议室召开2011年全国职业院校技能大赛高职组“芯片级检测维修与信息服务”项目广东选拔赛组织工作会议。副校长陈德清、教务处、项目相关负责人及电信学院相关人员等参加了会议，陈德清主持了会议。

4月19日，校企合作座谈会在学校高新区夜校召开。市长助理、高新区管委会常务副主任陶永欣，学校党委副书记韦荣、副校长陈德清、各相关企业代表出席了此次座谈会。

4月21日，韦荣副书记率专业主任共45人赴深圳职业技术学院考察学习。这是学校2011年专业主任培养计划中的第二项外出考察学习活动，旨在让专业主任通过考察学习了解自身的岗位和专业地位，拓展专业视野。

五月

5月1日，由中国高等教育技术协作工作委员会、中国管理现代化研究会决策模拟专业委员会主办，北京大学承办的“2011年（第十届）全国高等院校企业竞争模拟大赛”全国总决赛在北京大学光华管理学院落下帷幕，学校工商管理学院邓文博老师和曾苑老师分别指导的凯翔队和开创者队同时夺得本次大赛全国一等奖、团体总分第二名的好成绩。

5月4日晚，河源市纪念五四运动92周年晚会暨首届青少年文化艺术节开幕式在市会议中心举行，学校团委获“河源市五四红旗团委”荣誉称号。

5月5日，学校第三届大学生艺术展活动工作会议在行政楼第一会议室召开。党委副书记韦荣、副校长陈农心、活动组委会全体成员出席此次会议，会议由韦荣主持。

5月6日晚，学校在学术报告厅举行2011年“校园十星”暨“五四”表彰文艺晚会。市委常委、宣传部部长吴善平，共青团河源市委员会书记骆世文，学校高仁泽书记、刘安华校长、陈农心副校长等领导出席了颁奖晚会，并亲自为获奖的优秀组织和先进个人颁奖。

5月7日，全国职业院校技能大赛广东选拔赛“机器人”项目在顺德职业技术学院举行。经过激烈的角逐，学校机电工程学院制作的“河源龙”系列机器人获得二等奖、三等奖各一项，并取得全国决赛参赛权。

5月8日，“神州视景杯”第三届全国旅游院校服务技能（饭店服务）大赛在风景秀丽的山东旅游职业学院校园落下帷幕。经过四轮比赛的激烈角逐，代表学校参赛的周毅帆、岑雪娟两名同学分别获得客房中式铺床二等奖和中餐宴会摆台优秀奖。

5月8日，全国大学生英语竞赛决赛在

广州广东商学院举行，学校选派的王璇英等六位同学在 D 类决赛中全部取得一等奖，为学校争得荣誉。

5 月 10 日，主题为“造就自我，造福河源”的河源市纪念五四运动 92 周年专题报告会于河源市会议中心举行，报告会由河源市委书记陈建华主讲，市委常委、宣传部部长吴善平主持会议。学校团干代表、学生代表共 150 多人参加了此次报告会

5 月 12 日下午，代市长彭建文、副市长叶维园一行莅临学校参观考察，这是彭建文市长首次到学校指导工作。他表示，市委市政府将一如既往支持河职院的发展。

5 月 13 日，中共河职院第二届党代会预备会议在学校行政楼 C108 召开。会议审议并通过了《大会筹备工作报告》，确定了大会主席团名单、大会秘书长名单、代表资格审查委员会名单和大会议程。

5 月 14 日上午，备受全校党员和广大师生关注的中共河职院第二次代表大会在学术报告厅隆重举行。大会是在我国开始实施《国家中长期教育改革发展规划纲要》，学校完成“十一五”发展规划，即将实施“十二五”发展规划这个关键时期召开的一次重要会议，对学校在新的发展机遇期完成新的历史使命，具有十分重要的意义。

5 月 14 日下午，历时一天的中共河职院第二次代表大会在学术报告厅胜利闭幕。大会选举产生学校新一届的党委委员和纪委委员，并通过高仁泽同志代表学校党委所作的《提升内涵，凝练特色，努力开创科学发展新局面》的工作报告，以及韦荣同志代表学校纪委所作的《围绕中心，服务大局，为学校的科学发展提供坚强的政治保证》的报告。

5 月 14 日，中共河职院第二届委员会第一次全体会议召开。会议审议并通过了中共河职院第二届委员会书记、副书记建议名单，及中共河职院纪律检查委员会第二次全体会议选举结果的报告。高仁泽同志主持了会议。

5 月 20 日至 24 日，2011 年全国机械职业院校（教师）数控机床装调与维修技能大赛在浙江举行，学校黄文汉老师荣获全国一等奖，为学校争得荣誉。

5 月 21 日，广东省教育厅国家助学贷款检查组组长赵锦权一行莅临学校检查指导助学贷款工作。副校长陈农心热情接待了来访人员，并在行政楼第一会议室举行了 2010—2011 学年度国家助学贷款工作汇报会。

5 月 21 日，学校教职工的数十位可爱宝宝齐聚校园，在贤能广场、图书馆等地留下纯真动人的剪影，成为校园主角。“我与学院同成长”摄影比赛正式拉开序幕。

5 月 21 日至 22 日，第五届广东大学生科技学术节暨“用友杯”ERP 沙盘模拟大赛举行决赛。学校代表队获得此次大赛特等奖。

5 月 23 日，首届广东大学生电子创新设计大赛决赛在学校举行。团省委副书记曾颖如参加活动并启动标注“创新、科技”的火箭模型，此后活动正式开幕。

5 月 29 日星期日下午，“广东省普通高校人文社会科学重点研究基地·暨南大学汉语方言研究中心河源职业技术学院科研工作站”揭牌仪式在学校人文学院举行。暨南大学汉语方言研究中心主任甘于恩教授，中山大学的庄初升教授、华南师范大学练春招副教授，学校党委副书记韦荣、人文学院相关负责人以及老师学生等三十多人出席了揭牌仪式。

5 月 31 日，学校在第一会议室召开 2011 年中高职衔接对口自主招生工作会议。

六月

6 月 2 日，“中国联通·河职院 3G 实验室”正式挂牌成立。副市长温文斐、中国联通广东省分公司副总经理韦秀长、中国联通河源市分公司总经理童庆军、学校校长刘安华及电信学院部分师生代表参加了此次

活动。

6月5日，第三届河源街舞交流赛于学校教学楼C栋2楼举行，共有紫金火舞堂、源城米乐CREW等八支街舞队参赛，比赛还特别邀请了曾参加2011年中央电视台春节联欢晚会舞蹈《我们工人有力量》的深圳民工街舞团，以及在省内具有较高知名度的惠州ROCK EVOTION CREW等街舞队前来参加。

6月8日，学校于第一会议室召开建校81周年暨河职院挂牌10周年庆典筹备会。

6月9日，学校于学术报告厅召开中层干部竞争上岗动员大会。

6月9日至11日，学校各二级学院先后在学术报告厅举行了2011届毕业生毕业典礼。

6月15日，工商管理学院市场营销专业校内生产性实训基地——“众成实习超市”揭牌开业。校长刘安华、教务处、实训中心、工商管理学院相关负责人出席了揭牌仪式。

2011年广东扶贫济困日活动的主题是“人人奉献爱心　共建幸福家园”。在此次活动中，学校教职工共捐款20万元。

为隆重纪念党的90华诞，市委市政府决定于6月30日至7月3日在市体育馆连演四场大型革命歌舞史诗——“千年古邑·红色河源”。学校艺术与设计学院的同学们也在这场盛会中担任部分角色的演出。

七月

7月5日，中山市政协副主席、市委统战部部长苏伟强率该市工商业捐资助学考察团到我市访问考察，并为学校捐资100万元。

7月6日，梅州市政协常委管尚行一行来访学校，校党委副书记韦荣接待了来访领导。

7月8日上午，省人民政府党组成员、省扶贫开发领导小组副组长李容根率省有关部门领导，前往学校与市移民局的扶贫开发“双到”挂钩村——东源县涧头镇乐平村检查工作。市长彭建文、市委常委刘嘉文陪同考察。

7月11日，学校2011年“三下乡”暑期社会实践活动正式拉开序幕，启动仪式在报告厅举行后，学校16支队伍、306名志愿者相继奔赴河源五个服务点开展为期10天的志愿服务工作。

学校2011年成人专科招生计划数3000，招生计划数超越众多本科院校和高职院校跃居全省所有高校第二位。

应泰国斯坦福国际大学的邀请，刘安华校长一行于7月18日至21日对该校进行正式访问。此行主要目的是商讨两校合作办学，通过采取可行的合作模式，为学校学生开拓学历提升的平台。刘校长一行参观了该校华欣和曼谷两大校区，重点考察了斯坦福国际大学的旅游与酒店管理专业和计算机科学专业，对课程设置、学分制度、教学及质量保证等方面进行深入的了解。

7月24日下午，第三批赴港学习小组一行28人抵达香港职业训练局下属的香港专业教育学院（柴湾分校）进行为期五天的培训。此次培训由香港职业训练局组织，培训的内容主要包括职业教育改革和教学管理、素质保证及管理制度和促进学生就业的方略等方面内容。

应德国F+U国际教育学院的邀请，学校党委副书记韦荣、副校长陈农心、黄向明一行3人于7月25日至30日对该校进行了为期6天的学习访问。此次访问旨在深入了解德国双元制职业教育体系（Dual System of Vocational Education），并就两校合作展开认真探讨，加强学校在师资培训、学生短期游学和留学项目等方面的交流。校领导还重点参观了该校语言学习中心、职业教育实训基地及“校企合作”企业，全面细致地了解了德国职业教育关于校企合作的运行机制。

7月27日，美国索尔兹伯里大学外语

语言学院宋红专博士率队前来学校实地考察洽谈合作办学项目，并与学校确定联合举办3+1本科（商务研究）出国留学项目。

八月

截止到8月22日，学校招生工作全部结束，共录取各批次新生5238人。其中三A录取1112人、三B录取3868人、3+证书类录取42人、自主招生录取79人、五年制大专录取60人、外省录取37人、中专学前教育录取40人，按计划完成2011年的招生任务。

8月23日，河源市首届“‘七彩梦飞起来’留守少年儿童福彩夏令营”在学校开展圆梦营活动，来自五县一区的百名留守儿童在学校志愿者的组织带领下，参加了交流会等各类活动，并参观学校图书馆、孙中山铜像等校内建筑。

8月25日，学校第二届教职工（工会会员）代表大会于学术报告厅开幕。河源市总工会党组书记、常务副书记邱巧莲、学校领导班子、第一届工会委员、全体教职工出席了此次开幕式。本次大会应到代表165人，实到158人。

九月

9月1日，学校与河源市委市政府合作开发的河源网上信访大厅开通。

9月1日，2011—2012学年第一学期思政课教学改革暨学生工作会议在教学楼C201召开。校党委书记高仁泽、副校长陈农心、校学工处、校团委、思教部、全体辅导员等相关人员及学生代表出席了此次会议。

受广东省连平监狱邀请，9月4日，学校党委书记高仁泽率队到监狱建监区开展“监狱文化建设”主题调研活动。

9月7日，学校连续两次获得全省大学生暑期“三下乡”活动“先进单位”、“优秀团队”和“先进个人”等荣誉称号。

学校在河源市2011年度市级优秀志愿服务项目评选活动中，有八项志愿服务活动被评为第一批优秀志愿服务项目，并获得市志愿服务项目资金支持，是全市获得资金支持项目最多的一家申报单位

9月10日上午，“广东河源——客家风·东江情全国摄影大展”在我市苏家围景区举行开镜仪式，学校46名学生志愿者作为客家妹模特为开镜仪式提供志愿服务。

9月15日至16日，在第四届广东省大学生旅游文化节导游技能大赛中，学校由胡晓晶、杨亮老师指导的、2009级旅游管理专业学生组成的代表队在比赛中分别获得一项一等奖和一项三等奖。其中，吴奕纯获个人一等奖，张利华获个人三等奖。

由教育部主办的“安博杯”首届全国高校就业指导课程教学大赛广东赛区决赛于9月29日在华南师范大学隆重举行。学校何秋霞老师代表学校参赛并荣获广东省赛区高职高专组二等奖。此次获奖初显了学校“两课”改革的成效。

十月

10月9日，学校教师系列职称申报纸质材料送省教育厅审核验收完毕，这标志着从7月份开始的教师系列职称申报工作顺利完成。2011年职称申报人员共计111人，其中教师系列74人（评审：正高3人，副高25人，讲师42人；认定：讲师4人）。

10月13日，学校校友、著名画家叶绿野教授一行来访学校，学校领导班子热情地接待了一行，并在贵宾室召开交流会，共同商议叶绿野艺术楼落成典礼事宜及画室布置情况。

10月14日，学校图书馆、紫金县图书馆驻瓦溪第二中学图书信息服务站揭牌仪式在紫金县瓦溪第二中学举行。紫金县文广新局局长、紫金县瓦溪镇书记、紫金县图书馆馆长，学校刘守义专员、图书馆有关负责人等参加了此次仪式。

10月15日上午，学校学工处和团委在学术报告厅隆重举行河源市千名志愿者参与

“清剿火患”战役启动仪式。市公安消防局吴新国政委、共青团河源市委周鑫副书记、学校学生工作处、团委负责人出席了启动仪式。

10月19日，为迎接即将到来的校庆，实训中心三期开工奠基暨陶行知塑像揭幕仪式在学校隆重举行。校园处处都是热闹欢乐的景象。市委常委、常务副市长黄建中，副市长叶维园以及学校领导班子出席了仪式。

10月20日零点，“广东老隆师范学校建校81周年、河源职业技术学院挂牌10周年”校庆网正式启动，为广大师生、校友和社会各界人士开辟了感知学校历史、了解校庆动态、表达祝福之情的良好平台。

10月20日，学校旅游管理专业和平县就业实习基地揭牌成立。新实习基地的成立，将对旅管专业学生提升技能水平及提高专业的社会影响力起积极作用。学校副校长陈德清、和平县政府副县长黄刚毅、河源市旅游局人教科科长李伟萍、学校工商管理学院负责人等出席揭牌仪式。

10月23日，2011年全国三维数字化创新设计大赛（全国3D大赛）广东赛区复赛在江门五邑大学隆重举行，学校8个参赛队伍在指导教师带领下奔赴赛场，勇夺特等奖3项，一等奖2项，二等奖1项，三等奖2项，为学校赢得了荣誉。

10月25日，学校在行政楼C108举行2011年河源市农村小学教师置换培训开班典礼。市教育局局长苏晖、学校党委书记高仁泽、党委副书记韦荣、人文学院负责人及参加培训的农村小学教师参加了此次开班典礼。

10月26日，以“我与学院同成长”为主题的宝宝摄影展在学校图书馆感动揭幕，为校庆热身。宝宝们的可爱天真感染了在场欣赏的每一个人。人事处、宣传部、工会相关负责人员，以及部分教师及学生代表参加了此次仪式。

10月26日，由教育部教育管理信息中心主办的第十一届全国多媒体课件大赛传来喜讯，学校选送的两个参赛作品分获大赛二等奖和优秀奖。

2011年10月27日，“广东省高职高专院校图书馆区域共享联盟网”成员馆第一次工作会议暨“移动图书馆”应用研讨会在学校行政楼C108召开。

10月29日，深圳职业技术学院与学校签订对口帮扶协议，签约仪式在学校行政楼第一会议室举行。深职院党委书记、校长刘洪一、副校长杨润辉，学校党委书记高仁泽、校长刘安华等领导出席了签约仪式。

10月29日晚，学校在图书馆前举行了一场以“金色年华”为主题的隆重的校庆文艺晚会。学校党委书记高仁泽、副书记韦荣，有关嘉宾以及师生代表出席了此次晚会。

2011年10月30日，学校迎来了广东老隆师范学校建校81周年、河源职业技术学院挂牌10周年华诞，形式多样的活动相继开展，市委书记陈建华、省教育厅副巡视员胡振敏等参加活动。师生们沉浸在校庆的欢乐氛围中。

10月30日校庆大会后，叶绿野艺术楼以及萧殷塑像落成暨揭幕仪式在学校举行。市委领导、叶绿野教授、萧殷先生之子萧权权及学校领导班子出席了揭幕仪式。

10月30日，由广东省高等职业技术教育研究会主办，学校承办的广东省高等职业技术教育研究会2011年学术年会开幕式及主题报告会于学校学术报告厅隆重举行。

十一月

11月1日，学校在足球场举行以“国防责任重，祖国在我心”为主题的适龄青年征兵报名仪式。河源市委常委、军分区司令员吴炳钿，市委常委、副市长杨耀初等领导以及学校广大学生参加了此次仪式。

2011年11月2日上午，Job168.com第六届广东省大学生职业规划大赛在广东工业大学（大学城校区）举行了颁奖典礼，学校学生09数控技术专业（3）班陈世锋、09工业设计专业（1）班郭晓静分别荣获第六届广东省大学生职业规划大赛决赛（高职高专组）一、二等奖，郭晓静还获得“最佳规划展示奖”、“最佳回答提问奖”；郑文明老师获“优秀指导老师奖”。

11月10日，省教育厅党组成员、副厅长叶小山率队到学校调研，强调要做好高技能人才培养工作。

11月17日，学校第二届IT文化节在贤能广场隆重举行。校长刘安华、副校长陈德清、河源市经济与信息化局副局长邓山、中国联通河源分公司副总经理李燕辉、景旺电子科技（龙川）有限公司经理韩志军、其他企业的领导嘉宾以及学校师生代表出席了启动仪式。仪式由电子与信息工程学院院长钟建坤主持。

11月17日，学校在行政楼C107召开新加坡南洋理工学院“教学工厂”校企双轨并行教学模式暨2012级专业教学标准制定研讨会。校长刘安华、副校长陈德清、各二级学院正副院长及教务处相关负责人参加了此次研讨会。

11月20日晚，学校隆重举行“感恩于心，回报于行”——“陈戈平教育基金”感恩晚会。

11月22日，全国信息化计算机应用技术水平教育（简称CCAT）培训考试中心揭牌仪式在学校电子与信息工程学院实训中心举行。北京理工大学出版社广东分社副社长刘铁、全国信息化计算机应用技术水平教育培训广东管理中心主任王军、学校校长刘安华、教务处、各二级学院负责人及电信学院师生代表出席了此次仪式。

11月22日下午，河源市“公仆微博”网友交流座谈会在市会议中心举行。市委书记陈建华，市委常委、宣传部部长吴善平，市委常委、秘书长赖泽华及各县委书记、市直部门的相关负责人出席了此次座谈会，与网友代表畅谈河源的教育、交通、医疗、农村建设、城市管理等话题。学校刘守义专员、市网友党代表推荐人选张坚老师及其他师生代表参加了座谈会。

11月24日，机电学院2012届毕业生“农夫山泉班”组班仪式在学校行政楼C108隆重举行。校长刘安华、农夫山泉人事科科长周来明、学校学工处处长何智聪、机电学院院长李大成出席会议，各专业主任、全体辅导员及农夫山泉班67名学员参加了此次组班仪式。

11月24日，“绅士淑女·酒店管理”为主题的第二届酒店管理专业风采展在灯光篮球场举行。活动由学校工商管理学院主办，校党委书记高仁泽、御临门温泉度假村经理陆东明、各二级学院相关负责人，以及师生代表一同欣赏了此次展演。

11月25日，2011全国三维数字化创新设计大赛（简称“全国3D大赛”）总决赛在常州科教城擂响战鼓，总决赛中本专科院校同台竞技，学校机电学院“机械力量”队荣获一等奖，另外两支代表队也分别荣获三等奖。

2011年广东省成人高考录取工作于11月27日全部结束，学校录取人数再创新高，共录取考生3015名，圆满完成2011年成人高考的录取工作，录取人数超越深圳职业技术学院、广东科学技术职业学院等成人教育办学突出的院校位居全省高职第一。

11月30日上午8点，学校举办第七届运动会。

11月30日，中共广东省委教育工委副书记、广东省教育厅党组副书记景李虎一行莅临学校视察指导工作。学校党委书记高仁泽、校长刘安华、党委副书记韦荣、副校长陈德清、黄向明、党委委员王小宁等热情接待了来宾。

十二月

12月2日至4日，学校选手参加教育部主办的2011中国—东盟青年创新大赛获得管理模拟项目冠军。12月6日，广东电视台新闻频道就此事专门到校采访了相关师生，南方日报、深圳特区报、深圳商报、河源日报、河源晚报、新浪网、人民网、中国网、中国广播网、河源网等知名媒体也相继报道了夺冠消息。

12月8日，学校在行政楼第一会议室召开师范生顶岗实习、置换农村小学教师培训汇报会。省教育厅检查组组长刘丽丽、学校校长刘安华、副校长陈德清、市教育局副局长傅跃进、各授课教师代表及学员代表出席了汇报会。

缅怀历史，奋发向上，为纪念“一二·九”运动76周年，弘扬爱国精神，12月9日清晨，学校在贤能广场举行了庄严的升旗仪式。校团委相关负责人、学校各级组织及学生会、团总支全体学生干部参加了仪式。

河源日报12月11日以“河职院夺冠‘传奇’的背后”为专题，在头版以专版的形式，详细报道了学校夺得中国—东盟青年创新大赛管理模拟项目冠军的消息及背后的故事。报道引起社会强烈反响，提高了学校的美誉度。

12月10日，学校第六届教学大赛在教学楼B502拉开序幕，副校长陈德清指出，希望参赛老师能积极参与，认真对待，展现学校教师良好的教学风范。随后，计算机应用基础、英语写作、思想道德修养与法律基础等十一门课程教学比赛陆续开展。

12月12日上午，临近换届之际，河源市委书记陈建华莅临学校，与学校党政领导班子及师生代表依依惜别，并亲手种下香樟树作为纪念，还亲笔为学校题“种德”赠言。

12月12日，学校召开学生工作管理信息系统协调会，会议针对学生工作管理信息系统程序进行了讨论评估。副校长陈农心、学工处、校团委相关人员参加了此次会议。

2011年12月13日，全国“首届高等职业教育文化育人高端论坛”在深圳隆重召开，学校校长刘安华及教务处人员出席了本次会议。

第十四部分　附录

14.1　2011年学校工作思路

2011年是“十二五”开局之年。学校将在全面贯彻落实《国家中长期教育发展规划纲要（2010—2020）》的基础上，继续稳定办学规模，狠抓内涵建设，努力提高办学质量。主要工作思路如下。

一、总体要求

以科学发展观为指导，进一步落实以人为本的理念，突出师生的主体地位，紧紧依靠全体教职员工，致力改革创新，不断夯实内涵，实现学校办学规模、结构、质量和效益的更加协调发展，让广大师生员工共享学校发展成果。

2011年工作的关键词：给力教工，夯实内涵。

二、主要任务

（一）控制并确保新生报到4000人，稳定在校生规模12000人；争取完成各类考证、社会培训4000人次以上，成人教育达到8500人次以上；确保2011届毕业生初次和总体就业率位于全省同类院校前列。

（二）力争取得更多教学改革、建设的标志性成果：报送省级特色（培育）专业1～3个，报送省级精品课程1～3门，报送国家精品课程1～3门；工学结合特色教材建设立项20～30部。

（三）争取省级科研立项3～6项，产学研合作项目不少于15项，申报专利不少于8项，实现科技服务经费进账100万元。

（四）实现财务收支平衡，完成全年8758万元的预算内收入计划；学费历年累计追缴率不低于98%，本学年追缴率不低于95%，学生助学贷款违约率不超过5%。完成数字化校园一期工程并启动二期工程建设，加强校园网络及各系统的运维管理。完成艺术楼、荟萃湖等项目建设，力争启动实训中心三期项目。

（五）完成党建、廉政建设各项任务和市委市政府及教育主管部门的中心工作。开展纪念建党90周年系列活动，召开第二次党代会和教代会，举办河职院挂牌十周年暨学校建校81周年校庆活动，承办全省高职教育学会年会。

（六）高度重视安全防范，确保校园重大治安安全事故发生率为零，始终保持校园和谐稳定。

（七）修编“十二五”发展规划，启动迎接第二轮“教育部高职高专人才培养工作水平评估”的准备工作。

三、工作重点

（一）稳定办学规模，进一步改善办学条件。

一是按照12000人的总体办学规模，进一步明确院部和专业的基本规模。坚持通过稳定规模，缓解办学资源紧缺的问题。

二是在稳定办学规模的同时稳定师资规模。争取政府支持，尽快按万人校园规模补足教师编制；优化教师专业知识结构，鼓励教师在相近专业跨专业发展；对师资较紧缺的少数专业，在确定规模后尽快补充教师。

三是适当平衡教学资源的分配。在扶持重点专业的同时，注意兼顾其他专业，尤其帮助完善校内必需的实训条件。

（二）深化教学改革，进一步提高人才培养质量。

一是坚持以教学为中心，鼓励广大教师积极落实职教能力培训与测评的成果，认真备好课、上好课，保证课堂教学质量，形成全校上下重视课堂教学、实践教学的良好氛围，突出学生的评教结果，形成以学生认可、社会认可作为衡量教学质量主要依据的工作导向，让教学改革和建设的成果惠及全体学生。

二是根据创建省示范性学校的要求，按照创建方案继续抓好重点专业建设。落实领导挂钩制度和目标责任制度，制定详细的建设方案和年度计划，力争在人才培养模式、校企合作、精品课程、教学名师、技能竞赛等方面取得突出成效。

三是加强对校外实践教学、毕业环节、校企合作等工作过程及工作质量的监控，以学生的实习效果和实习感受为切入点开展督导方法的研究，确保校外实践教学活动不流于形式，起到促进人才培养水平提升的作用。

四是积极寻求机会，努力尝试“四个合作（即与企业合作办学、合作育人、合作就业、合作发展）”。尤其在通讯、光伏太阳能、现代服务业等行业的大型项目陆续进驻市高新区的背景下，要争取达成一定程度的合作意向。

（三）着力提升教师的能力与福利，突出培养专业带头人。

一是继续按照能力与福利“双提高”的要求，突出教师实操能力的培养，实施教师专业技术提升工程，完善、修订绩效考核方案。

二是深化人事制度改革。按上级要求完善学校首次岗位设置管理工作，将教师的教学质量、教改教研成果和社会服务能力与岗位等级晋级挂钩。

三是实施专业带头人培养计划。制订优惠措施，加大专业带头人培养力度，不断提高他们的专业基础能力和岗位核心能力，以有效解决师资团队“优质木桶”的长短板和紧密度的“老大难”问题。

四是将临聘人员纳入绩效考核范围；逐步提高临聘人员的福利待遇；设置条件，按学历、职称和年限要求，逐步将符合条件的临聘人员纳入编制管理；切实帮助临聘人员解决在工作、学习和生活等方面的后顾之忧。

五是坚持抓好师德师风建设，评选年度“十佳优秀青年教工”。

（四）细化日常管理，创新育人亮点。

一是继续完善思想政治理论课改革，探索校本特色的全程育人体系。逐步实行辅导员“双肩挑”，将大学生的日常教育管理有机地融入《思想道德修养与法律基础课程》，将《就业指导课》、《适应社会咨询课》以及劳动周与基础课贯通。

二是开展校园大学生“十佳之星”评比活动，充分发挥先进典型的教育激励作用，引导广大学生积极进行自我教育、自我管理、自我服务。

三是继续推进大学生综合素质教育。建设学生素质拓展训练基地，完善学生综合素质教育平台；坚持“以赛促学”，加强学生各项技能培养；艺术类毕业生的毕业汇报演出或展览积极向市区公共场所拓展，扩大学校影响力和美誉度。

四是全力推进大学生信用档案建设工作，培养学生诚信意识，提高就业竞争力。

五是进一步加强共青团工作，全力申报“全国五四红旗团委”。

（五）大力加强先进性和执行力建设，进一步提高服务效能。

一是致力构建学习型、创新型、服务型、廉洁型机关。增强党组织的凝聚力、影响力和号召力，在推动学校改革发展中发挥先锋模范作用；进一步强化管理队伍的群众观念，坚持把一切工作的出发点和立足点始终放在师生身上，实施对管理人员工作能力和工作态度的评价，通过案例分析、细化管理和强化问责，不断改进工作作风，提高服务效能。

二是开展管理人员“挂院部、下专业、进课堂、助教学”的“一线服务”活动，深入教学第一线，密切师生关系，提高主动服务的自觉性。学工、后勤管理队伍要积极参与基础课改革，与辅导员队伍一起推动全程育人体系的构建，其他处室科级及以上管理人员由相关部门统筹安排挂钩一个专业并参加周四的专业相关活动。

三是进一步畅通师生沟通渠道，加强对部门发言人的管理，认真回应教职工的意见和诉求；加强“园丁信箱”投诉信件的落实，自觉维护学生权益。

四是从思想、组织、制度等方面切实加强工会建设，使之真正成为教工之家。校工会要通过召开座谈会或走访的方式收集教工意见和建议，定期向学校党政班子反映，并认真做好二级工会组织活动的指导和考核；切实为教职工办几件好事实事，组织教工积极参加各种业余文体、休闲活动，安排教职工到市级医院例行身体健康检查，落实附属小学的基建工程，结合筹建实训三期工程筹备单独开设教工餐厅。

五是加强校友会建设，做好校友网整合，结合毕业生跟踪调查、在校生就业推荐、优秀校友宣传、校友助学基金建设等工作，使校友联谊工作常态化。

六是严格按照组织原则和相关程序，认真组织好中层管理队伍新一轮的竞岗工作。加强中层干部队伍的培养，切实提高中层干部特别是二级学院领导行政管理水平。

14.2　2011 年学校工作部署

2011 年是学校实施“十二五”发展规划的开局之年。学校将在全面贯彻落实《国家中长期教育改革和发展规划纲要》和《广东省教育改革和发展规划纲要》的基础上，稳定办学规模，狠抓内涵建设，努力提高办学质量。

2011 年学校工作的总体要求：以科学发展观为指导，进一步落实以人为本的理念，突出师生的主体地位，紧密依靠全体教职员工，锐意改革创新，不断夯实内涵，努力使学校办学规模、结构、质量和效益更加协调，让广大师生员工共享学校发展的成果。

2011 年工作的关键词：给力教工，夯实内涵。

2011 年学校的主要工作如下。

一、以教学为中心，进一步推进教学建设和管理

（一）专业建设

（1）在 2010 级专业教学标准的基础上，制定 2011 级专业人才培养实施方案。研究和设计新专业课程体系，并优化老专业课程体系。

（2）进一步加强特色专业建设。对所有校级示范专业进行年审，立项校级示范（特色）专业 1～2 个，申报省示范性建设专业 1～5 个（详见表 14-1）。

（二）课程建设

对照 2010 级专业教学标准的课程体系，对所有专业课程进行合格课程评审，到年底，使全校 95％的课程达到合格课程要求（即 95％的课程建设了课程标准和网络教学资源）。2011 年立项建设校级优质课程 10～15 门、校级精品课程 5～10 门，申报省级精品课程 1～4 门、国家级精品课程 1～3 门，不断完善“合格课程—优质课程—精品课程”的梯级建设格局（详见表 14-1）。同时，还要不断完善其课程标准和题库，并制定选修课课程标准。

（三）教材建设

进一步强化符合“6＋2”课程设计原则的教材立项编写工作，要求各院（部）各专业在充分完善课程体系和课程标准的前提下，结合实际编写对应专业课程的工学结合教材。没有完成课程标准建设的，教材立项申请一票否决。2011 年全校教材建设立项 30 部（详见表 14-1）。

（四）强化教学研究与实践，进一步提高人才培养质量

鼓励广大教师积极落实职教能力培训与

测评的成果，认真备好每一节课，上好每一堂课，确保课堂教学质量，形成全校上下重视教学的良好氛围。加大教学改革力度，形成以学生认可、社会认可作为衡量教学质量主要依据的工作导向，让教学改革和建设的成果惠及广大学生，切实提高人才培养质量。

（1）继续推行职教能力的培训与测评，做好职教能力的培训与测评“回头看”工作，用教学实践检验教师实际的职教能力和水平。

（2）做好“教学做”一体化课程的实施工作，争取每个专业至少有1门课程实施“教学做”一体化教学。

（3）积极推进学校教研教改工作，推进校级教研教改课题立项力度，激励教师提高课堂教学质量，促进学校教研教改的健康发展。

（4）完善实践教学管理，切实提高学生的实践能力。一是全力做好设备的维护和耗材管理，新建校内生产性实训基地5个，大力优化“教学做”一体化的条件（详见表14-1）；二是进一步完善各二级学院利用校内实训资源开展对外加工与营业项目纳入实践教学的管理工作；三是继续开展校内示范性实训室和优秀校外实习基地的评选工作；四是进一步加强技能竞赛管理，大力倡导比技术、比实操、比本领的风气，以赛促学，以赛促练，积极开展各种科技竞赛活动，全力组织好院级、校级、省部和国家等各级赛事，争取每个专业组织技能赛事1场以上，全方位提高学生的职业技能。

（5）举办第六届教学基本功大赛，启动第二届教学名师推选工作。

（五）继续做好省级示范性高等职业院校创建工作

根据创建省级示范性高等职业院校的要求，继续抓好创建工作。要进一步完善建设方案，细化年度创建计划，落实校领导挂钩和目标责任措施，力争在人才培养模式、校企合作、精品课程、教学名师、技能竞赛等方面取得更多成效，实现办学水平更上一层楼。同时，启动第二轮教育部高职高专人才培养工作水平评估工作，并对照教育部高职高专人才培养工作水平评估体系，进一步完善学校数据平台建设。

表14-1　2011年度专业、课程、新生产实训基地及教材建设任务一览

类别部门	特色专业申报	精品课程申报	优质课程申报	合格课程申报	网络化考试课程（各专业）	教材立项	新生产实训基地建设
机电工程学院	省1校1	国1省1校3	5	100%	2	6	1
电子与信息工程学院	省1校1	国1省1校3	5	100%	2	6	1
工商管理学院	省1校1	国1省1校3	5	100%	2	6	1
人文学院	省1校1	省1校3	5	95%	2	6	1
艺术与设计学院	省1校1	校2	5	95%	2	6	1
思教部	0	0	0	100%	2		
合计	省5校5	国3省4校14	25		12	30	5

二、深化人事制度改革，加强师德师能建设

（一）深入推进人事制度改革

（1）进一步完善2011年绩效考核方案。在2010年绩效考核方案的基础上，要对四大项任务和起点分、教师教学基本工作量计算办法、科研绩效、学生竞赛和学生社团指导绩效计算等方面作适当修改。同时，按2010年绩效考核办法计算出个人绩效实际津贴，并在此基础上增加10%，逐步提高教职工福利水平。

（2）继续做好岗位设置与人员聘用管理工作。要严格按照市有关部门的要求，依据工龄、工作表现、工作业绩设置岗位晋级条件，将教师的教学质量、教改教研成果和社会服务能力与岗位等级晋级挂钩，在广泛听取教职工意见的基础上制订岗位设置实施方案，完善学校首次岗位设置管理工作。要严格按照组织原则和相关程序，认真组织好中层管理队伍新一轮的竞岗工作，加强中层干部队伍的培养，切实提高中层干部特别是二级学院领导行政管理水平。

（3）兼顾在编人员与临聘人员的合理诉求，将临聘人员纳入绩效考核范围，逐步提高临聘人员的福利待遇。按学历、职称和工作年限的要求，根据学校工作需要，逐步将符合条件的临聘人员纳入编制管理，帮助临聘人员解决在工作、学习和生活等方面的后顾之忧。

（二）加强师德师风建设

以提高教师学识魅力和人格魅力为师德师风建设的基本要求，帮助教师进一步树立主人翁精神，不断增强工作的责任感和使命感。启动校级“十佳”青年教工评选活动，激励教师奋发敬业、努力进取，积极投身于学校的改革和发展事业。

（三）采取有力措施强化师能建设

（1）启动第二批提升教师专业技术水平工作，采取带班跟岗实习、培训企业员工、帮助企业解决技术难题等方式加大教师到企业实践锻炼的力度，切实提高教师专业技术职称层次，提升教师的专业水平和实践能力。

（2）实施专业带头人培养计划，制订优惠措施，加大专业带头人培养力度，不断提高他们的业务基础能力和岗位核心能力，以有效解决师资团队“木桶”的紧密度和长短板的“老大难”问题。

三、大力推进校企合作，加强社会服务力度

（一）积极开展技术开发和技术合作

（1）采取有力措施，营造科技创新氛围，培育教师科技开发能力。科研部门要充分掌握和捕捉科技信息，通过联合、共建、融通等方式，加强与政府、企业、科研院所进行多种形式的合作，尤其在通讯、光伏太阳能、现代服务业等行业的大型项目陆续进驻市高新区的背景下，要争取达成一定程度的合作意向，不断增强技术开发和服务能力。

（2）在2010年的基础上探索制定专职科技人员从事科技工作的实施办法和“科技服务中心”的工作制度，逐步建立完善的科研决策、咨询、评估、管理与监督制约机制。鼓励专职科技人员与相关部门合作设立研究机构、企业实验室和研发中心等，促进科技成果转化。2011年争取省级科研立项3～6项，争取产学研合作项目不少于15项，申报专利不少于8项，实现科技服务经费进账100万（详见表14-2）。

（3）设立知识产权专项基金，加大对知识产权宣传、培训以及产品设计与创新大赛、专利申报、专利成果推广应用等资金投入力度，联合二级学院深入开展产品设计与创新大赛，争取知识产权工作经过3～5年的努力取得实效。

（4）完善各类科技开发项目的管理，健全科技进账经费的使用办法。

表 14-2 2011 年度科技指标分配一览

类别 部门	科技与社会服务进账金额（万元）	专利授权（项）	专利申请（项）	市级以上科研成果奖（项）	对外技术服务（项）	省级及以上科研课题立项（项）	报高职学术年会论文（篇）
机电工程学院	25	2	3	2	7	1	5
电子与信息工程学院	30	2	3	2	8	1	5
工商管理学院	7	—	—	1	2	1	5
人文学院	5	—	—	1	1	—	2
思教部	3	—	—	1	—	1	1
艺术与设计学院	6	1	2	3	2	—	2
信息中心	4	—	—	—	—	—	—
合计	80	5	8	10	20	4	20

注：1. 专利授权与申请以收到授权书和申请受理书日期为准。

2. 校企技术合作以合作协议（合同）为准。

3. 表内所有项目均指在 2011 年度内批准和立项的。

4. 科研处组织经费进账 20 万。

（二）继续教育稳中前进

（1）抓住当前我省成人教育调整的机遇，努力开拓新的办学项目，扩大学校成人学历教育规模，力争 2011 年学校成人教育在校生人数稳定在 8000 人以上。

（2）根据截止到 2011 年高新区夜校实际，引进符合高新区员工需要的培训项目，就地培养师资团队，做大做强高新区夜校规模与效益，待条件成熟后向全市“一区六园”辐射。争取技能培训与考证项目有新突破，完成各类考证和社会培训 3000 人次以上。

四、创新育人新亮点，提升学生综合素质

（一）优化学生日常管理与服务

（1）逐步实行辅导员“双肩挑”，将大学生的日常教育管理有机地融入《思想道德修养与法律基础》课程，将《就业指导课》、《适应社会咨询课》、劳动周与基础课贯通，即是由辅导员兼任所带班级的基础课（大一）、就业指导课（大二）老师，组织好劳动周和大三学生毕业实习回校后的总结交流与咨询活动。

（2）开展校园“十佳之星”（学习之星、逆难励志之星、技能之星、学生领袖之星、青年志愿者之星、孝顺之星、创新创业之星、爱心之星、文明之星、诚信之星）评比活动，利用校园网、校园电视台等广泛宣传他们的典型事迹，充分发挥先进典型的教育引导作用，用榜样引导和激励广大学生实现自我教育、自我管理、自我服务。

（3）进一步加大安全教育工作力度，及时排查学生宿舍等重点场所的安全隐患，进一步完善突发事件应急预案，提高各类突发事件的预警、防范和处置能力。

（4）配合省教育厅全力推进大学生信用档案建设工作，逐步建立自律与他律相结合的诚信约束机制。

（二）努力构建大学生综合素质拓展平台

（1）进一步加强共青团工作，全力申报“全国五四红旗团委”。

（2）进一步完善教师指导与考核机制，加强学生社团组织、青年志愿者队伍和学生干部队伍建设，建设学生素质拓展训练基地，积极开展科技学术节、校园文化艺术节、体育竞赛和各类社会实践等活动，将艺术类毕业生的毕业汇报演出或展览办到市区公共场所。

（3）开展对劳动周的研究，将劳动教育与思想教育结合起来，要求辅导员及班主任跟班劳动，积极探索育人新路子，培养全面发展的高素质技能型人才。

五、稳定招生规模，提高就业质量

（一）稳定办学规模，合理配置办学资源

（1）积极采取有力措施，切实做好招生宣传和录取工作，2011 年上报 5000 人招生计划，力争新生报到 4000 人，稳定全日制在校生规模 12000 人。同时，按照 12000 人的总体办学规模，进一步明确院部和专业的基本规模。坚持通过稳定规模，缓解办学资源紧缺的问题。

（2）在稳定办学规模的同时稳定师资规模。争取政府支持，尽快按万人校园规模补足教师编制；优化教师专业知识结构，鼓励教师在相近专业跨专业发展；对师资较紧缺的少数专业，在确定规模后尽快招聘教师。

（3）适当平衡教学资源的分配。在扶持重点专业的同时，注意兼顾其他专业，尤其帮助完善校内必需的实训条件。

（二）加强就业指导，提高就业质量

进一步完善毕业生就业工作长效机制，加强学生就业指导工作。强化以学生为主体的创业园的管理，广泛联系用人单位，不断拓宽就业渠道，确保 2011 届毕业生初次和总体就业率位于全省同类院校前列。

六、注重督导督察，为学校发展提供有力保障

（一）加强教学质量督导和监控

（1）加强对校外实践教学、毕业环节、校企合作等工作过程及工作质量的监控，以学生的实习效果和实习感受为切入点开展督导方法的研究，确保校外实践教学活动不流于形式，起到促进人才培养水平提升的作用。重点是对整周的校外专业实习和见习进行评价和监控，采取类似于网上评教的模式以学生评课（实训课）的方式展开。在设计评价体系时，着重关注学生实习感受和实习效果，能真实反映学生对实习的真实看法，力争做到简明全面和客观真实。在评价方法和工作程序方面，要考虑到校外实习的特殊性，将辅导员（或班主任）的工作职责联系起来，搭建网上评价平台，使学生对实习的意见和建议能快速便捷地得到传递，起到敦促实习指导教师和沟通企业的桥梁作用。

（2）强化二级学院工作水平评价工作。参照教育部高职高专人才培养工作水平评价体系和相关要求，结合学校的实际，进一步完善二级学院工作水平评估方案，全力做好二级学院工作水平评价工作，力促二级学院工作评价的科学化、规范化和常态化。

（二）强化督察督办工作

继续做好校务督察工作。强化对学校“三会”决定的事项、责任书的完成情况以及部门职能工作等的督察督办，对未按要求完成工作任务的相关部门及其主要领导要落实问责，问责结果作为年度考核和绩效评价的重要依据。

七、后勤建设与服务

（一）教学场地建设

2011 年完成艺术楼工程建设，力争启

动实训中心三期项目，确保教学场地能满足教学的需要。

（二）教学设备建设

加大文管类实训设备的投入，新建一批设备较为先进的文管类实训室。加大实训室原有设备的升级改造以及工、量、辅具等用具的投入力度，逐步填补原有实训室配套设备的空白。

（三）校园环境建设

2011年完成荟萃湖工程建设，努力改善校容校貌，不断优化育人环境。

（四）教工公共生活条件建设

切实为教职工办实事办好事，安排教职工到市级医院例行身体健康检查，落实附属小学的基建工程，结合筹建实训三期工程筹备单独开设教工餐厅等，不断提升教职工的幸福感。

八、加强党建工作，构建和谐校园

（一）召开第二届党代会

自第一届党代会召开以来，学校取得了跨越式大发展，积累了大量宝贵的经验，同时也发现了办学中存在的问题与不足。通过召开第二届党代会，回顾总结学校五年来的成绩与不足，提出新设想，构建新蓝图，为学校今后的发展指明方向并提供有力的组织保障。

（二）加强党风建设，改进机关作风，提高服务效能

（1）加强领导班子和党组织建设，进一步增强党组织的凝聚力、影响力和号召力，以良好的党风带动良好的教风、学风和校风。积极开展纪念建党90周年系列活动，不断坚定党员理想信念，强化党员党性锻炼，充分发挥党员在学校建设与发展中的先锋模范作用。

（2）不断改进机关作风，努力构建学习型、创新型、服务型、廉洁型机关。强化管理队伍的群众观念，坚持把一切工作的出发点和立足点始终放在师生身上，实施对管理人员工作能力和工作态度的评价，进一步提高服务效能。特别是要求管理人员参与“挂院部、下专业、进课堂、助教学”的“一线服务”活动，深入教学第一线，密切师生关系，提高主动服务的自觉性。

（三）切实做好纪检监察审计工作

（1）发挥内审作用，继续做好对校内二级部门的内审工作，实施项目资金审计制度，完善专项经费管理办法，加强对专项经费的审计。

（2）强化工程项目招标和物资询价采购工作管理行为规范，加强对各项物资采购与基建工程招投标和议标工作的监督，进一步做好对物资采购和项目维修的跟踪和验收工作。

（四）完善民主治校制度建设

进一步规范学校工会、妇委会等群团组织的工作机制，发挥群团组织的桥梁纽带作用。一是通过召开座谈会或走访的方式收集教工意见和建议，定期向学校党政班子反映，并认真做好二级工会组织活动的指导和考核；二是召开每年一次的教职工代表大会，维护广大教职工的民主权力和正当利益。

九、加强校园文化建设，增强学校发展的软实力

（一）加快数字化校园建设步伐

完成数字化校园一期工程，加强各业务系统的推广应用工作，并启动数字化校园二期工程建设，内容主要包括：基于数据中心的校情分析预警系统、校园门户即时通讯系统、行政教辅人员综合考核评价系统等及相配套的硬件建设。同时，加强校园网络及各系统的运维管理。

（二）加强图书信息及服务建设

完善“专业馆员”的服务机制，紧跟教学模式和教学方法改革的步伐，开展有针对性的信息服务。抓住地区信息资源共建共享快速进展的有利契机，联合校外学术机构和

团体，借助外部资金、学术和技术力量，将图书馆打造成城市文化品牌。

（三）加强校友会建设

结合毕业生跟踪调查、在校生就业推荐、成功和杰出校友的宣传、校友助学基金建设等工作，做好校友网的整合，全力加强校友会建设，使校友联谊工作常态化。

（四）积极开展各项活动，丰富校园文化生活

（1）举办河职院挂牌十周年暨学校建校81周年校庆活动。（2）承办全省高职教育学会年会。（3）大力组织教工积极参加各种业余文体和休闲活动。

14.3　2011年学校工作总结

2011年是学校建校81周年及升格高职10周年。在这一年里，学校圆满召开了第二次党代会和第二届教代会，成功举办了建校81周年暨升格10周年庆典。一年来，学校全体师生抓住有利时机，团结一致、同心协力、扎实工作、努力进取，各项工作取得了显著成绩，学校的基础和内涵均得到了全面的提升和发展。

一、圆满召开了学校第二次党代会和第二届教代会，为学校谋求更大发展奠定了坚实基础

2011年5月，学校隆重召开了第二次党代会。大会明确了“以培养高端技能人才为根本任务，强化合作，提升内涵，凝练特色，加强党建，努力开创科学发展新局面”的工作指导思想；确立了“办成省内一流、富有地方特色的高职院校”的发展目标，提出了“突出抓好内涵建设、文化建设和党的建设，大力推进合作办学、合作育人、合作就业、合作发展，创建人文校园、活力校园、绿色校园，打造学习型、服务型、效能型、廉洁型党组织，努力实现规模、结构、质量、效益的协调发展，让发展成果更多地惠及广大师生”的工作任务，为学校未来的发展指明了方向，奠定了思想和组织基础。

2011年8月，学校隆重召开了第二届教代会，全面回顾和总结了过去五年的成就和经验，深入分析了当前的形势和任务，明确提出了今后工作的思路和措施。大会通过了《河源职业技术学院十二五发展规划纲要》，全面系统地描绘了学校未来五年的发展蓝图，既立足实际又高瞻远瞩，既充满希望又切实可行，大大激发了全体教职员工投身学校建设和发展的热情，坚定了全校师生努力打造全省一流高职的信心和决心。

二、成功举办了建校81周年暨升格10周年庆典活动，大大提高了学校的社会声誉和影响力

建校81周年暨升格10周年系列庆祝活动，是学校升格以来规模最大、社会影响最广的一次活动，是一次高层次、高水平、有特色的盛典。庆典期间，学校成功举行了荟萃湖改造、学术交流中心奠基、叶绿野艺术楼揭幕、陶行知和萧殷塑像揭幕、广东省高职教育研究会年会召开、校友捐助植树等一系列庆祝活动，极大地丰富了校庆内容，提高了庆典水平，引起了上级领导和社会各界的高度重视和广泛关注。校庆工作的圆满成功，凝聚了人心，振奋了士气，达到了总结经验、继承传统、提升内涵、凝聚力量、扩大影响、推动发展的预期目的，取得了良好的社会效益，增强了全体师生员工的自豪感和责任感，为学校接下来的又好又快发展注入了强大动力。

三、圆满完成了招生任务，进一步提高了就业质量

（一）积极与省教育厅、省发改委联系，落实2011年招生计划。招生总计划4072人，实际录取新生5245人，比实际下达数

增加了1176个计划，实际报到3929，报到率达74.9%。进一步规范了中高职对口招生考试和录取工作，录取中高职对口新生79人。开展了首次三二分段自主招生工作，与河源理工学校联合招生模具设计与制造专业250人，与河源职校联合招生应用电子技术专业56人。与博罗县教育局合作开展了博罗县农村小学师资定向委培工作，招生60人。成人高考录取人数再创新高，录取考生3015名，录取人数跃居全省高职第一，在校生规模突破1万人。

（二）召开校级就业专题会议8次，出版就业政策宣传栏4期，举办就业讲座7场。与200多家企业联系，举办中小型校园招聘会132场。完成毕业生就业质量跟踪调查，发放问卷上万份。2011届毕业生初次就业率达96.23%，居全省同类院校前列。学校被省教育厅评为“高校毕业生就业工作先进单位”，在全省普通高校毕业生就业工作会议上通报表彰。

近五年初次和总体就业率情况如图14-1所示。

四、进一步深化了教育教学改革，提高了人才培养质量

（一）组织开展了校级示范性专业验收和遴选工作，确定了会计电算化、楼宇智能化工程技术、数控技术、英语教育4个专业为本年度第二批示范性专业；确定了物流管理、计算机运用技术、汽车运用技术3个专业为校级示范性建设专业；遴选出旅游管理、应用电子技术2个专业申报中央财政支持专业建设项目，获得中央财政资助480万，应用电子技术专业同时获得省财政建设资金200万元。新申报了食品营养与检测专业。编制完成了2011版人才培养方案，并启动了2012版专业教学标准的制定工作。

（二）全年评选出338门合格课程，使全校合格课程达到526门，课程合格率达91%。评选出“教学做一体化”课程10门（见表14-3和表14-4），校级优质课程17门，立项建设教材8部，结项验收教材2部。进行了公共必修课课程标准汇编，将基础课、概论课、计算机应用基础、大学英语、大学语文等8门公共必修课课程标准汇编成册。开展了公共选修课课程标准审核和汇编出版工作，收集了241门公共选修课课程标准，并完成了第一次审核工作。组织开展了第六届教学基本功大赛，评出一等奖1人，二等奖3人。

（三）新建了工业设计模型制作、嵌入式应用与软件开发等7个综合实训室，扩建了手机维修、沙盘、烹饪、物业等4个综合实训室，总建设资金300万元（见表14-5）。开展了常规化的实践教学检查，启动了校外实习基地评选工作，评选出5个优良校外实习基地（见表14-6）。进一步加强了技能竞赛工作，全年共获省级三等奖以上奖项160个共计340人次，国家级三等奖以上奖项44个（见附录14.16），特别是获得国家教育部主办的“2011中国—东盟青年创新大赛”管理模拟项目金奖，为学校赢得了良好的社会声誉。

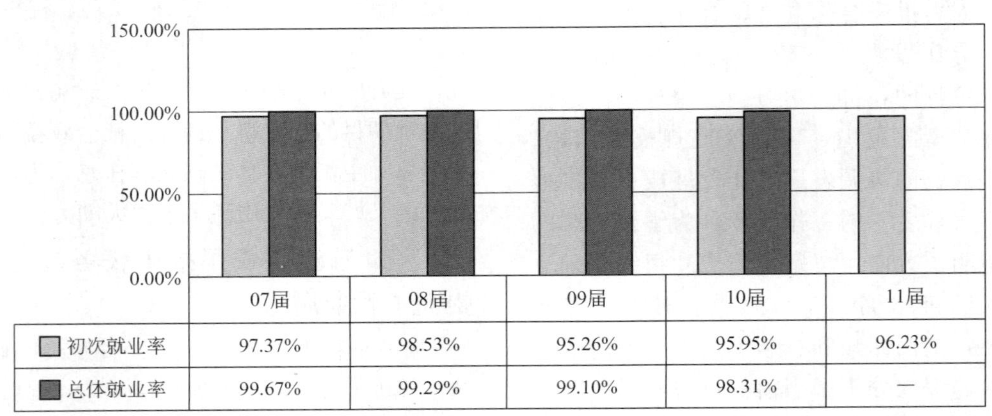

	07届	08届	09届	10届	11届
初次就业率	97.37%	98.53%	95.26%	95.95%	96.23%
总体就业率	99.67%	99.29%	99.10%	98.31%	—

图14-1 学校近五年毕业生初次和总体就业率

表 14-3 2011 上半年“教学做一体化”课程一览

序号	课程名称	负责人
1	网络设备配置与管理	安华萍
2	智能电子产品设计与测试	葛建新
3	数控机床电气控制	龙淑嫔
4	液压与气动技术	张秋容
5	网页制作技术	董海燕

表 14-4 2011 下半年“教学做一体化”课程一览

序号	课程名称	负责人姓名
1	货运代理业务与操作	何霞
2	网络操作系统配置与管理	李锦智
3	Java 程序设计	黄锡波
4	汽车发动机检修	张兴安
5	英语写作	王莉

表 14-5 2011 年实训室建设汇总表

立项项目	项目总预算(万元)	申报金额(万元)			地 点
		专业设备购置	教辅设备购置	土木改造	
工业设计模型制作实训室	4.696	1.996	5	0.2	实训楼 B312
工业环保与安全技术综合实训室	56	49.2	7	2.1	实训楼 B410
嵌入式应用与软件开发实训室	46.497	40.985	5.712	—	实训楼 A408
手机维修实训室	14	14	—	—	实训楼 A217
沙盘实训室	5.6	5.6	—	—	教学楼 A502
烹饪实训室	10	9.496	—	0.5	食堂 3 楼
物业综合实训室	28	20.73	6.47	0.8	教学楼 A104、A105
艺术设计综合实训室(喷绘)	10.998	10.198	—	0.8	教学楼 D101、D102、D103

续表

立项项目	项目总预算（万元）	申报金额（万元）			地 点
		专业设备购置	教辅设备购置	土木改造	
广告设计综合实训室（摄影）	22	20.8	—	1.2	教学楼 C101、C102
口译实训室	55.9915	41.65	8.415	6	A513-514
国际商务综合实训室	42	30.25	11.75	—	D栋501

表 14-6 2011 年度校外优良实习基地

学院	实习基地名称（依托单位）	档次
电子与信息工程学院	应用电子技术专业实习基地（广东雅达电子股份有限公司）	优秀
艺术与设计学院	艺术设计专业实习基地（河源市新野广告策划有限公司）	优秀
人文学院	文秘专业实习基地（河源市旅游局）	良好
工商管理学院	市场营销专业实习基地（和大福百货）	良好
机电工程学院	模具设计与制造专业实习基地（星晨实业河源有限公司）	良好

（四）按课程类别重新设计了学生评教指标体系，使评教指标更趋全面、客观。顺利开展了学生网上评教工作，参评率达90%以上。有序开展了学生信息员工作，全年收到《教学执行日志》2800余份，为了解掌握教师课堂教学状况提供了大量信息。继续开展了二级学院人才培养工作水平评价工作，对于二级学院加强管理，提升工作质量水平起到了很好的促进作用。

五、注重科研开发，加强社会培训，进一步提升了社会服务能力

（一）进一步加强项目管理，完成了各级各类教科研项目申报和结题工作。全年获得教科研课题立项市级以上68项，省级以上17项，获科研经费51万元（见附录14.6）。获奖科研成果52项（见附录14.11）。完成校级教研教改课题立项9项、科研课题立项23项，结题教研教改课题5项、科研课题9项。结题市科技计划课题14项、市社科联课题10项。近五年学校纵向科研经费进账情况如图14-2所示。

（二）进一步强化科研团队建设，促进了教师科技创新和社会服务能力的提升。全年获得对外科技开发与服务项目20项，科技服务进账经费53.7万元。获得专利技术授权7项，其中实用新型5项（见附录14.10）。获得河源市第三届哲学社会科学优秀成果奖著作类二等奖1项，三等奖2项，论文类三等奖3项。与河源雅达电子合作申报的“智能电机保护控制装置”科技成果获2011年河源市科技进步二等奖，与河源市超越光电科技有限公司合作申报的“LED模组及应用技术”科技成果获2011年河源市科技进步三等奖。

近五年学校横向技术开发经费进账情况如图14-3所示。

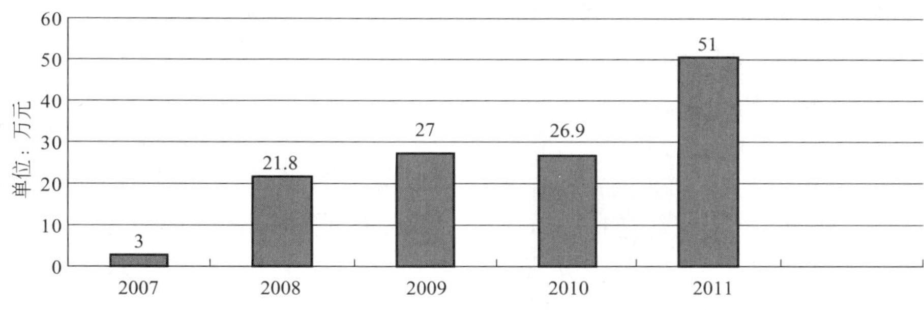

图 14-2　学校近五年纵向科研经费进账情况

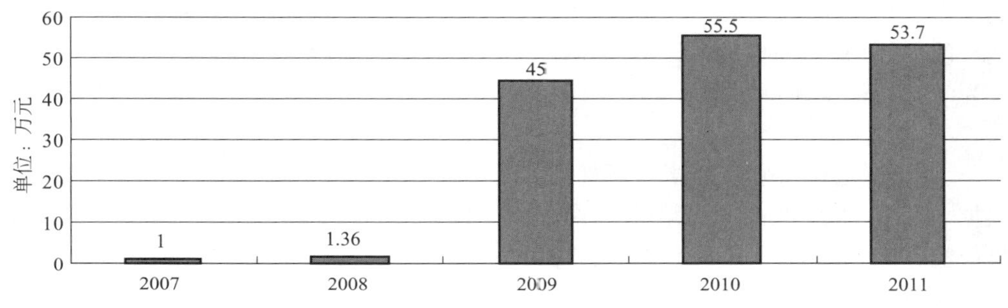

图 14-3　学校近五年横向技术开发经费进账情况

（三）继续加强面向社会的技能鉴定和培训工作。组织开展了 44 个工种 5505 人次国家和省级技能鉴定考试。新开了职业英语、化学检验工、计算机辅助设计绘图员（四级）和 CCAT 考证 4 个项目，增加鉴定工种 45 个，使学校鉴定工种增至 86 个。学校被确定为首批创建河源市职业技能鉴定优秀品牌示范单位。

六、加强对外交流与合作，文化学术氛围进一步加强，国际化水平得到提升。

（一）成功承办广东省高等职业技术教育研究会 2011 年学术年会，向全省各兄弟院校展示了学校升格 10 年的优秀办学成果，增进了校际间的交流，提升了学校的社会声誉。

（二）承办了全国职业院校技能大赛“芯片级检测维修与信息服务”项目广东省选拔赛，并包揽了大赛的第一和第二名。这是学校首次承办省内高职院校该专业类别最高水平的职业技能大赛，充分体现了学校技能竞赛和实践教学水平。学校还承办了首届广东省大学生电子创新设计大赛决赛，并分别获得一、二、三等奖。

（三）举办了为期十天的第二届 IT 文化节，56 家企业到场参与，提供实习就业岗位 300 多个。景旺（龙川）电子有限公司、深圳神舟电脑有限公司等多家企业举办了专场企业文化论坛，聘任了 6 名来自企业的客座讲师，增进了学院与企业的沟通与合作。

（四）成立了“广东省普通高校人文社会科学重点研究基地·暨南大学汉语方言研究中心河源职业技术学院科研工作站”，为学校开展客家方言调查研究以及客家历史文化的研究提供了极大的便利。

（五）与美国索尔兹伯里大学开展了 3＋1国际本科班对接合作项目，学校成人教育迈开了国际合作办学步伐。截止到 2011 年，学校与泰国斯坦福国际大学联合培养全日制大学生的工作也获得了实质性进展，学校国际化水平有望得到快速提升。

七、创新工作机制，优化管理结构，进一步深化了学校内部管理体制改革

（一）开展了第二轮干部竞争上岗工作。通过竞争上岗方式，提任正职 7 人；提任副职 11 人；提任科长（主任）23 人；留任正职 11 人，留任副职 16 人，留任科长（主任）职 5 人；正职转任 3 人，副职转任 6 人，科长转任 3 人；退出正职（或部门负责人）3 人，退出副职 4 人，退出科长（主任）职 2 人，形成了能上能下、能退能转、择优选拔的良好用人导向，增强了干部队伍活力，为学校的稳定和持续发展奠定了组织基础。

（二）认真贯彻落实师资队伍建设规划，进一步加大了引进人才和师资培养工作力度。根据实际需求引进了教职工 46 人，其中高职称高学历 36 人。组织专业主任赴新加坡进修学习 2 人、赴香港进修学习 28 人；组织教师到省内外高校、企业考察学习 200 余人次；选派专业教师下企业锻炼 8 人、到深职院置换学习 2 人。开展了 2011 年职教能力测评与复评工作，32 位教师通过测评，83 位教师通过复评。

（三）进一步修订完善了绩效考核办法，落实了岗位设置工作。修订完善了《2011 年河源职业技术学院教师岗位绩效考核办法》，对四大项任务和起点分值、教师教学基本工作量计算办法、科研绩效、学生竞赛和学生社团指导绩效计算等方面进行了修改，使考核方案更趋完善。经过反复的论证、讨论和修改，出台了《河源职业技术学院岗位设置方案》，充分体现质量导向和能力导向，调动教工参与学校改革与发展的主动性和积极性。

（四）进一步加强学校财务预算管理，强化了预算的科学性、准确性、严肃性和约束力。完成了全年 8758 万元的预算内收入计划，学费历年累计追缴率达到了 98%，本年度追缴率达到了 95%。对年度预算各经费指标、各项专款，特别是项目投资、资产维护及耗材耗能的开支进行了严格控制，节约了办学成本，提高了办学效益。

八、进一步加强了大学生思想道德建设，增强了学生工作的服务、引导、教育功能和综合管理水平

（一）继续深化了“理实相融、知行合一”思想政治理论课教学改革。将《入学教育与军训》纳入了“基础课”范畴，形成了环境篇、礼仪篇、学习篇、权责篇、安康篇等 5 个“新起点”模块。启动了就业指导课和心理健康课的课程改革，初步构建了涵盖入学教育、概论课、基础课、形势与政策课、军事理论课、就业指导课、心理健康教育课等的思想政治理论教育课程体系。推行辅导员和基础课教师“一岗双职”，加大了对辅导员教学能力的指导和培训，有效提高了思想政治理论课教学效果。

（二）强化了辅导员宿舍值班制度，加大学生晚归、宿舍纪律、宿舍卫生的检查监管力度，严抓宿舍安全隐患排查工作，切实提高各类突发事件的预警、防范和处置能力，确保了学生和校园的安全与稳定。扎实推进了大学生信用档案建设工作，开展了校园“安全文明月”、“文明宿舍”创建和“校园十星”评选等系列活动，引导学生树立文明意识，营造了学习先进、争当先进的良好风气。完善了“园丁信箱”的日常管理工作，及时跟踪落实每一封信件的办理情况，进一步畅通了学生与学校的沟通渠道。

（三）切实做好学生奖助贷工作，为困难学生提供了有力支持。为 215 名新生开通了入学“绿色通道”。发放了国家奖学金 12 万元、国家励志奖学金 182.5 万元、国家助学金 474 万元、中等职业学校国家助学金 64 万元、优秀学生奖学金 52.25 万元、“陈戈平扶贫助学金”45 万元、华达助学金 10 万元。为 611 名家庭经济困难学生减免了学费 37.07 万元。校内勤工俭学资助 1045 人次，金额 24.3 万元。全年各类资助学生达

5600 人次，资助金额达到 1000.32 万元。

（四）稳步推进大学生素质拓展计划，大力开展了丰富多彩的校园文化和社会实践活动。组织开展了 13 场纪念建党 90 周年和辛亥革命 100 周年主题思想教育活动。开展了五四网络青年节、五四知识讲座、“五四”晚会等系列“五四”纪念活动。开展了第四届社团文化节，直接参与学生达 2000 余人，数量与规模上均为历届之最。开展了丰富多彩的志愿者服务活动，其中 8 项活动被评为 2011 年河源市第一批优秀志愿服务项目并获市资金支持。组织了大学生暑期“三下乡”社会实践活动并获得省级表彰。

九、不断改善办学条件和师生生活条件，逐步健全了基础设施和服务保障系统

（一）争取了市政府 1100 万元资金支持及 100 个新增教师编制，极大地改善了学校的办学条件。

（二）完成了 2011 年前所有基建项目报建费用减免手续。完成了实训楼三期的方案审批、代建合同签订等工作。完成了荟萃湖景观改造工程。完成了实训楼一期琴房改造、艺术楼收尾工程及验收、艺术楼周边绿化、四期学生公寓挡土墙及绿化、足球场及篮球场防护围栏、大学生素质拓展基地等基建工程。

（三）进一步加强了对资产使用、调拨、领用、维护、回收、报废（遗失）等的统一管理，降低了管理成本，提高了管理效率和效益。做好了新购置资产的验收和入账工作，录入资产信息 1351 条，价值 253.3 万元。完成了资产管理软件网络版仪器设备数据库的转移和校对工作，对全校 26342 台(件)、价值 6313.8 万元的仪器设备进行了核对。

（四）进一步加强了对设备维修的落实跟踪和监督管理，在 OA 系统和后勤处网页上公布报修维修数据，主动接受师生的监督，提高了维修速度，保障了生活和公共设施 95%以上的完好率。

（五）完成了 A、B、C 学生宿舍 1953 个智能热水表及 24 个热水供应电表的安装。组织了水电供应情况，特别是外单位使用学校水电情况的检查，保证了教学生活的正常秩序。完成了路灯和走廊灯的节能改造、卫生间及学生宿舍洗手盆的下水管改造，在 A、B、C 区学生宿舍楼顶安装了太阳能热水供应设备，全年节省水电费约 60 万元。

（六）召开了综治工作会议 4 次，开展了全校性的安全隐患和不稳定因素排查整改工作，为学校第二次党代会、第二届教代会、校庆等大型活动的顺利开展提供安全保障。积极推进了对商业街的整治工作，组织召开了周边学校领导的安保工作联席会议，确保了教育园区的和谐稳定。

（七）加强图书信息建设，进一步提高了学校信息化和数字化水平。完成了 2 万册图书的采购需求计划制定和招标工作，采购期刊 1200 种，报纸 110 种，接受捐赠图书近 5000 册。新建文学书库 1 个，创建了“汽车信息馆”。编制了 33 个专业的参考书目，为专业教师开展科技查新服务 8 项。基本完成了数字化校园一期工程建设，建设了共享数据中心、统一身份认证、统一门户等基础平台，升级和集成了教务系统、图书馆管理系统、资产各系统、财务相关应用系统、网络教学系统等应用系统，自主开发了校友系统、行政教辅人员综合评价系统、网络考试系统、虚拟校园系统等，校园数字化水平大幅度提高。

（八）重视和加强工会和妇委会工作，营造了和谐氛围。组织召开了 7 场教师座谈会，建立了困难职工档案 18 份，先后共慰问教职工 90 多人次，资助慰问金额 10.9 万元。举办了“三八节”女教职工系列活动、第四届教职工篮球赛及“我与学院同成长”教工子女摄影展。成立了教职工排舞培训班、健美操训练队，组建了篮球、羽毛球、

乒乓球、足球4个教工体育协会，开展了丰富多彩的文体活动，活跃了师生业余文化生活。学校工会被广东省总工会评为“模范职工之家”。

十、进一步加强了党建和干部队伍建设，为学校建设发展提供了坚强的政治和组织保证

（一）开展了中心组学习主题发言活动，要求中层以上领导每学期在行政例会上作主题发言一次，并对发言内容的理论性和实践性提出了明确要求，有效提高了领导干部的理论素养和业务水平。开展了党委书记和各部门“一把手”面对面的谈心活动，引导部门领导总结经验、查找不足、分析根源、明确思路，帮助中层干部成长。

（二）开展了“一线服务”活动，组织90多名管理人员以“挂院部、下专业、进课堂、助教学”的方式深入教学一线，帮助专业和教师解决了许多实际问题，收到了良好的服务效果。活动的开展，对于行政管理人员增强服务意识、转变工作作风、锻炼沟通协调能力起到了很好的促进作用。

（三）全面加强了基层党组织建设，将基层党组织调整为5个党总支，21个党支部。组织开展了纪念建党90周年系列活动，组织代表队参加市建党90周年党史知识竞赛并获组织奖。选举产生了省党代会代表候选人1名、市党代会代表候选人3名，市及源城区人大代表共2名。举办了入党积极分子培训班2期，培训入党积极分子870名。发展预备党员612名，审核预备党员转正206名。组织成立省市两级党代表工作室，搭建与师生间的连心桥。积极开展干部培训工作，共派出管理干部15人次外出学习培训。

截止到2011年，教工党员330名，占教工总数的50.3%。近三年，党员教师（含双肩挑）教学评教A等205人次，占44.9%；B等584人次，占43.9%；C等19人次，占23.4%（见表14-7）。党员主持校级精品课程建设18人，占总人数的52.9%；参与省级示范性专业建设4人，占总人数的40%；获得教材立项41人，占总人数的62.1%（见表14-8）。2011年，党员获得科研立项54项，占项目总数的56.25%。

表14-7 党员教师（含双肩挑）教学评教情况一览表

学期＼比例	A总人数	党员	比例(%)	B总人数	党员	比例(%)	C总人数	党员	比例(%)
08-09(1)	35	15	42.85	214	97	45.33	12	4	33.33
08-09(2)	54	30	55.56	192	85	44.27	4	1	25
09-10(1)	59	22	37.29	286	119	41.61	27	7	25.93
09-10(2)	78	33	42.31	204	95	46.57	16	2	0.13
10-11(1)	115	51	44.35	228	102	44.74	12	4	33.33
10-11(2)	115	54	46.97	204	86	42.16	10	1	0.1
合计	456	205	44.9	1328	584	43.9	81	19	23.4

表 14-8　党员教师（含双肩挑）获教材立项等情况一览表

比例 年份	主持校级精品课建设			参与省级示范性专业建设			获教材立项		
	总人数	党员	比例(%)	总人数	党员	比例(%)	总人数	党员	比例(%)
2009 年	13	6	46.15				16	10	62.5
2010 年	10	5	50	10	4	40	42	25	59.52
2011 年	11	7	63.4				8	6	75
合计	34	18	52.9	10	4	40	66	41	62.1

（四）制定了《关于校务督察、效能问责的实施意见》，重点对学校“两会”决定事项、职能工作及“五个责任书”完成情况实行督查督办。制定了《行政和教辅人员服务水平评价办法》，对机关作风建设情况进行督查。审计清查了 132 份合同，合同总标的额 500 多万元。完成了学校 2010 年财务预算与执行情况审计，审计金额达 2.8 亿元。完成了 14 项基本建设工程项目审计，审计金额 1232.44 万元，核减金额 122.8 万元，平均审减率为 9.96%，有效节约了建设资金，促进了学校基建工程建设的科学化和规范化。

（五）加强扶贫开发力度，“双到”工作取得了突出成效。由于组织到位、工作得力，学校对口负责东源县涧头镇乐平村扶贫开发“规划到户、责任到人”工作得到了省委书记汪洋同志、省扶贫开发“双到”工作领导小组副组长李容根同志的高度评价。河源市委书记陈建华亲自率 500 多名领导到学校扶贫点参观。学校扶贫工作组多次在全市作经验介绍，中央电视台及省市新闻媒体作了宣传报道。

（六）加大了宣传力度，努力营造有利于学校改革与发展的舆论氛围。开设制作了校园电视台新栏目《音乐 ing》。撰写、审编校园新闻及部门动态稿件近 700 篇，其中被省教育厅采用 18 篇、被市委信息科采用 2 篇。接待各界媒体 30 余次，在市级以上各类媒体报道 40 次以上，大大提高了学校的美誉度。

对照 2011 年原定工作计划，学校主要工作任务已全面完成，取得了可喜成绩。但是，学校在师资队伍建设、教风和学风建设、校企合作深度、科技开发与服务能力、内部管理体制改革等方面依然存在不少问题和困难，下一步的工作仍然十分繁重。面对新的形势和挑战，在新的一年里，学校将继续弘扬建校 81 周年和升格 10 周年所积淀的优良办学传统，坚持发展主题，强化质量导向，狠抓内涵建设，全力推动各项工作再上新台阶。

14.4　2011 年学校文件目录

序号	发文部门	文号	发文时间	文件名称
1	党政办公室	河职院党字[2011]18 号	2011 年 10 月10 日	关于印发《关于进一步深化“理实相融、知行合一”德育模式改革的意见》的通知

续表

序号	发文部门	文号	发文时间	文件名称
2	党政办公室	河职院［2011］10号	2011年3月15日	关于印发《河源职业技术学院法律事务工作管理程序》的通知
3		河职院［2011］46号	2011年9月7日	关于印发《关于制定2012级专业教学标准的指导性意见》的通知
4		河职院［2011］47号	2011年9月7日	关于印发《河源职业技术学院共享型专业教学资源库建设实施方案》的通知
5		河职院［2011］48号	2011年9月9日	关于印发《河源职业技术学院“十二五”发展规划纲要》的通知
6		河职院［2011］51号	2011年9月15日	关于印发《河源职业技术院关于实践教学二级管理部门职责的规定》的通知
7		河职院［2011］53号	2011年9月20日	关于印发《河源职业技术学院二级学院工作水平评价工作实施方案》的通知
8		河职院［2011］58号	2011年10月8日	关于印发《关于进一步深化“理实相融、知行合一”德育模式改革的意见》的通知
9		河职院［2011］59号	2011年10月8日	关于印发《2011年河源职业技术学院绩效考核办法》的通知
10		河职院［2011］70号	2011年11月18日	关于印发《河源职业技术学院校友会财务制度》的通知
11		河职院［2011］72号	2011年12月8日	河源职业技术学院2012年三二分段试点对口自主招生实施方案
12	学生工作处	河职院学［2011］2号	2011年3月9日	关于印发《河源职业技术学院“校园十星”评选活动实施办法》的通知
13		河职院学［2011］3号	2011年11月21日	关于印发《学生赛事指导与考核管理程序》的通知
14	督导处	河职院督［2011］2号	2011年6月21日	关于印发《河源职业技术学院二级学院工作水平评价管理程序》的通知
15	教务处	河职院教［2011］1号	2011年1月7日	关于印发《河源职业技术学院校内实训基地对外加工与服务项目管理办法》的通知
16		河职院教［2011］4号	2011年3月9日	关于印发《河源职业技术学院实践教学基地评价办法》的通知

续表

序号	发文部门	文号	发文时间	文件名称
17	教务处	河职院教[2011]5号	2011年3月23日	关于印发《河源职业技术学院2011级学生创新学分认定的补充规定》的通知
18		河职院教[2011]6号	2011年4月2日	关于印发《河源职业技术学院学生注册管理程序》的通知
19		河职院教[2011]7号	2011年4月18日	关于印发《河源职业技术学院2011级公共体育课教学实施方案》的通知
20		河职院教[2011]15号	2011年9月23日	关于印发《河源职业技术学院“三证”考试与鉴定工作管理程序》的通知
21		河职院教[2011]16号	2011年9月27日	关于印发《河源职业技术学院技能竞赛管理程序》的通知
22	科研处	河职院科[2011]2号	2011年4月7日	关于印发《河源职业技术学院科技合同管理办法》的通知
23		河职院科[2011]3号	2011年4月7日	关于印发《河源职业技术学院专职科技人员管理办法》的通知
24		河职院科[2011]4号	2011年4月29日	关于印发《河源职业技术学院科技项目经费管理办法》的通知
25		河职院科[2011]5号	2011年4月29日	关于印发《河源职业技术学院科研项目管理办法》的通知
26		河职院科[2011]6号	2011年7月4日	关于印发《河源职业技术学院2011年校级科技项目、教改课题申报指南》的通知
27		河职院科[2011]9号	2011年9月19日	关于印发《河源职业技术学院专利培育、管理及奖励办法补充规定》的通知
28	组织人事处	河职院人[2011]3号	2011年10月17日	关于印发《教职工入职、离职及服务期限管理程序》的通知
29		河职院人[2011]4号	2011年10月17日	关于印发《教职工请假、销假管理程序》的通知
30		河职院人[2011]5号	2011年10月17日	关于印发《教职工校内调动管理程序》的通知
31	资产后勤处	河职院资[2011]3号	2011年6月21日	关于印发《河源职业技术学院综合治理工作管理程序》的通知

14.5 2011年教师公开发表的论文

序号	作者	论文名称	刊物名称	发表时间，（期号）
1	白迎超	基于工作过程系统化的实践性教学改革——以《商场管理》课程为例	商业经济	2011,(10)
2	蔡景庭	本土运动品牌的发展战略研究	中国电子商务	2011,(04)
3	蔡景庭	基于“工学结合”模式的《企业管理》课程教学设计	商业经济	2011,(03)
4	蔡志敏	基于扩散吸收式制冷机的测控系统设计研究	科技风	2011,(171)
5	常贤发	数据流在信息资源交换共享系统中的设计与研究	计算机光盘软件与应用	2011,(05)
6	陈　瑞	容易张冠李戴的植物	生物学通报	2011,(05)
7	陈连娣	高校信息素质教育对创新人才能力培养的研究	农业图书情报学刊	2011,(06)
8	陈连娣	高校信息素质教育对创新人才培养的影响	农业图书情报学刊	2011,(06)
9	陈农心	基于SSH2的新型网上信访平台的设计与实现	制造业自动化	2011,(03)
10	陈胜利	基于UG自动编程的零件加工工艺设计应用研究	国防制造技术	2011,(06)
11	陈胜利	基于光固化成形数据源的前处理技术	机械工程与自动化	2011,(06)
12	陈石珍	从传播学视角看微博的盛行	科技信息	2011,(18)
13	陈天翼	广东山区五市财政收入与GDP关系的比较分析	开发研究	2011,(03)
14	陈晓峰	大学生就业困难的原因分析及指导对策	今日科苑	2011,(02)
15	陈艳芳	对“3+2”中高职模具专业课程体系衔接问题的思考	广东技术师范学院学报	2011,(10)
16	戴佰阳	新时期大学生教育的德育隐性课程教育	南昌高专学报	2011,(05)
17	戴春平	高职《思想道德修养与法律基础》课程开展实训项目教学的探索	中国成人教育	2011,(09)
18	戴春平	和谐社会下成人教育发展对策研究——如何提高广东省欠发达地区高职成人教育发展的竞争力	职业	2011,(08)

续表

序号	作者	论文名称	刊物名称	发表时间，（期号）
19	戴春平	“后人口红利”时代与欠发达地区高职成人教育发展对策研究	北京电力高等专科学校学报	2011,(08)
20	戴春平	当代大学生道德社会化应对论——校企合作共同开展职业院校德育教育企业之责任研究	牡丹江教育学院学报	2011,(07)
21	戴春平	西方马克思主义对经济危机的认识综述	中州大学学报	2011,(04)
22	戴春平	企业思想政治教育载体的构建	湛江师范学院学报	2011,(04)
23	戴春平	当代大学生道德社会化内因分析——高职院校如何走出当前学生道德教育的误区	清远职业技术学院学报	2011,(01)
24	戴春平	社会主义和谐社会理论与成人教育发展辩证关系分析	河北广播电视大学学报	2011,(02)
25	戴春平	校企合作与职业院校德育社会化研究	中国成人教育	2011,(02)
26	戴春平	构建和谐社会与成人教育发展研究——和谐社会下欠发达地区成人教育发展的路径选择	继续教育研究	2011,(02)
27	戴春平	论高职院校学生道德教育内容重构	重庆科技学院学报	2011,(01)
28	戴添基	高职院校校园绿化景观存在的问题、原因及对策——以广东省河源职业技术学院为例	现代园林	2011,(04)
29	戴添基	河源市古树名木资源调查研究	中国园艺文摘	2011,(04)
30	戴卫军	高职实践教学管理系统开发与应用	科教文汇	2011,(10)
31	戴卫军	高职院校校企合作评价分析及提升途径	科技风	2011,(117)
32	戴远富	网络环境下教师教学策略的转变	大科技·科技天地	2011,(01)
33	戴振强	乒乓球运行的数学模型	中国科技信息	2011,(14)
34	邓海娟	服装CAD在服装工业制板中的应用	辽宁丝绸	2011,(03)
35	邓文博	企业沙盘教学的分析工具与方法之供需平衡分析	新课程研究-高等教育版	2011,(05)

续表

序号	作者	论文名称	刊物名称	发表时间，（期号）
36	董海燕	基于ASP.NET的数字水印图片制作技术研究	电脑知识与技术	2011,(05)
37	董海燕	三层架构Web信息管理系统的研究与设计	福建电脑	2011,(03)
38	杜伟祥	花朝戏的美学思想	吉林艺术学院学报	2011,(04)
39	杜伟祥	关于农村小学音乐教育的反思与对策	黄河之声	2011,(02)
40	段春梅	基于JSP的毕业论文管理系统的设计与实现	福建电脑	2011,(09)
41	段世民	经济效益是清洁生产的根本动力	才智	2011,(05)
42	段世民	基于"做、学、教"一体化的高职课堂管理模式探析	致富时代	2011,(806)
43	古思勤	网络文化环境下大学生思想政治教育的探讨	人力资源管理	2011,(52)
44	古新仪	高校电子阅览室存在的问题及对策研究	清远职业技术学院学报	2011,(01)
45	何　霞	产业集群的河源市物流体系发展研究	物流科技	2011,(07)
46	何秋霞	大学生就业思想政治教育的现状及其创新	教育界	2011,(04)
47	何秋霞	新形势下大学生就业过程中的突出问题分析	文教资料	2011,(04)
48	何秋霞	青少年道德教育方式的现状及其创新	魅力中国	2011,(01)
49	何新安	河源市高新技术产业发展的问题与对策研究	湖北经济学院学报	2011,(01)
50	胡光兰	对提高个人所得税起征点的思考	时代经贸	2011,(09)
51	胡晓晶	三峡夷陵地区生态旅游可持续发展对策研究	安徽农学通报	2011,(05)
52	胡晓晶	责任旅游在旅游目的地开发中的应用——以河南省商丘市为例	湖北农业科学	2011,(05)
53	胡晓晶	生态旅游目的地研究进展概述	科技广场	2011,(02)
54	黄　箭	案例教学法在高职法律专业教学中的运用	新疆职业大学学报	2011,(01)
55	黄莉莉	科举制末期西学的立足和发展研究	科技资讯	2011,(07)

续表

序号	作者	论文名称	刊物名称	发表时间,(期号)
56	黄丽娟	浅谈基于数字图书馆建设的图书馆学教育改革	科技情报开发与经济	2011,(23)
57	黄丽娟	数字时代图书馆员个人素质建设探析	南昌高专学报	2011,(02)
58	黄丽玲	Google 影响下纸质图书馆生存忧思及出路	兰台世界	2011,(02)
59	黄日胜	基于 SaaS 模式的现代物流管理系统的设计	计算机与数字工程	2011,(01)
60	黄荣辉	论中央苏区县龙川与中央苏区一致的革命发展态势	宜春学院学报	2011,(07)
61	黄荣辉	基于职业院校客家学生特点的客家文化教育	改革与开放	2011,(07)
62	黄少红	新时期客家山歌演唱艺术的嬗变	北方音乐	2011,(08)
63	黄锡波	迭代开发模式运用于软件综合实训的探究	中国科教创新导刊	2011,(612)
64	黄秀丽	大学生女性 T 恤感性形象评价分析	广西轻工业	2011,(07)
65	黄秀丽	南通家纺产业集群式供应链分析	辽宁丝绸	2011,(06)
66	黄志基	语文教学的提问策略	科技信息	2011,(33)
67	黄志忠	基于 PLC 与变频器控制的带锯床自动下料设计	河南工程学院学报	2011,(03)
68	黄卓尔	高职院校专业教学模式改革个案分析——以河源职业技术学院教师职教能力测评改革为例	辽东学院学报	2011,(04)
69	江巧良	基于凌阳 16 位单片机的工频表	电子技术	2011,(10)
70	李　丹	新营销环境下企业渠道的变革与创新	现代交际	2011,(07)
71	李　军	浅论英语头韵现象	校园英语	2011,(06)
72	李春来	计量用 TA 在直流偏磁条件下传变特性的实验与分析	电力自动化设备	2011,(07)
73	李芳芳	以职业为导向的高职英语教材建设的探析	九江职业技术学院学报	2011,(03)
74	李小岸	“顶岗实习、置换培训”模式实践探析——以河源职业技术学院为例	广东教育	2011,(07)
75	李秀姝	高职图书馆传统文献信息服务的新方法	科技信息	2011,(18)

续表

序号	作者	论文名称	刊物名称	发表时间，（期号）
76	李秀姝	浅析高校图书馆电子阅览室的现状与改进	南昌高专学报	2011,(02)
77	李雪冰	公共价值缺失下的图书馆核心价值生成与实现的途径	图书馆理论与实践	2011,(02)
78	梁国栋	双面手机中框注塑模具设计	模具工业	2011,(02)
79	廖　宁	一个改进的SOA服务生命周期模型	现代计算机	2011,(03)
80	廖　宁	数据共享平台SOA服务注册中心的研究与设计	信息技术	2011,(01)
81	廖远兵	成人继续教育市场、市场类型及市场开发	中国成人教育	2011,(10)
82	廖远兵	市场营销的三重性:理解市场营销范畴的逻辑前提	商业时代	2011,(09)
83	廖远兵	企业营销人才的需求与要求分析——以广东省河源市为例	宜春学院学报	2011,(02)
84	林　芳	区域性基础英语教育的均衡发展——以河源市为例	宜宾学院学报	2011,(04)
85	林　芳	对欠发达地区基础英语教育发展的对策研究	西安航空技术高等专科学校学报	2011,(02)
86	林七七	论沟通管理在处理业主投诉中的应用	现代物业	2011,(203)
87	凌财进	网络投票作弊机制及其对策的探讨	科技资讯	2011,(19)
88	凌财进	虚拟校园实现技术比较与应用	电脑知识与技术	2011,(17)
89	刘　坤	高职国际贸易实务课程双语教学改革实践的探索	番禺职业技术学院学报	2011,(02)
90	刘　宇	基于知识产权保护目的的企业知识产权审计	财会月刊	2011,(26)
91	刘　宇	影响法律实效因素之考察——以一则案例为线索	前沿	2011,(07)
92	刘　宇	高职院校《法律文书写作》行动导向课程的开发与实际	高教论坛	2011,(07)
93	刘　宇	稿约的性质及其法律规制	河北法学	2011,(03)
94	刘　宇	高职院校法律专业实践教学模式及其完善	高教论坛	2011,(01)

续表

序号	作者	论文名称	刊物名称	发表时间，(期号)
95	刘安华	基于工学结合课程体系中的行动导向课程设计	教育与职业	2011,(08)
96	刘柏青	对河源市中学生不良生活方式和行为习惯调查研究	吉林教育	2011,(574)
97	刘冠军	浅谈高等职业教育金工实训教学质量监控体系的探索	科教导刊	2011,(10)
98	刘海明	农业工程机械油泵测控系统的硬件组态设计	安徽农业科学	2011,(31)
99	刘海明	基于模糊 PID 的禽蛋抓取测控系统步进电机的研究	湖北农业科学	2011,(21)
100	刘海明	机械式变速器换挡优化理论分析	组合机床与自动化加工技术	2011,(09)
101	刘剑飞	以“六个整合”打造就业能力——校企合作提升高职生就业能力新探	四川职业技术学院学报	2011,(04)
102	刘剑飞	从哲学视角剖析斯大林思维方式的局限性	长春工业大学学报（社会科学版）	2011,(03)
103	刘剑飞	从科学发展观视角探析高职生就业能力的培养——兼论高职生就业能力培养体系的构建	职业	2011,(04)
104	刘剑飞	构建高职生情商培养体系的前提——高职生情商教育的纠偏研究	学理论	2011,(03)
105	刘剑飞	基于高职生创业教育的情商培养	太原城市职业技术学院学报	2011,(03)
106	刘剑飞	基于权力制衡机制视角的苏联解体原因新探	长春工业大学学报（社会科学版）	2011,(02)
107	刘剑飞	浅析高职历史教学渗透情商教育的偏差和对策	大家	2011,(03)
108	刘军辉	基于面向对象的模具零部件建模方法研究	机电工程技术	2011,(09)
109	刘军辉	基于 NX Open API 与 Grip 技术的渐开线内齿轮开发	制造业自动化	2011,(08)
110	刘军辉	基于 PressCAD 的冷冲模具设计	机械工程师	2011,(08)
111	刘军辉	复杂塑料产品的分模技巧	机电工程技术	2011,(226)

续表

序号	作者	论文名称	刊物名称	发表时间，(期号)
112	刘俊英	高职院校顶岗实习的现状及对策研究	广西轻工业	2011,(08)
113	刘晓飞	论歌唱声音的整体训练	艺术研究	2011,(05)
114	刘笑嶂	试论民主党派在网络政治中的角色定位	广东省社会主义学院学报	2011,(03)
115	刘笑嶂	A Kernel Clustering Algorithm for Fast Training of Support Vector Machines	东华大学学报(英文版)	2011,(01)
116	柳晓夫	“八荣八耻”的哲学思考	中山大学学报论丛	2011,(05)
117	吕春燕	河源市县域经济发展现状及对策	商情	2011,(11)
118	罗春娜	闪耀在贾宝玉身上的“女儿情结”	长春理工大学学报	2011,(08)
119	罗春娜	魏晋文化中“文学自觉”成因探究	惠州学院学报	2011,(02)
120	罗丽丽	以风之名铭记的时代精神——评郭小东长篇小说《风的时代精神》	南方意向	2011,(01)
121	罗士俐	法律预言本质特征的批判性分析	北方法学	2011,(07)
122	罗士俐	职业教育校企合作立法难题初探	职教论坛	2011,(03)
123	罗士俐	外部性理论价值功能的重塑	当代经济科学	2011,(03)
124	罗士俐	法学视角下的专利权共有类型推定规则	重庆科技学院学报	2011,(01)
125	骆斯琴	小学音乐教育专业课程教学的设计	艺海	2011,(07)
126	欧阳玉娟	审计工作中风险的防范和控制	经营管理者	2011,(05)
127	欧阳玉娟	内部审计与控制工作中存在的问题	时代金融	2011,(04)
128	潘晓利	基于全国计算机等级考试系统自动化部署的设计	现代计算机	2011,(09)
129	邱　远	试谈高职院校科技职能部门的服务及其践行	四川职业技术学院学报	2011,(05)
130	邱　峰	广东省河源市中小学校足球课程开展现状调查研究	内江科技	2011,(06)
131	邱　远	高职院校校企科技合作如何着力服务地方经济社会	高职院校人才培养模式的实践与理论探索(论文集)	2011,(10)

续表

序号	作者	论文名称	刊物名称	发表时间，(期号)
132	邱 远	客家民性之探	清远职业技术学院学报	2011,(01)
133	邱建霞	Correlation analyses among disturbance of the ionosphere, ground electric field variation and thunde	IEEE多媒体技术国际会议	2011,(03)
134	舒多多	文本内外的双重幻灭	柳州职业技术学院学报	2011,(01)
135	唐继添	孔子人文精神对现代高等教育的启示	延边党校学报	2011,(04)
136	唐继添	《论语笔解》的学术思想研究	徐州师范大学学报	2011,(03)
137	唐继旺	高职高专酒店管理专业培训式教学的研究与实践	青岛酒店管理职业技术学院学报	2011,(02)
138	唐燕妮	电子实训室开放式教学模式的构建与研究	科技创新导报	2011,(211)
139	涂华锦	光催化自洁涂料的制备及其光活性研究	广州化工	2011,(07)
140	王 莉	帝国凝视下的海岛:《珊瑚岛》的后殖民解读	兰州教育学院学报	2011,(83)
141	王 莉	河源市农村小学英语师资建设的实践思考	考试周刊	2011,(29)
142	王 亮	基于项目导学的网络协作学习平台的设计与应用	电脑知识与技术	2011,(15)
143	王 璇	电梯故障远程诊断系统的研究	科技信息	2011,(03)
144	王 璇	智能数控机床远程诊断系统的设计	科技信息	2011,(01)
145	王姣颖	高职教育工业设计教学改革的思考	科技信息	2011,(14)
146	王涛锋	国际商务谈判中模糊语言的语用功能	中国科教创新导刊	2011,(07)
147	韦 荣	高职院校核心发展力探讨	广东技术师范学院学报	2011,(10)
148	韦 荣	河源城市名片万绿湖的文化价值	韩山师范学院学报	2011,(08)
149	韦 荣	中国新民主主义革命策源地之河源考	“河源是中国革命策源地之一”理论研讨会论文集	2011,(06)

续表

序号	作者	论文名称	刊物名称	发表时间，（期号）
150	韦　荣	河源文化符号调查研究	南方职业教育学刊	2011,(03)
151	温赤新	高密度微型短文写作对学生写作能力发展的影响——一项专科英语专业"项目驱动"写作实验研究	黑龙江教育学院学报	2011,(10)
152	温赤新	项目教学法之于高职英语自主写作教学的思考	林区教学	2011,(10)
153	温赤新	高职学生英语自主写作现状调查与分析研究	林区教学	2011,(03)
154	吴宗泰	浅谈高职院校《单片机应用技术》课程的改革	工业设计	2011,(12)
155	向　琼	仿拟式手机短信的互文性结构与修辞分析	毕节学院学报	2011,(07)
156	向　琼	谈语境因素与称呼语同义手段的选用	阜阳师范学院	2011,(05)
157	向群飞	由当前字母词的流行论汉译英过程中的创造性	漯河职业技术学院学报	2011,(06)
158	向群飞	论基于高职生就业岗位群的英语语料库建设	牡丹江教育学院学报	2011,(05)
159	谢　倩	中西方游客旅游方式差异研究	考试周刊	2011,(03)
160	谢　倩	The Symbolic Significance of Holy Grail in Davinci Code	海外英语	2011,(02)
161	谢素静	公共场所公示语的英语误译现象及对策——以广东河源市为例	长春理工大学学报	2011,(04)
162	谢新媚	加工凹轮廓轴类零件的编程方法与应用	工具技术	2011,(03)
163	谢新媚	电火花线切割加工路线的编制及案例分析	中国新技术新产品	2011,(01)
164	谢战锋	小学教师职前职后教育一体化模式的探索	出国与就业	2011,(08)
165	徐日泉	关于大学生健康素养的调查研究	教育理论与实践	2011,(398)
166	徐文义	高职《计算机组装与维护》课程考核方式初探	电脑知识与技术	2011,(02)
167	薛　莉	创新合作模式，推进地区产业发展进程——以河源地区为例	广东教育(职教版)	2011,(32)

续表

序号	作者	论文名称	刊物名称	发表时间，（期号）
168	闫云利	物联网和3G通信网在智能家电中的应用	数字技术与应用	2011,(07)
169	闫云利	浅谈我国移动网络的漫游	科技资讯	2011,(05)
170	杨　黎	The Design and Implementation of MDF Incoming Power Disturbance Alarm System	2011 IEEE 机电工程与信息技术国际会议论文集	2011,(07)
171	杨　黎	创新能力培养为核心的高职电子专业课程体系构建	职业技术教育	2011,(02)
172	杨　亮	河源市马鞍塘生态农业度假区开发规划研究	安徽农学通报	2011,(04)
173	杨党校	"东江三杰"革命活动及其影响探微	"河源是中国革命策源地之一"理论研讨会《论文集》	2011,(05)
174	杨党校	高职生道德社会化"目标—评价"体系的构建	山东理工大学学报	2011,(01)
175	杨琳芳	"课证融合"项目化课程改革与实践	新课程研究	2011,(01)
176	叶　妍	银行个人理财产品新特征与投资者风险防范	致富时代	2011,(05)
177	叶　妍	中国大学生个人理财策略分析	致富时代	2011,(03)
178	叶碧青	论音阶和琶音练习在钢琴教学中的重要性	新西部	2011,(09)
179	叶红卫	基于.NET MVC的3G手机参数检测与页面重定向	攀枝花学院学报	2011,(119)
180	叶红卫	基于Android的Interlib移动书目查询设计与实现	现代图书情报技术	2011,(05)
181	叶影霞	广东省港口建设现状及发展趋势分析	科技信息	2011,(07)
182	殷　锐	河源产业集群物流运作模式研究	出国与就业	2011,(04)
183	殷国龙	小型半圆式田径运动场地的布局探讨	体育博览	2011,(09)
184	尹　华	对学校羽毛球俱乐部教学现状的调查与研究	商情	2011,(39)
185	于景福	钵育秧水稻抛秧机的结构优化设计	农机化研究	2011,(07)

续表

序号	作者	论文名称	刊物名称	发表时间，（期号）
186	俞　彤	特色旅游发展的SWOT分析及对策——以河源市为例	中国商贸	2011,(14)
187	俞　彤	基于职业能力培养的高职“旅游企业公共关系实务”课程整体设计	职业时空	2011,(04)
188	俞　彤	校内生产性实训基地建设初探——以经管类专业为例	中国高校科技与产业化	2011,(04)
189	岳　琼	博客与英语写作	西安航空高等专科学校学报	2011,(04)
190	曾　彦	Photoshop图形图像处理教学中应用项目教学法的实践探索	科学时代	2011,(13)
191	曾　苑	河源中小超市的发展现状及对策研究	现代交际	2011,(306)
192	曾清华	对广东地区大学体育实施状况的调查研究	学术探索·理论研究	2011,(09)
193	曾清华	对河源市中学生身心健康状况及其成因的调查研究	体育科技文献	2011,(07)
194	曾善平	运用网络平台规范高职院校固定资产管理	管理观察	2011,(428)
195	曾水新	BlazeDS在连锁店销售管理系统的应用	科技信息	2011,(14)
196	曾文雄	变精品为日用品:云计算在精品课程建设中的应用	中国远程教育	2011,(07)
197	曾文雄	中学生“四级联动”心理危机干预系统初探	教学与管理	2011,(06)
198	张　颖	高职旅游管理专业“应用型”导游人才培养模式研究	武汉船舶职业技术学院学报	2011,(08)
199	张　颖	基于应用型导游人才培养的课程开发探讨——以《广东导游基础知识》为例	当代职业教育	2011,(08)
200	张森芳	金融危机下河源中小企业平稳健康发展的探讨	商业经济	2011,(01)
201	张森芳	绿色会计存在的问题与发展对策探讨——以河源为例	中国外资	2011,(05)
202	张涛川	工科类专业“高职专科＋预备(准)技师”人才培养模式探索	广西轻工业	2011(156)
203	张湘娥	构建基于职业导向的高职教学模式的探析	科学咨询	2011,(18)
204	张晓玲	城市信息化过程中市民网络信息素养现状调查与对策研究——以河源市为例	大学图书情报学刊	2011,(10)

续表

序号	作者	论文名称	刊物名称	发表时间，（期号）
205	张晓燕	农业上市公司治理机制研究	会计之友	2011,(06)
206	张晓云	浅谈 Web3.0 时代下高职图书馆馆员素质的培养	中国科技信息	2011,(01)
207	张兴安	长城 GW2.8TC 型柴油高压共轨发动机启动困难检修	汽车维修	2011,(188)
208	张学仪	涉外导游业务中应对文化禁忌的策略	长春理工大学学报	2011,(09)
209	张学仪	高职旅游英语口语输出的焦虑问题及对策	海外英语	2011,(08)
210	张学仪	“顶岗实习，置换培训”的实践与对策思考	现代中小学教育	2011,(05)
211	张原平	俱乐部教学在高职公共体育教学中的实施探究	中国科技信息	2011,(22)
212	张志山	驻村警务系统的设计与实现	福建电脑	2011,(04)
213	郑尔君	口语交际在语文教学中的地位	当代教育论坛	2011,(04)
214	郑华平	浅析我国民营企业企业文化建设	全国商情经济理论研究	2011,(05)
215	郑华平	浅析我国农村养老问题	全国商情经济理论研究	2011,(02)
216	钟燕辉	基于 UG 的内螺纹瓶盖注塑模设计	机械	2011,(01)
217	周　芳	广东省河源农村劳动力素质与农业经济发展的相关性	武汉商业服务学院学报	2011,(04)
218	朱　建	构建健康合理消费观，积极应对金融危机	发表刊物	2011,(05)
219	朱　智	粤东北山区城市居民旅游行为的实证研究——以河源市为例	特区经济	2011,(05)
220	朱　智	旅游者旅游商品消费行为的调查与研究	旅游发展研究	2011,(02)
221	朱　智	基于体验经济视角下旅游景区体验性项目设置研究——以河源旅游景区为例	安徽农业科学	2011,(08)
222	朱　智	高职高专旅行社经营与管理课程标准开发	当代职业教育	2011,(01)
223	朱　智	高职经管类生产性实训基地建设模式研究	工业技术与职业教育	2011,(01)
224	朱俊杰	基于 UG 甲壳虫汽车车身的逆向设计	机电工程技术	2011,(01)

续表

序号	作者	论文名称	刊物名称	发表时间，（期号）
225	朱蓝辉	基于项目教学法的高职英语应用文写作训练模式研究——以旅游管理专业为例	长春理工大学学报（高教版）	2011，(05)
226	朱蓝辉	基于职业需求的高职英语动态模块课程体系构建	湖北经济学院学报	2011，(03)
227	邹远泉	如何做好班级管理工作	考试周刊	2011，(24)

14.6 2011年获省级科研课题立项一览

序号	主持人	课题名称	批准单位
1	刘安华	增值性评价在高职教育中的应用研究	广东省教育厅
2	刘安华	教学做一体化高职人才培养模式的创新实践与研究	广东省教育厅
3	陈德清	创新“工学结合”人才培养模式的实践与研究	广东省教育厅
4	戴春平	扩大进城务工人员职业技能培训改革试点	中共广东省委教工委、广东省教育厅
5	张　坚	秦汉古邑、唐宋名城——佗城文化的发掘与利用研究	广东省哲学社会科学规划领导小组
6	向群飞	基于高职生就业岗位群的英语语料库建设与研究——以高职文秘专业文秘英语语料库建设与研究为例	广东省教育科学规划办
7	杜伟祥	农村小学音乐教学模式研究	广东省教育科学规划办
8	刘　坤	高职经贸类课程双语教学设计的理论与实践研究	广东省教育科学规划办
9	刘晓飞	基于多元化人才培养的高职音乐表演专业课程体系本土化的研究	广东省教育科学规划办
10	韦　荣	高职高专文秘专业涉外方向培养方案	教育部高职高专文秘类专业教指委
11	杨　帆	高职高专文秘专业社会事务管理方向培养方案研究	教育部高职高专文秘类专业教指委
12	高小兵	博客(Blog)环境下基于系统功能语篇的英语写作教学研究	教育部高职高专英语类专业教指委
13	朱　建	基于高职英语学习过程中知识与技能并重发展模式的研究与实践	教育部高职高专英语类专业教指委

续表

序号	主持人	课题名称	批准单位
14	伍新蕾	基于校内生产性实训基地的“应用型”导游人才培养模式研究与实践	教育部高职高专旅游类专业教指委
15	胡晓晶	高职院校旅游管理专业实践教学质量评估体系研究	教育部高职高专旅游类专业教指委
16	唐继旺	高职酒店管理专业校外实训基地管理模式的创新研究和实践	教育部高职高专旅游类专业教指委
17	杨红霞	校企合作下的企业员工培训体制研究	教育部高职高专旅游类专业教指委

14.7　2011年获市级教科研课题立项一览

序号	主持人	项目名称	批准单位
1	刘安华	河源市科技创新能力评价研究	市科技局
2	陈德清	广东省欠发达地区创新型城镇评价体系研究	市科技局
3	韦　荣	中国革命策源地之红色河源研究	市社科联
4	黄丽娟	欠发达地区数字图书馆建设的实现路径	市科技局
5	段春梅	河源市推动信息服务业发展的策略研究	市科技局
6	毛宏云	河源数字化学习资源库建设与应用研究	市科技局
7	叶红卫	基于Android的车辆位置信息监控应用研究	市科技局
8	黄　浩	河源市企事业单位信息安全现状调查和对策研究	市科技局
9	何新安	河源市绿色经济发展实证研究	市科技局
10	伍春姑	提高河源市农业科技创新能力的金融支持对策研究——以建设河源灯塔盆地现代生态农业示范区为例	市科技局
11	刘柏青	河源市国民体质与体育锻炼现状的研究	市科技局
12	梁　丰	河源模具行业发展现状及对策研究	市科技局
13	白迎超	河源市中小企业金融支持研究	市科技局
14	方　艳	河源市现代物流产业发展对策研究	市科技局
15	胡祖杰	河源市农村劳动力转移的途径研究	市科技局
16	黄志忠	楼宇智能化对小区物业安全的相关研究	市科技局
17	徐日泉	对河源市城区体育设施现状的调查研究	市科技局

续表

序号	主持人	项目名称	批准单位
18	黄荣辉	国家非遗项目连平忠信花灯的传承保护研究	市科技局
19	袁跃奇	河源客家服饰文化研究	市科技局
20	黄少红	客家山歌的创新与发展	市科技局
21	伍新蕾	基于游客感知的河源旅游城市品牌塑造实证研究	市科技局
22	刘　亢	客家文化元素在现代室内装饰中的研究与运用	市科技局
23	杨　亮	河源旅游成长的空间结构效应与地区协作模式研究	市科技局
24	史万莉	河源星级酒店行业人力资源调查与研究	市科技局
25	肖运海	塑料模导套自动车削关键设备研究	市科技局
26	刘俊英	快速成型技术在河源的应用及对河源工业的影响研究	市科技局
27	刘长灵	逆向工程与快速成型技术在产品创新中的应用	市科技局
28	张秋容	基于汽车转向轮关键技术的研究与设计	市科技局
29	邱建霞	基于电离层扰动的河源市雷暴预报数学模型研究	市科技局
30	龙淑嫔	基于冲床自动送料系统关键技术的研究与设计	市科技局
31	肖朝亮	智能催眠枕头关键技术的研发	市科技局
32	李春来	多点温度液位远程智能检测系统的研发	市科技局
33	陈　余	电梯故障远程诊断系统的研发	市科技局
34	罗坤明	多功能智能监测显示器的研发	市科技局
35	潘益玲	抽油烟机自动控制无级调速控制电路的研发	市科技局
36	戴春平	当代大学生生活社会化研究	市社科联
37	黄丽娟	数字时代图书馆员知识服务能力的建设	市社科联
38	陈火胜	媒体眼中的河职院研究	市社科联
39	张晓燕	河源市代理记账问题研究	市社科联
40	叶初标	欠发达地区高职院后勤社会化研究	市社科联
41	廖远兵	河源市商业市场发展竞争研究	市社科联
42	叶国雄	高职院校后勤管理模式研究	市社科联
43	黄玉兰	数字时代图书馆职业资格认证研究	市社科联
44	黄秋香	河源市篮球运动的改革与发展研究	市社科联

续表

序号	主持人	项目名称	批准单位
45	廖晓明	新时期职业教育校企合作模式研究与实践	市社科联
46	罗春娜	苏辙被贬龙川期间的文学与思想研究	市社科联
47	邹伟建	高职院校开展公民素质教育的实践研究	市社科联
48	周　芳	河源市政府采购市场发展规范研究	市社科联
49	刘剑飞	列宁的新经济政策与和谐社会研究	市社科联
50	冷雪花	苏家围古建筑保护与利用互动的研究	市社科联
51	周　原	河源“温泉之都”品牌建设研究	市社科联
52	郑尔君	高职院校教师身心健康管理问题和对策	市社科联
53	王　方	河源市旅游景区的视角形象系统设计研究与实践	市社科联
54	张　智	河源市企业会议管理运行机制研究	市社科联
55	骆斯琴	河源市音乐教育实施状况的城乡比较研究	市社科联
56	汪　莉	语块理论与高职生英语语言输出能力相关性研究	市社科联
57	曾清华	广东省青少年学生周末生态与体育生活状况研究	市社科联
58	刘海明	广东省产业升级对河源职业教育影响的分析研究	市社科联
59	唐燕妮	基于河源“四新”产业背景下的高职人才培养模式研究	市社科联
60	张　文	高职高专学生公民素质教育状况及对策研究	市社科联
61	叶碧青	客家地区交响乐本土化研究	市社科联
62	向　琼	高职院校现代汉语课项目化教学改革与实践研究	市社科联
63	宋国清	河源市体育产业研究	市社科联
64	毛　丹	河源市企业上市的法律问题研究	市社科联
65	陈海明	河源市生态旅游个性化发展策略研究	市社科联
66	廖洪嫣	网络环境下中学生英语自主学习的研究	市教育局

14.8　2011年获校级课题立项一览

序号	主持人	项目名称	学科类别	立项类别	资助金额(元)
1	刘安华	电力监控自动化综合实训系统的研发	自然科学	重大专项	10000
2	杨　黎	基于物联网技术的智能家居系统应用研究——ZigBee无线传感器网络设计与实现	自然科学	重点项目	10000

续表

序号	主持人	项目名称	学科类别	立项类别	资助金额(元)
3	李春来	中央热供水无线网络远程监控系统关键技术的研发	自然科学	重点项目	10000
4	戴春平	客家先祖赵佗与客家文化研究	社会科学	重点项目	5000
5	张涛川	基于DSP的端面外圆磨床自适应精密检测系统的研究与设计	自然科学	一般项目	5000
6	周永福	河源手机产业电子商务平台研究与开发	自然科学	一般项目	5000
7	龙淑嫔	基于光固化成型技术精度控制关键技术的研究	自然科学	一般项目	5000
8	曾天文	水果盘注塑模热流道方案研究及应用	自然科学	一般项目	5000
9	冯友强	基于调功器的紫外灯控制系统开发	自然科学	一般项目	5000
10	刘军辉	基于NX/Open API与Grip技术的注塑模架二次开发研究	自然科学	一般项目	5000
11	邱元凯	河源市城区河流重金属污染现状调查与控制对策研究	自然科学	一般项目	5000
12	廖　宁	在线网络考试平台的设计与实现	自然科学	一般项目	5000
13	黄日胜	基于WEB2.0的学生上机选位系统	自然科学	一般项目	5000
14	刘　苇	河源市民营企业财务管理存在问题及对策研究	社会科学	一般项目	3000
15	方　艳	河源市产业结构优化与升级路径研究	社会科学	一般项目	3000
16	罗春娜	苏辙被贬龙川期间的文学与思想研究	社会科学	一般项目	3000
17	毛　丹	河源市家族式企业上市的法律障碍与排除对策	社会科学	一般项目	3000
18	邵敬党	客家服饰的调查与研究	社会科学	一般项目	3000
19	胡晓晶	欠发达地区的区域科技创新理论研究（委托项目）	软科学	一般项目	3000
20	何新安	河源市科技创新绩效评价指标体系构建（委托项目）	软科学	一般项目	3000
21	曾　健	河源市科技创新现状分析（委托项目）	软科学	一般项目	3000
22	叶红卫	基于数学模型的河源市科技创新能力评价（委托项目）	软科学	一般项目	3000
23	钟燕瑾	欠发达山区市的科技创新能力提升策略研究（委托项目）	软科学	一般项目	3000
24	李大成	高职教育“专业经济实体型”实践教学模式研究与应用	教育科学	一般项目	2000

续表

序号	主持人	项目名称	学科类别	立项类别	资助金额(元)
25	钟燕辉	地方高职院校校企合作的现状与对策研究	教育科学	一般项目	2000
26	邹建辉	高职院校学生综合素质提升及其评价体系研究与实践	教育科学	一般项目	2000
27	罗坤明	中高职衔接人才培养方案的研究和探索	教育科学	一般项目	2000
28	段春梅	创新教育视野下的教师角色定位分析与研究	教育科学	一般项目	2000
29	白迎超	基于国家职业资格素质要求人力资源管理教改研究	教育科学	一般项目	2000
30	郑尔君	高职院校师范生创新与创业教育模式的研究	教育科学	一般项目	2000
31	罗士俐	职业教育校企合作相关法律问题研究	教育科学	一般项目	2000
32	车　辉	河源职业技术学院大学生德育体系创新研究	教育科学	一般项目	2000

14.9 2011 年专利技术申请一览

序号	申请时间	申请专利名称	类型	发明人	申请号
1	2011.05	空气摆动式多工位自动送料机	实用新型	曾志文,等	201120139979.2
2	2011.09	一种可调节液面高度以提高光固化树脂利用率的装置		陈艳芳	201120345765.0
3	2011.09	一种多工件线切割加工联动夹具		陈胜利	201120345763.1
4	2011.10	激光水平施工仪		杨伟,曾天文,陆宇立,曾志文,王晖,张艺中	201120391698.6
5	2011.10	一种用于输送棒状料的翻转式送料装置		肖运海,刘海明,杨伟	201110311874.5
6	2011.10	一种用于输送棒状料的翻转式送料装置	发明	肖运海,刘海明,杨伟,刘安华,陈农心	201120391701.4
7	2011.10	全自动棒料切割送料机	实用新型	曾志文,等	201120391705.2

续表

序号	申请时间	申请专利名称	类型	发明人	申请号
8	2011.10	装饰(万字一号)	外观设计	刘亢	201130364793.2
9	2011.10	装饰(万字二号)		刘祝妊，刘亢	201130364802.8
10	2011.10	一种折叠式炭烧烤炉	实用新型	郭晓静，廖晓明	201120416317.5
11	2011.10	一种垃圾袋支撑架		刘德宗，曾志文	201120416318.X

14.10 2011 学校国家授权专利成果一览

序号	名称	类型	拥有人	授权日期	授权号	备注
1	一种基于 ZigBee 的无线开关量变送器	实用新型	黄晓明，陈农心，徐晓辉	2011.2	ZL201020221042.5	校企合作
2	一种基于 ZigBee 的无线电量变送器	实用新型	黄晓明，陈农心	2011.2	ZL201020221045.9	校企合作
3	凸轮式装卸料机构	实用新型	肖运海，陈胜利	2011.4	ZL201020281584.1	
4	气动式棒料自动上料装置	实用新型	肖运海，陈胜利，杨伟	2011.3	ZL201020281586.0	
5	电动助力篷车	实用新型	于景福，等	2011.5	ZL201020511975.8	
6	礼品(23 届世客会)	外观设计	刘晓茜	2011.8	ZL201030232437	
7	锯片铣刀偏角夹具	实用新型	胡元安，杨伟	2011.9	ZL201020640480.5	校企合作

14.11 2011 年学校科研获奖成果情况一览

序号	第一完成人	获奖名称	发证机关	级别	等次	成果形式	备注
1	高仁泽	广东省第三届大学生艺术展演	广东省教育厅	省级奖	一等奖	作品	政府奖
2	刘安华	第十三届(2011 年)全国职业教育优秀论文评选	教育部职教研究中心	国家级	组织奖	论文	政府奖
3	刘安华	广东省第三届大学生艺术展演	广东省教育厅	省级奖	二等奖	作品	政府奖

续表

序号	第一完成人	获奖名称	发证机关	级别	等次	成果形式	备注
4	刘安华	第十三届(2011年)全国职业教育优秀论文评选	教育部职教研究中心	国家级	优秀奖	论文	政府奖
5	刘安华	第十三届(2011年)全国职业教育优秀论文评选	教育部职教研究中心	国家级	优秀奖	论文	政府奖
6	刘安华	广东省高职年会优秀论文评比	广东省高等职业技术教育研究会	省级奖	一等奖	论文	非政府
7	韦　荣	广东省高职年会优秀论文评比	广东省高等职业技术教育研究会	省级奖	三等奖	论文	非政府
8	韦　荣	第十三届(2011年)全国职业教育优秀论文评选	教育部职教研究中心	国家级	优秀奖	论文	政府奖
9	韦　荣	教育部文秘类教指委“十一五”优秀科研成果	教育部文秘类专业教学指导委员会	部级奖	二等奖	论文	政府奖
10	韦　荣	河源市第三届哲学社会科学优秀成果奖	河源市人民政府	地市级	三等奖	专著	政府奖
11	陈农心	第十三届(2011年)全国职业教育优秀论文评选	教育部职教研究中心	国家级	优秀奖	论文	政府奖
12	陈农心	河源市第四届科学技术进步奖	河源市人民政府	地市级	二等奖	研究	政府奖
13	邱　远	广东省第八届大学生运动会科报会	广东省第八届大运会组委会	省级奖	三等奖	论文	政府奖
14	邱　远	广东省第八届大学生运动会科报会	广东省第八届大运会组委会	省级奖	二等奖	论文	政府奖
15	邱　远	FISU Conference Shenzhen 2011	FISU conferenceorganizing co-mmittee of the 26th summer universiade	国际级	三等奖	论文	政府奖

续表

序号	第一完成人	获奖名称	发证机关	级别	等次	成果形式	备注
16	邱　远	全国中运会科报会暨第六届学校体育科学大会	全国中运会科报会组委会	国家级	三等奖	论文	政府奖
17	邱　远	河源市第三届哲学社会科学优秀成果奖	河源市人民政府	地市级	三等奖	教材	政府奖
18	邱　远	河源市第三届哲学社会科学优秀成果奖	河源市人民政府	地市级	三等奖	论文	政府奖
19	刘剑飞	第八次全国优秀职教文章评选	职教学会职教期刊编辑专业委员会	国家级	优秀奖	论文	非政府
20	陈艳芳	广东省高职年会优秀论文评比	广东省高职研究会	省级奖	二等奖	论文	非政府
21	廖晓明	广东省高职年会优秀论文评比	广东省高职研究会	省级奖	三等奖	论文	非政府
22	刘俊英	全国机械职业教育实践教学成果	中国机械工业教育协会	部级奖	三等奖	教材	非政府
23	李春来	河源市第四届科学技术进步奖	河源市人民政府	地市级	二等奖	研究	政府奖
24	杨　黎	第八次全国优秀职教文章评选	职教学会职教期刊编辑专业委员会	国家级	二等奖	论文	非政府
25	伍春姑	广东省会计科研课题研究成果	广东省财政厅/广东省会计学会	省级奖	三等奖	研究	政府奖
26	朱　智	第八次全国优秀职教文章评选	职教学会职教期刊编辑专业委员会	国家级	三等奖	论文	非政府
27	张　艳	广东译协论坛学术研讨会论文评选	广东省翻译协会	市厅奖	优秀奖	论文	非政府
28	向群飞	广东译协论坛学术研讨会论文评选	广东省翻译协会	市厅奖	三等奖	论文	非政府
29	唐　莉	广东译协论坛学术研讨会论文评选	广东省翻译协会	市厅奖	优胜奖	论文	非政府
30	罗春娜	教育部文秘类教指委“十一五”优秀科研成果	教育部文秘类专业教学指导委员会	部级奖	二等奖	教材	政府奖
31	叶增忠	广东省第三届大学生艺术展演	广东省教育厅	省级奖	组织奖	作品	政府奖

续表

序号	第一完成人	获奖名称	发证机关	级别	等次	成果形式	备注
32	曾清华	第十三届(2011 年)全国职业教育优秀论文评选	教育部职教研究中心	国家级	三等奖	论文	政府奖
33	曾清华	广东省第八届大学生运动会科报会	广东省第八届大运会组委会	省级奖	二等奖	论文	政府奖
34	刘柏青	第十三届(2011 年)全国职业教育优秀论文评选	教育部职教研究中心	国家级	三等奖	论文	政府奖
35	刘柏青	广东省第八届大学生运动会科报会	广东省第八届大运会组委会	省级奖	三等奖	论文	政府奖
36	刘柏青	全国中运会科报会暨第六届学校体育科学大会	全国中运会科报会组委会	国家级	三等奖	论文	政府奖
37	刘柏青	全国中运会科报会暨第六届学校体育科学大会	全国中运会科报会组委会	国家级	二等奖	论文	政府奖
38	刘柏青	河源市第三届哲学社会科学优秀成果奖	河源市人民政府	地市级	三等奖	论文	政府奖
39	刘晓茜	中国年俗剪纸大赛	中华文化促进会剪纸艺术委员会	国家级	优秀奖	作品	政府奖
40	刘晓飞	广东省第三届大学生艺术展演	广东省教育厅	省级奖	三等奖	论文	政府奖
41	戴春平	第十三届(2011 年)全国职业教育优秀论文评比	教育部职教研究中心	国家级	三等奖	论文	政府奖
42	戴春平	第十三届(2011 年)全国职业教育优秀论文评比	教育部职教研究中心	国家级	优秀奖	论文	政府奖
43	戴春平	河源市第三届哲学社会科学优秀成果奖	河源市人民政府	地市级	三等奖	论文	政府奖
44	戴春平	河源市第三届哲学社会科学优秀成果奖	河源市人民政府	地市级	三等奖	专著	政府奖

续表

序号	第一完成人	获奖名称	发证机关	级别	等次	成果形式	备注
45	戴春平	第八次全国优秀职教文章评选	职教学会职教期刊编辑专业委员会	国家级	二等奖	论文	非政府
46	邹伟建	河源市第三届哲学社会科学优秀成果奖	河源市人民政府	地市级	二等奖	专著	政府奖
47	杨党校	“第四届中国管理科学大会”优秀论文	中国管理科学研究院	部级奖	二等奖	论文	非政府
48	刘　宇	第八次全国优秀职教文章评选	职教学会职教期刊编辑专业委员会	国家级	三等奖	论文	非政府
49	陈天翼	2010年中国地方经济优秀论文评选	中国经济学会期刊编辑专业委员会	部级奖	二等奖	论文	非政府
50	黄丽娟	第十三届（2011年）全国职业教育优秀论文	教育部职教研究中心	国家级	三等奖	论文	政府奖
51	黄丽娟	第十三届（2011年）全国职业教育优秀论文	教育部职教研究中心	国家级	优秀奖	论文	政府奖
52	陈海明	青少年和青少年工作研究课题优秀奖	广东省青少年事业发展与研究中心	省级奖	优秀奖	课题	政府奖

14.12 2011年学校出版教材名录

序号	作者	类别	出版物名称	出版社名称	出版时间
1	杨帆	教材	秘书理论与实务	华中科技大学出版社	2011-12-30
2	张文	教学参考书	思想政治理论课训练手册	北京理工大学出版社	2011-10-19
3	唐继旺	教材	前厅客房服务实训教程	北京师范大学出版社	2011-10-01
4	陈学翔	教材	数控铣（中级）加工与实训	机械工业出版社	2011-09-01

续表

序号	作者	类别	出版物名称	出版社名称	出版时间
5	具东梅	教材修订版	新编大学英语教程(上册)	大连理工大学出版社	2011-08-30
6	邹伟建	教材修订版	思想道德修养与法律基础辅助读本(第二版)	北京理工大学出版社	2011-08-29
7	刘宇,张文,欧阳世芳	教材修订版	思想政治理论课训练手册(上、下册)(第二版)	北京理工大学出版社	2011-08-20
8	伍春姑	教材	会计岗位职业技能实训	华南理工大学出版社	2011-08-02
9	杨党校	教材修订版	思想道德修养与法律基础辅助读本(第二版)	北京理工大学出版社	2011-08-29
10	朱智	教材	中国旅游地理	北京师范大学出版社	2011-07-12
11	唐燕妮,黄志忠,戴卫军	教材	电工技术及实训	中国轻工业出版社	2011-07-07
12	阳晓霞	教材	计算机应用基础上机指导实训教程	湖南师范大学出版社	2011-07-01
13	于景福	教材	工程制图与识图习题集	中国轻工业出版社	2011-07-01
14	朱智	教材	旅行社运营管理实务	国防工业出版社	2011-06-30
15	刘宇,陈德清,车辉,戴春平	教材	形势与政策辅助读本	现代教育出版社	2011-06-10
16	于景福	教材	工程制图与识图	中国轻工业出版社	2011-06-06
17	殷小清(外),黄文汉	教材	数控编程与加工:基于工作过程	中国轻工业出版社	2011-06-01
18	郭丽春(外),黄日胜	教材	C语言程序设计	北京工业大学出版社	2011-06-01
19	叶春辉	教材	经济数学	电子科技大学出版社	2011-03-28
20	伍春姑	教材	企业会计实务(上)	化学工业出版社	2011-02-01

续表

序号	作者	类别	出版物名称	出版社名称	出版时间
21	具东梅	教材	新编大学英语教程（下册）	大连理工大学出版社	2011-01-25
22	刘冠军	教材	Pro/Engineer Wildfire 4.0 教程	国防工业出版社	2011-01-27
23	林芳	教材	新编大学英语教程（下册）	大连理工大学出版社	2011-01-25
24	杨细萍	教材	新编大学英语教程（下册）	大连理工大学出版社	2011-01-25
25	刘冠军	教材	铣工模块式实训教程	中国轻工业出版社	2011-01-23
26	郑尔君	教材	教师口语	中国科学技术大学出版社	2011-01-19
27	黄业安，陶影，潘益玲，刘松明，杨黎	教材	电子电路分析与实践	西安电子科技大学出版社	2011-01-15
28	邓文博	教材	经济学基础	化学工业出版社	2011-01-03
29	吴春尚	教材	经济学基础	化学工业出版社	2011-01-01
30	冯鑫，杨细萍，张春柳，汪莉，赵红石，荣捷频，廖洪嫣，高小兵，林芳，李芳芳，具东梅，吴建林	教材	新编大学英语教程（下册）	大连理工大学出版社	2011-1-25

14.13 2011 年精品课程及精品建设课程一览

课程名称	课程负责人	课程名称	课程负责人
电子与信息工程学院			
网页制作技术	谭卫	手机检测与维修	黄舒
网络设备配置与管理	安华萍		

续表

课程名称	课程负责人	课程名称	课程负责人
机电工程学院			
机械设计基础	陈艳芳	塑料材料与配方设计	钟燕辉
汽车车身电气检修	陈纪钦		
工商管理学院			
旅行社计调业务	张颖	采购与供应实务	吴春尚
会计电算化	胡光兰		
人文学院			
英语写作	王莉	商务英语单证	刘坤

14.14　2011 年优质课程一览

课程名称	负责人	课程名称	负责人
电子与信息工程学院			
软件开发与文档编写	杨浪	网页界面设计	潘博
动态 Web 技术	杨琳芳	计算机网络技术	王艳萍
可编程逻辑器件及其应用	罗坤明		
机电工程学院			
汽车底盘检修	孙大许	AutoCAD	梁丰
工商管理学院			
推销与谈判技巧	周原	审计实务	伍春姑
仓储配送技术与实务	方艳	酒店服务礼仪	伍新蕾
人力资源管理	白迎超		
艺术与设计学院			
儿童绘画研究	曾仕标	综合绘画	戴学映
篮球	尹华		
人文学院			
办公自动化	刘立恒	英语写作	王莉

14.15 2011年合格课程一览

2011年第一批合格课程一览表

课程名称	负责人	课程名称	负责人
电子与信息工程学院			
小学信息技术教学实务	高燕	嵌入式 ARM 原理及应用	潘晓莉
影视编辑与合成	王亮	企业 ERP 软件应用	张志山
多媒体课件制作	巩云飞	电子产品维修	刘松明
综合布线工程技术	蓝小亮	电子技能训练	黄业安
建筑制图与 CAD	黄志忠	嵌入式产品分析与调试	葛建新
楼宇安防技术	陈余	移动通信网络优化	邓小丁
单片机技术	陈余	通信工程概预算	谢志能
游戏开发技术	杨浪	通信电子线路	李世文
网络编程技术	段春梅	教育见习(现教)	仇旺龙
富互联网应用技术	曾水新	专业技能综合实训(现教)	仇旺龙
富客户端技术	曾水新	毕业实习(现教)	仇旺龙
软件测试技术	黄锡波	毕业设计(现教)	仇旺龙
毕业设计(软件技术)	黄锡波	多媒体技术综合实训	潘博
网络操作系统配置与管理	李锦智	毕业实习(计算机多媒体)	刘清华
Linux 网络操作系统	徐文义	毕业设计/论文(计算机多媒体)	王玉
网络管理与维护	徐文义	认识实习(计算机多媒体)	郑群
综合布线技术与施工	叶红卫	软件技术综合实训	杨琳芳
C#程序设计	陈赵云	毕业实习(软件技术)	杨琳芳
数据库原理与应用	巫锦润	毕业设计/论文(移动通信)	吴宗泰
嵌入式手机应用开发	黄日胜	应用电子专业技能综合实训	潘益玲
工商管理学院			
中国古代建筑与园林	朱智	商务沟通与谈判	郑华平
广东导游基础知识	张颖	工商企业管理专业实习	梁瑞明
旅游市场营销	张颖	工商企业管理专业认识实习	白迎超

续表

课程名称	负责人	课程名称	负责人
工商管理学院			
旅游服务心理学	伍新蕾	市场营销专业认识实习	潘蕾
导游英语口语	汪莉	创业管理	蔡景庭
旅游英语	曾艳平	工商企业管理专业毕业设计(论文)	段世民
旅游政策法规	胡晓晶	工商企业管理专业技能综合实训	曾苑
出境旅游领队实务	胡晓晶	酒吧服务与调酒	黄蔚红
英文旅游函电	谢倩	初级会计电算化	刘苇
市场营销专业专业实习	周原	初级会计实务	刘苇
广告理论与策划	李晓娜	珠算与点钞	伍伟
市场营销专业毕业设计	郭海红	会计电算化实训	胡光兰
销售管理	郑洪珊	会计英语	叶妍曾广生
消费行为学	吕春燕	管理会计	姚辉东
物流法律法规	鲁夏平	物业清洁管理	陈凌维
物流信息技术与应用	殷锐	会议服务与管理	余丽
ERP 原理与应用	王蕊	经济学基础	林七七
物流成本管理	叶影霞	房地产营销	温志辉
仓储配送技术与实务	方艳	物业档案管理	何新安
货运代理业务与操作	何霞	物业管理专业毕业实习	温志辉
供应链管理	黄慧	物业设备维修与管理	廖志风
工商企业管理专业毕业实习	曾健		
机电工程学院			
高分子化学及合成技术	付玉龙	汽车发动机综合故障排除	张兴安
工厂设计	陈绍军	汽车鉴定与评估	张兴安
高分子物理	涂华锦	汽车发动机检修	张兴安
塑料注塑工技能考证综合实训	钟燕辉	汽车原理与结构分析	林小武
人机工程学	王姣颖	汽车岗前综合实训	林小武
三维设计与渲染	赖文琴	汽车车身电气检修	陈纪钦
产品开发设计	廖若沙	汽车底盘检修	孙大许

续表

课程名称	负责人	课程名称	负责人
机电工程学院			
机械零件设计与建模	黄翊之	汽车底盘综合故障排除	孙大许
环境保护专业英语	徐艳	汽车车身修复	钟明鑫
环境监测	赵虹	汽车机械基础	于景福
机械制图	梁丰	机械工程材料	刘冠军
AutoCAD	梁丰	模具制造技术	李国旗
机械制图与 AutoCAD	刘俊英	认识实习	刘俊英
模具 CAD	林浩波	机床电气控制技能实训	黄文汉
机加工技能实训	林浩波	数控技术专业毕业设计	黄文汉
机械制造技术(专业平台课)	吴永锦	电工基础	陶影
特种模具设计及制造	吴永锦	UG-CAD	陈胜利
产品逆向技术	朱俊杰	数控机床操作实训	谢新媚
冲压模具设计与制造工艺	刘军辉	数控机床 PLC 控制技术	冯友强
公差与测量技术	陈艳芳	机加工实训	刘冠军
人文学院			
少年心理健康教育	曾文雄	会展实务	邹超才
教育应用文写作	唐继添	大学语文	曾志梅
秘书技能综合实训	袁思强	信息与档案管理	刘立恒
英语语法	李小岸	基础心理学	吴碧红
中级综合英语	黄燕妮	基础写作	陈火胜
日语	张艳	法律事务专业毕业实习	罗士俐
英语口译	向群飞	教师口语	郑尔君
计算机速记	张智	普通话(语文教育)	郑尔君
初等代数研究	黄卓尔	儿童文学	刘育根
经济数学	黄卓尔	外国文学	刘育根
解析几何	盛建洪	新闻写作	谭琦喆
概率论与数理统计	袁欣欣	小学班级管理实务	张湘娥

续表

课程名称	负责人	课程名称	负责人
人文学院			
数学分析	钟薛涛	教师礼仪	朱玉梅
涉外秘书实务	李小娟	法律专业实习	黄箭
小学综合实践活动设计	黄莉莉	法律文书写作	刘宇
文学选读	岳琼	商务英语语音	杨艳
基础日语	池潇潇	中级商务英语听力	李小云
英汉交替传译	吴建林	法律事务毕业论文	徐微
网络新闻传播	陈石珍	法律服务综合实训	毛丹
中国新闻史	陈石珍	新闻摄像	巫雄鹏
大众传播学	陈石珍	商务英语翻译	朱建
生命科学	陈瑞		
艺术与设计学院			
室内设计原理	贺扬眉	武术	殷国龙
家具与室内陈设	贺扬眉	排球	杨柳青
编排设计	朱一赵	小学体育教材教法	宋国清
计算机辅助设计	朱一赵	体操	孟锋
Maya 三维动画设计	李默尘	羽毛球	王国华
Premiere 后期合成	李默尘	音乐欣赏	叶碧青
儿童绘画研究	曾仕标	钢琴	薛莉
中国画	曾永松	声乐表演	梁山
小学美术教学理论与方法	许伟婵	服装工艺制作	邓海娟
管乐(专选)	谢建华	服装色彩	胡叶娟
钢琴基础	杜伟祥	服装生产技术管理	林美峥

2011 年第二批合格课程一览表

课程名称	负责人	课程名称	负责人
工商管理学院			
物业管理专业实习	温志辉	管理沟通实务	白迎超
室内装饰工程与材料	温志辉	企业资源计划	胡祖杰

续表

课程名称	负责人	课程名称	负责人
工商管理学院			
物业绿化管理	陈凌维	认识实习	吴春尚
物业服务礼仪	林七七	毕业论文	吴春尚
物业安全管理	林七七	专业实习	方艳
毕业实习	郑洪珊	物流专业英语	叶影霞
专业技能综合实训	李丹	专业技能综合实训	殷锐
国际市场营销	吕春燕	毕业实习	何霞
专业实习、毕业实习	张颖	统计实务	丘艳
毕业论文	张颖	中级会计实务	刘苇
导游词写作	张颖	金融概论	伍伟
认识实习	胡晓晶	毕业实习	叶妍
组织行为学	王奇	会计基础与财务管理	伍春姑
人事管理实务	许波	毕业设计(论文)	邓凤连
电子与信息工程学院			
电子产品生产工艺与管理	肖朝亮	网络性能评估	叶红卫
电子产品营销与服务	唐燕妮	计算机网络系统集成	黄浩
认识实习	葛建新	认识实习	张连姣
毕业实习	葛建新	专业技能综合实训	王艳萍
网站构建与维护	谭卫	专业实习	阳晓霞
Photoshop 图像处理与设计	潘晓利	毕业实习	徐莉
楼宇智能管理员综合实训	陈余	毕业设计	安华萍
维修电工综合实训	陈余	网站开发综合实训	巩云飞
系统集成技术	陈余	教学设计	高燕
制冷与空调技术	蔡志敏	课件制作	高燕
毕业设计(论文)	蔡志敏	摄像艺术	王亮
电梯技术	蔡志敏	现代通信技术	闫云利
建筑供配电技术	黄志忠	嵌入式系统应用设计	邹莉莉
楼宇智能化技术	蓝小亮	专业技能综合实训	黄日胜

续表

课程名称	负责人	课程名称	负责人
电子与信息工程学院			
网络工程技术	蓝小亮	Oricle 数据应用技术	王桂兰
认识实习	杨黎	认识实习	巫锦润
电工普训	贺小艳	专业技能考证实训	巫锦润
楼宇自动消防技术	贺小艳	毕业实习	周永福
软件框架技术	常贤发	毕业设计	周永福
认识实习	段春梅	嵌入式操作系统	周永福
虚拟现实技术	杨浪		
艺术与设计学院			
色彩	马艳玲	CorelDRAW 服装	黄秀丽
色彩风景写生	戴学映	AE 影视特效	李默尘
专业技能综合实训	曾仕标	3DS MAX 三维动画设计	李默尘
美术简史	许伟婵	3DS MAX 室内效果图表现	贺扬眉
毕业实习	骆斯琴	3DS MAX 建筑效果图表现	贺扬眉
运动解剖	卢艳梅	计算机平面软件基础	朱一赵
体育保健	卢艳梅	图形创意	傅冬花
运动生理	卢艳梅	三大构成	傅冬花
健美操	孟峰	字体设计	刘亢
中外服装史	林美峥	书籍装帧设计	刘亢
服装素描	林美峥	建筑装饰制图与识图	刘亢
服装跟单	胡叶娟	设计概论	柯杰
服装配饰设计	胡叶娟	广告文案谋划与写作	柯杰
表演服装设计	邓海娟	Flash 动画设计	刘红琴
服装造型设计	邓海娟	服装品牌名师	高晓杰
人文学院			
毕业实习	叶春辉	认识实习	袁思强
毕业论文	叶春辉	专业实习	袁思强
教育见习	叶春辉	毕业论文	袁思强

续表

课程名称	负责人	课程名称	负责人
人文学院			
数学方法论	盛建洪	秘书礼仪	罗春娜
小学数学竞赛与辅导	匡华	手写速记	张智
专业技能综合实训	黄华	职业资格认证	张智
毕业实习	王莉	商务英语	高小兵
英美文学	王莉	毕业设计(论文)	高小兵
英美概况	陈希娟	中级综合英语	岳琼
初级英语听力	唐莉	英语写作	王涛锋
高级英语听力	唐莉	实用英语语法	王涛锋
毕业设计(论文)	汪莉	应用英语视听说	李小云
专业技能综合实训	张学仪	高级商务英语听力	李小云
初级英语口语	张艳	英汉视译	吴建林
高级英语口语	张艳	翻译批评与赏析	吴建林
高级综合英语	黄燕妮	中级应用英语口语	曾艳平
初级综合英语	黄燕妮	初级应用英语听力	曾艳平
顶岗实习	刘育根	中级商务英语口语	曾艳平
地球科学	陈瑞	初级应用英语口语	曾艳平
文学概论	舒多多	毕业实习	陈石珍
社会科学基础	骆汉雄	毕业论文	陈石珍
古代汉语	樊玉梅	金庸武侠小说及影视剧欣赏	陈石珍
法律原理与技术	黄箭	综合技能实训	陈石珍
毕业实习	刘立恒		
机电工程学院			
数控加工技能强化实训	陈胜利	涂料工艺	王凌云
数控加工工艺编制与机床操作	谢新媚	汽车技术服务基础	陈纪钦
数控机床操作综合实训	谢新媚	电工电子技术	肖微
机械制造工艺与夹具	刘冠军	汽车销售实务	肖微
电工电子技术	王璇	汽车营销策划	钟明鑫

续表

课程名称	负责人	课程名称	负责人
机电工程学院			
电子技术	王璇	汽车新技术	钟明鑫
毕业实习	黄文汉	汽车美容与装潢	洪子荣
数控机床	黄文汉	电子电路分析与实践	孙大许
钳工实训	刘俊英	设计渲染实训	赖文琴
环境影响评价	赵虹	平面与立体构成	廖若沙
快速成型实训	梁丰	平面与立体构成设计实训	廖若沙
注塑模具设计与制造工艺	廖晓明	毕业设计	黄翊之
模具 CAE	朱俊杰	毕业实习	黄翊之
UG CAM	刘长灵	专业摄影实训	黄翊之
UG CAD/CAM	刘长灵	机械零件建模设计实训	黄翊之
液压传动技术	刘海明	有机化学及实验技术	付玉龙
认识实习(特殊课程)	陈艳芳	认识实习	邱志文
工具钳工技能培训	梁国栋		
思教部			
大学生心理健康教育	钟碧来		

2011 年第三批合格课程一览表

课程名称	负责人	课程名称	负责人
电子与信息工程学院			
楼宇专业毕业实习	黄志忠	现代交换技术	严云保
音视频采集与数字化编辑	方衡	毕业实习	黄舒
新型电源技术	李春来	手机生产检测	黄舒
生产实习	罗坤明	通信网络维护生产实习	黄舒
毕业设计	潘益玲	认识实习	黄舒
工商管理学院			
财经法规与会计职业道德	张森芳	物业管理综合技能实训	林七七
Excel 在财务会计中的应用	胡光兰	导游英语听力	谢倩

续表

课程名称	负责人	课程名称	负责人
工商管理学院			
预算会计实务	马佩旋	认识实习	唐继旺
烹饪营养学	吴雄昌	专业实习	唐继旺
认识实习	吴雄昌	毕业实习	唐继旺
烹调工艺学	吴雄昌	毕业设计	唐继旺
饮食营养与卫生	吴雄昌	酒店人力资源管理	唐继旺
食品雕刻与冷拼	杨锦冰	康乐服务与管理	唐继旺
面点基本技能训练	杨锦冰	中国旅游文化	唐继旺
中国饮食文化	杨锦冰	酒店基层督导业务	唐继旺
西餐菜点制作	谢剑锋	温泉旅游管理实务	唐继旺
旅游美学	杨亮	温泉与水疗服务	唐继旺
酒店营销策划	杨亮	饮食文化与营养卫生	吴雄昌
模拟导游	杨红霞	客房服务与管理	余丽
认识实习	温志辉	中外知名酒店赏析	余丽
房屋构造与识图课程	李兰芳	酒店营销	杨亮
客户服务实务	林七七		
机电工程学院			
毕业设计(高分子)	王凌云	视觉传达设计	廖若沙
毕业实习	邱志文	视觉传达设计实训	廖若沙
橡胶制品加工技术	邱志文	专业摄影与后处理	黄翊之
塑料成型设备机电控制	张涛川	金工实训	黄翊之
金工实训	梁丰	毕业设计	刘海明
职业卫生	赵虹	毕业实习	王晖
环境微生物学	徐艳	创业技能	刘俊英
危险化学品管理	郑定成	汽车专业英语	洪子荣
安全生产管理	邱元凯	金工实训	洪子荣
安全生产技术	邱元凯	汽车维修质量检验	黄弟
环境保护法规	邱元凯	认识实习	陈纪钦

续表

课程名称	负责人	课程名称	负责人
机电工程学院			
色彩与设计表现技法	王姣颖	汽车维修接待与配件营销	康迁福
模型制作	王姣颖	数控机床装调与维修	黄文汉
认识实习	王姣颖	数控装调维修技能强化实训	张秋容
设计素描	赖文琴		
人文学院			
美育基础	黄莉莉	初级商务英语口语	曾艳平
语法与修辞	郑尔君	教育见习	李小岸
现代汉语基础	郑尔君	小学英语教学法	张学仪
教育政策法规	黄志基	数学实践	叶春辉
语文毕业论文	骆力	法律逻辑	黄箭
语文教育见习	骆力	宪法	罗士俐
小学教材教法	骆力	刑法原理与实务	徐微
专业技能综合实训	张湘娥	婚姻家庭与继承法	徐微
大学生健康教育	骆汉雄	涉外经济法	李愈子
幼儿卫生学	骆汉雄	语法与修辞	刘立恒
秘书英语	汪莉	岭南文化	刘立恒
国际商务英语证书(CNBECT)考证	高小兵	秘书职业意识训导	袁思强
英汉笔译	李军	客户服务	罗丽丽
高级综合英语	向群飞	企业行政管理	罗丽丽
外刊经贸知识阅读	向群飞	认识实习	陈石珍
毕业实习	向群飞	播音与主持	谭琦喆
中级应用英语听力	陈楚君	新闻采访	谭琦喆
高级应用英语听力	陈楚君		
艺术与设计学院			
教育见习	骆斯琴	视听语言	李默尘
专业技能综合实训	骆斯琴	原画	刘红琴
和声学	骆斯琴	动画运动规律	刘红琴
音乐史与名作鉴赏	叶碧青	动画造型设计	叶丽娟
艺术概论	郑颖琼	动画场景设计	叶丽娟

续表

课程名称	负责人	课程名称	负责人
艺术与设计学院			
钢琴即兴伴奏	杜伟祥	漫画技法	廖敏
毕业论文	杜伟祥	商业展示设计	廖敏
歌曲分析与写作	杜伟祥	装饰工程预决算	贺扬眉
器乐(古筝)	张婷	效果图后期渲染 VR	贺扬眉
服装市场营销	邵敬党	计算机辅助绘图 CAD	李焕瑶
服装结构设计	高晓杰	装饰工程施工管理	黄娟
服装专业英语	黄秀丽	运动训练	孟锋
古筝合奏	张婷	体育游戏	孟锋
综合技能训练	梁山	田径(普修)	徐日泉
透视学及手绘效果图表现	钟天	专业实训	邱峰
设计速写	钟天	教育见习	宋国清
艺术实习及艺术考察	傅冬花	毕业实习	宋宗考
包装设计	孟拥	毕业论文	卢艳梅
POP 广告设计	孟拥	油画	马艳玲
平面广告设计	柯杰	素描	曾仕标
动画概论	柯杰	毕业实习	曾仕标
毕业设计	刘亢	毕业设计	黄映霞
见习	刘亢	漫画基础	许伟婵
动画剧本写作	李默尘	教育见习	戴学映
动画短片制作	李默尘		

14.16　2010 年获奖成果一览

时间	名　称	主办单位	等次	获奖选手	指导老师	级别
2011 年 11 月	2011 年“中国—东盟”青年创新大赛	教育部	金奖	任伟强、徐丹桂、徐燕玲、黄炜权、刘金涛	邓文博、曾苑、叶影霞	国家
			二等奖	罗俭、刘永峰、姚淑君、曾庆宁、朱跃飞		国家

续表

时间	名　称	主办单位	等次	获奖选手	指导老师	级别
2011年11月	2011年全国三维数字化创新设计大赛(全国3D大赛)	科技部国家制造业信息化培训中心3D办	一等奖	李壮威、何敏康、张娜、张娜	曾志文	国家
2011年10月	2011年全国三维数字化创新设计大赛(全国3D大赛)广东赛区	科技部国家制造业信息化培训中心3D办	特等奖	张栋均、刘德宗、吴华坤、李壮威	曾志文	省级
			特等奖	张栋均、李壮威、黄国棋、黄锦源	曾天文	省级
			特等奖	袁伟、蓝永威	刘清华	省级
			一等奖	张娜、陈锐涛、龚满丽、郭晓静	刘海明	省级
			一等奖	刘德宗、王觉敏、蔡盛洲、宋桂良	黄翊之	省级
			特等奖	袁伟、蓝永威	刘清华	省级
2011年10月	第六届广东省大学生职业规划大赛决赛(高职高专组)	广东省教育厅	一等奖	陈世峰	郑文明	省级
2011年5月	全国职业院校技能大赛广东省选拔赛“芯片级检测维修与信息服务”项目	广东省教育厅	一等奖	刘清锋、邓伟党	杨黎、葛建新	省级
			一等奖	袁晓翔、赖文治	黄雷、刘松明	省级
2011年6月	2011年首届“蓝盾杯”网络攻防邀请赛	广东省计算机协会	一等奖	朱宝军、黄俊达	周永福、殷美桂	省级
2011年5月	广东大学生电子创新设计大赛	共青团广东省委员会、广东省教育厅	一等奖	周伟东、何亚超、林雪明	黄雷	省级

续表

时间	名　称	主办单位	等次	获奖选手	指导老师	级别
2011年9月	2011年全国大学生电子设计竞赛（广东赛区）	广东省教育厅	一等奖	赖文治、叶志能、袁晓翔	葛建新、罗坤明	省级
2011年11月	第21届广东省“高校杯”软件设计竞赛（高职高专组）	广东省计算机协会	一等奖	王伟强、陈乐、何瑞龙	黄日胜、杨浪	省级
2011年3月	2011年企业经营模拟华南区大赛	中国管理现代化研究会决策模拟专业委员会	一等奖	罗俭、陈素卿、袁东、曾伟	邓文博、曾苑	省级
			一等奖	任伟强、刘金涛、陈弼洪	邓文博、曾苑	省级
			一等奖	张海波、邹丽霞	邓文博、曾苑	省级
			一等奖	刘永峰、梁建民、李昌达、朱绍福	邓文博、曾苑	省级
			一等奖	徐燕玲、徐丹桂、姚淑君	邓文博、曾苑	省级
2011年4月	第十一届“挑战杯”广东大学生课外学术科技作品竞赛	共青团广东省委员会、广东省教育厅	特等奖	卓保忠、黄剑峰、周莹莹、梁澄莹、陈俊花	伍新蕾、张颖	省级
2011年5月	2011年全国高等院校企业竞争模拟大赛	中国管理现代化研究会决策模拟专业委员会、北京大学创新研究学院	一等奖	徐丹桂、徐燕玲、刘永峰、邓锦平、周华桂	邓文博、曾苑	国家
			一等奖	姚淑君、罗俭、曾庆宁、陈素卿、李昌达	邓文博、曾苑	国家
2011年5月	第五届广东大学生科技学术节暨“用友杯”ERP沙盘模拟大赛	共青团广东省委员会、广东省教育厅	特等奖	姚淑君、刘永峰、徐丹桂、罗俭、李昌达	邓文博、曾苑	省级

续表

时间	名　称	主办单位	等次	获奖选手	指导老师	级别
2011年9月	第四届广东大学生旅游文化节导游技能大赛	广东省旅游协会	一等奖	吴奕纯	胡晓晶、杨亮	省级
2011年5月	广东大学生ERP（企业资源计划）沙盘模拟大赛	共青团广东省委员会、广东省教育厅	一等奖	罗俭、刘永峰、姚淑君、李昌达、徐丹桂	俞彤、邓文博	省级
2011年7月	2011年全国大学生管理决策模拟大赛	高等学校国家级实验教学示范中心联席会	一等奖	刘菲菲、刘艳芳、赵婷	邓文博、曾苑	国家
2011年11月	2011年“中国—东盟”青年创新大赛（选拔赛）	教育部办公厅	一等奖	罗俭、刘永峰、姚淑君、曾庆宁、朱跃飞	邓文博	国家
2011年1月7—9日	第二届全国高职高专秘书职业技能大赛	教育部文秘专业教学指导委员会	一等奖	麦翠莹	袁思强、罗春娜	国家
			一等奖	梁钰杉		国家
			一等奖	团体		国家
2011年6月	2011年全国大学生英语竞赛（广东赛区）	广东省教育厅	一等奖	何冰	李芳芳	省级
			一等奖	王璇英	朱蓝辉	省级
			一等奖	苏婕仪	王莉	省级
2011年6月	2011年全国大学生英语竞赛（广东赛区）	广东省教育厅	一等奖	李睦鑫	邹联芳	省级
			一等奖	邬棠妍	黄燕妮	省级
			一等奖	江小洵	杨艳	省级
2011年5月	全国机械职业院校（教师）数控机床装调与维修技能大赛	全国机械职业教育教学指导委员会、教育部高职高专机电设备技术类专业教学指导委员会和机械工业教育发展中心	一等奖	黄文汉		国家

14.17 2003～2011年毕业生名录

14.17.1 中英文秘书

2001级中英文秘书班

黄宴和、陈秀梅、陈爱辉、杨润霞、马白兰、吴远容、刘路强、何翠英、吴伟珍、邓文广、李萍、黄文辉、黄巧平、黄晓玲、刘素红、苏红玫、吴新辉

2002级中英文秘书班

冯有娣、梁乐伟、廖瑞娴、邓建华、黄绿秀、黄伟玲、孔洁伟、陈银霞、赖雪勤、廖雄英、廖秀娟、邹东兰、廖旭星、黄美娇、林飞燕、陈双、陈对、廖木香、梁晓梅、谭金凤、李海凤、聂明桂、孙嘉连、刘丽明、刘聪英、黄燕珠、黄福基

2003级中英文秘书班

朱淑芬、元铭轩、赖晓燕、黄洁红、林妙玲、蔡艇、施虹、叶婉仪、梁冬梅、伍钊莹、刘翠连、陈彩云、李岸、丁永平、李荣芳、陈贤君、黄利红、邓宁、廖小娟、房宝珍、巫丽萍、潘伟彦、林梓妮、吴银燕、黄惠蝶、王丽珍、陈喜娜、杨建华、叶碧连、冯惠英、陆剑彩

2004级文秘1班

黄志辉、周海荣、张新文、张银芳、周燕媚、江妙珍、李木英、容蓉、苏素洁、潘进平、胡霞、蓝燕珍、杨静君、林琪、林碧翠、黄倩霞、朱彩虹、袁风连、李洁珊、梁晓云、林海燕、丁婉、曾映慧、王小梨、麦清芳、冯杰晶

2005级文秘1班

黄奕鹏、陈剑辉、莫艳明、詹雪桃、黄玉婷、李敏利、梅锦莲、黄金菊、曾瑜菊、欧敏珊、刘佩玲、周彩红、曾迪舒、陈鸿娟、陈金妹、周媛丽、欧阳爱珍、罗伟媚、蔡文秀、史倩文、曾笑映、谢映雪、欧春花、谢小丹、丘雪梅、刘月颜、郭雪梅、陈冬霞、李丹晓、曾婕、侯选平

2005级文秘2班

杨松香、张晓敏、林辉坚、仇秀静、邓惠清、何文川、林桐冰、钟远琼、林淑玲、陈智敏、曾群芳、刘丽嫦、黄晓雯、文康妹、叶春妮、杨燕华、黎柳彬、郑映菊、廖巧珍、杨秀芳、朱丽萍、彭彩红、张曼、李清琴、黄宋萍、谭艳芳、冼燕妮、莫碧曼、黄瑜、谢果红、

2006级文秘1班

陈群、卢笑兰、赖阳艳、黄雅玲、华丝丝、王兆苑、刘婉霞、郑冰容、黄颖瑜、黄文燕、陈秋花、吴雪霞、刘海燕、尹凤琴、谢碧园、陈炳嫦、戴敏、周小满、张丽妮、钟熙宁、戴德雄、王丁娴、李浩贤、蓝泰佳、黄刘浩、卢称赞、吴晃花、袁美连、丘淑玲、陈仕敏、陈超丽、李文波

2006级文秘2班

余日强、袁平红、刘碧珍、陈燕如、温成君、饶妮、具慧媛、朱春燕、翁群兴、陈碧莹、李咏、林丽芳、赖文武、丁晓君、高理梅、羊赛贞、何晓霞、莫意、卫明链、杜璐、陆小燕、张如曼、郑燕婷、张柳青、郑秀丽、李玲、许丽珊、黎祖东、潘丽娜、李燕妮、李小红、朱惠龙、吴夏蓉、吴丽娟

2007级文秘1班

叶润芬、陈凤妹、梁志敏、邵转芳、刘兰秋、黄秀静、戴丽珠、黄敏锋、李荣、余碧娜、张善惠、曾海莲、郑燕婷、欧美玲、邬海琼、吴少燕、麦银芳、袁佩仪、胡秋艳、罗淑芳、蔡宜玲、黄丽、陈晓清、周晓华、廖何花、何文娟、蓝慧、张文倩、陈敏仪、王桦、杨旭贞、张启和、余裕、温妍、方少丹、谢丽果、张品红、温洁珊、潘文凤、张燕娜、张锐滔、李银娜、黄丽玲、刘

丽风、周苗苗、赖素玲、朱利珍、欧芬芬、魏舒萍、陈丽华、刘裕美、严素立、黄涛、郑华美

2008 级文秘 1 班

陈思敏、吴丽清、李淑吟、王晓君、徐小燕、谢丽艳、赖美娜、骆丽、刘发玲、李碧桃、黄智敏、林锦桃、章晓晖、李莹香、廖利琼、曾淑婷、严佩霞、梁显燕、罗冬冬、肖文敏、梁钰杉、邱晓静、戴梦玲、麦翠莹、陈楚玲、李璐、李倩倩、王超沂、孙敏丽、钟丹、郑燕妮、叶慧洁、李丽琴、杨湘榕、卢艳飞、邱钊、卢明欢、陈龙、袁华丽、王玉婷

2008 级文秘 2 班

刘晓芬、叶美妹、黄玉华、谢丽敏、何颖丹、何宝玲、黄云、杨宇康、邓浩华、黄晓立、陈丽梅、刁翠平、朱春玲、叶秋雨、刘璐、赖玉婷、罗锦花、叶梦芳、刁燕群、甘秀苏、张婷、江晓玲、杨韦佳、张锦晖、骆晓婷、林风、刘火秀、赖梦庭、叶小宁、杨笔翠、吴丽露、刘科芬、陈亚芬、符贞敏、赖梦齐、张燕媚、卫美金、杨婷、吴锂滢、赖素清、李秋霞、李小静

14.17.2　幼师

2001 级幼师班

李其佳、包艳华、郑彩云、朱海兰、戴纳、李红、张素芬、杨霞、袁小菊、魏伟英、冯秀红、骆海燕、曾小妮、骆雪莉、骆凌燕、骆凌艳、骆丽萍、李敏、李秋容、叶君霞、赖丹梅、骆碧蓉、冯雪芬、邹燕婷、蓝春玲、龚兰兰、邓丽洁、庄燕、袁新婉、邓小玲、黄丽琼、张红漫、曾伟锋、朱莉莉、黄彩英、陈玉婷、刘金玲、骆佳林、曾二红、张华桦、张十燕、谢秋红、黄巧芳、何小玲、钟冰滢、骆丽分、巫小娟、骆春香、曾美红、黄彩红、骆仕梅

2002 级幼师 1 班

杨琳、梁志君、邓梅红、曾小琼、陈彩兰、陈华、陈丽琼、陈秋菊、戴丽芳、邓惠娟、邓丽红、丘秀丽、刁秀平、范春兰、黄芳、邓美兰、李国琼、叶晓梅、何雯雯、黄丽云、黄舒婷、黄莹、李伟香、李晓凤、骆城梅、邱坤珍、沙颖、王丽娴、巫方方、巫婷、谢丽花、谢玉翠、杨春艳、杨燕、郑芬芬、刘丽玲、余惠群、骆婷、邱素丽、黄小云、朱夏婷、林佩慧

2002 级幼师 2 班

张金英、曹瑜莎、廖雪巧、邱秀蜜、温小娜、钟春丽、周白茹、朱维莹、邹丽、郑小美、黄颖、宋智莉、宋宝玉、刘兰芳、傅伟婷、傅紫珍、黄思燕、张丽、刁美珍、邹婷、李莉、邹丽清、郑羽、廖莉、张媚、吴玉珍、邓莉莉、叶丽青、李丽萍、李佳丽、刘秀娟、吕玉琴、邓祥英、曾瑜娟、袁丽娟、刘惠艳、邹凌丽

2003 级学前教育班

陈昭琴、何琴君、谭瑞洁、陈均玲、刘丽琼、赖小群、何嘉珉、邝健容、刘晓玲、杨明明、邹丽芳、叶贵英、钟明楚、张雪珍、黎玉霞、李惠芳、张丽君、徐惠娟、

2003 级幼儿教育班

黄小依、邬晓霞、王萍、黄尔可、杨碧惠、叶许园、刘欣红、李菲菲、陈建莉、金媚、廖志蕉、杨芳、吴东兰、邹小兰、黄燕红、廖启燕、邓常茹、黄巧燕、吴红霞、刘建红、邹小花、叶颖颖、钟旭银、王小花、刘丽红、杨斐菲、王福敏、王玉琳、谢真萍、刘小红、黄艺芬、黄冠红、江莹莹、刘娟娟、戴苏、殷晴、张威、梁海燕、骆宇风、陈丽清、张兰娇

2004 级幼师 1（中专）班

曾小玲、刘丽萍、黄丽霞、吴慧芬、徐文巧、曾雪梅、宋莎、朱巧云、陈明聪、钟丹丹、黄东梅、陈兆娥、柳小兰、朱蓓、骆

玉琳、邹丽梅、何秀芬、刘春苗、欧伟珍、叶露露、黄凤仪、巫瑜婷、钟小梅、钟小丽、陈笑容、郑惠娟、余璐、黄小灵、唐海燕、杨伟爱、曾小花、黄燕玲、陈晶晶、卓妙婷、黄群、黄玉婷、钟桂珍、何燕辉、吴秀惠、廖庆燕、黄欣微、陈郁青、罗小丰、杨丽红、麦东娇、李玲、陈文婷

2005 级幼师 1 班

江惠婷、袁小琳、邱可丹、黄姗姗、陈慧萍、谢钧艳、肖慧、黄小花、邓真、吴芹燕、黄燕、游威妹、李思敏、邹艺燕、廖花、张燕琴、邱思思、罗丽芳、王晓兰、杨小燕、吕秋芳、缪紫玲、王春燕、黄娜、黄小亭、黄颖、黄姗、吴悦、刘文巧、袁曼妮、朱丽媛、古慧雯、高文清、王维、刘梅芳、黄静、李诗咏、叶燕芬、陈俊秀、许惠婷、黄晓庆、黄少蕾、彭秀媚、杨惠慧

2006 级幼师 1 班

周婷婷、杨爱琴、曾妮华、刁慧琴、李嫡晓、刘晓旋、马雯舒、廖宇露、丘天园、陈秋玲、戴丽欢、余玉华、赖春义、刘伟琴、刘玉婷、江夏、曾晓、游小雅、骆旭君、徐乙、黄思、陈小艳、黄菲菲、黄容华、欧倩茹、欧倩倩、吴雪娟、欧阳丽鹏、刘丽燕、刘燕萍、曾敏敏、周春玲、黄素芬、任秋香、范凤婷、张露露、张忆、叶芸君、刘丽蓉、杨戴、何瑶瑶

2007 级幼师 1 班

黄睿萍、骆秋平、曾温萍、刘玉、吴玉梅、黄珊珊、卢萍、黄瑶辉、刘素惠、叶怡珊、丘梦捷、胡小平、王怡锋、刘珊、刘嘉玲、欧利平、黄运零、胡送、叶千红、蓝可、巫勇花、邓家惠、曾奕诗、欧阳东英、叶蓉华、余家榕、黄文思、周惠娥、叶东梅、周仕敏、陈惠妍、曾利花、贺彩丽、杨菲琳、吴海霞

2007 级幼师 2 班

叶丽丽、曾玉华、黄丽婷、肖飘、张丽萍、朱俊卿、朱丽珍、朱雪花、骆彩玲、张文君、钟宝玲、钟燕华、廖优娣、翁爱娣、胡家兴、何家裕、杨智慧、邓华清、张娟、何可妙、何聪慧、邹舒萍、张蕾蕾、邹丽菊、袁新秀、黄琳燕、陈燕璇、黄仲顺、南颖、林丽婷、陈佩玉、张花朵、李丹妮

2008 级幼师班

邱锦红、曹慧萍、陈舒颖、朱文婷、邓洵连、崔雪娜、蓝文丰、欧阳秋红、刘海娟、叶风、谢惠霞、谢芬、杜海红、叶思颖、刘安琪、杨婷、刘芳、叶秀民、叶秀婷、谢春苗、余容兵、邹妮、邱丽敏、徐秋彩、吴小霞、宋火笑、袁佳敏、刘媛、邓丽萍、黄桃、林钰、吴晓莲、骆丽燕、邓建兰、袁丽清、吴天娥、魏文玲、张嘉琳

14.17.3 文科班

2001 级文科 1 班

王敏、曾牡华、罗军琼、张彩燕、许远峰、李娜、冯志英、廖小玲、欧阳海泉、蓝翠芬、邱新华、梁小青、黄展红、刁初辉、胡春光、吴剑锋、徐祥新、邓彩珍、周芳、刁俊新、张风媚、骆国栋、李彪、陈玉桂、徐敏、钟丽容、罗伟兵、卢秀娟、黄美容、黄丽冰、廖伟军、林辉玲、魏伟胜、谢晓丹、吴连芳、黄宇梅、廖志益、叶明伟、胡贵霞、骆红、李运芳、何娜

2001 级文科 2 班

刘景照、戴秋芳、巫春城、叶倩倩、陈秋兰、曾丽芳、邹彩丽、曾小锋、邓秀春、袁金星、李秀枚、张志艺、曾新香、李文才、叶丽茶、周健美、曾晖彩、刘敏宏、欧阳文良、欧阳丹丹、邹淑燕、骆慧琴、黄俊基、杨飞跃、骆小英、叶霄军、胡勇青、刁鹏荣、黄雪、郑玲、袁万辉、朱智勇、陈桂灵、张海玲、谢良柱、谢小明、徐前勇、曾雨彬、黄志雄、张铭、龚雪琼、陈伟清、张远婵、许月球

2001 级文科 3 班

张谷兴、张伟明、黄伟健、骆华莉、戴

小婷、潘桂森、黄良周、张紫英、肖红英、李火暖、张永强、何秋映、张秀娴、谢国富、李万广、胡美芳、杨怡程、骆丽丽、钟其声、袁利东、钟丽娜、骆伟雄、何海珍、黄丽燕、谢毕文、朱杏祥、王苗苗、梁雪、黄艺琼、黄巧娣、张育珍、张小燕、曹碧玲、叶密、陈晓敏、吴秀娟、杨少平、万东梁、郭彩霞、刘春娇、刘基旋

2001 级文科 4 班

李良山、钟萍、杨增满、李云贵、黄益青、刘德伟、廖方华、李丽红、黎影娟、陈匡姬、杨丽娟、邱远芳、曾文珍、李玲、罗远安、林丽琴、何瑜玲、周艺城、朱腾清、黄赐芳、潘敏、刘演基、袁胡芳、曾惠源、邹仕辉、吴鸿宇、钟丽娟、黄小锋、刘月华、李万娜、罗观杰、曾水周、戴剑敏、吴水波、曾新梅、张志冲、骆冬丽、王素萍、江彩妮、周玉芬、李建珍、林理、廖小梅

2002 级文科 1 班

刘玲、刘付海燕、吴育秀、林清明、魏文敏、黄丽娟、梁辉燕、谢云风、刘友青、宋彩燕、孙烁、黄虹、严仕茹、张秀漫、黄燕、黄容霞、罗雪兰、杨美玲、陈素静、黄靖、罗苑、袁雪花、刘晓敏、叶小红、李莉、郑焕婵、李彩红、余婷、邹雪芬、庾淑贤、刘月明、黎小华、余小鸥、鸥梅丽、曾美玲、陈彩凤、叶丹丹、王灵翠、叶石活、谢彩林、殷志军、李赛凡、殷伟剑、叶柱耀、谢宗源、彭日犬、叶小浪、李进城、彭国帆、陈强、黄辉林、刁桂辉、林树万

2002 级文科 2 班

陈叶丹、罗丽红、赵梅、杨佩华、林洁群、钟燕婷、陈务灵、陈坚妮、黄务结、陈健玲、岑晓虹、张美金、周爱霞、李莉、刘慧芳、李小忆、高丽丽、罗曼仪、陈惠芬、陈倚慧、蓝小院、陈琛、胡越、郑凤勤、王秋容、何小红、黄润河、刘春霞、黄桂芬、李德兰、骆秀敏、谢齐花、殷翠平、张微、李佳先、刘少庆、蔡钦俊、赖沛伦、施哲键、陈湛文、郭锦峰、丘华生、黄伟、黄继娃、郑志华、李松云、李锋、刘朋、张丽苔、刘映连、黄春霞、陈小浩、黄莹秋、何国初、王许乐

2002 级文科 3 班

张春花、蔡国荣、董春红、伍海玲、詹喜玲、陈红莲、黄玉颜、古少芳、陈春媚、黄发娣、冯月姐、李珍、罗秀丽、苏秀玲、具惠珍、杨莉、曾繁欢、赖惠燕、李冰、王美育、罗瑞兰、陈丽霞、张梅莲、肖夏莹、梁小明、杨文玄、黄丽霞、陈露稳、蔡晓垚、梁秋鹊、郑凤琼、谢春燕、陈芳、梁秀英、王小妮、王燕芳、列健桢、陆威庆、余灿、黄家嵩、叶乔建、郭树汉、林锦鹏、卢亮华、江敬锋、李荣欢、颜小伟、林俊松、彭华纯、林瑞庭、许泽明、黄小健、黄秋瑾、黄彩燕、叶春花

2002 级文科 4 班

何华乐、陈安燕、周伟红、叶欢欢、胡玲、吴建慧、赖妙玲、曾雪芬、苏利霞、郑洁文、何慧琴、张小燕、张淑婷、陈晓茵、陈文静、李倩霞、范小常、陈观兴、黄幼华、徐丽梅、黄巧仪、徐伟娜、洪媛媛、冯海丽、钟寅珍、张淑玉、江碧红、黄丽勉、谢汝冰、谢梨花、朱兰芳、曾莉、郑彩华、关杏银、郑奕璇、张安娜、曾巧红、薛丽辉、刘炫博、唐亮华、朱勇、郑家福、田勇青、张丽锋、张育森、温远强、陈觉明、邹一帆、张伟兴、简国栋、杨泗礼、刘万森、叶国君、乐华

2003 级小学文科教育 1 班

赵雪翔、马莉娜、甘倩儿、梁锦笑、吴妹、吴娉婷、陈静芸、吴衍、郑丹莹、余雪娇、杨素莲、伍国强、林雪萍、吴彬、范志明、张善乐、黎娜、侯茵、莫毅、朱雪玲、柯艳萌、林绮平、陈任涛、黄露芳、陈荣寿、陈映珊、李少锋、李碧媛、苏秋英、袁金苗、邬志雄、曾水森、叶宝琴、余维瑜、梁圣卫、邓日政、吴宇平、邓维亮、韩东

媚、朱家静、罗爱琛、罗文娟、张丽欢、廖春梅、孔伟开、黄彦惠、林鋆、黄俊生、宋观灵

2003级小学文科教育2班

李少银、姚丽媚、陈尉儿、湛景尧、邓小燕、蔡仰欢、吴炎棠、李红倩、张春华、吴美珍、王添虹、李远清、彭悦和、李秀珍、李彩文、李国红、李丹、包伟平、王玉玲、曾丹丹、揭映红、贺柳燕、马永青、邹冰芯、陈有添、殷景秀、刘景艺、黄小红、谢日新、黄飞龙、黄贵英、卓卜星、邱惠丹、朱国强、张利军、林如珍、林丽红、冯霞招、王恩姗、陈舜英、李树瑶、刘晓婉、王晓璇、沈绵、李创龙、贝莉卿、张红东、方福红

2003级小学文科教育3班

梁佩榕、李继好、辛帆、钟捷宁、陈惠璇、张勤、谢霞、李淑娟、黄荣权、吴宜晋、吴明思、朱丽敏、詹金茂、陈艳、黄丽玲、杜惠玲、黄丽英、李小燕、刘春浓、严海珠、邱仲君、曾燕平、陈坤辉、李叶平、钟静花、邹运连、钟震环、魏素芬、徐晓芝、麦耿宇、谢少清、游惠美、张球华、杨家兴、罗小敏、刘丽贞、袁碧仪、周远芳、周细女、苏艮女、陈国文、冯锦华、冯建华、黄惠青、欧洁娜、林娜、林春熙、谢育绵、董春红、林锦鹏、侯红丽

2003级小学文科教育4班

钟少玲、黎杏婉、何秋兰、卢三娣、霍群英、胡转兴、梁杰韵、杨键、陈希玲、曹翠欢、黄金燕、姚懿娴、廖素梅、骆郁华、邬江、郭佃凤、许喜莹、陈焕泽、周健珊、陈家明、杨小妹、陈洪益、戴秋弟、蔡桂娣、谢海霞、黄春福、方财珠、陈小娟、罗锦燕、肖增洪、黄少娜、刘国兴、叶细香、江思琴、钟丽萍、周小花、叶丽才、黄秋伴、吕启彬、李文才、梁巧宜、陈树添、黎广辉、许洁、徐少芬、曾欢、王敏旋、邵小薇

2004级语文教育1班

陆贻林、李晓洁、唐杰谋、叶震、李梨、崔振良、易燕群、许丽霞、骆丽金、李咏莘、曾俊斌、谢艳红、刘佩璇、曾雪伟、刘云玲、赖柳东、陈坚华、黄丽红、吴晓燕、杨永强、陈春桃、彭云连、黄福全、黄培燕、周苹、林琳、谢小艳、吴晓明、沈佳丽、李燕杰、曾丽敏、林彩华、曾宇琴、邱小兰、李春兰、欧海霞、朱丹虹、虞爱莲、张伟怡、黄进雁、李洁怡、曾冬花、张丹燕、房瑞芳、冯婵雯、曾芳华、庄燕双、李春红、陈晶晶、关逢海、林雁晓、陈晓明、苏洁珊、黄土妹、詹莎琪、彭送娇

2004级语文教育2班

钟上威、丁丽英、甘小苏、叶柏佳、叶海绿、曾彩红、曾建洁、杨贵长、李淑媚、赖丽静、曾志杰、刘燕娜、李依珊、刘雪晶、陈月玲、杨燕玲、刘瑜、李奕兴、梁锦兴、詹盛权、江萍、李日燕、卢智堃、黄淑华、叶瑜敏、李启源、黄美霞、谢利锋、范小姗、林可婷、朱伟珍、欧少延、陈惠娴、陈素晴、黄晓玲、林利宏、谢雁东、李桂珠、邹智慧、杨凡、黄仰娜、黄妙萍、莫贤广、陈肖霞、唐淑妙、吴美眉、白兰芳、黄君华、张栋、谢晓明、杨小辉、黄丽慧、甘华健、朱妙婷、陈增莲

2004级语文教育3班

钟康辉、周雁明、李小燕、刘翠萍、曾添贵、曾远芳、曾红梅、温奕鹏、孙晓静、吴晓丹、林淑君、许广带、吴海明、杨麒霖、林伟兰、邓振华、梁慧、黄梅、刘秀群、李奕文、孔维星、邹立燊、朱瑞群、柯晓纯、刘小苑、谢开好、叶转章、骆秋远、陈永杰、陈素香、彭文坚、郑晓佳、袁丽春、廖素勤、何晶晶、周日红、刘明焕、钟金洋、曾海霞、洪丹华、刘燕、吴秀凤、陈曼燕、宋远锋、李禄、杨惠群、赖科丹、吴晓茜、何瑜、郑柳丹、张英、陈金花、邹丽霞、蓝小琼、蓝雄、邱振兵、陈培智

2005级语文教育1班

刘志永、黄乐、廖文辉、曾永辉、杨景朝、柯建东、朱天生、黄权谋、刘亮、黄定平、陈晓兵、刘晓宇、刘付海辉、吴慧龄、朱碧玉、刘永红、罗东珍、周春桂、李柳燕、黄红华、吴兰花、温映媚、叶海燕、刘丽婷、涂仕优、黄小宁、吴洪娟、卢雪晶、卢慧芬、邓小青、曾晓、李娟、钟红梅、刘丽娜、吴苏玲、吴小燕、邱素平、骆丽莉、卢顺风、陈淑玲、廖玉洁、杨金龙、黄明伦、李敬华、廖日青、赖振鹏

2005级语文教育2班

许佳为、梁春阳、白平、刘广强、张伟粤、何晓锋、曾俊、蔡鸿生、张世宏、黄国鑫、谢鑫、郑志辉、曾梦娟、罗倩雯、黄巧敏、肖婷、郑玉婷、李霞、黄婉莎、吴艾蔓、王少燕、黄燕飞、宋远芸、叶丽花、杨子媚、何晓红、吴彩灵、吴秋娟、邱新迎、罗婷婷、蓝小洁、谢喜艳、曾志群、陈丽英、陈送群、邹园园、吴洁红、张燕玉、黄瑞珍、刘敏、李运青、张琼香、吴东波

2005级语文教育3班

钟漾其、杨群星、邬聪聪、李新田、詹其锋、郑育明、黄思旋、范兴胤、赖振锋、李旋光、曾开明、曾新权、吴燕生、邹梅兰、叶雪媚、陈美君、阮慧婷、甘彩红、罗小妹、赖妮芬、张美玲、许蔚钧、李继平、赵水苗、陈东霞、曾利娴、厉金枝、叶满雯、钟志波、游惠媛、黄秋菊、王芒虹、黄瑞梅、李丽、邓小丽、吴美翠、黄小芳、戴远萍、许燕芬、谢晓燕、叶碧青、吴丽平、何镇、温小敏、李君胜、梁权

2005级语文教育4班

马冠华、刘国光、张聪、郭立、袁康林、邹坤平、李柳新、田其标、谢志青、黄卓敏、李红霞、黄惠云、伍妙琼、陈丹、廖翠琴、周映、朱瑞清、曾丽白、陈小瑜、唐晓敏、陈妙娥、赖丽花、陈月秀、许姬、钟晓县、丘维钰、黄双美、黄情芳、张玉香、曾成连、蓝倚晓、刘秀春、曾斯婷、罗慧、温妮瑾、张文浩、陈保安、蓝旋、吴春丽、甘建楼、邓丽香、蓝定兰、张聪

2005级语文教育5班

杨海松、陈立维、赖振浩、梁火暖、林生尧、胡委强、谭荣、唐小平、黄少雄、苏斌、贺彬权、邓岸辉、赖海棠、赖碧艳、谢丽红、丘仕佳、吕恒新、蓝艳芳、何志红、骆伟欣、肖淑芬、廖丽容、张玲、肖媛、彭彩梅、胡映君、黄雯雯、张小婉、李燕红、冯桂秋、郭虹、薛丽萍、朱迎春、梁仕娟、欧阳小妍、赖帝琴、邓秀英、刘舒琴、蔡键瀚、李秀清、邓文彪、钟银恺、黄利敏、王晓蓝

2006级语文教育1班

柯艺铭、赖勇青、凌艳、张丽萍、张新娥、李木花、朱秋萍、王佳升、曾小龙、刘思雅、郑映雪、黄俊新、刘玲、温平文、丘小静、苏鑫、郑雅群、朱宇玲、莫土英、张远娥、陈恩慧、张林惠、邹淑英、黄妙娣、黄瑜、彭文杰、陈素芳、黄小花、江晓如、马俊清、黄洳密、周小平、陈育章、叶丽丽、刁琼兰、黄丽纯、刘崇正、张冬花、邓敏芳、麦智敏、黄雯丽、陈苏、古象珍、宋丽萍、曾秋裕、张志光、黄仿榕

2006级语文教育2班

涂海翠、袁青霞、罗云、陈志毅、黄晓丹、钟巧娴、江婉容、潘远程、陈雅婷、张映芬、邓伟华、钟佛胜、黄子龙、黄桂花、张海燕、钟思远、温夏花、江美霞、邓玉云、黄思维、何志强、吴翠华、叶美英、黄祎、黄帅、陈小巧、刘惠燕、卢少能、黄日暖、李锦婷、邓福娟、魏菊梅、丘闪、温国文、陈展英、郭春艳、丘娜、赖观琼、吴树华、黄映香、杨时曼、黄明南、吴少芬、李川云、廖春兰、黄文英、曾瑞桃、刘家文

2006级语文教育3班

罗海城、黄均亮、利金梅、王品璋、曾爱贤、陈丽娜、钟雪梅、温丽芳、陈剑枚、

赖志威、范凯、邹小说、黄明华、邱巧琴、戴雪梅、肖蕴萌、朱晓华、黄晓玲、温远浪、黄麟、江婷婷、刘春娣、陈静、唐金榜、黄泰材、曾飞渊、潘素雅、魏玉玲、古育溪、陈银霞、李伟红、李岸欣、文妙艳、薛薇、杨冬梅、吴金梅、杜俏霞、刘艳红、王泽仪、张銮、徐佳仪、肖晓东、余玉梅

2007 级语文教育 1 班

曾莹、谢美红、罗苑苑、贺晓锋、练传兴、邱建霞、邵燕河、苏颖、邓艳丽、黄彩红、钟晓萍、郭晓华、蓝德锖、刘影丽、黄小佩、黄小梅、吴素群、周婉婷、叶秀玲、邓灿武、贺婷、谢素丹、陈文光、田丽燕、黄小英、刘丽云、钟木强、魏国雄、宋利青、黄旭慧、刘婷、廖小琴、刘秀芬、朱会平、叶远菊、罗文彬、张文青、黄梅、叶春映、谢洁新、利艳秋、杨少然、黄平

2007 级语文教育 2 班

叶冬英、叶婉婧、林启锋、杜燕芳、邬文婷、朱柏惠、肖嘉微、黄海明、袁丽君、周运媚、何汝萍、宁晓妮、张旭容、卢楠楠、丁颖、吴益云、刘小超、叶思蒙、温新云、郑新发、倪克敏、陈超、李惠燕、杨燕妮、朱玉容、沙秀清、刘洋财、陈丽丹、陈玲霞、何立皆、朱燕青、肖惠琪、蒋志勇、黄飞娟、陈锦秀、张醉友、叶珍、黄明惠、周玉汝、曾彪、叶向伟、黄云菲、陈惠聪

2007 级语文教育 3 班

黄文科、赖小瑜、卢雪萍、赖芳芳、刘爱花、廖远平、黄娜、陈佳丽、陈胜文、魏佳佳、陈丽婷、刘榕、肖嘉敏、李洁玲、马少卿、钟燕珍、曾春苑、黄平玉、叶雪花、叶聪、赖奎花、黄颖、李享波、古丽娜、张菊红、黄文婷、刘竞、谢梦娜、张红霞、叶玉兰、温丽君、凌美雪、徐秋菊、吴明强、杨翠妮、张国芸、温燕珍、叶剑传、陈婉红、黄巧平、叶梦、黄利、张梅花

2007 级语文教育 4 班

朱秀丽、詹江霞、曾建华、黄建城、郑旭文、董丽明、刘丽萍、黄利珍、邹平、杜慧娟、温义春、邹伟丹、黎宝花、严氏名、刁海萍、陈耀文、冯惠芳、张慧锋、刘凤洁、李玉燕、温玉香、李建果、李丽婷、李清、邹穗、柳芳、张俊嫦、曾庆恒、曾琴、吴达江、邹春燕、赖宝丹、曾运娣、谢东莲、叶苑娥、黄慧莎、巫玉滢、黄淑君、叶瑞玲、叶文静、宋银花、张洁芳、廖燕虹

2008 级语文教育 1 班

钟宗辉、刘芳、欧阳秋霞、黄冬霞、戴文婷、杨丽琳、温小礼、黄芳、冯艳平、邹燕琼、温玉春、丘勇锋、赖敏芳、赖秀琳、温翠媚、刘永达、刘幼花、陈婷婷、钟淑丹、吴海婷、陈秋叶、庄昕、黄颖莹、胡诗卉、黄丽云、钟万巧、欧阳珊、朱玉婵、姚滢、欧阳婷、欧阳小兰、黄雪婷、蓝丽华、叶桂云、李远丽、钟燕婷、胡月慧、幸瑜、陈朝盛、霍倩婷、李小玲、张建新、曾石榴、张茜、吴秋霞、周燕娥、曾敏妍、翟焕来、贺金波、叶丽琴、严丽、陈海城、钟金珍、刁细敏

2008 级语文教育 2 班

刘景良、杨芹芳、林彩丽、陈春霞、张勉、李燕霞、彭丽蓉、谢翠萍、叶红梅、朱锦芬、邱威颂、叶淑瑜、李玉英、张惠萍、邱晓青、朱景扬、邓苑婷、陈旸、张世钦、汤涛辉、邹平平、林宇聪、徐丽平、龚鸳、廖利娟、石士、黄怡风、江丽娥、邓远军、钟建标、郑利莹、林秋连、刘丽君、钟德亿、邹艳、赖海珍、王妹、邹玉平、朱飞姗、关冬雪、黄帅、余远杨、周东玲、吴铧鹏、叶艳阳、熊春妙、吴玉英、邹素云、骆丽、黄德森、钟丽霞、黄惠珍、李小霞、李远萍、陈晓文

2008 级语文教育 3 班

陈小婷、杜敏怡、张海燕、何尔曼、周长娣、王淼、王敬欢、何思思、谢沁菲、王敏、李晴娟、赖志芬、曾健珍、黄飞娜、张菊英、谢怡意、赖晶、刘文芳、吴锦雄、周

凤、钟晓媚、赖宇锋、许雅君、贺世龙、魏伟娜、欧海萍、马凯篮、骆秋琳、卢建秋、颜艳梅、黄影莲、李梁坚、戴芬芬、陈达科、邹丽珍、邹云云、苏旭纯、罗郁君、付桂萍、何丽丽、温小燕、黄瑜、黄敏芳、张伟鑫、朱小丹、罗芳冰、黎旭燕、欧婷风、邹亮、叶樱梅、张娜莎、贺展文、钟慧娴、杨丽华、罗苑

2008 级语文教育 4 班

戴美霞、曾远茹、黄远青、郭思娜、赖爱烤、叶秋娜、刘小丰、黄辉、李燕军、范欢琴、谢欢、周冠龙、朱远辉、黄小知、刘丽映、彭灼平、骆国燕、吴秋常、谢惠玲、朱秋月、黄素红、叶小梅、罗玉桂、黄凤琴、朱海波、林金玉、王义兰、李惠灵、周雨桐、甘建扬、陈苑文、叶耿强、周素、朱世玉、关新、林舟、赖宇雯、吴秀珍、张秀芳、何秋娟、陈奕芝、钟美英、黄越涛、曾碧银、钟燕玲、朱贤科、蓝艳萍、邱健锋、邬玲玲、苏金梅、黄惠圆、贺梦丹

14.17.4　理科班

2001 级理科 1 班

刘志坚、曾彩、郑小英、杨继坤、黄胜科、江美云、叶国才、骆日俊、潘颂媚、巫义平、唐惠群、曾燕宾、黄活伟、罗海泉、廖丽卡、彭柏青、苏红杏、曾思坚、叶俊广、朱素芳、曾秋英、陈石友、梁丽芳、袁玉泉、谢福莉、李丽安、罗映平、丁勇、黄运珍、曾燕辉、黄勤福、谢春亮、刘小坚、张青春、周伟英、曾雯晓、熊志恒、袁水华、黄小前、杨国军、黄伟芳、王明丰、刘石林、赖炬红、赖文颂、吴丽萍、黄碧柳、曾丽萍、黄俊江、傅辉英

2001 级理科 2 班

彭桂润、邓春花、杨桂志、黄惠章、叶小芳、刘汝培、黄光汝、杨春林、何飞拉、殷小辉、叶任珍、李盛华、林丽红、杨兰炎、柳建飞、张海琴、张辉煌、黄文茂、曾镜嫚、徐立锋、黄铭雄、朱智亮、黄茂胜、叶贵兰、邱华、官华恩、陈碧娟、骆伟强、邹运霞、陈香兰、叶虹、彭红果、陈秋銮、李叶飘、卢华伟、廖昌燕、黄必定、黄海英、邹素梅、骆远新、刁梓辉、江雁霞、唐永辉、余连清、黄梅春、赵学敏、邓小誉、刘学活、曾友明、张国周、巫梅芳、邱海华、伍丽花、曹慧萌、张俊杰、陈水令

2002 级小教理科 1 班

严玉娟、杨志华、欧阳鉴辉、黄燕桃、陈燕贞、何俭平、张永烁、游惠茹、梁炎姗、韩宝莹、黄锋祥、陈桂娟、廖若禧、曾金查、黄宇花、叶火清、曾俊棵、蓝云锋、谢宇翔、罗景丽、黄少敏、李丹霞、林小珍、卢娜芝、温立、张坚荣、刘良金、陈镇锋、陈艺、林春媚、李晶文、张永桂、张作煌、陈裕娟、蒋新运、马昌锦、邱凤玲、刘剑飞

2002 级小教理科 2 班

陈超英、萧绍林、谭启华、黄小敏、李秀慈、江集琼、郭志强、陈永江、植丹红、蔡敏瑞、黄进文、何柏霖、揭国彬、陈国胜、黄志雄、朱前庭、钟新军、王辉蕃、朱海燕、彭辉娣、黄竞福、徐海燕、陈茂虹、古翠娟、古碧聪、黄文水、钟玉苑、古春霞、周惠梅、邵庆敏、彭建梅、黄丽华、曾伟聪、张桂芳、蓝丽嫦、练汉雄、叶冬梅、梁永文

2003 级小学理科教育 1 班

马丽红、钟志辉、曾瑞清、陈铭洪、李嘉升、邬燕秋、黄增红、陈菲镨、欧阳锦娣、张等胜、戴莉莉、李灵芝、陈巧连、林艳虹、李波、廖世强、黄浩、黄春燕、李志杰、杨松林、罗湘群、张贵琴、古梁军、李思燕、蔡政、曾文苑、邹伟松、郑杰、黄丹华、麦素琴、刘锐挺、谢新彩、周添胜、林确艺、谢延花、何福权、罗琼、周千妹、曾炳胜、梁月醒、欧玉娟、刘淑锋、吴镇清、吴炳均、邹志培、李慧仪、莫丽琴、陈转

锋、林晓玲、郭灿华、凌春娥、殷培根、王日健

2003 级小学理科教育 2 班

崔敏玲、谢文雅、林嘉影、冯玉玲、黄金耀、冯振成、原伟铖、刘灿坤、李柱威、许洁纯、许文发、陈楚香、李锦青、卢辉亮、李秀婵、孔健喜、陈嘉华、欧剑雄、李晓霞、廖金月、车斯燕、陈婧、罗伟宏、罗少坚、陈嘉莉、古德来、刘苑霞、林幼宏、庄树华、叶美好、黄远枚、黄春云、曾四华、骆美霞、徐锦翔、廖小芬、冯小容、黄清银、吴振东、刘敏如、陈尔康、冯达韶、祁金冰、王承锦、吴泽娜、苏妙玲、张淑侨、戴万雄、刘桂欢

2004 级数学教育 1 班

冯月梅、黄钦德、郑木旭、陈燕明、詹雄任、何婵娣、叶小丽、洪楚纯、梁华忠、邓爱连、谢斌华、余月玲、蔡洁波、温其浪、黄燕芬、邱子玲、李观华、陈宇、范文冠、刘玉珍、郑贵金、韦海群、颜志国、李燕、叶明浩、何丽花、蔡炳、罗方建、卫嘉琦、邹国彪、黄运风、李启香、李敏明、曾艳媚、陈国伟、王冠荣、黄艳珊、钟强兵、何志杰、朱夏媛、叶伟青、曾琦

2004 级数学教育 2 班

邹锦安、刘质善、李有、黄伟奇、陈丽银、谢秀芳、林丽芳、邹银英、李定均、蔡银竹、江结祯、陈晓丽、梁文堪、赖雪花、廖晓兰、潘玉玲、陈振宏、杨晓丽、黄伟云、韦国清、吴玉莲、张章盛、梁晓东、曾庆彬、李志辉、曾利娜、冯伟琼、符景生、林金燕、韦立颖、杨泽纯、杨锦英、李燕妮、练留生、曾海生、刘丹霞、白赞华、吴建强、李文晓、梁洹棒、陈爱珊、文岸峰

2005 级数学教育 1 班

刘仕行、梁振艺、陈良智、吴海斌、李达辉、陈奕湘、谢文周、郑皓、钟志军、梁武、李勇、叶锋华、尹裕深、陈辉强、黄振明、张远辉、黄焕钦、冯健明、何建廷、陈道平、徐剑、林寿全、黄春强、李雪军、谢海玲、钟科伟、廖东英、王俏康、黄少华、孙丽琪、廖婷婷、叶新容、罗米、谢嫚燚、陈金霞、徐文勇、江颂容、简丽云、叶慧娟、吴肖瑜、赵秋兰、吴力格、廖汉通、李春伟、彭利娟、谢小委、利惠端、郭源珍、黄剑锋、曾令勤

2005 级数学教育 2 班

王教宇、林志敏、李绅彬、杜考传、方锐伟、谢锦明、蔡林作、杨增彬、黄志鹏、贺桥珠、李少框、袁福恩、廖小敏、叶月涛、蓝李笋、梁健阳、张振辉、黄悦光、官华定、谢利波、洪容发、利德纯、何丁乐、聂雪莹、张燕聪、刘秀娟、杨灵、吴晓玲、邓丽红、刘颖鹏、黄秋映、曾碧云、林银英、陈小玲、卢慧娟、罗楚平、高翠花、张欣、欧阳平、刘惠兰、李素珍、陈焕贤、叶敏巧、吴小小、张振彬、李靖文、邓超源、钟波、缪伟华、黄子环

2005 级数学教育 3 班

陈捷明、袁耀国、李建辉、张郁峰、黄英德、黄钊明、王少锋、邹绍兵、周运枋、杨森庆、张海军、符玉山、蓝奕厚、黄景发、李英华、利其捷、利燕锋、刘镜光、朱伟城、邓淑芬、邱惠玲、朱素芬、李佳倩、姚文姗、蔡金玲、杨文珍、梁艳芳、黄秀明、梁梅娟、朱筱、刘毅姗、罗燕芬、蓝燕婷、高慧玲、罗艳芬、高翠敏、钟思敏、李丽源、万娜姬、朱爱丹、钟水英、黄锦秀、朱志霞、李钟浩、张国文、张世川、钟燕芬、杨金星、何健

2006 级数学教育 1 班

钱明华、林佳、张明塔、刘贤吉、李琴、杜玉慧、刘丽娜、叶文静、赖振华、魏荣标、陈景木、陈景清、钟国鹏、赖裕雄、卢丽娟、孙淑芳、钟醒意、吴宇琴、钟丽萍、邓子珍、黄运可、赵素娜、黄福娟、朱殷殷、谢丽、陈菊丽、曾晓燕、韦菲菲、黄春霞、钟丽华、李利梅、张健祥、张志彬、

罗威权、罗小波、赖育安、邹朝朗、朱科龙、赖博钦、张华、何锡昌、林彦鑫、吴朝泉

2006级数学教育2班

贺炯军、郑伟山、刘会君、黄显辉、巫喜欢、张锐雄、李巧浓、刘彩燕、蓝宇锋、邓艳坚、陈运其、黄玉林、邝文燕、赖三妹、刘秋菊、钟先知、赖锦湘、赖石运、李晓东、钟文娟、赖华锋、魏小婷、李道雄、罗柳惠、张嘉晏、吴志坚、梁锦华、刘伟轩、赖秋伟、吴万庆、林海、梁慧青、郑佳璇、林邦永、邓远彬、蔡雪秋、陈剑锋

2007级数学教育1班

卢秀曼、廖燕燕、温来香、谢就香、黄国阳、刘彩花、李彩云、李秀霞、何海霞、陈锦慧、黄翠妮、黄清华、温素霞、刘汝波、叶国辉、曾智浓、潘羽凤、陈勇辉、廖莹莹、廖晓玲、郭钿、黄爱丽、林春生、陈苑华、戴炜佳、李宁、罗惠珍、李东媚、杨惠雅、陆晓丹、黄辉雄、刘瑜君、黄茂丹、龚桂花、张志波、古彩灵、邝博宁、李小芳、张秀媚、洪丽娟、黄佩云、蓝愈花、叶小琼、叶红枫、杨志红、林晓珍、彭瑜浩、张剑威、杨志雄、张剑勇、赖幼霞

2007级数学教育2班

邝清平、陈志扬、赖剑辉、赖晓梅、陆敏婷、吴惠、李镇基、叶敏聪、黎桂勤、余伟秀、邹晓玲、李蓓、白锦山、黄利娃、贺凤庭、邓牡丹、苏少歆、吴锋军、刘丽琴、潘冬梅、魏迅通、曾素定、刘亿洲、冯素娥、朱婉露、罗苑平、叶海彬、李秀容、王巧珍、叶瑞青、冼运梅、蒋艳芳、梁婷婷、戴卫卫、潘换玲、曾坤燕、黄锦文、蓝国梁、林新美、张美玉、陈妃贵、黄勇娣、肖胜彬、许丽华、钟液思、温茂开、廖理宏、曾龙辉、赵淼娟、黄东桂、刘银恋、黄润红、李惠敏

2008级数学教育1班

钟秀花、刘凤醒、吴伟婷、魏远龙、谢满嫦、吴芬、曾艳欢、何海莉、钟燕清、黄文达、王邻泽、吴庆涛、钟凤玲、谢幼琴、李达祥、朱运菊、李丽媛、黄丹、贺艳芳、廖利娴、刘小婷、刘伟华、钟岸阳、王燕团、黄晓丹、王平、温少兵、李亚广、邓世明、黄均胜、陈静、钟李聪、叶科娜、曾振斌、李建威、欧可辉、袁小冬、罗伟锋、古根、林春辉、钟燕锋、黄宝思、吴瑶珠、李钧展、何玩英、刘晓峰、郑运腾、朱小花、黄锐泉、钟建高、温国平、林玉霞、江丽香、张林青

2008级数学教育2班

李宇婷、刘作栋、谢婷、江锦瑜、陈剑辉、钟裕雄、陈端娴、唐小平、黄碧霞、诸悦锋、彭志光、巫利燕、陈玉平、骆东红、严干丁、蓝少娴、涂良友、李玉婷、马小婷、郑明虹、冯利均、郑捷、黄耐康、刘云英、卢利雯、曾远红、张剑标、赖志毅、吴少君、黄淑祺、张容斌、钟惠情、张美霞、刘文杏、王妙花、叶丽燕、黄文康、吴天宝、廖云彩、黄清平、欧丽媚、古锦堂、赖镜峰、丘吕娜、俞建华、宋思云、黄锡通、郑文浪、王丹、蔡燕娜、郑关华、陈蓓蕾

2008级数学教育3班

郑雪梨、王福琴、罗瑜、温少辉、朱瑞愉、刘增辉、黄雪娟、江海平、张婷婷、邹苑龙、陈雪欢、李雪白、谢丽嫦、欧阳春暖、李海平、李新宁、许晓琳、曾远龙、巫宁辉、温家卓、曾选、何志滔、邬丽燕、叶福茂、杨旭越、严丹、甘林锋、李跃龙、陈远环、梁嘉明、巫培宏、郭泽鑫、彭彩芳、刁奕科、刘彩红、陈敏君、邓振江、梁超、吴绮雪、曹新昊、邓丽娜、邹雄飞、邹勇斌、宋兴耐、程晓君、张碧红、黄嘉豪、张良芳、叶剑威、邓惠芳、聂仲业、陈素婷

14.17.5 英语教育

2002级英语（五年制）1班

朱远玲、方乙军、黄奎坚、黄晓薇、刘

秋娜、巫福娣、邓幸英、黄丽莉、刁福兰、王添珍、邓小丽、巫裕慧、王飞媚、钟春梅、曾文梅、袁镜辉、叶秋霞、何媛蓉、杨帆、叶清、陈玲燕、黄金彩、朱李杏、曾双丽、陈曼娣、邱金周、刘莉、吴真、胡丽英、曾琼燕、袁如、吴伟霞、林惠玲、邓丽琴、刘秋萍、王旭婷、骆志梅、刁水英、陈丽珊、钟桢妮、陈水美、李永青、骆心慧、吴秋瑜、邹芳芳、刘敏辉、黄桃花、黄海明、甘婵、凌艳明、方晓琼、陈瑞兰、叶美兰

2002级英语（五年制）2班

叶惠琴、王春花、邹娉婷、魏细英、杨裕明、魏秀云、杨伟珍、宋小清、叶兰凤、谢仕娟、王晓立、何小燕、吴其泉、钟文映、徐曼青、余慧群、温兰兰、冼秋霞、黄新艺、张运彩、陈小曼、张德娣、林菊花、朱丽萍、吴奇锋、戴利云、曾晓舒、叶婕好、钟婉瑾、张艳君、谢肃虹、叶丽芳、廖韡赟、朱凤丹、李景辉、李湘君、钟上德、郑丽敏、余晓丽、骆丹丹、马丽望、王丽芳、曾姝超、李冰冰、郑浩芸、叶柳芳、梁洁霞、叶婷婷、邬金香、谢晓静

2002级英语（五年制）3班

冯晓佩、钟丽华、骆巧玲、叶莉琳、唐秀清、杨显达、郑小娥、蓝萍、骆鸿华、王媛芳、邹家声、叶瑾、张达豪、刘燕容、朱海浪、胡美兰、骆玉燕、叶珊珊、邱慧娜、王丽啦、朱嗣姮、杜丽慈、骆然芬、罗冠兰、吴丽花、刘周娣、叶见伟、陈粤琦、宋兴铭、张小莉、叶莉花、骆小花、黄茵、谢洵娴、温梅琳、谢丽静、林燕群、张淑勤、魏文莉、黄珊珊、郑佩玉、骆海祥、刘定颖、邹小丹、黄飞容、曾晓鹏、钟秋媚、陈寇、张祚华

2002级英语（五年制）4班

黄小娟、刁雄英、朱婷莉、唐艳芳、王文君、陈丽娟、邱彩萍、唐丽君、杨春娥、李远强、黄琼、李彩娟、袁慧、陈健花、朱莉丹、叶碧婷、吴星燕、刁丽红、刘钰云、陈雪花、杨敬强、刁丽莉、黄华朝、李玉谷、曾秋莲、吴羽清、叶科明、温良平、李启波、蒋瑞芳、张丽丽、张娴、游春水、徐伟芳、田汝婷、曾婷、邓丽洁、邹丽红、孙瑾、叶晓燕、郑翠慧、胡惠敏、李秀秀、沙丽霞、沙莎、熊秀勤、林璀

2003级小学教育英语（五年制）班

杨微微、王月梅、陈淑雅、具健芳、钟荣昌、贺丽媚、陈远建、杨仕银、温志敏、黄锦兰、郑捷、钟小芬、翁秀萍、李仕萍、李彩萍、陈秀萍、温映君、谭美兰、陈丽嫦、陈春浓、赖燕芳、黄海英、廖丽娟、包晓媚、袁碧霞、黄艳芬、吴丹、曾婷婷、张丽兰、叶玲玲、叶丽芹、冯秋如、刘丽灵、叶志康、黄伟燕、刁辉娥、徐丽瑜、袁雪芬、邹碧贵、曾瑜、徐岐凤、袁丽丽、朱新如、叶少慧、叶姹、黄爱华、赖晓芬、陈秀、黄湘莲、叶剑敏、林璀、罗恺、陈俊帆

2003级小学英语教育1班

黄卫、郑少吟、朱若、余炎芬、吴华丽、沈秀严、王茹、钟华凤、蒋颖、吕华英、黄凤平、刘燕梅、卢桂玲、梁芍丹、劳亚月、谢中强、黄日红、黄余繁、胡淑媛、戴维娟、周小丽、李云霞、卢丽娴、曾桂珍、罗月娥、袁飞琴、范雯雯、黄春颜、陈丽净、陈铭烂、叶欢笑、凌彩霞、冯志芳、朱军梅、彭秀娟、严江洁、吴秋艳、刘伟苑、林晓娟、蓝宇、蔡爱玉、苏雪晴、黄小翠、梁伟玲

2003级小学英语教育2班

黄锦诗、黄翠芳、林洁玲、温冬茹、温敏婷、邓清桃、黄凤、林心屏、区叶想、邹雪花、李彩虹、陈婷、陈小明、曾关凤、古曲红、袁小珠、袁春苑、陈婷婷、胡明非、江丽燕、李小燕、赖晓俐、黄惠芳、邹巧凌、卢惠婵、黄慧芬、何金花、钟文花、黄红梅、刘小玲、陈果英、张秀霞、张木兰、贺彩凤、麦淑华、叶巧平、谢秀嫦、张洪

如、任巧如、郑卓君、黄祝平、黄富军、关雪莲

2003级小学英语教育3班

胡桂仪、文丽美、刘艳萍、刘井凤、唐珊、容雁朵、刘彩娟、许英娇、黄慧、许晓红、罗秀霞、李月娥、周美利、赖月伟、李新惠、钟荣欢、罗海燕、朱丽芳、郑丽丹、何茂花、李巧华、殷玉珍、黄芳、甘丽清、曾惠芬、杨晓琳、黄丽红、朱慧琼、何小燕、邓换南、叶玉珍、陈燕丹、欧丽菊、林洁红、林丽、余婉惠、方楚伟、张细妹、毛慧婷、陈记浮、陈小曼、任维丽

2004级英语教育1班

古宏杰、张小玲、刘盼、陈静漫、廖锦华、彭子萍、黄晓文、吴淑芬、叶丽丽、陈灿星、黄惠旦、黄绮云、马伟东、赖日强、林赞、陈秀紫、谢小凤、谢新曲、郑丽洁、何瑞云、曾雪霞、叶艳芳、徐燕飞、欧兰花、廖夏、黄伟娴、邓莉敏、陈嘉敏、熊曼花、何国强、张裕敏、张柳苑、毛仕芬、黄莉莉、康雪杏、黄醒莲、杨凤鸣、张春燕、邝丽萍、陈林霞、刘美玲、徐小英、朱春苗、黄艳霞、李兰花、黄秋燕、何金菊、黄小美、黄丽霞、邓李胜

2004级英语教育2班

张俊锋、陈燕珊、李宏珠、李育芸、黄妙华、辜学芬、颜斯敏、叶翠平、陈旭娜、周宝玉、李勉、凌飞燕、詹朝新、黄惠玲、林木英、马警锋、薛雨伞、陈小丹、梁思、冯翠梅、简文清、黄秀艳、何金凤、梁燕婷、陈泽娜、梁钰梅、周晓燕、曾慧婉、苏婷婷、古速红、巫美珍、温美华、林小宁、刘艺萍、曾慧玲、黄玲利、梁苏媚、黄金娣、杨舒云、谢丽娟、彭华颖、许欢、王芬芳、杨娟娟、肖云浪、吴秋燕、苏莎莎、周小凯、叶云娟、张丽丽

2004级英语教育3班

范利玉、陈丽芬、邓敏红、佘曼佳、潘康慧、黄锦恒、刘丽芳、江玉娴、何婷、范燕玲、姚水高、温云峰、王小那、曾惠玲、莫细妹、林玉玲、刘秋菊、朱梅审、叶见弟、何浩、陈良夏、黄秀宜、陈茹、林倜、曾素华、陈美珠、黄成文、孙玉婵、黄彩红、张海萍、尤贤娥、柳玉珍、陈寒新、李垅曼、许奕鎏、叶梅芳、曾碧霞、和少容、陈秀芳、卢良瑞、曾兰妹、李洁、罗素娥、廖燕情、叶丽娟、黄春花、余丽敏、钟桂珍、杨小红、邓潮星

2004级英语教育4班

陈秀蕾、潘琳琳、谢长有、谭子红、曾慧、韦萍、黄海玲、黄飞燕、李斯琦、张丽芳、邱芳丹、李丹、陈燕娴、李锦结、杨燕、邹素英、陈炎彬、黄美英、李敏钰、刘锦琼、陈小娃、钟丽珍、庞海慧、何惠容、刘林侠、卢嫵琳、罗桂欢、邹建连、朱国花、赵仰、吴平娟、韦勇旋、周林霞、孟敏、李珊、曾桂林、叶晓娜、黄若璇、郑树纯、何惠玲、刘秋平、曾夏怡、李洁儿、杨华任、袁娟、何万香、蔡文珠、伍翠连、黄春武

2004级英语教育（五年制）1班

赖梦琴、罗婷、袁巧云、程丽、杨佳、陈龙智、彭静霞、黄李花、钟晓燕、洪静丽、温妙青、刘小玲、黄柳丹、彭丽妮、黄晓婷、廖巧红、黄燕容、张丽勤、邓小静、温燕琳、温淑芳、李丽思、张文锋、张意娣、龚美容、李彩霞、曾福娣、钟思娜、钟美玲、刘玉蓉、林安妮、郑丽芳、张妍、陈劼、朱海霖、黄丽娜、叶瑶、骆婷婷、刘敏红、潘立凤、叶晓晶、叶丹丹、黄晓翠、蓝美娜、黄宇玲、邹锦换、李茵、王晓瑜、刘远利、廖思华、曾巧君、邹海琴

2004级英语教育（五年制）2班

何美玲、黄小拉、蔡缌婷、谢绮、曾慈燕、江文菲、阮智、钟小英、潘冬萍、叶美俊、彭岁花、彭丽俐、彭祝平、杨紫娥、刘凤云、何茂集、钟丽君、黄丽玲、黄利霞、刘雪芳、徐艳芬、范仕敏、卢仕红、曾月

群、利东娇、钟维、陈慧婷、苏雪芬、王玲、刘洁纯、赖小玲、钟情娣、李英、杨慧芳、廖小燕、杨淑斐、包丽青、骆丽琼、王金玲、黄璀、曹秀丽、邓国华、王丽彩、徐水莲、梁芬芬、林琳、江小容、马永霞、赖军辉、潘依陶

2005 级英语教育 1 班

吴进添、黄文炳、何健明、谭土新、黄法章、廖巧容、徐静、曾彩枚、麦素美、郭祥清、李景娣、黄海妮、欧珊珊、蓝柳燕、刘婷婷、黄洋英、蔡逸佳、刘云、陈晓玉、游琼、李彩燕、吴苹、卓玲、周慧勤、钟晓虹、冯婷婷、谢志嫚、黄映娥、刘利霞、邱少丽、张苏婷、谢丽琴、陈利珍、詹珊珊、钟丽、张丽花、黄群雁、叶慧平、温永俐、殷晓婕、朱少婷、叶燕妮、李佩芬、魏素庭、黄玲、甘雨初、廖洁琼、郑珊珊、杨柳娟、张巧玲、余桂贤、张晓君、邓永霞

2005 级英语教育 2 班

曾彬、周斌、黄增生、黄海飞、叶敏玲、莫文新、曾志清、丘碧晗、邱传音、叶冬冬、戴惠、钟秀媚、黄碧霞、黄淡莉、黎淑兰、马妮妮、巫燕萍、冯翠婷、曾咏梅、陈小梅、徐永连、毕翠珍、刘美苑、王惠平、曾惠嫦、麦秀珠、梁秀芳、黄惠群、刘秀娟、陈燕华、吴彩昙、叶晓娜、蓝雁如、陈颂好、丘彩娇、彭远霞、曾艳婷、黎乡静、陈仕英、江娜、洪晓琼、魏莉霞、蔡银娣、周小玉、吴嫦、程燕清、钟晓敏、许远红、吴延玲、陈梅丹、刘志秀、黄运红

2005 级英语教育 3 班

梁容汉、廖文卿、郑敏璇、何晓华、邓小燕、车海庭、刘春兰、陈爱英、郑翠萍、郑翠玲、张利娴、周秀媚、陈小琴、叶小慧、彭柳青、刘秀玲、游宇婷、余伟枚、刁月连、吴翠红、曾裕婷、蔡淑娟、谢新英、陈如嫦、刘凤青、刘素丽、刘小芳、吴莉莎、曾菲、李土英、彭丽萍、黄颖、刘晓燕、黄春桃、吴盛花、魏越丽、全晓婷、张艳芳、叶春花、林丽君、李雪惠、邹洁、何淑蕾、利剑荣、刘师华、叶聪云、王丽芝、李晓英、郑国雄、黄萍萍、陈巧婷

2005 级英语教育 4 班

郑亦祥、温奕召、温岸波、裍静平、谢思燕、郭徇惠、黄海霞、崔丽英、游芳娜、余伟珍、李国玲、邓秋平、苏妙玉、林秀红、黄瑛瑛、张惠红、欧美娜、蒙晓敏、严宇芳、陈玲、范伟燕、黄宝琼、罗柳英、黄劲、颜晓辉、杨玉芬、曾超群、陈伊璐、谢翠媚、王秋菊、张春燕、黄海兰、谭明琼、黄葵娴、彭晓婷、钟醒蓉、黄嫚风、叶必芬、黄艳、张小媚、邓秋园、曾淑玲、谢燕娜、黎淑婷、包昊然、谢丽芳、赵丹萍、陈俊彬、黄秀朵、林风群、刘静如

2005 级英语教育 5 班

杨海、肖家斌、陈焕军、肖琪娜、刘秀清、贺金娣、余科哲、赖坚、肖琴、钟妙平、黄小栈、丘秀媚、苏雯敏、徐文秀、周新兰、陈金秀、陈彩风、黄淑奎、余玉婷、刘思娜、何家丽、邹辉、袁文苑、袁锦艳、叶敬欢、朱利芳、邹丽花、钟文珠、刘艺、黄月妹、林金纯、陈锦玲、凌春友、管曼平、凌文燕、陈婕卡、季清梳、林春苗、叶秋香、林婷、魏伟容、叶李芳、张彩虾、肖金巧、赖添花、朱丽雅、黄丽珍、张雪萍、甘晓敏、叶月桂、潘东丽、叶春霞、李燕霞

2005 级英语教育（五年制）1 班

廖双玲、陈丽娥、温士为、邱国湾、叶晓鞭、张汉琼、黄巧花、张思霞、罗妙云、范婷婷、叶丽君、黄晓芬、李婷、黄翠芳、张美琳、古丽冬、廖雪君、戴素芬、张婷、王敏、张妍祎、彭瑜婷、谢凤娇、叶燕琼、谢会婷、钟小兰、黄慧璇、彭小灵、练捷情、叶丽聪、黄钰、朱小君、朱凤茹、杨德森、张瑜、黄燕红、罗丽萍、曾庆林、范晨燕、刘晓君、杨瑞平、陈彤、古幼梅、刘楚蓓、刘碧霞、张莹莹、张丽花、刘碧晖、谢嵘嵘、周宴美

2006级英语教育1班

刘添英、张丽芬、赖柳芳、李柳芳、邓文礼、钟丽娟、黄纯花、谢海霞、张娜、黄敏、白风英、黄丽典、罗彩娟、严知娜、温小霞、曾新苑、李海燕、黄妙纯、刘秋凤、温远洪、郭晓霞、甘美玲、钟映芳、陈华娟、谢丹、汤碧娟、游晓瑜、刁枚香、许燕平、古珍、梁仕英、黄秀群、叶宇庭、刘玮、赖小娟、钟婷、范智丽、黄燕妮、陈婉霞、严春燕、陈小如、吴秋雪、吴燕君、陈碧文、刘灿杰、王妙波、苏晨风、陈利霞

2006级英语教育2班

温远青、邓丽红、张妮、杨燕明、欧阳小蓝、李燕、陈丽红、叶淑娴、钟伟娟、梁素朋、胡云丽、温东敏、张妍慧、谢佩娜、钟雁娥、吴凤琼、刘威、梁晓云、练惠英、万绮琴、陈彦伶、朱秋红、杨植、陈婉、杨思娜、蒋燕飞、郑琼如、刘惠萍、张会兰、梁慧筠、陈俊双、古志园、谭光梅、林思敏、徐文玉、王俊森、邓振基、廖桂材、郭丽芳、黄绿苗、李宁艳、陈淑英、谢鑫、刘思琴、丘秀娟、黄雪霞、潘越君、崔锦兰、胡立意、陈燕霞、周军明

2006级英语教育3班

马秋琴、蔡晓丽、陈景美、彭玉莹、林桂玉、贺玉灵、郑丽丽、郑海燕、高锦萍、林丽萍、成燕飞、杨美娟、朱雪芬、陈晓云、李小清、叶莲芳、罗静、黄海玲、黄爱娜、张春霞、黄润琴、许惠娜、刘瑜娜、温春琴、张艳花、吴弘舟、李淑燕、骆洁、李畅燕、谢丽苑、邓丽琴、黄笑、邹秀霞、黄志霞、赖春燕、胡小妍、赖顺媚、曾贵芳、黄娜、曾小清、钟彩云、钟丽丽、丘义新、张永莉、黄冬玲、欧蔼娜、陈艺、赖俏婷、李东平、谢剑腾、朱力亨、李省厅、黄惠琼

2007级英语教育1班

黄凯、汤木冰、严晓芳、黄丽芬、李颖、何春娜、陈艳、刘晓雅、叶小红、邓敏芝、李桦、袁海清、谢桂兰、陈丽英、张东梅、袁露珍、胡柳、欧丽风、谢晓燕、周媚媚、叶剑慧、陈翠莲、沈燕飞、魏彦琼、刘翠丽、吴丽琴、郑丽霞、贺金容、庄冬红、曾玉婷、谢丽映、陈国丽、叶有娴、廖春苑、李鸳、钟秀芬、陈俊方、李雯雯、江就娣、黄玉梅、陈宝玲、丘丽清、董凌虹、杨培梅、黄佩强、陈婷

2007级英语教育2班

廖素银、黎珍珍、刘武、钟小玲、何宇丽、劳露、叶素蝶、罗丽霞、陈晓丹、李桂芳、姜娟娟、温爱如、张少剑、罗利芳、刘莹、张云、陈宏洁、庄素芬、张玉、刘玉贤、黄旋龙、曾莹、叶素纹、梁丽诗、杨雅、陈思敏、卢春娜、林燕、刘丽红、郭丽婷、宋美娜、李娟清、张裕红、曾飞、崔桑颖、张莉、廖小玲、何丽珠、游俊华、刘晓霞、张碧君、周秋连、陈美兰、张娜、黄劲松、巫海苑、梁丽、黄林琼、叶志高

2007级英语教育3班

吴小玉、曾玉利、付秋丽、邓丽花、许碧红、徐瑞婷、邓锦萍、邓丽君、游晓敏、陈燕玲、区雄业、巫林苑、王俏君、邓彩红、袁瑾、吴小妮、丘小蕾、何新畅、李淑诗、黄蓉、郑璇娜、冯丽婷、李丽芳、李志琼、陈聪、刘婷婷、范瑞眉、巫巧玲、朱东兰、巫美洁、叶讯、廖莲花、余源流、陈莉、严媚芳、吴淑平、黄小涛、朱委庭、曾玉霞、黄园园、杨丽、陈思静、陈小兰、钟足云、邝秀芬、何文、郑桂萍、曾碧纯、陈煜、张万强、谢婷婷

2007级英语教育4班

罗伟霞、何秋娜、谢燕、何冬梅、张海琴、张晓妮、谢惠燕、邹龙慧、黄利娜、李海美、黄惠霄、龙丽群、郑利聪、陆雪红、陈丹、刘珊、潘小宝、杨婉、何艳梅、杨曼芳、黄浪明、李金花、郭丽丽、陈锦媚、刘艳华、廖芳海、钱群秀、苏曼、刘健美、刘春爱、张福燕、赖聪、王虎、方伟木、许柳芬、彭婷、陈丽菊、朱海鸥、陈桂花、林晓

冰、吴泽璇、罗莉丽、钟燕秋、黄新群、黄远燕、李玉梅、曾文倩

2008级英语教育1班

陈瑶、廖燕珊、曾丽琴、邹秀珍、张艳芳、黄巧玲、刘惠玲、刘双媚、陈雨欣、赖晓琪、黄惠、魏翠芳、邓秀庭、张晶、叶丽卡、张宇桦、骆晶、叶宇宏、谢慧苗、曾妙珍、梁嘉浓、黄洁芳、潘文静、杜秀环、陈燕霞、黄文珊、蓝利萍、李丽辉、徐洲娟、陈丽君、许美娜、朱小东、邹东霞、吴佳敏、张明月、马超冰、张翠华、刘媛媛、朱秋玲、郑建娜、王晓丹、叶秀云、伍少瑜、何惠理、王一粤、陈玉萍、谢小园、黄育珍、黄珊、曹春玲、李星星、傅秀兰、余建勤、周秋凤、曾文慧

2008级英语教育2班

王妙玲、吴丽菊、李玉花、谢旖旎、吴萍、曾远廷、黄锦城、刘晓利、蓝桂花、俞秀平、巫冬讯、黄楚娟、刘娟、李娴、廖燕庭、陈玉玲、詹怡娴、王娟、黄恩平、朱惠丽、古培玉、欧婷婷、张萌瑜、李倩、杨家念、冯小凤、蔡燕娣、钟小芳、黄丽英、伍珊珊、陈石林、杨青、王燕婷、郑娟丽、罗欣娜、叶文英、叶月娴、龚丽敏、江雪妮、钟丽珠、张远平、邱颖、叶芳芳、张力、胡丽梅、曾巧珍、徐姗姗、赖燕玲、邓掌娣、黄小燕、黄剑芬、黄瑞娜、林翠芬、黄姗、罗艳花、唐志源

2008级英语教育3班

朱丽娟、陈秀玲、刘建芳、张娟娟、邓嘉灵、饶珊珊、王旋英、潘燕媚、曾丽玉、蓝翔、曾雪琼、曾媛然、温意玲、温翠娜、范玉婷、曾志立、马美乐、杨丽嫦、谢珊玉、张丽婷、朱展彬、何连锁、杨柳菁、赖远青、何佩怡、郭丽丽、陈彩红、黄燕丹、叶洁、叶迅梅、陈玲玲、黄绮雯、何惠朵、杜映姗、刘丽芳、黄小婷、张燕妮、周秀娜、刘苏砚、骆婷婷、周燕芳、梁青霞、李静龙、朱国豪、廖小婷、徐嘉虎、叶丽娟、欧阳少、张婷、吴春燕、王丽玲、马格连

2008级英语教育4班

李敏、邹艳惠、胡利红、梁秋平、叶滨彬、邱定妹、钟璀军、邹丽花、黄祝云、曾苑苑、彭春娃、杨水城、许碧丽、周江丽、袁翠娜、刘运果、蔡海蓉、李玲、谢琳、杨晓霞、许浩云、严斯颖、卢金菊、廖燕妮、温苏妮、廖惠静、吴秋燕、吴育平、罗艳君、朱彩丽、詹武卿、张子芳、崔琪夏、谢秀丽、钟清兰、叶梅花、许韵、吴丽敬、顾效燕、赖牡丹、罗斐、贺会美、张爱婷、张小玲、赖德兴、叶丽平、邱倩色、姚素雯、刘飞兰、郭末静、朱宇璇、黄美霞、钟敏娣、刘振祥、钟健

14.17.6　新闻

2008级新闻采编与制作1班

陈欣、庄呈俊、李小薇、曾诚、诸思润、邓慧玲、刘超霞、林柳珊、郑璐、贺国威、周焕瑜、何云娟、黄达礼、李秋玲、李洪涓、黄伟坚、吴安娜、林洁强、张卉、阮宜珍、李雯津、黄剑清、梁莉、李金华、汤美伦、张芬芬、曾晓、李婷婷、何晓琳、张仕媚、钟美玲、梁丹、李梅、林丽丹、许小娟、谢芳瑜、邱绮琪、李乒妮、袁日湛、许文娟、刘惠枝、罗春东、曾彩云、梁木辉、陈红霞、梁叶维、叶素筠

14.17.7　体育

2001级体育班

凌金鸣、黄仙育、李小军、郑惠芬、曾荣晃、罗智锋、叶志勇、袁振国、邹国文、黄银华、李新松、朱海辉、江丽红、王凯、王文俊、冯日强、黄小宝、李国政、廖德卿、张广龙、凌东茶、朱锦茂、胡思武、陈运亮、甘振华、陈启流、吴汉明、凌小川、黄维源、陈秀儒、李勇、潘雄盛、丘华山、刘俊华、刁发章、沙明辉、钟基成、傅永昌、黄良影、胡飞燕、廖文听、杨彩珍、黄

月华、赖志鹏、侯卡丽、邹伟花、邓丽莉、叶立生

2002 级体育（五年制）班

伍优镇、朱国平、黄毓辉、谢杨勇、黄棋俊、陈文炽、梁翔宇、魏国伟、叶宇剑、徐根生、叶艺军、张井贵、黄德锦、曾春光、杨锦、胡军、邹利华、唐波、陈治平、戴裕文、胡志海、黄文军、陈思远、黄泉增、蓝东、陈燕平、巫展辉、骆东贤、郭小清、蓝景科、邓国祥、曾小聪、谢国枝、刘诚、张光、凌华伟、邱燕强、叶建平、戴文萍、梁凌阁、殷锦青、骆晓春、黄浩、马伟高、邓淼辉、张东军、唐艺、骆思华

2003 级体育与健康班

林镀初、何锦荣、黄敏锋、蔡成、陆桂耀、游伟健、吴文静、刘发权、甘国仪、谭国强、余山侃、黄德、梁添柏、谭振宇、张海青、黄银娣、曾凡何、张定洲、黎见好、吴润垣、何刘伟、杨明生、许肖红、袁文炳、黄超波、梁广杰、谭亦章、李雪冰

2003 级小学体育与健康教育（五年制）班

吴锡源、欧启立、钟睿、邓俊彬、彭育坚、刘宋媚、黄宗和、肖文优、吴国强、陈军、肖菲菲、钟宝安、魏福文、巫思明、陈明剑、朱欢享、王侣、周旋

2004 级体育教育 1 班

邓锡波、郑伟明、卢颖斌、莫晓明、林俊豪、董永恒、曾湛、张庆辉、谭兆苏、黄世定、王晓亮、林文东、李子华、何志文、林振宇、关志勇、江健华、杨昌永、彭南军、侯炜尧、赖天恩、曾波泽、丁俊煜、陈锋锐、黎锦铿、黎明、钟正、陈华文、李大禹、朱志德、李秋明、张新平、梁焕勇、陈景勇、李冠铭

2004 级体育教育 2 班

李丽花、陈锡康、黎景钱、蔡荣驱、刘发杰、陈喜、李进成、谭颇宁、张海雄、何爱川、林振波、梁伟聪、林淑华、彭伟明、梁家丰、王家铨、谭世聪、朱浩、罗浩勇、曾坚锋、苏植钿、简立仲、李秋明、江超、袁艺、范兰德、方子填、张威宇、蔡华业

2004 级体育教育（五年制）1 班

曹晟、杨艺锋、陈紫文、邓达稳、钟宝松、许国威、黄晓红、钟元治、钟冠深、高广富、刘建龙、凌宇龙、郑高翔、杨必光、钟文祥、黄勋建、练锦清、邹思聪、钟志胜、吴斌、郑海根、黄梦龙、赖云锋、黄子青

2005 级体育教育 1 班

李文青、江远平、刘国兵、叶锦雄、何旺友、叶伟志、李超、邝桂乾、李南旺、陈松林、周业云、林勇、赵成乐、李子旺、张醒杰、周景昌、李海乐、吴土成、曾志标、杨宇文、陈远锋、叶国均、许友宁、韦进新、吴福辉、庞锦良、黄关海、陈光英、张德广、黄淑宜、叶小丽、李桂君、梁志均、吴风国

2005 级体育教育 2 班

梁绍明、张如龙、陈裕军、黄建、王翩翩、罗文锋、陈闪辉、张洪寿、梁彩、宋毅聪、黄灿文、彭广钦、窦元清、郑海迪、温远平、钟燕锋、陈水源、朱昌蕾、周建成、曾思源、邓碧荣、王志宏、刘冠昌、刘天泉、周成、杨庆旺、廖语、刘保成、李苏平、莫敏钏、徐雅、伍飞霞

2005 级体育教育 3 班

崔雄刚、吴雪祥、马文彬、郑嵩、蔡红棉、周华志、林鸥、陈良念、刘岽、麦俊涛、张福君、杨斌、黄西强、苏志华、林立科、何健怀、赖伟强、劳耀辉、甘传东、叶敏卿、凌宇培、苏达、温思航、赖文巧、梁可毅、熊伟明、白银辉、陈俊昌、付鹏程、陈美君、谢莲姬、钟斯妮

2006 级体育教育 1 班

郭嘉健、李俊、何锦添、张嘉媚、冼海镜、林康娟、欧国明、吴秉航、邓其荣、黄

重玮、谭威、王文兴、陈浪明、温国庆、廖冕强、徐雁平、李燕平、曹焕添、陈志永、黄翠婷、潘衍广、关天兵、孟灼辉、刘健钊、谢志明、吴雁冰

2006 级体育教育 2 班

吕海茵、谢炳亮、李汶婷、潘志钊、梁巨锋、廖华清、吴高文、郑兴奋、蔡燕麟、杨志何、陈奕、陈远龙、吴昊、林锐平、杨思敏、李春志、刘世信、洪锦程、叶鹏程、张景流、甘钧元、吴文艺、黄志浩、张永生、邹振新、潘鹏、胡永坚

2007 级体育保健 1 班

陈锦权、杨亮明、谢汉林、吴晓珍、刘丹婷、高观龙、刘振海、胡艳山、吴乃科、黄益波、黎永德、陈叶凌、江智全、罗志鹏、陈育辉、涂耿强、陈述滨、赵伟毅、何振源

2007 级体育教育 1 班

邓传杰、马平川、邓柏达、周剑文、李健、邓树辉、车坤坤、张宇威、江慧球、张耀鑫、朱晓聪、王天送、黎嘉彬、张聪、邓立锋、邝仕钊、黄土杰、梁锦钊、林夏茵、张浪崇、郭小科、叶青豪、蔡博夫、林文阳、邓敏钊、张超、陈沛锋、张微

2007 级体育教育 2 班

梁龙浩、李邦阳、韩国辉、吴锡辉、黄欣敏、谢橙、李业淳、许剑略、谢开杰、廖雪红、吴汉敏、陈晓旋、彭龙元、苏富强、郭桂昌、古红宝、陈康福、吴嘉华、周小年、罗伟荣、何文辉、豆立杰、刘云彪、殷汉豪、李惠纯、陈东生、郭小勇、江友彬

2008 级体育保健 1 班

梁东梅、黄丽娜、温远强、李海青、黄雯悦、张赵海、陈晓峰、邹国宝、王倩美、刘达宇、林钟锐、彭有发、李华密、袁锋立、李远倩、钟龙标、黄廷导

2008 级体育教育 1 班

曾隽逸、朱文贺、李国城、李俊、胡剑坚、黄文强、杨芳、徐增仿、刘奎、陈建超、刘鸿敏、尧开华、洪春良、苏谢沐、黄达钊、陈柏羽、麦沛坚、林炯谦、苏健明、方富成、曾祥伟、黄伟钊、李林江、卢冬霞、邱强芬、吴雪霞、陈广萍、方鹤新、魏益德、张晓东、钟仲平、吕极津、严育政、崔俞崇、卢家威、姚礼诞、余奕鹏、曾维昌、朱思聪、高健、严向鹏、肖聪、伦广基、邓炼烽、钟娜、霍嘉恩

2008 级体育教育 2 班

彭健先、罗振艺、钟燕昌、王国强、曾重阳、梁高志、曾国昌、钟健威、袁阳兴、李翼新、黄稳发、冯桂坚、彭龙、黄宇锋、李国锋、徐伟平、易夏媚、黄锦荣、许建林、叶伟雄、江万里、李森铭、陈仕才、杨威、林宏伟、吴东生、吴佳斌、赖江、刘良、张丽娜、何颂文、赖胜锋、林荣宇、林学良、范伟明、陈亨华、陈卫星、张志勇、曾桓坤、高英俊、钟威、王国奎、陈逸飘、林少锋、林泽桂、钟诗韵、黄健龙

14.17.8 美术

2002 级美术（五年制）班

林月森、曾月红、李伟玲、黄才、黄洁惠、钟旭军、黄赞福、戴辉娥、刘小玲、杨丽芬、曹利明、黄世明、骆惠玉、骆文静、周敏、黄春丽、吴剑平、魏宇琼、黄子蕾、杨惠敏、罗碧新、叶春玲、孙文涛、叶道、骆伟森、曹美玲、董亮英、张妙琼、刁艺峰、刘成玲、何慧萍、

2003 级小学美术教育（五年制）班

黄大真、杨宗霭、张权、彭日红、叶霄勇、李彩琴、范胜高、吴朝锋、黄雄辉、何子兴、邓毅华

2004 级美术教育（五年制）1 班

黄丽维、黄飞凤、谢婷、李玥、彭碧敏、陈芳娜、戴慧敏、王志文、张柳文、吴鹏、邱文峰、曾天伦、钟志宽

2005 级美术教育 1 班

徐海枫、王潜兵、陈述、周意诚、刘付汉林、陈烨、莫志亮、黄大振、王伟村、张德智、刘栋栋、崔廿桃、梁翠媚、唐小波、陈俏颖、莫海英、余盛玥、曾燕华、梁碧艳、岑宝玲、郑润媚、冯健雯、张丽兴、黄嘉欣、张玉婷、张瑞华

2005 级美术教育 2 班

刘淳、曹垒、黄新浩、罗文、叶卜朝、温步渊、李志钦、杨温由、陈冠洲、黄燕芳、叶雪梅、古银花、何映珊、徐素琴、蒲雪莲、江东君、欧婷婷、张茂连、黄仕美、温国钢、周青媚、傅裕君、裯思映、詹淑玲、詹会丽

2006 级美术教育 1 班

陈小玲、陈婷、巫文静、刘贵珠、苏醒媚、廖坤铃、黄彩儿、黄飞、廖清婷、黄玉英、缪婷婷、魏素梅、丘雪芳、黄智英、梁子珊、梁丽娇、卢勇锋、张浩、余国友、曾德泮、丘学能、陈梓光、欧阳然、邹锦香、翁敏通、刘崧滔、林志业、茹启东、邹武军、郑伟乾、廖冠崇、赖宇锋、钟文川、彭林波、王华权

2007 级美术教育 1 班

吴雯龙、张婷、陈娉婷、郑哲滢、姚威、钟尚武、梁辉、陈科燕、毛志权、何玉少、文浚超、林晓俊、张天双、吴丽燕、吴城森、张婷婷、王彩红、魏敏、吴丽彬、程凤、邓芳芳、赖运钦、黄翠芳、陈添景

2008 级美术教育 1 班

聂文杰、叶郁郁、骆德华、叶琼妹、邹丽婷、叶书诚、黄翠霞、张清、刘彩娟、邬强、陈凤琼、刘任发、莫国宇、谢梦静、俞柳伊、雷玉萍、张力、叶园园、沈婉然、黄谭兴、王雨溪、邹蓉蓉、梁焕新、江莹、梁枝华、万艳芳、李秀娟、唐秋梅、黄宝珠、钟建锋、廖永生、黄娴、欧阳苑艳、刘书平、包倩、曾咪、高伟杰、邓惠文、郭紫霞、李祖怡、何敏兰、陈文珍、叶海莲、徐丽雅、王妍玲、谭汉基、许文浩、万丽、汤远娜、钟敏儿

14.17.9　音乐

2002 级音乐（五年制）班

叶海美、谢玲玲、曾俊杰、叶小活、曾菊萍、袁春燕、袁秋香、叶辉勇、魏婷婷、杨柳清、黄美燕、刘卉莹、袁婧、刘小玲、陈育权、曾小爱、刘巧玲、黄丽红、刁燕兰、黄洁茹、邹海兰、李淑帆、曾小蓉、黄跃登、韦焕燕、全巧琼、黄晓舟、邹金花、申叶敏、钟婷、周连娣、张丽娜、黄露露、骆美珍、冼思宁

2003 级小学音乐教育（五年制）班

王建云、黄洁桃、廖育新、巫翠婷、巫小琴、黄伟伟、吴妙葵、莫佩兴、梁翠婷、邹萍、张小燕

2004 级音乐教育（五年制）1 班

欧阳斐、周岸美、钟绮思、邓妮、龚映媚、陈丽娜、黄雪华、黄淑娟、叶丽霞、杨欢、张艳君、戴小玲、巫俏霞、袁小姣、欧丹萍、欧阳丽萍、张瑜纳、廖婷婷、刘燕霞、张燕鸿

2005 级音乐教育 1 班

徐文景、黄小莲、张曼、徐裕维、廖文娟、叶攀、陈玲、颜桂林、熊慧青、赖晓娜、邝丽珍、李凤清、陈凤莲、陆晓娴、李小清、唐莲梅、刘林峰、朱艳珍、何晓燕、陈波、杨源彬、周亚坤、凌麦花、黄瑜、钟雨锋、甄荣汉、彭敏玲、薛伟杰、应峰、张小云、杨锟影、许金兰、陈清、周妙娟、邱晓迪、温日兰、谢锐、王晓燕

2006 级音乐教育 1 班

邱欢欢、张艳芳、梁彩仪、林泽斯、邓小惠、肖星妹、戴雪茹、林慧芬、傅金意、邹雪娟、刘菊、欧妙颖、柳莹、廖俊婷、梁诗琪、黄素芬、黄雪、李晓梨、曾晓丹、雷

柳明、元泳荧、周丽蓉、赖延丽、宋苏娜、罗聪、黎伟权、钟健锋、钟国敏、黄毅芳、缪敏、陈文余、袁际水

2006 级音乐教育 2 班

谢敏、吴艺冰、李日娜、黄秋莲、陈春蓉、黎劲、张秋琴、杜碧妍、张淑君、吕雪琼、张健勤、何婷婷、王兰香、刘丽珍、廖文娟、李燕芳、严绍晶、莫圣斯、张菊华、黄素婷、谭智敏、刘银欣、欧瑞虹、叶彩因、吴文君、伍水福、吴健、李建明、彭学良、黄金、董华平、李汝坚

2007 级音乐教育 1 班

黄祖枫、吴楚甜、胡燕、戴丽、叶娟、何游丽、谢婉婷、陈建炜、张璐、莫蕴铃、李婉璐、何瑞明、何洁文、郑宸昕、许燕琴、曾海林、符莉娟、庞艳丽、谢丽聪、李绮君、何志宇、肖觉锐、吴俊鹏、邹鹦

2007 级音乐表演 1 班

孔梓敏、王秀曼、孙佳、张敏怡、卓玲玲、梁淑红、董小霞、吴抗、李易彤、冯少婷、陈美凤、李珍萍、李小燕、吴承恩、招慧慧、陈翠环、韩碧珍、陈海燕、朱金玉、廖美玲、周旺娟、黎小媛、游雅斐

2008 级音乐教育 1 班

徐红霞、苏梦萍、叶武君、钟怡霏、黄荣烂、叶玉婷、黎明波、黄细霞、叶婷锁、林思贤、杨敏楷、陈晓敏、吴英娜、黎载锋、冯映雪、叶丽斐、沈小平、吴佩贤、陈金华、陈家健、陈恕娟、邓伟忠、王丽、黄婉容、温敏芬、罗莹、朱晓雯、谢雨欣、李翠萍、刘付欢、邓华杰、杜惠敏、谢嘉斌、邓子枫、谭金星、陈利婷、陈丽如、李婉仪、陈路研、陈金很、黄少君、邓莉莉、黎燕红、梁梅珊

2008 级音乐表演 1 班

胡聪云、刘晓媚、侯梅、成梓颖、谢滔、柳锦麟、朱海燕、李钰菁、陈佳珊、肖霞、邹斯娜、梁绮娴、谭健仪、宁观敏、曾小烂、郑倩敏、龚琼

14.17.10 服装设计

2006 级服装设计 1 班

丁榕、张婷婷、朱端端、张友谊、罗娟、罗翠萍、陈丽娴、余水梅、钟慧玲、梁小金、陈海淳、陈烨、罗少花、邱菊娥、梁梦、温愉、陈思灵、钟琼瑶、林洁丽、吴雨芳、胡雯慧、黄熙莲、陈丹、黄加丽、刘丹娜、陈惠芳、张金凤、冯喜雪、李津真、刘尉、覃永健、陈辉、韦晓东、李锡鹏、何永庆、张权森

2007 级服装设计 1 班

黄嘉伟、刘小玲、朱婷婷、郭少杰、文玉柳、叶其春、黎清媚、黄福威、李冕旦、陈富寿、刘燕秋、蔡植君、沈柔贤、李苑霞、张瑞金、廖航、欧阳清娴、杨裕玉、廖碧云、傅伟燕、李晓莉、高红敏、陈福超、陈新泽、王彩花、陈鉴宜、魏悦君、郭华洁、潘淑琴、唐雪芳、丁有铎、林文权、黄立青、谢小凤、刘仲贤、罗丽瑜、吴晓媛、吴锡熙、曾伟红、刘春媚、龙就芳、张文文、伍慧、陈海燕、朱露露

2008 级服装设计 1 班

欧运梅、邹冰峰、周立萍、范竹娟、唐红兰、黄蓉、王勤业、叶茂果、黎东辉、陈钊杰、胡远珍、谢翠云、郑雅文、严醒枚、聂锦峰、张子豪、翁晓茵、曾小琼、郑少辉、卢伟忠、丘珊珊、潘文聪、何峻强、陈华文、钟美琼、潘赞勇、叶春亮、张晓曼、姚小余、林玉英、朱英纯、关淑珍、邱晓霞、刘燕、钟龙、陈文

2008 级服装设计 2 班

刘志君、朱素素、莫剑文、盛冰、魏文珍、蓝富勤、郑晓丹、黄俊炜、邹丽萍、王宇强、黄桂梅、麦晓荣、苏俊鹏、邝远思、李伟东、陈洁冬、张晓凤、郑丽、刘晓梅、钟轩娣、周玲玲、符妹、张伟彬、龙婧、刘晓燕、黄小欢、曾姗妹、朱惠芳、陈洁斌、

徐千婷、黄俊文、夏美琪、孙志勇、梁祥兴、李树娜、邝永健、陈柏均、卢依娜、邱纯洁、卓佩霞

2008级服装设计3班

吴海燕、梁燕玲、叶瑞英、邱嘉玲、黄镇、苏纯、黄晓晶、廖玉蓉、林璐、卢燕娜、黄文蓉、梁杰华、蔡冰冰、蔡雪珍、曾海容、杨曼、邹雯慧、黄婷婷、凌云力、杨秀珠、杨文婷、何淡纯、彭亮、朱凤、谢珍梅、黄秀霞、梁剑勋、陈欣欣、陈翠萍、盛立娜、梁丽芳、陈施婷

14.17.11 艺术设计

2006级艺术设计1班

陈树强、林小榄、孙喜纯、温如秋、万丽湘、陈柔、叶惠玲、梁杰、许佳涛、丘继宗、陈丹纤、钟志豪、何锐彬、陈彬杨

2007级艺术设计1班

梁汉治、姚兰、陈敏明、陈舜英、梁金娣、管菊玲、陈伟浩、毛东锐、徐铭坚、梁志旺、王纯梓、张国华、雷洁影、陈端端、李艳丹、曾媛媛、梁超鹏、何培武、梁儒、何娴、谢东兰、陈茎、朱优科、刘赞雄、陈广胜、谢阅通、陈伟泽、邓乐娣、高丽红、唐辉凤、崔秋梅、郑丽芬、余明、熊志德、冯广雄、叶俊华、刘志媚、郑碧波、戴建旺

2008级艺术设计1班

刘能、许淑珊、陈晓鑫、纪欣钿、游美羽、叶耿忠、杨晓玲、李星、刘旭龙、车佩佩、施婉文、游永惠、刘艳雯、黄丽婷、罗贵成、叶丽娟、梁嘉贤、胡东宁、赖素云、曾壮钦、黄龙胜、钟世彬、陈嘉淳、何丽文、蔡智淮、林敏、陈晓华、陈东红、黄冰琳、黄雨成、谢润彬

2008级艺术设计2班

曾志辉、罗盈、邓彰维、周晓琼、刘竹华、黄舒婷、何鹏杰、叶剑啸、刘淑芳、谢崖辉、杜燕萍、练爱芳、梁楚燕、谢育如、杨海红、梁艳敏、丁秋文、覃振兴、刘科峰、李典峰、何洪飞、吴浩鑫、曾增荣、区琛洁、陈红华、邓思情、吴淑芬

14.17.12 数控技术

2004级数控技术1班

李敏、杨志强、罗波文、许进杰、罗伟骏、韩胜伟、欧阳伟忠、郑邦伟、陈键、钟耀良、邓兆辉、陈啟伦、曾繁铸、陈驰、唐志合、罗建国、罗水阳、陈哲、李智超、曾伟、颜发李、李奕凯、黄忠耀、廖志聪、叶漂萍、吴广通、翁阳、刘文泽、冯定威、黄子锋、高锦华、林坚艺、苏绍军、林伟斌、梁炳坚、曾华、樊华国、钟科文、叶剑彬、纪朝亮、黄思琪、龙月婷、欧永波、钟朝周、赖超煌、赖美谦、李学敏、王水艺、刘远辉、陈智聪、黄民仲

2004级数控技术2班

陈誉、钟远飞、樊志锋、张福永、阮多元、黄东升、陈康平、刘庆秉、李戈、陈丹枫、黄旭宁、吴庆熔、郑邦达、梁海源、蔡少群、黄雪芳、黄秀雄、陈军、叶政辉、杨柳峰、汤伟坚、李忠福、梁智勇、李莉君、谢晓辉、陈敏君、翁灿锦、马家明、黄丹锋、林光辉、林银城、刘燕灵、刘志文、李宝坳、廖启胜、刘桦斌、孙兆兄、韦武捷、潘堂宣、唐远斌、陈一斌、刘希亮、李正中、江伟贤、叶旭东、徐晓明、朱文静、叶思长、谭振飞、何伟平

2005级数控技术1班

曾德华、谭春平、曾家力、温建皇、张启锋、管海鸿、陈东海、张海华、曾志鹏、杜双荣、鲁志成、林桂全、胡观健、何风泉、罗成光、林海健、黄笋健、黄天杰、陈桂芬、杨荣秋、林立丁、陈伟科、蔡小文、曹研杰、谢国生、吴智来、黄镜成、曾国龙、张沛坚、黄诗钦、林志彬、周少波、张育能、陈骏、陈锡武、杨志强、胡建明、余焕平、陈剑明、薛侨良、赖燕军、周晋才、

江耀鸿、王远湖、薛湖、赖碧发、刘志勇、曾鸿辉、曾荣锋、蔡泳楷、赖碧青、郑国渊、谢茂林、陈国军、王燕、苏幸

2005级数控技术2班

黄水建、杨岳霖、袁淦钦、钟明生、吴小彬、刁建雄、林森财、黎少文、周昭坚、陈锦泳、盘创文、赖影惠、黄云深、陈天晓、李斯华、谭小明、谢文恩、谢文栋、黄国贤、李果、严燕锋、郭琪明、李泰彬、叶远基、林杰锋、伍国华、朱超星、李垂民、林建龙、吴志勇、季长万、黎洪基、黄晓富、李伟建、刘俊豪、吴丹雄、马学武、黄植鑫、连泽明、赵海锋、赖科亮、张国华、李明平、黄小芳、张仁胜、谢锦梦、张运盛、刘国戴、邹伟杰、莫贤盛、李志宇、黄育彬、谭文坚、梁国鸿、洪展明、曾俊斌

2006级数控技术1班

黄锋华、谢莉莲、石晓莉、詹锦琼、黄鑫文、吴俊、黄国柱、杨华伟、黄龙飞、陈扬、张远胜、卢智清、钟滔、林楚雄、廖贤裕、陈杰、李荣翔、李文英、李柱、沈泳武、曾小帆、黎子玉、冯桃、马少伟、冼可耀、杨海威、何依山、谢景辉、陈清河、李建武、章潜坡、冯志盛、陈练杰、余晓华、黄科、黄东彬、李蓬、赖平平、罗昌军、马凯华、王世杰、赵伟炽、张渊、高淑荧、傅绮聪、朱文科、张键、何浩、杨朝富、李土轩

2006级数控技术2班

苏坤能、陆鑫、冯志旺、罗辉波、钟俏霞、李雨罡、郭志坚、林奕环、谢赠茂、黄俊富、莫雁、潘宗宪、何文赛、黄之上、李国政、魏创锐、梁海财、王绵东、陈植桐、邹永浩、马伟诚、严志勇、曾凡铨、欧阳羽强、黄斌、凌利芳、肖雪琼、黎润栓、朱衍青、蓝国富、黄春辉、叶铨荣、赖增贵、汤远标、朱国军、徐岸阳、甘龙军、袁璐明、陈志雄、杨瑶钦、林世科、梁妙玄、叶小琴、张志新、陈军

2007级数控技术1班

刘鑫、陈远康、罗祖龙、谭志凡、李荣、何土信、刁炎峰、梁健宾、陈炀楠、张奇波、刁颖新、林常青、佘江标、刘彬强、陈国龙、熊建雄、邹振源、林日深、黄德欢、刘庆龙、苏捷、廖林波、黄镇、欧阳灏、佘海宏、邹国正、白深译、张旺才、陈敏、黄咏锋、刘丰华、罗成广、戴建勇、黎淑婷、许嘉陵、刘毅、丁宽梦、黄爱敏、詹少波、黄志朋、刘小镇、李燕聪、符海、刘丽平、黄伟华、温勇娣、梁翠婷、胡郁东

2007级数控技术2班

蔡梓辉、王美蓉、黄浩维、张承佐、张超滨、何广龙、李勇理、贺旭馗、张启清、梁德浩、邱岳滨、赵进兴、庾润均、王宗文、陈健、梁国鹏、叶绍峰、周子健、沙伟兵、黄远立、李颖达、黄振威、林健峰、陈廷、庄海标、吴镇强、黎肇良、谭汉钊、黄婷、徐佳亮、王文晖、付均照、郭焕转、李上龙、朱海军、叶健波、黄立锋、陈学雄、张瑞姿、李伟光、彭春辉、梁省山、林汉酬、欧志生、黄庆敏、王志贤、欧阳仲

2008级数控技术1班

张鹏、邓鹏、叶志恒、邹国辉、罗荣波、张金山、陈建波、苏锦新、陈忠轩、杨钦、李宋民、邝炎楠、杨基雄、黎晓东、庄长方、刘富威、黄云彬、蔡楚昭、梁文锦、刘德煌、蔡镇顺、肖荣新、林宏、辛明锐、朱海雄、汤湖、方锦程、陈文钿、邓文发、杨斌、佘少锐、李坚、张超、何良全、巫鹏辉、丁度泽、梁炬明、邹志雄、黄宇波、余铭浩、陈力、黄少钦、李钢举、叶文台、邹展鹏、廖文亮

2008级数控技术2班

刘泽平、何永杰、张连香、林为滨、朱祖龙、梁树华、梁俊炜、冯昌立、潘希杰、赖华邦、张林波、曾永辉、罗淑婷、袁海翰、刘宇俊、张泽华、胡言龙、邓锐明、佘时盛、佘桂和、周金涛、林极燊、蔡健华、

叶洪强、陈成君、温健昌、张志科、郑伟桐、刘燕彬、张文瑞、郭俊、王梓安、刘旭文、黄广、陈锦鸿、徐俊彬、钟左让、陈海瑞、谢汉兴、余润标、刘源斌、陈栢沅、张锦泉、伍岳斌、冼伟澎

2008 级数控技术 3 班

赵建明、吴洁彬、梁振华、黄智炜、韦锐斌、戴忠由、陈铭燊、郭惠钒、佘纲斌、刘镇林、陈宝生、袁国清、陈浩贤、罗天奇、陈文权、黄跃龙、陈尚、姚溪骑、周泽建、郭洁、郑广强、李宝法、梁志聪、林建平、黄省锋、王恩达、肖灿伟、宋文锋、廖振涛、陈旭源、李海、郑意锋、余明鑫、殷振杰、李纯、冯金平、龚森强、黄光锐、罗文棋、罗涛、叶京运、钟明历

14.17.13　模具设计与制造

2004 级模具设计与制造 1 班

蒋锡治、黄红霞、吴国强、江亮、黎水木、刘泳飞、邓志伟、陈达飞、叶伟刚、黎福来、李建平、陈焯业、庄辉虎、李东、吴丽军、吴有明、陈海辉、叶梦华、吴松润、吴玉祖、王玲聪、李志盛、陈鹏、刘水泉、陆锦楷、叶远青、黄河森、吴文科、赖先才、陈泽衡、梁振南、刘日春、江素茂、张导明、巫建国、黎攀、林灿华、林少丽、吴亦天、曾道勇、古国水、黄文聪、赖敬能、黄淑芬、曾肖斌、吴平伟、刘运明、李燚基、陈少乐、赖汝胜

2004 级模具设计与制造 2 班

冯水清、罗育辉、李伯全、郑康杰、杨土金、杨凤娴、曾湛权、罗立金、黄信禹、陈仕迈、关镇钦、蔡境维、黄挺业、吴志恒、江文锋、区瑞华、何健华、许胜、陈增贵、周佑仍、宋波、颜佩朗、刘宇锋、李荣宇、钟苑、李运雄、谢元强、司徒志坚、潘瑞武、麦耀文、梁海军、周慧钰、徐炜佳、崔嘉勇、韦慧权、叶文青、刘显军、廖家基、谢伟龙、丘海生、廖战辉、梁程育、周泽璜、张会周、黄少云、陈华如、唐远辉、汤小康、夏宇、龙志良

2004 级模具设计与制造 3 班

黄志强、冯希慈、李锐浩、张月娥、朱伟成、李荣耀、卓文清、林冰、李汝鸣、张春丽、刘选、杨小康、吴志杰、何明霖、黄军环、林坤明、钟卫丽、詹秋兰、陈子华、唐文彬、孔启鹏、杨应忠、梁伟超、叶建明、蒋志、谢尚辉、禤俊杰、赖文中、文永岳、黄彩新、陈舜斌、斐汉报、黎国良、林世力、黄志贤、严怡文、黄金培、赖存发、杨祖禧、黄可维、刘彦青、谢日仟、谢宝、吴武源、杨璐、湛亮斌、梅勇军、傅帅

2004 级模具设计与制造 4 班

雷松平、梁兆洪、蔡颂平、钟明、陈志良、黄俊达、周家锋、余维平、陈金鸿、谢永南、何红娟、黄东明、陈寿明、吴金福、许武福、石慨文、莫志辉、巫祝妹、刁文志、卢俊明、林远师、李明诗、何伟权、何志伟、曾桂榔、莫浩均、郑文新、陈明强、黎健棠、吴观荣、赖文旺、王炜杰、宋振礼、林剑辉、王伟丹、陈海彬、曹华艺、蓝泳锋、曾碧良、谢伟军、李坤实、罗伟信、侯剑波、吴焕南、曾广文、苏润生、崔锡李、谢小军

2004 级模具设计与制造 5 班

赖国华、伦新华、严健良、林良就、黄俊雁、黄兄、范剑城、杨炯均、谢惠玲、邓明达、苏波、黎游听、杨志芳、刘钦海、郑振云、袁文锭、严海强、郭生、曾景云、徐景龙、丁俊权、吕有才、万德成、钟筱琴、林松林、赖汝凯、何健、黎朋、叶志始、赖金生、徐镜明、曾富城、陈坤伟、谢木利、杨博、陈炎光、蓝东生、谢东强、杨定仔、曾祥福、廖小红、陈辉鸿、曾晓剑、罗晓燕、张定志、张庆炫、麦妃密、熊兴锋、吕进斌、廖旺庭

2004 级模具设计与制造 6 班

叶树生、张先桥、孙永强、谢国科、林

树煜、郭振、温林城、梁舜威、姜建军、张良恒、钟荫龙、林楚江、梁舜威、吴伟卫、阮少委、吴桂婵、叶丽瑶、黄海浪、林军胜、李志才、朱国军、谢金崖、钟少军、刘楚武、冯旭军、叶繁、江利维、郭新新、许涛、罗文龙、钟国均、张晓明、曾志华、李军春、谢强、李增铭、何毅华、陈漫胜、肖智凯、方城泉、陈强、钟土金、刘凤丽、刘锦凤、苏华林、刘成韬、温育金、欧小瑜

2005 级模具设计与制造 1 班

胡海浪、谢文质、黄双辉、李均城、周建湘、赵鑫、黎玲杰、曾高辉、郑燕斌、曾汉祥、陈文杰、李鹏辉、黄火旺、周振鑫、魏元胜、蓝景、钟舒雨、杨艺军、刘燕彪、曾杰存、邱雄辉、谢艺兴、严捷、吴翠琼、邱锦珍、田辉、吴振康、陈庆中、吴述桂、罗敬贤、吕锡权、黄文快、林石维、刘建生、周怀淦、张远成、欧汉明、曾峥云、陈维恩、包聪、吴捷、容悦明、罗文锋、宋福广、张洺、叶兰可、胡滨、江东跃、陈六长、杨秋庆、洪海军、高国标、罗燕波、刘振市、刘东旭、颜敬轩、李海强

2005 级模具设计与制造 2 班

庄昭群、林小斌、林政、叶石权、陈振华、叶雄辉、吴焯伟、沈俊谦、古子光、吴东海、李亚斌、李海钦、唐志勇、王奕、肖毅、谭伯健、梁世永、陈国文、黎光远、毛晃、黄天文、庄秋勇、魏森辉、谢伟权、张嘉胜、许立鹏、林健如、曾镱升、欧俊年、何水平、杨滔、周书孟、李丽琴、刘汉韬、曾志强、曾国文、邓灼能、黄寿编、陈建铖、肖思宇、陈春荣、潘略奇、陈仕城、罗鹏、叶海泳、黎会源、郭俊文、梁帝春、何金其、袁继宏、李灼文、黄泽豪、陈锐城、陈培钿、赖辉军、冯东伟、曾春明

2005 级模具设计与制造 3 班

陈贤中、黄湛星、李长腾、冼贞凤、陈伟群、陈立明、温智成、周文捷、陈盛意、陈秋成、黄锦发、李招平、冯志滔、吴汉棉、蓝建成、冯镜明、刘宇明、陈学聪、蔡升苗、程晓欢、谢考天、谢奇锋、钟志明、王旭青、冯志敏、林华锋、张伟东、卢佳俊、许经文、邝少东、黄政昌、谢汉龙、祁志荣、高志才、张飞鸿、谢松峰、曾辉强、钟敏、黄宏泰、叶远翔、罗永康、黄冬生、吴明桂、黄益武、钟银彬、黄伟文、王大华、刘志生、罗学文、欧浩景、陈泽鑫、黄嘉骏、廖碧华、黄钟彪、陈志斌、宋伟雄

2005 级模具设计与制造 4 班

杨勤盛、曾辉、彭正、林东就、马吉锋、谢锦聪、周振望、刘旺新、吴强、张燕斌、郭辉明、谢天明、潘裕文、吴志锋、丘城、余富杰、董文、容德志、郑志明、廖汝兵、黄福泰、黄仕明、郑涣祥、曾兆博、魏新文、郑灿加、曾培鑫、周土添、谢朝万、廖一进、江智敏、谢金水、王木新、黄晓娜、陈晓、郑会锚、曾俊强、朱浩锋、林炜玉、赖昌太、蓝善权、许兆光、钱丽、李广林、曾文艺、郑仁侨、余泮桦、欧文聪、林绍芳、林小伟、黄伟锋、李东武、郑钟煜、陆锐琛、张燕斌、黄启常

2006 级模具设计与制造 1 班

蔡冠成、陈廷盛、陈镇忠、杨洪、黄国华、谭荣贵、钟浩荣、林连胜、黄坤林、黄惠城、郭卫国、江振威、邓振驱、李旭文、范妙新、朱永平、郭志强、夏伟超、陈晓彬、杨向荣、黄松、余永安、洪旭如、黄丕龙、姚宏增、梁超广、吴杰、黄玲、黄团九、黄敬超、何辉、邹志洪、徐文彪、曾文聪、戴伟柱、张志文、刘勇峰、刘天灯、黄天喜、严国军、陈瑞时、陈海清、邱日珍、胡志晖、刘文仪、陈城、郑晓鹏、刘海棠、张丽光、欧龙生

2006 级模具设计与制造 2 班

梁敏、刘峻洁、庞宇辉、何文智、曾福增、吴清、谢辉廷、顾楚恒、何进学、曾文浩、林上华、刘井辉、黄光华、古远明、冯宝华、李国忠、周永祥、钟锐、袁赞富、伍

文杰、陈水泉、刘伟杰、李泳勇、陈明杰、赖远龙、陈庆斌、杨道平、黄新栋、吕锡铭、陈发金、蒋剑芳、贺敏、谢庭南、郑献聪、吴文良、郑建平、曾晓科、魏名元、林聪、李海军、洪罕文、黄劲、梁家振、林良敏、周志能、肖浩泉、陈志敏

2006 级模具设计与制造 3 班

李义英、唐剑威、蔡小锋、梁锷、佘泽斌、郑乙方、廖志敏、欧浩俊、冼夏雨、黄毅、朱伟聪、韦丽梅、肖锦彬、饶睿、刘列聪、龚达胜、刘乙儒、宋浪和、詹献谋、刘少锋、袁惠贤、蔡建利、何新浪、陈勇胜、蓝志辉、朱景晴、黄应举、涂乃良、罗明利、李洪、刘广园、谢卫强、芮铭鑫、陈浩、钟远辉、罗正锋、邬伟源、叶泽添、赖睿超、廖竟凡、邓百泉、彭陈军、梁峻源、朱彩军、丘良、李康正、徐碧标、黄绍培、许润松、庞康力

2007 级模具设计与制造 1 班

余向民、叶方昌、黎卓新、邱铁鹏、李立军、陈剑昌、胡伟心、黄润达、林哲浩、石天赐、陈坚文、何喜林、张凤灵、罗群杰、罗礼江、林金剑、朱晓强、丁燕强、李永顺、谢飞龙、古永兴、罗寿才、叶智敏、郭焜耀、陈滔、何杰、李智城、庄俊德、张永明、黄诚、刘思棋、叶标、邱创新、陈恒璟、李瑞杰、叶井银、叶浪平、陈伟军、温俊宏、张威龙、林科峰、邓寿生、吴秀芳、邱泽贤

2007 级模具设计与制造 2 班

杨权、林剑钦、廖王好、李培君、陈鑫、陈皇章、廖国尊、朱其乐、陈世波、揭华貌、徐小丽、孙伟龙、姚创坚、彭管仲、黄伟佳、卢加润、陈龙、陈关泽、卢凯勉、谢伟良、郑洪增、刘翠婷、郑思敏、杨柳辉、饶新燕、张章鹏、梁昌盛、蓝文尧、骆文龙、李伟泉、陈锐东、叶照轮、刘威斌、严焕龙、严汉杰、叶增良、黄志伟、魏国勇、肖国斌、陈志刚、吕翠柳、邹志伟、罗建文、冯晓林

2007 级模具设计与制造 3 班

陈猴桓、曾伟强、阙森强、王伟、邱泳怡、林汉民、黎若飞、余志谋、陈超军、汤灿佳、黎伟荣、梁清、梁升华、王仰、温爱辉、罗洪亮、钟永胜、钟露浩、叶看天、熊庸偲、黄科先、李振仕、陈世贵、黄基猛、邓展鸿、李向强、林煊、谭国盛、张文栋、赖巧通、刘春霞、黄道义、黄浩鑫、祝楚文、黄宏伟、温碧滔、林家誉、颜桥先、赖学智、赖志彬、林广臻、黄潇珩、黄达林、温旺城

2007 级模具设计与制造（高中专）1 班

陈智春、李志杰、李锋、蓝任、卓火雍

2007 级模具设计与制造（中专）1 班

黄国栋、曾嶫、谢灵、胡子弯、吴志威、叶国选、叶文康、黄振声、赖武桥、谢文龙、唐勇平、李成波、陈敏鸿、王文海、宋海棠、杨宏、何健、陈志强、刁荣昌、林深文、刘昌勇、吴平等、张艺、骆建锋、李忠兴、王明佩、卢健威、陈杰

2007 级模具设计与制造（中专）2 班

徐金辉、吴学远、蓝力、刘威、崔金城、黄铭滔、赖伟献、李力、魏辉煌、黄伟军、吴远汉、孙东坤、曾志新、王日胜、骆细忠、魏锐杰、许俊超、陈玉、魏志勇

2008 级模具设计与制造 1 班

马品容、欧春撮、李乐萍、陈国勇、李炳棠、谢箭滔、黄国勇、彭志远、刘铁、陈华龙、周新巧、李建升、麦柳洪、罗亮、黄洽权、曹思恩、谢志尧、唐宇科、葛峰志、余建鑫、列景良、钟春林、纪柳龙、骆永城、刘桂林、吕汉腾、黄锐、汤仲、王锦涛、钟腾辉、黄明清、郑荣辉、魏少从、曾志科、徐锡标、袁裕昌、周仟俊、许永锋、黄浩、陈福生、张显辉、刘锦华、蔡志鸿、邝树标、丘丽荣、陈武健

2008 级模具设计与制造 2 班

刘维强、谢文显、黄晓涛、范浪锋、陈

坤鹏、黄焯成、聂曦、张毅、刘兴来、彭武强、孔文锋、赖庆鸿、钟俊煌、林春、陈飞荣、罗杰、李明、钟原、黄敏聪、陈普荣、李志林、叶世浩、杨宏胜、陈惠东、姚伟杰、黄维、叶运全、黄柏强、涂芳兰、劳柏荣、黄炳林、邹玉莲、林惠阳、黄浩、吴鹏东、吴烘灿、区棋就、李峰、陈俊星、吴江日、罗福宏

2008 级模具设计与制造 3 班

王振忠、欧四香、甄艺山、赵国荣、周志平、何达、陈伟康、桑春雷、曾益锋、李桃英、吴海林、许华文、赖强先、骆勇辉、周裕生、凌宝连、黄剑平、陈冠文、张灿鹏、黄赛福、吴奕鹏、张柳锋、陈志勇、刘淦洋、张世峰、康泽升、黄志波、曾维全、何灿林、郭晓波、巫鸿尧、黄嘉勇、周伟锋、何灿荣、罗智明、丁森泉、李树坚、殷启光、朱沛斯、许新钿、钟瑜宏、曾杨辉、黄彦生、黄荫华、赖鹏、刘弘敏、钟东灵、李康杜、张振锋、杨大华

2008 级模具设计与制造 4 班

黄发成、吴振中、曾海辉、韦海成、袁海龙、曾智江、李年运、余林龙、叶瑞华、黄焕平、赖志明、施立群、孙增、林铭清、李强、何锦汉、叶绍秋、黄琦浩、曾腾飞、马焕新、黄科、陈裕华、陈志大、曾文峰、辛灿顺、温仲高、陈成击、黄树泉、陈柳东、曾嘉荣、黄沈权、倪宗豪、林秋燕、吴鑫勇、李业游、李燕琼、陈典科、黄巧文、黄传波、张伟彬、陈立智、邱宝鹏、蓝锦龙

14.17.14 汽车制造与装配技术

2005 级汽车制造与装配技术 1 班

黄伟增、郑景连、黄平辉、邱佛通、邱文兵、梁太旺、罗有辉、曾庆聪、冯达银、罗佩麟、钟建涛、陈润铨、吴昌山、杜春盛、冯泽鑫、吴少庆、张志威、赖国明、陈志文、李铠卿、郑映东、谢日扬、宋伟洪、叶发培、李小明、黄振邦、邝浩明、黄演、潘剑军、陈沛金、赖俊波、刘东敏、潘德、洪奕锋、张惠恩

2005 级汽车制造与装配技术 2 班

吴全祥、林坚能、孔满成、成哲、张伟鸣、邓志光、吴辉明、李国新、梁远强、黄林有、刘许敏、唐国意、黎钊鸿、钟应灶、梁文明、谢海华、林鲜登、黄弟、练兴明、谢旺富、李统章、梁子华、蔡声乐、魏土平、郭耀佳、钟柏盛、颜桔华、朱文江、吴梦坚、林行勇、梁锋、王春和、赖展新、丁坤、丁泽合、谢溢锋、吴钊

2005 级汽车制造与装配技术 3 班

杨智广、钟志标、陈超敏、黄土建、黄红、李炽辉、袁俊汉、冯计堂、卢文富、陈海新、温伟文、陈树安、邓文捷、吴榕军、魏宗基、周建华、姚绍杭、谢嘉善、叶路生、马泽锋、梁夏瑞、黄剑锋、曾焕新、潘乐多、洪子荣、林元贵、巫子良、张勉、张启明、雷振旺、唐凡星、赖伟清

2006 级汽车制造与装配技术 1 班

吴柏富、洪威宇、刘志辉、蔡锦灵、张森华、樊锦棠、陈志平、吴祥胜、冯绍鸿、黄志锋、田镇柳、游健伟、郑德义、彭永光、谭彩、郭炳权、彭宝辉、黄国威、潘文平、谢统源、王敏、张国尧、罗海贤、周永隆、刘水中、李国伦、黄升亮、温镇检、庄志雄、黎少海、钟波耀、刘晓灿、邓华文、魏广高、曾阅、温盘保、陈斌、李庆均、梁文龙、何福昌、叶其京、苏登宇、宋鹏程、罗柳华、梁智华、吴晓威、林进成

2006 级汽车制造与装配技术 2 班

黄国火、李嘉华、邝卓恩、谢宇明、刘景裕、钟奕群、梁福盛、朱展标、邓军、钟志德、叶海成、赖志、郭柏贤、陈泽旋、区华均、周杰明、陈任伟、陈建南、曾传亮、戴日辉、宋新乐、吴本发、黎国忠、黄奕、朱志文、杨雄、谭伟洲、林冠辉、张小锋、张治民、詹文兵、赵俊、林沛彬、刘伟宁、曾双、曾清华、邓广华、何宝成、黄海军、

蓝奋棋、黄颖宏、郭嘉俊、吴梓钧、杨兴凯

2007 级汽车制造与装配技术 1 班

刘斯杨、陈剑平、周恒新、覃基斯、张立、陈峄林、陈新宇、谢统强、涂增锋、朱特、梁栋泉、马发喜、贺辉祥、林立旋、杨金辉、杨伟生、周庆福、郭伟梧、杨东强、余迎鑫、陈建松、廖泽源、冯建文、刘旭生、邹坤扬、曾吕琳、徐森峰、谭振柱、王观春、具卓敏、陈炯昌、范林波、邝达泉、钟泳、陈国永、陈嘉民、曹铭剑、梁帝林、吴超、马素梅、何周、朱政、黄平珊、曾志平、刘锦胜

2007 级汽车制造与装配技术 2 班

张如善、邓锦志、苏德洪、邓琼、李仁殿、邓其想、黄文志、梁玉玲、邹煊坚、黄文锋、谢愿良、段涛、曾伟、王金妙、叶建华、黄碧浩、林荣来、赖靖平、许穗生、陈迪文、梁新豪、罗文聪、黄学然、郑松坚、赖波、孔学锐、徐东沛、颜国仁、张炬、钟广宁、叶建宇、陈志隆、沈链、戴远辉、毛锦麟、郑楷涛、蔡绍芬、吴赐文、陈秋霞、刘智、陈勇鹏、杜新华、黄侨佩、陈志平、李海涛、罗浩、罗承品、游强

2008 级汽车制造与装配技术 1 班

谢天留、李文强、杨世聪、何伟龙、陈锐欧、陈高准、林启鹏、李智祥、程炳强、周龙杰、陈永金、胡任容、张永城、王龙、庄上锦、黄之龙、范锦忠、罗佳宝、蔡贵选、谢智贤、黄伟榕、粟粒、周文军、何锦源、刘德安、许金荣、李峰、谢宗钰、钟艺龙、张伟彬、苏健宁、陈文

2008 级汽车制造与装配技术 2 班

李惠勇、冯维欢、彭永贤、江昌琪、游利明、张泽光、罗嘉文、蔡东旭、吕凯明、陈木锡、黄远龙、李金煌、冯英龙、邹锦辉、李林生、江广颖、胡宇田、梁志祥、徐文广、李伟鑫、徐俊、黄海昌、肖健、温远锋、李森、李裕明、郭泽丰、王东亮、李湾

2008 级汽车制造与装配技术 3 班

徐俊英、肖国尧、罗亦亮、张永隆、罗瑞昌、张秋文、杨军祥、张志豪、张昶君、陈皑滨、陈佳穗、曾淮、邱志文、刘锐豪、唐思敏、陈海潮、莫基源、张法雄、刘建聪、赖志强、陈家锋、罗国浩、梁兢业、李凯彬、苏付冰、付伟勇、王颖、张志权、柯超坤、郭海斌、吴居利

2008 级汽车制造与装配技术 4 班

康为文、胡振城、叶伟良、何剑清、李汉龙、谢威龙、吴朴方、余志宽、洪国为、黄开湛、王欣月、黄广儒、黄纪有、谢静山、徐玉珍、何嘉成、黎明超、黄国锋、张福亮、刘金锋、蔡伟良、黄海琼、丘志乐、郑善蔚、张锐华、利育斌、邓卫旭、陈山杜、梁智慧、曾汝浩、赖晓文

14.17.15　高分子材料加工技术

2006 级高分子材料加工技术 1 班

黄国富、关安展、陈均雄、宋祖壮、卢碧媚、邱厚理、郑少瀚、陈伟新、朱岳宏、张小勇、张雨松、朱锦宏、黄少华、钟炜、唐江城、周浩华、蓝云峰、黄志浩、张婷、赖仕敏、杨朗平、李杰、何岳洪、甘超龙、杨国华、刘时军、邓发、钟自强、刘志文、李鑫、唐永雄、曾颖存

2007 级高分子材料加工技术 1 班

谢玉辉、谢辉讯、王海浪、梁郁成、陈林青、杨文君、陈小权、杨健武、巫晓君、王妙琼、黄少敏、杨春燕、李健雄、方国发、陈国斌、赖华宗、江和波、赵随易、邱文亮、李锋、黄冠敏、廖联西、陈夫钦、林广球、戴伟明、萧浩宁、王必波、佘进松、夏伟华、许鹏辉、曾远科、谭功隆、何慧娴、骆龙龙、朱日彬、梁宇、陈康龙、谢文宝

2008 级高分子材料加工技术 1 班

赖斐欣、曾东文、余卫杰、李伟忠、黄

钦盛、蔡展雄、王耀庆、佘延文、何树辉、章献长、谭肇科、余鸿猗、梁英海、张宏、黎小威、崔国池、吴洁丽、陈嘉骏、姚辉鹏、莫应滔、林继锋、陈锋、叶绿茂、邱锦标、杨文新、欧阳丽曼、吴泽纯、李广文、朱斌、孙敏宇、刘志锋、王艳娴、林舒麟、黄煜强、方传溧、钟运龙、曾智麟、尹煜标、张文波、李志明、陈俊辉、辛泽彬、林友森、苏锦才、叶佳岳、李楚希

14.17.16 工业环保与安全技术

2007级工业环保与安全技术1班

陈万新、黄敏、张景秀、刘镇周、赵俊钠、梁振明、谢友添、郑燕妮、赖玉玲、陈志敏、邱彩晴、马户深、彭育权、邱丽芳、洪国通、张燕娟、魏孝锡、叶国忠、袁应奇、吕康、贺美雅、黄振浩、朱斯琴、谢西镜、龚海勇、张素娟、陈田锋、黄树荣、吴惠丽、甘送花、彭远添、黄丽芬、张丽芬、温汝洪、黄帅

2008级工业环保与安全技术1班

杨超强、吴惠云、黄丽丽、赖燕嫦、姚志华、陈旭、梁祥钦、刘丽琴、孔照明、洪运花、林俊宏、廖雨锋、庄名洲、邓成峰、刘汉荣、钟雨霞、邓文、谭极安、李大焕、梁淑仪、程丽芬、张海芳、欧秀霞、黄波、邓秀华、钟嫦青、黄珊、曾少杰、吴伟立、罗宇杰、伍梅美、林荣昇、梁祖诚、黄翠萍、马柳忠、黄海校、毕丽欣、陈麟翔、邱钦太、陈耀辉、官华娟、伍德政

14.17.17 计算机

2001级计算机班

陈伟春、李科峰、彭城昌、邓富文、黄根文、钟艺娟、叶志华、谢建华、朱爱萍、吴海深、吕焕亮、张晋明、黄标、郑雄伟、何晓明、叶丽虹、刘水莲、黄永、黄智强、黄科丰、何水森、钟子军、邬玉书、温桂凤、彭志军、谢琳瑾、刘志华、曾思瑜、赵菲、方声玉、曾运平、黄慧芬、何文明、吴强潮、刁俊茂、赖利军、贺艳阳、郑军号、叶利雄、刘慧懿、谢正雄

2002级计算机应用与维护班

陈礼群、林健生、林思平、黄进权、杨婷、蔡利凯、欧沛民、赖好、刘震国、李红云、李茂红、杨武忠、李冠文、肖煜珊、张思敏、曾杰、梁亚余、黎伟良、柯以聪、林彦贤、周杏红、罗锋伟、彭法亮、陈进万、骆伟东、陈小梅、杨日富、何金稳、林芳、温小义、邓智锋、曾会华、黄美花、倪锦雁、吴娟华、肖盛果、叶锐锋、钟智杰、张明尚、庞明月、林锦明、黄业成、黄伟灿、彭振、杨康寿、赵民聪、张勇城、陈熠

2003级计算机应用与维护1班

曾宪平、梁焕娟、冯粮祥、黄豪华、郭柱、张洪华、邱光瑞、黄悦翔、王伟彬、钟鸿奇、黄东跃、王馥、郑宝钊、黄松辉、赵添强、黄介就、陈小兰、刘泉、陈庆华、任政、张顺南、吴甲红、廖周敏、廖玉霞、马世钟、黄铨、马千里、陈凯旋、刁梓松、邹力、曾建仕、叶新玩、朱楚强、叶大通、余立庆、黎运献、邓德真、杨柏河、卢浩斌、尹志棕、陈创生、林东、谢水军、黄永好、杨小聪、黄国焕、何洪尧、何宇、纪朝丰、陈伟才、纪晓哲、丁实涛

2003级计算机应用与维护2班

梁家威、冯健辉、陈锋、李明冲、黄维真、蔡才喜、吴晓其、杨增朝、郑灿坤、林锦涛、郭灿奎、林耿贇、吴楚发、陈冠生、邓昌繁、黄国栋、李智彪、郑阳明、李瑜、朱月娥、张海娟、程廷金、周记华、曾赛区、戴国标、卢添进、王昌发、王瑜健、卢玉坚、钟杰明、钱锦棠、连有传、孙志昌、何志邦、李日锋、袁志辉、陈伟超、钟立纯、林柏灿、陈耿忠、陈小红、郑晓然、林财、林丹烨、杨贵贤、王晓斌、房国光、林晓森、廖添平、易志良、谢乐意、黄荣辉

2004级计算机应用技术1班

王志伟、张庆凯、谢运苗、连贤沛、吴志丹、曹苏贤、梅晓峰、何华添、钟惠环、吴章毅、李青洪、曾桂辉、郭晓斌、陈健镇、揭家龙、黄楚彬、庄少鸿、钟东源、袁志权、黄佳鹏、张广文、付桂敏、张伟燊、杨坚、陈彩云、连亨杰、刘锋、李丹、梁建清、钟孔敏、卢锡求、杨海燕、吴素梅、丁锡鹏、石少波、陈土娣、魏嘉广、谢德祺、罗杭、邓成科、黄鸿滨、邹杰、叶建雄、刘旋、韦小景、赖红、刘少和

2004级计算机应用技术2班

黄庆光、陈鑫、林耀亮、李晓丹、吴镇才、邱展敏、王海进、陈进林、梁龙飞、郑少龙、吴华、许胜添、纪文歆、梁国英、徐荣、李夕雨、林建锋、周宋明、林慰崇、李国周、庄林斌、廖日权、古志金、张慷东、吴绍坚、吴鹏兴、梁城彰、陈克、黄黑裘、张华家、何彩芬、王李汉、邹绍汉、刘德炫、廖笑倾、苏经伟、钟志东、刘敏、曾建超、林日彬、游星弦、全一军、杨年武、翁祥霖、莫莫、黄宏坤、黎耀桂

2004级计算机应用技术3班

何卓炜、朱俭华、石梅丰、樊光赢、谢根浓、马庆德、吴杰毅、黄炯涛、陈炳锵、姚鸿生、林宗鉴、刘灿林、吕晓鹏、陈晓鹏、杨桂华、梁教雄、曾海涛、梁浩波、朱少平、洪立羽、严伟平、刘文广、王硕芸、林福标、叶明哲、陈旭忠、唐仁富、杨计卫、任艳永、黄炳标、马庆文、张振辉、赵子校、黎永雄、黄德雄、关天赋、陈雪银、冼志鹏、邹谊科、谢晓敏、杨雄、衷桂贞、林炯怀、欧瑾文、张凤飞

2005级计算机应用技术1班

黄东升、杨海强、罗权导、刘智、陈新鹏、蔡建安、翁梓波、周焕庭、许伟成、韦耿华、叶炜雄、蓝梦桥、曹志坚、杨飞文、黄永权、区敏希、谢昆霖、蔡仕志、李东、陈伟钦、邬智文、王志茂、潘伯昀、冯永生、江炎添、谢开筹、李关泰、何智明、谢胜强、张泽恭、林加寿、张洁锐、黄创业、吴晓瑜、黄土春、赖振聪、罗俊滔、古雅丽、黄奕芳、罗瑜、陈建淑、刘雪芳、林雨、纪锦珠

2005级计算机应用技术2班

叶永青、陈锦辉、周鑫强、钟乾坤、郑林辉、李雨钊、陈广尧、罗雪锋、何锡汝、邱沼鑫、黄创伟、方文泳、李荣营、陈小京、罗健生、李昆明、张春龙、许子雄、肖桐杰、阙淦晖、杜纯佳、巫熙川、苏国程、戎镇民、奚庆兵、罗杰、张典飞、曾家滢、何晓乐、梁建华、廖利强、巫太成、廖渊、黄然笑、赖妙慈、叶燕明、李伟福、张延景、谢飘武、黎建

2005级计算机应用技术3班

邓子灵、陈验、何威、叶建坤、周沛荣、谭智勇、张文彬、周财恩、刘效光、黄智、李宇峻、魏意强、周启华、邹宝洪、杨琼、吴凯勇、陈训腾、陆志文、陈锡安、陈悦东、杨晓波、韦伽汶、张志才、叶耀辉、缪慧华、杨裕文、王善恩、叶海见、邓明科、张干祥、林彬泳、张尚金、肖真真、梁彩梅、高佳芸、赖小飞、江海洪、黄伟洁、张琳、罗金梅、李博、范钦彬、陈斌、谢国雨

2006级计算机应用技术1班

廖建林、吴镇青、张伟强、李健、林静苗、谢建安、陈定国、石舒弟、黄钊昱、陈芬芳、麦伟君、谢雪辉、刘田洲、魏观琼、甘仕文、谢毅君、黄远龙、黄超洪、曾勇根、罗志阳、蓝杰、刘继章、林银坤、林灿光、朱俊煌、黄志科、张远东、朱敏敏、吴珊、谢惠露、林斌、邓志灵、曹舒宁、蓝燕华、罗振宏、叶珂、吴永、柳旭杜、黄远清

2006级计算机应用技术2班

赖晓渠、黄萍丽、梁润泰、方玲、黎浩扬、丁晓滨、林彦璋、张俊权、张胜勇、马学藩、黄国维、余奕师、杜永海、冯祖武、

黄金祥、陈辉文、黄旭霞、温桂玉、成顺安、罗文雄、梁桂生、陈镜邱、谢少、王均达、邓雪萍、赖剑锋、余柳波、陈仕平、丘田园、许伟壁、顾旺、巫智玲、蒋娟、赖梅巧、郭文华、黄淑环、丘秋燕、朱树华、吴秋霞、孔文坚、张彩媚

2006 级计算机网络技术 1 班

叶剑明、余俊禧、辜伟雄、邹华忠、李新良、袁义聪、杨政超、龚建源、莫燕丰、陈敏思、彭建标、古裕孚、黄焕优、袁富春、陈建航、范远富、劳远峰、郑桂锋、梁国强、石亦谋、吴志浩、谢炎平、邓迪、李建雄、苏晓武、傅永裕、林泽丹、张少华、曾小军、曾金波、钟永健、陈国强、刘淑贞、黄济均、刘晓玲、林岱桦、赖丽妮、曾娇

2007 级计算机多媒体技术 1 班

郭潘生、关云燕、冯海燕、李全荣、余焕微、陈帝、黄晋峰、吴小龙、陈春霞、曾小燕、车轩流、林少浜、肖惠龙、何明珠、许敬钦、曾锐青、谢美思、吴晓都、邱伟贤、谢晓静、周钦洲、王超英、邓晓中、吴锦波、马少英、杨佳红、吴昭荣、谢柳燕、赖远谋、王丽敏、廖其锋、周春花、张秀娟、王秋芳、赖东平、吴晓军、王海花、陈健聪、潘锐冰、陈少翠、陈彩玲、陈璇珑、陈礼达、饶议中

2007 级计算机多媒体技术 2 班

陈朴才、范茂委、何燕斌、陈晓松、梁炳先、钟惠泉、邓梓辉、谢丽君、吴科龙、张伟东、李凯钊、杨峻超、林荣森、钟义凤、莫丹红、周豫、缪海桥、刘自更、赵冬清、赖衍媚、陈泓鑫、巫省州、廖振辉、谢朝合、李楚海、魏丽清、张仁峰、邝友镜、刘桂平、王维维、谢嘉诚、谢意铖、叶德志、黄富强、张勋平、杜远平、徐依婷、刘特、邝笑凡、刘斌、冯梁科、赵金生、黄惠珍、曾明、凌玲

2007 级计算机应用技术 1 班

陈俊源、杨康连、黄小红、李可志、黄秀婵、何顺平、许奕雄、郑圳彬、黄嘉菁、罗雄波、刘锡钦、陈明、李坛铤、丁李象、彭小玲、方家梁、彭国科、刘奕龙、彭国栋、刘锦初、张燕青、李燕威、邓香枚、罗志锋、揭建豪、陈康锋、蓝贤龙、魏永锋、范常澄、林楚萍、游羊城、谢易峰、黄文炬、何婷、温小娟、黄惠婷、王俊浩、黎流东

2007 级计算机应用技术 2 班

丁旭东、赖妹、陈海郎、刘小景、练杨村、黄有存、刘永昌、郭盛坚、梁咏颜、王庚有、廖海霞、罗宽、周泽毫、卢星全、许勇敏、罗映苑、钟恒达、姚欣杰、赖志旺、吴文娟、叶萍、冯彬、邝嘉志、杨增福、卢剑波、黄翔浩、骆映蕙、郑汉利、彭彩坤、廖素文、付日扬、钟明立、周廷鹏、王子耀、杜尔彬、陈维达、黄文波、练智勇、张仕玲

2007 级计算机网络技术 1 班

陈丽、徐晓芳、范容丹、金龙、黄小龙、谢志贤、曾东武、黎奕广、丁镜添、邱治龙、林耿杰、吴海慧、周金海、叶凤、罗毅鹏、汤晓聪、刘小容、梁志伟、叶利梅、李伟灵、张城榕、张贵龙、黄俊盛、吴龙锋、陈小梅、陆振胜、谢小龙、谢凤娜、杨政、刘棠醒、曹浩龙、林晓练、刘创宁、魏晓萍、谢礼仁、倪鉴鸿、陈志伟、黄辉聪、林华昌、彭勇杰、张文龙、邝惠科、陈华妮、陈泽锋、刘培、吴水凤、徐燕梅、黎少雄、李敏龙、黄东英、邹访通、黄李辉、黄佩剑

2008 级计算机多媒体技术 1 班

彭艳青、梁飞松、魏彩萍、李雨良、吴泽华、黄婷、黎桂冰、何志科、李泽林、钟伟青、黄成兴、陈国锋、袁丽霞、张洲纯、甘淑婷、廖必露、张彝丽、郑尉、张景良、许集文、林植翰、邓伟洪、包颖、李淑沛、

马丽她、杨欢妮、曾勇、肖慧菲、王翠红、郑佩刁、李晓红、叶军、叶碧锋、刘俊峰、丘波、冯小华、何政、袁科、吴慧媚、陈钰婷、林华泽、张裕、郑艳清、梁耀东

2008级计算机多媒体技术2班

叶燕雄、骆文丽、赖平妹、黄陆宇、黄雪灵、李秋芳、周贤智、黄绮妮、吴开城、邹森祥、王丽妃、郑耀柱、张长鸿、刘浩云、江秋巧、吴木州、林庆玲、蔡任衡、柳小丽、曾楚贞、朱振华、欧阳春苗、陈丽、管淑娟、杨巧玲、钟玉莹、陈煌、陈智超、肖非凡、邱信凯、诸小红、温兴、刘小玲、钟燕燕、涂剑惠、罗裕玲、杨浩龙、李素萍

2008级计算机多媒体技术3班

谢楚涛、温淑娴、尹旭坤、温中劲、邓春婵、杨天铭、钟展波、曾利廷、赖小知、傅水先、朱丽静、李建超、朱智权、廖广宁、骆金香、吴欢欢、袁伟、何秋晨、祝亮、洪桐钦、黄免、陈雯、杨龙浩、郑晓敏、刘定权、莫月明、姚利兰、刘雪丹、温格宽、马泽仪、郭燕宜、曾志文、黄金容、钟卢娟、邓丽花、胡雪花、陈俊颖、张小燕、蓝晓军、黄龙、张剑彬、黄胜楠、黄满添、莫伟超、吴春盈、蓝永威、丘倩云、陈敏

2008级计算机应用技术1班

黄祖霄、张晓龙、叶娜、许宇聪、叶华顺、温志宇、丁智科、蔡继升、刘天泉、庄泓铭、谢焕强、李巧芬、黄伟冲、袁超、柯博智、何跃东、刘健聪、徐有前、李根平、尹锐华、黎春桃、李海辉、吴建宏、江钦松、范永、黄泽武、刘敏怡、胡桥波、郑海佳、周壮娜、钱柏营、刘利美

2008级计算机应用技术2班

刘少锋、黄滴旋、颜新阳、李锦鹏、罗小勇、吴春花、杨伟龙、黄金银、周俊、宋燕文、庄仰旋、杨汉金、柯光标、赖子高、邹国富、李彦文、廖姜文、黄睿智、麦晓明、曾风、黄兆基、罗振强、唐志龙、邹辉、周凡、李远科、曾凯文、李进城、陈宗添、黄浩、黄冰、罗健民

2008级计算机网络技术1班

许梓煌、严健钊、罗炎彬、邹雀辉、张海波、陈达明、欧少贺、林锋兵、谢弼雄、殇伯亨、黄皓、李海滨、方文冰、郭少敏、黄秋华、巫玉佩、张浩帆、陈耀龙、蓝道锋、刘玉芳、杨明珠、陈然锋、黄艳、宋伟航、熊德贵、刘国超、曾炫焜、刘凯媚、林搒、黄国雄、刘加林、叶松富、林汉斌、刘维荣、李蓬娴、黄滨良

2008级计算机网络技术2班

张淑娜、梁华照、郭步云、曾振威、张东发、潘海浩、潘族锦、许定敏、谢登峰、庄伟强、许涛泳、肖俊、邓伟洪、林昆江、杨榜涛、余钢瑜、李美华、张伟彬、钟雪婷、缪必武、黄思琦、陈晓芬、张忠城、林典鸿、李奕辉、谢思旗、邓飞丁、朱怡晓、卢镇洋、刘荣佳、欧韵诗、钟育良、曾庆峰、周灿成、黎志成、陈文涛

2008级计算机网络技术3班

李书伟、廖炯雄、黄会晓、曾桂晃、许志高、蔡子维、欧阳晓、李玉萍、何伟强、蔡炯、郑英雁、杨本煊、余晴、张锦勇、陈韬、李健、黄聪、邹龙标、李创盛、卢焕榕、彭冠中、李家伦、蔡伟明、陈秀飞、陆伟杰、司徒玉泉、赵子健、张俊豪、苏锦宗、张志军、潘沛贞、曾焕文、黄远苏、李关友、刘晴铭、区惠芳

2008级软件技术1班

何绍贤、邓倩文、周宝太、梁海龙、叶志辉、刘天全、钟文夫、梁玉成、陈日华、黄日燕、张潘、曾剑、赖坤术、朱贤达、宁月明、陈建焕、黄庆添、邓文宏、林锐荣、郑伟、禤爱武、刘世铎、谢威中、周建玲、刘海明、曾振惠、林树藩、谢晓敏、杜卓挺、陈金华、肖有平、刘灿庆、邓志平、陆浩长、石海玲、梁光耀、陈俊求、洪晓全、陈志良、张泽、刘集安、关纪正、张鎏、李

森辉、何武平、戴康、刘金国、伍伟剑、黄明威

14.17.18 信息技术教育

2002级信息技术教育1班

周仰兰、邝丽苗、刘淑贤、刘映辉、袁曾生、许弥、王秀珍、谢祖伟、陈小烂、杨金巧、陈日怀、叶英雄、温瑜、袁毅群、彭春娇、黄楚盛、张路娇、袁美容、陈丽文、叶天赋、麦舒燕、何丽娟、叶文区、邓丽红、彭淑娟、古贵平、刘咏利、黄明科、张润海、杨利才、许少娜、林翩翩、姚璐希、曾苑芳、张小青、范夏莲、何金生、李志、陆文昭、余华龙、刘国光、陆海清、刘世良、刘统生、许宗瑚、卢玉珍、黄敏

2002级信息技术教育2班

叶安纯、吴玉良、曹树坚、曾奕畅、冯伟儒、钟丽娜、黄小拉、潘石源、杨国文、郭丽英、古军辉、张海燕、李甫养、罗北焕、林晓如、邓德生、劳小芬、叶美好、刁宏成、柳观杨、黄雄辉、戴小科、骆仕梅、杨丽、王日香、赵南海、王山泉、李冰冰、余小妹、冯秋霜、龚华平、徐瑞良、张海英、胡勇辉、杨华邦、何飞燕、罗碧裕、洪翠芳、黄珊、徐丽桃、林晓君、林苑梅、何锐江、叶冠凡、张涛文

2003级信息技术教育1班

欧焯坚、苏润坤、彭楚云、郭丹婷、刘金银、蔡焕钊、吴怡俊、苏海盛、蔡丽霞、曾高瑾、邹灿、张力中、罗伟锋、钟嵩、林海松、蔡应烈、洪水铃、刘衍周、黄乃侵、徐耿飞、余美英、谢美玲、杨思开、谢锋景、李伟威、曾群婷、李飞玲、许远清、杨翔景、袁玉银、钟婉芝、蔡树华、文幼华、郑允妹、沈晓森、钟瑞娜、张浩东、叶伟明、钟名扬、叶育卿、张科欣、谢文福

2003级信息技术教育2班

马德威、曾桂新、成涛、王锡楷、廖嘉、黎治江、陈想珍、刘陕德、凌艳、汪思程、黄萍、钟建芳、杜科坚、张银燕、练智敏、柳细江、杨天平、卢金芳、黄华聪、黄勇超、郑旋、张林行、林小妹、殷瑞娜、陈月亮、钟明媚、池志科、赵武艺、吴方敏、朱以衡、赖伟科、张添华、莫离常、程利娟、李一华、许晓旋、陈燕双、徐如敏、冯进山、邱湘雄

2003级信息技术教育（五年制）班

吴远鹏、胡易非、李伟贞、罗伟霞、严向华、胡映珍、彭宇浩、叶丽君、彭俊锋、杨涛、黄春茹、刘焕强、罗丽蓉、杨媚、吴小娟、吴仕科、刘立文、叶伟华、黄雪珍、王厉丹、裴立英、陈莉、傅观文、邬伟浩、黄丽平、吴丽花

2004级现代教育技术1班

卢杰庭、陈伟东、冼家亮、唐火亮、梁绍钊、何卫坚、魏展标、曾史华、严探文、刘火生、杜颖刚、丘景科、范敬龙、杨振宇、胡奇源、陈新绪、郑林华、邹国夫、黄定润、冯佩伟、郑国扬、凌秀平、伍剑波、谢志钧、赖东明、张泽界、黄志伟、杨城、黄勇军、黄天赐、黎晓雯、邓荷玉、陈非理、邱晓华、刘蔚玲、黎娜萍、廖文静、殷玉娜、黄思思、赵金梅、熊娜、欧阳巧玲、谢梦晴、谢婵娟、周春丽、杨晓玲、廖裕青、梁笑红、罗剑萍、李满霞、梁毅、陈玲、胡思思、李雪群、彭月玲、戴秀英、张伟良、黄建明、张秀云、陈伟

2004级现代教育技术（五年制）1班

李媚妮、杨青、黄爱玲、刘望锋、叶惠清、陈文蔚、李夏、陈美青、何永龙、陈良、陈东、詹智诚、陈文浩、王国伟、刘阳波、温博明、钟碧青、黄惠云、黄立炫、罗清平、赖丽娟、贺勇兵、钟振全、袁翠、陈强、黄炜南、叶翠、张苓、刘志良、黄庭胜、麦菲菲、吴炳周、黄志听、黄美、谢威卫、黄世根、黄威、邹彩琴、袁家乐

2004级现代教育技术（五年制）2班

具斯琼、张海波、张明海、李志云、张

永巧、古威健、张韵、陈曼、李伟、谢敏捷、王奕龙、陈振辉、王燕军、蓝建新、吴癸玉、彭贵发、张文嫦、龚政华、朱丽华、刘文青、黄思裕、黄天军、余意、黄文彬、杨锋、李媛园、余金华、谢玲玲、黄聪平、裴文聪、曹聪、王雯姣、卢万兵、黄雪根、黄志丹、彭丽娣、廖雪丽

2004 级现代教育技术（五年制）3 班

杨伟强、江道州、朱敏聪、肖龙慧、李龙、戴惠进、罗娴、蓝辉、李秀媚、徐晓绎、李建昌、何顺蓉、刘永毅、黄燕珍、彭国勇、彭正科、刘天泉、叶培明、黄建青、余美娟、杨洁琼、刁利青、邬兰琼、廖昌辉、骆群周、曹金全、叶恒钤、付春萍、王金启、陈燕萍、吴媛园、欧志煌、钟远爱、许海群、彭美霞、徐焕景、朱婷婷、李丽

2005 级现代教育技术 1 班

钟如意、张天龙、陈文诗、黄远峰、李岸辉、陈泽良、李章文、王小春、张党文、赵健、黄奕文、丘少康、徐小燕、朱振英、刘营风、何秀丽、曾阳庄、黄敏、张秀娟、赖彩云、肖玉梅、赖丽娟、龚丽容、徐银娣、陈晓茹、陈逸敏、陈丽君、曹玉娟、吴敏红、钟思凡、廖惠灵、曾素飞、廖应峰、蓝友良、魏斐雅、王新添

2005 级现代教育技术 2 班

张海丰、颜宇驰、曹华永、朱伟雄、邱晨成、侯伟峰、黄远强、邹耀辉、廖镜威、张静、赖胜鹏、杨翔清、陈基稀、叶茂青、谢李奎、蔡丽珠、黄璐、刘凤平、李雪花、黄艳、黄小苏、赵雪珍、吴丹霞、曾燕萍、陈其梅、欧风彩、尤春敏、黄漫红、钟秋英、李春媚、邝琳琳、温小花、张松发、钟景横、朱伟冲、蓝均培、范大营、刘木涛

2005 级现代教育技术 3 班

黄鑫桓、朱振通、叶进添、廖红光、曾志标、江荣武、许妃凯、戴龙、唐志强、梁平锋、钟海均、张得志、江永添、李凯油、彭鹤鸣、钟璐宇、黄晓枚、彭晓柳、彭馨漫、刁福兰、谢景秀、周明珠、叶小红、蔡桂芬、邓晓芳、戴文兰、陈淑敏、练小青、王君、陈蓉儿、王少丽、罗兰芳、吴小玲、江振平、赖县球、钟惠权、杨幸康、陈丽芬

2005 级现代教育技术（五年制）1 班

李超、龚敏斌、罗健文、朱志标、钟明超、陈哲、刘承锋、曾志握、彭想金、廖兆林、罗俊科、刁奕开、钟燊、曾文珍、刁小珍、钟远平、欧阳秀萍、蓝淑导、廖远清、苏澈、赖晓丹、钟伟君、王颖、周述卡、周玉珍、龚颂花、邓燕芬、杜宇球、刘锐辉、马敏文、叶广南、黎裕豪、李叶浓、彭智洋、袁国富、温美烺、邹文辉、彭奕辉、彭俊飞、温体岳、廖晓阳、练俊求、曾志文、李芳

2006 级现代教育技术 1 班

温晓丽、汤伟业、张远平、温锐文、李万聪、张娜香、陈燕、陈意通、何文瑜、彭益东、王春花、黄惠明、黄丽敏、叶牡丹、邓日新、叶智锋、周瑜辉、蔡树昭、曾海燕、余文芳、詹国雄、吴崇明、朱文燕、叶志慧、邱元志、温其耀、梁明伟、刘晖、缪伟芳、李娟媚、陈锦德、钟肖然、朱丽玲、廖利娜、李华、薛仕花、陈宇辉、曹伟中、邓雪松、黄科姐

2007 级现代教育技术 1 班

赖武青、王波、陈亿英、钟华香、邓玉丽、黄彩建、刘利芬、廖惠娟、谢聪慧、黄艳芬、王荣强、林海燕、陈嘉莉、何慧芬、钟晓明、盘琦、潘力峰、骆秀娟、黄德英、叶小洲、叶娜、陈锋、魏嘉婷、王情岭、黄碧霞、王小栈、李淑英、朱丽花、肖立源、廖贵盛、陆秀洁、朱勇欢、张小利、曾欣茹、曹彪明、叶锦练、李麟辉、庄亚芬、李俊生、赖龙建、朱文诺、黄静、郑燕平、彭玉金、刘瑞霞、黄玉燕、朱娜、黄小芳

2007 级现代教育技术 2 班

甘伟城、陈爱霞、张国平、黄彩霞、廖敏仪、林美如、赖映华、杜华科、邱彩云、

曾冬媚、郭冰莹、钟婕昱、李利枚、余伟宏、梁丽演、罗娴、徐婉玲、袁石康、邹仕周、张丽玲、黄丽霞、黄东红、黄玉凤、郑文彬、李利敏、池勇德、卢春迎、吴丽娜、李美苑、江彩芬、谢春东、叶冬好、罗桥仕、王茜茜、张果年、肖燕、肖娃、彭燕芳、廖小花、李强、黄运枚、钟文鑫、钟铭圣、黄达、谢志健、吴莉好、许增生

2008级现代教育技术1班

廖燕辉、陈柳芳、赖细燕、黄益豪、张健锋、叶景华、吴海连、周燕秋、谢春苗、陈伟娴、钟秀梅、严丽梅、谢妙雯、李晓珊、江露霞、朱呈祥、彭天祥、卢美容、严东全、廖敏珍、吴海燕、温景浓、邹春桂、江玉琼、吴洁婷、钟柳梅、温苏娜、廖丽红、刘彩婷、张俊龙、叶小花、刘龙辉、卢春美、许春燕、黄仟妹、丘敏华、李巧珍、黄燕红、黄虹朝、黄秉幸、曾汝兰、钟映珍、林洁漫、江燕斐、古艳霞、李文忠、黄慧仪、李薇娜、蔡玉琴、赖梦思、刘燕青

2008级现代教育技术2班

赖咏柔、刘文珍、邓辉明、刘怡花、骆国着、陈丽榕、李叶梦、丘碧霞、陈明友、廖雪平、叶飞娥、郑安、曾春媚、陈雨芬、邓金娣、张伟文、罗利华、许国燕、陈燕红、曾虹蕾、曾超伦、黄燕媚、叶慧珍、张红婷、曾巧容、张景秀、余姗姗、张海生、钟宇文、叶燕、严利君、李娇红、黄振、罗小玲、赖曼红、廖紫容、许少泓、叶小的、袁声远、刘羽、唐建文、李文强、邱勇劲、邓文锐、黄嘉茹、李雅清、黄美珍、黄秀娟、范惠连、潘智豪、张嘉宝、陈雪梨、刘晓翠

14.17.19 应用电子技术

2003级应用电子技术班

陈翠莹、江燕玲、蔡行钦、盘剑云、丘万泉、黄喜亮、陈贤炫、庞游兴、黄进科、阮汉霖、梁光源、陈俊锦、李荣全、黄城、邱耀伟、姚春亮、林冬笑、曾海泉、杨先相、麦文巧、何志发、梁伟锋、邓庆锐、吴桂乐、李孟、谢淡鑫、郭树苗、江志明、吴清权、赖飞富、余昌豪

2004级应用电子技术1班

曾祥忠、谭信昌、麦坚明、陈坚和、梁全汉、陈兴维、陈华文、黎春桃、蔡志军、李贵忠、严浩荣、陈福如、陈深、李志勇、胡可雨、曾伟科、廖旭明、谢元汉、赖伟健、梁超宇、叶运友、盘海新、蔡庆荣、林泽华、窦金兴、张大文、黄旭波、古明景、李艺佳、黄亦强、范伟健、黎文许、陈奕炯、杨晓军、郭晓涛、王志为、郭琦鑫、刘海东、李林碧针、张世优、吴汉镇、凌广成、陈仲桂

2005级应用电子技术1班

张亚威、何光兴、廖锦洲、翁一军、董超波、吴军雄、胡振越、谢建雄、刘志文、周文靖、章洁、邓志新、陈海航、曹胜艺、劳剑锋、潘典发、李华艺、伍惠权、赵炳顺、林晓航、杨青、黄小平、许景铭、谢日贵、郑桂雄、杨文彬、何程、谭健聪、陈二杰、郭亚尧、彭伟聪、何荣新、蓝剑荣、徐仕娟、龙家文

2005级应用电子技术2班

朱福林、陈洛涎、陈思源、郑国坤、黄雷、黎元雄、梁标、谭锦洪、李烨、古成辉、王明、陈合发、黄洁丰、张海乾、黄勤艺、林典真、王文立、关文彬、卢子信、谢恩波、黎万杯、周虎生、刘志永、容学坚、许海明、冯杰威、林辉男、叶国旺、李昊超

2006级应用电子技术1班

陈广尧、张文欢、梁锋、林鹏、陈海滨、林美霞、张武先、曾志鹏、李欢欢、叶健韬、朱浩力、陈辅耿、潘李隆、吕腾海、郑伟文、颜一星、欧汉强、何水清、管文华、阳鹏、纪群英、罗思婷、管仕庆、魏胜金、杨夏敏、魏君莉、郑佳全、罗海浪、吴

鸣华、曾贤龙、钟坤业、刘志锋、苏萍演、麦宏浩、李振锋、肖立佳、张德桓、张文强、吴泽森、苏伟荣、曹奋道、钟剑锋、叶寅龙、何晓虹、徐大强、黄健恩、黎栩源、贺书文

2007级应用电子技术1班

张明湖、李林龙、姚彬、潘锐伟、吴金华、马小腾、郑荣兴、林晓英、黄志明、潘镇良、李坚、张瑜、蓝意如、温晓燕、黄亮宏、陈科民、黄远植、杨志东、卓展航、姚忠珍、曾凯、黄剑雄、黎伟龙、吴旭初、陈志金、许彬、曹清武、缪俊辉、古彩娟、游铨、吴标锦、区鹤青、谢明荣、张添龙、吴苑城、古培钱、许沃桥、李登辉、赖岳权、钟伟清、刘秀连、苏丹、林伟国、钟祥辉

2007级应用电子技术2班

彭梦芬、刘珍、刘智广、邹苑军、刘伟超、张远明、谢卫军、刘艺、黄燕妮、叶永深、温振叠、杨夏柱、刘汉辉、温海斌、欧阳南、罗汉盛、蔡玉强、王亮全、孔德文、邓志、欧阳小川、陈碧达、陈秋菊、刘丽春、罗娘渐、谢新恩、吴玉明、黄秋兰、苏苗珊、吴凤娇、张明达、骆阳迅、刘晓玲、巫燕军、谢雪花、叶飞然、游远集、赖明浩、谢淦锋、黄浩平、吴伟杰、赖晓华、李志兴、范秀玲、温振雄、张珂凡、吴忠滨、张靖贤、刘小婷、袁聪媚、麦镇、

2008级应用电子技术1班

罗彪、林颂青、李升、刘武龙、刁荣彬、杨星昊、黄顺平、谢令凯、周焕钱、罗小龙、邱浩、钟勇辉、李永健、魏新华、郑康清、黄柏星、林建超、刁勇强、李威宇、庄旭锐、刘伟财、周干膨、张佛彬、李超平、黄玉辉、詹占前、曾建鹏、王政权、陈立宏、陈伟彬、陈远明、黄明辉、姚啟鹏、沈新娴、廖国普、肖森林、郭狄洪、陈香花、陈壮锐、饶晓仕、黄晓丽、林雁英、毕振荣、潘振林、蔡晓忠、张国强、黎文勇、梁凯婵、陈世棉、柳晓平、周锦祥、吴海东

2008级应用电子技术2班

张东宝、杨晓宇、李鑫、曾彬、熊日新、管聪、张世广、黄天喜、房辉祥、刘慧贞、钟梅珊、刘海沙、黄汉忠、刘志群、凌惠华、周序杰、林辉松、陈家泉、梁冠科、方茹辉、刘宇杭、刘皇英、郭向奇、何文浪、李威龙、温机问、林德升、曾蝶妃、谢志聪、范垂艇、郭贻浩、何火金、叶胜其、苏志远、陈成龙、萧允镭、邓子龙、钟石海、张寿生、庄楚杰、叶哲、万林、谢友端、黄炳锋、陈苑平、张维、陈晓聪、余应涛、朱武聪、张玉鹏

14.17.20　楼宇智能化工程技术

2005级楼宇智能化工程技术1班

陈永冲、曾文艺、胡炜林、李国锋、罗志红、祁玉堂、陈大伦、揭锦辉、叶友新、谢杰辉、廖天才、许永究、钟伟豪、赖德旺、朱小军、王志能、黄新华、郑则勇、刘利添、林国海、黄文初、陈文彬、陈军超、顾远辉、梅福润、黄国添、黄焕炎、邹炬中、罗皇、罗海建、王星照、林任伟、陈泳江、郑建松、卓日贵、林俊洲、彭铁泽、曾喜武、李上清

2005级楼宇智能化工程技术2班

梁土生、谢敬卫、张利高、曾树森、郑荣请、杨土龙、谢碧锋、林耿鑫、徐文习、赖进益、董泉、陈晓洲、林清材、曾挺、马照辉、梁永昌、刘泽强、陈海波、房辉清、马金荣、伍冉辉、黄志勇、傅郁棉、张锦示、叶伟国、叶文艺、缪汉波、黄勇青、吴浩文、陈嘉琳、洪焯亮、李晓华、吴日光、李亚坤、林国辉、刘志锋、陈小聪、杨婷、刘清娟、赖书威、梁忠羽

2006级楼宇智能化工程技术1班

黄伟宏、陈威、张燮鑫、陈剑聪、李华贵、林健、吴黄坤、杨明、梁冠聪、萧志峰、李永贤、甘思广、纪滨、陈奇明、黄进辉、李阔、叶妙雄、黄靖栋、陈振锋、朱康

兵、刘兆柳、何秋平、曾董杰、梁嘉辉、李国安、陈振东、邹建新、罗庆丰、叶舒乔、张法娴

2007级楼宇智能化工程技术1班

钟桂芬、彭达、罗秋文、邓玖乐、叶有响、钟剑雄、林海平、叶海潮、罗文强、王水根、詹俊钦、唐奕科、杨国生、赖庆煜、陈文龙、李春营、林晓忠、叶明晓、陈思成、陈贝托、陈勇宇、陈丽华、郑文晓、梁绍平、伍辉朕、巫柳晓、洪仕光、邓永斌、何凤钊、陈丽聪、邱金银、肖征远、梁智明、卓志卡、李春花、丁少雄、张文韬、李超锋、黄国珍、梁锦龙、邓聪才、陈赖明生、陈年富、杨警锋、骆作军、梁风崇、冼柳城、巫贵文、张旺

2008级楼宇智能化工程技术1班

邱鑫安、朱颖颖、张炜、余泽霖、赖佳润、林启发、谢文超、莫锡原、杨泽洁、张平健、刘彬宾、陈雪标、黄东魁、江展平、林宇峰、何照森、何辉强、孙左茂、赵柳、黄经涛、郭婷婷、何龙、曾亚锋、黎法毫、陈宇雄、郑俊奎、韩志彬、李家鹏、曾庆祥、曾宏星、吴培东、麦林锋、张剑浪、谢邦善、芮德鑫、蔡瑞成、谢新锋、林裕、张文标、温智航、殷树生、蔡柱波、卢健财、徐锦、钟清曲、陈幸芬、曾伟涛

14.17.21 通信

2007级电子信息（高中专）1班

骆丽群、柳荣枫、张锐杰、骆志勇、徐飞箭、吴小赞、徐洁、杨日中、游雪雄

2007级移动通信（中专）1班

陈建行、潘航峰、刘敬、邝建来、黄敏健、邝国立、徐添景、徐一先、李春强、罗俊达、张鸿锦、叶文猛、唐伟艺、肖俊万、叶春朗、刘小欢、伍志林、黄东良、李文达、叶志德、叶俊林、刘海岳、刘小泮、郭伟、王瑞文、邓変、刘天富、吴家兴、谢达奇、谢其宏、蓝诗、李诗怡、黄懿、罗碧环、崔巧玲、陈惠玲、刘舟梅、骆俊眉、刘羽、罗福兰、徐锦婷、钟蕊、吕辉龙、周李瑰、何妙

2007级移动通信（中专）2班

吴文昨、谢龙刚、王智、邱伟勇、陈小林、叶新航、贺启军、孙捷翔、翟嵘锋、许达柳、邹云辉、黄亮、魏茂辉、阮浩政、黄俊辉、黄作威、刘思达、黄巧遇、黄仕良、邓志乐、刘志勇、刘美虹、叶敏、高春苗、曾志芬、钟妙玲、欧志朵、古丽、邹立、王昱涵、黄永康、吴超、张锐、许伟英、郑冬霞、李文亮、孙捷祥

2007级移动通信（高中专）1班

陈兴苗、廖剑君、张志超、欧弯弯、杨伟劲、卢浩、洪丹娜、张佰胜、曾秀珍、廖文超、欧欢欢、黄丽珊、周惠娟、杨爱琴

2008级移动通信技术1班

利永贵、谢利婷、邓锦荣、刘昔忠、朱锐朋、黄旭城、胡丽军、李伟献、詹冠韬、叶梦龙、张志华、邵伟开、丁菁、黄育芬、郭健、张学鑫、黄鹏宗、丘建武、潘晓伟、谢炜铭、郭凤仪、谢晓凤、戴小光、练晓妮、谢利萍、余桂丰、温利聪、陈新雄、梁梅招、温艳、符日造、王志文、黄金榕、黄龙、李建华、邓海燕、刘燚、李泽超、何明见、周全、罗淑君、李小薇、林缌、黄小萍、陈琼玉、钟家洁、余素芹、陈健权、许珊珊

2008级移动通信技术2班

谢东杰、朱智力、彭智伟、张绍政、黄妮敏、徐长杰、肖小玲、刘秀娟、陈华宇、王志勇、张云千、陈立福、陈石林、曾娟、周王波、李建芳、张浩潜、颜承远、吴淑科、何有为、梁振勇、李丹丹、唐立基、叶畅、陈伟明、曾巧兰、李雯婷、马春燕、邓青青、梁秋艳、黎浩标、王丽玲、何清兰、张小翠、周嘉健、黄永健、莫伟雄、钟坤祥、李威、余晓锋、姚硕平、黄华烈、巫彬、林彩红、简凌、钟

秋苑、陈明星

2008 级移动通信技术 3 班

廖延聪、萧敏峰、叶晓锋、黄志书、丘竣文、刘剑明、李敏、刘智威、周晓秋、黄达翔、张炫修、郭焕锦、何家兴、周永全、郭海超、周德星、陈圆圆、林兴丽、王金苗、庞金良、徐玲玲、赖睿越、吴小婷、黄振辉、王品超、蓝秋娴、罗武强、袁兴旺、李国彬、黄晶晶、张妙云、杨辉龙、潘威、陈昭丽、李绵绵、周家升、石龙生、王先美、李浩泉、魏扬跃、黎芳芳、梁丹红、谢泳情、吴文中、黄月玉、黄梅、刘金达、赖燕康、杨秋尧、钟剑花

14.17.22　旅游管理

2003 级旅游管理班

陈丽金、梁菊香、邓宇辉、黄瑶苑、周少婷、钟洁英、黎凤丹、余玉梅、黄晓霞、陈晓敏、林妙芳、邹振东、罗丽姗、钟文娃、刘冬晴、徐情活、谢优英、赖建彬、曾少岸、伍记珍、游小锋、朱月梅、朱光娟、麦锦秀、莫健华、刘翠花、李燕平、吴彩凤、林洁群、刘春燕、张继文、汤瑜娜、黄明超、林良栋、邝耀荣

2004 级旅游管理 1 班

黄小平、黄宝香、黄凤英、林惜君、林青、李丽、叶丽琼、刘转南、陈碗玲、刘金榕、吴永泉、刘燕琴、黄钱英、冯素艳、钟瑞群、周丽琴、邱炜辉、杨秀环、谢达聪、郑金泉、李小锋、毛丽红、李妹、梁伟洪、李周辉、温秦、曹少芬、刘玉玲、丘雪银、邓昕源、罗庆平、管军、赖建成

2005 级旅游管理 1 班

周晓彬、李德春、黄九妹、叶志聪、沙春城、黄桃红、李琦、袁伟宏、周丽霞、刘春燕、罗冬梅、李伟嫦、刘杏娜、吴瑜璇、廖紫萍、吴哲、黄菊、郑惠萍、张雪辉、敖俊明、谢雪玲、刘美琼、袁锦君、区美笑、张豫娟、周映聪、冯伟初、张国观、黎秋嫦、邱怡倩、徐丽珍、何兆旺、陈艳丽、黄健赞、詹天文、高晓容、刘万权、黄秀娟、何志荣、胡醒华、邹宛燕、陈燕萍、李建辉、袁锐、黄阳明、杨英、陈滔、张美香、丁晓珊、谢素兰、朱小兰、周梵、王海霞、何桂珍、罗明亮、张凤金、赖珍冬、曹运央、梁春丽、陈安康

2006 级旅游管理 1 班

刘广、叶志滔、邱武、龚映辉、蔡植平、肖元皓、黄微、程婷、林敏燕、陈韵凤、谢丽娟、陈飞苑、黄爱贤、李秀芬、黄敏、莫斯、孔丽斯、郭芳、曾欢兰、黄燕雯、李曼、李娜、颜春波、罗丽霞、欧丹丹、黄幼晶、周国梅、麦万玉、朱燕浪、曾三远、蓝淑萍、官华倾

2006 级旅游管理 2 班

李炎辉、陈勇、罗洲伟、黄彦平、叶学敏、朱宇科、李晓敏、古建新、江彩华、何慧娟、曾小娜、李玉婷、孙爱园、汤文燕、黄蓓婷、郭小花、梁辉霞、钟小燕、古汝嫣、杨秀娜、黄晓嫦、姚林曼、蔡雪妹、谭三婷、熊金慧、王东莹

2007 级旅游管理 1 班

李敏菲、叶柳华、曾雪、曾丽丽、梁郁金、叶婷婷、林冬雪、张晓虹、刘春杏、黄欣、叶文霞、杨炯蓓、潘庆璋、钟国君、胡泽全、谢少芳、梁春浓、肖成运、张美兰、刘映茂、邓秋菊、赵丹婷、彭戊喜、张文友、廖少凤、林洪菊、黄嫩玲、谢丽萍、钟花丹、饶煌娇、林小珍、钟恩子

2007 级旅游管理 2 班

李振威、李小娇、文威娜、李启平、彭媛丽、饶婷、罗舞燕、张冰纯、邓菊花、黄大阳、周洁珊、李文慧、林敏、丘海龙、骆晓燕、周小宁、钟丽红、曾玉兰、陈庚娣、刘志永、蓝良碧、袁伟爱、连红惠、刘浩、何宇平、钟秀慧、苏凤娟、李娜、郭润有

2008 级旅游管理 1 班

黄嘉炜、黄丽娟、林剑涛、黎嘉儿、许

惠萍、刘育、冯景禧、罗金花、陈伟霞、邓志风、林丽华、李冉冉、陈雪丽、刘彩艳、肖威、马安安、郭淑瑶、李江章、钟秀容、李娜英、刘嘉丽、刘彬、陈春云、梁绍媚、何燕仪、蒋雯、陈晓曼、庄少珠、叶兰珍、邬晓燕、黄小莲、梁楚婷、陈妙华、杨浩琼、温燕妮、陈立葵、邱珊娜、程伟帮、彭瑜妹、罗凌波、周干华、黎萍、钟丽芳、张艳莉

2008级旅游管理2班

黄利珊、石苑、李秋宇、钟瑞媚、刘晓玲、胡春连、李可萍、黄维素、洪雪梅、刘志锐、范文莲、刘燕珍、曾婉诗、袁秀婷、黄晓英、赖剑玲、赵宝桂、肖洁、邓婉萍、江榆欢、黄燕玲、何晓晨、卢剑虹、罗日丽、黄红梅、陈婷、欧敏捷、丘水平、马洁莹、李晶晶、刘研绚、袁婉琴、余捷杰、邝苑明、黄小惠、程洁静、韩爱葵、谢雪清、甘丽娟、宋玉红、王小琼、黄君怡、陆雪媚、谢文鑫、何玲静、李之容

14.17.23 酒店管理

2004级酒店管理1班

李勉松、周小雅、古勇威、谢仕斐、刘仲球、彭培光、黄少媚、黄炜、曾力、叶谷珍、赖肖媚、周国维、王耀辉、陈粤华、谢松纹、招文娟、王芳、黄南准、朱超学、曾利珍、林燕、陈富钊、彭建锋、赖丹峰、罗发慈

2005级酒店管理1班

刘婵娟、温雪梅、曾翠娟、王炳和、钟敏东、何丽丰、麦雨、梁敏来、陈永青、李明敏、张梅珠、李玉光、何雪清、徐双一、廖培兴、张妙军、叶杏清、黄玛雅、叶日亮、张文婷、伍景堂、黄雪玲、余佩萍、李多敬、官亚、刘宏超、梁伟伟、郭云开、林锐文、邱嘉欣、张康华、谢婷、麦志贤、吴婷婷、廖宇芹、郑金莲、陈春姐、张秀琴、曾诗燕、吴少达、邹冰玲

2006级酒店管理1班

卓仙警、陈燕飞、邝盼、陈承旺、梁伟明、林钿、洪凯、刘竞德、叶彩媚、练文霞、吴秀霞、张丽娟、钟丽敏、朱冰清、孔月红、蓝增贤、刘潇桦、陈书书、刘星、谢书琴、徐晓琼、黄文晴、张春星、钟燕青

2007级酒店管理1班

李政辉、陈国珍、袁嘉欣、林少聪、陈文远、徐敏健、章剑臣、吴结灵、蔡正添、吴永霞、罗毅、黄彩玲、廖丽萍、杨小兰、李秋兰、吴勇珍、崔海新、张燕儿、张满芬、李步成、凌媚、冼晓绚、邓小龙、唐梅玲、黎德望、林勤龙、陈小琼、汤竞业

2008级酒店管理1班

刘晓明、曾祝妹、黄海生、朱晓霞、钟丽欢、吴奕龙、陈柔嫚、李羡玲、谢鑫、杨晓威、梁晓迪、王琳娜、陈雪花、黎秀珠、黄慧颖、张华颖、林月林、李丽兰、杨合成、黄晓超、刘子君、谢小丹、梁思婷、李敏惠、周毅帆、李嘉颖

2008级酒店管理2班

王芳敏、卢素平、江志艺、杨永红、王慧芳、杨少青、贾敏枝、谢金凤、邓诗瑜、苏燕棠、温振波、严伟文、姚雨青、黄巧玲、陈小凤、赖婷婷、王健、丘苑玉、廖兰芳、杨静于、陈宝华、曹丽青、黎小燕、李红妹、朱冬梅、郑敏珠、徐银友、郭秀莲、邓淑君

14.17.24 会计电算化

2004级会计电算化1班

李冰锐、谭桂平、何娉婷、陈燕青、蔡旭波、阮衍弟、欧倩斯、黄吉锋、周彩连、马锦伟、黄雪云、郭廉锋、苏秀如、刘广建、林晓钦、李统清、黄绮倩、李文聪、张转容、龚洁芳、邝瑞玲、张尚明、叶小锋、谭伟清、李成佳、陈汉伟、邓远蔚、黄燕娜、吴少娟、李春丽、李金昴、邓纯静、钟

巧玲、林鑫波、江燕婷、吴娟娟、郭少维、张益群、杨天明、李运巧、刘润银、蔡晓丹、王舜琴、刘冬艳、周津津、吴登城、刘森、施永燕、田玉招、李娜、何丽如、叶笑弟、叶锦云、黄玉玲

2004 级会计电算化 2 班

谢雪萍、彭春辉、徐小珊、卢东腾、陈焕新、梁玉芬、王丽燕、胡伟明、陈淑奎、何麦坤、李佩怡、钟志锋、王桂冰、黄天彩、江晓燕、肖尤远、温稳、辜初建、邓勇娟、叶春利、陈仕珍、黄康养、陈英煌、谭国毅、严翠婷、邱秀清、徐纯波、杨曦东、邝秀雁、赵连娣、吴丽娟、刘焕群、陈萍、吴仰月、黄小燕、沈鑫周、曾晓曼、张丰林、曾华、陈莲杏、何小灵、廖晓娃、罗美娟、蔡晓婷、蓝韵提、曾素萍、李懿翼、邓新泽、梁家燕、马丽媛、冷玉娟、杨微芳、蒋颖娴、徐连花、卢霞、刘玉婷、李振培、黄秋影

2005 级会计电算化 1 班

林小龙、谢汝光、李尖明、郭浩荣、李钦杰、江艺彬、谢志军、李英青、孙奕聪、林德兴、黄毅、郑林凯、陈钰森、叶树生、张奕萍、邱玉静、曾芳菲、陈玉霞、李丽娜、谢旦华、刘志启、梁雪梅、邓然喜、萧德兰、易婉文、徐春银、简燕灵、黄仲裕、江永爱、陆倩妮、陈丽韵、陈丽霞、陈宝意、郑少娟、刘燕燕、李阳春、杨静芳、黄小静、廖晓丽、蔡燕玲、林小玲、谢巧玲、郭旖、吴丹、罗春花

2005 级会计电算化 2 班

陈宝山、丁炳坤、陈子华、邓儒玉、叶浩怀、唐彪、周先发、江荣华、揭君腾、肖钦华、黎建洪、袁剑辉、张丽婷、周文欢、王点梅、赖兰英、彭智媚、杨宇玲、陈慧华、莫秀金、江玲、吴小微、吴婉晖、吴小婷、罗敏君、孔秀芹、朱接定、许入瑜、许雪芬、朱海玉、李小燕、李婉宜、刘秋婷、杨珍珍、潘永青、曾宇园、江演红、雷福旁、巫晓静、黄绮嘉、朱佗弟、凌玲、骆丽琼、具桂芳、彭上妹

2005 级会计电算化 3 班

张敬飞、吴月远、陈家辉、张安华、林超、沈鑫城、李海华、叶敏杰、刘伟斌、林晓冬、郑霖铭、黄镇明、黎元顺、黄照文、李超、梁翠花、曾爱娇、叶日红、杨杜玲、叶惠玲、谢秋红、何静娴、黄国蓉、陈晓文、叶婉莹、黄玲瑜、江红芳、苏赤豪、叶飞肖、廖志艳、黄瑜、罗友玲、周小丹、刘莉科、谢慧、周四理、陈焕萍、叶桂珍、李春香、叶婷玲、李晓璇、苏燕汝

2006 级会计电算化 1 班

刘慧贤、洪晓冬、陈娇燕、洪瑾、刘秋燕、郑创坚、吴海标、林燕珍、陈黛珊、胡财军、李锐伟、高怡光、骆洁、罗泽珊、吴文芝、罗利兰、叶红、陈晓杰、陈树坚、谢惠玲、王曼、蔡秋苑、陈丽珠、温丽霞、翁佳妮、冯卫坚、林玉婉、蒋丽娟、游肖连、劳平锋、陈翠霞、谢玉琪、肖东旋、曾洁凉、黎燕玲、张逾瑜、吴淑清、吴秋辉、巫少婷、唐婷婷、温清娜、何运妹、古美莉、麦晓玲、叶云妍、卢丹霞、周燕辉、谢淑媚

2006 级会计电算化 2 班

蔡灵敏、罗丹、黄巧、卢浦珠、许俊鑫、李赛仪、李建芬、李文娟、吴映葵、杜悦莲、邱红霞、何小贞、张慧丽、肖细芳、杨佩仪、何娜、刘佳嘉、陈燕弟、黄燕容、古芳红、刘燕、吴巧媚、郑冬敏、张友榕、曾永超、蔡锦华、陈翠琴、黄燕花、郭惠子、陈秋萍、缪小平、程明华、吴惠芳、谭滨泽、朱学志、叶苗鑫、赖晓婷、吴丽、祝艳银、揭婷棋、黎惠娴、朱国瑜、刘彩兰、黄丽水、刘穗颖、曾志贤、钟慧

2006 级会计电算化 3 班

赖景欢、吴丹丹、黄玉慈、曾小衔、李惠、俞小芬、何惠丹、李雪青、林慧娜、张冰、唐海宁、叶琳倩、叶华江、黄巧兰、张惠纯、谢妙茶、曾红花、文燕玲、吕素巧、

关文静、邓仁秀、刘兰珍、黄美红、吴幼金、徐春愉、吴群璇、张小慧、杜双凤、肖丽芳、江建彤、李志浩、陈嘉豪、梁海泉、程必培、占维海、曾颂、卢冠华、林志伟、林丹丹、邵妙芳、卢红梅、黄丽可、叶丽红、黄利霞、朱翠平、李坤泉、廖彩春、李惠思、赖小红、李树敏

2006 级会计电算化 4 班

黄莹、李锦华、林尧、陈晓、钟丽华、吴琼叶、陈媚、巫勇、刘婷、黄希亮、童立德、黄明泉、邓春城、林雁妮、钟丽敏、邱国生、黄丽琴、王春周、杨丽娜、杨明龙、王文欢、崔琦、朱雪翼、吴运回、黄小婷、李小燕、殷丽娜、叶春烂、邹小花、黄小燕、张利兴、刘燕红、刘银萍、李秀云、叶国辉、曾丽萍、陈秋菊

2007 级会计电算化 1 班

周伟康、林俊霏、冼敏清、张丽芬、丘志兰、郑夏恒、叶高然、黎浩妹、陈山红、梁的扬、张宗、钟淑娴、邹东燕、肖珊珊、陈若伟、杨丽洁、黄淑宜、张丽青、陈启波、梁宝丹、黄婷、钟慈燕、顾冬玲、邓红夸、林宇花、罗颖、黄雁君、罗玲、巫丽燕、朱宇龙、黄来玉、张佳庆、黄凤、袁锡全、戚小玲、何锦兰、余彩红、温雪英、胡钻霞、余梓豪、江丽东、杨选威、陈优愉、黄飞庆、赖林波、廖颖芬、蔡烁、陈佳畅、潘仕铭、何海芬、陈晓露

2007 级会计电算化 2 班

李秋莹、张海婷、郭梦霞、谢江澜、梁家检、邹贵霞、邹嘉文、谢文、林嘉欣、黄楚玲、陈艳梅、郭碧凤、钟映华、蓝素芳、袁燕、徐小娃、范宜水、黄佩花、蔡烁铠、欧阳丽婕、李晓民、叶汉茹、张梦廉、杨夏丽、罗苑、卢健、赖雅理、刘家生、李海潞、石静辉、袁文君、许先祺、钟晓冰、赵桃、陈素莲、孙喜玲、郑嘉玲、叶怡华、林莹、丘汝君、潘珂、周华珍、陈曼、林小英、黄国珍、丘文才、黄素芬、李圣、林恒武、李思考、谢安鸿

2007 级会计电算化 3 班

何玉婷、罗晓珠、黄文杰、邓立根、何少萍、杨秀蓉、赖业营、李俊生、梁滴翠、李小敏、罗玉华、罗艳妮、曾庆彬、杨婷婷、杨川东、黄漫如、梁其龙、黄素红、李龄、廖利文、谭敏仪、曾导、罗晓滨、高惠君、陈烽霖、王敏捷、廖聪、余国彬、张翠华、蔡小秋、林焕钊、李霞、王明华、韦海美、刘珍、何带娣、包华瑞、钟锦兰、黄佳慧、曹萍萍、曾育红、邓宁宁、邹宝仪、黄芳芳、江瑛、刘锋华、吴丹丹、赖丽花、董瑞莹

2007 级会计电算化 4 班

余智媛、黄秀玲、文婉燕、谭趣文、古永明、林稳军、曾健鹏、吴水英、冯东妮、古珊珊、王汉阳、刘柳清、黄清配、谢思琴、谢学文、钟柏良、陈家慧、袁海青、邱嘉娜、曾科、邓望喜、李金凤、梁考、吕梅连、李鸿儒、王燕珍、张世根、陈美珍、刁新梅、刁建波、刘芙容、温艳慈、赖秋燕、钟秋霞、卢惠玲、曾秋转、戴安、赖秋旦、叶冬霞、叶秀花、梁杰怡、陈春丽、廖其镇、陈苑、刘舒宁、江丽娟、袁明秀、蔡定超、吴燕清

2007 级会计电算化 5 班

孙春芬、张玉棋、黄惠明、刘晓洲、王月园、赵芝泰、李巧玲、李燕媚、赖东华、邓南燕、徐志帆、苏谷敏、梁悦喜、殷红珍、李冬花、欧阳俊绮、吴勇、贺静君、胡淑文、潘新科、何越、黄曼、范科龙、丘文娟、黄飞云、陈文强、刘旭泉、方晓冰、赖桂兰、陈晓敏、张创欢、彭小玲、刘玲、何洁婷、陈思娴、魏妮妮、张贵鸿、朱雯诗、古达辉、叶钥燕、刘静、陈玲、刘成佩、叶海珠、罗险苑、符小荣、谢浩、郭珠妹、吴秋萍

2008 级会计电算化 1 班

张声远、林丹妮、罗丽花、赖雪敏、温

文锋、邓雯翠、陈秋菊、唐志光、何玉莲、梁冬冬、潘健丽、罗惠玲、周雅美、张海娃、林群娟、张万浩、赵健、诸小巧、李志明、黄成光、单宝珍、谭小美、陈钰瑶、杨雪霞、张玉兰、黄春茹、叶嘉琪、叶帆、钟秋枚、刘丽霞、何顺吉、李群、罗淑仪、钟君婷、廖嘉敏、李丹妮、陈璐、黄树钊、邓艳平、冼碧文、唐燕妮、辜昭建、朱银林、郑金兰、袁佳娜、李映鸿、黄炜灵、陆秀彤、赖县辉、邓丽云、曾罗璇、郑银婷、李星秋、王晓君

2008 级会计电算化 2 班

谢昭强、张宇、曾丽平、陈深、李婷婷、陈珊珊、阮惠梅、卓瑞华、刘创娴、廖丽丽、李利娜、魏金环、刘多爱、丘赠琳、丘春常、欧少明、张建杰、邬海静、黄沁珊、刘康乐、林玉玲、袁楚霞、张丽英、曾玉兰、朱保宜、秦艳凡、刘炽谦、郑仪珊、郭淑霞、张玲君、张洁霞、林晓鑫、马秀玲、李琪乐、陈婷艳、张燕萍、李楚君、卢龙锋、刘莉、刘文美、古丽敏、卢冬萍、王莹莹、吴裕娇、钟裕玲、李莎莎、汤东梅、董芸薇、万丽珠、张仁仁、符毓庭

2008 级会计电算化 3 班

伍宇翔、曹玉娟、王紫文、张惠月、黄晓华、邱小龙、卜运娴、池塑阳、何芳华、张雯静、刘丽丝、叶蕾、叶晓芹、杨程飞、黄玲、袁冬兰、蓝靖芸、李叶维、叶远、张尚忺、陈耿东、张坚、吴兴弟、廖明珠、蓝美玲、张晓望、罗丽萍、张诗诗、曾兰、刘玲辉、林芳琪、郑朝阳、冯少华、邹萧宇、丁仰玲、黄健培、徐凯茹、凌金花、黄小倩、彭明波、黄亚梅、陈博生、李妙楼、张燕玲、林建萍、黄敏、胡国锐、黄倩、钟万丽、汤文丽、邱雪桢、袁娉、陈瑶、黄伟玲、曾菊

2008 级会计电算化 4 班

何嫚烂、王晓燕、罗敏捷、温丹丽、吴璐、曾昭毅、彭燕华、张利滢、吴钰、邹丽梅、刘辉辉、张银莹、曾柳青、曾维丽、叶碧薇、黄琪琪、李思媚、朱奇、张丹、郑晓敏、郭敏湘、谢娟、孔金凤、毛敏仪、宋丽红、李梅兰、方剑萍、曾敏、陈泽漫、钟坚贞、莫加成、邓小玲、李美龙、倪甫兴、欧阳翠、赖燕、罗娜、林伟忠、黄冠芳、王育丹、黄妙娟、李倩仪、张献博、陈柳萍、叶丽欣、罗君浩、满文婷、龙冶萍、叶欢、刘小芬、周雅婷

2008 级会计电算化 5 班

杨健彤、周小远、郑少萍、叶秀珍、罗福海、欧翠珍、罗映慈、刘灵满、刘婷燕、袁菲菲、洪介如、卢伟强、黄迎春、谭雪萍、袁文浩、余昌伟、罗旦红、谭莉芸、李海珠、秦翠梅、杨武文、王莉、叶静、叶秀纯、黄赐瑜、李丹、陈丽妍、冯顺芳、王沐灿、林秋、李雪媚、李丽娇、邱晓君、丘梦瑶、陈晓伶、吴佳燕、江秋菊、赖兰花、杨小玲、王妙婷、邓文龙、谢爱南、李斐凤、邱标雄、王丹丹、姚记成、杨舒颖、叶娟、邹婷、李艳、叶方醒、谢凤平、卢建伟

14.17.25　商务英语

2004 级商务英语 1 班

谭雯秀、陈书才、余克焰、张莹、陈锦楷、麦佩霞、张进龙、薛惠华、谭绮琦、周厚妹、郭佩文、谢青燕、黄妙玲、莫偲渺、潘秋城、周意静、刘文慧、黎慧仪、吕丽薇、孙文倩、邱家欢、卓翠云、周险尽、许晓辉、钟柳芬、赖曼玲、聂娟、谢醒芬、张翠珍、蔡湘银、梁丽萍、赖小瑜、黄晓娥、张素艳、肖丽丽、谢焕娇、何健辉

2004 级商务英语 2 班

林汉佳、罗玉婷、谢小鸣、莫凤君、冯燕芬、林庆坚、陈瑜、苏泳梅、孙育丽、黄玉萍、孔小珠、张丽玲、朱小燕、梁敏仪、黄燕琴、吴丽娜、林家贤、林召君、林培俊、刘巧君、何晓燃、苏泳雪、李彩苹、邓蕾、冯扬儿、陈丽珍、谭艳兰、苏海妹、黄

应玲、张立敏、陈雪丹、张茵、曾玉清、周小琳、钟利平、甘文俏、李小红、黄枫琳、黄于蓝

2006级商务英语1班

肖凯、廖振江、刘任重、张惠、薛琪、杨舒羽、温娴芳、罗运凤、李燕玲、黄丽娟、白莹、胡晓东、郭凤、张宇平、赖云云、叶嘉宝、钟钠、黄玉桂、林贵甜、李小玲、廖燕婷、周燕静、吴新梅、张凤容、何丽莉、王秀秋、张小玲、刘文玲、谢彩霞、谭嘉玲、陈惠如、赵晓璇、钟信子、蔡伟珊、丘斯莎、刘晓冰、李真妮、黄锦媚、陈闰娣、巫晨玉、林晓琳、冯婉丽、萧燕香、林晓贤、蒋慧文、余依柠、冯佩仪、黄燕玲

2006级商务英语2班

张诗敏、钟云香、邓红彩、李仙梅、杨琼、黄映平、张玲、陈美棋、林桂华、刘佩婷、李静文、刘东敏、董丽珊、黄蕾蕾、万敏仪、李晓霞、李倩雅、黄明珠、黄新梅、王伟杰、劳希昌、纪楚歆、卢肖珠、吴永欣、钟秋映、邹昆、岑秀瑜、江玉莲、邬洪哈、郑常玉、钟伦娣、黄瑜婧、朱晓燕、谢梦婷、周春景、周春宜、徐方飞、许建瑜、黎健锦、谢果红、罗杰、黄敏、许盈雯、钟婧、何素玲、陈柳燕

2007级商务英语1班

欧阳婉婷、吴静文、林敏华、骆诗琴、郭妙玲、王小菊、吴秋葵、陈月绵、黄楚玲、彭美婷、张伟英、谢丽敏、朱建明、林坚强、朱丹丹、张金婵、林珊珊、龙仪敏、周月红、黄美娟、布晓敏、关敏艳、余龙花、杨夏清、罗淑钧、黄文凤、颜秀渊、陈芳、黄秋朵、邝妙兰、曾惠玲、林雪敏、李丽文、刘国奇、林华红、黄益河、黄巧芬、李称娣

2007级商务英语2班

许淑华、胡燕霞、陈艳革、杨春静、刘付金玩、梁群娣、陈澜福、刘惠贞、杨子琪、李敏、张少敏、罗秀梅、欧晓芬、李裕丽、程琦、陈盼、丘瑞青、张锦文、林国玲、夏烨婷、曾胜平、张惠、沙雪芬、谢凤婵、李君、黎伟杏、肖斯佳、袁清花、冯雪芳、颜如萍、陈晓华、江晓嫣、刁丽兰、何锦燕、王龙彬、巫畅云、龙冬冬、李柳婷、李秀文、严惠惠、张镜标

2007级商务英语3班

蔡小磊、许冬梅、杨云丽、汤如惜、刘燕钰、刘婷婷、骆秋玲、陈燕君、涂少挺、谢丽青、朱洁琼、赖苑、廖眼珍、郑若珊、何倩银、黄兰婷、龙成翠、温柳娣、卢思琪、唐柳英、黄先武、陈晓君、黄丽银、黄秋霞、缪少静、古兰香、黄少芬、李玉樵、马燕琴、莫微英、陈双笋、陈斯曼、巫友青、黄晓燕、冯雪梅、黄成桂

2008级商务英语1班

方海英、谢诗婷、罗锐萍、伍艳萍、甘翠花、余广莲、龚美容、刘有娣、陈丽花、李文玲、林素环、詹丹敏、倪君、潘翠婷、杨宛萍、赖丽梅、朱婷、林贤珠、何少娟、温伟红、陈小敏、杨丽梅、林国玉、古慧、肖琦佩、刘嘉玲、叶康灵、黄景芳、李土莲、林小娜、詹锦莹、何碧恩、康月燕、李柳萍、黄丽美、欧正娜、郑嘉慧、王伊莎、杨晓君、叶秋素、黄宇容、陈淡雪、王敏、温美娴、罗丽红、曾嘉舒、丘敏君、江莎莎

2008级商务英语2班

丘建锋、李沁蔚、何夏思、曾巧珍、伍嘉敏、杨天清、刘燕君、欧阳飞春、许锦荣、赖丽君、朱婷婷、林晓霞、汪燕、伍享娜、吉祝霞、颜胜换、何云霞、曾文婷、张嘉敏、杨芬、谢雪群、邱琴娴、袁淑儿、蔡雅婷、邓灿、彭坤英、陈昭名、梁妹、陈伟、许莉培、余佳佳、洪伟利、李映梅、陈嘉欣、巫秀梅、廖舒婷、陈怀佳、骆粤科、陈丽珠、陈嘉宝、谢翠雯、张琪川、王纯、曾红

2008级商务英语3班

伍素玲、罗美苑、钟春晖、杨梅芳、叶

志芳、黄小可、曾巧芳、邱丽萍、廖满平、黄惠连、吴响福、叶海英、吴牡丹、杨春来、杜春虾、李珊珊、罗燕婷、陈佳宝、赖晓平、张赛妮、黄晓燕、彭桂玉、杨恩、李福利、赖菲平、罗琳玉、肖小汁、郭颖蕾、杨莹莹、欧钧钩、罗姗、崔小玲、胡惠敏、陈嘉文、邱嘉嘉、黄雪芬、谢葵英、赖秀云、陈嘉莉、李晓红、区艳娴、林少玲、邱少洁、黎沛豪、杨珍

2008 级商务英语 4 班

钟雯婷、何燕文、欧德贤、林伟洁、黄海燕、肖佳福、曾静芳、管浪丹、吴淑敏、毛晓霞、黄碧珍、张楚楚、王秀丽、袁敏华、胡汝杰、陈欢、黄小婷、许彩原、欧欣、张小满、李燕虾、赖利容、陈彦文、张烤燕、杨嘉琳、高曼玲、许文婷、马晓鹏、陈燕芬、林婷诗、徐曼婷、邱思敏、叶海燕、王颖、伍翠芳、胡巧蓉、张苑香、刘羿、邹舒婷、杨亚娟、黄敏芳、刘月玲、张珊珊、蔡苏洁、李惠燕

14.17.26　法律事务

2004 级法律事务 1 班

林晓兰、蔡锐、周浩行、陈绮琪、陈程宇、何绮文、罗颖欣、蔡登阳、刘翠芝、杨倩瑜、张翠香、谢艾侠、杨小聪、刘雪菲、杨冰莹、何波、黄锡军、李苑文、江杨彬、徐月桥、叶斌、罗惠华、黄锐坡、纪双勇、杜小宝、张福俊、黄顺明、黄业伟、罗岸红、马茵茵、张金泉、王肖华、张伟明、叶娜、刘明科、黄伟生、李钟鸿、韩永发

2005 级法律事务 1 班

刘畅章、朱俭沛、陈建民、何敏都、高建辉、冯志基、邓运宽、谢泽坤、韩杰武、张诚、邵贵堂、林伟亮、张卫新、罗伟东、卢祝智、钟燕芳、吴金、李婷婷、曾瑞燕、李劲翔、刘小菊、陈秀芳、梁金妹、殷玉静、吴海霞、郭彩萍、宋路、黄丽雅、黄慧敏、李彩云、吕倩聪、朱小羽、黄锦凤、钟子东

2005 级法律事务 2 班

蔡小云、李秋花、冯锦润、杜燕玲、叶迎鸳、黄小芳、谭银娇、辜衍丽、谢晓翠、许巧玲、谢翠、蓝伟、李根深、霍锦富、周文锋、江晓华、许观上、陈文冲、许其东、钟惠良、林立成、周格勋、刘悦宏、何运彪、周金权、李秋波、王晓、冯惠源、陈晓光、吴有健、王宁、黄盛权、邓婷、杨小琴、李淑贤、甘妙奕、钟科

2006 级法律事务 1 班

郑森洪、苏泰乔、王浩、黄耀昌、董建国、姚嘉伟、陈哲、巫燕娜、魏玉峰、许慧慧、朱红英、陈炳华、莫凤英、龚忠杰、卢嘉玲、吴玲玲、薛丽花、陈新兰、肖瑶、黄秀芊、陈淑花、李军剑、邓东霞、李法娟、李妙辉、林晓佳、陈桂香、张斯燕、郑立贞、毛学润、周景通、张燕庭、黄聪燕、温文成、刘丽娟、许丽容、黄敏怡、邱间英、黄智威、曾永浩、叶清旖、陈小娟

2007 级法律事务 1 班

叶颖、黎敏英、丘宇娟、蔡铄群、劳业明、陈淑怡、张志锋、李根、叶惠玲、梁元凯、刘钊好、张叶梅、刘汉成、刘晓彤、黄月华、刘会青、叶倩雯、朱德智、赖彩云、龚晓宁、陈志晓、程春意、贺利娟、郑培贵、孙晓婉、卓文贤、黄霖、叶剑峰、叶标良、游跃飞、黄天赐、张秉铸、徐超、凌汉城、陈凤霞、黄小芳、邹伟锋、黄丽、谢惠慧、叶添娣、韦惠娜、谢四萍、巫资伟、廖祥学

2008 级法律事务 1 班

李峥峰、谢淑敏、陈彩红、郑颂华、韦小辉、张思琼、黄小玲、张晓、欧阳秋萍、莫培灼、古敏兰、吴旋、王惠欣、卫玉萍、吴益让、彭仲玉、温耿辉、李晓政、李鸟、张春霞、刘燕娜、高素民、黄立珩、陈海春、江燕平、魏彩红、叶婷婷、张维源、张汉林、邓嘉敏、王娟娟、陈珍芳、陈国贤、

张慈方、邵婉梅、梁冰、黎莹、梁浩华、古思维、刘伊、邝慧娟、李彩婷、黄婉仪、赖小浪、肖一潆、伍晶莹

14.17.27 物业管理

2004级物业管理1班

梁冬婵、颜志业、余梦仪、杨坚、曾珊珊、廖亚东、严丽霞、林玉冰、吴秀玲、陈灶雄、伍荣枫、杨莹莹、林三玉、赖煜祥、巫学文、凌楚周、杜星维、陈秀花、吴新科、朱沛容、陆友楷、卢弘文、陈建辉、罗丽针、赖东辉、林镇丰、谭伟明、何淑韵、江锦坤、曾科、叶永年、刘玉梅、肖枫

2004级物业管理2班

熊祥旺、王书城、叶丽萍、谢晓玲、刘科谋、杜百良、王镜欣、李惠森、吴少海、郑槟丽、黄秋宏、刘辉清、刘兴胜、吕玉明、钱小玲、叶婉笑、尹衬莲、钟燕妮、陈曼婷、陈文通、刘洪辉、温丙才、侯良菊、吴培添、李瑞华、郑少波、李勇华、王晓欢、蒋雪珍、谢灼敏、蓝纬坚、洪锋章

2005级物业管理1班

钟平、陈照兴、林荣文、谢景华、周福裕、郭振源、郑锦燏、邓国、邓仁芳、李锋、傅育明、梁永祥、邓碧聪、温金雄、黄淑平、彭文彬、曾敏、谢建威、吴志敏、吴凤霞、谭彩红、佘先哲、利兰香、林雪珍、余云燕、谢淑娟、崔柳诗、朱小旋、黄桂玉、陈翠平、黄翠玲、蔡彭锋

2005级物业管理2班

邓崇康、邓振宇、方家钦、何进文、胡燕奇、黄亮辉、赖琪山、李美程、李敏文、李志锋、刘俊华、刘然安、区伟浩、翁实敏、谢碧杭、谢松旺、杨关华、张福海、张福生、张卓雄、蔡青、崔丽莉、葛晓庆、林小琳、刘伟娟、陆静芸、吴淑珍、谢雪梅、张惠芸、朱晓静、赖增福

2006级物业管理1班

范佳洪、黎进龙、曹仕俊、潘国正、谢晓玲、卢海洲、吴卫姗、杨玲学、陈敏灵、王超、马贵敏、吴斯玲、梁贵祥、吴晓春、叶院强、江荣超、黄伟源、吴秋红、林瑞彬、陈瑞霞、朱碧伟、苏均芳、陈俊、黄李娟、黄学伟、欧秀琼、赖考珍、刘淑芳、何小玲、余小微、李春梅、黄静

2006级物业管理2班

颜剑峰、陈伟祥、魏浩哲、纪丽春、严晓娣、吴晞晞、刘锐华、吕晓莹、梁玉玲、郑裕媛、丁耿升、游学琼、谢丽琼、赖嘉珍、曾海燕、钟坚锋、李展平、谢小君、何冬、徐蔡勋、何金芳、陈雪梅、陈春梅、杨华、黄兴琼、程丽旋、曾思镇、谢连萍、杨福运、江足芬、严艺敏、冯文武、贺志才、丘巧辉、朱瑞琼、叶留青

2007级物业管理1班

张翠玉、肖茫茫、黄妙玲、李钦涛、梁妃木、李锡银、丘远彬、陈洁琦、何泽彬、成宛珊、朱映洵、李金威、房新平、黄葵好、何统锋、韩月珍、谢剑兵、黄佩、张小聪、赵广成、黄瑜、汪平、廖婵惠、何柱生、陈杰韵、李凤珊、叶奕群、蓝文钧、何嘉良、曹锦威、周小知、林小枫、邓燕、何作彬、黄滕锋、林培清、麦耀龙、豆木栋

2007级物流管理1班

梁玉柳、林凯俊、范伟滔、梁朝英、谢静霞、肖锐灵、麦秀珍、伍建锋、陈土金、元达旭、骆美芳、蒋志梅、陈耀祖、许密蜂、吴仲扬、谢晓姻、李志江、林加甜、陈思龙、郭仲海、肖腾飞、魏志宝、黄培森、陈威锋、杨嘉雯、黄乾超、刘子城、吴华新、李聪慧、陈庆和、肖文波、黄豪、许世昌、陈仰宇、陈丽娟、胡伟、李可文、洪小燕、陈焕生、谢国栋、陈丽君、陈浪勇、黄建波、吴明军、吴敏瑜、丘烽、何晓雄、蓝小信、陈华盛、缪美红、冯碧锋、曾惠映、温勇才、杨家亮、翁增钰

2008级物业管理1班

徐志贤、李春城、张继亮、潘淑华、钟

柳群、黄俏红、曾丽斌、钟文敏、黄展文、梁锐、邓秀梅、黄文玲、陈锦棠、邝新平、纪拥兴、钟婵欣、谢颂青、胡伟杰、邓静仪、何晓斌、吴乃学、温剑威、陈沈福、黄燕聪、邱秀琼、刘浩斯、曾利玲、余秋锦、张嘉曼、袁安强、揭金燕、陈带弟、张静怡、钟东升、谢维凯、纪凯雪、余东梅、梁少珍、罗洵洁

14.17.28　市场营销

2006 级市场营销 1 班

钟茂强、陈列毅、刘健斌、欧惠尊、张育章、黄心成、张日星、魏贤杰、黄仕锋、曾士杰、刘静、方仲杨、谢周全、刘炜权、温春霖、杨达、曾辉珍、许银梅、叶秋银、刘伯鹏、陈冰、黄丽霞、郭新琼、赵萍、黄秀萍、赖艳芳、张兆宏、陈城、廖科文、欧延超、何至嵘、曾友兴、王松峰、廖年顺

2006 级市场营销 2 班

张凯思、黄丽翠、黄岱婕、劳耀华、陈拥磷、陈伟杰、周妙茜、陈彬、邓佩婷、丁有渌、江建、王雅凤、黄新春、黎海玲、马俊美、黄碧婉、叶美霞、骆絮艳、叶映林、杨雪辉、麦恒发、张国良、王伟强、古健武、陈叶林、李奇伟、张燕妮、黄群香、叶碧青、周玉竹、冯牡丹、钟璧全、刘海年、唐浩人、何添

2007 级市场营销 1 班

吴丹晖、杨丽超、黄运强、陈含、林楚娇、周书奕、黄敏艳、邓敬勇、黄秀娟、罗育南、黄丽、陈春玉、许景楠、黄海东、曾志彬、罗文波、欧诗芬、朱秀梅、谢绍芬、冯晓丹、曾演芬、肖影、陈丽萍、赖建全、廖炽明、黄新平、黄瑜雯、邱艳芳、汤耀良、林海良、欧阳凤凤、何丽明、郭良锦、郭江峻、翁丽敏、邹奕明、戴春华、徐小滚、黄赵漫、陈远辉、吕天怀、左龙、邹玉嫦

2007 级市场营销 2 班

何丽旻、陈笑兴、史旭斌、赖碧如、林财增、邹成林、陈柳花、何可青、房参、袁月玲、张永恒、杨上新、罗慰东、钟丽娴、刘汪书、陈浩鹏、曾锦辉、古婷花、周慧浓、官忠荣、肖鸿宇、黄浩、余翠祺、林武忠、黄丽洁、陈九茶、赖诗屹、何丽容、邝丽雯、魏松青、古辉彪、杜与彪、刘小媚、黄龙、林欢杰、郭凤明、叶玉丽、曾霞、欧雅林、曾晓佳、詹志境、吴福才、黄盛宏、叶飞挺、余海斌

2008 级市场营销 1 班

林书洋、莫美清、陈旭俊、黄育梅、刘超徽、甘悦文、江海东、黎运弟、叶惠、李健芯、曾伟、张仁山、卢洁燕、林桂萍、黄烘、谢旭娣、谢晓惠、吴艳婷、林善略、李志荣、李新美、谢桂洲、孙少立、朱绍福、徐礼君、陈君、方松炎、马慧芳、魏燕娴、陈海霞、罗雅、赖少瑜、廖迪泉、许沛峰、胡樱美、李昌达、梁韵英

2008 级市场营销 2 班

何小菲、许文科、尤才欣、王文杰、陈财福、伍雨红、谭勇、刘淑敏、谭祖锐、叶维珊、朱华秀、邓素芳、欧阳彭熙、黄育兴、张家明、叶诚林、卢海仪、丁干劲、李文波、郑冰荣、黄家杰、姚晓丽、蔡结容、杜沛芝、麦康秀、林旭华、邱静、黄燕、何湘文、温锦富、温泽阳、陈乐纯、江勉娣、李文、苏宝怡、赵鸣、范美娟、梁健强、杨东萍、黄小英、宋洁

2008 级市场营销 3 班

廖年顺、张植渠、陈静、廖伟杰、杨家棋、宋小媚、罗亮亮、黄明杰、张海斌、卢丽珍、刘玉芬、谢金秀、叶燕婷、陈佳欢、丁丽梅、陈金祥、陈丽苏、周燕玲、袁东、李晓红、陈云霞、曾欣、何秀英、郑坚杰、邱建中、刘丽君、丘碧洪、郭湧海、彭惠珍、刘宋、黄晓云、魏金龙、徐书涛、赖小茶、黄增坚、朱超伟、马纯燕、钟婷、李

捷、陈守权、黄林岗

14.17.29 工商企业管理

2007 级工商企业管理 1 班

梁小龙、吴训悦、何虹欣、张文杰、林汉波、汤汝彬、陈冠平、刘青虹、李小苑、罗冬玲、罗程、宁华丽、欧阳宇、韦敏丽、熊政海、蔡少葵、丘蓉蓉、肖天霞、欧小慧、游健胜、陈伟权、彭振梅、邓建敏、陈丹娜、聂永锹、赖翠影、何威、苏晓红、谢井养、林国锋、李俊卿、陈玉婷、赖文杰、李伟兴、罗敏、林照国、张壁东、彭晓文、黄丽欢、陈文辉、黄仕文、黄省南、黄咏红、张远湾、张桃仪、朱科敏

2008 级工商企业管理 1 班

罗维娜、梁锦云、黄泽宏、何思、周伟德、周细梅、王美琴、刘玉莲、陈晓庆、刘爱英、蒋奇越、朱月娜、曾莉雅、易芹、洪旭曼、黄志强、何一明、陈谦雄、李婉艳、何茜、彭敏仪、陈干、黄国豪、刘美娥、刘芳英、章漫萍、陈佩珊、韩菊芳、窦楚恒、莫银欢、傅振超、张满红、马少鑫、张少集、张晓仪、张柳英、谢华宇、余映、叶秀珍、罗春青、林梁斌、赵宇念、丘茂初、龚玉泉、余万里、王华顺、黄燕琴、陈彩霞

2008 级工商企业管理 2 班

罗远丰、黄淑芳、邱跃、郑婷、余学宜、黄小李、郑藩、钟小婷、叶素艳、叶勇浓、曾晓芳、陈蕴贤、叶詠中、刘淑妮、廖瑞凯、郑燕玲、钟秀清、吴艳玲、郭映迪、黄概、文飞嫦、何送平、陈欣华、郑文海、陈伟传、张珊珊、陈桂青、谢小梦、李嘉尉、林起鹏、黄铭润、林丽珠、江辰秀、李海风、蓝伟玲、罗燕娜、陈乐怡、叶嘉欢、关培城、叶晓梅、黄美玲、杜文卓、钟玉维、陈冰璇、霍健敏、叶友甜、黎燕珍

2008 级工商企业管理 3 班

李小静、梁美娴、梁建民、曾红敏、邬文芳、谢丽芬、陈家乐、曾铭丽、叶日红、袁兵、叶梓材、周伟荣、何湘、蔡文洁、陈晓慈、梁坤荣、熊金飞、黄龙、钟彩燕、蒋敏、刘碧清、欧春龙、钟燕珍、付秋丽、李小芸、江杨宽、陈淑红、谢思芹、赖运欢、周宇、廖选平、陈素卿、蔡沛娜、庄绍山、何惠祯、朱成鹏、彭煜桓、陈晓艳、袁锐龙、彭婉婷、马兴光、陈凤、何海婷、洪晓丽、罗宇玲

14.17.30 物流管理

2008 级物流管理 1 班

严小芸、李小玲、黄景康、谭凤萍、崔永虹、陈少媚、陈英素、黄利平、刘聪梅、黄亿华、黄龙、陈海燕、徐翠仙、刘惠新、叶春兰、曾小怡、钟育青、韩春红、李思波、王洁锐、骆耀强、蔡泽洪、罗陈焕、王春永、郑映玲、袁嘉华、刘文渊、张俊、王梅芳、黄百泉、洪见兴、杨运平、谭绍钦、邓明意、陈晓潘、熊玉青、李丹凤、梁金贤、陈健荣、关伟伦、胡志为、魏贤洪、陈玉明、麦冬冬、卢铭才、叶燕珊、毛国均

2008 级物流管理 2 班

吴剑儒、罗慧芬、刘晓心、黎丽青、冯军宏、刘玉丽、郭贻成、陈惠红、廖潇瑜、吕初开、徐曼红、龙逸琼、肖松炀、巫琼琼、陈泽邦、曾咏豪、杨敏、李炜、丘杏婷、霍玉莲、关伟良、潘俊群、马映华、邢泽青、吴阳梅、袁永昌、温智敏、叶欢欢、王静、陈锡康、谢兰英、邓敏、朱凤青、娄杰雄、陈婉宣、许东强、张聪、谭程科、戴玲玲、吴玩琴、郑星义、谢土荣、周洁屏、朱亮亮、吴国成

2008 级物流管理 3 班

廖景龙、叶心榆、李凤玲、赖春敏、麦宏科、赖丽昉、王玉珍、利玉枝、徐文俊、林莉敏、江龙锋、张秋萍、杨望、李晓玲、李伟荣、郭政贤、吴丽群、贺天荫、钟远婵、刘剑辉、陈虹羽、伍广锋、邓成泳、陈观胜、孙文雄、黄福球、邱博辉、谢晓霞、

张东红、林上群、杨毅强、李泽锋、赖洁燕、陈思瑜、李海燕、戴敏华、郭燕会、罗其标、廖惠玲、谢丽君、姚咏超、李灼玲、李华、欧君政、朱照委、沈建华、黎娟、盛莉森

2008级物流管理4班

林晓聪、莫嘉欣、何飞箭、张文鑫、何燕珊、曾瑜、刘桂珍、袁丽连、黄小奕、吴科瑶、朱晓晖、毛伊婷、洪玉景、罗胜杰、陈妙婵、徐海敏、许碧惠、卢俊龙、叶珊、黄爱平、魏小媛、骆晓珊、罗永波、曾涛、陈婷、林贱华、曾庆协、杨翠婷、周来媛、王湘群、袁小兰、吴启新、周伟姬、刘燕飞、陈晓娇、张利菊、陈春娜、谢伟才、陈玩青、廖朝术、张君华、李韵芝、罗恒均、苏瑞灿、吴冰莹、刘艳芳、邱汉军

2008级物流管理5班

张志军、叶晶晶、陈武蓉、温宇成、邹乐、陈填苗、谢嘉燕、钟燕妮、陈勋、陈柳江、陈蝶、冯银杏、陈峰、余海平、朱燕芬、曾映、陈浦田、刘绍荣、曾祥优、陆永强、钟必文、邓彩萍、林秀宜、林泽鹏、刘柳婷、冯瑞群、雷源湛、潘彬彬、陈史平、李南华、邓俊杰、吴德武、杜艳凤、黄活跃、古育明、叶雪银、张威威、詹莉湾、李明翠、叶玉娴、黄晋谦、罗炳扬、陈润洽、袁嘉儿、何静静、陈新坤、黄俏山

14.17.31　继续教育班

2002级学前教育函授班

黄淑瑜、黄雪萍、陈连娣、黄丽玲、古新仪、李海容、王平凡、黄惠霞、黄惠琴、杨素枢、骆东文、

2007级会计电算化班

彭碧珊、陈海英、傅文峰、李雪贞、谢翠连、刘小婵、李晓燕、丘小宁、苏燕京、李宏、王志锐、刘雪花、曾林燕、江小荔、黄欢欢、张翠霞、王淑慧、刘小英、郑进丽、幸益萍、刘桂豪、李艳群、陈凤、黄玉珍、王丽秀、潘素芳、徐丽萍、莫春芽、邓丽红、曹敏芳、邓伟娟、陈伟、骆雅丽、黄红梅、张贵芳、张美霞、李惠英、曾夏宁、邓立忠、王亚楠、李汶霏、赖赵钦、黄远辉、曾伟亮、曾令琦、王静、陈素芬、贺丽华、曹小赞

2007级学前教育班

余惠群、彭师路、张丽、梁志君、王玉琳、丘枚枚、黄小依、练务娟、戴苏、刘欣红、李美兰、罗园、阮晓冬、刘伟涛、骆婷、骆荣

2007级模具设计与制造班

张林俊、周裔和、李付阳

2007级语文教育班

谢丽花、潘俊琼、张巧波、邹光辉、叶伟波、曹小花、蓝雪容、徐长华、李钰、邱芳缘、陈璐、杨海燕、刁仕娥、黄振强、邹碧瑞、张伟珍、江莹莹、廖志蕉、李菲菲、朱维莹、邓常茹、宋惠琼

2008级会计电算化班

黄奕诗、吴瑞连、李华施、刘英兰、欧阳武、罗涵、李卓鹏、贺光明、李静、缪惠娜、黄媚、黄美珍、刘素颐、张玉英、徐瑛蓬、刘香玲、钟柳燕、张李强、黄楚军、张静容、陈远婷、郑流超、刘小妹、赖新谷、练洪妹、徐杏容、潘健婷、何秀媚、马珍妮、邝丽芬、陈璐、黄丽丹、刘丹丹、钟惠贞、赵莹、江柳燕、曾秀花、黄雪婷、钟嘉龙、叶雪芳、陈小娟、王美灵、张丽容、黄丽雯、黄北水、缪惠霞、张卿、谭丽芬、邓福珍、廖伟霞、杨秀梅、黄素芳、李晓娟、陈丽容、汪海霞、刘丽萍、杨慧、李丽敏、陈敏玲、李艳芳、颜兰花、黄惠珍、黄燕玲、廖小嫦、钟爱华、黄桂秋、谢秀丽、钟海军、陈映好、罗娟清、陈小思、钟明波、冯如娜、李小容、邱思敏、彭翠仙、黄惠琴、刘凯、潘丽君、陈镇明、余东娣、张燕华、彭敏、蓝美琴、张惠欢、曾燕华、陈榕坚、戴陈萍、孙佩霞、叶秀珍、李柳丹、叶

金芳、林江宪、陈炜祺、李娟、杨志芬、闻翠婷、李小芳、黄宝一、黄春芳、古秀红、邱彩容、钟燕虾、李纳、黄志林、张铭婷、冼娜玲、邹国辉、李宇艳、袁燕平、吴若书、杜柳眉、蓝丽珍、张小娟、朱丽静、黄世姿、马小玲、蓝天、杨奕芳、曾海燕、张小连、周雨珍、裴小婷、骆吉山、罗锦峰、廖伟华、张琴、黄安康、陈秋瑜、林舒婷、贺静仪、彭俏女、陈彩凤、陈海兰、李雪红、王雪芳、何翠丽、冯伟杰、廖文娅、梁玉琴、蓝玉清、颜世群、王翠霞、古丽珍、李雪丽、黄春花、陈莉、江叶苇、温美容、余世华、伍小敏、黄凤花、韩惠英、周游、黄高辉、梁伟金、蓝佳妮、翟倍翊、黄艳芳、林暹凤、戴京岚、赵瑜、黄瑞霞、朱风金、麦雪梅、黄丽娜、刁为军、糜林林、田玉波、徐瑾、彭桂英、何丽桦、李岳汕、李玉娇、陈丽芹、曾雪花、沙春玲、吴敏、

2008 级商务英语班

廖丽燕、叶君、叶丽金、蔡小凤、高小丽、

2008 级学前教育班

刘兰、何佳微、钟丹丹、朱蓓、何秀芬、曾小玲、朱巧云、何燕辉、陈明聪、黄少蕾、刘梅芳、黄燕、高文清

2008 级市场营销班

江梅芳、黄光威、何敏菊、钟丹霞、杨德通、王华知、彭荣康、舒柳芳、徐子莹、陈罗定、黄德强、张公云、吴红友、黄双江、骆坤明、王贵鑫、曾运兵、叶丽娟

2008 级应用电子技术班

黄俊刚、吴宏才、王文贵、王琼珍、叶玉娟、刁锦辉、卢景来、王明功、李丹、胡锐铮、刘云亮、曾海燕、龚贤英、黄焕、张丽嫦、邬斐广、黄冠军、黎相贤

2008 级数控技术班

谢志勇、赖惠波、叶达伟

2008 级文秘班

梁桂英、潘琪、游子梦、邓庆霞、黄文燕

2008 级旅游管理班

曾雪江

2008 级模具设计与制造班

何朗、王雄雄、江宇梅、杨佳龙、魏青林、缪福桥、陈月湖、李广涛、刘燕辉、雷仕林、戴小龙、耿松松、黄添才

2008 级物业管理班

刁辛丽、曾超平

2008 级美术教育班

朱雪梅

2008 级英语教育班

邱丽丽、陈惠、张秋菊、赖伟芬、陈丹云、揭素芳、陈颖、钟钰铃

2008 级计算机应用技术班

钟惠珍、张志超、陈伟国、谢海超、骆建尧、骆连花、李子建、庄生校、杨如祥、杨小清、骆建新、何双玉、张林斌、杨学武、刘海波、杨广彬

2008 级语文教育班

林妮、黄文彪、欧小云、曾丽娟、周志勇、魏永美、叶淑芳、陈国华、杨桂花、赖淑惠、谢真萍、张洪亮、黄伟霞、陈小艳、骆莉、黄芳、叶许园、叶晓梅、廖启燕、郑标、许秀勤、王小花、邓真、黄娜、吴芹燕、缪紫玲、黄姗姗、胡琼香

2008 级酒店管理班

李绅星

2008 级音乐教育班

李利梅、蓝远芳、欧倩茹